Edition KWV

Die „Edition KWV" beinhaltet hochwertige Werke aus dem Bereich der Wirtschaftswissenschaften. Alle Werke in der Reihe erschienen ursprünglich im Kölner Wissenschaftsverlag, dessen Programm Springer Gabler 2018 übernommen hat.

Weitere Bände in der Reihe http://www.springer.com/series/16033

Philipp Hermanns

Organizational Hubris

Aufstieg und Fall einer Celebrity Firm am
Beispiel der CargoLifter AG

 Springer Gabler

Philipp Hermanns
Düsseldorf, Deutschland

Bis 2018 erschien der Titel im Kölner Wissenschaftsverlag, Köln
Dissertation Freie Universität Berlin, 2012

Edition KWV
ISBN 978-3-658-24331-9   ISBN 978-3-658-24332-6   (eBook)
https://doi.org/10.1007/978-3-658-24332-6

Die Deutsche Nationalbibliothek verzeichnet diese Publikation in der Deutschen Nationalbibliografie; detaillierte bibliografische Daten sind im Internet über http://dnb.d-nb.de abrufbar.

Springer Gabler
© Springer Fachmedien Wiesbaden GmbH, ein Teil von Springer Nature 2012, Nachdruck 2019
Ursprünglich erschienen bei Kölner Wissenschaftsverlag, Köln, 2012

Springer Gabler ist ein Imprint der eingetragenen Gesellschaft Springer Fachmedien Wiesbaden GmbH und ist ein Teil von Springer Nature
Die Anschrift der Gesellschaft ist: Abraham-Lincoln-Str. 46, 65189 Wiesbaden, Germany

Inhaltsübersicht

Seite

Inhaltsverzeichnis VII
Abbildungsverzeichnis...X
Tabellenverzeichnis..XI
Abkürzungsverzeichnis XII

A. Einleitung 1
   I. Ausgangslage...1
   II. Problemstellung und Forschungsfragen 3
   III.Struktur der Arbeit..5

B. Hybris: Stand der Forschung und konzeptionelle Erweiterung..................9
   I. Sinn und Zweck der Hybrisforschung innerhalb der Organisations- und
       Managementforschung 9
   II. Hybrisforschung innerhalb von Psychologie und Medizin 11
   III.Hybris in der Management- und Organisationsforschung: Eine Bestandsaufnahme 30
   IV.Verwandte organisationstheoretische Konzepte.......................................40
   V. Auf dem Weg zu einem Verständnis von „Organizational Hubris"...........46

C. Positives Feedback: Zur Dynamik von Celebrity und Hybris 61
   I. Entstehung und Entwicklung des Themas ‚Celebrity' in der Management- und
       Organisationsforschung 61
   II. Erweiterte Sichtweisen auf die Prominenz 73
   III.Dynamische Aus- und Wechselwirkungen zwischen Celebrity und Hybris 77
   IV.Zwischenfazit 79

D. Methodik 81
   I. Analyseeinheit und Zielsetzung der empirischen Studie...........................81
   II. Wahl und Begründung der Methode: Der Fallstudienansatz......................82
   III.Vorstellung des Forschungsdesigns 83
   IV.Gewährleistung der an eine Fallstudie gestellten Qualitätsansprüche.....................103

E. CargoLifter: Aufstieg und Fall einer Celebrity Firm 105
   I. Ziele der Fallstudie und Überblick über das Kapitel...............................105
   II. Die CargoLifter AG: Notwendige Hintergrundinformationen zur Fallstudie 106
   III.Der Aufstieg von CargoLifter zu einer Celebrity Firm 150
   IV.Der Niedergang von CargoLifter: Existenz und Emergenz von Organizational Hubris........183
   V. Zusammenfassende Betrachtung der Fallstudienergebnisse 252

F. Fazit und Diskussion..265
   I. Zusammenfassung der theoretischen und empirischen Ergebnisse............265
   II. Limitationen der empirischen Fallstudie und praktische Implikationen 268
   III.Theoretische Implikationen und zukünftiger Forschungsbedarf...................270

Literaturverzeichnis...273

Datenbankverzeichnis..295

Anhang 309

Inhaltsverzeichnis

                                                                                                Seite

Abbildungsverzeichnis.. X
Tabellenverzeichnis... XI
Abkürzungsverzeichnis XII

A. Einleitung 1
   I. Ausgangslage 1
   II. Problemstellung und Forschungsfragen 3
   III. Struktur der Arbeit...5
B. Hybris: Stand der Forschung und konzeptionelle Erweiterung.........................9
   I. Sinn und Zweck der Hybrisforschung innerhalb der Organisations- und
      Managementforschung 9
   II. Hybrisforschung innerhalb von Psychologie und Medizin 11
      1. Psychologische Ergebnisse und Sichtweisen zur Selbstüberschätzung............11
         a. Definition und Messung 11
         b. Ursachen und Gründe... 13
         c. Auswirkungen und Folgen von Selbstüberschätzung.............................. 16
      2. Verwandte Begrifflichkeiten und Konzepte...19
         a. Overconfidence 19
         b. Manie und Größenwahn... 22
         c. Narzissmus 24
      3. Das „Hybris-Syndrom"..26
   III. Hybris in der Management- und Organisationsforschung: Eine Bestandsaufnahme 30
      1. Ursprünge des Konzepts und erste definitorische Annäherung 30
      2. Studien innerhalb des strategischen Managements 32
      3. Studien innerhalb der Entrepreneurship-Forschung...36
      4. Studien innerhalb der Führungsforschung 38
   IV. Verwandte organisationstheoretische Konzepte 40
      1. Executive-CSE..40
      2. Narzissmus im organisationalen Kontext...42
         a. Individuell: Narzissmus auf Management- und Führungskräfteebene 43
         b. Kollektiv: Das Konzept „Organizational Narcissism".......................... 44
   V. Auf dem Weg zu einem Verständnis von „Organizational Hubris"...................46
      1. Hybris innerhalb von Organisationen 47
         a. Individuelle Selbstüberschätzung evoziert kollektive Auswirkungen 47
         b. Genuin kollektives Konstrukt.. 52
      2. Bisherige Verweise auf kollektive Selbstüberschätzungsprozesse innerhalb von Organisationen ...54
      3. Ausprägungen und Ursprünge von Organizational Hubris 56
C. Positives Feedback: Zur Dynamik von Celebrity und Hybris 61
   I. Entstehung und Entwicklung des Themas ‚Celebrity' in der Management- und
      Organisationsforschung 61
      1. Celebrity: Eine erste definitorische Annäherung 61
      2. Prominenz innerhalb von Organisationen auf individueller Ebene: CEO-Celebrity 62
      3. Prominenz auf kollektiver organisationaler Ebene: Celebrity Firms 67
   II. Erweiterte Sichtweisen auf die Prominenz 73
      1. Celebrity als sozial-interaktives Phänomen 74
      2. Celebrity: Eine pathologische Betrachtung..75
   III. Dynamische Aus- und Wechselwirkungen zwischen Celebrity und Hybris 77
   IV. Zwischenfazit 79

D. Methodik **81**

   I. Analyseeinheit und Zielsetzung der empirischen Studie......................................81

   II. Wahl und Begründung der Methode: Der Fallstudienansatz...............................82

   III. Vorstellung des Forschungsdesigns 83

       1. Auswahl und Identifikation einer Einzelfallstudie..83

       2. Datenerhebung und Datenquellen 85

          a. Halbstrukturierte Experteninterviews.. 87

          b. (Historische) Archivdaten: Dokumente und Videomaterial...................... 92

          c. Medienberichterstattung.. 96

          d. Teilnehmende Beobachtung... 98

       3. Datenanalyse und Interpretation des Fallgeschehens......................................99

          a. Fallstudiendatenbank.. 100

          b. Qualitative Inhaltsanalyse 101

   IV. Gewährleistung der an eine Fallstudie gestellten Qualitätsansprüche................103

E. CargoLifter: Aufstieg und Fall einer Celebrity Firm **105**

   I. Ziele der Fallstudie und Überblick über das Kapitel...105

   II. Die CargoLifter AG: Notwendige Hintergrundinformationen zur Fallstudie......106

       1. Der CargoLifter als neue Transportdimension: Die Geschäftsidee und deren Ursprünge..............106

       2. Das Gründungsteam und die Unternehmensgründung im September 1996 109

       3. Kernaufgaben des Unternehmens und dessen Tochtergesellschaften................111

       4. Chronik: Zwei Phasen der Unternehmensgeschichte......................................115

          a. Phase I: September 1996 – November 2000 115

             i. Technische Ereignisse *116*

             ii. Finanzielle Ereignisse *117*

             iii. Medien- und Publikumsereignisse *118*

          b. Phase II: November 2000 – Mai 2002 119

             i. Der Wandel in der Unternehmenshistorie: Beginn eines öffentlichen Vertrauensverlusts............... *119*

             ii. Reaktionen auf den Vertrauensverlust: Publikumsereignisse............ *126*

             iii. Reaktionen auf den Vertrauensverlust: Technische Ereignisse......... *129*

             iv. Finanzielle Ereignisse *132*

       5. Luftschiffe und der Luftschiffhangar: Artefakte des Unternehmens 137

          a. Die Technologie des Luftschiffs CL-160 und dessen Vorläufer................137

             i. Ein kurzer Überblick über die Luftschifftechnologie *137*

             ii. CL-160: Das geplante CargoLifter Lastenluftschiff......................... *139*

             iii. Joey – Ein selbstkonstruiertes Kielluftschiff..................................... *144*

             iv. Charly – Das Skyship 600B... *145*

             v. CL-75: Der Lastenballon.. *146*

          b. Die CargoLifter-Werft 148

   III. Der Aufstieg von CargoLifter zu einer Celebrity Firm 150

       1. Faszination Luftschiff und die Rückkehr der Zeppeline: Zur Etablierung von CargoLifter in der medialen Berichterstattung................150

          a. Erste Erwähnungen innerhalb der Medien 151

          b. Der quantitative Anstieg der Berichterstattung 152

          c. Qualitative Aspekte und Inhalte der Medienberichterstattung: CargoLifter als dankbares Thema der Nachrichtenproduktion 155

       2. Die CargoLifter AG: Eine wahrhaftige Celebrity Firm 163

          a. Begünstigende Kontextfaktoren für den Aufstieg von CargoLifter 164

             i. Wandlungs- und Unsicherheitsprozesse in der globalen Unternehmensumwelt............... *164*

             ii. Nonkonformität... *165*

             iii. Impression Management und PR-Maßnahmen.................................... *166*

          b. Medieninhalte und Medienstrategien auf dem Weg zur Celebrity Firm: Eine dramatische Realität 168

             i. Die mediale Darstellung eines übergeordneten Konflikts und CargoLifter als idealtypischer Protagonist zur Konfliktlösung............... *168*

ii. Ein Beispiel zu medial dargelegten Identitätsbestandteilen des Unternehmens: Der
   Vorstandsvorsitzende als der neue „Graf Zeppelin"... *170*
   c. Das Ergebnis: Firm Celebrity... 176
      i. Hohe öffentliche Bekanntheit.. *176*
      ii. Positiver emotionaler Zuspruch *180*
   IV. Der Niedergang von CargoLifter: Existenz und Emergenz von Organizational Hubris........ 183
      1. Kollektive Überschätzung von organisationalen Fähigkeiten.................................184
         a. Existenz: Überschätzung technischer organisationaler Kompetenzen 184
            i. Das Versuchsluftschiff Joey... *186*
            ii. Illusorische Kernkompetenz der Hüllenmaterialfertigung *191*
            iii. Ungelöste technische Grundsatzfragen innerhalb des CL-160 Projekts *194*
         b. Emergenz der kollektiven Fähigkeitsüberschätzung 199
            i. Der Hangar – Auslöser einer prominenzinduzierten Kompetenzillusion *199*
            ii. Auswirkungen des organisationsintern wahrgenommenen Erfolgs......................... *205*
      2. Grandiose Initiativen und nonkonformes organisationales Verhalten 214
         a. Die grandiose und nonkonforme Aufgabenstellung des Unternehmens 215
         b. Prospektive und retrospektive Beurteilungen der Aufgabenstellung 217
         c. Dynamik mit dem Status der Celebrity Firm 221
      3. Geteilte Gefühle der Unverwundbarkeit und Unsterblichkeit.......................................222
         a. Technologische Unverwundbarkeit... 222
         b. Unverwundbarkeit der Reputation 224
         c. Finanzielle Unverwundbarkeit 226
      4. Ausblendung und Negation von externer wie interner Kritik 231
         a. Externe Kritik... 231
         b. Interne Kritik.. 239
      5. Hohe strategische Persistenz...246
   V. Zusammenfassende Betrachtung der Fallstudienergebnisse 252
      1. Existenz von Organizational Hubris 253
      2. Dynamik zwischen Organizational Hubris und Celebrity..254
      3. Einfluss von Organizational Hubris auf den Niedergang und das Scheitern der CargoLifter AG..260
F. Fazit und Diskussion **265**
   I. Zusammenfassung der theoretischen und empirischen Ergebnisse.................................265
   II. Limitationen der empirischen Fallstudie und praktische Implikationen 268
   III. Theoretische Implikationen und zukünftiger Forschungsbedarf.............................270

Literaturverzeichnis..**273**

Datenbankverzeichnis...**295**

Anhang..**309**

Abbildungsverzeichnis

Seite

Abbildung 1: Struktur der Arbeit 7

Abbildung 2: Inhaltsebenen des CSE-Konzepts 41

Abbildung 3: Zusammenhang zwischen CSE, strategischen Prozessen,
Entscheidungen und Unternehmenserfolg 42

Abbildung 4: Theoretischer Referenzrahmen von Organizational Hubris 59

Abbildung 5: Ursachen und Folgen von CEO-Celebrity 64

Abbildung 6: Der Celebrity Firm Entstehungsprozess 70

Abbildung 7: Grundtypen der Fallstudienforschung....................................84

Abbildung 8: Grundprozess des CargoLifter Systems..................................109

Abbildung 9: Wertketten der Frachtflugzeugindustrie und Frachtluftschiffindustrie
im Vergleich..112

Abbildung 10: Organigramm der CargoLifter AG (Stand: November 2001) 114

Abbildung 11: Anzahl der Mitarbeiter im Zeitverlauf..................................115

Abbildung 12: Zeitungsartikel der FTD vom 23.11.2000................................121

Abbildung 13: Schlusskurs der CargoLifter Aktie (2000-2002)........................123

Abbildung 14: Projektverzögerungen des CL-160-Entwicklungsprogramms..........125

Abbildung 15: Kostenschätzungen und -steigerungen des Entwicklungsprogramms.....132

Abbildung 16: Eingeworbenes Kapital im Verlauf der Unternehmenshistorie 134

Abbildung 17: Wichtigste Ereignisse der Unternehmenshistorie 136

Abbildung 18: Größenvergleich des CL-160-Luftschiffs 148

Abbildung 19: Medienresonanz 153

Abbildung 20: Anzahl Nennungen des Begriffs „CargoLifter" in großen
überregionalen Publikationen 154

Abbildung 21: Celebrity-Creation-Framework – Verdeutlichung des
analytischen Vorgehens 163

Abbildung 22: Wortwolke der Medienberichterstattung 172

Abbildung 23: Publikumsentwicklung des Besucherzentrums und weitere
Großereignisse 180

Abbildung 24: Rekapitulation des Organizational Hubris Referenzrahmens...........183

Abbildung 25: Projektplanungen und Zeitüberschreitungen des Luftschiffs „Joey" 188

Abbildung 26: Emergenz einer prominenzinduzierten Fähigkeitsüberschätzung 201

Abbildung 27: Zeitplanungen und Planüberschreitungen des Hangar Projekts..........204

Abbildung 28: Empirisch abgeleitete Kausalität zum
„The best and the brightest"-Motiv...................................213

Abbildung 29: Identifizierte Motive der organisationalen Unverwundbarkeit............231

Abbildung 30: Aus- und Wechselwirkungen zwischen Hubris und Celebrity 260

Tabellenverzeichnis

Seite

Tabelle 1: Symptome des Hybris-Syndroms 28

Tabelle 2: Referenzrahmen von CEO-Hybris 32

Tabelle 3: Übersicht der erhobenen empirischen Daten 86

Tabelle 4: Übersicht der geführten Experteninterviews 91

Tabelle 5: Kategorisierung der erhobenen Dokumentarten 94

Tabelle 6: Übersicht über das vorliegende interne Videomaterial 96

Tabelle 7: Übersicht der herangezogenen Pressepublikationen 98

Tabelle 8: Übersicht der herangezogenen Fernsehdokumentationen 98

Tabelle 9: Technologische Planungsentwürfe und Entwicklungsstufen des CL-160 Luftschiffs 140

Tabelle 10: Extrem- und Einzigartigkeitsmerkmale des geplanten CL-160 Luftschiffs 143

Tabelle 11: Medieninhalte und Publikationsstrategien im Jahr 1997 157

Tabelle 12: Zentrale durch Medien transportierte „Charaktereigenschaften" Cargo-Lifters in der ersten Phase der Unternehmenshistorie (1996-2000) 171

Tabelle 13: Mediale Be- und Zuschreibungen des Vorstandsvorsitzenden im Zeitraum 1996-2000 175

Tabelle 14: Konstituierende Elemente CargoLifters Prominenz 182

Tabelle 15: Retrospektive Interpretationen für das Zustandekommen von Projektplanungsfehlern 209

Tabelle 16: Erfolgte organisationsinterne Kritik und entsprechende organisationale Reaktionen 243

Tabelle 17: Aufbruch der strategischen Persistenz 248

Tabelle 18: Ein frühzeitiger Vorschlag der strategischen Neuorientierung 250

Tabelle 19: Zusammenfassung der empirischen Ergebnisse 257

Abkürzungsverzeichnis

AMJ	–	Academy of Management Journal
AMR	–	Academy of Management Review
ASQ	–	Administrative Science Quarterly
BamS	–	Bild am Sonntag
BIP	–	Bruttoinlandsprodukt
CEO	–	Chief Executive Officer
COO	–	Chief Operations Officer
CSE	–	Core Self-Evaluations
CL	–	CargoLifter
CV	–	Curriculum Vitae
DDR	–	Deutsche Demokratische Republik
DM	–	Deutsche Mark
FAZ	–	Frankfurter Allgemeine Zeitung
FTD	–	Financial Times Deutschland
IR	–	Investor Relations
JOM	–	Journal of Management
LBA	–	Luftfahrtbundesamt
LKW	–	Lastkraftwagen
LOI	–	Letter of Intent (Absichtserklärung)
ManSci	–	Management Science
MBA	–	Master of Business Administration
MM	–	Manager Magazin
NPD	–	Narcissistic Personality Disorder
PDR	–	Preliminary Design Review
PR	–	Public Relations
SMJ	–	Strategic Management Journal
Übers.	–	Übersetzung
UrhG	–	Urheberrechtsgesetz
USA	–	United States of America
VDMA	–	Verband Deutscher Maschinen- und Anlagenbau
Verf.	–	Verfasser

A. Einleitung

I. Ausgangslage

Die CargoLifter AG war nach Medienaussagen das „ambitionierteste deutsche Luftfahrt-Vorhaben"[1], wenn nicht gar „eines der ehrgeizigsten Projekte, die Deutschland je gesehen hatte"[2]. Schon kurz nach der Gründung im Jahr 1996 erzielte das Unternehmen eine außerordentliche Öffentlichkeitswirkung, die sich angesichts des geplanten Geschäftszwecks durch eine nachvollziehbare Erwartungshaltung kennzeichnete. CargoLifter plante, die Renaissance der Großluftschifffahrt einzuläuten – eine Technologie, die keine Anwendung mehr fand, aber schon zu Zeiten ihres historischen Ursprungs breite Teile der Bevölkerung faszinierte[3] und durch das tragische Unglück des Zeppelins „Hindenburg" am 6. Mai 1937 in Lakehurst, New Jersey, im kollektiven Gedächtnis der westlichen Welt verankert blieb[4].

Über 400.000 technikinteressierte Besucher aus der breiten Bevölkerung statteten dem Unternehmen CargoLifter einen Besuch im firmeneigenen Besucherzentrum ab und zeigten sich von der Geschäftsidee, Luftschiffe für den Lastentransport einzusetzen, begeistert und euphorisiert. Auch ranghöchste Politiker gingen bei CargoLifter ein und aus und bedachten das Unternehmen mit hoher vorgezogener und nicht begründbarer Anerkennung. Der damalige Bundeskanzler Gerhard Schröder würdigte das Unternehmen während eines Besuchs beispielsweise als „große deutsche Ingenieurskunst" und der ihn begleitende brandenburgische Ministerpräsident Manfred Stolpe betitelte das Unternehmen gar als das „achte Weltwunder"[5].

Die Mitarbeiter, in Hochzeiten über 500 an der Zahl, zeigten sich von ihrer Aufgabe auf besondere Weise fasziniert und sahen sich gar als „Crème de la Crème"[6] der Luftfahrttechnik und Luftschiffentwicklung. Die Kapitaleigner, in der Mehrzahl private Investoren und begeisterte Kleinanleger, stellten der AG im Zeitverlauf weit über 300 Millionen Euro zur Verfügung, wodurch das Unternehmen die Möglichkeit hatte, eine überdimensionale Werfthalle zu konstruieren und den Unternehmensaufbau finanzieren zu können. Nach einem vielbeachteten Börsengang im Frühjahr 2000 folgte sehr schnell, nämlich nur ein halbes Jahr später, die Aufnahme in den MDAX – obgleich das Unternehmen zu diesem Zeitpunkt weder ein Produkt noch signifikante Umsatzerlöse vorzuweisen hatte.

Ähnlich fulminant und vielbeachtet wie der Aufstieg des Unternehmens verlief auch dessen Niedergang. Nach wiederholt auftauchenden Zeitverzögerungen und Projektkostensteigerungen innerhalb des technischen Entwicklungsprojekts verschlechterten sich die Finanzie-

---

[1] Financial Times Deutschland, 21.05.2002: [PA: 595:4]. Das Kürzel PA steht für „Presse Analyse". Alle innerhalb dieser Arbeit verwendeten Pressepublikationen sind innerhalb eines eigenen Verzeichnisses unter dem Datenbankkennzeichen PA aufgeführt.
[2] Brand Eins, September 2002: [PA: 488:1].
[3] Vgl. Zeising 1998.
[4] Teilweise wird dieses Ereignis auch als erstes massenmediales Desaster der Neuzeit dargestellt (vgl. Campbell 2008).
[5] Norddeutscher Rundfunk, 07.11.2002: [PA: 647:4].
[6] Vgl. Forbes, 29.04.2002: [PA: 1485:5].

© Springer Fachmedien Wiesbaden GmbH, ein Teil von Springer Nature 2012
P. Hermanns, *Organizational Hubris*, Edition KWV,
https://doi.org/10.1007/978-3-658-24332-6_1

rungsoptionen dieser aus privaten Investitionen hervorgegangenen Aktiengesellschaft zusehends. Schon Mitte des Jahres 2002 und damit weniger als zwei Jahre nach dem Börsengang waren weder private Investoren noch die öffentliche Hand gewillt, das Unternehmen erneut finanziell zu unterstützen, sodass eine Insolvenzanmeldung erfolgte und der eigentliche Geschäftszweck niemals aufgenommen werden konnte.

Auf dem Papier schien CargoLifter zeitweilig über alles zu verfügen, was ein dauerhaft erfolgreiches Unternehmen hätte auszeichnen können. Doch trotz des hohen Bekanntheitsgrades, trotz der dem Unternehmen entgegengebrachten Vorschusslorbeeren, der finanziellen Ressourcen sowie der technischen und kaufmännischen Kompetenzen scheiterte das Unternehmen. Dieser Niedergang stellt sich in gewisser Weise als Mysterium dar[7], sodass die Frage aufkommt, wieso CargoLifter derart schnell niedergehen konnte.

Unmittelbar nach der Insolvenzanmeldung, zu der Zeit, zu der CargoLifter noch stark im Licht der öffentlichen Aufmerksamkeit stand, thematisierten die Medien mögliche Gründe des organisationalen Niedergangs[8]: „Es sollte das längste und teuerste Luftschiff der Welt werden und endete im Größenwahn"[9], leitete beispielsweise der Norddeutsche Rundfunk eine Reportage ein und suchte damit den Grund des Scheiterns in einem kollektiven Wahnzustand. Selbst Jahre nach der Insolvenz werden noch ähnliche Erklärungen angeführt: Der Technikhistoriker Reinhold Bauer, welcher sich innerhalb seiner Forschung intensiv mit gescheiterten Innovationsprojekten auseinandergesetzt hat[10], stellte erst jüngst innerhalb eines Rundfunk-Interviews fest, dass CargoLifter vermutlich an der „Hybris der Ingenieure"[11] gescheitert sei.

Die wesentliche Zielsetzung der vorliegenden Arbeit ergibt sich aus diesem Mysterium, welches das Unternehmen CargoLifter hinterlässt: Der spektakuläre, schnelle Aufstieg und sein steiler Fall sollen aus einer organisationstheoretischen Perspektive nachvollzogen und aufgearbeitet werden. Die empirische Arbeit ist daher motiviert von der zumeist angelsächsisch geprägten Fallstudienforschung, die sich häufig an extremen und außergewöhnlichen Fällen orientiert und organisationales Scheitern aus wissenschaftlicher Perspektive beleuchtet[12]. Da das Unternehmen CargoLifter AG aufgrund seines später noch detailliert aufzuzeigenden Geschäftszwecks eine hohe Einzigartigkeit aufweist, wird das Fallgeschehen als extremer Fall verstanden, welcher nach außergewöhnlichen Erklärungen ruft[13]. Vor dem Hintergrund dieser Ausgangslage des Fallstudienunternehmens stellen sich Fragen. Welche Funktion nahm CargoLifters hoher Bekanntheitsgrad beim Aufstieg und Niedergang ein? Lag, wie in den Medien angedeutet, tatsächlich ein Phänomen der kollektiven Hybris vor? Und wenn ja, inwiefern führte dieses zu CargoLifters Niedergang und Scheitern?

---

[7] Vgl. Alvesson/Kärreman 2007; Alvesson/Sandberg 2011.
[8] Vgl. Brand Eins, September 2002: [PA: 488].
[9] Norddeutscher Rundfunk, 07.11.2002: [PA: 641:1].
[10] Vgl. Bauer 2004, 2006.
[11] Vgl. Bauer 2012.
[12] Vgl. insbes. Boje et al. 2004; Brown 2005; Starbuck/Milliken 1988; Stein 2003, 2004, 2007.
[13] Vgl. Starbuck 2009, S. 930.

II. Problemstellung und Forschungsfragen

Dem Phänomen Hybris wird für den Unternehmensalltag nicht nur eine deutliche Brisanz zugeschrieben, sondern es hat auch in der Managementforschung eine theoretische Relevanz. Ranghöchste Führungskräfte wie CEOs und Vorstandsvorsitzende, die ihre Fähigkeiten überbewerten und einer Selbstüberschätzung unterliegen, beschädigen nicht nur ihre eigene Karriere, sondern können ganze Unternehmen in ihrem Bestand gefährden[14]. Schon bei Entrepreneuren erweist sich Hybris[15] als äußerst kritischer Einflussfaktor, der zum Scheitern von unternehmerischen Neugründungen führen kann[16]. Im organisationalen Alltag gehen von Hybris gesteuerte Vorstände überproportionale und bestandsgefährdende Risiken ein[17]. Aus Selbstüberschätzung bieten CEOs beispielsweise bei Unternehmensübernahmen signifikant überhöhte Kaufpreise, wodurch Akquisitionen nach der Übernahme unrentabel oder erfolglos werden[18]. Individuelle Überschätzung von Führungskräften kann daher auch die strategische Ausrichtung von Organisationen maßgeblich beeinflussen[19]. Aber auch in Führungsbeziehungen zwischen ranghohen Managern und ihren Mitarbeitern kann sich Hybris über unethisches und unmoralisches Verhalten negativ auf den Führungserfolg und die gesamte organisationale Performance auswirken[20].

Fraglich bleibt jedoch, ob Selbstüberschätzung im organisationalen Kontext tatsächlich nur ein rein individuelles Phänomen und damit Problem ist, oder ob dieses auch kollektiv und organisationsweit auftreten kann. Insbesondere gilt es zu bedenken, dass die großen Publikumsgesellschaften zumeist von einem breiteren Führungsteam geleitet und durch einen Aufsichtsrat kontrolliert werden. Eine kollektive Fähigkeitsüberschätzung könnte möglicherweise bei einer entsprechenden Governance Struktur nicht nur innerhalb der Person des Vorstands, sondern auch kollektiv vorliegen. Ähnlich interpretiert dies die Wirtschaftspresse. Beispielsweise attribuiert diese den Managern des Luftfahrtunternehmens Airbus eine kollektive Selbstüberschätzung, nachdem die vom Unternehmen in Angriff genommenen Entwicklungsprojekte wiederholte Zeit- und Kostenüberschreitungen aufwiesen: „Die Airbus-Manager haben sich überschätzt und riskante Verträge unterschrieben, die nun den gesamten Konzern in Schwierigkeiten bringen. […] Die Selbstüberschätzung des Managements führte zu einem verhängnisvollen Fehler: Der Konzern ließ sich auf einen Auftrag zum Festpreis ein, 180 Flugzeuge für 20 Milliarden Euro – und alle Risiken trägt der Hersteller. Im Militärgeschäft ist so ein Vertrag unüblich. Bei Kampfjets etwa gehen die Entwickler in der Regel an die Grenzen des technisch Machbaren, um maximale Flugleistungen herauszuholen"[21].

---

[14] Vgl. Hayward 2007.
[15] Im Folgenden werden die Begriffe „Selbstüberschätzung", „Hybris" und die entsprechende englischsprachige Übersetzung „Hubris" synonym verwendet.
[16] Vgl. Hayward et al. 2006, 2009.
[17] Vgl. Li/Tang 2010.
[18] Vgl. Aktas et al. 2009; Hayward/Hambrick 1997; Roll 1986.
[19] Vgl. Hiller/Hambrick 2005.
[20] Vgl. Judge et al. 2009; Kets de Vries 1990, 1991.
[21] Flottau 2009, S. 2. Ähnlich argumentiert Köhn 2009, S. 18: „Es bleibt aber zu hoffen, dass die EADS [der Mutterkonzern von Airbus; Anm. d. Verf.] aus diesen Fehlern lernt. Sie sollte nicht noch einmal ein Flugzeug mit nie dage-

Innerhalb der Organisationsforschung ist es üblich, individualpsychologische Phänomene und Konzepte auf eine kollektive Ebene zu transformieren[22]. Insbesondere der dem Konzept Hybris nahestehende Narzissmus ist theoretisch als „Organizational Narcissism" schon auf allgemeiner organisationaler Ebene konzeptualisiert[23] und empirisch untersucht worden[24]. Hybris ist hingegen bis dato nicht im Sinne eines kollektiven organisationalen Phänomens betrachtet worden.

Das erste theoretische Ziel dieser Arbeit wird daher eine Überprüfung sein, ob und wie Hybris als kollektives Muster innerhalb von Organisationen vorliegen kann.

Bei der Erforschung möglicher Einflussfaktoren für die Emergenz von individueller Hybris im unternehmerischen Kontext wird neuerdings auf ein sehr junges Konzept der Organisationsforschung verwiesen, nämlich dem der Celebrity[25]. Einige wenige Vorstandsvorsitzende können dieser Theorie zufolge den gesellschaftlichen Status der Berühmtheit erreichen. Diese Celebrity-CEOs bewirken für das von ihnen geführte Unternehmen jedoch nicht nur positive Effekte. Vielmehr kann Prominenz auch dysfunktionale Effekte auslösen. Indem ein Celebrity-CEO im Laufe der Zeit sein positives medial geschaffenes Pressebild internalisiert und als wahrhaftig auffasst, können Tendenzen zur individuellen Selbstüberschätzung entstehen[26].

Auch Celebrity wird bereits auf organisationaler und damit kollektiver Ebene diskutiert. Einige wenige Unternehmen erreichen dementsprechend den Status einer gesellschaftlich höchst bekannten „Celebrity Firm"[27]. Obgleich dieser Ansatz der organisationalen Berühmtheit bisher kaum empirische Untersuchung gefunden hat, folgern Kjærgaard et al. im Ausblick der einzig bislang vorliegenden qualitativen Studie folgendes: Neben den von ihnen untersuchten funktionalen können auch bisher nicht untersuchte dysfunktionale Konsequenzen aus dem Status als Celebrity Firm erwachsen. Insbesondere könnte es ihrer Meinung nach möglich sein, dass Organisationen durch die intern perzipierte organisationale Prominenz im Zeitablauf kollektiv ihre Fähigkeitsbasis überbewerten[28]. Nicht nur auf individueller, sondern auch auf kollektiver Ebene werden demnach Aus- und Wechselwirkungen zwischen dem Status einer Celebrity Firm und einer kollektiven Hybris im Sinne eines „Organizational Hubris" diskutiert.

Als zweites wesentliches theoretisches Ziel dieser Arbeit gilt es daher, der Dynamik von organisationaler Berühmtheit auf die Existenz und Emergenz von kollektiver Hybris nachzugehen.

Unter Rückgriff auf die Ausgangssituation des Fallstudienunternehmens CargoLifter kann auf Basis dieser Ausführungen und neben den zwei theoretischen Fragestellungen das we-

---

wesenen Anforderungen doppelt so schnell wie sonst üblich entwickeln und zu einem Festpreis an politische Kunden zu kommerziellen Konditionen ausliefern wollen. Das ist Selbstüberschätzung."

[22] Vgl. insbes. die Forschung zur organisationalen Identität (vgl. bspw. Albert/Whetten 1985; Whetten 2006).
[23] Vgl. Brown 1997; Brown/Starkey 2000.
[24] Vgl. Stein 2003.
[25] Die Begriffe „Berühmtheit", „Prominenz" und die englischsprachige Übersetzung „Celebrity" werden im Folgenden synonym verwendet.
[26] Vgl. Hayward et al. 2004.
[27] Vgl. Guthey et al. 2009; Rindova et al. 2006.
[28] Vgl. Kjærgaard et al. 2011, S. 538.

sentliche Ziel der vorliegenden empirischen Arbeit näher spezifiziert werden. Auf der Folie der theoretischen Konzepte von kollektiver Celebrity und Hybris soll der viel beachtete Aufstieg und Niedergang des Unternehmens CargoLifter AG nachvollzogen und theoretisch erklärt werden. Insbesondere sollen mögliche Aus- und Wechselwirkungen zwischen dem Status organisationaler Berühmtheit und der kollektiven organisationalen Überschätzung von Fähigkeiten ergründet werden. Es ergeben sich damit folgende zentrale forschungsleitende Fragen:

Wie ist eine mögliche Existenz des Status der organisationalen Berühmtheit in Bezug auf den Aufstieg, den Niedergang und das Scheitern des Fallstudienunternehmens einzustufen? Wie ist eine mögliche Emergenz und Existenz kollektiver Hybris in Bezug auf den Aufstieg, den Niedergang und das Scheitern des Fallstudienunternehmens einzustufen? Wie ist eine mögliche Dynamik zwischen Celebrity und Hybris in Bezug auf das Fallgeschehen einzuordnen?

Auf Basis der zwei theoretischen Ziele der vorliegenden Arbeit soll zunächst ein theoretischer Referenzrahmen für kollektive Berühmtheit und Hybris erarbeitet werden. Zur Beantwortung der zentralen Forschungsfragen soll dieser Referenzrahmen im Zuge einer qualitativen Fallstudie auf das Fallstudienunternehmen angewendet werden. Der Überschaubarkeit halber wird die Darstellung der Struktur und des Untersuchungsgangs präziser vorgestellt.

III. Struktur der Arbeit

Die Struktur der vorliegenden Arbeit ergibt sich aus den zwei theoretischen Zielstellungen und insbesondere den soeben dargestellten Forschungsfragen.

Zunächst soll in einem Theoriekapitel (A.) dem ersten theoretischen Ziel nachgegangen werden. Es soll herausgefunden werden, ob und inwiefern Hybris als kollektives Phänomen innerhalb von Organisationen existieren kann. Um eine präzise Begriffs- und Konzeptvorstellung zu erhalten, wird der Stand der Forschung zur individuellen Selbstüberschätzung von Fähigkeiten in der Psychologie, Medizin und der Managementforschung dargestellt. Daneben müssen mit dem Phänomen Hybris verwandte Konzepte, wie beispielsweise dem Narzissmus, zum vollständigen Verständnis vorgestellt werden. Ziel des ersten theoretischen Kapitels ist insgesamt, eine konzeptionelle Erweiterung der bisherigen Forschung vorzunehmen, indem das theoretische Verständnis von „Organizational Hubris" entwickelt wird.

Zur Klärung des zweiten theoretischen Ziels der vorliegenden Arbeit, den Dynamiken von organisationaler Berühmtheit und Hybris, muss in einem eigenen Theoriekapitel (B.) zunächst der Forschungsstand zur Prominenz aufgearbeitet und präsentiert werden.

Innerhalb der Managementforschung ist die Auseinandersetzung mit dem Phänomen Celebrity noch ein recht unerforschtes Feld. Um eine präzise Vorstellung über kollektive Berühmtheit zu erhalten und das Konzept der Celebrity Firm für eine empirische Anwendung zu erweitern, kann unter Rückgriff auf soziologische Forschungsergebnisse eine erweiterte

Sichtweise auf die Bedeutung der Prominenz gegeben werden. Das Kapitel schließt mit einer Diskussion möglicher Aus- und Wechselwirkungen zwischen Celebrity und Hybris.

Ziel der beiden Aufgabenstellungen und damit der ersten Kapitel dieser Arbeit wird sein, einen theoretischen Referenzrahmen zu entwickeln, welcher als Prüfmuster innerhalb der empirischen Fallstudie Anwendung finden kann. Mit Hilfe dieses Frameworks kann dementsprechend den zentralen Fragestellungen dieser Arbeit nachgegangen werden.

Bevor die Analyse und Darstellung der Fallstudienergebnisse jedoch durchgeführt werden kann, wird innerhalb des Kapitels D. die Methodik der empirischen Untersuchung vorgestellt werden.

Das Kapitel E. stellt den zentralen Teil der vorliegenden Arbeit dar. Innerhalb dieses Kapitels werden die Analyseergebnisse der Fallstudienuntersuchung vorgestellt. Nach einer Darstellung der Historie des Fallstudienunternehmens folgen zwei zentrale Analyseabschnitte. Zunächst soll der Aufstieg CargoLifters zu einer Celebrity Firm nachvollzogen werden. Der Niedergang und das Scheitern des Unternehmens werden daran anschließend auf der Folie des Organizational Hubris Konzepts analysiert. Das Kapitel schließt mit einer integrativen Betrachtung von Hybris und Celebrity, sodass insbesondere die Fragestellungen der Arbeit beantwortet werden sollen.

Die vorliegende Arbeit wird durch das Kapitel F. mit einem Fazit und einer Diskussion abgeschlossen. Neben einer zusammenfassssenden Darstellung der theoretischen und empirischen Ergebnisse werden praktische und theoretische Implikationen dargestellt und auf Limitationen der Fallstudie sowie zukünftigen Forschungsbedarf verwiesen.

Die folgende Abbildung 1 veranschaulicht eine grafische Übersicht der Struktur der aktuellen Arbeit.

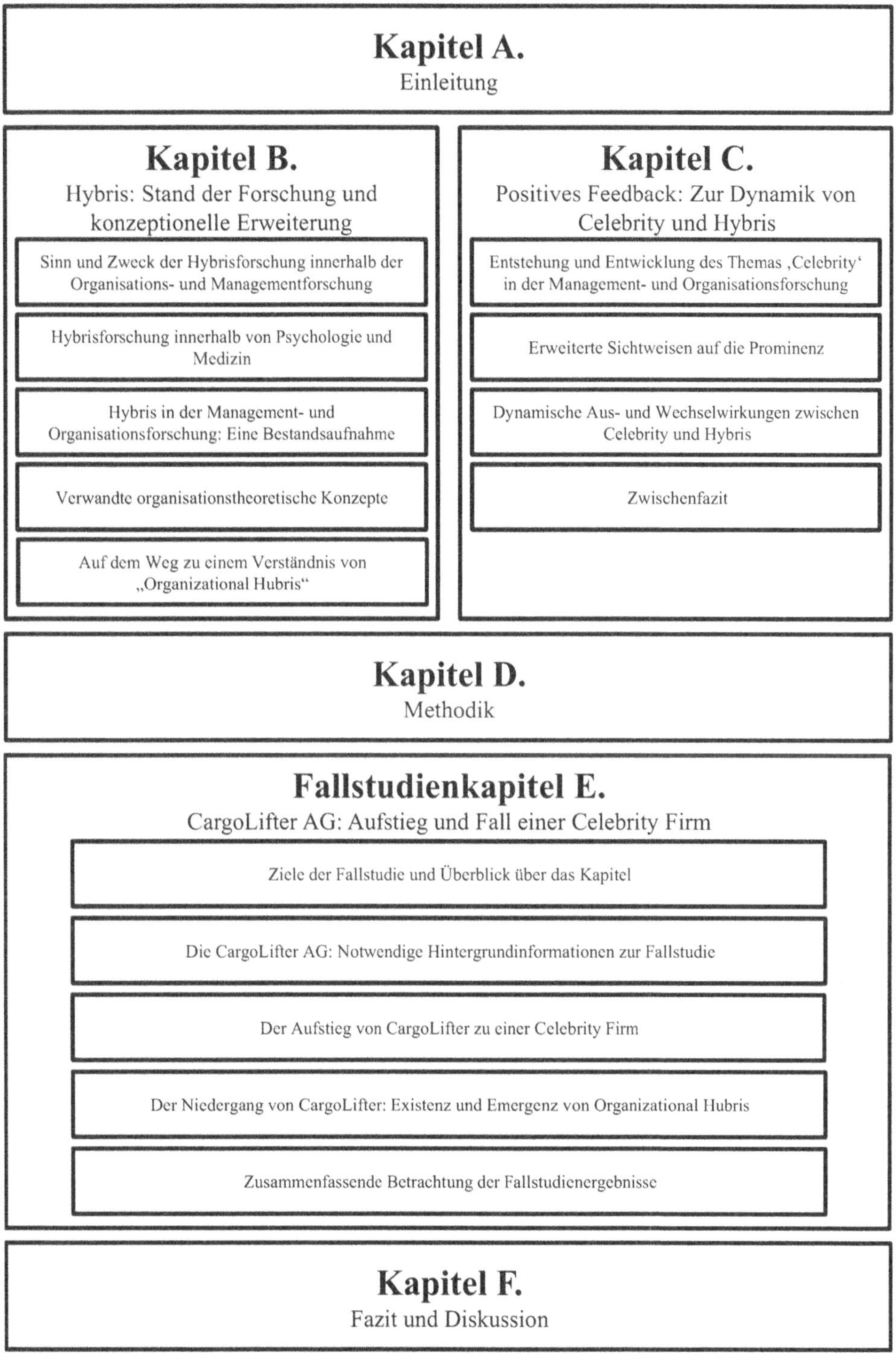

Kapitel A.
Einleitung

Kapitel B.
Hybris: Stand der Forschung und konzeptionelle Erweiterung

Sinn und Zweck der Hybrisforschung innerhalb der Organisations- und Managementforschung

Hybrisforschung innerhalb von Psychologie und Medizin

Hybris in der Management- und Organisationsforschung: Eine Bestandsaufnahme

Verwandte organisationstheoretische Konzepte

Auf dem Weg zu einem Verständnis von „Organizational Hubris"

Kapitel C.
Positives Feedback: Zur Dynamik von Celebrity und Hybris

Entstehung und Entwicklung des Themas ‚Celebrity' in der Management- und Organisationsforschung

Erweiterte Sichtweisen auf die Prominenz

Dynamische Aus- und Wechselwirkungen zwischen Celebrity und Hybris

Zwischenfazit

Kapitel D.
Methodik

Fallstudienkapitel E.
CargoLifter AG: Aufstieg und Fall einer Celebrity Firm

Ziele der Fallstudie und Überblick über das Kapitel

Die CargoLifter AG: Notwendige Hintergrundinformationen zur Fallstudie

Der Aufstieg von CargoLifter zu einer Celebrity Firm

Der Niedergang von CargoLifter: Existenz und Emergenz von Organizational Hubris

Zusammenfassende Betrachtung der Fallstudienergebnisse

Kapitel F.
Fazit und Diskussion

Abbildung 1: Struktur der Arbeit

B. Hybris: Stand der Forschung und konzeptionelle Erweiterung

Der aktuelle Abschnitt hat sich zur Aufgabe gestellt, der ersten theoretischen Zielsetzung der vorliegenden Arbeit nachzugehen. Geklärt werden muss, ob und in welcher Ausprägung Hybris[29] im Sinne einer Selbstüberschätzung von Fähigkeiten als kollektives organisationales Phänomen theoretisch vorstellbar ist.

Als Einstieg in das Kapitel wird zunächst geklärt werden, warum dieses individualpsychologische Phänomen überhaupt von Relevanz für den organisationalen Kontext ist. Durch die Vorstellung von psychologischen und medizinischen Ansätzen der individuellen Hybris wird ein präzises Konstrukt- und Definitionsverständnis erlangt werden. Hilfreich sein wird dieses insbesondere für die daran anschließende Vorstellung der Managementpublikationen zur Thematik.

Aufbauen soll dann ein Verständnis von Hybris als kollektives Organisationsphänomen. Insbesondere wird hierbei ein theoretischer Referenzrahmen erarbeitet werden, welcher auf die später folgende empirische Fallstudie Anwendung finden kann.

I. Sinn und Zweck der Hybrisforschung innerhalb der Organisations- und Managementforschung

Grundsätzlich stellt sich die Frage, warum dem Phänomen der Selbstüberschätzung von Individuen in der Betriebswirtschaftslehre überhaupt nachgegangen werden soll. Dass diese individualpsychologische Besonderheit von organisationaler Relevanz ist, zeigt sich anhand der thematischen Einordnung und Zielsetzungen bisheriger Studien aus der Management- und Organisationsforschung. Neben der Führungs- und Entrepreneurship-Forschung werden Begriff und Konzept auch innerhalb der Forschung zum strategischen Management aufgegriffen. Vor allem wird der Begriff dort auf die Prozesse der strategischen Entscheidungsfindung bezogen, um retrospektiv unvorteilhafte Entscheidungen nachzuvollziehen, aber auch Prozesse des organisationalen Scheiterns zu erklären.

Judge et al. zeigen beispielsweise in einem umfassenden Literaturüberblick bezüglich der positiven wie auch negativen Auswirkungen von Persönlichkeitseigenschaften auf, wie sich eine Selbstüberschätzung von Führungspersonen innerhalb des organisationalen Kontextes auswirken kann[30]: Die sich selbst überschätzenden Führungspersönlichkeiten reagieren zumeist sehr ablehnend auf ihnen entgegengebrachte Kritik[31] oder stellen die Kompetenz und Glaubwürdigkeit ihrer sich kritisch äußernden Geführten infrage[32]. Zumeist lassen von Hyb-

---

[29] Auf eine Diskussion und Darstellung der Ursprünge des Begriffs „Hybris" wird innerhalb dieser Arbeit verzichtet. Vergleiche für einen Überblick über die Begriffsverwendung innerhalb der griechischen Tragödie und Philosophie bspw. Cairns 1996; Fisher 1976, 2009; Kaufmann 1980, S. 73 ff.; MacDowell 1976; Rieks 1974.

[30] Vgl. Judge et al. 2009, S. 867.

[31] Vgl. Baumeister et al. 2003.

[32] Vgl. Kernis/Sun 1994; Smalley/Stake 1996.

© Springer Fachmedien Wiesbaden GmbH, ein Teil von Springer Nature 2012
P. Hermanns, *Organizational Hubris*, Edition KWV,
https://doi.org/10.1007/978-3-658-24332-6_2

ris beeinflusste Vorgesetzte nur noch ihre eigene Meinung gelten, wodurch eine Reihe problematischer Folgen innerhalb von Organisationen denkbar sind[33]. Die Führungsforschung versucht dann auch aufzuzeigen, wie mit diesen problematischen Wirkungen umzugehen sein kann[34]. Folglich bringt eine wissenschaftliche Betrachtung der Selbstüberschätzungsthematik innerhalb der Führungsforschung mitunter komplizierte Konsequenzen an die Oberfläche, die es gezielt aufzudecken und in der Praxis zu verhindern gilt.

Während sich die für Organisationen negativen Einflüsse von Selbstüberschätzung im Bereich der Führungsforschung nicht eindeutig beziffern lassen, ist eine Quantifizierung innerhalb des Forschungsstrangs zur strategischen Entscheidungsforschung eindeutiger durchführbar. Hybris wird hier zumeist zur Erklärung überhöhter Kaufpreise bei Firmenübernahmen verwendet[35]. Vorstandsvorsitzende und maßgeblich an der Firmenübernahme beteiligte Entscheidungsträger zahlen innerhalb von Biet- und Übernahmeprozessen einen im Vergleich zum tatsächlichen Firmenwert überhöhten Kaufpreis, da sie schlichtweg ihre Fähigkeiten, die übernommene Firma zu leiten, vor dem Zeitpunkt der Übernahme überschätzt haben[36]. Andere Veröffentlichungen innerhalb dieses Themengebiets zeigen darüber hinaus auf, dass durch Hybris behaftete Vorstandsvorsitzende signifikant höhere Risiken in Entscheidungsprozessen eingehen[37] und damit unter Umständen für das Scheitern von Organisationen verantwortlich sein könnten[38].

Auch innerhalb der Unternehmertum- und Entrepreneurship-Forschung wird das Scheitern unternehmerischer Wagnisse auf Hybris zurückgeführt. Einerseits interessiert hier, wieso trotz der weitläufig bekannten hohen Misserfolgswahrscheinlichkeit, viele Unternehmer dennoch neue Unternehmensgründungen vornehmen[39]. Andererseits wird thematisiert, dass Unternehmer, die zur Selbstüberschätzung neigen, sich trotz des ersten misslungenen Gründungsversuchs durch anschließendes erfolgreiches Verhalten auszeichnen können[40].

Letztere Aspekte zeigen auf, dass der Begriff Hybris bei jüngeren Veröffentlichungen eine Wandlung erfahren hat. In den Anfangsjahren lag noch eine sehr negativ geprägte Konnotation vor, insbesondere verdeutlicht durch die für Unternehmen höchst problematischen Konsequenzen. Neuerdings schwingt im neueren Verständnis etwas Positives mit, indem statt dysfunktionalen nun auch funktionale Wirkungen diskutiert werden. Allerneueste Forschungsergebnisse versuchen hierbei aufzuzeigen, welche positiven Auswirkungen sich für Organisationen ergeben können: Insbesondere sollen sich selbst überschätzende Vorstände um Innovationen bemühen und damit für bessere Firmenergebnisse sorgen[41].

---

[33] Vgl. hierzu beispielsweise Kets de Vries/Miller 1985a, S. 71 f.
[34] Vgl. Kets de Vries 1990.
[35] Diese Forschung geht auf Roll (1986) zurück, der die vielbeachtete „Hybris-Hypothese" innerhalb von Firmenübernahmen aufgestellt hat.
[36] Vgl. Hayward/Hambrick 1997, S. 106.
[37] Vgl. Li/Tang 2010.
[38] Vgl. Camerer/Lovallo 1999, S. 306.
[39] Vgl. Hayward et al. 2006; Koellinger et al. 2007.
[40] Vgl. Hayward et al. 2009.
[41] Vgl. Tang et al. 2011b, 2012. Dass durchaus funktionale Wirkungen von Selbstüberschätzung möglich sind, wird auch innerhalb der Individualpsychologie diskutiert (vgl. Taylor/Brown 1988). Zudem lässt sich dies auch anhand von Alltagssituationen verdeutlichen: Kleinkinder würden ohne eine Überschätzung ihrer Fähigkeiten niemals ihren ersten Schritt wagen.

Anhand dieser kurzen Ausführungen lässt sich daher erkennen, dass es von Relevanz und Interesse ist, sich auch innerhalb der Betriebswirtschaftslehre mit der Thematik der Selbstüberschätzung von Individuen auseinanderzusetzen. Ziel der nun folgenden Abschnitte wird es sein aufzuarbeiten, welche Begriffs- und Konzeptvorstellung aktuell wissenschaftlich in der Psychologie und Medizin vorherrscht, um tiefere theoretische Kenntnis zu erlangen. Auf Basis dieser kann darauf aufbauend auf Studien der Managementforschung zurückgegriffen werden, um später eine Konzeptvorstellung kollektiver Hybris zu erarbeiten.

II.   Hybrisforschung innerhalb von Psychologie und Medizin

Im deutschen Sprachraum wird Hybris meist mit dem Begriff der „Selbstüberschätzung" synonym verwendet[42]. Während Hybris als Begrifflichkeit zwar im alltäglichen Sprachgebrauch rege Verwendung findet[43], gilt insbesondere innerhalb der englischsprachigen Forschung, dass es sich um kein anerkanntes sozial-psychologisches oder medizinisches Konstrukt handelt[44].

Es muss jedoch gesehen werden, dass Hybris als Term und Forschungsgegenstand in vielen renommierten wissenschaftlichen Untersuchungen aufgegriffen und thematisiert wird. Aus diesem Zusammenhang heraus ist Hybris mittlerweile als Phänomen im wissenschaftlichen Diskurs etabliert.

1.   Psychologische Ergebnisse und Sichtweisen zur Selbstüberschätzung

a.   Definition und Messung

Innerhalb psychologischer Studien, die dem Thema der Selbstüberschätzung explizit nachgehen, wird das Phänomen durch eine Überbewertung und damit Überschätzung eigenen Wissens sowie ein stark bis übermäßig stark ausgeprägtes Vertrauen in eigene Fähigkeiten charakterisiert und definiert[45]. Selbstüberschätzung ist folglich immer mit der individuellen subjektiven Selbsteinschätzung von Menschen in Verbindung zu bringen. Wichtig ist, dass diese individuellen Selbsteinschätzungen per se nicht „Abbild einer intersubjektiven Realität"[46] sein können, insbesondere da Selbsteinschätzungen immer stark persönlich motiviert sind. Andere Personen weisen nämlich zumeist eine divergierende Sichtweise auf und Individuen neigen dazu, eine positive Selbstsicht aufrechtzuerhalten[47].

---

[42] Englische Übersetzung für den Begriff der „Selbstüberschätzung" sind neben „Hubris" vor allem die Begriffe und Begrifflichkeiten „boast", „exaggerated opinion of oneself" und „sophomoric". Jedoch lassen sich zu diesen Begriffen kaum qualitativ hochwertige Studien finden. Im englischsprachigen Raum ist vielmehr das Konzept und Phänomen „overconfidence" wesentlich präsenter, auf welches im Verlauf des Kapitels noch eingegangen wird.

[43] Vgl. MacDowell 1976, S. 14.

[44] Vgl. Owen/Davidson 2009; vgl. auch Hiller/Hambrick 2005, S. 297. Zu erkennen ist diese Tatsache beispielsweise auch daran, dass die von der American Psychiatric Association (APA) herausgegebenen DSM Codes, welche eine Übersicht zu allen bislang anerkannten psychischen Störungen auflistet, zwar Narzissmus als Persönlichkeitsstörung beinhaltet, Selbstüberschätzung oder Hybris jedoch nicht direkt klassifiziert.

[45] Vgl. Hackfort et al. 2005, S. 90 f.; vgl. auch Griffin/Tversky 1992.

[46] Schütz 2000, S. 95.

[47] Vgl. Gabriel et al. 1994.

Hierauf aufbauend lassen sich mindestens zwei wesentliche Anschauungsweisen auf die Selbstüberschätzung anführen: Einerseits werden Individuen nach einer Selbstbeurteilung gefragt und müssen sich selbst in Relation zu anderen Personen einschätzen. Sollten sich Individuen mit ihrer eigenen Fähigkeitsbasis überlegener und herausragender als andere Personen einschätzen, sodass eine positiv ausgeprägte Selbstsicht vorherrscht, könnte Selbstüberschätzung vorliegen[48]. Andererseits wird in einer erweiterten Definition und Messung erkannt, dass neben der Betrachtung dieser Selbstbeurteilung auch der Aspekt der Fremdbeurteilung mit integriert werden muss. Als Alternative wird daher eine soziale Beurteilung für Definition und Messung vorgeschlagen[49].

Wesentlich ist, dass Selbstüberschätzung auf Basis dieser angeführten Herangehensweisen anhand von zwei verschiedenen Parametern dargestellt wird, nämlich der Genauigkeit der Selbstbeurteilung, -einschätzung und -wahrnehmung einerseits sowie dem sozialen Vergleich des sich selber einschätzenden Individuums andererseits[50]. Zudem kann eine prospektiv getroffene Selbsteinschätzung erst im Zeitverlauf und damit retrospektiv festgestellt werden.

Grundsätzlich baut eine Überschätzung auf Signalen der Selbstbeurteilung und -wahrnehmung auf, welche im Selbst-Konzept und damit der Identität des Individuums verankert sind[51]. Wichtige Quellen der Selbstbeurteilung von Individuen speisen sich aus Selbstbeobachtungen, einem sozialen Vergleich mit anderen Individuen sowie einer sozialen Rückmeldung im Sinne eines Feedbacks durch Externe[52].

Daneben steht mit der sogenannten Selbstwertschätzung („self-esteem") ein weiteres wichtiges Persönlichkeitskonzept, welches mit der Fähigkeitsüberschätzung von Individuen in Verbindung zu bringen ist: Diese Selbstwertschätzung lässt sich als emotionale und positiv geprägte Grundeinstellung des Individuums in Bezug auf sein Selbst verstehen[53]. Während das Selbstkonzept zunächst nur eine reine Selbstsicht im Sinne eines „Bild[es] von der eigenen Person"[54] darstellt, ist die Selbstwertschätzung hingegen eine deutlich emotional geprägte „Bewertung der eigenen Person"[55]. Dabei kann die Selbstwertschätzung von Individuen verschiedenartig ausgeprägt sein, sodass diese Selbstbeurteilung hoch oder niedrig ausfallen kann. Insbesondere bei Individuen mit einem hohen Selbstwertgefühl kann der Effekt auftreten, dass diese Personen sich als überaus positiv darstellen und dadurch tendenziell auch ihre Fähigkeiten überschätzen können[56]. Zwar ist in einer hohen Selbstwertschätzung noch nicht unmittelbar ein Automatismus hin zu einer Selbstüberschätzung von Fähigkeiten zu sehen[57]. Jedoch finden sich innerhalb der Hybris-Definitionen immer wieder Hin-

---

[48] Vgl. Heneman 1974.
[49] Vgl. Schütz 2005, S. 100.
[50] Vgl. Schütz 2005, S. 101.
[51] Vgl. für einen Überblick über den Zusammenhang von Selbstkonzept, Identität und Selbstwahrnehmung: Leary/ Tangney 2003; Markus/Wurf 1987; Oyserman 2001.
[52] Vgl Schütz 2005, S. 9 f.
[53] Vgl. Tesser 2001, S. 480.
[54] Schütz 2005, S. 4.
[55] Schütz 2005, S. 4.
[56] Vgl. Kernis 2009, S. 3.
[57] Vgl. Schütz 2005, S. 100.

weise, dass sich diese Persönlichkeitsausprägung durch eine ‚extrem ausgeprägte' Selbstwertschätzung darstellen würde[58].

In der Psychologie werden empirische Studien zur Selbstüberschätzung von Fähigkeiten zumeist auch anhand der oben vorgestellten Definitionen durchgeführt. Einerseits finden sich Studien, die erfassen, wie präzise Individuen ihre eigene Wissensbasis einschätzen. Andererseits zielen Studien auf die Präzision der Fähigkeitseinschätzung von Individuen. Traditionell werden diese Studien als Experimente oder reine Fragebogenstudien durchgeführt.

Bei der Einschätzung eigener Fähigkeiten ordnen sich weite Teile der Bevölkerung zu hoch ein. Werden beispielsweise Studenten in Vorlesungen mit einer großen Anzahl an Teilnehmern gefragt, ob sie überdurchschnittliche Fähigkeiten im Autofahren aufweisen, schätzt sich die Mehrheit der befragten Personen als überdurchschnittlich ein, obgleich eine durchschnittliche Streuung herauskommen müsste. Auch andere Studien dieses Typs verdeutlichen diesen Trend: In Experimenten gleicher Art sind beispielsweise über 90% der Professoren der Meinung, weit überdurchschnittliche Leistungen im Vergleich zu ihren Kollegen zu erzielen[59].

Gleichermaßen sind in der Literatur auch Forschungsergebnisse zu finden, welche die Selbsteinschätzung einer Fremdeinschätzung gegenüberstellen, sodass die soziale Attribution von Fähigkeiten erfasst wird. In Studien dieser Art zeigt sich, dass Individuen dazu neigen, ihre Fähigkeiten zu überschätzen. Sie nehmen daher bei einer Selbstbeurteilung ihrer Fähigkeiten eine bessere Bewertung vor, als ihnen durch eine externe Attribution zugeschrieben wird[60].

b.   Ursachen und Gründe

Psychologische Studien, welche sich mit den Ursachen für die Entstehung von Selbstüberschätzung auseinandersetzen, lassen sich grob in zwei Bereiche klassifizieren: Ein wesentlicher Teil der Studien beschäftigt sich mit den Ursachen und darauf aufbauenden Auswirkungen von Selbstüberschätzung bei Heranwachsenden, meist in der Phase der Grundschulzeit. Es liegen allerdings auch einige wenige Studien vor, welche sich explizit mit Hybris bei Erwachsenen beschäftigen.

Die Thematisierung von Selbstüberschätzung in der Phase der Adoleszenzentwicklung findet zumeist innerhalb der Persönlichkeitspsychologie statt, wobei die Untersuchungen der Entstehung und Stabilität des Selbstwertkonzeptes nachgehen[61]. Insbesondere steht die Selbstwertentwicklung von Kindergarten- und Grundschulkindern im Mittelpunkt der Forschung[62]. Beispielsweise zeigt sich, dass Grundschulkinder bei der Einschulung meist eine starke Selbstüberschätzung in Bezug auf ihre eigenen Fähigkeiten und Leistungen aufweisen, wobei diese falsch ausgeprägte Selbstbeurteilung sich meist bis spätestens zum Beginn

---

[58] Vgl. Anderson et al. 2008, S. 91.
[59] Vgl. Cross 1977; Dunning et al. 1989, S. 1082; Dunning et al. 1995, S. 58.
[60] Vgl. Langer/Roth 1975; Taylor/Brown 1988.
[61] Vgl. Möller/Trautwein 2009, S. 189.
[62] Vgl. Helmke 1989.

des Eintritts in die Sekundarschule oder leicht darüber hinaus wieder abbaut und die Selbstüberschätzung folglich nur noch gering ausgeprägt sei[63]. Als Ursachen für die Rückentwicklung dieser Tendenz zur Selbstüberschätzung hin zu einem stabilen und damit realitätsangemesseneren Selbstbild wird die zunehmende Reife und Erfahrung der Kinder angeführt.
Die untersuchten Kinder schafften es aus vergangenen Rückschlägen und Misserfolgen zu
lernen und haben erkannt, dass gewisse Selbsteinschätzungen der Vergangenheit fehlgeleitet
waren. Selbstüberschätzung bei Kindern scheint also ein relativ normales Phänomen zu sein,
das auch für die Entwicklung eines stabilen Selbstbildes wesentlich ist.

Obgleich innerhalb psychologischer Studien mit Grundschulkindern kein Konsens darüber
herrscht, aus welchen Gründen Selbstüberschätzung oder unrealistische Selbsteinschätzungen entstehen und aufrechterhalten bleiben[64], zeigen die Autoren Visé/Schneider jedoch die
in der psychologischen Forschung vorliegenden drei wesentlichen Erklärungsansätze für
dieses Zustandekommen von Selbstüberschätzung bei Grundschulkindern auf[65]:

-   Die Forschungsergebnisse und Erklärungsansätze aus dem Bereich der Metakognition fußen auf der Hypothese, dass Kinder Defizite im Bereich ihrer metakognitiven
    Fähigkeiten aufweisen und daraus resultierend überhaupt nicht zu einer akkuraten
    Einschätzung und Überwachung ihrer eigenen Gedächtnisleistung kommen können.
    Allgemein liegen in diesem Alter noch schlecht ausgeprägte Gedächtnisleistungen
    vor, sodass Informationen nur lückenhaft verarbeitet und gespeichert werden können.
    Demzufolge kann das Feedback zu eigenen Leistungen von diesen Kindern noch
    nicht hinreichend wahrgenommen werden, sodass eine Selbstüberschätzung auftritt
    und mitunter auch wiederholt auftreten kann.

-   In dem zweiten angeführten Erklärungsansatz, der Anstrengungsattributions-Hypothese, geben Grundschulkinder falsche Prognosen bezüglich ihrer eigenen Leistungsfähigkeit ab: Zwar haben sie ihrer Wahrnehmung nach eine große Lernanstrengung
    aufgewendet, jedoch sind sie nicht in der Lage, den Gesamtkontext zu sehen, da sie
    diesen noch gar nicht erfahren haben. Daraus kann beispielsweise die Menge des
    noch zu bewältigenden Lernpensums nicht überblickt werden. Es gelingt diesen Kindern nicht, zwischen ihren Lernanstrengungen und den tatsächlichen Lernfähigkeiten
    respektive dem notwendigen Lerneinsatz zu differenzieren.

-   Eine letzte Hypothese ist die des sogenannten Wunschdenkens, nach welcher Grundschulkinder nicht zwischen ihren eigenen Wünschen und den an sie gestellten Anforderungen differenzieren können. Selbstüberschätzung entsteht hier durch eine reine
    Projektion und Imagination.

Ähnlich wie die Annahme, dass Selbstüberschätzung in enger Verbindung mit der Selbstwertentwicklung innerhalb der Phase der Adoleszenzentwicklung steht, lassen sich zur
Überleitung auf die Erwachsenenebene Studien darstellen, die den Aspekt des Selbstwertes

---

[63] Vgl. Helmke 1998.
[64] Vgl. Visé/Schneider 2000, S. 51.
[65] Vgl. Visé/Schneider 2000, S. 52.

mit der Selbstüberschätzung in Verbindung bringen. Meistens wird innerhalb dieser Publikationen angeführt, dass für die Entstehung von Selbstüberschätzung bei Erwachsenen ein extrem ausgeprägter Selbstwert und die damit verbundene hohe Selbstbeurteilung von erheblicher Relevanz sind[66].

Auch wenn – ähnlich wie bei den Untersuchungen bei Grundschulkindern – innerhalb der Forschung keineswegs Übereinkunft über spezifische Gründe der Selbstüberschätzung bei Erwachsenen bestehen, lassen sich Einflussfaktoren herausarbeiten, welche über viele Studien hinweg bestätigt wurden. Hauptsächlich zu nennen ist die mittlerweile schon als klassisch zu bezeichnende Studie von Mabe/West aus dem Jahr 1982, die heute nur noch wenig Aufmerksamkeit genießt. Sie liefert wichtige Antworten auf die Frage, warum Selbstüberschätzung bei Erwachsenen entstehen kann.

Die Studie wurde als Meta-Analyse durchgeführt, wobei 55 quantitative Studien zum Themenbereich der Genauigkeit von Fähigkeits-Selbstbeurteilungen integriert wurden. Obgleich weit über 250 verschiedene Einflussfaktoren für die Emergenz von Selbstüberschätzung bei Erwachsenen gesammelt wurden, identifizierten die Autoren lediglich drei Charakteristika, welche innerhalb der vorherrschenden Literatur generelle Akzeptanz fanden[67]:

- Relative höhere Intelligenz: Personen, welche in Relation zu anderen Probanden der gleichen Stichprobe eine höhere Intelligenz aufweisen, zeigen eine akkuratere Selbsteinschätzung ihrer Fähigkeiten.
- Hohe vorherige Leistungen und Errungenschaften: Personen, die in Bezug auf die abgefragten Fähigkeiten vergangene Erfolge und Errungenschaften für sich in Anspruch nehmen, zeigen eine höhere Genauigkeit innerhalb ihrer Selbstbeurteilung der Fähigkeit auf.
- Eine interne Kontrollüberzeugung[68]: Innerhalb von verschiedenen Studien wurde empirisch dargelegt, dass eine interne Kontrollüberzeugung zu einer höheren Genauigkeit der Selbsteinschätzung von eigenen Fähigkeiten führt.

Rund um die Autoren Dunning/Kruger hat der erstgenannte Aspekt – im Sinne der relativen höheren Intelligenz – in jüngerer Zeit weitere Beachtung in der Psychologie erfahren. Auf Basis der bereits dargelegten Tatsache, dass die meisten Menschen extrem ausgeprägte und damit übermäßig positive Selbstbeurteilungen ihrer Fähigkeiten abliefern, gehen die Autoren der Fragestellung nach, wie und warum solch eine Überbewertung von Fähigkeiten entstehen kann. Interessanterweise zeigte sich innerhalb der ersten empirischen Studie zur Thematik, dass sich weniger intelligente Individuen ihrer eigenen Unfähigkeit und Inkompetenz nicht bewusst sind. Auf Basis des eigenen Nichtwissens entsteht eine Selbstüber-

---

[66] Vgl. Schütz 2005, S. 93.

[67] Vgl. Mabe/West 1982, S. 288.

[68] Die Kontrollüberzeugung – im Englischen als „locus of control" definiert – geht der Frage nach, wie stark Personen davon überzeugt sind, Ereignisse und Vorkommnisse innerhalb ihres Lebens direkt steuern und beeinflussen zu können. Während Personen mit einer internen Kontrollüberzeugung die Ursache für Erfolg oder Scheitern vornehmlich ihrem eigenem Verhalten und damit ihrer eigenen Person zuschreiben, wird bei einer externen Kontrollüberzeugung der Ursprung für Erfolg oder Misserfolg in externen und damit außerhalb des Einflussbereichs der Person gelegenen Gründen gesucht (vgl. Rotter 1966, 1990).

schätzung von Fähigkeiten bei diesen Personen[69]. In wiederholt durchgeführten Studien konnten die Autoren feststellen, dass die leistungs- und intelligenzmäßig zu den unteren 25% der Bevölkerung gehörenden Individuen häufig der Illusion verfallen waren, mit ihren Fähigkeiten wesentlich besser ausgestattet zu sein als der Durchschnitt der Bevölkerung. Unwissenheit und ein Mangel an Selbsteinsicht kann folglich ein übermäßiges Selbstvertrauen in eigene Fähigkeiten entstehen lassen[70]. Ähnlich zu der bei Grundschulkindern beschriebenen Metakognitions-Hypothese fehlt es weniger intelligenten Individuen an Selbsteinsicht und überhaupt an der Fähigkeit, eigene Kompetenzen zu reflektieren. Auf Basis dieses Nichtwissens und einer gering ausgeprägten Intelligenz entsteht dabei eine Kompetenzillusion.

Innerhalb eines breit angelegten Literaturblicks liefert Braun weitere Gründe für die Entstehung von Selbstüberschätzung[71]. Neben hier noch nicht erwähnten selektiven Wahrnehmungsfehlern, bei denen das menschliche Gehirn mit der Informationsverarbeitung überfordert ist und nur noch erwünschte Ereignisse wahrnimmt, wodurch ebenfalls eine Selbstüberschätzung entstehen kann, werden weitere nennenswerte Aspekte aufgeführt. Der ebenfalls bei Grundschulkindern identifizierte Aspekt des Wunschdenkens findet sich auch bei Erwachsenen wieder. Individuen können motiviert sein, ihre Fähigkeiten zu überschätzen, wenn sie sich vorteilhafte Ergebnisse davon versprechen und die Überschätzung regelrecht als optimistische Selbstmotivation einsetzen[72].

Insgesamt ergibt sich das Bild, dass die Gründe und Ursachen für Selbstüberschätzung sowohl bei Grundschulkindern als auch bei Erwachsenen vielschichtig sind. Für den Kontext dieser Arbeit ist es wichtig, auf Basis dieser Ursachen zunächst ein Verständnis für Selbstüberschätzung als relevantes psychologisches Phänomen erhalten zu haben. Wenn es sich bei Hybris um ein relevantes psychologisches Konstrukt handelt und häufig darauf verwiesen wird, dass Selbstüberschätzung ein quasi ‚normales' Phänomen von Individuen sei[73], wird auch die Relevanz für den organisationalen Kontext einmal mehr offensichtlich. Auf diesem Abschnitt aufbauend ist es nun von Interesse, mehr über mögliche Auswirkungen und Folgen zu erfahren.

c.   Auswirkungen und Folgen von Selbstüberschätzung

Innerhalb der Psychologie werden neben naheliegenden negativen Auswirkungen für die Person und die Persönlichkeit auch positive Wirkungen des Phänomens der Selbstüberschätzung untersucht[74]. Häufig wird dabei jedoch angeführt, dass diese positiven Folgen –

---

[69] Vgl. Kruger/Dunning 1999.

[70] Vgl. Dunning et al. 2003; Ehrlinger/Dunning 2003; Ehrlinger et al. 2008. Eine ähnliche Verbindung zwischen Selbstüberschätzung und der Existenz von Inkompetenz zieht auch Owen (2008, S. 272 ff.): Anhand einer historischen Analyse der Krankheiten und vermuteten geistigen Störungen der zentralen Regierungsführer der vergangenen 100 Jahre kann anhand des damaligen US-Präsidenten Bush sowie der englischen Regierung anhand des Premierministers Blair gezeigt werden, wie Selbstüberschätzungstendenzen und Inkompetenz zusammenhängen.

[71] Vgl. Braun 2003, S. 18.

[72] Vgl. Braun 2003, S. 17 ff.

[73] Vgl. Schütz 2000, S. 95.

[74] Vgl. Taylor/Brown 1988.

wenn überhaupt – nur kurzfristiger Natur sein können[75]. Bei Grundschulkindern, mit denen auch innerhalb dieses Themenkomplexes viele Studien vorliegen, zeigt sich, dass eine Selbstüberschätzung von Fähigkeiten indirekt positiv auf schulische Leistungen Auswirkungen haben kann. Insbesondere dadurch, dass sie die Lösungen schwererer Aufgaben schneller in Angriff nehmen und sich auch von unerwartet auftauchenden Problemen nicht beeinträchtigen lassen[76]. Demzufolge lässt sich argumentieren, dass eine Selbstüberschätzung Schüler dazu verleiten kann, mutiger und selbstbestimmter an unbekannte Themenbereiche oder Problemfelder heranzugehen.

Verdeutlicht man sich, dass die Selbstüberschätzung ein zentrales Element nicht nur von Grundschulkindern, sondern auch ein begleitendes Motiv von Kleinkindern ist – sie würden ohne eine Überschätzung ihrer Fähigkeiten beispielsweise nie ihren ersten Schritt wagen – werden mögliche positive Auswirkungen direkt deutlich. Da durch eine Selbstüberschätzung auch Misserfolge produziert und hervorgerufen werden können, man denke an mangelhafte schulische Leistungen durch einen falsch eingeschätzten Lernaufwand, lässt sich argumentieren, dass Selbstüberschätzung bei Grundschulkindern zumindest eine positive Eigenschaft hat. Wenn der durch eine Selbstüberschätzung entstandene Misserfolg von den Kindern reflektiert und anerkannt wird, kann dadurch eine realistischere Selbsteinschätzung und Entwicklung eines stabilen, gefestigten Selbstbilds stattfinden[77].

Ähnlich zu Grundschulkindern, werden auch bei Erwachsenen vergleichbare positive Effekte diskutiert. Vorstellbar ist, dass sich selbst überschätzende Individuen eine höhere Motivation und bessere Arbeitsbewältigung aufweisen, gleichermaßen eine höhere Ausdauer und Beharrlichkeit an den Tag legen und in ihrer Aufgabenbewältigung erfolgreicher als vergleichbare Individuen ohne diese ausgeprägte Persönlichkeitseigenschaft sind[78].

Anzumerken gilt, dass einzelne positive Effekte auch negative Auswirkungen mit sich bringen können. Beispielsweise zeigt sich anhand des Aspekts der Beharrlichkeit und Ausdauer, wie sich dieses Kriterium ins Extreme wandeln kann. Individuen mit einer sehr hoch ausgebildeten Selbstbeurteilung können bei an sie gestellte aber nicht lösbare Aufgaben, extreme Beharrungstendenzen entwickeln[79]. Jene Individuen, die ihre Fähigkeiten in dieser extremen Art überschätzen, wollen vor der Unlösbarkeit dieser Aufgabe nicht kapitulieren, sodass unsinnig viel Energie auf die Lösung einer unlösbaren Aufgabe verwendet wird[80].

Implizit klingt bei diesem Übergang von den positiven zu den negativen Auswirkungen ein wesentliches Motiv mit: die Zeitdimension. Zwar mag Selbstüberschätzung kurzfristig eine positive und funktionale Wirkung haben, jedoch kann ein länger anhaltender Zustand der Überschätzung mit negativen Folgen belegt sein[81].

Unter Rückgriff auf Helmke (1992) zeigt beispielsweise Schütz potenzielle negative Konsequenzen von Selbstüberschätzung für Grundschulkinder auf: „Kinder, die sich stark über-

---

[75] Vgl. Robins/Beer 2001.
[76] Vgl. Schütz 2005, S. 95.
[77] Vgl. Helmke 1998.
[78] Vgl. Taylor/Brown 1988, S. 199.
[79] Vgl. McFarlin et al. 1984.
[80] Vgl. Schütz 2005, S. 93 f.
[81] Vgl. Möller/Trautwein 2009, S. 199.

schätzten, bereiten sich ungenügend auf Prüfungen vor und erzielen schlechtere Leistungen (z.B. in Mathematikprüfungen). Eine starke Überschätzung der eigenen Fähigkeiten kann also dazu führen, dass Erfolg für selbstverständlich gehalten wird, was wiederum zur Folge haben kann, dass die Voraussetzungen für diesen Erfolg nicht geschaffen werden und dieser infolgedessen ausbleibt"[82]. Durch einmaligen Erfolg auf Basis einer unzureichenden Selbsteinsicht kann nachvollzogen werden, dass ein regelrechter starrer Erfolgsglaube bei Grundschulkindern entstehen kann. Bei Kindern, die die Quellen für diesen Erfolg in ihrer eigenen Person sehen, kann schnell der Status einer Selbstüberschätzung entstehen[83]. Auch ist zu beachten, dass Kinder, welche mit übermäßigem Lob in Anschluss an positive Leistung honoriert werden, ein exzessives Selbstbewusstsein entwickeln können, was sich später in Misserfolgen wie beispielsweise in negativen schulischen Leistungen niederschlagen kann[84].

Genauso zeigt sich auch bei Erwachsenen ein ähnlicher Umgang mit Misserfolgen und dem Aspekt des Scheiterns: Bei Personen mit hoch ausgeprägtem Selbstwertgefühl und Tendenzen zur Selbstüberschätzung kann im Zeitablauf das Phänomen entstehen, dass sie nach Misserfolgen und dem Scheitern an Aufgaben und Projekten nach wie vor in einem Zustand einer Selbstüberschätzung verharren. Diese Personen gehen dann rigide und störrisch davon aus, dass sie in der Zukunft bei ähnlichen Aufgaben dennoch erfolgreich sein werden[85]. Extrem ausgeprägte Selbstwertbeurteilungen können zudem dazu führen, „dass Aufgaben unterschätzt bzw. eigene Ziele zu hoch angesetzt und deshalb nicht erreicht werden"[86]. Besonders offenbar wird diese Fehlleistung zumeist bei individuellen Einschätzungen hinsichtlich Zeit- und Kostenplanungen. Individuen überschätzen regelmäßig ihre Fähigkeit, akkurate Pläne zu erstellen und sind meist nicht in der Lage, diese Pläne zeitnah und realitätsangemessen zu korrigieren[87]. Meist sehen zudem sich selbst überschätzende Erwachsene die Ursachen für Erfolge in der eigenen Person, sodass positive Resultate nur auf Basis der eigenen Leistung und Fähigkeiten deklariert werden. Tritt jedoch ein wahrgenommener Misserfolg auf, werden die Gründe hierfür zumeist mit externen Umständen begründet oder gar auf böse externe Mächte zurückgeführt[88].

Obgleich bisherige Auswirkungen und Folgen der Selbstüberschätzung allein auf Ebene des Individuums diskutiert wurden, zeigt sich an dem zuletzt genannten Aspekt, dass nicht nur einzelne Individuen betroffen sind, sondern die individuelle Selbstüberschätzung auch weitere Personen oder ganze Gruppen beeinflussen kann. Verdeutlichen lässt sich dies ansatzweise mit der Problematik, die entstehen würde, wenn eine Person innerhalb einer Organisation das Scheitern nicht bei sich, sondern bei seinen Mitarbeitern sehen würde. Das Phänomen Hybris kann daher auch interpersonale Beziehungen beeinflussen, da sich andere Per-

---

[82] Schütz 2005, S. 93.
[83] Vgl. Lewis/Sullivan 2005, S. 190 f.
[84] Vgl. Baumeister et al. 2003.
[85] Vgl. Schütz 2005, S. 98.
[86] Schütz 2005, S. 93.
[87] Vgl. Larwood/Whittaker 1977.
[88] Vgl. Robins/Beer 2001; Schütz 2005, S. 109.

sonen durch das Verhalten einer sich in ihren Fähigkeiten selbst überschätzenden Person beleidigt, verachtet oder schlecht behandelt fühlen können[89].

Wenn durch die Folgen der individuellen Selbstüberschätzung Gruppen und damit Organisationskollektive betroffen sind[90], kann für den Kontext der vorliegenden Arbeit erneut abgeleitet werden, dass Selbstüberschätzung von Individuen auch für Organisationen großen Einfluss haben kann. Insbesondere die in diesem Abschnitt erwähnten mentalen Beharrungstendenzen, die Unterschätzung von Aufgaben und die überambitionierte Planung von Zielen sowie die daraus resultierenden falschen Zeit- und Kostenplanungen werden für den weiteren Verlauf dieser Arbeit noch besonders wichtig sein.

2.   Verwandte Begrifflichkeiten und Konzepte

Während im vorhergehenden Abschnitt psychologische Studien und Forschungsergebnisse diskutiert und vorgestellt wurden, die sich explizit mit einem Phänomen der Selbstüberschätzung von Fähigkeiten auseinandersetzen, existieren daneben in der Psychologie weitere Konzepte, die eine Selbstüberschätzung weniger direkt benennen, aber dennoch implizit thematisieren. Da in der Managementforschung neben Hybris und Selbstüberschätzung auch auf Overconfidence, Größenwahn und Narzissmus zurückgegriffen wird, müssen deren Definitionen und Konzepte hier ebenfalls vorgestellt werden[91]. Der aktuelle Abschnitt vermittelt daher auf Basis der psychologischen Hintergründe dieser Konzepte ein präziseres Verständnis für den weiteren Verlauf der Arbeit.

a.   Overconfidence

Eine sehr große Schnittmenge mit dem Phänomen der Selbstüberschätzung weist der Begriff und das Konzept „Overconfidence"[92] auf. Resultierend aus der Tatsache, dass nicht nur in betriebswirtschaftlichen, sondern auch in psychologischen Studien die Begriffe Hybris und Selbstüberschätzung synonym mit Overconfidence verwendet werden[93], bedarf es für diese Arbeit auch einer genaueren Auseinandersetzung mit dieser Begrifflichkeit.

Die synonyme Verwendung rührt zumeist aus einer unzureichenden Beschäftigung mit der Bedeutung des Begriffs und der Abgrenzung zum Term Hybris. Es könnte durchaus angenommen werden, dass Overconfidence eine sinnvolle Beschreibung für das Hybris-Phäno-

---

[89] Vgl. Lewis/Sullivan 2005, S. 191.

[90] Vgl. Dunning et al. 2004, S. 90 ff.; vgl. auch Anderson et al. 2008.

[91] Vgl. bspw. Brown 1997; Kroll et al. 2000; Simon/Houghton 2003 für Studien, welche auf eines dieser genannten Konzepte Bezug nehmen.

[92] Häufig wird dieses Konzept auch mit dem Begriff „Overconfidence Bias" beschrieben. Innerhalb der deutschsprachigen Literatur wird dieses Phänomen zumeist mit dem Term der „systematischen Selbstüberschätzung" übersetzt und gleichgesetzt. Definiert wird dieses meist als die „Tendenz, mit großem Selbstvertrauen auf falschen Aussagen zu beharren...", sowie „...die Verlässlichkeit der eigenen Überzeugungen und Einschätzungen..." und „...die Treffsicherheit unseres Wissens und unserer Urteile zu überschätzen" (Myers 2008, S. 438). Eine weitere definitorische Trennung zwischen Overconfidence und weiteren Aspekten, wie dem „Überoptimismus", der vielfach in der Literatur angeführt wird, soll in dieser Arbeit nicht erfolgen. Vgl. für einen Überblick hierzu bspw. Griffin/Varey (1996).

[93] Vgl. bspw. Baumeister et al. 1993, S. 142. Besonders deutlich wird diese Tatsache zudem bei Dunning et al. (2004, S. 95 ff.): Unter dem Begriff Overconfidence wird ein Überblick über verschiedene Studien aus der Managementforschung unterbreitet, obgleich die dortigen Studien zumeist mit dem Fokus auf Hybris veröffentlicht worden sind.

men ist. Denn die die deutsche Übersetzung dieses englischsprachigen Begriffs weist einerseits deutliche Parallelen zum Hybris-Verständnis auf. Rein sprachlich steht Overconfidence zunächst für eine Vermessenheit oder ein übermäßiges (Selbst-)Vertrauen. Andererseits wird Overconfidence in einer relativ weiten Definition auch als der implizite Glaube von Individuen verstanden, besser zu sein, als sie es tatsächlich sind[94].

Unter Rückgriff auf die im vorherigen Kapitel angeführte Vorstellung und Konzeptualisierung bleibt anzumerken, dass es sich bei der Selbstüberschätzung immer um eine Interpretationsleistung – im Sinne einer Selbsteinschätzung – von Individuen in Bezug auf ihre eigenen Fähigkeiten handelt. Selbstüberschätzung besagt, dass Individuen ihre eigenen Fähigkeiten zu hoch bewerten. Unabhängig von der empirischen Messung stellt sich der wesentliche Unterschied zum Overconfidence Phänomen dadurch dar, dass Overconfidence definitorisch an Entscheidungen und Beurteilungen von Individuen gebunden ist. Mit Overconfidence beschriebene oder von diesem Phänomen beeinflusste Individuen haben ein übermäßig stark ausgeprägtes Vertrauen in die Validität ihrer abgegebenen Urteile[95]. Anders gesprochen lässt sich annehmen, dass Overconfidence eine spezielle Ausprägung der Selbstüberschätzung beschreiben kann, nämlich eine Überschätzung der eigenen Urteilsfähigkeit. Vorstellbar ist daher, dass Overconfidence eine spezielle Ausprägung der Selbstüberschätzung von Fähigkeiten darstellt.

Dieser Grundlogik wird auch innerhalb verschiedener Kategorisierungen und Literaturüberblicken gefolgt. Hvide führt in diesem Kontext an, dass zwei Typen von Overconfidence in der psychologischen Forschung diskutiert werden und zu unterscheiden sind[96]: Während sich der erste Typ direkt auf die Begrifflichkeit Hybris bezieht, Individuen folglich bei einer Selbstbeurteilung allgemein ihre eigenen Fähigkeiten überschätzen, bezieht sich der zweite Typ auf das Phänomen, bei welchem Individuen in Bezug auf ihre Einschätzungen und Prognosen eine zu große Sicherheit aufweisen. Typ II ist daher mit dem schon angeführten Overconfidence-Verständnis im Sinne des „Overconfidence-Phänomens" oder „Overconfidence-Bias" deckungsgleich. Während Typ I eine allgemeine Selbstüberschätzung von Fähigkeiten beschreibt, ist Typ II enger gefasst und beinhaltet lediglich die Selbstüberschätzung von Individuen in Bezug auf ihre individuelle Prognosefähigkeit und die Validität ihrer abgegebenen Urteile. Festzuhalten bleibt, dass nicht zwangsläufig eine Verbindung zwischen diesen beiden Overconfidence-Typen gegeben sein muss.

Eine ähnliche, jedoch wesentlich präzisere Kategorisierung liefern Moore/Healy, welche bisherige Studien zum Themenbereich Overconfidence in drei verschiedene Strömungen unterteilen[97]:

- Overconfidence als „Overestimation": Overconfidence stellt sich nach diesem Typ als Überschätzung von Fähigkeiten eines Individuums dar.

---

[94] Vgl. Johnson/Fowler 2011, S. 317.
[95] Vgl. Schweizer 2005, S. 261 ff.
[96] Vgl. Hvide 2002, S. 19.
[97] Vgl. Moore/Healy 2008, S. 502 f.

- Overconfidence als „Overplacement": Overconfidence ist dieser Kategorie zufolge eine Überschätzung von Fähigkeiten eines Individuums im Vergleich zu anderen Personen.
- Overconfidence als „Excessive Precision": Overconfidence stellt sich diesem Typ nach als exzessiver Präzisionsglaube von Individuen dar.

Darauf aufbauend ist anzumerken, dass die ersten beiden Typen deckungsgleich mit dem bereits angeführten Verständnis einer Selbstüberschätzung von Fähigkeiten sind. Eine Unterscheidung liegt insbesondere auf der Ebene des sozialen Vergleichs. Ähnlich wie die im Kapitel zur Selbstüberschätzung angeführten Herangehensweisen und Definitionen, können sich Personen einerseits rein im Hinblick auf ihre eigenen Fähigkeiten überschätzen oder andererseits ihre Fähigkeiten im Vergleich zu anderen Individuen überbewerten[98]. Der dritte Overconfidence Typ entspricht hingegen der schon angeführten originären Definition von Overconfidence.

Zur besseren Verdeutlichung des Unterschieds zwischen Overconfidence und einer Selbstüberschätzung von Fähigkeiten, die sich nach Moore/Healy nur in den ersten beiden Typen widerspiegelt, lässt sich die Art der Messung des „Overconfidence-Bias" – im Sinne des dritten Typs – anführen.

In psychologischen Studien, die direkt den dritten Overconfidence-Typ untersuchen, werden Probanden mit Wissens-, Prognose- oder Einschätzungsfragen konfrontiert. Häufig werden Studienteilnehmer beispielsweise gefragt, wie viele Einwohner in einer gewissen Großstadt leben. Sie werden dabei also um eine Schätzung respektive eine Prognose auf Basis ihres Wissens gebeten. In einem darauf folgenden Schritt wird den Probanden die Frage gestellt, zu wie viel Prozent sie sich ihrer Antwort sicher sind. Mit anderen Worten gesprochen müssen die Studienteilnehmer angeben, wie hoch das Vertrauen in ihre eigene abgegebene Prognose oder ihr eigenes Wissen ist. Der Overconfidence-Effekt tritt dann auf, wenn die prozentuale Angabe die tatsächliche Genauigkeit übersteigt[99]. Eine Person gilt also als „overconfident", wenn die subjektive Einschätzung in Bezug auf die Richtigkeit von Prognosen signifikant über der tatsächlichen Genauigkeit im Sinne der richtigen Antworten liegt[100].

Der Overconfidence-Effekt wird innerhalb der psychologischen Literatur als der statistisch robusteste Beurteilungsfehler menschlichen Handelns dargestellt[101]. Während Overconfidence eine regelmäßig auftretende Problematik bei menschlichen Urteilen und deren Prognosefähigkeit ist, die meisten Menschen also anfällig für diesen Beurteilungsfehler sind, muss die Aussagekraft dieses Effektes und Phänomens dennoch kritisch hinterfragt werden[102].

---

[98] Neben der reinen Thematisierung einer Selbstüberschätzung finden sich diese beiden Effekte in der Sozialpsychologie zudem unter dem Begriff der „Selbstwertsteigerung" wieder (vgl. Kwan et al. 2004). Der „Overplacement"-Effekt findet zudem auch als „better-than-average"-Effekt, im Sinne eines Glaubens von Individuen, eine bessere Fähigkeitsausprägung als der Durchschnitt zu haben, Verwendung (vgl. Alicke/Govorun 2005).
[99] Vgl. Fischhoff et al. 1977, S. 552; Moore/Healy 2008, S. 502.
[100] Vgl. Simon/Houghton 2003, S. 139.
[101] Vgl. De Bondt/Thaler 1995, S. 389.
[102] Vgl. bspw. Ayton/McClelland 1997.

Einerseits basiert der Effekt immer auf dem Zusammenhang zwischen Wissensstand der Probanden und möglichen zu diesem Wissensstand passenden oder nicht passenden Frage-stellungen, wodurch zwangsläufig natürliche statistische Fehlmessungen und Fehlinterpreta-tionen auftauchen können[103]. Andererseits muss generell die Art der Messung dieses Phä-nomens kritisch betrachtet werden. Zieht man hinzu, dass Menschen grundsätzlich Proble-me bei der Einschätzung prozentualer Wahrscheinlichkeiten haben, wirkt sich dies direkt auf das Phänomen Overconfidence aus. Während sich das Resultat von Overconfidence als falsche Einschätzung von Prognosen und damit auch Eintrittswahrscheinlichkeiten darstellt, könnte dieser Effekt grundsätzlich auch durch ein allgemeines menschliches Unvermögen beim Umgang mit prozentualen Maßen beruhen[104].

Ohne inhaltlich tiefer in die Forschung und Kritik zur Overconfidence-Thematik einzustei-gen, lässt sich für die vorliegende Arbeit folgende Erkenntnis aus dieser Betrachtung ziehen: Grundsätzlich wurde gezeigt, dass eine starke Trennung zwischen Overconfidence und einer Selbstüberschätzung von Fähigkeiten gemacht werden kann. Overconfidence kann zwar durchaus als eine Ausprägung der Überschätzung von Fähigkeiten interpretiert werden, in-dem Individuen ihre jeweilige Prognosefähigkeit überbewerten. Dennoch muss gesehen werden, dass die Aussagekraft und Relevanz dieses Effekts auch in der Psychologie kritisch diskutiert wird. Es ist nicht endgültig geklärt, ob es sich hierbei nicht generell um eine menschliche Fehlleistung und Unfähigkeit in Bezug auf die Einschätzung von Wahrschein-lichkeiten handelt.

Wenn im weiteren Verlauf der Arbeit der Begriff der Selbstüberschätzung verwendet wird, soll auf den ersten beiden Kategorien von Moore/Healy aufbauend ein spezifisches Ver-ständnis von Overconfidence mit integriert werden. Die klassische Vorstellung von Over-confidence – im Sinne eines exzessiven Präzisionsglaubens von Individuen – wird hingegen nicht im Schwerpunkt der Arbeit stehen. Da innerhalb der Managementforschung häufig die Begrifflichkeiten Selbstüberschätzung und Hybris als Synonyme zum Term Overconfidence verwendet werden, wird die in diesem Abschnitt angeführte Trennung hilfreich sein, um eine Konzeptkonfusion zu vermeiden.

b.   Manie und Größenwahn

Die vornehmlich in der Sozial- und Persönlichkeitspsychologie diskutierten Phänomene der Selbstüberschätzung und des Overconfidence wurden bisher zunächst frei von psychischen Persönlichkeitsstörungen oder Geisteskrankheiten diskutiert – ein großer Anteil der Bevöl-kerung kann diesen Effekten in ihrem Denken, Einschätzen und Handeln mehr oder weniger stark sowie mehr oder minder häufig unterliegen. Daneben ist der Aspekt der Selbstüber-schätzung von Fähigkeiten in der psychiatrischen Literatur enthalten, wobei Selbstüber-schätzung als Teil einer krankhaften Persönlichkeitsstörung dargelegt wird. Unter Rückgriff auf die in der Psychiatrie diskutierten Störungen wie Manie und Größenwahn kann daher

---

[103] Vgl. Klayman et al. 1999.
[104] Vgl. insbes. Gigerenzer et al. 1991 zu einer Grundsatzkritik und theoretischen Erweiterung des Overconfidence-Effekts.

ein noch breiteres Verständnis für den Aspekt der Fähigkeitsüberschätzung gewonnen werden.

Definiert ist die Manie als eine affektive geistige Störung, die „als ernste psychische Erkrankung von einer Vielzahl jener Einstellungen gekennzeichnet [ist], die in einer gebremsten Form auch bei normalen Individuen vorkommen: ein unrealistischer Zukunftsoptimismus, die Überschätzung der eigenen Begabung und Leistung und schließlich ein illusionärer Begriff vom eigenen Einfluss auf das Weltgeschehen und der Fähigkeit, die Umwelt unter Kontrolle zu bringen"[105]. Personen, die von einer zumeist prozesshaft ablaufenden manischen Erkrankung betroffen sind, kennzeichnen sich durch einen enorm gesteigerten Antriebsdrang sowie eine überschwängliche Stimmung. Aufgrund der Überschätzung der eigenen Begabung und Leistung wird in der psychiatrischen Literatur das Phänomen der Selbstüberschätzung als Bestandteil von Manien gesehen[106]. Definitorisch wird festgehalten, dass beim Auftreten dieser überschwänglichen Stimmungen eine Selbstüberschätzung von Fähigkeiten parallel entstehen kann, wobei zwischen einer heiter euphorischen Manie sowie einer weiteren Steigerung im Sinne eines synthymen Wahns zu unterscheiden ist[107]: Innerhalb von Therapien kann „die heiter-euphorische Manie [...] große Schwierigkeiten in der Versorgung bereiten. Verantwortlich hierfür sind die vorherrschende Störungen der Kritik- und Urteilsfähigkeit, die Selbstüberschätzung, die fehlende Krankheitseinsicht und die Größenideen. Dem Therapeuten begegnen sie distanziert-herablassend, besserwisserisch, belehrend oder gönnerhaft"[108]. Im Laufe der Zeit können sich die Symptome extrem verschlechtern und steigern, sodass unter Umständen die Manie in einem Wahn mündet. „Bei einem Teil der Patienten entwickelt sich ein synthymer Wahn: Größenwahn, Caesaren- oder Abstammungswahn, religiöser Wahn, Liebeswahn oder Erfinderwahn. Der Wahnbildung gehen in der Regel Phasen der Selbstüberschätzung, des Erlebens eigener Grandiosität und Selbstsicherheit voraus"[109].

Daraus erkennbar ist, wie innerhalb der psychiatrischen Literatur dargelegt wird, dass eine dauerhafte Selbstüberschätzung in einem Größenwahn mit noch extremer ausgeprägter Selbstüberhöhung münden kann[110]. Zudem muss festgehalten werden, dass die Manie als psychische Störung sowie eine damit einhergehende überhöhte Selbsteinschätzung und der Größenwahn innerhalb des Diagnoseklassifikationssystems der Weltgesundheitsorganisation aufgenommen sind[111]. Die Selbstüberschätzung von Fähigkeiten als Teil der Manie und im Sinne einer psychischen Erkrankung ist daher ein innerhalb der Psychiatrie anerkanntes

---

[105] Taylor 1993, S. 295.
[106] Vgl. Taylor 1993, S. 295 ff.
[107] Vgl. Bandelow et al. 2008, S. 101.
[108] Berzewski 2009, S. 101.
[109] Berzewski 2009, S. 101.
[110] Definitorisch lässt sich der Größenwahn als „...wahnhafte Erhöhung des eigenen Wertes und der eigenen Möglichkeiten" (Avenarius 1978, S. 9) darstellen. Obgleich andere Wahnerkrankungen – insbesondere der Verfolgungswahn – in der Psychiatrie auf breite Aufmerksamkeit gestoßen sind, scheint das Thema des Größenwahns wenig betrachtet zu sein. Eine Ausnahme stellt die Publikation von Avenarius (1978) dar, welche anhand von 57 klinischen Fällen qualitative Einsichten sowohl in Inhalt als auch Ursprünge dieser psychischen Störung gibt.
[111] Innerhalb des ICD-10 Kriterienkatalogs der anerkannten Krankheiten und Gesundheitsprobleme der Weltgesundheitsorganisation (WHO) finden sich die Symptome des manischen Syndroms im Katalog F.30. Selbstüberschätzung im Sinne einer überhöhten Selbsteinschätzung sowie Größenwahn werden im Teilabschnitt F.30.1 als Manie ohne psychische Symptome definiert (vgl. Berzewski 2009, S. 102).

und klassifiziertes Phänomen. Selbstüberschätzung wird daher nicht nur in der Sozial- und Persönlichkeitspsychologie untersucht und thematisiert, sondern ist in der Psychiatrie auch als Teil eines anerkannten Krankheitsbildes verzeichnet.

Für den Rahmen dieser Arbeit kann insbesondere festgehalten werden, dass der Term Größenwahn, welcher nicht nur in der Umgangssprache häufig Verwendung zur Erklärung von Misserfolg und Scheitern findet[112], sondern auch in der Managementforschung aufgegriffen wird[113], tatsächlich in enger Relation zur der Selbstüberschätzung zu sehen ist. Zudem kann schon vorab festgehalten werden, dass nicht nur Individuen, sondern auch Organisationen nach übermäßiger Grandiosität streben[114] oder ihre Kritikfähigkeit herabsetzen können[115].

c. Narzissmus

Durch die Klassifizierung der Manie als Krankheitsbild lässt sich aufzeigen, dass Selbstüberschätzung nicht nur innerhalb der Sozial- und Persönlichkeitspsychologie untersucht wird, sondern auch in der Psychiatrie diskutiert wird. Ähnlich steht es um den Narzissmus. Dieses Phänomen wird innerhalb der Forschung sowohl als Sozial- und Persönlichkeitsmerkmal als auch innerhalb psychoanalytischer Theorien untersucht[116] und ist sogar als anerkannte Persönlichkeitsstörung in den relevanten Kriterienkatalogen der Gesundheits- und Persönlichkeitsstörungen verzeichnet[117].

Für den Kontext und weiteren Verlauf dieser Arbeit weniger von Relevanz sind die in der Forschung vielfach diskutierten Fragen, inwieweit Narzissmus eine gesundheitlich vorteilhafte oder unvorteilhafte Eigenschaft darstellt[118], sonstige positive oder negative Auswirkungen mit sich bringen kann[119], ein stabiles oder dynamisches Phänomen ist[120], oder ob es sich hierbei entweder um eine Persönlichkeitsstörung oder ein mehr oder minder von einer breiten Personengruppen geteiltes Phänomen handelt[121]. Von vordergründiger Relevanz ist hingegen die Frage nach dem genauen Zusammenhang zwischen Narzissmus und einer Selbstüberschätzung von Fähigkeiten.

---

[112] Vgl. Norddeutscher Rundfunk, 07.11.2002: [PA: 641:1].

[113] Vgl. bspw. Hayward/Hambrick 1997, S. 108; Hmieleski/Baron 2008, S. 61.

[114] Vgl. Kets de Vries/Miller 1984b, S. 45.

[115] Vgl. Schkade et al. 2000; Sunstein 2000, S. 105.

[116] Vgl. für einen Überblick bspw. Köhler 1978; Kohut 1971b. Einen historischen Überblick über die begriffliche Verwendung in der Antike sowie Neuzeit gibt Carr 1998, S. 83 ff.

[117] Narzissmus wird sowohl in der ICD-10 Klassifikation der Weltgesundheitsorganisation, als auch im DSM-IV/V Katalog der American Psychiatric Association als Persönlichkeitsstörung verzeichnet (vgl. Bronisch et al. 2008, S. 1033).

[118] Vgl. Asendorpf/Ostendorf 1998; Miller 1986, S. 324 ff.; Neumann 2010, S. 27.

[119] Vgl. Baumeister et al. 2003; Campbell 2001.

[120] Vgl. Morf/Rhodewalt 2001; Rhodewalt/Morf 1998.

[121] Vor allem in der sozial- und persönlichkeitspsychologischen Literatur wird Narzissmus als relativ normales Phänomen betrachtet, welches – mehr oder minder stark ausgeprägt – bei den meisten Menschen vorkommt (vgl. Neumann 2010, S. 21). In der psychologischen Literatur wird zudem eine deutliche Unterscheidung zwischen Narzissmus als eine mehr oder minder stark ausgeprägten Persönlichkeitseigenschaft sowie als katalogisierte Persönlichkeitsstörung NPD („narcissistic personality disorder") unterschieden. Während das Krankheitsbild NPD weniger als ein Prozent der westlichen Bevölkerung betrifft, baut Narzissmus als Persönlichkeitseigenschaft ebenfalls auf den NPD Kriterien auf; jedoch wird die Meinung geteilt, dass es sich hierbei nicht um klinisch relevante Persönlichkeitsstörungen, sondern unterschiedlich stark ausgeprägte Persönlichkeitsstrukturen handelt (vgl. Campbell et al. 2005, S. 1359).

Der Begriff „Narzissmus", wurde erstmalig durch Ellis im Jahr 1898 als autoerotische Persönlichkeitsstörung aufgeführt und entwickelte sich durch Freud (1914), Kohut (1971a) und Kernberg (1975) als relevantes Konzept innerhalb der klinischen Psychologie und Psychoanalyse[122]. Dieser Begriff erhielt darüber hinaus auch in der Bevölkerung über die umgangssprachliche Verwendung große Bekanntheit. Definitorisch lässt sich Narzissmus in einer weit gefassten Vorstellung als reine Selbstliebe von Individuen verstehen[123]. Präziser gefasst, wird Narzissmus meist als das Streben von Individuen nach Großartigkeit sowie dem Aufrechterhaltungswunsch nach einer extrem ausgeprägten und daher positiven Selbstwahrnehmung dargestellt[124]. Insbesondere sind narzisstisch geprägte Personen „durch Selbstüberschätzung, großspuriges Auftreten, mangelnde Empathie und einen Hang zu ausbeuterischem Verhalten anderen gegenüber gekennzeichnet"[125].

Während innerhalb der Psychoanalyse die Gründe für das Entstehen von Narzissmus zumeist in frühkindlichen Erfahrungen gesehen und gesucht werden[126], wird im subklinischen und klinischen Verständnis davon ausgegangen, dass Individuen eine positive Selbstsicht aufrechterhalten müssen, um den allgemeinen Aufgaben und Problemen des Alltags gewachsen zu sein. Narzissmus stellt sich als eine mehr oder minder extreme Ausprägung dieses tief innerhalb der menschlichen Psyche verankerten Wunsches nach der Erhaltung eines positiven Selbstbilds dar[127]. Unabhängig von einer präziseren Darlegung der genaueren ursprünglichen Gründe für die Entstehung und das Zustandekommen von Narzissmus, zeigt sich aus der vorangegangenen Erörterung und der dargelegten Definition, dass die Aspekte der Selbstüberhöhung sowie der Überschätzung von Fähigkeiten in enger Verbindung mit dem Narzissmus zu sehen sind[128]. Offen ist hierbei jedoch zunächst geblieben, ob eine Selbstüberschätzung als Definitionsbestandteil oder als Folge von narzisstischen Persönlichkeitsstrukturen gesehen werden kann.

Interessanterweise finden sowohl konzeptionell als auch empirisch beide Kausalitäten Verwendung. Einerseits wird eine Fähigkeitsüberschätzung als Teil verschiedener Kriterien gesehen, die den Narzissmus definitorisch zugrunde legen: „Kennzeichnend für Narzissmus ist die Tendenz zur Selbstüberschätzung"[129]. Narzissmus ist dabei nicht nur mit einer stark ausgeprägten Selbstsicht verbunden, sondern wird auch durch eine Überschätzung und eine zu positive Wahrnehmung der eigenen Fähigkeiten konstituiert[130]. Andererseits findet sich auch eine abgewandelte Argumentationslogik, nach welcher Selbstüberschätzung als ein sich im Laufe der Zeit entwickelndes Verhaltensmuster narzisstischer Personen auslegt wird[131]. Eine Fähigkeitsüberschätzung wäre bei dieser Herangehensweise lediglich eine

---

[122] Vgl. Kaul et al. 2007, S. 22.
[123] Vgl. Campbell et al. 2002, S. 358.
[124] Vgl. Campbell et al. 2011, S. 269.
[125] Neumann 2010, S. 21.
[126] Vgl. Miller 1986.
[127] Vgl. Gabriel et al. 1994, S. 143.
[128] Vgl. Lewis/Sullivan 2005, S. 190 f.
[129] Schütz 2005, S. 100. Ähnlich Schütz et al. 2004, S. 204.
[130] Vgl. Campbell et al. 2011, S. 277; vgl. zudem Campbell et al. 2002.
[131] Vgl. Schütz 2005, S. 104.

Folge, nicht aber die Ursache, anhand derer Narzissmus attribuiert oder diagnostiziert würde.

Grundsätzlich unterstreicht diese Argumentation, dass Narzissmus und Selbstüberschätzung
eng verbunden sind. Durch die Feststellung, dass eine Selbstüberhöhung als ein Definitionsbestandteil dargestellt wird, lässt sich zeigen, dass eine Fähigkeitsüberschätzung auch
unabhängig von der Diagnose oder Attribution des Narzissmus gesehen werden muss. Narzissmus kann eine wesentliche Quelle einer Selbstüberschätzung darstellen, die umgekehrte
Kausalität ist dessen ungeachtet gleichermaßen vorstellbar.

Weiterhin erwähnenswert ist die Tatsache, dass der Begriff und das Konstrukt innerhalb der
Wirtschaftspsychologie Beachtung findet. Ungeachtet der dort häufig anzutreffenden definitorischen und konzeptionellen Unschärfe[132], zeigt sich, dass dem Narzissmus ebenfalls Relevanz innerhalb des wirtschaftswissenschaftlichen Diskurses zukommt.

3.   Das „Hybris-Syndrom"

Ähnlich dem Ansatz, Narzissmus als klinisch relevante Persönlichkeitsstörung zu klassifizieren, wird in jüngerer Zeit der Begriff „Hybris-Syndrom" diskutiert. Ausgehend von
Owen (2006, 2008a, 2008b) sowie in einer Erweiterung durch Owen/Davidson (2009) wurde in medizinischen Fachpublikationen die Sichtweise entwickelt, Hybris als medizinisch-
psychiatrisches Problem aufzufassen und damit als Krankheitssyndrom zu kategorisieren.

Ohne unmittelbar auf den Aspekt der Selbstüberschätzung einzugehen, wird der Hybris-
Begriff innerhalb dieser Konzeptualisierung als extrem ausgeprägtes Selbstbewusstsein und
übertriebene Selbstsicherheit sowie ein übersteigerter Stolz von Individuen definiert und
verstanden[133].

Im Gegensatz zu bisher bekannten und klassifizierten Persönlichkeitsstörungen wird hier
angenommen, dass Hybris als Symptom im Zeitverlauf und damit allmählich entsteht. Das
Phänomen wird nicht als grundsätzliche menschliche Neigung gesehen, sodass Hybris nicht
per se in der Persönlichkeitsstruktur von Individuen vorhanden sein muss. Ähnlich dem Gedanken, nach welchem individuelle Macht als Auslöser von Narzissmus gesehen wird[134],
wird auch das Hybris-Syndrom als Konstrukt modelliert, welches durch Macht und auf Basis des Machtausübungsprozesses von Individuen entstehen kann[135]. Folglich soll Hybris
nicht zwangsläufig mit Persönlichkeitsstörungen oder Geisteserkrankungen in Verbindung

---

[132] Insbesondere taucht mitunter das Phänomen auf, dass Narzissmus mit Selbstüberschätzung unreflektiert gleichgesetzt wird. So halten Kaul et al. (2007, S. 22) beispielsweise fest: „Obwohl Selbstüberschätzung bzw. Narzissmus
beim Coaching von Führungskräften häufig eine bedeutende Rolle spielt, ist es in der klassischen Coachingliteratur
ein bislang noch kaum beachtetes Thema".

[133] Das Auftreten von Hybris sei zudem häufig verbunden mit einem mangelndem Wissen oder Interesse an geschichtlichen Zusammenhängen sowie der Verachtung von anderen Individuen (vgl. Owen 2006, S. 548). Die definitorische Integration des mangelnden geschichtlichen Wissens ist aufgrund der Tatsache zustande gekommen, dass die
Veröffentlichungen Owen (2006, 2008b) sowie Owen/Davidson (2009) nicht nur Hybris theoretisch beschreiben
und katalogisieren, sondern das Hybris-Syndrom in Bezug auf Vorsitzende und zentrale Personen der englischen sowie US-amerikanischen Regierungen der vergangenen 100 Jahre anwenden.

[134] Vgl. Wirth 2003.

[135] Vgl. Owen/Davidson 2009, S. 1397. Jüngere empirische Untersuchungen zeigen zudem einen Zusammenhang zwischen Macht und einer Selbstüberschätzung der individuellen Wissensbasis auf (vgl. Fast et al. 2012).

zu bringen sein, sondern kann davon unabhängig entstehen – vorausgesetzt, einem Individuum sind hinreichende Möglichkeiten der Machtausübung gegeben[136].

Das Syndrom als solches wird von den Verfassern anhand von 14 Verhaltensweisen beschrieben. Fünf dieser Merkmale finden erstmalig in der Literatur Erwähnung und stellen damit den Kern des Hybris-Syndroms dar. Die restlichen neun Verhaltensweisen leiten die Autoren unter Rückgriff auf die Klassifikation von Persönlichkeitsstörungen der Weltgesundheitsorganisation (ICD), sowie den narzisstischen, dissozialen und histrionischen Persönlichkeitsstörungen ab, welche im Katalog der American Psychiatric Association (DSM-IV) Erwähnung finden[137]. Erneut ergibt sich damit eine enge Verbindung zwischen Selbstüberschätzung, Hybris und Narzissmus.

Zur Diagnose eines Hybris-Syndroms bei Individuen, müssen mindesten drei der 14 Kriterien erfüllt sein, wobei davon wenigstens eines den fünf einzigartigen Kriterien zuzuordnen sein muss, die noch nicht in anderen Katalogen enthalten sind, sondern neu für das Syndrom vorgeschlagen wurden[138]. Die folgende Tabelle 1 gibt zusammenfassend einen Überblick über die vorgeschlagenen Symptome des Hybris-Syndroms.

---

[136] Vgl. Owen 2008a, S. 428.
[137] Vgl. Owen/Davidson 2009, S. 1397 f.
[138] Vgl. Owen/Davidson 2009, S. 1398 f.

Nummer	Kriterium	Ursprung des Kriteriums
1.	Das Individuum verfügt über eine narzisstische Neigung die Welt überwiegend als Arena aufzufassen, in welcher Macht und Ruhm erstrebenswert sind.	NPD
2.	Die Veranlagung des Individuums, jene Handlungen zu unternehmen, mit denen das eigene Selbstbild erhöht wird – beispielsweise eine Selbstwertsteigerung zur Erhöhung des Persönlichkeitsbildes.	NPD
3.	Eine unverhältnismäßig große Rücksicht und Sorge um das individuelle Selbstbild und die eigene Selbstdarstellung.	NPD
4.	Eine messianische Art und Weise über aktuelle Tätigkeiten zu sprechen sowie die Tendenz zur Selbsterhöhung bzw. Exaltation.	NPD
5.	Eine Identifikation des Individuums mit der Nation oder Organisation bis hin zu dem Ausmaß, dass das Individuum seine eigenen Belange und Zukunftsperspektiven als identisch auffasst.	EKR
6.	Die Tendenz des Individuums in der dritten Person zu sprechen oder die ‚Pluralis majestatis' Form des königlichen ‚wir' zu verwenden.	EKR
7.	Überhöhtes Vertrauen und Selbstvertrauen in das individuelle Urteilsvermögen und die Missachtung von Ratschlägen oder Kritik durch Dritte.	NPD
8.	Übersteigerter Glaube an eigene Fähigkeiten, aufbauend auf einem Allmachtsgefühl, was das Individuum persönlich erreichen kann.	NPD
9.	Anstatt dem moralischen ‚Gerichtshof' der Kollegen oder der öffentlichen Meinung gegenüber verantwortlich zu sein, folgt das Individuum dem Glauben, lediglich dem moralischen ‚Gerichtshof' im Sinne der Göttlichen Meinung oder der Geschichte verantwortlich zu sein.	NPD
10.	Das Individuum folgt dem unerschütterlichen Glauben, dass es durch diesen moralischen ‚Gerichtshof' bestätigt, legitimiert und verteidigt werden wird.	EKR
11.	Realitätsverlust, oft verbunden mit einer progressiven Isolation.	APD
12.	Ruhelosigkeit, Rücksichtslosigkeit und Impulsivität.	EKR
13.	Das Individuum folgt der Tendenz, nach welcher die gehaltene ‚Vision', welche die moralische Rechtschaffenheit in Bezug auf den eingeschlagenen Kurs beinhaltet, es erlaubt und dazu führt, dass kritische Erwägungen hinsichtlich praktischer Anwendbarkeit, Kosten oder Ergebnisse, überflüssig werden.	EKR
14.	Anmaßende und hochmütige Inkompetenz welche dazu führt, dass Fehler entstehen. Diese entstehen insbesondere durch übermäßiges Selbstbewusstsein, welches darin münden kann, dass die Führungspersönlichkeit zu wenig die praktischen Grundlagen von politischen Entscheidungsprozessen, Strategien und Verfahrensweisen bedenkt und überwacht.	HPD

APD = „Anti-Social Personality Disorder"; antisoziale Persönlichkeitsstörung.

EKR = Einzigartiges Kriterium des Hybris-Syndroms.

HPD = „Histrionic Personality Disorder"; histrionische Persönlichkeitsstörung.

NPD = „Narcissistic Personality Disorder"; narzisstische Persönlichkeitsstörung.

Tabelle 1: Symptome des Hybris-Syndroms[139]

[139] Eigene Tabelle. Quelle: Owen/Davidson 2009, S. 1398 f. (Übers. d. d. Verf.).

Von anderen Autoren wird das Konzept durchaus kritisch diskutiert. Insbesondere die Pathologisierung von Hybris wird dabei fundamental hinterfragt[140]. Russel jedoch verteidigt und arbeitet heraus, dass selbst die Ursprungsautoren bemerkt haben, dass das Hybris-Syndrom nicht zwangsläufig eine Krankheit sein müsse[141].

Ein weiterer Kritikpunkt ist für den Kontext der vorliegenden Arbeit von Wichtigkeit. Owen wendet nämlich innerhalb seiner Publikationen das Hybris-Syndrom lediglich auf einzelne Politiker und Regierungsführer an, wobei er beispielsweise dem ehemaligen US-amerikanischen Präsidenten George W. Bush das Syndrom diagnostiziert und damit den Kriegseintritt gegen den Irak begründet[142]. Doch insbesondere diese Monokausalität wird kritisch gesehen: Wessely hinterfragt Owen's Analyse. Denn die Kriegseintrittsentscheidung wurde von einer größeren Anzahl an Regierungsmitgliedern und Beratungspersonen rund um den US-Präsidenten gefällt[143]. Hybris könnte bei dieser Kriegseintrittsentscheidung also innerhalb einer Gruppe von Entscheidungsträgern vorgelegen haben[144].

Interessanterweise greift Owen diesen Gedanken der kollektiven Hybris in seiner jüngsten Publikation unmittelbar auf. Seiner Auffassung nach seien ganze Managementteams des Unternehmens British Petroleum und verschiedener britischer Banken diesem Syndrom verfallen. Vor allem die Entscheidungsfindungsprozesse innerhalb der Organisationen hätten sich dadurch extrem verschlechtert und das organisationale Scheitern verursacht[145]. Aufbauend auf einer eher feuilletonistischen Analyse unterbreitet Owen den Vorschlag, dass seine Beobachtungen nun tieferer explorativer Fallstudien benötige, um diesem Phänomen der „kollektiven organisationalen Hybris" gezielt wissenschaftlich nachzugehen. Gerade die im unternehmerischen Alltag vorherrschenden Normen und Standards seien hierbei zu beobachten, da diese zum Entstehen von kollektiven Selbstüberschätzungsprozessen beitragen könnten[146].

Innerhalb des aktuellen Abschnitts zum Stand der psychologischen und medizinischen Hybrisforschung hat sich insgesamt folgendes gezeigt: Die Selbstüberschätzung von Fähigkeiten ist ein überaus hervorstechendes Phänomen von Individuen mit verschiedenartigen Einflussfaktoren und äußerst kritischen Auswirkungen. Parallel dazu existieren mit Overconfidence, Manie und Narzissmus zumindest drei Konzepte, welche gewisse Schnittmengen zu der Selbstüberschätzung aufweisen und daher ein noch breiteres Verständnis für dieses Phänomen schaffen können.

Daneben hat sich aber auch gezeigt, dass innerhalb mancher Studien schon die Auswirkungen eines sich selbst überschätzenden Individuums auf andere Individuen und Gruppen thematisiert und untersucht werden. Außen vor geblieben ist bisher jedoch das im Fokus

---

[140] Vgl. MacSuibhne 2009; Wessely 2006.
[141] Vgl. Russel 2011, S. 143.
[142] Vgl. Owen 2006, 2008b.
[143] Vgl. Wessely 2006, S. 552 f.; vgl. auch Janis 1983.
[144] An dieser Stelle werden schon deutliche Parallelen zu dem von Janis (1972) eigeführten Konzept des „Group-Thinks" deutlich, auf welches im weiteren Verlauf dieses Kapitels noch eingegangen wird.
[145] Vgl. Owen 2011, S. 146.
[146] Vgl. Owen 2011, S. 147.

dieser Arbeit stehende generell kollektive Auftreten von Hybris. Dass diese Erscheinung tatsächlich im unternehmerischen Alltag existieren und fatale Auswirkungen mit sich bringen kann, wird mittlerweile auch in der medizinisch-psychologischen Strömung erkannt. Insbesondere durch das zuletzt aufgezeigte „Hybris-Syndrom" von Owen und dessen kurze Ausführung über britische Unternehmen wird auf die mögliche Existenz und Relevanz eines Phänomens der kollektiven Hybris verwiesen.

Im folgenden Abschnitt wird auf Basis des bisher gewonnenen Verständnisses nun der Stand der Managementforschung zur Hybrisforschung gesichtet, um darauf aufbauend ein präzises Verständnis über kollektive Hybris zu entwickeln.

III. Hybris in der Management- und Organisationsforschung: Eine Bestandsaufnahme

1. Ursprünge des Konzepts und erste definitorische Annäherung

Innerhalb der Managementforschung fand der Hybris-Begriff im Jahr 1986 durch Roll erstmalige Verwendung. Kern dieses Artikels ist die vom Autor aufgestellte „Hybris-Hypothese". Mit dieser soll erklärt werden, warum einzelne hochrangige Entscheidungsträger innerhalb von Organisationen während der Abgabe von Firmenübernahmegeboten bereit sind, einen signifikant höheren Kaufpreis für Unternehmen zu zahlen, als deren originärer am Börsenwert gemessener Marktwert beträgt. Die Hybris-Hypothese wurde aus Mangel an bisherigen Erklärungen zu dem Phänomen aufgestellt, nach dem Entscheidungsträger Firmenübernahmen tätigen, obgleich ihnen die hohe Wahrscheinlichkeit des Scheiterns bewusst war. Erklärtes Ziel innerhalb dieses konzeptionellen Artikels ist, die Theorie zum Zustandekommen von Firmenübernahmen zu erweitern. Implizit geht Roll von der Annahme aus, dass Vorstandsvorsitzende oder CEOs ihre eigenen Fähigkeiten, das akquirierte Unternehmen zu leiten und dort ökonomischen Wert zu generieren, überschätzen[147]. Entscheidungsträger folgen dabei dem impliziten Ansatz, dass sie ihre eigenen Fähigkeiten, das zu übernehmende Unternehmen wertsteigernd zu leiten, höher einschätzen, als die des bisherigen Managements. Nur so lässt sich nach Roll erklären, dass diese den Wert des Unternehmens höher als den aktuellen Marktwert einschätzen und also bereit sind, auf den Kaufpreis eine Akquisitionsprämie zu zahlen.

Es sollte über zehn Jahre dauern, bis Hayward/Hambrick im Jahr 1997 in einer ersten Studie der Hybris-Hypothese direkt empirisch nachgingen. Seitdem und bis zum heutigen Tage zeigt die Organisations- und Managementforschung ein reges Interesse am Phänomen und Konzept Hybris[148].

Begrifflich wird innerhalb der Managementpublikationen zumeist mit Termen wie CEO-Hybris, Executive-Hybris oder auch Managerial-Hybris operiert. Gleichermaßen finden sich aber auch regelmäßig Veröffentlichungen, die im Bereich des Overconfidence angesiedelt

---

[147] Vgl. Roll 1986, S. 212.
[148] In den vergangenen Jahren fanden sich so Publikationen zum Themenbereich in den renommierten Fachzeitschriften ASQ, AMJ, AMR, JOM ManSci, SMJ.

sind und ein mehr oder minder synonymes Definitionsverständnis verwenden und sich gleichermaßen zumeist auch auf CEOs, Vorstände oder andere individuelle Entscheidungsträger fokussieren.

Thematisch sind die Studien in drei theoretischen Strömungen verortet. Neben dem Themengebiet des strategischen Managements und der damit verbundenen organisationalen Entscheidungsforschung findet das Phänomen Hybris innerhalb des Entrepreneurships sowie im Bereich der Führungsforschung Aufnahme.

Da in vielen der Managementforschung zuzuordnenden Studien ein regelrecht mythologisches Verständnis vorherrscht und wenig Rückgriff auf psychologische Forschungsergebnisse erfolgt[149], kann an dieser Stelle zunächst den Ausführungen von Petit/Bollaert gefolgt werden, welche Hybris auf der Ebene des CEOs und damit des Vorstandsvorsitzenden anhand von drei Kriterien definieren[150]:

1. Der von Hybris betroffene CEO weist ein grandios ausgeprägtes Selbstbewusstsein auf.
2. Der CEO sieht sich oberhalb der regulären Gesellschaft stehend.
3. Der CEO fühlt sich nicht gegenüber den geltenden Normen und Gesetzen der Gesellschaft verpflichtet.

Anhand dieser ersten definitorischen Annäherung zeigt sich, dass innerhalb der bisherigen Managementforschung eine sehr auf das einzelne Individuum abzielende und damit topmanagementzentrierte Perspektive eingenommen wird. Die Ausübung von organisationaler Macht wird – ähnlich zu dem bereits vorgestellten Hybris-Syndrom – als wesentlicher Kontextfaktor für die Entstehung von CEO-Hybris gesehen[151]. Überwiegend wird Hybris auf Ebene des individuellen CEOs, des Vorstandsvorsitzenden, einzelner Mitglieder des Top-Managements oder im Bereich der Personalführung in Bezug auf ranghohe Führungspersonen thematisiert. Daneben muss anerkannt werden, dass sich individuelle Hybris durchaus auf verschiedenen Ebenen auswirken kann. Ein sich selbst überschätzender CEO kann sich und seiner Karriere schaden. Zudem sind andere Personen innerhalb der Organisation sowie in der Umwelt des Unternehmens von ihm betroffen[152]. Die folgende Tabelle 2 verdeutlicht zum Einstieg einen ersten Referenzrahmen verschiedener innerhalb der Literatur diskutierter Verhaltensmerkmale und kognitiver Aspekte sowie die unmittelbaren Auswirkungen von CEO-Hybris.

---

[149] Vgl. Petit/Bollaert 2011, S. 1.
[150] Vgl. Petit/Bollaert 2011, S. 2.
[151] Vgl. Petit/Bollaert 2011, S. 4.
[152] Vgl. Petit/Bollaert 2011, S. 5.

Kontext	Wirkungsebene	Kognitive Aspekte	Verhaltensaspekte
Macht	Beziehung des CEO zu sich selbst.	Der CEO hat eine großartige Selbstwahrnehmung.	- Von Grandiosität geprägter Kommunikationsstil (Sprachstil macht Gebrauch von Superlativen und der Pluralis majestatis Form des königlichen ‚wir'; das Individuum äußert häufig seine allumfassenden und großen Ambitionen)
		Der CEO überschätzt seine eigenen Fähigkeiten, die ihm zustehende Macht und Erfolgswahr-scheinlichkeit.	- Unvertretbar große Projekte - Schlechte Entscheidungen
		Der CEO besitzt ein einzigartiges Selbstbild, nach welchem er sich grenzenlos qualifiziert fühlt, das Unternehmen zu führen.	- Verschanzungs-Strategien (Akkumulation von Macht; Versäumnis, von Ämtern oder Positionen zurückzutreten; verspäteter Rücktritt, obgleich die Umstände einen Rücktritt nahelegen würden)
	Beziehung des CEO zu anderen Personen.	Der CEO sieht sich oberhalb der regulären Gesellschaft stehend.	- Management durch Angsterzeugung - Gewaltsames Vorgehen oder Einschüchterung - Verweigerung von Ratschlägen oder Kritik
	Beziehung des CEO zu der Außenwelt.	Der CEO besitzt ein Selbstbild, nach welchem er über dem Gesetz oder den Göttern steht.	- Betrug - Eigenwillige Auslegung von Normen und Gesetzen - Verachtung von Autoritäten

Tabelle 2: Referenzrahmen von CEO-Hybris[153]

Auf Basis dieser ersten Ausführungen kann das Vorgehen im aktuellen Abschnitt genauer dargelegt werden: Ziel wird es nicht sein, einen vollumfangreichen Literaturüberblick über bisherige Studien der Management- und Organisationsforschung zum Themenbereich zu geben[154]. Vielmehr soll anhand der drei wesentlichen Strömungen – innerhalb des strategischen Managements, dem Themenbereich Entrepreneurship sowie der Führungsforschung – ein Verständnis für die aktuell in der Forschung vorherrschenden Sichtweisen und Perspektiven auf die Thematik gelegt werden. Vornehmlich wird dies als Vorbereitung der empirischen Studie dienen, sodass auf Basis dieses Überblicks im Fortfolgenden die Erarbeitung eines theoretischen Referenzrahmens für die empirische Fallstudie angestrebt werden soll.

Zu beachten gilt, dass innerhalb der Managementforschung die Phänomene Overconfidence und Hybris vielfach synonym verwendet werden. In diesem Abschnitt findet daher auch der Aspekt des Overconfidence Beachtung. Da vielfach jedoch Studien existieren, die einer rein auf das enge Verständnis von Overconfidence – im Sinne eines exzessiven Präzisionsglaubens von Individuen – bezogenen Logik folgen, wird auf Basis der bereits angeführten Klassifizierung von Moore/Healy[155] Hybris im engen Sinne als eine Selbstüberschätzung von Fähigkeiten verstanden.

2.   Studien innerhalb des strategischen Managements

Studien zum Themenbereich Hybris, die sich der Forschung des strategischen Managements zuordnen lassen, haben zumeist einen identischen Fokus: die Betrachtung individueller CEOs oder anderer zentraler entscheidungsbefugter Personen. In Tradition der „Upper Echelons"-Theorie, nach der sich demografische und insbesondere psychologische Charak-

---

[153] Eigene Abbildung. Quelle: Petit/Bollaert 2011, S. 6 (Übers. d. d. Verf.).
[154] Vgl. für einen Literaturüberblick: Birke 2006, S. 4 ff.; Bollaert/Petit 2010; Homberg 2010, S. 87 ff.; Homberg/Osterloh 2010.
[155] Vgl. Kapitel B.II.2.a und das dort diskutierte Verständnis von Moore/Healy (2008).

teristika von Führungspersönlichkeiten auf die strategische Entscheidungsfindung und Unternehmensstrategie auswirken[156], findet eine fast ausschließliche Fokussierung auf diese Individuen statt[157]. Nicht weiter verwunderlich ist daher die Tatsache, dass einer der Begründer dieser theoretischen Strömung – Donald C. Hambrick – bis zum heutigen Tage und in regelmäßigen Abständen konzeptionelle Artikel sowie empirische Studien zum Themenbereich Hybris und nahestehenden Konzepten veröffentlicht[158] und damit der Forschung wesentliche neue Impulse bringt.

Innerhalb renommierter Fachpublikationen der Organisations- und Managementforschung lassen sich fünf veröffentlichte Studien identifizieren, welche unmittelbar auf CEOs, weitere Topmanagement Mitglieder oder anderer zentraler Entscheidungspersonen bezogen sind und sich im Themenbereich des strategischen Managements positionieren lassen[159]. Zwei dieser Studien zielen direkt auf das Phänomen CEO-Hybris ab, wohingegen drei weitere ihren Fokus auf Overconfidence von einzelnen Managementmitgliedern legen.

Die ersten Autoren, welche die Hybris-Hypothese von Roll (1986) explizit aufgriffen, waren Hayward/Hambrick mit einer im Jahr 1997 veröffentlichten quantitativen Studie. Neben den bis dato vorherrschenden Paradigmen zur Erklärung von Firmenzusammenschlüssen und den im Zuge dieser häufig auftretenden überhöhten Kaufpreisen – im Sinne der Synergie- sowie der „Managerialismus"-Hypothese[160] – beschäftigten sich die Autoren erstmalig empirisch der Hybris-Hypothese. Insbesondere wurde versucht, das Zustandekommen von überhöhten Kaufpreisen und das damit häufig einhergehende Scheitern von Firmenzusammenschlüssen anhand der Analyse des Unterbewusstseins und des Unbewussten von CEOs zu erklären.

Innerhalb der Untersuchung verwenden die Autoren eine sehr stark auf den Kerngedanken der individuellen Selbstüberschätzung abzielende Definition: Manager, welche von Hybris infiziert sind, überschätzen ihre Fähigkeiten, das zu übernehmende Unternehmen zu führen und damit Wert zu generieren. Auf Basis der Selbstüberschätzung sind CEOs bereit, einen überhöhten Kaufpreis innerhalb der Unternehmensübernahme zu bezahlen[161].

Den Autoren gelang es nicht, einen direkten Kontakt zu individuellen Vorstandsvorsitzenden herzustellen und diese über Fragebögen zu befragen. Hybris wurde daher anhand von drei stellvertretenden Indikatoren gemessen[162]:

---

[156] Vgl. Hambrick 2007; Hambrick/Mason 1984.
[157] Vgl. Finkelstein et al. 2009; Finkelstein/Hambrick 1996; vgl. auch Hayward 2007.
[158] Vgl. Chatterjee/Hambrick 2007, 2011; Hayward/Hambrick 1997; Hiller/Hambrick 2005.
[159] Explizit unbeachtet bleiben innerhalb dieses Überblicks Publikationen, welche nicht mit dem Ziel der Managementforschung veröffentlicht wurden. Vor allem innerhalb der Forschung der Unternehmensfinanzierung finden sich weitere durchaus verwandte Studien (vgl. bspw. Aktas et al. 2009; Brown/Sarma 2007; Doukas/Petmezas 2007; Goel/Thakor 2008; Malmendier et al. 2011; Malmendier/Tate 2005, 2008). Obgleich zwar häufig auf den Term Hybris und die Selbstüberschätzung von Managern verwiesen wird, führen diese quantitativen Studien durchweg eine Messung von Overconfidence im engen Sinne (Fehleinschätzung von Prognosen) durch. Da diese Art von Overconfidence, welcher als Overprecision-Typ (vgl. Moore/Healy 2008) eingeführt wurde, eine zu große Differenz zu der Selbstüberschätzung von Fähigkeiten aufweist, weisen diese Studien für die vorliegende Arbeit eine zu geringe Schnittmenge auf.
[160] Vgl. Seth et al. 2000, S. 389 ff.
[161] Vgl. Hayward/Hambrick 1997, S. 106.
[162] Vgl. Hayward/Hambrick 1997, S. 107.

- Positive Porträtierung und Besprechung des CEOs innerhalb von Pressepublikationen.
- Ein hohes Gehaltsgefüge des CEOs zum zweiten Executive Officer. Dieses Gehaltsgefüge wurde als eine hohe wahrgenommene Wichtigkeit interpretiert.
- Unter der Führung des CEOs erwirtschaftete das Unternehmen einen hohen zurückliegenden finanziellen Erfolg.

Im Studienergebnis konnte die Hybris-Hypothese verifiziert werden, sodass sich selbst überschätzende Vorstände tatsächlich für signifikant höhere Unternehmenskaufpreise verantwortlich waren. Für die Fragestellung der hier vorliegenden Arbeit ist insbesondere von Interesse, dass der durch Medien vermittelte soziale Zuspruch für den CEO mit für die Emergenz von Hybris verantwortlich sein kann.

In den darauf folgenden Jahren erschienen zunächst vornehmlich Studien zum Themenbereich Overconfidence. Den Autoren Simon/Houghton war es möglich auf einer sehr inhaltsreichen Datenlage aufzubauen, indem 55 halbstrukturierte Interviews mit Vorständen und anderen ranghohen Führungspersönlichkeiten geführt worden waren. Über eine quantitative Content-Analyse konnten die Autoren aufzeigen, dass sich Overconfidence im Sinne eines extremen Präzisionsglaubens von Individuen positiv auf die Entscheidung von Managern auswirkt, radikal neuartige Produkte in den Markt einzuführen. Jene Manager, welche Muster von Overconfidence zeigten, gingen zwar mit einer hohen gefühlten Sicherheit davon aus, dass die von ihnen initiierten und protegierten radikalen Produkte eine hohe Erfolgswahrscheinlichkeit haben würden. Dennoch stellten die Studienautoren fest, dass insbesondere die von hoch zuversichtlichen Managern protegierten Produkte eine geringere Erfolgswahrscheinlichkeit auf dem Markt auswiesen – Overconfidence kann demnach das Scheitern von radikalen Produktneueinführungen mit erklären[163].

Stärker auf die Gründe und Ursprünge von Overconfidence bezogen, zeigt sich die Studie von Hilary/Menzly. Die Autoren, welche eine Fokussierung auf die Prognosefähigkeit von hochrangigen und budgettechnisch höchst einflussreichen Entscheidungsträgern vornehmen, untersuchen in dieser quantitativen Studie den Zusammenhang zwischen der Entstehung von Overconfidence bei Börsenanalysten und deren Erfolge der Vergangenheit. Hierbei stellte sich heraus, dass jene Analysten, welche in vier aufeinanderfolgenden Quartalen richtige Prognosen abgaben, eine Tendenz zu Overconfidence entwickelten. Diese Analysten gaben in den Folgequartalen vermehrt ungenaue und falsche Aktienprognosen ab[164]. Zurückliegender und durch die Entscheidungsträger wahrgenommener (finanzieller) Erfolg kann also dazu führen, dass Overconfidence im Zeitablauf ausgeprägt wird[165].

Eine weitere Studie, welche ihren Fokus auf die sukzessive Entstehung und Entwicklung von Overconfidence im Zeitablauf legt, präsentieren Billett/Qian. Die Autoren gehen der

---

[163] Vgl. Simon/Houghton 2003, S. 145.
[164] Vgl. Hilary/Menzly 2006, S. 499.
[165] Problematisch in dieser Studie ist jedoch zu sehen, dass das Phänomen von Overconfidence nicht in direkter Interaktion mit den Analysten gemessen wird. Wichtige Kontextfaktoren, beispielsweise der Herdentrieb von Analysten (vgl. Forbes/Skerratt 1992, S. 559) oder auch das Eigeninteresse dieser Personen oder der dahinter stehenden Unternehmen, bleiben außen vor.

Fragestellung nach, ob sich CEO-Overconfidence in Bezug auf Firmenübernahmen im Laufe der Zeit und mit vermehrter Anzahl an erfolgreich durchgeführten Unternehmensübernahmen entwickelt und steigert[166]. Die Studie zeigt dann auch, dass jene CEOs, welche nach ihrer ersten erfolgreich durchgeführten Unternehmensübernahme noch keine Tendenzen zu Overconfidence aufwiesen, mit der Anzahl der erfolgreich durchgeführten Akquisitionen im Zeitablauf Overconfidence ausprägen und dann auch häufiger unrentable Übernahmen zu verantworten haben[167]. Erneut zeigt also eine Studie, dass wahrgenommener vergangener Erfolg, Overconfidence bei hochrangigen Entscheidungsträgern ausprägen kann.

Die jüngste innerhalb des strategischen Managements einzuordnende Studie erschien im Jahr 2010 durch Li/Tang, welche die Auswirkungen von Hybris auf das Risikoverhalten von CEOs untersucht[168]. Jenen CEOs, welche innerhalb dieser quantitativen Studie eine zu positive und daher überbewertende Prognose in Bezug auf die Ertragslage ihres Unternehmens abgaben, wurde Hybris attribuiert. Den Studienergebnissen zufolge führt diese Selbstüberschätzung dazu, dass sich die von diesen Individuen geleiteten Unternehmen durch erhöhte Risikoprofile auszeichneten, indem häufiger in hochriskante und neuartige Technologieprojekte investiert wurde[169]. Durchaus ergeben sich ähnliche Studienergebnisse zu der bereits referierten Publikation von Simon/Houghton. Neu ist jedoch, dass Li/Tang explizit anmerken, dass sich das Risikoprofil ganzer Unternehmen durch einen einzelnen sich selbst überschätzenden Vorstand verändern kann. Daher schlussfolgern sie in ihrem Ausblick, dass zukünftig die kollektiven Auswirkungen stärker in den Fokus der Forschung gerückt werden sollten[170].

Anhand des aktuellen Abschnitts hat sich gezeigt, dass die innerhalb des strategischen Managements publizierten Studien – unabhängig von ihrer Fokussierung auf Hybris oder Overconfidence – eine zentrale Gemeinsamkeit aufweisen: Aktuelle Publikationen untersuchen ausschließlich einzelne Individuen in Gestalt von CEOs, Managern oder hochrangigen Entscheidungsträgern. Lediglich durch Li/Tang wurde bereits ausblickend angedacht, dass individuelle Selbstüberschätzung auch Auswirkungen auf die gesamte Organisation haben kann, sodass sich kollektive organisationale Verhaltensweisen anpassen. Ein genuin kollektives Auftreten wurde jedoch bis dato weder thematisiert noch gezielt untersucht. Dies er-

---

[166] Vgl. Billett/Qian 2008, S. 1041.

[167] Vgl. Billett/Qian 2008, S. 1049.

[168] Innerhalb dieser Studie wird eine in der Managementforschung vorherrschende Konzeptkonfusion zwischen Hybris und Overconfidence am anschaulichsten deutlich: Obgleich die Studie, welche die Auswirkungen von Hybris auf das Risikoverhalten von CEOs thematisiert, einen klaren Fokus auf die Selbstüberschätzung legt, taucht eine definitorische Unschärfe auf: Hybris wird mit Overconfidence pauschal gleichgesetzt, wobei wenige Zeilen später Hybris lediglich als Selbstüberschätzung von Fähigkeiten dargestellt wird. Wiederum eine Seite später findet der Begriff Hybris Verwendung für das Phänomen des exzessiv ausgeprägten Präzisionsglaubens (vgl. Li/Tang 2010, S. 45 f.). Schlussendlich stellen die Autoren eine Messgröße für Hybris vor, die auf der Idee eines exzessiv ausgeprägten Präzisionsglaubens basieren soll. Ihre Messgröße begründen die Autoren mit einem Querverweis auf die Messung von Hayward/Hambrick (1997), obgleich in dieser zitierten Studie keinerlei Bezug zu einem exzessiven Präzisionsglaube im Sinne des „Overprecision" von Moore/Healy (2008) genommen wird. Da Hayward/Hambrick weder Overconfidence messen, noch intendieren, dieses zu tun, baut das Messmodel von Li/Tang auf einer offensichtlichen Fehlzitation auf.

[169] Vgl. Li/Tang 2010, S. 51.

[170] Vgl. Li/Tang 2010, S. 63.

staunt insbesondere, da die Frage im Raum steht, ob CEOs tatsächlich alleinverantwortlich für eine Akquisitionsentscheidung oder Produktneueinführung sind – das darf für die später noch folgende Diskussion kritisch vorweggenommen sein.

3.   Studien innerhalb der Entrepreneurship-Forschung

Auch Mathew L. Hayward, der neben Donald C. Hambrick als zweiter Begründer der Forschung zum Themenbereich Hybris innerhalb der Managementforschung gesehen werden kann, hat seit dem im Jahr 1997 veröffentlichtem Ursprungsartikel weitere darauf aufbauende Veröffentlichungen publiziert. Er stellt jedoch stärker die Person des Unternehmers und Firmengründers – im Sinne des angelsächsischen Entrepreneurs – in den Fokus[171].

Die im Jahr 2006 durch Hayward et al. erschienene Publikation kann innerhalb dieser Strömung als wesentliches Hauptwerk genannt werden: schlagen die Autoren innerhalb dieses konzeptionellen Beitrags eine Hybris-Theorie innerhalb der Entrepreneurship Forschung vor. Von der Beobachtung ausgehend, dass vielfach neue Unternehmensgründungen durch Entrepreneure stattfinden, obgleich weitläufig bekannt ist, dass diese unternehmerischen Wagnisse mit einer hohen Wahrscheinlichkeit scheitern, thematisieren die Autoren die Rolle von Hybris und damit den Selbstüberschätzungsprozessen bei Entrepreneuren. Grundsätzlich würden besonders motivierte Individuen, die als äußerst selbstsicher beschrieben werden, es häufiger wagen, Unternehmen zu gründen. Jedoch tritt den Autoren zufolge mit der Zeit dann ein gewisses Paradoxon auf: Vor allem diese selbstsicheren Gründerpersonen erhalten zunehmend sozialen Zuspruch, wodurch deren Selbstbewusstsein weiter gestärkt wird. Außerdem würden die Entrepreneure häufiger Ressourcen und Fähigkeiten aus dem neu gegründeten Unternehmen abziehen, was die Wahrscheinlichkeit des unternehmerischen Scheiterns erhöhen würde[172]. Der ursprüngliche Gründungserfolg verbunden mit einem sozialen Zuspruch kann also das Scheitern einer Neugründung herbeiführen.

Neben dieser durchaus interessanten sozialen Konstruktion von Selbstsicherheit, die auf sozialer Anerkennung aufbaut, diskutieren Hayward et al. auch eine weitere wichtige Unterscheidung. Entrepreneure können in der Gründungsphase ihr Wissen falsch einschätzen, die Wahrscheinlichkeit ihres Erfolges unrichtig prognostizieren oder auch ihre Fähigkeiten bezüglich des Wagnisprojektes überschätzen[173]. Ohne dass die Autoren direkt Bezug zu Moore/Healy (2008) nehmen, wird eine strikte Trennung zwischen Overconfidence im Sinne eines exzessiv ausgeprägtem Präzisionsglaubens sowie einer Selbstüberschätzung von Fähigkeiten vorgenommen. Vor allem bei Entrepreneuren zeigt sich, wie sinnvoll diese – auch in der vorliegenden Arbeit angeführte – Unterscheidung ist: Eine falsche Einschätzung der Erfolgswahrscheinlichkeit kann Individuen dazu veranlassen, überhaupt erst eine Unternehmensgründung vorzunehmen. Die Selbstüberschätzung von Fähigkeiten kann hingegen sukzessive entstehen, wodurch ein unternehmerisches Scheitern überhaupt erst ausgelöst werden könnte.

---

[171]   Vgl. Hayward et al 2006, 2009. Vgl. auch Haywards Monographie (2007, S. 24 ff.), welche in weiten Teilen ebenfalls den Aspekt von Hybris bei Entrepreneuren thematisiert.

[172]   Vgl. Hayward et al. 2006, S. 166.

[173]   Vgl. Hayward et al. 2006, S. 162.

Eine theoretische Erweiterung dieser Ausführungen findet sich in einem ebenfalls konzeptionellen Beitrag von Hayward et al. (2009). In diesem Artikel entwerfen die Autoren die Hypothese, dass extrem selbstsichere Entrepreneure, die zur Selbstüberschätzung von Fähigkeiten tendieren, zeitnah und erfolgreicher neue Unternehmen gründen, nachdem ihr erster Versuch einer Unternehmensgründung gescheitert ist. Selbst dann, wenn die Erstgründung durch das Phänomen Hybris gescheitert sein sollte, sei es diesen Entrepreneuren möglich, erfolgreich ihr zweites Wagnis einzugehen und dann auch dauerhaft erfolgreich durchzuführen[174]. Kritisch muss jedoch die angeführte Kausalität gesehen werden. Innerhalb des im Jahr 2006 erschienenen Artikels war es noch Hybris, welches für das Scheitern von unternehmerischen Gründungen verantwortlich war. In dem im Jahr 2009 erschienenen Beitrag wird nun jedoch die Hypothese aufgestellt, dass vor allem eine Selbstüberschätzung für erfolgreiche Unternehmensneugründungen und deren dauerhaftes Bestehen im Markt hilfreich sei. Folglich lässt sich ein gewisser Widerspruch erkennen, der erst anhand von empirischen Studien oder weiterer Theoriearbeit ausgeräumt werden kann.

Erstaunlicherweise finden sich bis zum heutigen Tage noch keine empirischen Studien innerhalb der Organisations- und Managementforschung, die sich explizit mit einer Selbstüberschätzung oder dem Themenbereich Hybris von Entrepreneuren beschäftigen. Lediglich einige wenige Veröffentlichungen zum Grundgedanken Overconfidence lassen sich identifizieren, die aber durchweg eine enge Definition – im Sinne des exzessiv ausgeprägten Präzisionsglaubens – verwenden.

Busenitz/Barney zeigen beispielsweise auf, dass Entrepreneure im Vergleich zu angestellten Managern in Großunternehmen insgesamt mehr dazu geneigt sind, bei Entscheidungsprozessen und in ihrem Entscheidungsverhalten Overconfidence – dort verstanden als falsche Einschätzung und Überbewertung von Wahrscheinlichkeiten – ausgeprägt zu haben[175]. Forbes greift im Jahr 2005 diese Studie erneut auf und geht dabei der Frage nach, woher diese höhere Ausprägung von Overconfidence bei Unternehmensgründern rührt. Seinen quantitativen Studienergebnissen zufolge seien für diese häufigere Neigung Einflussfaktoren wie das Alter des Entrepreneurs, der Grad der Diversität von Entscheidungsstrukturen aber auch die Herkunft der Unternehmensfinanzierung verantwortlich[176].

Danebenstehend existieren innerhalb der Entrepreneurship-Forschung weitere Publikationen, die sich zwar nicht explizit mit dem Phänomen Overconfidence beschäftigen, aber „Überoptimismus" untersuchen[177]. Studien dieser Art basieren zumeist auf einer anderen Messlogik, indem die Probanden dort Fragebögen ausfüllen und innerhalb dieser nach individuellen sowie grundsätzlichen Lebenseinstellungen und -erwartungen befragt werden[178]. Es ist erkennbar, dass sich dieser Überoptimismus als Ausdruck eines positiven Lebenskon-

---

[174] Vgl. Hayward et al. 2009, S. 570.
[175] Vgl. Busenitz/Barney 1997, S. 9 ff.
[176] Vgl. Forbes 2005, S. 633 f.
[177] Vgl. Cassar 2010; Hmieleski/Baron 2009; Lowe/Ziedonis 2006.
[178] Vgl. bspw. Hmieleski/Baron (2009, S. 477 f.) welche innerhalb ihrer Studie auf dem Optimismusfragebogen von Scheier et al. (1994) aufbauen. Probanden müssen in diesem bspw. Fragen der folgenden Art auf Basis einer Likert-Skala beantworten: „In unsicheren Zeiten erwarte ich für gewöhnliche nur das Beste"; oder: „Insgesamt wiederfahren mir in meinem Leben mehr positive als negative Ereignisse".

zeptes oder einer positiven Lebensgrundeinstellung interpretieren lässt. Überoptimismus kann dieser Argumentation zufolge eine wesentliche Quelle für die Entstehung von Overconfidence sein. Dennoch offenbart sich auch innerhalb dieser Studien häufig eine Konzeptkonfusion[179]: Zumeist gelingt es den Autoren nicht, Optimismus, Overconfidence und Hybris definitorisch sinnvoll voneinander abzugrenzen[180].

Zusammenfassend zeigt sich, dass der Themenbereich Hybris bei Entrepreneuren noch als recht junges Forschungsfeld zu klassifizieren ist und noch keinerlei empirische Ergebnisse zur Selbstüberschätzung von Entrepreneuren vorliegen. Bisherige konzeptionelle Beiträge fokussieren ausschließlich die Person des Unternehmensgründers. Ein Einfluss des Gründers auf seine Mitarbeiter oder das kollektive Verhalten der gesamten Organisation bleibt bisher – ebenso wie eine von mehreren Personen initiierte Neugründung – unbeachtet.

4.   Studien innerhalb der Führungsforschung

Obgleich dem Phänomen der Selbstüberschätzung innerhalb der Führungsforschung hohe Relevanz zukommt und zugesprochen wird[181], sind sowohl konzeptionelle Veröffentlichungen als auch empirische Studien relativ selten zu finden. In den Veröffentlichungen, welche Hybris explizit thematisieren, wird überwiegend auf Basis des „Leadership Trait"-Ansatzes[182] argumentiert – Selbstüberschätzung wird hier als eine zumeist negativ konnotierte Persönlichkeitseigenschaft von einzelnen Führungspersönlichkeiten interpretiert[183].

Definitorisch liegt Hybris bei Führungspersönlichkeiten vor, wenn ein Individuum einen exzessiv ausgeprägten Stolz und ein großes Selbstbewusstsein zeigt und seine Selbsteinschätzungen bezüglich der eigenen Leistungen, des eigenen Talents und der eigenen Fähigkeiten bedeutend positiver interpretiert, als wenn diese Eigenschaften und Leistung über eine externe Beurteilung eingeschätzt werden[184]. Es lässt sich innerhalb dieser häufig aufgegriffenen Definition erkennen, dass sich Hybris einerseits durch eine Fähigkeitsüberschätzung bemerkbar macht. Andererseits ist für die Attribution von Hybris auch eine soziale Relation zu beachten: Selbstüberschätzung liegt dann vor, wenn sich ein Individuum mit seinen eigenen Fähigkeiten besser einstuft, als ihn andere externe Individuen beurteilen würden.

Wesentliche konzeptionelle Arbeiten zu den Ursprüngen, Auswirkungen und dem Umgang von und mit Hybris innerhalb des Führungskontextes wurden durch Kets de Vries eingebracht. Ähnlich dem innerhalb der aktuellen Arbeit schon andiskutiertem Hybris-Syndrom[185], wird auch in dessen Arbeiten eine enge Verbindung von Macht und Hybris aufge-

---

[179] Vgl. bspw. Lowe/Ziedonis (2006, S. 174), welche keine präzise Unterscheidung vornehmen und so auch die Studie von Hayward/Hambrick (1997) als Overconfidence-Studie bezeichnen, obgleich die Autoren dort keinerlei Bezug zu diesem Konstrukt nehmen.

[180] Vgl. bspw. Trevelyan (2008) für eine eingehendere Diskussion und Abgrenzung der Begriffe.

[181] Vgl. Li/Tang 2010, S. 63.

[182] Vgl. zu diesem bspw. Kirkpatrick/Locke 1991; Zaccaro 2007.

[183] Vgl. Judge et al. 2009, S. 866.

[184] Vgl. Judge et al. 2009, S. 867.

[185] Vgl. Kapitel B.II.3; sowie Owen 2008a.

zeigt. Höchste Führungspersönlichkeiten innerhalb von Organisationen verfügen über hinreichende Quellen zur Machtausübung. Vielen dieser Individuen fällt es jedoch mit der Zeit schwer einzusehen, dass die von ihnen ausgeübte Macht nicht immer alleinverantwortlich für organisationalen Erfolg sein kann. Häufig verbunden ist dieser Mangel an Selbsteinsicht mit einer geringeren Bereitschaft zur Selbstkritik. Der diesen Führungspersonen häufig zukommende Zuspruch durch Externe und Geführte kann in einem Verlangen und einer Sucht nach Anerkennung münden. Innerhalb eines buchstäblichen Teufelskreislaufs der Selbsttäuschung können diese Führungspersonen mehr und mehr ihre eigene Wichtigkeit und ihre eigenen Fähigkeiten überschätzen[186]. Eine unreflektierte und dauerhafte Übernahme von externem Zuspruch kann daher auch bei Führungskräften in einer Selbstüberschätzung von Fähigkeiten münden[187].

Anhand dieser Ursprünge von Hybris bei Führungspersönlichkeiten – im Sinne des Strebens nach einem grandiosen Selbstbild und einer Abhängigkeit von externem Zuspruch – lässt sich erneut eine Verbindung zwischen Selbstüberschätzung und Narzissmus erkennen, welche innerhalb dieser Arbeit weiter oben schon dargelegt wurde[188]. Hybris und Narzissmus werden auch innerhalb der Führungsforschung als gegenseitig voneinander abhängig aufgefasst; vor allem hoch erfolgreiche Führungskräfte sind häufig den Gefahren dieser Phänomene ausgesetzt und können an diesen als Person und mit ihrer Persönlichkeitswirkung scheitern[189]. Obgleich der Narzissmus innerhalb der Führungsforschung ausgiebig und auch empirisch diskutiert wurde[190], finden sich nur wenige empirische Studien, die eine explizite Verbindung zwischen Hybris und Führungssituationen in Organisationen ziehen.

Kroll et al. gehen beispielsweise wenig fundiert-empirisch, sondern auf Basis von Sekundärliteratur in einer qualitativ-historischen Erzählform vor. Die Autoren thematisieren den gescheiterten Russlandfeldzug Napoleons unter Rückgriff auf Hybris. Auf Basis dieser Ausführungen ziehen die Autoren damit Rückschlüsse für die Emergenz und Existenz von Hybris innerhalb der Persönlichkeitsstrukturen von Managern heutiger Organisationen. Vor allem durch die Erfolge der Vergangenheit soll Napoleon ein extrem ausgeprägtes Selbstbewusstsein entwickelt haben. Zuletzt überschätzte dieser jedoch seine Fähigkeiten der Kriegsführung, wobei die häufig attribuierte Arroganz Napoleons in eine Überheblichkeit und das Gefühl der Unverwundbarkeit umschlug[191].

Eine erste quantitative Studie zum Themenbereich haben erst jüngst Shipman/Mumford vorgelegt. Im Rahmen einer Fragebogenstudie mit Psychologiestudenten kann in diesem Beitrag gezeigt werden, dass sich eine Selbstüberschätzung von individuellen Fähigkeiten – dort verstanden als Overconfidence – negativ auf den Führungserfolg auswirkt.

---

[186] Vgl. Kets de Vries 1991, S. 343 f.

[187] Um diesen potentiell konfliktären Mustern der Selbstüberschätzung entgegenzuwirken schlägt Kets de Vries einen sehr praxisbezogenen Ansatz vor: Ein sog. „Organizational Fool" soll die Führungskraft humorvoll auf durch Selbstüberschätzung ausgelöste Verfehlungen hinweisen (vgl. Kets de Vries 1990, S. 755 ff.).

[188] Vgl. Kapitel B.II.2.c.

[189] Vgl. Kets de Vries 1994, S. 88.

[190] Vgl. Campbell et al. 2011; Glad 2002; Jørstad 1995; Rosenthal/Pittinsky 2006.

[191] Vgl. Kroll et al. 2000, S. 117.

Studienteilnehmer, welche sich selbst überschätzten, stellten mangelhafte Leitlinien und Zeitplanungen auf. Insbesondere wiesen diese Personen zudem eine verringerte Sensibilität hinsichtlich organisationaler Rückstände und Problembereiche auf[192].

Anhand letztgenannter Studie wird sehr plastisch deutlich, dass innerhalb der Führungsforschung die Auswirkungen von individueller Selbstüberschätzung auf Organisationskollektive durchaus angerissen oder implizit thematisiert werden. Wenn durch Hybris betroffene Führungskräfte fehlerbehaftete Pläne erarbeiten und zudem organisationsrelevanten Problemfeldern oder hilfsbedürftigen Abteilungen wenig Aufmerksamkeit entgegenbringen, ist durchaus vorstellbar, dass Geführte und Mitarbeiter von diesem Verhalten unmittelbar negativ beeinflusst werden. Welche mittelbaren Rückwirkungen hierbei entstehen können, ist ansatzweise schon durch eine der von Kets de Vries/Miller beschriebenen Kulturtypologien aufgezeigt worden[193]: Innerhalb dieses Modells prägen einzelne Führungspersönlichkeiten die Organisationskultur durch ihre Persönlichkeitsstruktur derart, dass dysfunktionale Organisationspathologien entstehen. Vor allem innerhalb der „dramatischen Kultur" entsteht eine Abhängigkeit der Organisationsmitglieder zu einer grandiosen und von externem Zuspruch abhängigen Führungskraft. Im Zeitablauf entstehen verschiedenartige Risiken, indem das Organisationskollektiv beispielsweise fundamentale Risiken unterschätzt, Kritik negiert und teilweise gar „zum Aufbau von Illusionswelten"[194] neigen kann.

IV. Verwandte organisationstheoretische Konzepte

Neben den Konzepten der Managementforschung, die explizit und originär dem Phänomen der Selbstüberschätzung von Fähigkeiten nachgehen, existieren zumindest zwei weitere Ansätze, welche deutliche Nähe zu dem Themenbereich Hybris aufweisen und hier ebenfalls angeführt und diskutiert werden müssen.

1.   Executive-CSE

Eine theoretisch überzeugende Konzeptualisierung der Fähigkeitsüberschätzung auf Topmanagementebene wurde im Jahr 2005 durch Hiller/Hambrick vorgeschlagen. Ausgehend von der Beobachtung, dass in der Forschung bis dato wenig präzises Wissen über die Ursprünge und Auswirkungen der wahrgenommenen Selbstkonzepte von leitenden Angestellten und Vorstandsvorsitzenden vorherrscht, führen die Autoren das Konstrukt „Core-Self-Evaluation" (CSE) in die Managementforschung ein[195].

Dieses aus der Psychologie stammende Konstrukt wurde erst in den vergangenen Jahren mehrfach empirisch getestet und für hinreichend valide erklärt[196]. Inhaltlich wird mit dem Modell eine solide Selbstbeurteilung von Individuen angestrebt, die anhand von Fragen in Bezug auf vier breite Persönlichkeitsdimensionen erfasst wird: Individuen werden um Ein-

---

[192] Vgl. Shipman/Mumford 2011, S. 658 ff.
[193] Vgl. Kets de Vries/Miller 1986.
[194] Schreyögg 2008, S. 373.
[195] Vgl. Hiller/Hambrick 2005, S. 297 f.
[196] Vgl. Judge et al. 2003.

schätzung zu ihrem Selbstwertgefühl, der gefühlten Selbstwirksamkeit, ihrer Kontrollüberzeugung und ihrer emotionalen Stabilität gebeten. Das individuelle Selbstkonzept basiert definitorisch auf der Summe dieser vier Dimensionen und der damit verbundenen Einschätzung. Abbildung 2 verdeutlicht den Zusammenhang des Modells grafisch.

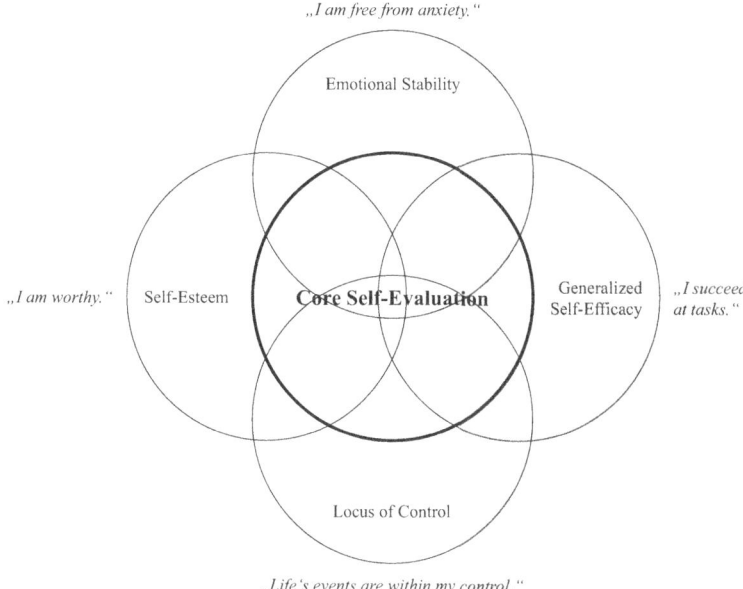

Abbildung 2: Inhaltsebenen des CSE-Konzepts[197]

Aufbauend auf dem Grundgedanken, dass in der Psychologie mithilfe des Modells und den damit verbundenen Selbsteinschätzungen auch das zukünftige Verhalten und Handeln von Individuen prognostiziert werden kann[198], beziehen Hiller/Hambrick ihre konzeptionellen Überlegungen auf potenzielles Verhalten von hochrangigen Entscheidungsträgern innerhalb des organisationalen Kontextes. Unterschiedlich hohe CSE Ausprägungen von Topmanagern werden auf Aspekte wie den Prozess und das Ergebnis der strategischen Entscheidungsfindung sowie die übergeordnete organisationale Performance bezogen[199].

Äußerst hohe Relevanz für den Kontext dieser Arbeit haben zwei zusammenhängende Argumentationslinien der Autoren. Zwar wird innerhalb der ursprünglichen Ansätze zum CSE-Konstrukt grundsätzlich argumentiert, dass ein höherer Skalenwert für Individuen vorteilhaftere Auswirkungen hat. Zudem wird angenommen, dass hochrangige Führungskräfte einen hoch ausgeprägten CSE-Wert aufweisen. Jedoch führen Hiller/Hambrick ausdrücklich an, dass der oberste Rand der Skala – im Sinne eines „Hyper-CSE" – deckungsgleich mit dem Phänomen der Selbstüberschätzung sein kann[200].

---

[197] Eigene Abbildung. Quelle: Hiller/Hambrick 2005, S. 300.
[198] Vgl. Erez/Judge 2001, S. 1270 ff.
[199] Vgl. Hiller/Hambrick 2005, S. 297 ff.
[200] Vgl. Hiller/Hambrick 2005, S. 298.

Darauf aufbauend zeigen die Autoren, in welcher Art sich das Phänomen des Hyper-CSE auf strategische Prozesse und Entscheidungen innerhalb von Organisationen auswirken und wie dadurch der organisationale Erfolg unmittelbar beeinflusst werden kann. Vorstandsvorsitzende mit einem hoch ausgeprägten CSE-Wert beeinflussen unmittelbar die gesamte Organisation, was an grandios geprägten Aktionen und Initiativen, radikalen Unternehmensstrategien sowie einer hohen strategischen Persistenz des betroffenen Unternehmens sichtbar wird. Es wird argumentiert, dass sich diese Strategien durchaus sehr vorteilhaft auf den Unternehmenserfolg auswirken können; jedoch wird ein derartig hohes Risiko eingegangen, dass außerordentliche Verluste ebenso wahrscheinlich sein können. Die Autoren führen daher an, dass entweder große Gewinne oder Verluste entstehen[201]. Die folgende Abbildung 3 zeigt zusammenfassend das von den Autoren vorgeschlagene Kausalitätsmodell.

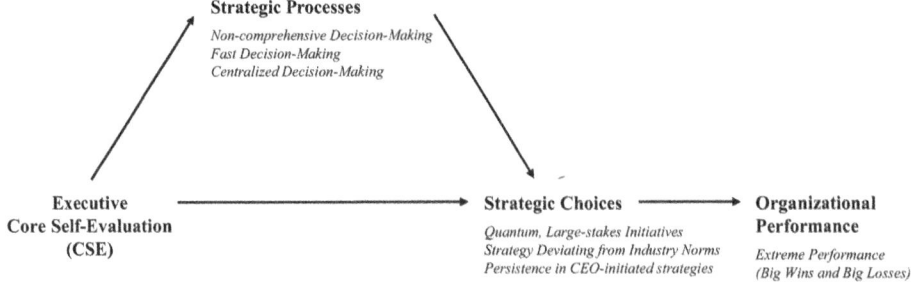

Abbildung 3: Zusammenhang zwischen CSE, strategischen Prozessen, Entscheidungen und Unternehmenserfolg[202]

Mit diesem konzeptionellen Beitrag von Hiller/Hambrick erhält der Grundgedanke der vorliegenden Arbeit nun eine sehr aussichtsreiche Perspektive. Anschaulich wird durch die Autoren abgeleitet, dass ein seine Fähigkeiten überbewertender CEO, charakterisiert durch einen Hyper-CSE Wert, unmittelbare Einflüsse auf die strategischen Prozesse und Entscheidungen hat. Insbesondere wird dadurch die organisationale Performance beeinflusst. Individuelle Hybris kann also maßgebliche Auswirkungen auf Organisationen, deren Mitarbeiter und Strategien haben. Auch der Erfolg oder Misserfolg eines Unternehmens kann nachhaltig mit beeinflusst werden.

2.   Narzissmus im organisationalen Kontext

Bereits innerhalb der Diskussion zum Themenbereich Hybris in der Führungsforschung ließ sich eine weitere Verbindung zu einem verwandten Begriff erkennen: Auch das Konstrukt des Narzissmus findet innerhalb der Organisations- und Managementforschung Aufmerksamkeit. Ähnlich zu der Diskussion in der psychologischen Forschung, werden auch hier

---

[201] Vgl. Hiller/Hambrick 2005, S. 309. Durchaus treten an dieser Stelle deutliche Parallelen zu dem Themenbereich der Unternehmenskultur und den Kulturtypologie von Deal/Kennedy (1982) auf (vgl. Schreyögg 2008, S. 372).
[202] Eigene Abbildung. Quelle: Hiller/Hambrick 2005, S. 309.

auf Ebene des Individuums Verbindungen zur Fähigkeitsüberschätzung gezogen[203]. Neben dieser individuellen Ebene ist in der Forschung auch schon ein kollektiv auftretender Narzissmus vorgeschlagen worden, welcher für den Kontext dieser Arbeit weitere wichtige Impulse bringen kann.

a.   Individuell: Narzissmus auf Management- und Führungskräfteebene

Bei eingehender Betrachtung findet die Narzissmus-Diskussion innerhalb der Organisationsforschung hauptsächlich im Themenbereich der Führungsforschung statt[204]. Häufig werden Aspekte der Führungseffizienz, des ethischen oder unethischen Führungsverhaltens und auch ein Zusammenhang zur charismatischen Führung in Verbindung mit Narzissmus gesetzt[205]. Gleichermaßen wird Narzissmus als ein Wegbereiter für Selbstüberschätzung und Hybris gesehen[206], sodass Parallelen zu den Forschungsergebnissen der Psychologie sichtbar werden. Daneben finden sich auch höchst relevante Studien innerhalb des strategischen Managements, welche die Auswirkung von Narzissmus individueller CEOs auf das Verhalten und den Erfolg ganzer Organisationen thematisieren und genauer untersuchen.

Kleinere Fallbeobachtungen zu diesem Zusammenhang liefert Lubit, auch wenn dessen Ausführungen weniger mit einer umfassenden qualitativen Fallstudie gleichzusetzen sind. Einer der beobachteten Vorstände, als narzisstisch beschrieben, zeichnete sich durch ein extrem ausgeprägtes Risikoverhalten aus. Unter dessen Ägide wurde beispielsweise ein Markteintritt in ein Geschäftsfeld vorgenommen, welches fern von den bisherigen angestammten Tätigkeitsbereichen des Unternehmens lag. Dabei entschied dieser Manager, für das Unternehmen gänzlich neuartige Produkte auf den Markt zu bringen. Er ignorierte jedoch, Prototypen konstruieren zu lassen, was zu einem Scheitern der Produkteinführung führte[207].

Diese Einzelbeobachtung wird durch breiter angelegte Studien unterstützt. In einer quantitativen Analyse von Chatterjee/Hambrick zeigte sich, dass narzisstisch geprägte CEOs wesentliche Auswirkungen auf die strategische Ausrichtung von Organisationen haben. Von narzisstischen Vorständen geleitete Unternehmen sind häufiger durch grandios geprägte Strategien, vermehrte und wertmäßig hohe Akquisitionen aber auch extrem volatile organisationale Ergebnisse gekennzeichnet[208]. Interessanterweise zeigt sich in einer jüngeren Untersuchung der gleichen Autoren, dass sich hochgradig narzisstisch geprägte CEOs weiter in ihrem Handeln ermutigt fühlen, sobald sie externen sozialen Zuspruch erhalten[209].

Anhand dieser Ausführungen wird deutlich, dass ein narzisstischer Vorstand oder eine sonstige leitende Führungspersönlichkeit signifikante Auswirkungen auf das Unternehmen haben kann. Dadurch, dass diese Personen die Strategie, Struktur und Personalauswahl ent-

---

[203] Vgl. Kapitel B.II.2.c.
[204] Vgl. Kets de Vries/Miller 1985b.
[205] Vgl. Campbell et al. 2011 für einen weiteren detaillierten Überblick.
[206] Vgl. Kets de Vries 1990, S. 755.
[207] Vgl. Lubit 2002, S. 131.
[208] Vgl. Chatterjee/Hambrick 2007, S. 372. Problematisch erscheinen innerhalb dieser Publikation die vielen und wenig abgegrenzten Merkmale des Narzissmus, welche in fast identischer Form in der Publikation zu einem Hybris-Artikel zu finden sind (vgl. Hiller/Hambrick 2005).
[209] Vgl. Chatterjee/Hambrick 2011.

scheidend mitprägt, kann ein Einfluss auf die gesamte Organisation entstehen[210], welcher auch schon an anderer und wesentlich früherer Stelle prominent in der Forschung diskutiert und untersucht wurde[211].

Neben diesen potenziellen Auswirkungen individueller Persönlichkeiten auf Kollektive – im Sinne von Organisationen –, existieren auch übergeordnete organisationale Aspekte des Narzissmus[212]. Innerhalb von psychologischen Gruppenexperimenten konnte beispielsweise festgestellt werden, dass narzisstische Ausprägungen und Muster auch innerhalb von Gruppen auftreten können, was deren Entscheidungsprozesse und das generelle Gruppenverhalten wesentlich beeinflusst[213]. Interessanterweise ist es die Managementforschung, die in diesem Aspekt der Psychologie voraus ist[214]: Wird hier doch das Phänomen eines kollektiven Narzissmus schon seit einigen Jahren diskutiert.

b.   Kollektiv: Das Konzept „Organizational Narcissism"

Erste Ansätze, den Aspekt des Narzissmus auf Kollektive zu beziehen, finden sich bei Lasch, der bereits im Jahr 1979 der zunehmenden Tendenz von narzisstischen Verhaltensweisen einzelner Individuen innerhalb der amerikanischen Gesellschaft nachgeht und ihr Verhalten auf die übergeordnete amerikanische Kultur bezieht. Im Kontext der Managementforschung war es Schwartz, der dem Aspekt von Narzissmus innerhalb von Organisationen und Organisationskollektiven früh nachgegangen ist. Besonders beeindruckend sind die anschaulichen Fallstudien anhand der US-amerikanischen Weltraumbehörde NASA. Kollektiver Narzissmus führte innerhalb dieser Organisation zu schlechten Entscheidungen, einer ausgeprägten Technologiegläubigkeit, Unverwundbarkeitsmotiven und Phasen des Realitätsverlustes, die in der Summe zu dem katastrophalen Unglück der Challenger Weltraumfähre geführt haben sollen[215].

Der Begriff des organisationalen Narzissmus – im Sinne des englischen „Organizational Narcissism" – wurde innerhalb eines theoretisch sehr fundierten konzeptionellen Artikels durch Brown weiter geprägt. Gruppen innerhalb von Organisationen streben – ähnlich wie Individuen – fortwährend nach Aufrechterhaltung und Verteidigung eines positiven Selbstbildes und Selbstbewusstseins. Eine narzisstische Aufrechterhaltung und Verteidigungshaltung zur Sicherstellung des positiven kollektiven Selbstbildes kann durch vier Merkmale stattfinden[216]. Einmal durch Leugnung unliebsamer und unvorteilhafter Fakten. Daneben durch nachträgliche Rationalisierungen von Handlungen. Außerdem durch Ausnutzung, niederträchtiger oder abwertender Behandlung externer Personen. Sowie durch die Tendenz der Selbstüberhöhung bezüglich der gefühlten Einzigartigkeit.

---

[210] Vgl. Chatterjee/Hambrick 2007, S. 352.
[211] Vgl. Kets de Vries/Miller 1984a, 1984b.
[212] Vgl. Campbell et al. 2011, S. 280.
[213] Vgl. Campbell et al. 2005.
[214] Insbesondere lässt sich anhand des Artikels von Campbell et al. (2011) erkennen, dass innerhalb der Psychologie kein Bezug zum kollektiven Narzissmus der Organisationsforschung gezogen wird, obgleich innerhalb des umfassenden Literaturüberblicks zum Themenbereich Narzissmus innerhalb von Organisationen durchaus viele der Managementforschung zuzuordnende Veröffentlichungen referiert werden.
[215] Vgl. Schwartz 1989, 1990, 1993. Weniger in Bezug auf die Weltraumorganisation NASA, sondern allgemein konzeptionell argumentiert Gabriel (1999, S. 207).
[216] Vgl. Brown 1997, S. 644.

Insbesondere durch den letzten Mechanismus, der Tendenz der Selbstüberhöhung, wird erneut eine Verbindung zwischen Narzissmus und dem Themenbereich Hybris gezogen: Bezieht sich diese Selbstüberhöhung auf die Tendenz von Individuen, ihre Fähigkeiten und bisherigen Leistungen überhöht zu bewerten und zu überschätzen[217]. Die von Brown angestellten Überlegungen zum kollektiven Narzissmus zeigen daher sehr deutlich, dass eine kollektive Überbewertung von Fähigkeiten im Sinne von Hybris als Bestandteil des Organizational Narcissism auf organisationaler Ebene existieren kann.

In darauf folgenden und teils aufbauenden konzeptionellen Beiträgen wurde einerseits ein Bezug zur Unternehmensethik[218] und andererseits zur organisationalen Identität gezogen. Auf der Folie dieses kollektiven organisationalen Selbstverständnisses kann kollektiver Narzissmus für Organisationen durchaus problematisch sein, da organisationale Lernprozesse behindert werden und ein regelrechtes Nichtlernen stattfinden kann[219]. Andiskutiert wurde auch, dass die von diesem Phänomen betroffenen Unternehmen jegliche externe Kritik an ihrem Handeln und Selbstbild ausblenden und regelrecht isoliert auf Basis ihrer bisherigen Vorstellungen operieren und einer Selbstbefangenheit und Selbsttäuschung unterliegen[220].

Die erste – und bis zum heutigen Tage einzige – hochrangig publizierte empirische Studie zur Thematik wurde durch Stein vorgelegt. Innerhalb einer auf externen Datenquellen (überwiegend Presseartikeln) basierenden Studie wird das Scheitern des sehr bekannten Long Term Capital Management Hedge-Funds analysiert und unter Rückgriff auf organisationalen Narzissmus erklärt. Definitorisch wird kollektiver Narzissmus innerhalb dieser Studie durch fünf Charakteristika dargelegt und verstanden, welche interessanterweise eine explizit angeführte Schnittmenge zum Begriff Hybris aufweisen[221]:

1. Die narzisstische Organisation wird von ihren Mitgliedern als einzigartig empfunden, wodurch ein extrem ausgeprägter Stolz vorherrscht, der sich in einer wahnhaften Ausprägung niederschlägt. Durch diesen Stolz interpretiert sich die Organisation als tadellos und fehlerfrei. Stein setzt diesen Aspekt des Stolzes mit Hybris gleich.

2. Verbunden ist dieser Stolz mit einem Glauben der Omnipotenz: Kollektiv wird die Vorstellung geteilt, endgültig alle relevanten organisationalen Probleme zu beherrschen.

3. Parallel können Gefühle der Allwissenheit geteilt werden, sodass Organisationsmitglieder dem Glauben unterliegen, alle relevanten Informationen vorliegend oder verfügbar zu haben. Es wird angenommen, dass das gesamte in der Umwelt verbreitete und für die Organisation notwendige Wissen schon Teil der organisationalen Wissensbasis ist, sodass überhaupt kein neues Wissen angeeignet werden müsste.

4. Auf Basis der vorherigen drei Quellen können sich Organisationen dieses Typs abweisend und respektlos gegenüber anderen Unternehmen, Menschen und Informatio-

---

[217] Vgl. Brown 1997, S. 646; vgl. auch Eidenschink 2003.
[218] Vgl. Duchon/Burns 2008; Duchon/Drake 2009; Godkin/Allcorn 2011.
[219] Vgl. Brown/Starkey 2000.
[220] Vgl. Hatch/Schultz 2002, S. 1006 ff.
[221] Vgl. Stein 2003, S. 529 f.

nen verhalten und diese ausbeuterisch oder mit einer triumphalen Verachtung behandeln.

5. Ferner wird herausgearbeitet, dass diese vier zuerst genannten Kriterien nicht nur im Laufe der Zeit fester Bestandteil der Unternehmenskultur werden, sondern auch das sozio-technologische Umfeld der Organisation von Anbeginn an prägen können. Organisationaler Narzissmus hat diesem Modell zufolge gar Ursprünge, die schon bei der Unternehmensgründung gelegt worden sein können.

In ihrem Verlauf geht die Studie diesen Kriterien präzise und plausibel nach und kann auf Basis dessen aufzeigen, wie ein kollektiver organisationaler Narzissmus das Scheitern des Hedge-Fonds mit bewirkt haben kann. Problematisch an dieser Studie ist neben der unbegründeten Gleichsetzung von Hybris und Narzissmus die Tatsache zu sehen, dass ausschließlich externe Pressedokumente analysiert wurden. Interne Dokumente oder auch Primärquellen – wie beispielsweise Interviews – wurden nicht erhoben. Hybris wurde zudem innerhalb dieser Studie ohne fundierte Analyse attribuiert, indem lediglich auf zwei renommierte Zeitungen Bezug genommen wurde, welche den Begriff zur Beschreibung des Unternehmens verwendeten[222]. Fraglich ist daher, ob einem sozial komplexen Phänomen, wie dem des Narzissmus, überhaupt auf Basis dieser Datenquellen hinreichend nachgekommen werden kann.

Zusammenfassend zeigt sich anhand dieses Abschnitts, dass sowohl konzeptionell als auch qualitativ-empirisch wesentliche Schnittmengen zwischen Hybris und Narzissmus gesehen werden. Die vorliegende Arbeit erhält durch diese Verbindung daher weitere fundamentale theoretische Unterstützung. Da ein Phänomen des kollektiven Narzissmus nicht nur theoretisch modelliert, sondern auch empirisch untersucht und bestätigt wurde, ist es angebracht auch einem Phänomen der organisationalen Überschätzung von Fähigkeiten nachzugehen und dieses darüber hinaus als unabhängiges Konzept zu erarbeiten.

V. Auf dem Weg zu einem Verständnis von „Organizational Hubris"

Anhand der bisherigen Ausführungen zeigt sich insgesamt, dass Hybris – innerhalb dieser Arbeit synonym mit einer Überschätzung von Fähigkeiten verstanden – ein vielschichtiges und höchst relevantes Phänomen innerhalb von Organisationen ist. Insbesondere stellt sich innerhalb bisheriger Studien heraus, dass bislang eine ausschließliche Fokussierung auf das Individuum vorgenommen wurde. Auswirkungen auf Kollektive und Organisationen oder ein generell kollektives Auftreten bleiben bis dato außen vor und unbeachtet.

Ähnlich zu Ergebnissen der Psychologie wird auch innerhalb der Managementforschung Narzissmus als ein möglicher Einflussfaktor von Hybris gesehen. Die weiter oben bereits referierten psychologischen Forschungsergebnisse zeigen jedoch[223], dass Selbstüberschät-

---

[222] Stein (2003, S. 531 f.) hält zur Attribution von Hybris ausschließlich fest: „There is considerable consensus that LTCM suffered from such hubris. Both The Economist (5 December 1998) and the Financial Times (24 October 1998) use the term 'hubris' to describe LTCM."
[223] Vgl. Kapitel B.II.2.c.

zung auch unabhängig von Narzissmus auftreten kann. Es ist daher lohnend, beide Begrifflichkeiten getrennt voneinander zu verstehen. Da innerhalb der Managementforschung Narzissmus ansatzweise als kollektives organisationales Phänomen thematisiert wurde, ist es zudem von hohem Interesse der Frage nachzugehen, ob und wie Hybris kollektiv auftreten kann – also ein Phänomen im Sinne des „Organizational Hubris" existieren kann.

Aufbauend auf dieser Logik soll nun im Folgenden gefragt werden, ob und wie individuelle Selbstüberschätzung Organisationen kollektiv in einen Zustand der Hybris bringen kann. Zudem gilt es der Fragestellung nachzugehen, ob Selbstüberschätzung auch generell ein kollektives Phänomen darstellen kann – unabhängig von individuellen Einflüssen.

Insgesamt hat der aktuelle Abschnitt das Ziel, einen theoretischen Referenzrahmen für den Aspekt der kollektiven Fähigkeitsüberschätzung innerhalb von Organisationen zu entwickeln, auf Basis dessen die empirische Fallstudie durchgeführt werden kann[224].

1. Hybris innerhalb von Organisationen

Die Tatsache, dass Hybris innerhalb der Forschungsbereiche des strategischen Managements, der Führungsforschung sowie dem Entrepreneurship lediglich auf Ebene von einzelnen Individuen thematisiert wird, soll weiter ausgedehnt werden. Prinzipiell hat die Fokussierung auf individuelle Personen eine hohe Berechtigung. Einerseits ist vorstellbar, dass sich Hybris von einzelnen hochrangigen Individuen innerhalb der Organisation auf das gesamte Unternehmen und die darin versammelten Individuen auswirken kann. Dies wird auch schon an mancher Stelle vermutet und kann unter Rückgriff auf weitere Konzepte theoretisch fundiert begründet werden. Andererseits ist daneben ein generelles kollektives Auftreten vorstellbar, sodass ein Konstruktverständnis von Organizational Hubris erarbeitet werden kann und soll.

a. Individuelle Selbstüberschätzung evoziert kollektive Auswirkungen

Unter Rückgriff auf das in der Organisationsforschung weit bekannte Konzept der Unternehmenskultur[225] kann möglichen Auswirkungen individueller Hybris auf Organisationskollektive präziser nachgegangen werden. Dem Konzept zufolge wird durch die Ausprägung kollektiver Orientierungs-, Vorstellungs- und Wertemuster „das Verhalten der Mitglieder und betrieblichen Funktionsbereiche nachhaltig"[226] geprägt. Unternehmensmitglieder verwenden dabei „kollektiv geprägte (Kultur-)Muster, um sich die Welt zu erklären und eine Handlungsgrundlage zu schaffen"[227]. Zwar ist die Unternehmenskultur ein genuin kollektives Konzept. Dennoch wird davon ausgegangen, dass einzelne und für das Unternehmen

---

[224] Zu beachten ist hierbei, dass innerhalb des aktuellen Abschnittes einem neuartigen und eigenständigen Verständnis von kollektiven Selbstüberschätzungsprozessen nachgegangen wird. Dadurch, dass Stein (2003) innerhalb seiner Publikation zum Themenbereich „Organizational Narcissism" zwar Hybris innerhalb seines Untersuchungsrahmens integriert, für diesen Begriff jedoch keine genaue Definition anführt, soll diesem Ansatz in der vorliegenden Arbeit nicht gefolgt werden. Es wird folglich ein eigenständiger Referenzrahmen entwickelt und sodann auf die später folgende empirische Untersuchung angewendet.

[225] Vgl. Deal/Kennedy 1982; Peters/Waterman 1982; Schein 1984; vgl. für einen Überblick zudem Schreyögg 2008, S. 363 ff.

[226] Schreyögg 2008, S. 363.

[227] Schreyögg 2008, S. 363 f.

sehr zentrale Persönlichkeiten die Ausprägung und Inhalte der Kultur implizit aber maßgeblich beeinflussen können[228]. Die Selbstüberschätzung des Einzelnen kann daher auf die Organisationskultur und der darin enthaltenen kollektiven Vorstellungweisen des Kollektivs wesentliche Einflüsse haben.

Unterstützt wird dieser Gedankengang durch die Arbeiten von Kets de Vries/Miller, welche anhand konzeptioneller wie auch empirischer Arbeiten schon fundiert den Einfluss einzelner Individuen auf das organisationale Verhalten herausgearbeitet haben. Hierbei zeigte sich, dass ranghohe Organisationsmitglieder durch ihre Persönlichkeitsstruktur für kollektiv auftauchende organisationale Dysfunktionen prägend und ausschlaggebend sein können. Vor allem innerhalb jener Unternehmen, die sehr zentral auf eine einzelne Persönlichkeit ausgerichtet sind, wie beispielsweise innerhalb von Eigentümerunternehmen, kommt diesen Individuen bei der Ausgestaltung der gesamten Unternehmenskultur, -struktur und -strategie eine herausragende Bedeutung zu. Teilweise können diese Führungskräfte implizit die Wahrnehmungsfilter – nach welchen die gesamte Organisation ihre Umwelt selektiert – vorgegeben und für eine zunehmende Konformität innerhalb des organisationalen Verhaltens und Entscheidens sorgen[229]. Vor allem innerhalb der von Kets de Vries/Miller beschriebenen „dramatischen Kultur" werden die Organisationsmitglieder und die Unternehmenskultur durch eine einzelne Führungskraft geprägt, welche Muster der Selbstüberschätzung aufweisen kann und sich durch ein grandioses Auftreten und einer hohen Abhängigkeit von externem Zuspruch auszeichnet[230]. Im Zeitablauf entstehen verschiedenartige Risiken, indem das Organisationskollektiv beispielsweise fundamentale Risiken unterschätzt, Kritik negiert und teilweise gar zu „zum Aufbau von Illusionswelten"[231] neigen kann, worunter sich durchaus eine kollektive Überbewertung von Fähigkeiten verstehen lässt. Darüber hinaus zeigt sich, dass die grandiosen Initiativen des CEOs, in Form eines hohen Expansionsdrangs und einer von Akquisitionen getriebenen Strategie, kollektiv innerhalb den Prozess der organisationalen Entscheidungsfindung übergehen und damit unternehmensweit geteilt werden[232]. Der Ansatz von Kets de Vries/Miller kann daher die bereits innerhalb mancher Managementpublikationen mitschwingende implizite Auswirkung von individueller Hybris auf die gesamte Organisation[233], deren Mitglieder, Strategie und Kultur, sehr gut erklären.

Einzelne ranghohe Individuen können diesen Ausführungen zufolge mit ihren Persönlichkeitsstrukturen einen starken Einfluss auf kollektive Anschauungsweisen und organisationales Verhalten ausüben. Individuelle Selbstüberschätzung kann daher kollektive Auswirkungen haben. Innerhalb der bisher identifizierten drei Hybris-Strömungen der Managementforschung – Entrepreneurship-, Führungsforschung sowie des strategischen Managements – werden ausschließlich die ranghohen Personen thematisiert. Es interessiert daher im Folgenden, wie und ob innerhalb dieser drei Strömungen ein kollektives Auftreten durch individuelle Muster der Selbstüberschätzung evoziert werden kann.

---

[228] Vgl. Schein 1983.
[229] Vgl. Kets de Vries/Miller 1984b, S. 35.
[230] Vgl. Kets de Vries/Miller 1986, S. 272 f.
[231] Schreyögg 2008, S. 373.
[232] Vgl. Kets de Vries/Miller 1986, S. 274.
[233] Vgl. Hayward/Hambrick 1997; Hiller/Hambrick 2005.

Aus der Entrepreneurship-Forschung ist bekannt, welch herausragende und wichtige Rolle der jeweilige Gründer für das Unternehmen einnimmt. Die verschiedenen Persönlichkeitsmuster und -typen wirken sich dabei nicht nur direkt auf wahrgenommene Marktchancen aus, sondern die Persönlichkeitsstrukturen des Unternehmensgründers sind ausschlaggebend für die anfängliche Ausgestaltung und spätere Entwicklung der Unternehmenskultur[234]. Auch wurde schon dargelegt, welche fatale Konsequenzen aus der Persönlichkeitsstruktur des Gründers im Verlauf der Zeit für die gesamte Organisation und damit den organisationalen Fortbestand erwachsen können[235].

Für die Hybrisforschung innerhalb der Entrepreneurship-Literatur lässt sich auf Basis dessen schlussfolgern: Wenn ein individueller Unternehmer zur Hybris neigt, so kann sich diese Selbstüberschätzung über die Ausgestaltung und Prägung der Unternehmenskultur bei Gründung oder im Zeitverlauf auf das gesamte Unternehmen auswirken. Parallel zu dem bereits angeführten Verständnis einer dramatischen Kultur ist vorstellbar, dass nicht nur persönliche, sondern organisationsweite Illusionswelten entstehen. Hiermit verbunden kann eine kollektive Überbewertung von Fähigkeiten sein, welche sich auf die organisationale Entscheidungsfindung auswirkt und damit grandiose Initiativen im Sinne eines hohen Expansionsdrangs und einer von Akquisitionen getriebenen Strategie unternehmensweit verfolgt werden. Die Selbstüberschätzung eines einzelnen Entrepreneurs kann daher für die Emergenz von Organizational Hubris ausschlaggebend sein[236].

Für die Führungsforschung kann innerhalb der hier durchgeführten Diskussion auf das Konzept des Charismas zurückgegriffen werden. Dieses wird innerhalb der Führungstheorien als höchst relevantes und vielschichtiges Phänomen häufig untersucht[237]. Zusammenhänge zur aktuellen Thematik ergeben sich dadurch, dass nicht nur narzisstische[238], sondern auch von Hybris betroffene Führungspersonen[239] häufig eine Zuschreibung von Charisma durch ihre Mitarbeiter oder Unternehmensexterne erfahren.

Charismatische Führungstheorien interpretieren den Einfluss von Führungskräften nicht auf formalen organisationalen Strukturen, sondern erklären herausragenden und effizienten Führungserfolg durch die charismatische Wirkung der Führungskraft – persönlicher Charme, Attraktivität oder eine überzeugenden Kommunikationsfähigkeit sind demnach für den Führungserfolg mit verantwortlich[240]. Obgleich verschiedene Studien immer wieder die positiven Wirkungen charismatischer Führung belegen[241], zeigt sich über die sogenannte „dunkle Seite des Charismas"[242] oder das „personalisierte Charisma"[243], dass durch diesen ganz speziellen Status auch dysfunktionale Wirkungen auftreten können. Insbesondere unter Rückgriff auf Weber, welcher als Wegbereiter der Charismaforschung gilt, können kollektive

---

[234] Vgl. Schein 1983.
[235] Vgl. Kets de Vries 1985, S. 161.
[236] Vgl. Hmieleski/Baron 2008, S. 69.
[237] Vgl. Conger/Kanungo 1998; House 1977.
[238] Vgl. Deluga 1997; Galvin/Waldman 2010.
[239] Vgl. Hayward 2007, S. 90.
[240] Vgl. Judge et al. 2009, S. 866.
[241] Vgl. bspw. Shamir et al. 1993.
[242] Vgl. Conger 1990.
[243] Vgl. House/Howell 1992.

Rückwirkungen durch individuelle Selbstüberschätzung einer Führungskraft präziser nachvollzogen werden.

Anzuführen ist hierbei zunächst Webers Vorstellung zur Herrschaft, welche innerhalb der
Organisationsforschung auch zur Erklärung von kollektivem und zielgerichtetem Handeln
herangezogen wird[244]. Der mit Autorität synonym zu verstehende Herrschaftsbegriff bedeutet dabei „die Chance [...], für spezifische (oder: für alle) Befehle bei einer angebbaren
Gruppe von Menschen Gehorsam zu finden"[245]. Damit diese Gehorsamkeit bei Gruppen
wirksam wird, müssen Kollektive zunächst die Herrschaft und die damit verbundenen Befehle anerkennen, was über einen Glauben an die Legitimität der Herrschaft zustande
kommt. Diese Legitimitätsgeltung entsteht dabei auf Basis von drei unterschiedlichen Herr-
schaftsformen: der legitimen, der traditionellen und der charismatischen Herrschaft. Charismatische Herrschaft ist nach Weber dabei zu verstehen als jener Charakter „auf der au-
ßeralltäglichen Hingabe an die Heiligkeit oder die Heldenkraft oder die Vorbildlichkeit einer Person und der durch sie offenbarten oder geschaffenen Ordnungen"[246] basieren. „Im
Fall der charismatischen Herrschaft wird dem charismatisch qualifizierten Führer als sol-
chem kraft persönlichen Vertrauens in Offenbarung, Heldentum oder Vorbildlichkeit im
Umkreis der Geltung des Glaubens an dieses sein Charisma gehorcht"[247].

Wenn innerhalb einer Organisation einer ranghohen Führungspersönlichkeit durch seine
Gefolgten Charisma attribuiert wird, kommt der Führungskraft nach Weber die Rolle des
Charismaträgers, den Mitarbeitern die der Charismagläubigen zu. Dem charismatischen
Führer wird sodann eine außerordentlich hohe Anerkennung und damit Autorität zugesprochen, sodass eine fast grenzenlose Gefolgschaft entstehen kann. Einer charismatischen Füh-
rungsperson, welche beispielsweise im Zeitablauf Tendenzen der Selbstüberschätzung entwickelt, könnte damit diese Anschauungsweisen an seine Mitarbeiter weitergeben, sodass
die Selbstüberschätzung kollektiv geteilt würde. Dass diese Interaktionen tatsächlich innerhalb von Kollektiven entstehen können, zeigt die Geschichte sehr drastisch: Beispielsweise
wurde Adolf Hitler nicht nur eine charismatische Herrschaftswirkung[248], sondern auch Hybris attribuiert[249], wobei diese Kombination auch in einer kollektiven gesellschaftlichen
Übernahme endete[250].

In der Forschung zum strategischen Management werden die Auswirkungen individueller
Hybris auf das Organisationskollektiv zwar wenig direkt benannt[251], aber doch implizit
thematisiert. Innerhalb dieser Studien wird gezeigt, dass einzelne von Selbstüberschätzung
betroffene CEOs das Risikoverhalten der gesamten Organisation prägen können[252], für

---

[244] Vgl. Steinmann/Schreyögg 2005, S. 52 ff.

[245] Weber 1972, S. 122; zitiert nach Steinmann/Schreyögg 2005, S. 52.

[246] Weber 1964, S. 159.

[247] Weber 1964, S. 159 (Hervorhebungen im Original).

[248] Vgl. Neumann 1984, S. 114 ff.

[249] Vgl. Kershaw 1998.

[250] Vgl. Lepsius 1993, S. 95 ff.

[251] Lediglich Li/Tang halten im Ausblick ihrer Studie fest, dass die Auswirkung individueller Hybris auf kollektives
organisationales Verhalten zukünftig untersucht werden sollte: „If it is assumed that many CEOs are driven by inflated egos, the consequences of CEO hubris for firm behavior and outcomes would clearly be important and deserving
of further study" (Li/Tang 2010, S. 63).

[252] Vgl. Li/Tang 2010.

(überteuerte) Unternehmenszusammenschlüsse verantwortlich sind[253] und grandiose Strategien initiieren[254]. Es wird daher sehr plastisch deutlich, dass ein einzelnes Individuum dieser Anschauungsweise nach einen hohen Einfluss auf die gesamte Organisation mit seinen Mitarbeitern nimmt.

Zwar kann durchaus kritisch hinterfragt werden, ob ein einzelnes Individuum tatsächlich über dermaßen hohen Einfluss verfügen kann, innerhalb von Organisationen alleinverantwortlich für diese fundamentalen strategischen Schritte zu sein[255]. Hambrick/Finkelstein (1987) führen hierzu jedoch das Konzept „Managerial Discretion" ein und zeigten auf, ob und wann ein einzelner CEO tatsächlich eine hohe alleinige strategische Verfügungsgewalt aufweist: Dies kann dann der Fall sein, wenn der individuelle Vorstand eine hohe (politische) Klugheit aufweist, es sich begünstigende organisationale Kontextfaktoren in Form eines schwachen Aufsichtsratsgremiums ergeben oder die Organisationsumwelt entsprechend ausgeprägt ist[256].

Insbesondere in der stark US-amerikanisch geprägten Strategieforschung wird angenommen, dass ein größerer Handlungsspielraum sowie eine größere Verfügungsfreiheit CEOs dazu verleiten kann, risikoreicher zu handeln, Tendenzen der Selbstüberschätzung zu entwickeln und extrem ausgeprägte Strategien zu verfolgen, welche die Belange relevanter Interessengruppen des Unternehmens vernachlässigen[257].

In bisherigen empirischen Studien konnte dieser Zusammenhang zwischen CEO-Hybris und einer stark ausgeprägten Verfügungsfreiheit schon dargelegt werden. Festgestellt wird die Verfügungsfreiheit innerhalb dieser Studien dann, wenn die Kontrolle des CEOs durch das Aufsichtsratsgremium – im Sinne des angelsächsischen Board-Modells – gar nicht oder nur geringfügig stattfindet[258]. Entgegengesetzt wurde ebenfalls schon gezeigt, dass es stark ausgeprägte und ihre Kontrollfunktion wahrnehmende Aufsichtsräte in angelsächsischen Aktiengesellschaften vermögen, Hybris von CEOs abzuschwächen oder zumindest möglichen negativen Tendenzen entgegenzuwirken[259].

Wenn also ein individueller, sich selbst überschätzender CEO bei hoher Verfügungsfreiheit die strategische Orientierung der Organisation maßgeblich beeinflussen kann, stellt sich unmittelbar die Frage, welche Auswirkungen auf die kollektive Mitarbeiterschaft möglich sind. Es kann vermutet werden, dass eine individuelle Selbstüberschätzung kollektiv geteilt und unterstützt wird. Gerade dann, wenn die durch einen einzelnen CEO initiierte risikoreiche und grandiose Strategie oder Akquisition durch die Mitarbeiter getragen, proaktiv gefördert und umgesetzt wird. Vorstellbar ist, dass die eingangs dieses Abschnitts gezeigten Effekte über die Unternehmenskultur auch in diesem Fall gleichsam Wirkung zeigen, sodass

---

[253] Vgl. Hayward/Hambrick 1997.
[254] Vgl. Hiller/Hambrick 2005.
[255] Vgl. zu den Grenzen des individuellen Einflusses innerhalb von Organisationen insbesondere DiMaggio/Powell 1983 sowie Hannan/Freeman 1977.
[256] Vgl. Crossland/Hambrick 2011, S. 797. Vgl zudem Crossland/Hambrick 2007 für einen weiteren Forschungsüberblick zum Bereich „Managerial Discretion".
[257] Vgl. Crossland/Hambrick 2011, S. 815.
[258] Vgl. Hayward/Hambrick 1997; Tang et al. 2011a.
[259] Vgl. Haynes et al. 2010.

kollektive Anschauungsweisen und Entscheidungsprozesse durch individuelle Selbstüberschätzung geprägt werden.

Daneben steht jedoch auch die Frage, ob und wie Hybris vorliegen kann, wenn ein CEO einer stark ausgeprägten Kontrolle durch das Board unterliegt, seine Verfügungsfreiheit demnach eingeschränkt ist. Wichtig herauszufinden ist, ob sich Hybris darüber hinaus nicht generell und unabhängig von einem einzelnen Individuum innerhalb von Kollektiven entwickeln kann.

b.   Genuin kollektives Konstrukt

Die Entstehung von kollektiven Selbstüberschätzungsprozessen ist auch unabhängig von individuellen Einflüssen durch hochrangige Führungskräfte und Entrepreneure vorstellbar. Erneut kann hier auf Kets de Vries/Miller zurückgegriffen werden, die aufgezeigt haben, dass Gruppen und Organisationen – unabhängig vom direkten Einfluss einer einzelnen Führungskraft – vielfach gemeinsame Gruppenfantasien entwickeln und untereinander eine kollektiv geteilte Wahrnehmung, Anschauungsweise und Weltsicht offenbaren, was in einem ähnlichen Verhalten mündet[260]. Denkbar ist daher, dass die kollektiven Anschauungsweisen und die sich daraus ergebenden Entscheidungsprozesse eine Ausprägung von Überbewertungen und Hybris aufweisen. Exemplarisch sei die Verbindung zu organisationalen Fähigkeiten erwähnt, welche aufgrund einer kollektiven Beurteilung zustande kommen. Bei entsprechenden kollektiven Anschauungsweisen können daher unrealistische oder extrem ausgeprägte Fähigkeitseinschätzungen im Organisationskollektiv entstehen[261].

Dass diese Überlegungen nicht nur theoretischer Natur sind, sondern auch im praktischen Alltag auftreten können, lässt sich durch den Ansatz des „Groupthink" von Janis untermauern. Anhand von Fallbeispielen der US-amerikanischen Außenpolitik, wie der „Schweinebucht-Affäre" oder dem Nordkoreakrieg, arbeitete Janis dieses Konzept des Gruppendenkens theoretisch heraus und belegt es mit praktischer Relevanz. Insbesondere hoch kohäsive Gruppen streben auf Basis dieses Gruppenphänomens häufig vorschnell nach Einstimmigkeit. Alternative Möglichkeiten des Handelns und Entscheidens werden dabei auf drastische Art und Weise vernachlässigt[262]. Gerade die Entscheidungsprozesse und kollektiven Einschätzungen innerhalb der Gruppen können hierbei von einem hohen „Maß an Wunschdenken und [der] Ausblendung kritischer Aspekte"[263] geprägt sein – Ausprägungen, welche über die weiter oben gezeigte „Wunschdenkenshypothese" auf Ebene des Individuums einen wesentlichen Einflussfaktor für Selbstüberschätzung darstellen[264]. Und tatsächlich arbeitet Janis im Anschluss der Analyse fehlerhafter Entscheidungsprozesse acht verschiedene Symptome des Gruppendenkens heraus, wobei der von ihm angeführte erste Typ hohe Schnittmengen mit einer kollektiven Hybris aufweist: Hiernach können sich Gruppen in

---

[260] Vgl. Kets de Vries/Miller 1984a, S. 113. Zudem kann auf die neuere Forschung zum Themenbereich „collective sense making" und „shared meaning" verwiesen werden. Gruppen konstruieren diesen Ansätzen nach interaktiv ihre soziale und damit organisationale Realitätsvorstellung und handeln fortan kollektiv auf Basis dieses geteilten kollektiven Sinnmusters. Vgl. bspw. Boyce 1995 für einen Überblick.
[261] Vgl. Danneels 2011, S. 23.
[262] Vgl. Janis 1972, S. 9.
[263] Schreyögg/Koch 2010, S. 240.
[264] Vgl. Kapitel B.II.1.b.

Bezug auf ihre Macht, Einflussvermögen und Fähigkeiten überschätzen. Damit einhergehend ist ein illusionärer Glaube an die Unverwundbarkeit der Gruppe, wodurch ein exzessiv ausgeprägter Optimismus entstehen kann und unverhältnismäßig hohe Risiken eingegangen werden können[265].

Diese von Janis aufgezeigten kollektiven Gruppenprozesse haben nicht nur innerhalb der (US-amerikanischen) Politik ihre Relevanz. Auch Organisationskollektive und die darin enthaltenen Gruppen können sich durch unbewusste und irrationale Handlungen auszeichnen[266]. Insbesondere dann, wenn die jeweilige Unternehmenskultur stark ausgeprägt ist, können eine Reihe von negativen Symptomen auftreten[267]. Häufig äußern sich diese in hoher Konformität und kollektiven Abschließungsprozessen, wodurch nicht nur Unternehmensübernahmen zu optimistisch durchgeführt werden, sondern auf Basis der offensichtlichen Parallelen zu Janis von Prozessen des „Kulturdenkens" anstatt des Gruppendenkens gesprochen wird[268].

Zusammenfassend ist noch einmal zu verstärken, dass wenn innerhalb von Organisationen vorstellbar ist, dass kollektive Überbewertungen von Fähigkeiten unabhängig von individuellen Einflüssen entstehen können, die Basisannahmen der bisherigen Hybris-Forschung innerhalb der Managementtheorie überdacht und erweitert werden muss. Grundsätzlich soll nicht angezweifelt werden, dass das Phänomen der individuellen Hybris im unternehmerischen Alltag existiert. Denn die Führungs- und Entrepreneurshipforschung ist konzeptionell überwiegend auf Individuen fokussiert. Die im vorherigen Abschnitt diskutierten Auswirkungen einer einzelnen, sich selbst überschätzenden Person auf Kollektive ist daher immer noch von Bedeutung. Auch für den Bereich des strategischen Managements zeigt sich, dass einzelne von Hybris betroffene CEOs erhebliche Einflüsse auf das Kollektiv haben können, wenn diesen eine hohe Verfügungsfreiheit zukommt.

Daneben steht die innerhalb dieses Abschnitts aufgezeigte Möglichkeit einer genuin kollektiven Emergenz von Hybris. Auch die Unternehmenspraxis zeigt, dass zum Beispiel die Hybris-Hypothese innerhalb von Firmenübernahmen hinterfragt und auf mögliche kollektive Einflüsse hin überprüft werden sollte. Diese verweist nur darauf, dass einzelne sich selbst überschätzende CEOs für unrentable und unerfolgreiche Unternehmensakquisitionen verantwortlich sind. Vielfach sind jedoch an diesen existenziellen strategischen Entscheidungen viele verschiedene Personen und Personengruppen beteiligt. Die organisationale Entscheidungstheorie weist beispielseise teilweise darauf hin, dass Entscheidungen in Übernahmeprozessen häufig kollektiv über ein Koalitionsverhalten entstehen können[269], sodass auch hier ein kollektives Auftreten von Hybris vorstellbar ist.

Neuerdings werden für die Emergenz überhöhter Firmenkaufpreise bereits explizit kollektive Modelle vorgeschlagen. Innerhalb eines „Merger-Momentums" können ganze Unter-

---

[265] Vgl. Janis 1983, S. 174.
[266] Vgl. Brunsson 1982, 1985, 1989.
[267] Vgl. Schreyögg 1989.
[268] Vgl. Schreyögg 2008, S. 388.
[269] Vgl. Homberg 2010, S. 111 f.

nehmen und Märkte von einem kollektiven Übernahme-Optimismus betroffen sein, was zu vermehrten und tendenziell unrentablen Firmenübernahmen führen kann[270].

Auf diesen Ausführungen aufbauend gilt es daher im nächsten Schritt zu fragen, ob und wie bisherige Ansätze der Managementforschung einem kollektiven Auftreten von Hybris nachgegangen sind.

2.   Bisherige Verweise auf kollektive Selbstüberschätzungsprozesse innerhalb von Organisationen

Bis dato finden die Begriffe „Corporate Hubris" [271] sowie „Organizational Hubris" [272] äußerst selten in der Literatur Verwendung. Teilweise bleibt der Begriff hierbei gänzlich unerklärt[273]. An anderen Stellen wird zumindest angemerkt, dass von diesem Phänomen betroffene Unternehmen sich zu sehr auf dem zurückliegenden Erfolg ausruhen[274] oder ranghohe Entscheidungsträger zu wenig aus unternehmerischen Fehlern der Vergangenheit gelernt hatten[275]. Grundsätzlich zeigt sich jedoch, dass die Begriffe überwiegend nicht auf eine organisationale Überbewertung von Fähigkeiten bezogen werden[276].

Dass Hybris im Sinne der Überschätzung von Fähigkeiten dennoch ein relevantes organisationales Phänomen sein kann, zeigen einige wenige Autoren auf – ohne jedoch ihre Ausführungen substantiell theoretisch zu begründen oder ein Konzeptvorschlag zu unterbreiten[277]. Beispielsweise verwiesen Kjærgaard et al. im Ausblick ihrer qualitativen Fallstudie explizit auf eine mögliche Existenz und Emergenz einer Fähigkeitsüberschätzung auf kollektiver Ebene, indem eine Organisation sozialen Zuspruch erhält und den Status organisationaler Berühmtheit zugesprochen bekommt. Dennoch war es den Autoren nicht möglich, ihren Gedankengang theoretisch sinnvoll herzuleiten und substanziell zu begründen[278]. Auch andere Studien der Organisations- und Managementforschung nahmen bisher – wenn überhaupt – nur implizit Bezug auf eine kollektive Überschätzung von Fähigkeiten.

---

[270] Vgl. Antoniou et al. 2008, S. 1412.

[271] Vgl. Coben 2011.

[272] Vgl. Hmieleski/Baron 2008, S. 69; Johnson et al. 2010, S. 407; Sitkin/Pablo 2004, S. 184.

[273] Vgl. Kociatkiewicz/Kostera 2010, S. 272.

[274] Vgl. Taleb et al. 2010, S. 109.

[275] Vgl. Yates/Skzarzynski 2000, S. 147. Vgl. auch Gabriel (1998, S. 259), welcher aus einer Meta-Perspektive das Verständnis der Managementforschung über den Managementbegriff diskutiert.

[276] Vgl. Mason 2004, S. 140. Der Begriff findet hier Verwendung in Bezug auf ethische und moralische Problematiken in Unternehmen. Mason zufolge habe die US-Weltraumbehörde NASA konsequent und kollektiv Sicherheitsbedenken vor dem Start der Raumfähre Columbia ausgeblendet und nicht beachtet, was in letzter Konsequenz zum Absturz des Shuttles und damit dem Tod von Astronauten geführt habe.

[277] Einen Hinweis, dass Organisationskollektive von Hybris betroffen sein können, das Phänomen in jeder Organisation mehr oder minder stark ausgeprägt sein kann und damit organisationales Verhalten prägt, gibt Ford (2006). Aufgrund eines fehlenden konzeptionellen Rahmens und der theoretisch sehr oberflächlichen Argumentation wird dieser Artikel im Folgenden nicht mehr aufgegriffen werden.

[278] Vgl. Kjærgaard et al. 2011, S. 538. Unter Rückgriff auf den Artikel von Rindova et al. (2006) führen die Autoren so an, dass organisationale Berühmtheit zu kollektivem Narzissmus und einer Selbstüberschätzung von Fähigkeiten führen könne. Die englischsprachige Textstelle lautet wörtlich: „Prior studies have argued that celebrity-induced narcissism may lead to over-attribution and overconfidence in one's own abilities". Problematisch ist insbesondere zu sehen, dass der Artikel von Rindova et al. (2006) keinerlei Bezug zu einer Fähigkeitsüberschätzung nimmt. Höchstens ein früherer Artikel derselben Autorengruppe, Hayward et al. (2004), hätte Erwähnung finden können, obgleich sich dieser nur auf Hybris von Individuen bezieht. Folglich ist Aussage von Kjærgaard et al. ohne fundierte Literaturbelege aufgestellt.

Unter Rückgriff auf einen Artikel von Bell/Esch, welche feststellen, dass die US-amerikanische Weltraumbehörde NASA im Zuge des Unglücks mit der Raumfähre Challenger „ein falsches Selbstbewusstsein in sich selbst entwickelte"[279] argumentiert beispielsweise Starbuck: Auf Basis von vergangenem Erfolg und einem kontinuierlich vorherrschenden Glauben an diesen Erfolg entstand innerhalb der Weltraumbehörde ein Gefühl der Unverwundbarkeit sowie ein kollektiver Glaube an eine extrem unrealistisch ausgeprägte organisationale Fähigkeit[280]. Starbuck zeigt daher nicht nur auf, dass eine Überbewertung von organisationalen Fähigkeiten von Relevanz ist. Vielmehr wird erneut auf den mittlerweile schon mehrfach erwähnten Unverwundbarkeitsglauben als Bestandteil einer kollektiven Hybris verwiesen.

Innerhalb des Forschungsbereichs zur organisationalen Identität argumentieren Barney et al., dass organisationaler Erfolg ein kollektives Gefühl des Wohlbefindens auslösen kann, wodurch Kritik negiert wird, was in einem Status des „kollektiven Overconfidence" münden könne[281]. Ähnlich zu dem Selbstkonzept, aus welchem Individuen Teile ihrer Selbsteinschätzung ableiten, kann auch die organisationale Identität und das damit beschriebene kollektive organisationale Selbstkonzept für die Emergenz einer Überbewertung von Fähigkeiten von Bedeutung sein und dann maßgeblich die organisationale Kritikschranke senken. Neben der Unternehmenskultur, kann daher auch das damit eng verwandte Konzept der organisationalen Identität für die Emergenz und Existenz von kollektiver Hybris maßgeblich sein.

Dass eine solche kollektive Selbstüberschätzung von höchst kritischer Relevanz für den organisationalen Fortbestand sein kann, lässt sich anhand von Publikationen rund um das gescheiterte US-amerikanische Unternehmen Enron erkennen[282]. Vielfach wird angeführt, dass innerhalb des Unternehmens unter den höchsten Führungskräften extrem ausgeprägte Tendenzen zur Selbstüberschätzung aufgetreten seien[283]. In direkter Auswirkung auf die gesamte Organisation zeigten sich illusorische Vorstellungen und realitätsleugnende Zustände als kollektives Muster innerhalb des Unternehmens[284]. Bei Enron können dementsprechend organisationale Fähigkeiten und die generelle Leistungsfähigkeit der Organisation überbewertet worden sein. Andererseits wird argumentiert, dass sich die Organisationskultur bei Enron per se durch Hybris auszeichnete, sodass sich das Gefühl in der Mitarbeiterschaft entwickelte, „Beherrscher des Universums" zu sein[285]. Diese Ausführungen zeigen daher, dass eine kollektive organisationale Hybris ein grandios geprägtes organisationales Handeln und von Grandiosität geprägte strategische Entscheidungen herbeiführen kann.

---

[279] Bell/Esch 1987, S. 48 (englische Textstelle im Original; Übers. d. d. Verf.).
[280] Vgl. Starbuck 2009, S. 930 f.
[281] Vgl. Barney et al. 1998, S. 150.
[282] Das Unternehmen Enron war ein US-amerikanischer Energiekonzern, der eine hohe Reputation und Popularität genoss, aber im Jahr 2001 auf Basis eines groß angelegten Bilanzierungsskandals Insolvenz anmelden musste. Insbesondere in der US-amerikanischen Managementforschung hat der Niedergang des Unternehmens für große Aufmerksamkeit gesorgt, sodass Boje et al. (2004, S. 751) sogar davon ausgehen, dass dieser zum am meisten akademisch analysierten Fall in der Geschichte des Kapitalismus aufsteigen wird. Vgl. für einen Überblick zum Unternehmen und dessen Scheitern: Conrad 2003; Cruver 2002.
[283] Vgl. Blake/Henning 2011, S. 42.
[284] Vgl. Stein 2007, S. 1391; dort unter Rückgriff auf Long 2002.
[285] Vgl. Boje et al. 2004, S. 755.

Wie bisher gezeigt, ist Hybris als kollektives Phänomen theoretisch vorstellbar und von hoher organisationaler Relevanz. Zwar werden innerhalb der bisherigen Managementforschung einige wenige Hinweise auf die Existenz und Emergenz einer kollektiven Überschätzung von Fähigkeiten gegeben. Dennoch existiert bis dato kein detaillierter theoretischer Rahmen, welcher das Phänomen beschreibt und klassifiziert. Im Folgenden soll daher nun ein Vorschlag für das Verständnis eines Konzepts des Organizational Hubris – im Sinne einer kollektiven organisationalen Fähigkeitsüberschätzung – unterbreitet werden.

3.   Ausprägungen und Ursprünge von Organizational Hubris

Individuen verfolgen innerhalb ihrer Selbstbeurteilung von Fähigkeiten zwei wesentliche Strategien: Neben der Suche nach akkuraten Informationen – im Sinne einer realitätsangemessenen Fähigkeitseinschätzung – weisen Personen das Verlangen auf, ihr individuelles Selbstbild aufzuwerten und beurteilen ihre eigenen Fähigkeiten besser, als sie in Wirklichkeit sind[286]. Eine ähnliche Kausalität kann auch auf kollektiver Ebene innerhalb von Organisationen und deren Sinnerschließungsprozessen stattfinden[287].

Zwar sind die Ausführungen und Reflexionen über ein eigenständiges Phänomen der kollektiven Selbstüberschätzung von Fähigkeiten neuartig. Dennoch sind verwandte Begriffe und Konzepte – wie die Selbstwertschätzung und Selbstwertsteigerung – schon als kollektive Phänomene untersucht[288] und auch auf den organisationalen Kontext angewendet worden[289]. Insbesondere das Konzept der organisationalen Identität verweist darauf, dass Organisationen eine kollektive Selbstwahrnehmung und -einschätzung entwickeln[290]. Hierbei zeigt sich, dass neben funktionalen[291] auch dysfunktionale Wirkungen aus dieser kollektiven Selbstsicht erwachsen können: Ähnlich wie Individuen mit übertrieben positiver Selbstbeurteilung dazu neigen, bei ihrer Fähigkeitseinschätzung ungenau zu sein[292], funktionieren auch kollektive Wahrnehmungen und Einschätzungen innerhalb von Organisationen. Unternehmen neigen nämlich meist dazu, übertrieben positive und unrealistische Ansprüche auf Einzigartigkeit zu haben[293], betätigen sich in irrationalen und unbewussten Gruppenaktionen[294], unterliegen der Selbsttäuschung[295] und dem Streben nach Grandiosität[296].

Neben der organisationalen Identität existiert mit dem Konzept des Resource-Based-View ein noch speziellerer Forschungsbereich der organisationalen Selbstwahrnehmung. Innerhalb dieses Ansatzes werden kollektive organisationale Kompetenzen und Fähigkeiten ana-

---

[286] Vgl. Festinger 1954; Wheeler/Suls 2005.
[287] Vgl. Weick 1995, S. 20 f.
[288] Vgl. Kitayama et al. 1997.
[289] Vgl. Brown 1997; Gardner/Pierce 1998; Pfeffer/Fong 2005; Pierce/Gardner 2004; Pierce et al. 1989.
[290] Vgl. Ravasi/Schultz 2006 für einen Überblick über die Strömungen der Identitätsforschung innerhalb der Organisationstheorie.
[291] Vgl. Haslam et al. 2003.
[292] Vgl. Ackerman et al. 2002.
[293] Vgl. Martin et al. 1983.
[294] Vgl. Janis 1972.
[295] Vgl. Ashforth/Gibbs 1990; Balderston 1987; Brown/Jones 2000; Christensen/Cheney 2000.
[296] Vgl. Kets de Vries/Miller 1986, S. 268.

lysiert und für die Erklärung strategischer Wettbewerbsvorteile herangezogen[297]. Jüngere Forschungsergebnisse zeigen hierbei, dass innerhalb von Organisationen häufig ein Mangel an fundierter Selbsteinsicht in Bezug auf die eigenen Fähigkeiten vorliegt[298]. Äquivalent zu dem bei Individuen auftretenden Dunning-Kruger-Effekt[299], nach welchem eine Selbstüberschätzung von Fähigkeiten durch ein Nichtwissen und eine mangelhafte Selbsteinsicht zustande kommt, kann daher auch für Organisationen folgende Schlussfolgerung gezogen werden: Wenn eine Organisation eine geringe Selbsteinsicht in Bezug auf ihre Fähigkeitsbasis aufweist, ist die Existenz einer kollektiven Überbewertung von Fähigkeiten ebenfalls vorstellbar.

Die Unternehmenspraxis zeigt, dass Unternehmen kollektiv tatsächlich ihre organisationalen Fähigkeiten überschätzen und daher die Prädisposition aufweisen können, Hybris zu entwickeln. Jüngere anschauliche und kritische Beispiele für eine Ausprägung dieses Phänomens liefern die Flugzeughersteller Airbus und Boeing: Beide Unternehmen hatten bei der Entwicklung, Produktion und Markteinführung von gänzlich neuartigen Flugzeugtypen immense Zeit- und Budgetüberschreitungen zu verzeichnen[300] – Symptome, die zumindest auf Ebene des Individuums, als wohlbekannte Zeichen für eine Fähigkeitsüberschätzung angeführt werden[301].

Um theoretisch zu verstehen, auf welcher Basis Organisationen eine Vorstellung über ihre Fähigkeiten erlangen, ist das in der Literatur diskutierte Verständnis von „Organizational Beliefs" – im Sinne von kollektiv vorherrschenden organisationalen Einschätzungen und Glaubenssätzen[302] – hilfreich. Hierbei handelt es sich um zentrale Ausprägungen von Unternehmenskulturen und der organisationalen Identität. Anhand von Geschichten und impliziten Ideologien werden kollektive Erwartungshaltungen und kollektive Wahrnehmungen über Kausal- und Fähigkeitsstrukturen innerhalb der Organisation vermittelt und ausgedrückt[303]. Individuen werden innerhalb von Organisationen sehr stark durch diese kollektiven Anschauungsweisen geprägt, sodass sich auch das übergeordnete organisationale Verhalten und Entscheiden direkt daraus speisen kann[304].

Besonders innerhalb empirischer Fallstudien zeigte sich, dass organisationale Beliefs fehlgeleitet und damit nicht mehr realitätsangemessen sein können, sodass sich durch diese fehlerhaften Wahrnehmungen und Einschätzungen dysfunktionale organisationale Konsequenzen ergeben können[305]. Dass ein direkter Zusammenhang zwischen einer kollektiven Über-

---

[297] Vgl. Barney 1991, 2001a, 2001b; Priem/Butler 2001; Wernerfelt 1984; vgl. zudem Acedo et al. 2006 für einen weiteren Überblick über den Stand dieses Forschungsbereichs.

[298] Vgl. Danneels 2011, S. 26; Schreyögg/Kliesch-Eberl 2007, S. 928.

[299] Vgl. Kruger/Dunning 1999 sowie Kapitel B.II.1.b.

[300] Vgl. Deckstein 2011. Interessanterweise wird auch in wissenschaftlichen wie auch populärwissenschaftlichen Publikationen ein Zusammenhang zwischen den Zeit- und Budgetüberschreitungen innerhalb dieser Projekte der Flugzeughersteller und dem Aspekt des Overconfidence gezogen (vgl. Dobelli 2011, S. 15; Ludwig/Nafziger 2010, S. 17). Vgl. zudem Stadtmann et al. (2005), welche das Overconfidence Phänomen auf den Fußballverein Borussia Dortmund anwenden.

[301] Vgl. Larwood/Whittaker 1977.

[302] Vgl. Foss 2007.

[303] Vgl. Nystrom/Starbuck 1984, S. 278.

[304] Vgl. Nystrom/Starbuck 1984, S. 279.

[305] Aufgezeigt wird in der Literatur bspw., dass fehlgeleitete Beliefs eine organisationale Blindheit bezüglich notwendiger Innovationserfordernisse entstehen lassen können (Leonardi 2011). Auch der Absturz der Challenger-Welt-

schätzung von Fähigkeiten und den organisationalen Beliefs gezogen werden kann, ergibt sich anhand der jüngsten Publikation von Danneels. Das innerhalb dieser Fallstudie thematisierte Unternehmen unterlag dem kollektiven Glauben, über eine herausragende und der Konkurrenz überlegene Marketingfähigkeit zu verfügen und darüber den Bedarf und die Wünsche der Kunden dauerhaft richtig zu erfassen. Jedoch stellte sich dieser organisationsweit geteilte und im Lauf der Zeit verfestigte Glaubenssatz retrospektiv als falsch und illusionär heraus, da die Kundenwünsche dauerhaft nicht zufriedenstellend erfasst werden konnten[306]. Das Unternehmen unterlag daher einer fehlerhaften und illusionären Wahrnehmung seiner Ressourcen und Fähigkeiten[307], sodass sich in diesem Fall eine Selbstüberschätzung von Fähigkeiten als kollektiv geteilte Kompetenzillusion manifestierte.

Aufgrund der bisherigen Ausführungen kann nun ein Vorschlag für das Konzeptverständnis „Organizational Hubris" unterbreitet werden. Durch Organizational Hubris lassen sich Organisationen beschreiben, welche kollektiv ihre Leistungsfähigkeit überbewerten, ihre Fähigkeitsbasis überschätzen oder einen überschätzenden Glauben an ihre organisationalen Fähigkeiten hegen. Für die empirische Erfassung ist es empfehlenswert, organisationale Beliefs in Bezug auf Kausal- und Fähigkeitsstrukturen über den Zeitablauf hinweg zu betrachten. Eine kollektive Überbewertung organisationaler Fähigkeiten kann festgestellt werden, wenn sich innerhalb der kollektiven Wahrnehmungen und Anschauungsweisen Unterschiede zwischen prospektiver und retrospektiver Einschätzung ergeben. Sie kann insbesondere auch erkannt werden, wenn Fähigkeiten in einer prospektiven Beurteilung besser als in einer retrospektiven Einschätzung bewertet werden.

Unter Rückgriff auf das CSE-Konstrukt[308] kann ein weiteres Definitionsmerkmal abgeleitet werden. Von Organizational Hubris betroffene Unternehmen können sich durch grandiose strategische Initiativen auszeichnen. Und es kann sich ein radikales sowie von vorherrschenden Konventionen abweichendes unternehmerisches Verhalten zeigen[309].

Gezeigt wurde bisher auch, dass eine kollektive Überbewertung von Fähigkeiten häufig mit einem Unverwundbarkeitsmotiv einhergeht[310]. Von Organizational Hubris betroffene Unternehmen können demnach durch ausgeprägte Gefühle der Unverwundbarkeit und Unsterblichkeit charakterisiert sein.

Neben diesen drei charakterisierenden Merkmalen von Organizational Hubris sind darüber hinaus zwei Begleiterscheinungen vorstellbar, welche sich im Zeitverlauf ausprägen können. Ähnlich zu sich selbst überschätzenden Individuen, welche keine Kritik mehr wahrnehmen bzw. gelten lassen[311], können von Organizational Hubris betroffene Unternehmen ei-

---

raumfähre wurde unter Rückgriff auf fehlgeleitete kollektive Beliefs erklärt (Schwartz 1989, S. 326; Starbuck/Milliken 1988, S. 330).

[306] Vgl. Danneels 2011, S. 23.
[307] Vgl. Danneels 2011, S. 25.
[308] Vgl. Kapitel B.IV.1.
[309] Vgl. Hiller/Hambrick 2005, S. 309.
[310] Vgl. Janis 1983, S. 174; Starbuck 2009, S. 930.
[311] Vgl. Baumeister et al. 2003.

nerseits fundamentale interne wie externe Kritik ignorieren[312]. Eng verbunden mit dieser Art der Kritikschranke ist andererseits ein zunehmend rigides Verhalten[313]. Dieses kann auf kollektiver organisationaler Ebene in einer hohen Persistenz in Bezug auf eingeschlagene und gewählte Strategien sichtbar werden[314].

Der Übersichtlichkeit halber sind die drei Definitionsbestandteile sowie die beiden möglichen Begleiterscheinungen innerhalb der folgenden Abbildung 4 zusammenfassend dargestellt.

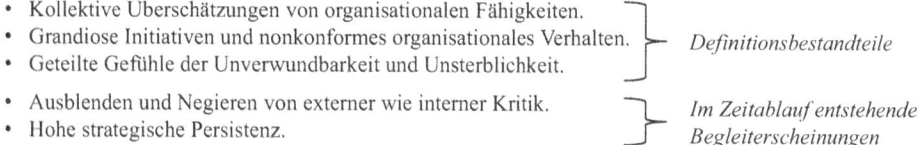

- Kollektive Überschätzungen von organisationalen Fähigkeiten.
- Grandiose Initiativen und nonkonformes organisationales Verhalten.   *Definitionsbestandteile*
- Geteilte Gefühle der Unverwundbarkeit und Unsterblichkeit.

- Ausblenden und Negieren von externer wie interner Kritik.   *Im Zeitablauf entstehende*
- Hohe strategische Persistenz.   *Begleiterscheinungen*

Abbildung 4: Theoretischer Referenzrahmen von Organizational Hubris

Unabhängig von diesen Ausprägungen und Definitionsbestandteilen ergibt sich die zentrale Frage, wie und unter welchen Umständen sich solch ein kollektives Phänomen entwickeln kann, worin also die Ursprünge von Organizational Hubris liegen. Einerseits ist durchaus möglich, dass dieses kollektive Auftreten durch eine individuelle Selbstüberschätzung im Sinne des CEO-Hybris ausgelöst wird[315]. Andererseits sind auch spezielle organisationale Dynamiken vorstellbar, die eine gesamte Organisation in einen Zustand kollektiver Selbstüberschätzung bringen können[316]. Die zentrale Frage ist nun also, welche weiteren Einflussfaktoren neben individueller Hybris als Auslöser von Organizational Hubris vorstellbar sind. Ein möglicher Denkansatz kann hierbei sein, die Einflussfaktoren individueller Hybris im organisationalen Kontext zu betrachten. Über diese individuellen Einflussmöglichkeiten kann dann ein Transfer zu möglichen kollektiven Einflüssen diskutiert werden.

Obgleich innerhalb der bisherigen Managementforschung die Ursachen von individueller Selbstüberschätzung kaum betrachtet wurden und der Einflussfaktor zumeist auf Narzissmus oder zurückliegendem Erfolg zurückgeführt wurde[317], erscheint in der Literatur neuerdings ein weiterer wichtiger Auslöser. Jene CEOs und Führungskräfte, die unkritisch Lob und Anerkennung akzeptieren, können Tendenzen der Selbstüberschätzung entwickeln[318].

Der Gedankengang, dass hochrangige Führungskräfte von externem Zuspruch regelrecht verführt werden und darüber Illusionen der Unverwundbarkeit und Großartigkeit verfallen, wurde schon innerhalb der Charismaforschung erwähnt[319]. Zudem zeigte sich innerhalb von empirischen Untersuchungen, dass CEOs dazu geneigt sein können, die positive Berichter-

---

[312] Vgl. Barney et al. 1998, S. 150; Brunsson 1989, S. 18 f.
[313] Vgl. Schütz 2005, S. 98.
[314] Vgl. Hiller/Hambrick 2005, S. 309; vgl. auch Kroll et al. 2000, S. 118 f.
[315] Vgl. Kapitel B.V.1.a.
[316] Vgl. Kapitel B.V.1.b.
[317] Vgl. Kroll et al. 2000, S. 120; Mishina et al. 2010, S. 705.
[318] Vgl. Kroll et al. 2000, S. 121.
[319] Vgl. Howell/Avolio 1992, S. 50.

stattung voll auszukosten und sich im positiven externen Zuspruch „zu sonnen"[320]. Auch innerhalb der Hybrisforschung wurden bereits wesentliche Verbindungen zwischen dem externen medialen Zuspruch und der Entwicklung von Selbstüberschätzung bei CEOs konzeptualisiert und gar empirisch untersucht. So interpretierten die Autoren Hayward/Hambrick den Medienzuspruch eines CEOs als einen möglichen Einflussfaktor von CEO-Hybris[321].

Innerhalb der Managementforschung wird mittlerweile davon ausgegangen, dass einige wenige CEOs eine breite Berühmtheit erlangen, also den Status eines gesellschaftlich hoch bekannten Celebrities erreichen. Gleichgesetzt wird Prominenz mit einem sozialen medialen Zuspruch. Nicht verwunderlich ist daher, dass Celebrity neuerdings als ein möglicher Einflussfaktor individueller Selbstüberschätzung von CEOs gesehen wird[322].

Neben Celebrity auf der Individualebene wird innerhalb der Organisationsforschung mittlerweile auch das kollektive Konzept der Celebrity Firm diskutiert[323]. Wenn individuelle Prominenz Hybris auszulösen vermag, kann gleichermaßen vermutet werden, dass die kollektive organisationale Berühmtheit die Emergenz von Organizational Hubris herbeiführen kann. Es gilt demnach nun der Frage nachzugehen, ob organisationale Berühmtheit eine kollektive Überschätzung von Fähigkeiten auszulösen vermag[324].

In dem nun folgenden Kapitel gilt es daher das Themenfeld Celebrity im Rahmen der Organisationsforschung aufzuarbeiten, um darauf aufbauend präzisere Rückschlüsse über die Dynamik zu dem Phänomen Organizational Hubris zu erhalten.

---

[320] Vgl. Chatterjee/Hambrick 2007, 2011.
[321] Vgl. Hayward/Hambrick 1997, S. 107.
[322] Vgl. Hayward et al. 2004; Malmendier/Tate 2009, S. 1597.
[323] Vgl. Rindova et al. 2006.
[324] Vgl. Kjærgaard et al. 2011, S. 538; Stein 2003, S. 531 f.

C. Positives Feedback: Zur Dynamik von Celebrity und Hybris

Nachdem im vergangenen Kapitel dargelegt wurde, dass eine kollektive Überschätzung von Fähigkeiten – im Sinne des vorgeschlagenen Organizational-Hubris-Verständnisses – auftreten kann, wird innerhalb dieses Kapitels einer denkbaren Einflussquelle dieses organisationalen Phänomens nachgegangen: der Celebrity.

Dass Prominenz tatsächlich Muster der Selbstüberschätzung auslösen kann, lässt sich auf der individuellen Ebene anhand qualitativer Erfahrungsberichte tatsächlicher Celebrities nachvollziehen. Der amerikanische Schauspieler Brad Pitt berichtete beispielsweise in einem Interview im Jahr 2001: „Wir werden behandelt, als wären wir etwas Besonderes. Mit der Zeit fängt man auch an zu glauben, dass man etwas Besonderes ist, und fängt an, diese Aufmerksamkeit zu verlangen. Meistens kämpfe ich dagegen an, aber manchmal verliere ich"[325]. Auch andere Stars wissen ebenfalls von diesem Allmachtsgefühl zu berichten, welches teilweise als Größenwahnfantasie oder der Tendenz zur Fähigkeitsüberschätzung in der Literatur vorgestellt und diskutiert wird[326].

Es stellt sich daher die Frage, dass wenn Celebrity auf der Individualebene Hybris auslösen kann, sich diese Kausalität auch auf der kollektiven Ebene wiederfinden kann. Aufbauend auf der Tatsache, dass sowohl individuelle wie auch kollektive Berühmtheit im organisationalen Kontext ein noch sehr junges Forschungsfeld in der Managementforschung darstellt, werden im folgenden Kapitel daher zunächst die aktuell vorherrschenden Konzepte aufgearbeitet werden. Daran anschließend kann der möglichen Verbindung von organisationaler Berühmtheit und Organizational Hubris nachgegangen werden.

I. Entstehung und Entwicklung des Themas ‚Celebrity‘ in der Management- und Organisationsforschung

1. Celebrity: Eine erste definitorische Annäherung

Ein Celebrity oder – im Sinne der deutschsprachigen Übersetzung – ein Star oder Prominenter ist gekennzeichnet als Person, welche, auch wenn es tautologisch klingt, schlicht für ihre Berühmtheit berühmt ist[327]. Die meisten Mitglieder unserer Gesellschaft haben auf Basis dieser einfachen Definition eine relativ klare Vorstellung von diesem Phänomen. Eine tiefer gehende definitorische Annäherung lässt sich über den Wortstamm ableiten. Der englische Begriff „celebrity" geht aus dem lateinischen Wort „celebritas" hervor, welches mit den Begriffen „Berühmtheit", „Verherrlichung" und sogar mit „Überhöhung" übersetzt werden

---

[325] Brad Pitt im Interview mit dem US-amerikanischen Magazin „Vanity Fair". Zitiert nach Schütz 2005, S. 17.
[326] Vgl. Giles 2000, S. 102 ff.
[327] Vgl. Boorstin 1961, S. 58.

© Springer Fachmedien Wiesbaden GmbH, ein Teil von Springer Nature 2012
P. Hermanns, *Organizational Hubris*, Edition KWV,
https://doi.org/10.1007/978-3-658-24332-6_3

kann[328]. Eine Celebrity ist eine meist aus dem Bereich des Sports, der Unterhaltung oder Politik stammende berühmte Persönlichkeit. Diese Berühmtheit manifestiert sich in dem Status einer breiten gesellschaftlichen Bekanntheit[329]. Ein Prominenter hat ein breites und über einen Großteil der Bevölkerung hinweg geteiltes Profil, welches in den Massenmedien aufgebaut, porträtiert und diskutiert wird. Häufig wird dort auf dessen Erfolg oder auf dessen persönliche Anziehungskraft verwiesen[330]. Erkennbar ist daher, dass breite gesellschaftliche Berühmtheit allein durch Erfolg oder eine schlichte Anziehungskraft zustande kommen kann. Das besagt nicht, dass sich ein Celebrity im Vergleich zu nicht prominenten Personen durch besonderes Talent, höhere Intelligenz oder herausragende Fähigkeiten auszeichnen muss[331].

Innerhalb der Soziologie wird Celebrity mittlerweile als Konsum- und Wirtschaftsgut angesehen[332]. Ein wissenschaftlicher Ansatz, welcher nicht weiter verwunderlich ist. Denn betrachtet man die Multimillionen-Dollar-Industrie rund um die Celebrity-Bildagenturen, welche sich auf die Produktion von und den Handel mit Bildmaterial prominenter Persönlichkeiten spezialisiert haben und damit die Hochglanzpresse sowie diverse Internetmagazine und Webseiten beliefern, wird Celebrity als Konsumgut deutlich erkennbar[333].

Schon seit geraumer Zeit existiert eine mediale Omnipräsenz von einigen Vorstandsvorsitzenden großer Publikumsgesellschaften[334]. Dementsprechend erstaunt es durchaus, dass das Thema Celebrity erst in jüngerer Zeit Einzug in die Organisations- und Managementforschung gehalten hat. Die Forschung zum Konstrukt Celebrity wurde erst im Jahr 2004 von Hayward et al. innerhalb der Managementforschung etabliert. Diese entwickeln in ihrem konzeptionellen Beitrag ein CEO-Celebrity-Modell und diskutieren positive wie negative Auswirkungen dieser Vorstandseigenschaft im organisationalen Kontext. Im folgenden Abschnitt wird nun ein Überblick über dieses und weitere Modelle aus der Managementforschung gegeben werden.

2.   Prominenz innerhalb von Organisationen auf individueller Ebene: CEO-Celebrity

Das CEO-Celebrity-Modell von Hayward et al. (2004), welches die Prominenz einzelner Vorstandsvorsitzender und die daraus erwachsenden organisationalen Folgen diskutiert, wird durch eine zentrale Beobachtung von Journalisten eingeleitet. Manche Organisationen zeichnen sich im Vergleich zur Konkurrenz durch ein unverwechselbares, unkonventionelles oder normbrechendes Verhalten aus. Diese neuartigen Handlungsweisen werden meist

---

[328] Vgl. Garland 2010, S. 484.
[329] Vgl. Oxford Oxford Dictionary 2011.
[330] Vgl. Ferris/Harris 2011, S. 1 ff.
[331] Vgl. Ferris 2007, S. 347.
[332] Vgl. Cashmore 2006. Andere Autoren spitzen diese Argumentation sogar zu und zeigen auf, dass Bekanntheit (i.S.d. amerikanischen ‚fame‘) in der heutigen Zeit ein Wirtschaftsgut geworden ist, welches dann wiederum als Berühmtheit definiert wird (vgl. Abril 2011, S. 224).
[333] Vgl. McNamara 2011.
[334] Vgl. beispielsweise den medialen Hype rund um den ehemaligen Vorstandsvorsitzen des IT-Konzerns Apple: Steve Jobs (vgl. Nocera 2011). In Deutschland kann durchaus Nicolas Berggruen mit einer solchen Rolle identifiziert werden. Dieser wurde der Öffentlichkeit insbesondere als neuer Eigner der Karstadt-Kaufhäuser bekannt und wird in der Presse durchaus als Prominenter dargestellt (vgl. Koch 2011).

von einer erfolgreichen Unternehmensperformance begleitet[335]. Journalisten neigen innerhalb ihrer Berichterstattung über diese Unternehmen dann überwiegend zu einer komplexitätsreduzierenden Sichtweise. Die Handlungen, Erfolge wie auch die finanzielle Performance dieser Organisation werden ausschließlich dem individuellen Vorstandsvorsitzenden zugeschrieben[336]. Durch eine breit angelegte und für das Unternehmen vorteilhafte mediale Berichterstattung kann daher im Zeitverlauf eine individuelle Vorstandsprominenz entstehen. Insbesondere indem die Berichterstattung über den erfolgreichen CEO eine hohe gesellschaftliche Bekanntheit hervorruft.

In einem weiteren Schritt diskutieren die Autoren mögliche Auswirkungen dieser Berühmtheit des Vorstands für den organisationsinternen Kontext. Einerseits wird die Proposition unterbreitet, dass unmittelbare Stakeholder des Unternehmens, meist in Gestalt von Anteilseignern, Mitarbeitern oder Geschäftspartnern, das medial kommunizierte Bild des CEOs übernehmen und fest internalisieren. Dadurch wird dem Vorstand der Prominentenstatus attribuiert. Andererseits zeigen Hayward et al. auf, dass nicht nur das Umfeld, sondern auch die Person des CEOs, die über ihn erfolgende Berichterstattung einnimmt, sodass er im Verlauf der Zeit selber an seinen Status der Prominenz glaubt. Der Vorstand internalisiert folglich sein medial geschaffenes Pressebild und fühlt sich als Celebrity.

Wenn sowohl der Vorstand als auch sein Umfeld den Status der Berühmtheit annehmen, können den Studienautoren zufolge mit ansteigender Berühmtheit verschiedene Konsequenzen für die Person des CEOs und das von ihm geführte Unternehmen entstehen. Einerseits entsteht aus der Prominenzattribution bei den relevanten Stakeholdern eine Verfestigung von Wahrnehmungen und Einschätzungen. Je stärker die Berühmtheit des Vorstandes ansteigt, desto mehr gehen Stakeholder davon aus, dass der CEO alleinverantwortlich für die strategischen Schritte und den Erfolg des Unternehmens sei. Durch diese Wahrnehmung steigt der tatsächliche Einfluss des Vorstandes innerhalb der Organisation, sodass diesem eine noch höhere Kontrolle und Verfügungsgewalt über gewichtige strategische Entscheidungen zukommt. Andererseits werden aus dem Status der Prominenz auch direkte Rückwirkungen auf die Funktion der Person des CEOs aufgezeigt. Je größer diese wahrgenommene Prominenz ist, desto mehr ist der Vorstand selbst davon überzeugt, für die strategischen Entscheidungen und die finanzielle Performance der gesamten Organisation alleinverantwortlich zu sein.

Im Zeitablauf entstehen aus der Wahrnehmung der Stakeholder und des CEOs dysfunktionale organisationale und persönliche Konsequenzen. Insbesondere entwickelt der Vorstand durch die dauerhafte und oft unreflektierte Übernahme seines medial geschaffenen Presse-

---

[335] Vgl. zum CEO-Celebrity-Modell im Folgenden Hayward et al. 2004, S. 639 ff.

[336] Zu beachten ist, dass dieser Effekt schon länger innerhalb der Sozialpsychologie unter dem Begriff des fundamentalen Attributionsfehlers bekannt ist (vgl. Heider 1958, S. 56). Menschen neigen auf ihrer Suche nach Kausalitätszusammenhängen demnach dazu, den Einfluss einzelner Individuen zu hoch einzuschätzen, während Kausalitätsfaktoren und sonstige situative Einflüsse vernachlässigt werden. In einer klassischen und viel zitierten Studie konnten beispielsweise Jones/Harris (1967) zeigen, wie Zuhörer eines politischen Vortrags davon ausgingen, dass der Vortragende mit voller Überzeugung seine Argumente vertrat, obgleich die Zuhörer vorab darüber aufgeklärt wurden, dass der Vortragende nur als Sprecher fungierte. Auch in der Managementforschung ist dieser Attributionsfehler bekannt, indem beispielsweise Vorstandsvorsitzenden Erfolg oder Misserfolg alleinig attribuiert wird (vgl. Meindl et al. 1985; Meindl/Ehrlich 1987; Chen/Meindl 1991).

bildes eine Selbstüberschätzung von Fähigkeiten und Einflussmöglichkeiten. Zudem neigen seine strategischen Entscheidungen zum „escalation of commitment"[337], indem der CEO rigide an den einmal gewählten Strategien festhält, welche ihm überhaupt erst den Status der Berühmtheit eingebracht haben[338]. Das Modell von Hayward et al., welches zusammenfassend in der folgenden Abbildung 5 dargestellt ist, erklärt daher nicht nur, dass die unreflektierte Übernahme eines Prominentenstatus in einer Selbstüberschätzung münden kann. Die Autoren gehen einen Schritt weiter, indem sie aufzeigen, dass diese Selbstüberschätzung des CEOs auch Auswirkungen auf die gesamte Organisation hat. Das von einem Celebrity-CEO geleitete Unternehmen kann gar in einem Zustand der strategischen Trägheit verharren.

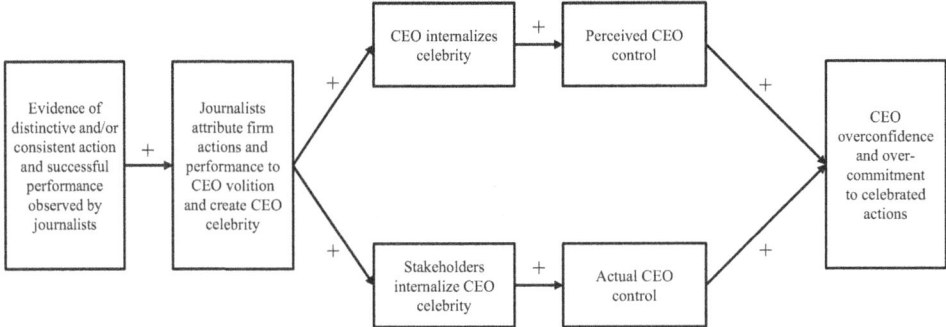

Abbildung 5: Ursachen und Folgen von CEO-Celebrity[339]

Nach dem Erscheinen dieses ersten Artikels durch Hayward et al. entwickelte sich die Celebrity-Forschung innerhalb der Organisationstheorie in der Folge weiter. Beispielsweise untersuchten Guthey/Jackson im Jahr 2005 die visuelle Darstellung von Vorstandsvorsitzenden anhand von PR-Fotoporträts. Hierbei zeigen die Autoren auf, wie sich die visuelle Inszenierung sowohl auf die Konstruktion des organisationsexternen Images als auch auf die organisationsinterne Identität auswirken kann[340]. Interessanterweise ergibt sich durch diese Porträts ein beachtenswertes Phänomen, welches die Autoren als „Authentizitätsparadoxon" vorstellen. Zwar mögen die PR-Fotografien auf den Betrachter bei einem ersten, oberflächlichen Blick eine starke Wirkung auslösen und durch eine gefühlte „authentische Präsenz" ein gefestigtes und starkes Organisationsimage hervorrufen. Jedoch ergibt sich bei manchen Betrachtern und deren näherer Analyse eine schlicht nichtssagende Oberflächlichkeit mancher Porträts. Diese offenbart einen Authentizitätsmangel einzelner Vorstände und der gesamten Organisationen, was in Folge eine Schwächung des Organisationsimage hervorrufen

[337] Vgl. hierzu Staw 1981.
[338] Vgl. hierzu auch die qualitative Fallstudie von Sinha et al. 2012.
[339] Eigene Abbildung. Quelle: Hayward et al. 2004, S. 648 (leicht modifiziert).
[340] Eine durchaus ähnliche Idee, welche jedoch methodisch weniger fundiert und an den Praktiker gerichtet ist, haben Biehl-Missal/Piwinger (2009) veröffentlicht. Die Autorinnen präsentieren und diskutieren in der Zeitschrift „Harvard Business Manager" aus Jahresabschlüssen und Lageberichten entnommene Vorstandsfotografien von verschiedenen großen deutschen Aktiengesellschaften.

kann[341]. Berühmtheit kann daher je nach Betrachter positive oder negative Auswirkungen haben, welche nicht unmittelbar vorhersehbar sein können.

Auch andere Autoren bringen die Prominenz von Vorständen in Verbindung mit einer Attribution von Authentizität. Treadway et al. (2009) zeigen beispielsweise in einer konzeptionellen Diskussion auf, dass eine durch Prominenz ausgelöste Authentizitätsattribution eine gesteigerte Reputation des CEOs wie auch eine Steigerung des unternehmerischen Erfolges auslösen kann[342].

Auf Basis dieser zwei Artikel von Guthey/Jackson sowie Treadway et al. kann das Verständnis des eingangs vorgestellten Celebrity-CEO Ansatz von Hayward et al. weiter geschärft werden. Zwar kommt einzelnen Journalisten in der Kreation der Vorstandsprominenz erhebliche Bedeutung zu, indem diese das Unternehmen und insbesondere den einzelnen Vorstand innerhalb des medialen Mainstreams etablieren. Jedoch kann Prominenz nur entstehen, wenn die Öffentlichkeit an die Authentizität des jeweiligen Vorstands glaubt und diesem dadurch den Status eines Celebrity attribuiert. Nicht jeder CEO steigt jedoch tatsächlich zum Celebrity auf, sodass positive wie negative Effekte auch nur für einige wenige Unternehmen Geltung haben werden.

Darüber hinaus wurde der Thematik CEO-Celebrity auch schon in verschiedenen Studien empirisch nachgegangen. Wade et al. (2006) untersuchen im Rahmen einer quantitativen Studie, wie sich die Prominenz eines einzelnen Vorstandes auf die Unternehmensperformance und die Vorstandsvergütung auswirken kann. Zugute kam den Autoren dabei die Tatsache, dass CEOs in angelsächsischen Ländern häufig in Wirtschaftszeitungen und -zeitschriften Bewertung und Beurteilung erfahren[343]. Für die Studie konnte daher auf eine Liste einer Wirtschaftszeitung von „Vorständen des Jahres" zurückgegriffen werden. Obgleich prominente im Gegensatz zu nicht prominenten CEOs den Studienergebnissen zufolge zwar eine signifikant höhere Vergütung erzielten, wenn die unternehmerische Leistung überdurchschnittlich war, zeigte sich hingegen bei schlechtem unternehmerischem Erfolg ein entgegengesetztes Ergebnis. Die prominenten Vorstände erhielten in einem solchen Fall ein geringeres Salär[344], was die Studienautoren von einer Bürde des prominenten CEOs sprechen lässt. Prominenz kann daher nicht nur zu Hybris bei Vorständen führen, sondern deren individuellen Risiken erhöhen, indem im Misserfolgsfall eine geringere Entlohnung im Vergleich zu nicht prominenten Kollegen gezahlt wird.

---

[341] Vgl. Guthey/Jackson 2005, S. 1057 ff. Das Grundproblem macht sich zudem vor allem dadurch deutlich, dass Organisationen per se etwas Unnahbares und vor allem nicht Greifbares darstellen. Vorstandsvorsitzende bleiben demnach ebenfalls etwas mystisches (vgl. auch Gabriel 1997). Bemerkenswert auch, dass dieses Phänomen von Aura und Authentizität in der Kunst- und Fotografie-Theorie durchaus schon früh Aufmerksamkeit fand (vgl. insbesondere Benjamin 1936). Interessanterweise hat zudem schon Boorstin ([1961] 1985, S. 61), welcher eine frühe Celebrity-Definition lieferte, auf die Problematik hingewiesen, dass ein Celebrity sich vor allem durch ein Mangel an Authentizität auszeichnet. Aber auch andere der Soziologie zuzuordnende Autoren haben schon auf diesen Sachverhalt verwiesen (vgl. bspw. Giles 2000, S. 72 ff.).

[342] Vgl. Treadway et al. 2009, S. 557.

[343] Eine hohe Beachtung erfahren alljährlich insbesondere die Rankings des US-amerikanischen Wirtschaftsmagazins Forbes: Neben der ursprünglichen Forbes-100-Liste, welche die 100 weltweit größten und profitabelsten Unternehmen auflistet (Forbes 2011), werden auch Rankings der erfolgreichsten Börsenbroker (Forbes 2011b), der höchstbezahlten amerikanischen Vorstandsvorsitzenden (Forbes 2011c) und interessanterweise auch eine Liste der 100 „mächtigsten" Prominenten veröffentlicht (Forbes 2011d).

[344] Vgl. Wade et al. 2006, S. 654.

Ebenfalls empirisch zeigen Graffin et al. (2008), dass ein Celebrity-CEO nicht nur direkten Einfluss auf das finanzielle Ergebnis der gesamten Organisation haben, sondern auch das soziale Gefüge innerhalb von Organisationen und die geführten Mitarbeiter beeinflussen kann. In dieser ebenfalls quantitativen Studie wird dargestellt, dass die nicht populären Mitglieder des erweiterten Managements höhere Entlohnungen erhalten, wenn sie für ein Unternehmen arbeiten, welches durch einen Celebrity-CEO angeführt wird[345].

Dass die ursprüngliche Hypothese von Hayward et al., nach welcher ein Celebrity-CEO Tendenzen der Selbstüberschätzung entwickeln kann, nicht nur theoretisch, sondern auch empirische Gültigkeit haben kann, zeigen Malmendier/Tate (2009) erstmalig auf. Jenen Vorständen, welche eine renommierte Managementauszeichnung gewonnen hatten, wird innerhalb dieser quantitativen Studie der Status des Celebrity-CEO zugesprochen. Nach Erreichen dieser Anerkennung treten jedoch vermehrt negative Leistungen des Vorstandsvorsitzenden auf. Im Vergleich zu ihrer bisherigen persönlichen Performance, den bisher durch externe Finanzanalysten prognostizierten Finanzergebnissen sowie den von nicht prominenten Vorständen erzielten Finanzergebnissen schneiden die ausgezeichneten Vorstandsvorsitzende nach Erhalt der Auszeichnung unterproportional ab. Gerade die prominenten Vorstände sind also für signifikant geringere Finanzergebnisse verantwortlich[346]. Auch wenn ein Celebrity-CEO dem Verständnis dieser Studie nach für die Anteilseigner als „Wertvernichter"[347] des Vermögens gesehen werden kann, zeichnen sich prominente Manager auf individueller Ebene doch als höchst erfolgreiche Personen aus. Im unmittelbaren Vergleich zu ihrem vorherigen Salär sowie der Entlohnung der nicht prominenten Vergleichsgruppe erzielen diese „Superstar-CEOs" eine signifikant höhere Gesamtvergütung. Parallel dazu gehen Celebrity-CEOs nach Gewinn einer Auszeichnung zunehmend privaten und öffentlichen Aufgaben nach. Neben der vermehrten Übernahme von Aufsichtsratsmandaten in Fremdfirmen werden außerdem vielfach Bücher oder Autobiografien veröffentlicht[348]. Diese Eigennützigkeit könnte eine Erklärung für die schlechteren Gesamtunternehmensergebnisse in Teilen darstellen. So liegt die Schlussfolgerung der Autoren nahe, dass jene mit externen Preisen und Auszeichnungen bedachten CEOs daran interessiert sind, ihre Prominenz zu schützen, aufrechtzuerhalten und auszunutzen. Dies kann auch dazu führen, dass sich Muster der Selbstüberschätzung entwickeln und ausprägen können[349]. Insbesondere zeigte sich, dass von Celebrity-CEOs geleitete Unternehmen im Zeitablauf nicht selten finanziell schlechtere Ergebnisse als nicht von einem Celebrity-CEO geleitete Unternehmen aufweisen können.

Insgesamt zeigt sich nach Studie der aktuellen Veröffentlichungen zum Thema, dass die Beschäftigung mit dem Gebiet Prominenz noch sehr jung und daher wenig in der Organisationsforschung vertreten ist. Für den Kontext dieser Forschungsarbeit ist es wichtig erkannt

---

[345] Vgl. Graffin et al. 2008, S. 469.
[346] Vgl. Malmendier/Tate 2009, S. 1599 ff.
[347] Vgl. auch Höfner/Pohl 1993.
[348] Vgl. Malmendier/Tate 2009, S. 1593.
[349] Vgl. Malmendier/Tate 2009, S. 1597.

zu haben, dass ein medial konstruierter Status der Berühmtheit Hybris auslösen und dann auch zu dysfunktionalen Auswirkungen führen kann. Darüber hinaus wird innerhalb der Managementforschung neben der individuellen neuerdings auch das Phänomen der kollektiven Ebene der Berühmtheit diskutiert.

3.   Prominenz auf kollektiver organisationaler Ebene: Celebrity Firms

Relativ zeitnah zur ersten tiefer gehenden Auseinandersetzung mit dem Celebrity-Gedanken im Jahr 2004 knüpfen die Autoren Hayward, Rindova und Pollock im Jahr 2006 an ihren eigenen Ansatz der CEO-Celebrity an. Hierbei transferieren sie den Gedanken der Berühmtheit von einer individuellen auf eine kollektive organisationale Ebene[350]. Dieser Artikel unterbreitet das Konzept einer „Celebrity Firm", welche sich als über weite Gesellschaftsteile bekannte Organisation verstehen lässt[351].

Die Annahme, nach welcher normbrechende und unkonventionelle Unternehmen überhaupt erst den Nährboden für eine mediale Konstruktion des CEO-Celebrity legen, wird auch für die Celebrity Firm eingesetzt. Ausschließlich jene Unternehmen, welche sich über radikales und nonkonformes Auftreten auszeichnen, können überhaupt den Status einer Celebrity Firm erreichen. Drei Einflussebenen werden innerhalb des Models dargestellt. Einmal ungewöhnliche Strategien, darüber hinaus eine Kommunikation dieser durch PR-Maßnahmen an Medienvertreter. Und zusätzlich Unsicherheitsfaktoren in der globalen Unternehmensumwelt. Wenn diese Einflussfaktoren zusammenkommen, besteht die Chance, dass Journalisten auf die Organisation aufmerksam werden und ihre Berichterstattung aufnehmen.

Auch in diesem Modell kommt demnach den Journalisten erneut eine wichtige Rolle in der Begünstigung der Berühmtheit zu. In ihrer Arbeit sind Medienvertreter häufig auf der Suche nach Neuartigem, um eine ansprechende und emotionale Berichterstattung zu erstellen[352]. Jene Firmen, welche aus der Masse herausstechen, sich durch besondere Strategien, Marktansätze oder ein ungewöhnliches und spezielles Verhalten auszeichnen, sind für deren Berichterstattung höchst interessant und werden deshalb regelmäßig beobachtet und porträtiert.

Wenn Medienvertreter ein sich durch Nonkonformität auszeichnendes Unternehmen tatsächlich in ihrer Berichterstattung aufgreifen und darstellen, beginnt nach Einschätzung von Rindova et al. ein medialer Prozess, welcher für die Entstehung von organisationaler Popularität ausschlaggebend ist. Basierend auf Ansätzen der Mediensoziologie und -theorie zeigen die Autoren, dass sich Medienvertreter innerhalb ihrer täglichen Arbeit gewisser Publikations- und Veröffentlichungsstrategien bedienen, um die Artikel ansprechender und inte-

---

[350] Diesmal jedoch in geänderter Autorenreihenfolge: Rindova et al. 2006.
[351] Als Aufhänger starten die Autoren mit einem Verweis auf das Energieunternehmen Enron, welches sie als eines der in den USA am meisten verehrten und heiß geliebten Unternehmen bezeichnen (vgl. Rindova et al. 2006, S. 50). Interessanterweise hält dieser Prominentstatus des ehemaligen und im Jahr 2001 kollabierten Energieunternehmens selbst über seine Insolvenz hinweg an: Boje et al. sprechen beispielsweise davon, dass der Fall zu einem der akademisch am häufigsten thematisierten innerhalb der neuzeitlichen Geschichte geworden ist (2004, S. 751).
[352] Vgl. Vorderer/Hartmann 2009.

ressanter zu gestalten[353]. Journalisten kreieren innerhalb ihrer Berichterstattung dabei eine „dramatische Realität", welche in drei Ebenen stattfinden kann[354]:

- Im Falle der Berichterstattung über eine nicht konforme Organisation zeigen Journalisten zunächst meist auf, dass innerhalb der Gesellschaft ein großer Konflikt vorherrschen kann. Beispielsweise lässt sich dieser verdeutlichen durch eine stagnierende oder von Stagnation bedrohte Volkswirtschaft.

- Daran anschließend stellen die Journalisten innerhalb ihrer medialen Darstellung das jeweilige Unternehmen vor. Insbesondere wird gezeigt, dass dieses Unternehmen mit seinem ungewöhnlichen Vorgehen das protagonistische Beispiel sei, welches den vorherrschenden und dramatisch überbewerteten Konflikt zu lösen vermag. Der Begriff der „dramatischen Realität" wird insofern durch Medienvertreter regelrecht theatralisch verwendet. Im Falle des exemplarisch angeführten Konfliktszenarios einer stagnierenden Volkswirtschaft, könnten Journalisten die unkonventionelle Firma als regelrechten Heilsbringer der regionalen Wirtschaft porträtieren.

- Parallel zu dieser übergreifenden Argumentation bedienen sich Journalisten dem Modell zufolge auch einer sich unmittelbar mit dem Unternehmen beschäftigenden Berichterstattung. Hier lässt man den Medienrezipienten unternehmensspezifische Informationen zukommen. Neben allgemeinen Daten und Fakten über das Unternehmen kann eine Darstellung von Elementen der organisationalen Identität oder sichtbarer Unternehmenskulturbestandteile Verwendung finden. Sollte das Unternehmen über besonders herausragende Führungspersönlichkeiten verfügen, würden Journalisten in diesem Abschnitt darüber berichten. Die Konstruktion eines Celebrity-CEOs würde innerhalb dieses theoretischen Modells daher nur noch auf ein kleines Element innerhalb einer weiter reichenden medialen Präsentation zurückfallen. Einem prominenten Vorstandsvorsitzenden wird daher neben anderen Elementen des medialen Prozesses nur noch eine Rolle unter vielen zugedacht und zugeschrieben.

Durch diese „dramatische Realität" erschaffen Journalisten für ihre Leserschaft eine ansprechende und nachvollziehbare Berichterstattung, welche einen hohen Wiedererkennungswert aufweist. Wenn nicht nur einzelne, sondern eine Vielzahl von Journalisten über das jeweilige Unternehmen berichten, kann es zunehmend in der Gesellschaft bekannt werden. Durch die dramatische Berichterstattung kann daher der Status der Celebrity Firm entstehen[355]. Definitorisch erreicht eine Organisation den Status der Berühmtheit, wenn das Unternehmen innerhalb der Öffentlichkeit weitläufig bekannt ist und ihm zudem von Außen positive emotionale Reaktionen entgegengebracht werden[356].

Zusammengefasst lässt sich das Modell, welches in Abbildung 6 dargestellt ist, prozessual begreifen. Ausgehend von einer mehr oder minder stark ausgeprägten Wandlung der unternehmerischen Umwelt und einem unkonventionellen organisationalen Handeln, welches

---

[353] Vgl. Bryant/Miron 2002; Zillmann 1994.
[354] Vgl. Rindova et al. 2006, S. 55 ff.
[355] Vgl. Rindova et al. 2006, S. 57.
[356] Vgl. Rindova et al. 2006, S. 51.

durch PR-Maßnahmen begleitet wird[357], soll über den dargestellten medialen Prozess und die „dramatische Realität" innerhalb der Öffentlichkeit eine breite Aufmerksamkeit sowie positive Emotionalität entstehen. Diese in der Öffentlichkeit entstandenen Resultate und Wirkungen, welche sich als Status der organisationalen Berühmtheit definieren, sollen einer Organisation schlussendlich vermehrte ökonomische Möglichkeiten und Chancen eröffnen. In diesem Kontext sind ein verbesserter Ressourcenzugang[358], gesteigerte Umsätze und Finanzergebnisse vorstellbar[359].

Also stellt sich das Celebrity-Firm-Modell von Rindova et al. in der Summe für den organisationalen Erfolg und Bestandserhalt als ein sehr positiver und erstrebenswerter Zustand dar[360]. Obgleich sich durch die prozessuale Sichtweise einzelne Elemente systemimmanent gegenseitig beeinflussen können[361], eine gewisse Dynamik des Terms und Modells impliziert ist, wird ein sehr stabiles Endergebnis zugrunde gelegt. Der Status der organisationalen Berühmtheit ist innerhalb dieses Modells nicht nur positiv ausgelegt, sondern – wenn einmalig durch ein Unternehmen erworben – eine sehr stabile organisationale Eigenschaft[362]. Negative Auswirkungen, Konsequenzen und Implikationen werden von den Autoren für das Firm-Celebrity-Konstrukt nicht diskutiert. Diese Tatsache ist durchaus verwunderlich, da im ursprünglichen Artikel zum Konstrukt der CEO-Celebrity die negativen Auswirkungen – im Sinne von CEO-Hybris – sehr zentral diskutiert und als bestandsgefährdend dargestellt werden[363]. Denn insbesondere fällt auf, dass mögliche Dynamiken, welche durch eine organisationsinterne Perzeption des vorherrschenden Status der Berühmtheit entstehen können, in diesem Artikel nicht thematisiert werden. Im weiteren Verlauf dieser Arbeit gilt es daher zu prüfen, ob organisationale Berühmtheit auch negative Konsequenzen mit sich bringen kann und welche unterschiedlichen Auswirkungen organisationsintern vorstellbar oder zu bedenken sind.

---

[357] Vgl. Rindova et al. 2006, S. 62.

[358] Im Sinne eines besseren Kapitalmarktzugangs oder verbesserter Möglichkeiten, Humankapital anzuwerben.

[359] Vgl. Rindova et al. 2006, S. 50.

[360] Diese Argumentation wird gestützt auf die Annahme, dass sich eine organisationale Berühmtheit als immaterielle organisationale Ressource auffassen lässt (vgl. Rindova et al. 2006, S. 50). Eine Argumentation, die sich quer durch viele Schriften von Rindova erkennen lässt (vgl. bspw. Petkova et al. 2008; Rindova et al. 2005, 2007, 2010; Kotha et al. 2001). Einen theoretisch noch elaborierteren Ansatz zur Verbindung von Unternehmensreputation und organisationalen Ressourcen führt Deephouse (2000) auf Basis der Theorie des „Resource-Based-View" durch.

[361] So wird insbesondere angedacht, dass eine vorliegende Popularität unkonventionelles organisationales Verhalten bestärken kann (et vice versa). Erstaunlicherweise lassen die Autoren aber eine mögliche Verbindung zwischen einer vorliegenden Popularität und den PR-Aktionen eines Unternehmens unbeachtet, obgleich durchaus Reaktion denkbar sind, in denen eine Organisation auf einen steigenden Grad an Prominenz die Nonkonformität ihres Handelns nicht ändert, dahingegen aber über gezielte PR-Maßnahmen ein noch stärkeres unkonventionelles Handeln und Vorgehen suggeriert (vgl. Ashford/Northcraft 1992). Im ähnlichen Zuge stellt sich die Frage, wie steigerungsfähig radikales Handeln überhaupt noch sein kann, eine Frage die zumindest im Bereich der Forschung zum Innovationsmanagement durchaus kritisch diskutiert wird (vgl. bspw. Leonard-Barton 1992).

[362] Vgl. Rindova et al. 2006, S. 66.

[363] Vgl. Hayward et al. 2004, S. 638.

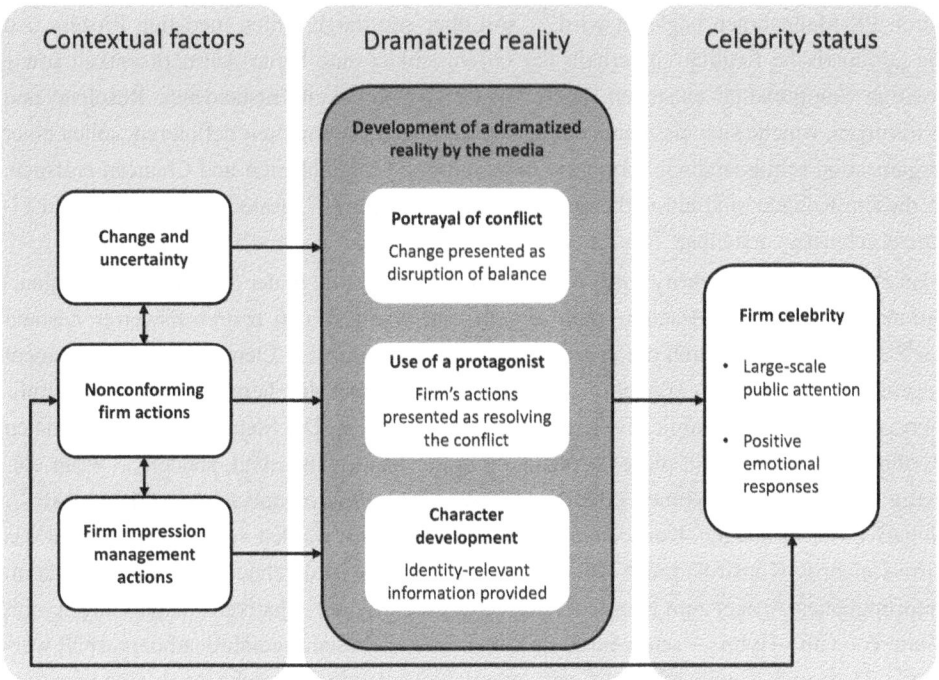

Abbildung 6: Der Celebrity Firm Entstehungsprozess[364]

Ein weiteres Celebrity-Firm-Modell – gleichermaßen noch auf der konzeptionellen Ebene – wurde im Jahr 2009 durch die Autoren Guthey et al. veröffentlicht[365]. Ähnlich wie die Autoren Hayward, Pollock und Rindova, welche von der individuellen Ebene des CEOs ausgehend den Gedanken einer Celebrity Firm entworfen haben, starten auch Guthey/Jackson (2005) von der individuellen und gehen zu einer kollektiven Perspektive über. Das Neue dieses Modells ist, dass neben der Popularität von Organisationen und deren Vorstandsvorsitzenden auch auf individuelle Entrepreneure und Wissenschaftler Bezug genommen wird. Insbesondere werden Managementforscher in Gestalt von „Gurus" als regelrechte „Managementmode-Promis"[366] dargestellt[367].

Der von den Autoren vorgestellte konzeptionelle Vorschlag zur Entstehung von „Business-Celebrity" weist große Schnittmengen zu dem Ansatz von Rindova et al. (2006) auf, da Guthey et al. stark auf schon in der Literatur existierenden Ansätzen und Aspekten aufbauen. Eine detailliertere Diskussion und Vorstellung des Konzepts ist dementsprechend für den Verlauf der aktuellen Arbeit nicht zielführend. Sondern es ist wichtig zu erkennen, dass im Vergleich zu dem Modell von Rindova et al. den Mitgliedern der unternehmenseigenen

---

[364] Eigene Abbildung. Quelle: Rindova et al. 2006, S. 65 (leicht modifiziert).
[365] Vgl. Guthey et al. 2009, S. 38.
[366] Die Autoren benutzen hierbei die englische Formulierung: „Management gurus as management fashion celebrities" (Guthey et al. 2009, S. 40). Der von Kieser stark geprägte Begriff „mangement fashion" (vgl. bspw. Kieser 1997) bekommt unter diesem Aspekt eine vollkommen neue Bedeutung.
[367] Vgl. Guthey et al. 2009, S. 40 ff.

PR- und Kommunikationsabteilungen eine stärker zentrale Rolle zugedacht wird. Nur über diese PR-Personen entsteht für Journalisten die Möglichkeit, sich intensiv mit dem Unternehmen zu befassen und einen direkten Kontakt zu Mitgliedern des Vorstands herzustellen[368]. Dementsprechend wird eine Interaktion zwischen hochrangigen Mitgliedern des Unternehmens und Medienvertretern angenommen[369], was den wesentlichen Unterschied zum Modell von Rindova et al. darstellt. Hier wurde die Interaktion zwischen PR-Abteilungen und Journalisten nämlich nur als einseitige Beziehung modelliert, weil ausschließlich vom Unternehmen ausgehend.

Neben diesen theoretischen Ausführungen fand das Konzept der Celebrity Firm mittlerweile auch erste empirische Anwendung.

Pfarrer et al. (2010) untersuchen innerhalb einer quantitativen Studie den Einfluss, den Unternehmensreputation und Celebrity auf den finanziellen organisationalen Erfolg hatten, indem sie diese Konzepte als immaterielle Unternehmensressourcen interpretieren[370]. Innerhalb der Studie wurden beide Ressourcen außergewöhnlichen und von Firmenexternen nicht erwarteten Finanzergebnissen gegenübergestellt. Es stellte sich heraus, dass Organisationen mit einer hohen Reputation im Vergleich zu Unternehmen mit geringer Reputation äußerst selten überraschende finanzielle Ergebnisse meldeten. Eine hohe Reputation spricht daher für eine stabile und langfristig gleichbleibende externe Beurteilung von Finanzergebnissen.

Dem gegenüberstehend vermelden Unternehmen mit einem Status der Celebrity Firm häufiger als ihre nicht prominenten Wettbewerber überraschende und außergewöhnliche finanzielle Ergebnisse. Aus der Perspektive der Celebrity Firm zeigt dieses empirische Ergebnis, dass organisationale Berühmtheit als unterschwellig negativ konnotiertes Ansehen interpretiert werden kann. Die Berühmtheit kann von Finanzanalysten als eine mit negativer Leistungsfähigkeit verbundene Eigenschaft gesehen werden. Da es sich jedoch um eine externe Beurteilung handelt, muss diese Attribution nicht zwangsläufig mit der tatsächlich abgeleisteten Performance eines Unternehmens in Verbindung stehen. Denn unternehmensexterne Personen neigen stärker dazu, eine Celebrity Firm in ihrer Leistungsfähigkeit zu unterschätzen, sodass deshalb häufiger Überschüsse unerwartet auftreten können.

Unabhängig von diesen empirischen Studienergebnissen ist die von den Autoren Pfarrer et al. gezogene theoretische Unterscheidung von Celebrity und Reputation für den Verlauf der weiteren Arbeit von großer Wichtigkeit. Annahmegemäß werden sowohl Reputation als auch Prominenz innerhalb der Studie zunächst als wertschaffende Ressourcen interpretiert, die aus einer kollektiven Wahrnehmung entstammen[371]. Dennoch wird eine feine Unterscheidung gezogen, wonach ein Unternehmen dann eine hohe Reputation aufweist, wenn eine öffentliche Bekanntheit für besondere oder herausragende Fähigkeiten, Kompetenzen oder Produkte vorliegt[372]. Das bedeutet, dass Reputation einer externen Fähigkeitsattribution

---

[368] Vgl. Guthey et al. 2009, S. 37 f.
[369] Vgl. zu dieser Thematik insbes. Westphal/Deephouse 2011.
[370] Vgl. zu der Studie im Fortfolgenden Pfarrer et al. 2010, S. 1131 ff.
[371] Vgl. Pfarrer et al. 2010, S. 1131.
[372] Pfarrer et al. 2010 greifen bei dieser Definition auf die Arbeiten von King/Whetten (2008) und Rindova et al. (2005) zurück.

gleichkommt. Die innerhalb dieser Studie verwendete Definition der organisationalen Berühmtheit wird hingegen unter Rückgriff auf Rindova et al. (2006) aufgebaut. Diese stellt
sich lediglich durch eine hohe öffentliche Bekanntheit des Unternehmens sowie die ihm
entgegengebrachten positiven Emotionen dar[373].

Ähnlich dem weiter oben angeführten Verständnis eines Celebrity, welcher ohne jegliche
Fähigkeiten in der breiten Öffentlichkeit berühmt sein kann[374], lassen sich daher auch Celebrity Firms verstehen. Eine Celebrity Firm muss sich demnach nicht durch besondere Fähigkeiten, Produkte oder Dienstleistungen auszeichnen, sondern kann auch ohne eine externe Kompetenzattribution den Status hoher gesellschaftlicher Bekanntheit erlangt haben. An
dieser Stelle wird ersichtlich, dass das innerhalb dieser Arbeit im Fokus stehende Konzept
der kollektiven Hybris tatsächlich in enger Relation zur Prominenz stehen kann. Wenn der
vorherrschende Status organisationaler Berühmtheit mit Reputation verwechselt wird, könnte von organisationsinternen und -externen Personen fälschlicherweise angenommen werden, dass ein Unternehmen über herausragende Fähigkeiten verfügt.

Neben dieser quantitativen Studie von Pfarrer et al. liefern Kjærgaard et al. (2011) erste tie-
fergehende empirische Einsichten in eine einzelne Celebrity Firm. Innerhalb einer qualitativen Längsschnittstudie zeichnen die Autoren anhand des Unternehmens Oticon A/S, einem
dänischen Hörgeräteproduzenten, nach, wie sich organisationale Berühmtheit auf die Konstruktion und den Wandel der kollektiv geteilten organisationalen Identität auswirkt. Innerhalb der Studienergebnisse stellt sich heraus, dass Unternehmensmitglieder durch ihr in den
Medien prominent auftauchendes Unternehmen allmählich eine andere Vorstellung über ihr
kollektives Selbst entwickelten, sodass die organisationale Identität eine Wandlung erfuhr.
Daneben führte die Prominenz zu einer kollektiven Faszination vom Unternehmen und dessen Identität. Nach anfänglichen positiven Auswirkungen dieser Faszination zeigte sich jedoch, dass Unternehmensmitglieder die positive Selbstsicht aufrechterhalten wollten und
deshalb später notwendige Wandlungserfordernisse der Identität rigide ablehnten[375].

Die Studie von Kjærgaard et al. zeigt auf, dass nicht nur Schnittmengen zwischen der organisationalen Identität und dem Status einer Celebrity Firm existieren. Sondern es wird deutlich, dass Organisationsmitglieder eine vorliegende Berühmtheit genießen und darüber in ihr
kollektives Selbstverständnis aufnehmen. Deutlich wird aber auch, dass dysfunktionale
Wechselwirkungen zwischen externer Prominenz und interner Organisation entstehen können. Hier handelt es sich um Dynamiken, welche im Modell von Rindova et al. bisher noch
nicht angedacht worden sind. Im Fall von Oticon A/S zeigte sich nämlich, dass Unternehmensmitglieder durch die Faszination von der auf Prominenz aufgebauten Identität ab einem
gewissen Zeitpunkt nicht mehr in der Lage waren, notwendige Wandlungsprozesse in ihren
kollektiven Anschauungsweisen zuzulassen. Die Autoren der Studie schlussfolgern daher
im Ausblick, dass Unternehmensmitglieder von einem mit dem Status der Celebrity-Firm
einhergehenden positiven Medienbild abhängig werden, da sie von der medialen Aufmerk-

---

[373] Vgl. Pfarrer et al. 2010, S. 1132.
[374] Vgl. Kapitel C.I.1.
[375] Vgl. Kjærgaard et al. 2011, S. 514 ff.

samkeit und der sozialen Akzeptanz eingenommen wurden. Gerade durch eine längere und unkritische Übernahme dieses externen Zuspruchs können dann kollektive Tendenzen der Überbewertung und Überschätzung von Fähigkeiten entstehen[376].

Zusammenfassend hat sich gezeigt, dass auf individueller wie auch auf kollektiver Ebene theoretische Verbindungen zwischen Celebrity und der Existenz und Emergenz von Hybris anfänglich bestätigt worden sind. Vor allem mit der Studie von Kjærgaard et al. wurde gezeigt, dass Dynamiken zwischen dem Status organisationaler Berühmtheit und kollektiven organisationsinternen Wahrnehmungen und Prozessen stattfinden – eine Annahme, welche im theoretischen Modell der Celebrity Firm von Rindova et al. noch nicht enthalten war. Neben funktionalen sind daher auch dysfunktionale Aus- und Wechselwirkungen vorstellbar, sodass es lohnenswert erscheint, der genaueren Verbindung zwischen Celebrity und Hybris noch gezielter nachzugehen.

II.   Erweiterte Sichtweisen auf die Prominenz

Anhand des Celebrity Firm Konstrukts von Rindova et al. (2006) haben sich zwei eng miteinander verbundene theoretische Basisannahmen ergeben, welche für den Kontext der vorliegenden Arbeit hinterfragt werden müssen. Einerseits herrscht ein sehr positives Grundverständnis bezüglich des Begriffs der organisationalen Berühmtheit vor, indem sich für eine Celebrity Firm gesteigerte ökonomische Chancen und Möglichkeiten ergeben sollen[377]. Andererseits wird Begriff und Modell als sehr stabil interpretiert, da die Autoren von einer länger andauernden Aufrechterhaltung des Celebrity-Status ausgehen und die Auswirkungen der Berühmtheit auf organisationsinterne Prozesse damit wenig beachten[378].

Da jedoch Kjærgaard et al. (2011) innerhalb der erstmaligen qualitativen Überprüfung des Konstrukts aufgezeigt haben, dass sich Einflüsse der Berühmtheit auf die organisationale Identität ergeben können, wird die theoretische Annahme der Stabilität angezweifelt. Es gilt daher, mehr über mögliche Dynamiken zwischen dem Status der Berühmtheit und dem Träger der Berühmtheit zu erfahren.

Wenn zudem, wie innerhalb dieser Arbeit vermutet, Aus- und Wechselwirkungen zwischen Berühmtheit und einer kollektiven Überbewertung von Fähigkeiten existieren, wird offensichtlich, dass das Konstrukt der Celebrity Firm nicht ausschließlich funktionale organisationale Wirkungen mit sich bringen kann. Dementsprechend gilt es auch der Positivität des Celebrity-Begriffs weiter nachzugehen.

Unter Rückgriff auf soziologische Forschungsergebnisse kann den Fragen der Stabilität und Positivität von Prominenz fundierter nachgegangen werden. Dort herrscht nämlich eine im Vergleich zur Wirtschaftswissenschaft divergierende, recht kritische Sichtweise auf das Konstrukt der Berühmtheit vor. Ferris zeigt beispielsweise auf, dass Berühmtheit ein Phä-

---

[376] Vgl. Kjærgaard et al. 2011, S. 538.
[377] Vgl. Rindova et al. 2006, S. 50 f.; vgl. zudem die empirischen Studienergebnisse von Pfarrer et al. 2010, welche positive ökonomische Auswirkungen bestätigen.
[378] Vgl. Rindova et al. 2006, S. 66.

nomen sein kann, welches einer temporalen Beschränkung unterliegt: „[C]elebrities are people who are charismatic and appealing, qualities Weber recognizes as being possible sources of power over others. [...] Finally, as with other forms of charismatic clout, celebrity
does not usually last very long"[379].

Ähnlich argumentiert Goodman und merkt darüber hinaus an, dass der Aufstieg und Fall
von Prominenten nah beieinander liegen können: „Celebrity is manufactured in a society
that has access to mass communications. But it still carries a mystique. Part of the appeal:
romantic tales of discovery, fall, recovery and redemption. [...] But there is a price to pay: If
superstars are raised to the heights by myth, they will be subject to the laws of myth: super-
nova means explosion. Superheroes sell best if vulnerable. The old law of tragedy says stars
must fall"[380].

Bei eingehenderer Betrachtung soziologischer Studien zur Prominenz lassen sich zumindest
vier große Strömungen identifizieren. Neben der breit angelegten Diskussion von Celebrity
als gesellschaftliches Konsumprodukt und Wirtschaftsgut[381], thematisiert eine zweite Strömung das Phänomen „Paparazzi", welches als extremste Form des Celebrity-Journalismus
gesehen werden muss und untrennbar zur zeitgenössischen Prominenz gehört[382]. Beiden
Perspektiven können als Grundvoraussetzung gesehen werden, sodass sie nicht mehr gezielt
aufgegriffen werden müssen.

Von höherer Relevanz sind die sozial-interaktive Perspektive der Berühmtheit[383] genau wie
die Diskussion zur pathologischen und damit dysfunktionalen Seite der Prominenz[384].

1.   Celebrity als sozial-interaktives Phänomen

Innerhalb der Soziologie fokussiert sich eine sozial-interaktive Perspektive auf gegenseitige
Wechselwirkungen zwischen Prominenten und der gewöhnlichen Bevölkerung. Thematisiert werden dabei häufig die Fragestellungen, welcher gesellschaftlichen Funktion Stars
nachkommen können und tatsächlich nachkommen[385].

Diesen Forschungsergebnissen zufolge nehmen Prominente die Funktion der gesellschaftlichen Helden- und Identifikationsfiguren oder Rollenmodelle ein, indem fundamentale Wert-
vorstellungen und Ansichtsweisen dargestellt und vermittelt werden[386]. Berühmtheit gilt
mittlerweile gar als einer der am höchsten anerkannten Werte unter Jugendlichen[387]. Auch
prominente Vorstände und Celebrity Firms können demnach für die Gesellschaft eine prä-
gende und gestaltende Funktion einnehmen. Sehr deutlich zeigt sich anhand dessen, dass
innerhalb der Soziologie diskutiert wird, dass und wie individuelle Berühmtheit über die
Vermittlung von Anschauungsweisen Einfluss auf die kollektive Gesellschaft nehmen kann.

---

[379] Ferris 2007, S. 373.
[380] Goodman 2010, S. 510.
[381] Vgl. Turner 2007.
[382] Vgl. Howe 2005; McNamara 2011.
[383] Vgl. Ferris/Harris 2011; Turner 2004.
[384] Vgl. Ferris 2007, S. 374 ff.
[385] Vgl. Ludes 1997, S. 88; vgl. auch Lofton 2011.
[386] Vgl. Fraser/Brown 2002; Lines 2001.
[387] Vgl. Uhls/Greenfield 2011.

Wenn also Prominenz Einfluss auf Kollektive nehmen kann, so ist parallel vorstellbar, dass die Berühmtheit einzelner Vorstände oder ganzer Organisationen ebenfalls Einfluss auf das Organisationskollektiv nimmt. Vergleichbar mit Gesellschaftsmitgliedern, welche von Prominenten stark beeindruckt, in ihrem Handeln geleitet und beeinflusst werden[388], sowie teilweise in einem regelrechten Celebrity-Verehrungskult aufgehen[389], ergibt sich auch innerhalb von Organisationen ein ähnliches Bild. Mitarbeiter unterer bis unterster Hierarchieebenen reagieren äußerst ehrfürchtig auf ein unvorhergesehenes Treffen mit einem nicht prominenten Vorstandsvorsitzenden ihrer Organisation[390]. Ein zufälliges Aufeinandertreffen mit einem durch Medien bekannten Celebrity-CEO kann dann schon eine regelrechte „Gottesfürchtigkeit" auslösen[391]. Vorstellbar ist daher, dass von einem Celebrity-CEO innerhalb von Organisationen eine hohe Identifikationswirkung ausgehen kann und eine kollektive blinde Gefolgschaft der Mitarbeiterschaft entstehen könnte.

Dass nicht nur Individuen, sondern auch Organisationskollektive den Status ihrer eigenen Celebrity Firm wahrnehmen, von diesem abhängig werden und damit in ihren kollektiven Anschauungsweisen eine Wandlung erfahren, hat die weiter oben vorgestellte Studie von Kjærgaard et al. (2011) durchaus schon aufgezeigt.

Anhand der sozial-interaktiven Perspektive zeigt sich nun also sehr deutlich, dass Berühmtheit ein dynamisches Konstrukt mit möglichen Aus- und Wechselwirkungen auf Kollektive sein kann. Dass Prominenz allerdings auch dysfunktionale Konsequenzen für den individuellen Prominenten mit sich bringen kann, zeigt der nächste Abschnitt auf.

2. Celebrity: Eine pathologische Betrachtung

Neben der sozial-interaktiven Perspektive wird Celebrity innerhalb der Soziologie auch bezüglich seiner dysfunktionalen Dynamik erläutert. Prominenz kann dabei als „pathologisches Motiv" diskutiert werden[392]. Diese Anschauungsweise kann auch als Fortführung der sozial-interaktiven Perspektive interpretiert werden: Während dort nämlich die Auswirkung von individueller Berühmtheit auf die Gesellschaft nachvollzogen wird, untersucht die pathologische Anschauungsweise hingegen mögliche Auswirkungen der gesellschaftlich konstruierten Prominenz auf den individuellen Prominenten. Insbesondere interessiert also die Fragestellung, was genau mit Individuen und deren Persönlichkeitsstruktur passiert, sobald sie den gesellschaftlich konstruierten Status der Berühmtheit erreicht haben[393].

Diskutiert wird innerhalb der Soziologie vor allem eine Verbindung von Celebrity und Narzissmus[394]. Wesentlicher Grundgedanke ist hierbei, dass Prominente einen sehr hohen sozialen Zuspruch und eine große gesellschaftliche Hochachtung erfahren, sobald sie den Status des Celebrity erreicht haben[395]. Wie innerhalb dieser Arbeit schon an anderer Stelle ge-

---

[388] Vgl. Turner 2010, S. 12 ff.
[389] Vgl. Abraham/Zuckerman 2011; McCutcheon 2003.
[390] Vgl. Gabriel 1997, S. 324.
[391] Vgl. Gabriel 1997, S. 329.
[392] Vgl. Ferris 2007, S. 374 ff.
[393] Vgl. Giles 2000, S. 90 ff.
[394] Vgl. Weinstein/Seckin 2008.
[395] Vgl. Hollander 2010, S. 388.

zeigt[396], kann die unreflektierte Übernahme von externem Zuspruch, Lob und Anerkennung ein wesentlicher Einflussfaktor für die Emergenz von Narzissmus und Tendenzen der Selbstüberschätzung sein. Vermutet wird daher auch innerhalb der Soziologie, dass Prominente eine hohe Ausprägung von narzisstischen Verhaltensweisen haben.

Dass Berühmte nicht nur in der Theorie, sondern auch in der Empirie eine höhere Neigung zum Narzissmus haben, zeigen Young/Pinsky (2006) in einer auf einzigartigen Primärdaten basierenden quantitativen Studie. Die Autoren wendeten dabei den innerhalb der Sozialpsychologie weit verbreiteten Narzissmus-Fragenkatalog (NPI) auf 200 Prominente an. Über eine US-amerikanische, landesweit ausgestrahlte Radioshow, war es den Studienautoren möglich, persönlichen Kontakt zu Prominenten herzustellen[397]. Auf Basis der Studienergebnisse stellte sich eine Bestätigung der Hypothese ein. Prominente weisen einen signifikant höheren Wert innerhalb des Fragenkatalogs auf, sind also häufiger narzisstisch veranlagt als die Kontrollgruppe aus MBA-Studenten und noch häufiger als die generelle Bevölkerung[398].

Neben dieser Argumentation finden sich innerhalb der Literatur auch einige Hinweise darauf, dass der Status der Prominenz nicht nur zu Narzissmus führen kann, sondern auch Tendenzen der Selbstüberschätzung hervorruft. Manche Autoren vermuten hierbei beispielsweise, dass Celebrities durch den ihnen entgegenkommenden Zuspruch vielfach in illusionären Traumzuständen verweilen und dadurch ihre Fähigkeiten und ihr tatsächliches Talent überschätzen[399]. Andere Quellen zeigen hingegen anhand von Originalzitaten auf, wie originäre Prominente tatsächlich Größenwahnphantasien an den Tag legen und sich teilweise selbst auf eine Stufe mit Gott gleichstellten[400]. Celebrities können auf Basis dieser Ausführungen nicht nur Narzissmus entwickeln, sondern ihr eigenes Talent und ihre Fähigkeiten überbewerten, sodass tatsächlich eine Verbindung zwischen Celebrity und Hybris gesehen werden kann.

Anhand des aktuellen Abschnitts konnte nun insgesamt aufgezeigt werden, dass Celebrity – entgegen der Annahme im Celebrity Firm Modell von Rindova et al. (2006) – ein dynamisches Konzept darstellt und zudem nicht permanent eine positive Errungenschaft für den Prominenten sein muss. Darüber hinaus hat sich gezeigt, dass auch in der Soziologie Verbindungen zwischen Celebrity und der Existenz und Emergenz von Selbstüberschätzung gesehen werden. Im Folgenden gilt es daher nun, dieser Dynamik von Celebrity und Hybris genauer nachzugehen.

---

[396] Vgl. Kapitel B.III.2.
[397] Vgl. Young/Pinsky 2006, S. 465.
[398] Vgl. Young/Pinsky 2006, S. 468 ff.
[399] Vgl. Carroll 2010, S. 491.
[400] Vgl. Giles 2000, S. 102 ff.

III. Dynamische Aus- und Wechselwirkungen zwischen Celebrity und Hybris

Basierend auf den Ausführungen des aktuellen Kapitels wurde bisher folgendes gezeigt: Neben der individuellen Prominenz einzelner Vorstände können auch ganze Organisationen berühmt werden und damit den Status einer Celebrity Firm erreichen. Darüber hinaus wurde unter Rückgriff auf soziologische Forschungsergebnisse aufgezeigt, dass Prominenz ein dynamisches Konstrukt ist und individuelle Prominente über den ihnen entgegenkommenden sozialen Zuspruch auch dysfunktionale Folgen – im Sinne von Narzissmus und einer Selbstüberschätzung von Fähigkeiten – erfahren können.

Die ursprüngliche These, dass organisationale Berühmtheit eine kollektive Überbewertung von Fähigkeiten auslösen kann, erscheint auf Basis dieser Ausführungen daher weiterhin plausibel. Unklar ist bisher jedoch geblieben, welche genauen Zusammenhänge zwischen dem Status einer Celebrity Firm und der Existenz und Emergenz von Organizational Hubris theoretisch vorstellbar sind. Es gilt also möglichen Mechanismen nachzugehen, welche dynamische Aus- und Wechselwirkungen zwischen Celebrity und einer kollektiven Überbewertung organisationaler Fähigkeiten herbeiführen können.

Eine Annäherung an einen möglichen Mechanismus kann unter Rückgriff auf allerneuste Studienergebnisse des strategischen Managements erfolgen. Zwar herrscht in der Forschung bisher noch wenig präzise theoretische Kenntnis über den genauen Prozess der kollektiven Selbst- und Fähigkeitseinschätzung vor[401]. Jedoch wird bei der kollektiven Beurteilung und Einschätzung organisationaler Fähigkeiten mittlerweile auf so genannte „Capability Cues" verwiesen[402]. Innerhalb dieses Ansatzes wird vorgeschlagen, dass die Bewertung und Einschätzung von Fähigkeiten durch Organisationsmitglieder insbesondere auf Basis von kontextuellen Anregungen und schwachen Signalen zustande kommt[403]. Capability Cues lassen sich daher als kollektiv geteilte Glaubenssätze und gefühlte Fähigkeitsindikatoren im Sinne von Fähigkeitsanzeichen verstehen[404].

Aufgezeigt wird beispielsweise, dass vergangener organisationaler Erfolg ein sehr objektiver Fähigkeitsindikator sein kann[405]. Wenn die Problemlösungsmuster organisationaler Fähigkeiten wiederholt zum Erfolg geführt haben, kann eine Organisation zu der Einschätzung gelangen, dass sie über herausragende Fähigkeiten in einer gewissen Domäne verfügt. Daneben wird auch schon diskutiert, dass sozialer externer Zuspruch ebenfalls ein Indikator für eine gewisse Fähigkeit sein kann. Jenen Organisationen werden herausragende und vielschichtige Fähigkeiten attribuiert, welche eine hohe Reputation für gewisse Produkte oder Dienstleistungen aufsitzen. Organisationale Reputation kann daher ebenfalls ein Capability Cue darstellen[406].

---

[401] Vgl. Danneels 2011, S. 26.
[402] Vgl. Chatterjee/Hambrick 2011; Mishina et al. 2012.
[403] Vgl. Chatterjee/Hambrick 2011, S. 203.
[404] An dieser Stelle werden auch Parallelen zu den sog. „weak signals" – im Sinne von schwachen empfundenen Signalen – sichtbar (vgl. Ansoff 1980).
[405] Vgl. Chatterjee/Hambrick 2011, S. 219.
[406] Vgl. Mishina et al. 2012, S. 5.

Herauszustellen ist also, dass der von einer Organisation und deren Entscheidungsträgern als positiv und wohlwollend empfundene soziale Zuspruch ebenfalls als Fähigkeitsindikator dienen kann und darüber gar die kollektive Selbstsicherheit zu erhöhen vermag[407]. Nach externer Attribution von sozialem Zuspruch können sich Organisationen in ihren kollektiven Einschätzungen und in ihrem Handeln bestärkt sehen und beispielsweise an bisherigen strategischen Entscheidungen festhalten, welche überhaupt erst zu dem Zuspruch geführt haben.

Weiter oben wurde bereits gezeigt[408], dass Organisationen sowohl durch Celebrity als auch durch Reputation ein hohes Maß an sozialem Zuspruch empfangen. Gesehen werden muss jedoch, dass in der Literatur eine strenge Unterscheidung zwischen Prominenz und Reputation gezogen wird. Unternehmen mit hoher Reputation sind tatsächlich für herausragende Fähigkeiten und Produkte bekannt, erhalten also eine nachvollziehbare Fähigkeitsattribution. Demgegenüber zeichnen sich Celebrity Firms lediglich durch eine hohe und nicht unbedingt nachvollziehbare öffentliche Bekanntheit aus[409]. Zumeist erhalten diese berühmten Unternehmen darüber hinaus ein hohes Maß an vorgezogener Anerkennung und erfahren außerordentlich hohe positive emotionale Reaktionen durch ihre Stakeholder[410]. Im Gegensatz zu einem Unternehmen mit hoher Reputation kann eine Celebrity Firm daher auch ohne herausragende Fähigkeiten in der breiten Öffentlichkeit bekannt sein und dazu noch sozialen Zuspruch erfahren.

Für die Verbindung von Celebrity und Organizational Hubris ist daher ab dem Zeitpunkt, zu welchem ein Unternehmen den Status der Celebrity Firm erreicht hat, ein hoher sozialer Zuspruch denkbar. Da Celebrity dynamische Auswirkungen auf Organisationskollektive hat, kann der Status der organisationalen Berühmtheit organisationsintern als außerordentlicher Erfolg interpretiert werden. Parallel dazu kann in der organisationalen Wahrnehmung die Interpretation entstehen, dass der mit der Berühmtheit einhergehende soziale Zuspruch Bestandteil einer externen Reputation für herausragende Fähigkeiten sei. Eine Celebrity Firm könnte daher im Verlauf der Zeit dieses Entgegenkommen und den sozialen Zuspruch fälschlicherweise als Fähigkeitsindikator auffassen und internalisieren. Darauf aufbauend könne diese Organisation einen Fähigkeitsindikator für tatsächlich aber nicht vorhandene Fähigkeiten konstruieren. Dies könnte auch dann gelten, wenn eine Celebrity Firm nicht über herausragende Fähigkeiten verfügt. Damit könnte organisationsintern die illusionäre Interpretation entstehen, die bisherigen strategischen Entscheidungen seien ausschließlich auf Basis von herausragende Fähigkeiten zustande gekommen. Die damit unter Umständen einhergehende, erhöhte kollektive Selbstsicherheit[411] würde eine Celebrity Firm in ihrem Handeln und Entscheiden weiter bestärken. Dadurch könnten durchaus Muster strategischer Rigidität entstehen, welche als Begleiterscheinung von Organizational Hubris bereits diskutiert wurden[412].

---

[407] Vgl. Chatterjee/Hambrick 2011, S. 208.
[408] Vgl. Kapitel C.I.3.
[409] Vgl. Pfarrer et al. 2010, S. 1132.
[410] Vgl. Rindova et al. 2006.
[411] Vgl. Chatterjee/Hambrick 2011, S. 208.
[412] Vgl. Kapitel B.V.3.

Insgesamt ist auf Basis dieser Argumentation nun theoretisch vorstellbar, dass organisationale Berühmtheit zu einer illusionären Beurteilung organisationaler Fähigkeiten führen kann. Celebrity lässt sich in dieser dysfunktionalen Argumentationslinie als Wegbereiter eines illusionären „Capability Cues" interpretieren. Eine Celebrity Firm kann auf Basis eines falsch interpretierten Erfolgs und des sozialen Zuspruchs Ausprägungen von Organizational Hubris entwickeln.

IV. Zwischenfazit

Anhand des aktuellen Kapitels konnte gezeigt werden, dass neben der individuellen Prominenz einzelner Vorstände auch eine Berühmtheit ganzer Organisationen existieren kann. Das theoretische Konzept einer Celebrity Firm beschreibt dabei in der Öffentlichkeit höchst bekannte Unternehmen. Dem Modell von Rindova et al. (2006) zufolge kann diese Prominenz insbesondere dann entstehen, wenn Organisationen sich durch ungewöhnliches strategisches Verhalten auszeichnen. Da Journalisten auf Neuartigkeit angewiesen sind, bieten gerade diese unkonventionell handelnden Unternehmen genug Informationsgehalt und Anlässe, um eine ansprechende Berichterstattung zu produzieren, welche bei der Leserschaft nachhaltig in Erinnerung bleibt. Über die Erstellung einer dramatischen Berichterstattung machen Medienvertreter dementsprechend der breiten Öffentlichkeit das Unternehmen bekannt. Definitorisch liegt organisationale Berühmtheit dann vor, wenn ein Unternehmen in der breiten Öffentlichkeit hochgradig bekannt ist und die Öffentlichkeit diesem Unternehmen zudem positive Emotionen entgegenbringt.

Entgegen der ursprünglichen Vorstellung von Rindova et al. konnte innerhalb dieses Kapitels aufgezeigt werden, dass sich Prominenz durch eine inhärente Dynamik auszeichnet, welche mit dysfunktionalen Folgen einhergehen kann. Theoretisch vorstellbar ist, dass nicht nur individuelle CEOs Hybris entwickeln, sobald sie ihr positives externes Pressebild internalisieren und als wahrhaftig interpretieren[413]. Auch Celebrity Firms können kollektiv zu einer fehlerhaften Einschätzung ihrer Fähigkeiten gelangen. Denkbar ist, dass der durch die organisationale Prominenz vermittelte soziale Zuspruch in einer organisationsinternen Erfolgswahrnehmung und Wahrnehmung von herausragenden eigenen Fähigkeiten mündet, auch wenn die organisationsinterne Fähigkeitsbasis für das Erreichen der Prominenz nicht die Ursache war.

Aufgrund der Interpretation der Folie ist theoretisch vorstellbar, dass ein Unternehmen, welches den Status einer Celebrity Firm erreicht hat, im Zeitverlauf einem Phänomen kollektiver Selbstüberschätzung unterliegen kann, wodurch ein organisationaler Niedergang und das Scheitern eines Unternehmens theoretisch erklärbar ist.

Für die später im Mittelpunkt dieser Arbeit stehende empirische Fallstudie lässt sich auf Basis dieser bisher dargestellten Hintergründe und unter Rückgriff auf die Ergebnisse aus Kapitel B. folgender Referenzrahmen ableiten:

---

[413] Vgl. Hayward et al. 2004.

1. Zu überprüfen ist zunächst, ob für das Fallstudienunternehmen der Status einer Celebrity Firm vorliegt. Das Unternehmen gilt dem Modell von Rindova et al. (2006)
   folgend dann als Celebrity Firm, wenn es in der breiten Öffentlichkeit eine hohe Bekanntheit erreicht hat und positiven emotionalen Zuspruch aus der Bevölkerung erhält.
2. Neben organisationaler Berühmtheit gilt es, den in Kapitel B. erarbeiteten theoretischen Referenzrahmen für Organizational Hubris auf das Fallgeschehen und Fallstudienunternehmen anzuwenden.
3. Wenn tatsächlich Muster von Organizational Hubris hervortreten, ist in einem nächsten Schritt den Ursachen dieses Phänomens auf den Grund zu gehen. Insbesondere
   sollen hierbei mögliche organisationsinterne Einflüsse durch Prominenz nachvollzogen werden. Es ist daher zu überprüfen, inwiefern der Status der Berühmtheit organisationsintern als Erfolg und sozialer externer Zuspruch wahrgenommen wurde und
   welche internen Wahrnehmungen und Einschätzungen sich aus diesem Status ergeben haben.
4. Theoretisch diskutiert wurde zudem, dass neben möglichen Auswirkungen von Celebrity auch Wechselwirkungen zwischen Celebrity und Hybris bestehen können.
   Wenn tatsächlich sowohl Organizational Hubris als auch der Status einer Celebrity
   Firm vorliegen, stellt sich die Frage, wie sich diese beiden Konstrukte im Verlauf der
   Zeit zueinander verhalten, gegenseitig bedingen, verstärken oder abschwächen.

Auf Basis dieser theoretischen Vorüberlegungen kann nun der empirischen Relevanz von
Celebrity und Organizational Hubris innerhalb des Fallstudienunternehmens nachgegangen
werden. Bevor die Vorstellung des Fallstudienunternehmens und anschließende Analyse
jedoch beginnen kann, wird im nächsten Kapitel zunächst das methodische Vorgehen erläutert.

D. Methodik

I. Analyseeinheit und Zielsetzung der empirischen Studie

Aufbauend auf den dieser Arbeit zugrunde liegenden Forschungsfragen gilt es, die Zielsetzung der empirischen Untersuchung näher zu spezifizieren. Aus dem Theorieteil ergibt sich ein Referenzrahmen, an welchem die vorliegende empirische Arbeit anknüpfen und auf dem sie aufbauen wird. Hauptsächlich soll anhand dieses theoretischen Frameworks exploriert werden, welche Aus- und Wechselwirkungen sich zwischen dem Status einer Celebrity Firm und der Emergenz und Existenz von Organizational Hubris ergeben können.

Der Status organisationaler Berühmtheit wird zwar in der unternehmensexternen Umwelt konstruiert, hat aber über die Perzeption von Unternehmensmitgliedern auch Auswirkungen auf organisationsinterne Prozesse. Vor allem die Auswirkungen dieses externen Status auf organisationsinterne Einschätzungen und Wahrnehmungen sind innerhalb dieser Arbeit von hohem Interesse. Neben Celebrity ist Organizational Hubris ein Phänomen, welches überwiegend organisationsintern auftritt. Auf Basis der theoretischen Hintergründe ergibt sich als Analyseeinheit für die Fallstudie daher die Ebene der Organisation im Sinne des Organisationskollektivs.

Der Status einer Celebrity Firm kommt folgendermaßen zustande: Ausgelöst von unkonventionellem unternehmerischem Handeln, gezielten PR-Maßnahmen sowie Wandlungsprozessen in der Organisationsumwelt greifen Medienvertreter spezielle Organisationen auf und bereiten über eine dramatische Berichterstattung den Weg hin zur organisationalen Prominenz: Dieser Status einer Celebrity Firm manifestiert sich mit der Zeit durch eine breite öffentliche Bekanntheit sowie die der Organisation entgegengebrachten positiven emotionalen Reaktionen.

Auch Organizational Hubris – charakterisiert durch eine kollektive Überschätzung von organisationalen Fähigkeiten, geteilten Gefühlen der Unverwundbarkeit und Unsterblichkeit, großartigen strategischen Initiativen, radikales und von vorherrschenden Konventionen abweichendes unternehmerisches Verhalten sowie eine hohe Persistenz in Bezug auf eingeschlagene und gewählte Strategien – wurde als ein sukzessives und damit prozessual entstehendes Konstrukt diskutiert.

Beide Phänomene entwickeln sich daher über einen längeren Zeitraum hinweg, sodass eine prozesshafte Vorstellung bei der Wahl der Forschungsmethode gewürdigt werden muss[414]. Zudem gilt es bei der Wahl des Forschungsdesigns zu beachten, dass sowohl Celebrity als auch Hybris vielfältige strategische und kausale Verknüpfungen mit sich bringen – ansatzweise seien die Auswirkungen von Organizational Hubris auf strategische Planungsprozesse oder die durch Medien geschaffene dramatische Berichterstattung genannt, auf die Organisationsmitglieder in vielfältiger Art reagieren können.

---

[414] Vgl. Langley 1999.

© Springer Fachmedien Wiesbaden GmbH, ein Teil von Springer Nature 2012
P. Hermanns, *Organizational Hubris*, Edition KWV,
https://doi.org/10.1007/978-3-658-24332-6_4

Insbesondere der qualitative Fallstudienansatz[415] erscheint geeignet, um sozial komplexe und langfristig entstehende Phänomene zu explorieren. Die Forschungsfragen können daher anhand einer empirischen Überprüfung auf Basis des Fallstudienansatzes untersucht werden[416]. Im Folgenden wird dieser Ansatz und das empirische Vorgehen vorgestellt.

II.   Wahl und Begründung der Methode: Der Fallstudienansatz

Der aus der Sozialforschung stammende Fallstudienansatz[417] – im Sinne des angelsächsischen ‚case study research' – genießt innerhalb der Organisations- und Managementforschung breite Akzeptanz und findet regelmäßige Anwendung[418]. Nicht zu verwechseln ist die Fallstudie mit einer einzigen spezifischen Methode der Datenerhebung: Fallstudien gehen über die singuläre Nutzung einzelner Methoden hinaus und bündeln verschiedene Methoden parallel innerhalb einer wissenschaftlich fundierten Forschungsstrategie[419]. Im Rahmen einer Case Study wird gezielt auf einen breiten Apparat an Verfahren der Datenerhebung zurückgegriffen, welche mit adäquaten Methoden analysiert werden, um Antwort auf die der Studie zugrundeliegende Forschungsfrage zu erhalten[420]. Auf Basis dieser multikausalen Herangehensweise ermöglichen Fallstudien die Analyse und Erfassung sozialer Phänomene, deren sozialen Kontext und Bedingtheit sowie die Entstehung und Entwicklung dieser Phänomene im Zeitablauf. Fallstudien lassen sich daher definitorisch als empirische Untersuchungen verstehen, welche „ein zeitgenössisches Phänomen tiefgründig und innerhalb deren tatsächlichen Kontext untersuchen, [welche] vor allem dann [Anwendung finden können], wenn die Grenzen zwischen dem Phänomen und seinem Kontext nicht direkt ersichtlich sind"[421].

Als Forschungsparadigma liegt dieser empirischen Herangehensweise eine sozialkonstruktivistische Vorstellung zugrunde. Menschen – im Sinne von sozialen Akteuren – unterliegen nicht objektiv gültigen, sondern subjektiven Realitätsfindungsprozessen, indem sie ihre Lebenserfahrungen und sonstigen Eindrücke der sozialen Interaktion auf Basis von individuellen Sinngebungsprozessen und sozial konstruierten Realitätsvorstellungen aufbauen[422]. Positivistisch geprägte und der quantitativen Logik folgende Ansätze kritisieren häufig den Fallstudienansatz. Neben angeführten Argumenten der fehlenden Objektivität wird auch ein Mangel an empirischer Generalisierbarkeit und Quantifizierbarkeit kritisiert[423].

Ohne an dieser Stelle tiefer in den Methodenstreit einzutreten[424], kann dennoch unter Rückgriff auf die gängigsten Forschungsmethoden dieser häufig geäußerten Kritik entgegentreten und die Wahl der Fallstudie als adäquates Mittel der vorliegenden Arbeit klassifiziert wer-

---

[415] Vgl. Siggelkow 2007.
[416] Vgl. Flyvbjerg 2011, S. 314.
[417] Vgl. Stake 1995.
[418] Vgl. Eisenhardt 1989; Eisenhardt/Graebner 2007.
[419] Vgl. Thomas 2011, S. 512.
[420] Vgl. Flyvbjerg 2006, S. 390.
[421] Yin 2009, S. 18 (Übers. d. d. Verf.).
[422] Vgl. Berger/Luckmann 1966.
[423] Vgl. Flyvbjerg 2006 zu einem Überblick über die zentralen und am häufigsten angeführten Kritikpunkte der qualitativen Fallstudienforschung.
[424] Vgl. Gläser/Laudel 2010, S. 23 ff. zu einer Abgrenzung zwischen quantitativen und qualitativen Methoden.

den. Anhand der einer empirischen Studie zugrunde liegenden Forschungsfrage ist eine sinnvolle Unterscheidung zwischen einer qualitativen Fallstudie und einer quantitativen Fragebogenstudie zu ziehen, welche häufig in der Managementforschung anzutreffen ist[425]. Quantitativ geprägte Studien gehen Leitfragen nach, welche durch W-Fragen auf Subjekte, Objekte, Orte oder Mengen abzielen. Qualitative Methoden versuchen hingegen eher Phänomenen nachzugehen, indem sie ihre Fragen in Bezug auf Kausalitäten und Modalitäten ausrichten[426]. Dann, wenn diese Fragen in Bezug auf zeitgenössische soziale Phänomene und prozessuale Geschehnisse gestellt werden, über die der Forscher keine direkte Kontrolle hat, er also nicht einzelne Variable in einem Experiment beeinflussen kann, bietet sich die Fallstudienforschung als Methode der Wahl an[427].

Dadurch, dass die vorliegende Studie sich den Aspekten Celebrity und Hybris anhand von modalen und kausalen Fragestellungen nähert, es sich bei diesen um äußerst soziale und im Zeitablauf entstehende Phänomene handelt, über deren Entwicklung und gegenseitige Bedingtheit bisher wenig Kenntnis vorherrschend ist, kann die Fallstudie als geeignete Methode für die vorliegende Arbeit identifiziert werden[428].

III. Vorstellung des Forschungsdesigns

Nach der Identifikation der Fallstudie als geeignete Forschungsmethode, gilt es darzustellen, welche verschiedenartigen Ausprägungen bei der Gestaltung der Fallstudie eingenommen werden können: Konkret geht es um eine Darstellung des methodischen Vorgehens. Auf Basis der dieser empirischen Untersuchung zugrunde liegenden Forschungsziele gilt es, eine gezielte Fallauswahl zu treffen, auf deren Basis die Datenerhebung stattfinden wird. Als Teil der Forschungsstrategie ist die gewählte Art und das genaue Vorgehen der Datenanalyse vorzustellen[429]. Die spezifische Interpretation der Fallstudienergebnisse, welche als letzter Schritt im methodischen Vorgehen der Fallstudienforschung gesehen wird, wird in einem eigenen Hauptkapitel Gegenstand dieser Arbeit sein.

1. Auswahl und Identifikation einer Einzelfallstudie

Als wesentlichste Entscheidung bei der Planung einer Fallstudie muss der notwendige Fallumfang festgelegt werden. Darauf folgend muss die Frage der Fallauswahl beantwortet werden. Zu unterscheiden sind vier Grundtypen, welche auf einem Kontinuum nach der Anzahl der Fälle (Einzelfall – Mehrfallstudien) sowie der Ebene der Analyse (einzelne Analyseeinheit – mehrere Analyseeinheiten) klassifiziert werden können. Abbildung 7 verdeutlicht diese vier Fallstudienausprägungen.

[425] Vgl. Yin 2009, S. 8 ff. zu einem genaueren Überblick und eine detailliertere Unterscheidung weiterer Forschungsmethoden.
[426] Vgl. Harrison/Corley 2011, S. 393; Yin 2009, S. 8.
[427] Vgl. Yin 2009, S. 13.
[428] Die empirische Studie kommt dementsprechend auch Brown's (1997, S. 671) Forderung nach, mehr qualitative Forschung zum Themenbereich der kollektiven organisationalen Dysfunktionen durchzuführen. Gleichermaßen merkt auch Owen (2011, S. 145) an, dass es gerade zur Erfassung von kollektiven Selbstüberschätzungsprozessen qualitativer Fallstudien bedarf, um diese in ihren vollen Auswirkungen und Ursachen zu verstehen.
[429] Vgl. Yin 2009, S. 27 ff.

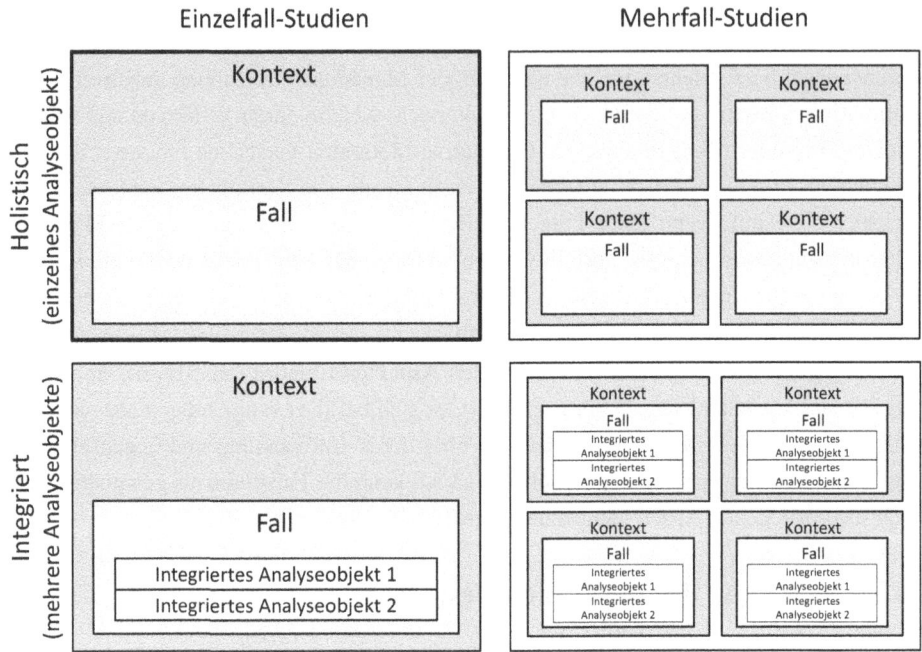

Abbildung 7: Grundtypen der Fallstudienforschung[430]

Für die dieser Arbeit zugrunde liegende Fragestellung kommt eine Einzelfallstudie in Betracht, was sich anhand deren Einsatzbegründungen ergeben kann. Eine Einzelfallstudie kann nach Yin die ideale Analysemethode sein, wenn zumindest eine der fünf Begründungen für die gewählte Fragestellung zutreffend ist[431]:

1. Kritischer Fall: Eine Einzelfallstudie kann Anwendung finden, wenn innerhalb einer empirischen Arbeit Annahmen und Grundzüge von Theorien getestet, erweitert oder widerlegt werden sollen.

2. Einzigartiger Fall: Hierbei können einzigartige und bisher empirisch nicht erforschte Situationen erfasst werden.

3. Repräsentativer Fall: Auf Basis dieses Ansatzes kann alltäglichen und gewöhnlichen Situationen nachgegangen werden. Hierdurch können Schlussfolgerungen auf die Notwendigkeit weiterer Stichproben gezogen werden, um beispielsweise Hilfestellungen für gewöhnliche alltägliche Situationen für weitere Personengruppen und Organisationen zu geben.

4. Aufdeckender Fall: Mithilfe eines solchen Falls kann Situationen und Phänomenen nachgegangen werden, welche der Wissenschaft bis dato nicht zugänglich waren, sodass neuartige Phänomene Betrachtung finden können.

5. Longitudinaler Fall: Bei der Betrachtung und Erforschung von Theorien und Phänomenen, welche sich durch noch nicht bekannte Faktoren im Zeitablauf wandeln, können Einzelfallstudien ebenfalls sinnvoll sein.

---

[430] Eigene Abbildung. Quelle: Yin 2009, S. 46. Übers. d. Holtmann 2008, S. 74.
[431] Vgl. Yin 2009, S. 47 ff.; vgl. auch Borchardt/Göthlich 2006, S. 36.

Die Zielsetzung dieser Arbeit setzt einen einzigartigen Fall voraus, da mit der Untersuchung von kollektiver organisationaler Hybris ein bisher nicht empirisch erforschtes Phänomen zu explorieren ist. Festgehalten wurde auch, dass die Theorien Celebrity und Hybris eine Entwicklung im Zeitverlauf erfahren, sodass parallel eine longitudinale Betrachtung nötig wird. Unter Rückgriff auf diese Kriterien ist eine Einzelfallstudie für die aktuelle Arbeit empfehlenswert.

Da innerhalb dieser Arbeit die Organisation als Analyseeinheit identifiziert wurde, welche durch den Status der organisationalen Berühmtheit beeinflusst wird und innerhalb derer sich kollektive Selbstüberschätzungsprozesse abspielen, sind einzelne Sub-Einheiten nicht von Belang. Für diese Arbeit kann daher eine holistische Einzelfallstudie ausgewählt werden[432].

Innerhalb der Fallstudienforschung findet im deutlichen Gegensatz zu quantitativen Forschungsansätzen die Auswahl des empirischen Datenmaterials nicht zufällig statt. Vielmehr erfolgt die Fallauswahl im Rahmen eines zielgerichteten Samplingprozesses[433] – basierend auf dem zu erforschenden Phänomen wird eine gezielte Fallauswahl durchgeführt[434]. Da generell immer nur wenige Fälle der empirischen Erforschung offen stehen, gilt es gerade jene extremen und speziellen Fälle auszusuchen, innerhalb welcher das zu erforschende Phänomen vorliegen kann oder offensichtliche Anhaltspunkte bietet[435].

Vor dem Hintergrund der dieser Arbeit zugrunde liegenden Fragestellung wurde ein einzigartiger Fall ausgewählt, bei dem erste Hinweise auf ein Zutreffen des erarbeiteten theoretischen Referenzrahmens vorlagen. Mit dem Unternehmen CargoLifter, welches später detailliert vorgestellt werden wird, wurde ein Fall identifiziert, der einerseits Hinweise auf den Status als Celebrity Firm lieferte und – bedingt durch die grandiosen Ansprüche des Unternehmens und die externe Attribution – Hinweise auf das Phänomen Organizational Hubris erkennen ließ.

Ziel der empirischen Untersuchung ist, anhand eines einzigartigen Falls eine retrospektive Längsschnittanalyse[436] über die gesamte Unternehmenshistorie von der Gründung im Jahr 1996 bis zur Insolvenz im Jahr 2002 durchzuführen. Auf Basis der Datenlage gilt es, die Entstehung und die gegenseitigen Aus- und Wechselwirkungen der Phänomene Celebrity und Hybris im Zeitablauf zu rekonstruieren und nachzuvollziehen. Auf dieser Rekonstruktion soll der Aufstieg und Niedergang des Unternehmens verstanden werden und damit eine mögliche Erklärung für das Scheitern des Unternehmens präsentiert werden.

2.   Datenerhebung und Datenquellen

Nach erfolgter Identifikation eines geeigneten Falles muss der Schritt der Datenerhebung geplant werden. Verschiedene Datenquellen werden zur Sicherstellung der empirischen Qualität verwendet. Innerhalb der Datenerhebung muss dabei dem Prinzip multipler Daten-

---

[432] Vgl. Yin 2009, S. 50.
[433] Innerhalb der englischen Literatur wird diese Art der Fallauswahl als „purposeful sampling" bezeichnet (vgl. Creswell 1998, S. 120).
[434] Vgl. Eisenhardt/Graebner 2007, S. 27.
[435] Vgl. Eisenhardt 1989, S. 537.
[436] Vgl. Flick 2010, S. 185.

quellen nachgegangen werden[437]. Dieses als Triangulation bezeichnete Verfahren[438] stellt die empirische Validität sicher und ist als ein wesentliches Gütekriterium qualitativer Forschung zu sehen[439]. Bedingt durch die Tatsache, dass verschiedene Fragestellungen und Untersuchungsgegenstände verschiedene Methoden nach sich ziehen und nicht immer alle denkbaren Datenquellen verfügbar sind oder erhoben werden können, bedarf es einer gezielten Anpassung der Datenquellen an das Forschungsziel der jeweiligen Studie[440].

Die vorliegende Untersuchung geht den Phänomenen der Celebrity Firm und Organizational Hubris nach. Bei dem Aspekt von Organizational Hubris handelt es sich um eine Betrachtung von – teils impliziten – kollektiven Handlungen, Verhaltensweisen und Einschätzungen. Zur Erfassung scheint eine Kombination von Dokumenten und Archivmaterial mit Experteninterviews sinnvoll. Dokumente als historisch originäre Datenquellen können insbesondere den Erinnerungen und retrospektiven Sinngebungsprozessen der Interviewpartner gegenübergestellt werden.

Da die Konstruktion organisationaler Berühmtheit hingegen durch Massenmedien initiiert und gefördert wird, ist die Erhebung der medialen Berichterstattung über das betroffene Unternehmen sinnvoll. Anknüpfend daran können Dokumente und Archivquellen sowie Experteninterviews hinzugezogen werden – insbesondere um zu erfahren, wie Organisationsmitglieder den Status der organisationalen Berühmtheit wahrgenommen und auf diesen reagiert haben.

Um ein reichhaltiges Verständnis der wesentlichen Ereignisse und deren Verbindungen innerhalb der Fallstudie zu erhalten, wird im Sinne der Triangulation auf drei Hauptdatenquellen aufgebaut: Archivmaterialien, Experteninterviews sowie die Medienberichterstattung. Darüber hinaus wurden zwei teilnehmende Beobachtungen durchgeführt. Tabelle 3 gibt einen Überblick über alle verwendeten Datenquellen. Im Folgenden werden die einzelnen Quellen, deren Hintergrund und die Erhebungsintention detaillierter vorgestellt.

Datentyp	Umfang
Halbstrukturierte Experteninterviews	Σ 75 Interviews (87,5 h); Interviewlänge zwischen 18 und 220 Min.; 70 Min. durchschnittliche Dauer.
Archivdokumente	Σ 773 digitalisierte Datensätze mit 5.119 Textseiten und einer Datenbankgröße von 1,83 GB.
Videomaterial	Σ 52,65 h Videomaterial aus unternehmensinternen Quellen.
Medienberichterstattung	Σ 4 Fernsehdokumentationen und -beiträge (95 Min.); Σ 1.504 Presseberichte aus 138 verschiedenen Medien und 19 % internationale Quellen.
Teilnehmende Beobachtung	Σ 2 Beobachtungseinsätze (4,5 h).

Tabelle 3: Übersicht der erhobenen empirischen Daten

---

[437] Vgl. Yin 2009, S. 114.
[438] Vgl. Flick 2009.
[439] Vgl. Steinke 2009, S. 320.
[440] Vgl. Charmaz 2006, S.14 ff.

a.   Halbstrukturierte Experteninterviews

Zur Erfassung des Fallgeschehens und Erlangung tiefer Kenntnis über genaue Ereignisse sowie deren kausalen Verknüpfungen, baut die vorliegende Studie auf der Methode der qualitativen Befragung auf. Dadurch, dass die innerhalb dieser Arbeit zu untersuchenden Phänomene eine stark interpretative Komponente von Handlungen, Aktionen und Einschätzungen benötigt, lohnt es sich, auf interpretative, qualitative Interviews aufzubauen: „Durch die Möglichkeit, Situationsdeutungen oder Handlungsmotive in offener Form zu erfragen, Alltagstheorien und Selbstinterpretation differenziert und offen zu erheben, und durch die Möglichkeit der diskursiven Verständigung über Interpretationen sind mit offenen und Teil standardisierten Interviews wichtige Chancen einer empirischen Umsetzung handlungstheoretischer Konzeptionen [...] gegeben"[441].

Es muss eine entsprechende Form des qualitativen Interviews gewählt werden, weil diese Arbeit mit einem theoretischen Vorwissen und Referenzrahmen in die empirische Untersuchung überleitet. Eine ausschließlich theorietestende Herangehensweise bietet sich aufgrund der Fragestellung jedoch nicht an. Das Experteninterview kann hierbei als äußerst geeignete Methode identifiziert werden. Es zielt auf die Erfassung interpretativer und qualitativer Aspekte und kann eine hinreichende Balance in Bezug auf Offenheit und Strukturierung der Fragestellungen und Erzählformen des Interviewten bieten[442]. Diese Balance wird durch eine teilweise Vorstrukturierung der Interviews erlangt. Experteninterviews – in der hier verwendeten Vorstellung – sind halbstrukturierte Gespräche. Über einen Interviewleitfaden wird in Vorbereitung auf das Gespräch eine gewisse inhaltliche Strukturierung gegeben. Wichtig ist anzumerken, dass die darin enthaltenen Fragen nur das Themengebiet der Befragung vorbereiten. Der Interviewpartner soll in einer offenen Antwort seine Sichtweise darlegen[443]. Dem Experten sind die Antwortmöglichkeiten nicht vorgegeben, sodass es um eine eigenständige Interpretationsleistung der Gesprächspartner geht. Teilweise kann diese Art der Befragung über weite Teile narrative Elemente beinhalten. Obgleich sich durch die thematische Vorstrukturierung keine gänzlich freie Gesprächssituation entwickelt ist nicht von einem narrativen Interview zu sprechen[444].

Seinen Fokus legt diese Art des Interviews definitorisch auf einen ganz spezifischen Personenkreis, nämlich auf den der Experten. Obgleich der Expertenbegriff in der qualitativen Methodenlehre nicht eindeutig definiert ist, lassen sich Experten als Personen verstehen, die spezifische Kenntnisse und herausragendes Wissen in einem ganz speziellen Kontext und über einen sozialen Sachverhalt besitzen[445]. Der Begriff „‚Experte' beschreibt [daher] die spezifische Rolle des Interviewpartners als Quelle von Spezialwissen über die zu erforschenden sozialen Sachverhalte. Experteninterviews sind eine Methode, dieses Wissen zu erschließen"[446]. Als Experten lassen sich für die vorliegende Einzelfallstudie alle Personen identifizieren, die direkt oder indirekt für das Fallstudienunternehmen tätig waren, als Un-

---

[441] Hopf 2009a, S. 350.
[442] Vgl. Atteslander 2008, S. 123; Lamnek 2002, S. 173.
[443] Vgl. Froschauer/Lueger 2003, S. 58; Scholl 2009, S. 68.
[444] Vgl. Scholl 2009, S. 62 ff.
[445] Vgl. Gläser/Laudel 2010, S. 10.
[446] Gläser/Laudel 2010, S. 11.

ternehmensexterne mit der Organisation in Kontakt standen oder sonstige Interessen an dem Unternehmen hielten. Ihr jeweiliges Expertenwissen definiert sich als retrospektive Erinnerung an den sozialen Sachverhalt der Organisation sowie mögliche Aspekte im Hinblick auf die Thematiken Celebrity und Hybris. Vorstellbare Personengruppen sind ehemalige leitende und nicht leitende Angestellte, Aktionäre, externe Berater, Medienvertreter sowie sonstige Stakeholder des Unternehmens, beispielsweise Politiker oder Behördenmitarbeiter.

Die Identifikation von Experten begann im Mai 2010. Geeignete Interviewpartner ließen sich zunächst über die Internet-Karriereplattformen der Unternehmen Xing und LinkedIn identifizieren, da dort gezielt nach ehemaligen Unternehmensangehörigen und deren jeweiliger Position im Unternehmen gesucht werden konnte. Nach ersten Interviews, die über diese Plattformen angefragt wurden, kamen spätere Gesprächstermine verstärkt durch persönliche Empfehlungen zustande. Das letzte Interview wurde im April 2011 durchgeführt.

Thematisch fokussiert wurden die Gespräche anhand eines Interviewleitfadens, welcher drei wesentliche Themenbereiche abdeckt[447]: Neben einer innenzentrierten auf organisationsinterne Phänomene abzielenden Perspektive, namentlich der Identität und der Unternehmenskultur, wurde eine Innen-Außen Perspektive thematisiert, die auf das Verhältnis der Organisation zu ihrem externen Unternehmensimage abzielte. Zudem befasste sich der dritte große Themenbereich mit der Perspektive des organisationalen Scheiterns und der Insolvenz des Unternehmens. Von Interesse war, welche Erinnerungen und Begründungen die Experten in Bezug auf das Scheitern der Organisation darlegen konnten.

Die Datenquelle der Experteninterviews wurde hauptsächlich dazu eingesetzt zu verstehen, welche retrospektiven Sinngebungsmuster die jeweiligen Interviewpartner in Bezug auf das Scheitern der Organisation teilten. Über die Erfassung von Unternehmenskulturbestandteilen und Elementen der organisationalen Identität konnte zudem der Frage nachgegangen werden, wie Mitarbeiter und Externe auf einen möglicherweise vorhandenen Status der organisationalen Berühmtheit reagierten. Außerdem interessierte, wie ein Wandel dieses Status im Verlauf der Zeit interpretiert und wahrgenommen wurde.

Für diese Studie ist es gelungen, fast alle ehemaligen zentralen Mitglieder des obersten Führungskreises als Interviewpartner zu gewinnen. Daneben wurden weitere zentrale Mitglieder des mittleren und unteren Managements sowie andere nicht leitende Mitarbeiter interviewt. Ferner gelang es, zentrale unternehmensexterne Personen für Gespräche zu gewinnen, die direkt oder indirekt mit dem Unternehmen in Kontakt standen. Insgesamt wurden im Erhebungszeitraum 75 Experteninterviews geführt, die zwischen 18 und 220 Minuten Länge aufwiesen also im Durchschnitt 70 Minuten dauerten. Der überwiegende Anteil der Interviews (90%) wurde aufgenommen und nach geltenden Transkriptionsregeln im Wortlaut transkribiert[448]. Für den Fall, dass Interviewpartner einer Aufnahme nicht zustimmten[449], wurden während des Gesprächs umfangreiche Mitschriften angefertigt, welche im unmittelbaren Anschluss an das Interview um ein umfassendes Gedächtnisprotokoll ergänzt wurden.

---

[447] Vgl. Anhang D.1 für eine exemplarische Übersicht über den verwendeten Interviewleitfragen.
[448] Vgl. Gläser/Laudel 2010, S. 193; Kowal/O'Donnel 2009.
[449] 7 der insgesamt 75 Interviews wurden auf Wunsch der Gesprächspartner nicht aufgezeichnet.

Zwei weitere zentrale Experten – ein ehemaliger und vor der Insolvenz ausgeschiedener Geschäftsführer einer Tochtergesellschaft sowie ein technischer Berater – konnten nicht für ein Gespräch gewonnen werden. Sie waren jedoch bereit, einen offenen Fragebogen detailliert schriftlich zu beantworten. Indem darüber hinaus zu zentralen Informanten persönlich, per E-Mail, Telefon oder Videogesprächen Kontakt aufrechterhalten wurde und situativ Rückfragen gestellt wurden, fanden weitere informale Gespräche statt.

Alle aus diesen Quellen generierten Dokumente wurden zur Strukturierung und aus Gründen der Nachvollziehbarkeit in eine Fallstudiendatenbank aufgenommen[450]. Eine Übersicht über die geführten Interviews gibt Tabelle 4.

Inter-view #	Anzahl Personen	Art des Interviews	Inter-viewlänge	Hierarchie/Position	Unterneh-mensbereich
Oberster Führungskreis					
# 1	1	Persönlich	101 min	Vorstandsvorsitzender	AG
# 2	1	Persönlich	202 min	Finanzvorstand	AG
# 3	2	Persönlich	153 min	Aufsichtsratsvorsitzender/Aufsichtsrat	AG
# 4	1	Telefon	39 min	Geschäftsführer Tochtergesellschaft	Entwicklungs-betrieb
# 5	1	Telefon	56 min	Geschäftsführer Tochtergesellschaft	Entwicklungs-betrieb
# 6	1	Telefon	66 min	Geschäftsführer Tochtergesellschaft	Controlling
# 7	1	Telefon	70 min	Geschäftsführer Tochtergesellschaft	IT
# 8	1	Video	66 min	Geschäftsführer Tochtergesellschaft	Logistik/Inter-nationales
# 9	1	Telefon	64 min	Geschäftsführer Tochtergesellschaft	Logistik
Mittleres Management (Personalverantwortung und/oder Projektverantwortung)					
# 10	2	Persönlich	120 min	Geschäftsführer Tochtergesellschaft/ Leiter Strategisches Management	Marketing/ AG
# 11	1	Persönlich	154 min	Geschäftsführer Tochtergesellschaft	Marketing & PR
# 12	1	Telefon	66 min	Geschäftsführer Tochtergesellschaft	Standortpla-nung
# 13	1	Telefon	55 min	Abteilungsleiter	Logistik
# 14		Persönlich	153 min		
# 15	1	Telefon	36 min	Abteilungsleiter	Personal
# 16	1	Persönlich	112 min	Abteilungsleiter	Entwicklungs-betrieb
# 17	1	Persönlich	90 min	Geschäftsführer Tochtergesellschaft/ Abteilungsleiter	Entwicklungs-betrieb
# 18	1	Telefon	71 min	Abteilungsleiter	Entwicklungs-betrieb
# 19	1	Video	66 min	Abteilungsleiter/Langfristiger techni-scher Berater	Entwicklungs-betrieb
# 20	1	Telefon	72 min	Abteilungsleiter	Finanzen
# 21	1	Telefon	60 min	Geschäftsführer Tochtergesell-schaft/Langfristiger technischer Berater	Entwicklungs-betrieb
# 22		Telefon	29 min		

---

[450] Vgl. Yin 2009, S. 118 ff. Vgl. Kapitel D.III.3.a für die Vorstellung der Fallstudiendatenbank.

# 23		Persönlich	173 min		
# 24	1	Telefon	62 min	Abteilungsleiter	IT
# 25	1	Video	70 min	Abteilungsleiter	Entwicklungs-betrieb
# 26	1	Video	65 min	Abteilungsleiter/Langfristiger technischer Berater	Entwicklungs-betrieb
# 27	1	Video	96 min	Abteilungsleiter/Geschäftsführer Tochtergesellschaft	Entwicklungs-betrieb
# 28	1	Video	70 min	Leiter Entwicklungsbetrieb	Entwicklungs-betrieb
# 29	1	Telefon	54 min	Abteilungsleiter	Entwicklungs-betrieb
# 30	1	Persönlich	188 min	Technische Kommunikation	AG/Entwicklungsbetrieb

Unteres Management (Projektverantwortung)

# 31	1	Telefon	55 min	Mitarbeiter Tochtergesellschaft	Logistik
# 32	1	Telefon	43 min	Technisches Projektmanagement	Entwicklungs-betrieb
# 33	1	Telefon	39 min	Controlling	Finanzen
# 34	1	Telefon	44 min	Teilprojektleitung	Entwicklungs-betrieb
# 35	1	Video	37 min	Controlling	Finanzen
# 36	1	Telefon	48 min	Teilprojektleitung	Entwicklungs-betrieb
# 37	1	Video	90 min	Teilprojektleitung	Entwicklungs-betrieb
# 38	1	Telefon	38 min	Internationale Kommunikation	Marketing
# 39	1	Persönlich	62 min	Technisches Projektmanagement	Entwicklungs-betrieb
# 40	1	Telefon	24 min	Teilprojektleitung	Entwicklungs-betrieb
# 41	1	Persönlich	82 min	Projektmanagement	Entwicklungs-betrieb
# 42	1	Telefon	60 min	Projektmanagement	Logistik
# 43	1	Telefon	46 min	Teilprojektleitung	Entwicklungs-betrieb
# 44	1	Telefon	78 min	Projektmanagement	Entwicklungs-betrieb
# 45	1	Video	50 min	Projektassistenz	AG
# 46	1	Telefon	58 min	Technische Projektarchivierung	Entwicklungs-betrieb
# 47	1	Telefon	35 min	Projektmanagement	Logistik
# 48	1	Telefon	45 min	Teilprojektleitung	Entwicklungs-betrieb

Nicht-leitende Mitarbeiter

# 49	1	Telefon	48 min	Technische Dokumentation	Entwicklungs-betrieb
# 50	1	Telefon	38 min	Investor Relations	AG
# 51	1	Persönlich	65 min	Mitarbeit F&E	Entwicklungs-betrieb
# 52	1	Telefon	45 min	PR & Messeauftritte	Marketing
# 53	1	Persönlich	72 min	Mitarbeit F&E	Entwicklungs-betrieb
# 54	1	Telefon	51 min	Mitarbeit F&E	Entwicklungs-betrieb
# 55	1	Telefon	72 min	Projektassistenz	Entwicklungs-

					betrieb
# 56	1	Telefon	70 min	Technische Dokumentation	Entwicklungs-betrieb
# 57	1	Persönlich	43 min	Mitarbeit F&E	Entwicklungs-betrieb

Unternehmensexterne

# 58	1	Telefon	27 min	Unternehmensberater	Extern
# 59	1	Telefon	40 min	Unternehmensberater	Extern
# 60	1	Telefon	32 min	Unternehmensberater	Extern
# 61	1	Persönlich	70 min	Wissenschaftler	Extern
# 62	1	Telefon	20 min	Behördenmitarbeiter	Extern
# 63	3	Persönlich	90 min	Staatsanwaltschaft	Extern
# 64	1	Persönlich	55 min	Gründungsaktionär/Aktionärsbeirat	Extern
# 65	1	Telefon	18 min	Wissenschaftler	Extern
# 66	1	Telefon	65 min	Bankenvertreter	Extern
# 67	1	Video	93 min	Journalist/Medienvertreter	Extern
# 68	1	Telefon	25 min	Journalist/Medienvertreter	Extern
# 69	1	Video	86 min	Journalist/Medienvertreter	Extern
# 70	1	Telefon	24 min	Technischer Berater	Extern
# 71	1	Persönlich	46 min	Ministeriumsmitarbeiter	Extern
# 72	1	Telefon	90 min	Vorstand in der Insolvenz	Extern
# 73	1	Telefon	105 min	Geschäftsführer externes Unternehmen	Extern
# 74		Telefon	26 min		
# 75		Persönlich	220 min		

Σ 75 Inter-views	Σ 74 Personen	28% Per-sönlich 15 % Video 57% Tele-fon	Σ 5.250 min / Σ 87,5 h Ø 70 min		

Tabelle 4: Übersicht der geführten Experteninterviews

Von besonderer Wichtigkeit ist innerhalb der vorliegenden Fallstudie der Aspekt der Forschungsethik[451]. Basierend auf der Problematik, dass das Unternehmen CargoLifter, welches Gegenstand der vorliegenden Untersuchung ist, einzigartig ist und selbst bei Anonymisierung des Unternehmensnamens erkennbar wäre, bedarf es einer strengeren Sicherstellung der Anonymität der jeweiligen Interviewpartner. Jeder Gesprächspartner wurde am Anfang des Gesprächs zunächst darüber informiert, dass die Forschungsergebnisse im Rahmen des deutschen Dissertationssystems zwangsläufig veröffentlicht werden müssen und daher um seine Zustimmung gebeten. Zur weiteren Sicherstellung der individuellen Anonymität werden Zitate aus Interviews innerhalb dieser Arbeit auch nicht einer Person, sondern nur einer Funktionsgruppe zugeordnet, sodass keinerlei Rückschlüsse auf den Einzelnen möglich sind.

---

[451] Vgl. zu dieser Thematik insbes. Gläser/Laudel 2010, S. 48 ff.; Hopf 2009b.

b.   (Historische) Archivdaten: Dokumente und Videomaterial

Als zweite Datenquelle werden in der vorliegenden Untersuchung Archivmaterialien und
Dokumente herangezogen: Besondere Eignung erfahren diese Daten für retrospektive Analysen historischer (organisationaler) Ereignisse[452]. Die Dokumente können daher auch für
die innerhalb dieser Arbeit nachvollzogenen Phänomene höchst relevant und aufschlussreich sein.

Ohne unmittelbaren Bezug auf den Kontext der Organisation lassen sich diese Datenquellen
zunächst in einer breiten Vorstellung definieren: „Dokumente sind standardisierte Artefakte,
insoweit sie typischerweise in bestimmten Formaten auftreten: als Aktennotizen, Fallberich-
te, Verträge, Entwürfe, Totenscheine, Vermerke, Tagebücher, Statistiken, Jahresberichte,
Zeugnisse, Urteile, Briefe oder Gutachten. Ein großer Teil der amtlichen und die meisten
privaten Dokumente sind nur für einen umschriebenen Kreis legitimer bzw. angesprochener
Rezipienten bestimmt"[453].

Für die Analyseeinheit der Organisation sind Dokumente in Form von E-Mails, Briefen,
Memos, Sitzungsprotokollen, Präsentationen und Planungsunterlagen von Bedeutung. Besondere Vorteile spielt diese Datenquelle aus zwei Gründen. Einerseits liegen die Daten
häufig in archivierter und verschriftlichter Form vor, was die Erhebung einfacher gestaltet
und Fehler seitens des Forschers minimieren kann. Andererseits handelt es sich bei diesen
Quellen um historisch unverfälschte Originaldaten[454], welche frei von menschlichen Erinne-
rungsfehlern[455] sind. Da diese Gedächtnisfehler oder bewusste Täuschungen in Interviewsi-
tuationen auftauchen können, stellen Dokumente eine ideale Kombination zu Expertenge-
sprächen dar. Eingeschränkte oder falsche Erinnerungen von Interviewpartnern – ob be-
wusster oder unbewusster Art – können über die Integration von Dokumenten aufgedeckt
werden, sodass dieser Fehlerquelle entgegengewirkt werden kann.

Aufmerksamkeit ist der Tatsache zu schenken, dass Dokumente mit spezifischen Absichten
an spezielle Zielgruppen und Adressaten gerichtet werden[456]. Der Wissenschaftler, der diese
Dokumente in Textform aufnimmt, ist ein Rezipient, der von dem originären Kommunikator und damit Dokumentautor bei der ursprünglichen Anfertigung nicht als Zielperson vorgesehen war. Es gilt hervorzuheben, dass jeder Kommunikator immer verschiedene Intentionen verfolgen kann, welche für den Forscher nicht direkt sichtbar sind, sondern eines tie-
feren Erschließungs- und Analyseprozesses benötigen. Schon bei der Erhebung von Archivmaterialien muss diese Problematik mit berücksichtigt werden, damit in dem später folgenden Schritt der Datenanalyse genauere Rückschlüsse auf die Absichten und ursprünglichen Zielgruppen von Dokumenten mit analysiert werden können[457].

---

[452] Vgl. Mayring 2002, S. 47.
[453] Wolff 2009, S. 503.
[454] Durchaus treten bei der Dokumentenanalyse deutliche Parallelen zu der Forschung von Historikern auf (vgl. May-
      ring 2010, S. 33).
[455] Vgl. Huber/Power 1985.
[456] Vgl. Blumberg et al. 2005, S. 194 f.
[457] Es gilt demnach schon bei der Erhebung von Archivmaterialien, dieses inhaltsanalytische Kommunikationsmodell
      zu beachten und vor allem die Lasswell'sche Formel der Kommunikationsanalyse heranzuziehen („Wer sagt was,
      mit welchen Mitteln, zu wem, mit welcher Wirkung?" vgl. hierzu insbes. Mayring 2010, S. 56).

Bei der Datenerhebung gilt es im Kontext der aktuellen Untersuchung nachzuvollziehen, welchem Ursprung das jeweilige Dokument entstammt (unternehmensinterner oder -externer Ursprung) und welche Zielgruppe für das Dokument anfänglich vorgesehen war (unternehmensinterne oder -externe Zielgruppe). Den entsprechenden möglichen Intentionen hinter den Materialien wird darauf aufbauend innerhalb der Datenanalyse nachzugehen zu sein.

Der Zugang zu relevanten Dokumenten und Archivmaterialien für die vorliegende Untersuchung erfolgte aus drei wesentlichen Richtungen:

- Die erste Quelle speist sich aus öffentlich zugänglichen Materialien und Veröffentlichungen. Neben Dokumenten, welche über das Internet recherchiert und heruntergeladen werden können, kann auf öffentliche Publikationen des Unternehmens zurückgegriffen werden[458]. Daneben existieren auch einige wenige wissenschaftliche Beiträge, die das Unternehmen in verschiedenem Umfang thematisieren[459].

- Als zweite wesentliche Quelle zur Beschaffung von Dokumenten und Archivmaterialien dienten die Experteninterviews: Unternehmensexterne wie Unternehmensberater aber auch viele ehemalige Unternehmensangehörige verfügten noch über interne Dokumente – beispielsweise in Form von schriftlichen und digitalen Präsentationen, Planungsunterlagen und Protokollen oder E-Mails – welche für den Zweck dieser wissenschaftlichen Arbeit zur Verfügung gestellt oder überlassen wurden.

- Zusätzlich war es über den Zugang zum ehemaligen Unternehmensarchiv möglich, eine dritte Dokumentenquelle zu erschließen: Die immateriellen Güter des Unternehmens CargoLifter wurden im Verlauf des Insolvenzverfahrens im Jahr 2005 an das Unternehmen Luftschiffbau Zeppelin GmbH veräußert. Während zwei jeweils einwöchiger Forschungsaufenthalte im Archiv der Luftschiffbau Zeppelin GmbH, konnte ein uneingeschränkter Zugang zu Dokumenten des Unternehmensarchivs hergestellt werden[460]. Dort war es möglich, interne Dokumente der gesamten von 1996 bis 2002 reichenden Unternehmenshistorie – wie Planungsunterlagen, Protokolle und Präsentationen – einzusehen und bei Bedarf zu vervielfältigen.

In Summe verfügt diese Arbeit über 773 digitalisierte Datensätze, welche teilweise mehrere Archivdateien enthalten und insgesamt 5.119 Textseiten mit einer Größe von 1,83 Gigabyte umfassen. Tabelle 5 gibt eine Übersicht über zentrale Dokumentarten und -typen.

---

[458] Vgl. bspw. Bergmann 2001; SIAT 2001. Diese Publikationen mussten zumeist über Antiquariate besorgt werden, da sie im regulären Buchhandel vergriffen waren.

[459] Am umfassendsten ist eine ökonomisch orientierte Dissertation von Titze (2005), welche anhand des Unternehmens CargoLifter der Fragestellung nachgeht, ob es volkswirtschaftlich sinnvoll sein kann, äußerst neuartigen und innovativen Unternehmen Subventionen zu gewähren. Anzumerken ist vor allem, dass der Autor nur auf einer kleinen internen Datenmenge aufbaut. Daneben liegen beispielsweise veröffentlichte Studentenarbeiten zum Unternehmen vor, welche jedoch nur auf externen Datenquellen aufbauen (vgl. bspw. Bartsch/Roß 2009). Vereinzelt finden sich auch kurze Auseinandersetzungen zum Unternehmen und dessen Innovation innerhalb technisch orientierter wissenschaftlicher Fachpublikationen (vgl. bspw. Windischbauer/Richardson 2005).

[460] Die Aufenthalte in Friedrichshafen fanden im September 2010 sowie im April 2011 statt.

Zielgruppe des Dokuments		
	Intern	Extern
Ursprung des Dokuments — Intern	• Protokolle (Vorstand, Management, Aufsichtsrat, Beirat etc.) • E-Mails und interne schriftliche Kommunikation • Intern erstellte Studien (Marktforschung, Strategie, Technik etc.) • Zeit-, Budget- und Projektplanungen • Organigramme • Präsentationen • Redemanuskripte • Vertragsentwürfe und Verträge • PR-Planungsunterlagen • Ungekürzte und ungeschnittene Videodateien	• Archiv des Internetauftritts • Unternehmenszeitung • Presseberichte • PR-Videos • PR-Dokumente und Monographien • Bilanzen • Jahresabschlüsse
Extern	• Berichte, Verträge und Präsentationen von Unternehmensberatern sowie technischen Beratern • Memos und Schriftverkehr von Unternehmensberatern und technischen Beratern • Finanz- und Wirtschaftlichkeitsanalysen externer Unternehmen und Banken • Business-Case Darstellungen und Prüfungen externer Unternehmen und Banken	• Akten des staatsanwaltschaftlichen Ermittlungsprozesses (bzgl. Insolvenzverschleppung) • Externe Berichte und Branchenberichte • Interne Dokumente und Planungsunterlagen externer Unternehmen

Tabelle 5: Kategorisierung der erhobenen Dokumentarten

Neben diesen Dokumenten, welche bereits als Ausdruck vorliegen und ggf. nur noch digitalisiert werden mussten, war es möglich, auf eine weitere und besondere Datenquelle zurückzugreifen. Originale Videoaufnahmen des Unternehmens, welche in Form von Filmen und Videos als aufschlussreiche Datenquelle qualitativer Forschung dienen können[461]. Für eine retrospektive Analyse von impliziten Organisationsphänomenen kann Videomaterial als Datenquelle enorm erkenntnis- und aufschlussreich sein[462]. Hierdurch ergeben sich reichhaltige und unbeeinflusste, weil unbefangene Kenntnisse zu tatsächlich in der Organisation vorherrschenden Anschauungsweisen, Einschätzungen und Handlungen. Videomaterialien können daher authentische und unverfälschte Einsichten in organisationale (Selbst)-Präsentationen geben. Zudem können retrospektive Sinngebungsprozesse von Interviewpartnern mit diesen genuinen Archivinformationen verglichen werden.

Initiiert durch einen ehemaligen Geschäftsführer des Unternehmens, der in seinem vorherigen Arbeitsleben als Dokumentarfilmer tätig war, wurden viele Ereignisse im Unternehmen auf Filmmaterial aufgenommen. Teile davon wurden als Werbe- und PR-Videos verwendet und veröffentlicht. Der weit größere Teil der Aufnahmen blieb unbearbeitet und unveröffentlicht. Idealerweise konnten diese unbearbeiteten Videos im Unternehmensarchiv gesich-

---

[461] Vgl. Denzin 2009.
[462] Vgl. Duriau et al. 2007, S. 18.

tet und auf Tonband mitgeschnitten werden. Von hohem Interesse waren hierbei Aufzeichnungen von Jahreshauptversammlungen, Pressekonferenzen, PR- und IR-Roadshows, Interviews mit Angestellten des Unternehmens sowie interne technische Konferenzen und Milestone-Meetings. Insgesamt wurde für diese Arbeit über 52,65 Stunden gesichtetes Videomaterial verwertet, das bei Bedarf in Teilen oder vollständig transkribiert wurde. Tabelle 6 gibt eine umfassende Übersicht über die herangezogenen Filmdateien.

Video #	Video-länge	Aufnah-mejahr	Titel/Inhalt	Intendierte /originale Zielgruppe
# 1	18 min	1996	Gründungsversammlung 1996	Intern (ungeschnittene Originalversion)
# 2	34 min	1997	Hauptversammlung, 23.11.1997	Intern (ungeschnittene Originalversion)
# 3	10 min	1998	Noch 10 min bis zur HV – kurzer Werbefilm zur Einstimmung auf die Hauptversammlung	Intern (ungeschnittene Originalversion)
# 4	4 min	1998	Darstellung des Büros Gießen III, 27.03.1998	Intern (ungeschnittene Originalversion)
# 5	35 min	1998	Logistikmesse Leipzig, 06./07.05.1998	Intern (ungeschnittene Originalversion)
# 6	47 min	1998	Aktionärsvideo US-Version	Externe Zielgruppe
# 7	110 min	1998	Innovationssymposium auf der Logistikmesse Leipzig I	Intern (ungeschnittene Originalversion)
# 8	89 min	1998	Innovationssymposium auf der Logistikmesse Leipzig II	Intern (ungeschnittene Originalversion)
# 9	8 min	1998	Verschiedene Ereignisse aus dem Geschäftsjahr 1997/1998	Intern (ungeschnittene Originalversion)
# 10	3 min	1998	Digitale Animationen des Luftschiffs, 14.07.1998	Intern (ungeschnittene Originalversion)
# 11	30 min	1998	PR-Firmenvideo CargoLifter Vision	Externe Zielgruppe
# 12	197 min	1999	Hauptversammlung, 10.03.1999	Intern (ungeschnittene Originalversion)
# 13	33 min	1999	Interviews mit dem Finanzvorstand und unternehmensexternen Personen in der Verwaltung einer großen deutschen Bank, 29.10.1999	Intern (ungeschnittene Originalversion)
# 15	107 min	1999	Interviews mit verschiedenen Mitarbeitern, 01.09.1999	Intern (ungeschnittene Originalversion)
# 16	90 min	1999	Hauptversammlung, 10.03.1999	Intern (ungeschnittene Originalversion)
# 17	79 min	2000	Hauptversammlung, 11.03.2000	Intern (ungeschnittene Originalversion)
# 18	33 min	2000	Interviews mit verschiedenen leitenden Angestellten als Material für die geplante Werbung zum Börsengang	Intern (ungeschnittene Originalversion)
# 19	7 min	2000	Info-Film für die Investoren Road Show (Börsengang)	Intern (ungeschnittene Originalversion)
# 20	18 min	2000	Pressekonferenz zum Börsengang, Frankfurt/Main, 15.05.2000	Intern (ungeschnittene Originalversion)
# 21	36 min	2000	Interviews mit leitenden Mitarbeitern zum Börsengang, 30.05.2000	Intern (ungeschnittene Originalversion)
# 24	0,5 min	2000	CargoLifter Werbung Börsengang	Externe Zielgruppe
# 25	54 min	2001	Pressekonferenz Jahresbilanz, 23.01.2001	Intern (ungeschnittene Originalversion)
# 26	65 min	2001	Hauptversammlung, 17.03.2001	Intern (ungeschnittene Originalversion)
# 27	34 min	2001	Technische Road Show, Präsentation des Leiters der	Intern (ungeschnittene

			techn. Kommunikation	Originalversion)
# 28	70 min	2001	Technische Road Show, München, 06.03.2001	Intern (ungeschnittene Originalversion)
# 29	103 min	2001	Technische Road Show, Frankfurt, 14.02.2001	Intern (ungeschnittene Originalversion)
# 30	1,5 min	2002	Werbung: Projizierte Zusammenarbeit mit einem großen Luftfahrtkonzern	Intern (ungeschnittene Originalversion)
# 31	56 min	2002	Betriebsversammlung, 17.01.2002	Intern (ungeschnittene Originalversion)
# 32	55 min	2002	Mitarbeiterversammlung, 25.01.2002	Intern (ungeschnittene Originalversion)
# 33	100 min	2002	Hauptversammlung – Pressekonferenz, 16.03.2002	Intern (ungeschnittene Originalversion)
# 34	564 min	2002	Hauptversammlung, 16.03.2002 (6 Bänder)	Intern (ungeschnittene Originalversion)
# 35	105 min	2002	Betriebsversammlung, 18.04.2002	Intern (ungeschnittene Originalversion)
# 36	34 min	2002	Interview mit einem Journalisten für ein Firmenvideo	Intern (ungeschnittene Originalversion)
# 37	546 min	2002	Technisches Milestonemeeting: Preliminary Design Review, 01.03.2002 (7 Bänder)	Intern (ungeschnittene Originalversion)
# 38	360 min	2002	Technische Bestandsaufnahme im Insolvenzverfahren (Technical Hearing), 11.07.2002 (4 Bänder)	Intern (ungeschnittene Originalversion)
# 39	53 min	2002	PR-Firmenvideo – Der weiße Wal der Lüfte	Externe Zielgruppe

Σ 39 Interne Videos
    Σ 3.159 min / Σ 52,65 h

Tabelle 6: Übersicht über das vorliegende interne Videomaterial

c.   Medienberichterstattung

Obgleich die mediale Berichterstattung über Unternehmen innerhalb qualitativer Fallstudien zumeist als Dokumente und Archivdaten gewertet und klassifiziert werden[463], kommt der Erhebung der Medienabdeckung bei dieser Arbeit und bei der Darstellung der Datenquellen besondere Beachtung zu. Insbesondere vor dem Hintergrund, dass das Phänomen einer Celebrity Firm durch Medien initiiert und bestärkt wird, bedarf es einer eigenen und systematischen Integration der Presse- und Medienberichterstattung als weiterer Datenquelle.

Da es sich bei dem hier thematisierten und untersuchten Fall um ein Unternehmen deutschen Ursprungs handelt, wird der Fokus der Datenerhebung hauptsächlich auf das deutschsprachige Medienangebot gerichtet[464]. Eine weitere Einschränkung erfolgt durch die überwiegende Fokussierung auf Printmedien, was durch einen unkomplizierten Zugang zu diesen Datenquellen begründet ist. Während Zeitungs- und Zeitschriftenverlage ihre Publikationen generell systematisch archivieren, ist die Verschriftlichung von Rundfunkarchiven nicht immer ausreichend genug verbreitet.

Basierend auf diesen Überlegungen wurde entschieden, eine systematische Erhebung der größten überregionalen deutschen Zeitungen und (Wirtschafts-)Magazinen durchzuführen. Systematisch meint hierbei, dass sämtliche vorliegenden Artikel und Veröffentlichungen

---

[463] Vgl. bspw. Holtmann 2008, S. 85.
[464] Vgl. Bonfadelli 2002, S. 13.

des jeweiligen Mediums vollumfänglich aufgenommen wurden[465]. Ferner wurden Fachzeitschriften der Luftfahrtindustrie und Logistikbranche mit herangezogen. Daneben wurde entschieden, regionale Zeitungen, die im Einzugsgebiet des Unternehmenssitzes oder Standorten von Tochtergesellschaften erschienen, gleichermaßen in vollem Umfang zu erheben. Wenn innerhalb mancher Experteninterviews Bezug auf weitere Medien und spezifische Publikationen genommen wurde, wurden die genannten Veröffentlichungen selektiv erhoben. Neben einer weiteren systematischen Suche nach Veröffentlichungen innerhalb bekannter und renommierter englischsprachiger Medien, wurden internationale Quellen in geringerem Maße herangezogen: Auswahlkriterien waren einerseits die Nennung spezifischer Publikationen in den Experteninterviews oder das parallel zur zielgerichteten Suche eher zufällige Erscheinen dieser Publikationen in Ergebnislisten der Zeitschriftendatenbanken. Rundfunkreportagen und Fernsehdokumentationen wurden nur nach Erwähnung durch Interviewpartner recherchiert und dann über Archive manuell bestellt. Nach einer ersten Durchsicht und Kodierung des erhobenen Datenmaterials zeigte sich, dass innerhalb der vorliegenden Artikel Bezug zu weiteren Quellen genommen wurde. Diese Publikationen wurden dann ebenfalls als weiteres Datenmaterial recherchiert und in die Fallstudiendatenbank integriert.

Als Erhebungszeitraum kommt die gesamte Unternehmenshistorie infrage, sodass schwerpunktmäßig nach Publikationen gesucht wurde, die zwischen Januar 1996 und Dezember 2002 erschienen. Der Zugang zu den jeweiligen Medien erfolgte über die digitalen Literaturdatenbanken LexisNexis sowie die wiso GBI-Genios Deutsche Wirtschaftsdatenbank. Falls eine notwendige Publikation innerhalb dieser Datenbanken nicht verfügbar war, erfolgte die Recherche und der Bezug direkt über die jeweiligen Verlage oder Unternehmen. Die Suche als solches erfolgte anhand vorher festgelegter Stichworte: Neben dem Unternehmensnamen in allen möglichen Variationen[466], wurde gezielt nach den Namen der obersten Führungskräfte gesucht.

Die Mediendatenbank dieser Arbeit enthält 1.504 Presseartikel aus 138 verschiedenen Medien; 19 % der herangezogenen Artikel stammen hierbei aus internationalen Quellen. Zusätzlich werden vier Fernsehdokumentationen und -beiträge mit einer Länge von insgesamt 95 Minuten integriert, die zur Analyse vollständig wortwörtlich transkribiert wurden. Die folgenden Tabellen sowie der Anhang D.2 geben einen Überblick über die erhobenen und vorliegenden Materialien der Medienberichterstattung.

---

[465] Hierbei wurde die Konvention aufgestellt, nur jene Artikel aufzunehmen, welche inhaltlich direkt auf das Unternehmen und den Fall eingehen. Artikel, welche zwar Stichwörter der entsprechenden Datenbankeingabe enthalten, jedoch inhaltlich nicht auf das Unternehmen oder den Fall eingehen, werden nicht mit aufgenommen. Häufig erfolgt bspw. nur eine Nennung des Unternehmensnamens innerhalb des Inhaltsverzeichnisses von Zeitungen, sodass bei der Datenbankabfrage zwar ein Ergebnis erstellt wird, dieses jedoch inhaltlich für eine qualitative Analyse nicht zielführend ist.

[466] Stichwörter waren bspw.: „CargoLifter", „Cargo Lifter" oder „Cargo-Lifter".

Quelle	# absolut	1993	1994	1995	1996	1997	1998	1999	2000	2001	2002	2003	2004	2005	2006	2007	2008	2009	2010	2011
Deutschsprachige Tageszeitungen	Σ 1.018	1	0	0	1	30	44	103	260	221	353	2	1	0	0	0	0	0	1	1
Deutschsprachige Fachpublikationen/Magazine	Σ 204	3	0	0	3	18	18	25	41	34	52	7	0	1	0	1	0	0	1	0
Internationale Pressepublikationen	Σ 282	0	0	0	0	5	35	42	100	47	49	0	3	0	0	0	1	0	0	0
	Σ 1.504	4	0	0	4	53	97	170	401	302	454	9	4	1	0	1	1	0	2	1

Tabelle 7: Übersicht der herangezogenen Pressepublikationen

Quelle	Erstausstrahlung	Titel	Videolänge
SAT.1	10.09.2000	Beitrag zu CargoLifter im Magazin „Planetopia"	00:01:30 h
NDR	18.09.2001	Comeback der Luftschiffe	00:43:26 h
NDR	07.11.2002	NDR Panorama: Steuergelder für Sturzflug – Der Skandal um CargoLifter	00:06:24 h
WDR	10.02.2003	WDR Die Story: Die Luftnummer – Wie der CargoLifter abstürzte	00:43:35 h
			Σ 01:34:55 h

Tabelle 8: Übersicht der herangezogenen Fernsehdokumentationen

d.   Teilnehmende Beobachtung

Obgleich sich das Unternehmen CargoLifter AG in einem Insolvenzverfahren befindet, teilweise liquidiert wurde und nicht mehr operativ tätig ist, war es für diese Arbeit dennoch möglich, auf der Quelle der teilnehmenden Beobachtung aufzubauen. Diese – aus der Anthropologie und Ethnologie stammende – Methode[467] ist auch innerhalb der Organisationsforschung fester Bestandteil qualitativer Forschung[468]: Insbesondere können mit diesem Ansatz bisher unerforschte Handlungen, Entscheidungen und Prozesse innerhalb von Organisationen sehr plastisch nachvollzogen und studiert werden.

Vor dem Hintergrund einer nicht mehr existierenden Organisation hat diese Datenquelle jedoch nur untergeordnete Relevanz. Die Methode der teilnehmenden Beobachtung wurde auch nicht zielgerichtet als Teil der verfolgten Fallstudienstrategie gewählt. Dennoch waren zwei Einsätze einer teilnehmenden Beobachtung möglich, welche eher ungeplant und zufällig zustande kamen.

Der erste Beobachtungseinsatz fand im Juni 2010 statt: Hier war es möglich, den ehemaligen Vorstandsvorsitzenden und Mitbegründer des Unternehmens auf eine Veranstaltung zu begleiten. Vor internationalen Austauschstudenten hielt dieser einen Vortrag mit anschließender informeller Diskussionsrunde über seine persönlichen Erfahrungen, Erinnerungen und Lehren aus dem Scheitern des Unternehmens.

---

[467] Vgl. Lüders 2009, S. 385.
[468] Vgl. bspw. Spee/Jarzabkowski 2011.

Der zweite Beobachtungseinsatz folgte im Juli 2010: Hier war es möglich, an der Hauptversammlung eines von ehemaligen Mitarbeitern und Aktionären gegründeten Nachfolgeunternehmens teilzunehmen, welches sich erneut auf den Einsatz von Leichter-als-Luft-Technologie spezialisiert hat und in dem der ehemalige Vorstandsvorsitzende eine zentrale Rolle eingenommen hat. Zum Zeitpunkt der teilnehmenden Beobachtung bekleidete er innerhalb des neuen Unternehmens die Funktion des Aufsichtsratsvorsitzenden. Da im Zuge dieser Veranstaltung informelle Gespräche mit ehemaligen Aktionären geführt werden konnten, ergab sich neben den Beobachtungsbestandteilen noch eine weitere Informationsquelle.

Beide Einsätze summieren sich auf insgesamt 272 Minuten Beobachtungsteilnahme. Diese Beobachtungen wurden gemäß geltenden Konventionen[469] durch umfangreiche Feldnotizen und eine anschließende Protokollierung dokumentiert. Insgesamt konnte über diese Quelle ein noch tieferes Verständnis des Fallgeschehens und der Perspektive von ehemaligen Mitarbeitern und Aktionären auf das Scheitern des Unternehmens erhalten werden.

3. Datenanalyse und Interpretation des Fallgeschehens

Nach den theoretischen Vorüberlegungen, methodischen Grundsatzentscheidungen und dem darauf aufbauenden Schritt der Datenerhebung bedarf es einer Analyse der erhobenen qualitativen Daten[470]. Während quantitative und experimentelle Ansätze einem strikt linearen Forschungsprozess folgen, unterscheidet sich das Vorgehen qualitativer Ansätze hierzu diametral. Die Phasen der theoretischen Vorüberlegungen, Datenerhebung und Datenanalyse lassen sich im Gegensatz zu quantitativen Studien nicht eindeutig voneinander abgrenzen. Qualitative Forschung ist kein lineares Prozessmodell, sondern ein Kreislauf von häufig wiederkehrenden und sich abwechselnden Schritten[471]. Die Datenerhebung und Interpretation innerhalb von Fallstudien kann in mehreren Schritten situativ erneut erfolgen. Anerkannte Methodenlehrbücher zur Thematik propagieren gerade einen gezielten Einsatz dieser Strategie, indem vorgeschlagen wird, Fallstudiendesign und Datenerhebung auch nach den ersten Schritten der Datenanalyse zu überdenken, gegebenenfalls zu überarbeiten und damit teils erneut durchzuführen[472]. Hinzu kommt, dass bei der qualitativen Forschung eine strikte Trennung zwischen Datenerhebung und Interpretation per se nicht möglich ist. Häufig entstehen schon während der Durchführung von Experteninterviews neue Interpretationsansätze zum Fallgeschehen, welche auch gezielt in einem nach dem Interview erstellten Gesprächsprotokoll festgehalten werden können[473].

Diese Trennung von Datenerhebung und -interpretation ist auch innerhalb der vorliegenden Fallstudie nicht möglich gewesen. Insbesondere wurden durch einige Experten zentrale Impulse für die Datenerhebung gegeben, indem neue Gesprächspartner vermittelt wurden und einige dieser Experten Archivdokumente zur Verfügung stellten, zu denen nach erster Ana-

---

[469] Vgl. bspw. Patton 2002, S. 259 ff. für einen Überblick über die praktische Durchführung der Methode der teilnehmenden Beobachtung.

[470] Vor allem die Analyse wird in der qualitativen Methodenlehre als „Interpretation" qualitativer Daten dargestellt (vgl. Silverman 2006).

[471] Vgl. zu dieser Thematik insbes. Flick 2010, S. 122 ff.

[472] Vgl. vor allem das von Yin (2009) vorgeschlagene Modell zum Vorgehen innerhalb der Fallstudienforschung.

[473] Vgl. Froschauer/Lueger 2003, 74 f.

lyse Rückfragen durch den Forscher gestellt wurden. Auch die Analyse des Fallgeschehens ist in einem aufeinander aufbauenden evolutionären Prozess entstanden, welcher anhand von wissenschaftlichen Konferenzeinreichungen nachvollziehbar ist[474].

Um die Nachvollziehbarkeit des Forschungsprozesses und der Analyseergebnisse sicherzustellen, bedarf es einer Darstellung und Vorstellung der für diese Arbeit maßgeblichen Fallstudiendatenbank und dem gewählten Ansatz der empirischen Interpretation.

a.   Fallstudiendatenbank

Einer Fallstudiendatenbank kommen innerhalb der qualitativen Forschung mehrere wichtige Funktionen zu. Insbesondere wird durch die systematische Erstellung einer solchen Datenbank die Reliabilität einer qualitativen empirischen Untersuchung sichergestellt[475]. Zudem kann der häufig geäußerten Kritik mangelnder Objektivität der qualitativen Forschung entgegengewirkt werden, da anhand einer Fallstudiendatenbank Untersuchungsergebnisse auch für externe nicht an dem Forschungsprozess beteiligte Personen nachvollziehbar werden. Eine Fallstudiendatenbank stellt daher eine „intersubjektive Nachvollziehbarkeit"[476] der Forschungsergebnisse sicher. Zudem kommt einem solchen Datenbanksystem noch ein weiterer praktischer Aspekt zu. Denn bei umfangreichem empirischem Datenmaterial erhält der Forscher eine sehr gute Orientierung und einen Überblick über sein eigenes Vorgehen und bisherige Erkenntnisse. Auch innerhalb dieser Arbeit wurde daher ein Fallstudiendatenbanksystem angelegt[477].

Aufgrund der umfangreichen empirischen Datenlage wurde für diese Arbeit entschieden, auf drei separaten Datenbanken aufzubauen, und zwar eine für die transkribierten Interviewdateien, die Archivdateien sowie die Medienberichterstattung. Um Schnittstellen und Verknüpfungen zwischen den einzelnen Datenbanken zu schaffen, wurde zur Integration darauf aufbauend eine Excel-Datei als Datenbankmaster eingesetzt, welche vorwiegend zur Dokumentierung und Kommentierung aller Daten verwendet wurde. Zur ersten wesentlichen Strukturierung wurden alle Dokumente innerhalb der Datenbanken nach ihrem Ursprungsdatum gelistet und klassifiziert, was das Verständnis von Ereignissen im Zeitablauf besser möglich macht. Zusätzlich schaffte das theoretische Referenzmodell dieser Arbeit einen ersten Orientierungsrahmen, anhand dessen einzelne Dokumente zugeordnet werden konnten.

Datenbanktechnische und softwareseitige Unterstützung erhielt die Fallstudiendatenbank durch die Computersoftware Atlas.ti[478]. Einzelne Dateien können mithilfe dieses Programmes sehr übersichtlich klassifiziert und kategorisiert werden, was ein späteres Filtern von Dokumenten anhand dieser Kategorien vereinfacht. Ferner wurde während des Aufsetzens der Datenbanken, welches sich insbesondere als Hinzufügen von Dokumenten verstehen

---

[474] Erste Ergebnisse dieser Arbeit wurden auf renommierten nationalen wie internationalen Konferenzen präsentiert. Die Beitragseinreichungen wurden hierbei einem doppelt-blinden Begutachtungsprozess unterzogen. Vgl. Hermanns 2011a, 2011b, 2012; Hermanns/Schreyögg 2012.
[475] Vgl. Früh 2011, S. 40.
[476] Vgl. hierzu insbesondere Steinke 2009, S. 324 ff.
[477] Vgl. Yin 2009, S. 118 ff.
[478] Vgl. Kelle 2009.

lässt, darauf geachtet, eine umfangreiche Kommentierung der einzelnen Dateien vorzuneh-men[479]. Diese Kommentierung erfolgte unter Rückgriff auf anerkannte Regeln für die Ver-fassung von „Memos"[480]. Auch hier konnte die Software Atlas.ti sinnvolle Unterstützung liefern. Über einen fest integrierten „Memo-Manager", wurde datums- und uhrzeitgenau jede Änderung an der Datenbank protokolliert und kommentiert. Über diese regelmäßig durchgeführte Kommentierung wurde ein regelrechtes Tagebuch der Datenbankerstellung und späteren Benutzung angelegt. Ein durchgeführter Kontrollausdruck der entsprechenden Kommentierung aller drei Datenbanken brachte hierbei einen Umfang von 69 DIN-A4 Textseiten hervor.

In der als Datenbankmaster fungierenden Excel-Datei wurde zudem eine minutengenaue Protokollierung der aufgewendeten Arbeitszeit vorgenommen – insbesondere um nachzu-vollziehen, wie viel Zeit für welche Aufgabe in welcher Datenbank aufgewendet wurde.

b.   Qualitative Inhaltsanalyse

Zur Datenanalyse wird in dieser Arbeit auf die Methode der qualitativen Inhaltsanalyse zu-rückgegriffen, welche durch Mayring geprägt wurde[481]. Grundidee der Inhaltsanalyse ist es, eine Datenreduktion des erhobenen empirischen Materials vorzunehmen. Die qualitative Inhaltsanalyse Mayringscher Prägung will dabei „Texte systematisch analysieren, indem sie das Material schrittweise mit theoriegeleitet am Material entwickelten Kategoriensystemen bearbeitet"[482]. Problematisch erscheint jedoch, dass Mayring eine starke theoretische Vor-prägung voraussetzt. Schon vor der ersten Datenanalyse soll ein Kategoriensystem für den Umgang mit dem empirischen Material erarbeitet werden.

Da in dieser Arbeit ein theoretisch neuartiges Phänomen thematisiert wird, das noch keine empirische Untersuchung erfahren hat, erscheint es sinnvoller, auf die Erweiterung der qua-litativen Inhaltsanalyse durch Gläser/Laudel zurückzugreifen: „Die qualitative Inhaltsanaly-se behandelt die auszuwertenden Texte [hier] als Material, in dem die Daten enthalten sind. Wenn man eine qualitative Inhaltsanalyse durchführt, dann entnimmt man den Texten diese Daten, das heißt, man extrahiert Rohdaten, bereitet diese Daten auf und wertet sie aus"[483]. Im Gegensatz zu Mayring wird von den Autoren empfohlen, nicht mit einem festen Katego-riensystem in die Datenanalyse zu starten. Vielmehr wird das empirische Material in Text-form anhand eines theoretisch ausgearbeiteten Suchschemas gesichtet. Auf Basis dieser the-oretischen Vorüberlegungen können aus dem Datenmaterial gewisse Textstellen extrahiert oder kodiert werden, welche für die der Arbeit zugrunde liegende Fragestellung relevant sind, um diese daraufhin zu analysieren und zu interpretieren[484].

Auf Basis der im Rahmen dieser Arbeit bereits angeführten theoretischen Vorüberlegungen ergibt sich ein Suchschema für die Datenanalyse. Da hierbei mit den Aspekten Celebrity

---

[479] Beispielsweise wurde hier angeführt, welchem Ursprung oder Hintergrund Dateien entstammen und wann und in welchem Kontext diese erhoben wurden.
[480] Vgl. Charmaz 2006, S. 72 ff.
[481] Vgl. Mayring 2009 für eine Einführung in diese Methode.
[482] Vgl. Mayring 2002, S. 114.
[483] Gläser/Laudel 2010, S. 199.
[484] Vgl. Gläser/Laudel 2010, S. 200.

und Organizational Hubris zwei Konzepte miteinander verbunden werden und zudem eine theoretische Interdependenz diskutiert wird, bietet es sich an, die Analyse in zwei Schritten anhand vorher formulierter forschungsleitender Fragen durchzuführen:

In einem ersten Schritt stellt sich die Frage, ob das untersuchte Fallstudienunternehmen tatsächlich als „Celebrity Firm" klassifiziert werden kann. Basierend auf dem vorgestellten Modell von Rindova et al. (2006) und unter Rückgriff auf die erhobenen Daten der Medienberichterstattung muss für die Organisation CargoLifter die Existenz von Celebrity anhand der folgenden zwei Kriterien überprüft werden:

1. Wurde eine hohe Öffentlichkeitswirksamkeit erreicht?
2. Wurde dem Unternehmen positiver emotionaler Zuspruch durch die Bevölkerung entgegengebracht?

Für die Fallstudienanalyse von vordergründigem Interesse ist dementsprechend das mögliche Vorliegen organisationaler Berühmtheit. Hierzu kann die Medienberichterstattung auf jene Inhalte durchsucht werden, welche über Ereignisse und Vorkommnisse berichten, die eine hohe Öffentlichkeitswirksamkeit und dem Unternehmen entgegengebrachte Emotionalität aufzeigen. Der Inhalt der Berichterstattung wird daher als Transporteur möglicher Anzeichen und Ausprägungen des Status organisationaler Berühmtheit betrachtet[485].

Zwar würde es für das Forschungsziel dieser Arbeit hinreichend sein, ausschließlich das Vorliegen von Celebrity zu überprüfen und im Falle einer möglichen Existenz auf Aus- und Wechselwirkungen mit dem Konzept Organizational Hubris hin zu analysieren. Um das Fallgeschehen jedoch noch plastischer zu verstehen und auch dem Leser dieser Arbeit anschaulich zu vermitteln, kann neben der Existenz auch die Emergenz von Celebrity untersucht werden. Hierzu kann daher einerseits auf mögliche begünstigende Kontextfaktoren organisationaler Berühmtheit eingegangen werden. Andererseits sind Strategien und Inhalte der Medien zu thematisieren, um dadurch zu überprüfen, ob Journalisten innerhalb ihrer Berichterstattung eine „dramatische Realität" kreierten[486].

Innerhalb der Fallstudienanalyse wird nicht nur ein einzigartiger Fall thematisiert, sondern auch eine longitudinale Betrachtung vorgenommen. Es stellt sich auf einer eventuell vorhandenen Existenz von Celebrity aufbauend die Frage, ob dieser Status der Berühmtheit für das Unternehmen eine im Zeitablauf stabile und positive Attribution gewesen ist. Neben einer externen Betrachtungsweise leitete diese Frage dann auch auf die interne Analyse über.

Nachdem – dies darf vorweggenommen werden – tatsächlich der Status einer Celebrity Firm für das Fallstudienunternehmen identifiziert wurde, gilt in dem darauf folgendem zweiten Schritt einer möglichen Existenz von Organizational Hubris nachzugehen. Die Analyse fokussiert sich auf die internen Datenquellen und das Interviewmaterial. Hierbei gilt es innerhalb dieses Analyseschrittes zunächst, dem Aspekt der organisationalen Fähigkeitsüberschätzung nachzugehen. Auf Basis des theoretischen Referenzrahmens wird geprüft, ob

---

[485] Diese Herangehensweise zeichnet eine qualitative Inhaltsanalyse gegenüber der quantitativen Contentanalyse aus (vgl. hierzu Duriau et al. 2007). Wenn auf diese Methode zurückgegriffen worden wäre, hätte weniger der Medieninhalt als die Anzahl der Berichterstattung und gewisse quantifizierte Schlagworte im Fokus gestanden.
[486] Vgl. Rindova et al. 2006.

und wie Organizational Hubris im Zeitablauf hervorgetreten ist, und insbesondere eine Überschätzung von Fähigkeiten offenbar wurde. Daran anschließend stellt sich die Frage der Emergenz. Von Interesse ist hierbei, welche möglichen Dynamiken zwischen Hybris und dem Status der Berühmtheit entstanden sind.

In einem ersten Durchgang der qualitativen Inhaltsanalyse wurden diese zwei Analyseschritte sequenziell durchgeführt. Im Zeitablauf wurde dieses Vorgehen der Analyse mehrfach wiederholt und zunehmend parallel ausgeführt. Extraktionen von Textstellen, welche für das Fallgeschehen und die Analyse von hoher Relevanz sind, wurden in die schon erwähnte Excel-Datenbankmasterdatei eingefügt. An den Stellen, an denen zusätzliche und theoretisch bisher nicht identifizierte Einflussfaktoren entdeckt wurden, wurde ein gesondertes Kodierschema angefertigt. Zur transparenten Nachvollziehbarkeit von Extraktionen und Kodierungen wurde auf die Kommentarfunktion von Atlas.ti zurückgegriffen, sodass umfangreiche Memos hierzu erstellt wurden. Um mögliche Kausalitäten zwischen Celebrity und Organizational Hubris aufzudecken, wurde neben einem ganzheitlichen auf der Triangulation aufbauenden Erschließungsprozess insbesondere auf die retrospektiven Erinnerungen und Sinnerschließungsprozesse der Interviewteilnehmer zurückgegriffen.

IV. Gewährleistung der an eine Fallstudie gestellten Qualitätsansprüche

Obgleich sich die Fallstudienforschung für die Erforschung sozial komplexer organisationaler Sachverhalte, Situationen und Phänomene als ideale Methodik anbietet, ist diese Herangehensweise nicht unangefochten. Um dem entgegenzutreten, bedarf es einer Sicherung der gültigen Gütekriterien qualitativer Forschung[487].

Zur Gewährleistung der Konstruktvalidität, welche innerhalb der Datenerhebungsphase beachtet werden sollte, wurde in dieser Arbeit auf multiple Datenquellen und damit die Methode der Triangulation zurückgegriffen. Die interne Validität war innerhalb der Analysephase sicherzustellen. Hier wurde auf den Ansätzen des Musterabgleichs und der Integration von alternativen Erklärungen aufgebaut. Die innerhalb des Fallstudiendesigns zu beachtende externe Validität wurde, da es sich in der hier vorliegenden Arbeit um eine Einzelfallstudie handelt, durch den Rückgriff auf Theorien untermauert. Die Sicherstellung der Reliabilität wurde durch die Fallstudienprotokollierungen sowie die erstellte Fallstudiendatenbank gewährleistet[488].

---

[487] Vgl. Mayring 2002, S. 140 ff.; Mayring 2010, S. 116 ff.
[488] Vgl. Yin 2009, S. 40 ff.

E. CargoLifter: Aufstieg und Fall einer Celebrity Firm

I. Ziele der Fallstudie und Überblick über das Kapitel

„CargoLifter, die Wiedergeburt des Zeppelins, war eines der ehrgeizigsten Projekte, die Deutschland je gesehen hatte. [...] In kürzester Zeit war aus dem winzigen Ingenieurbüro eine mittelständische Firma mit 500 Angestellten geworden. Im Mai 2000 waren die Aktien auf dem [...] Markt, sechs Monate darauf war CargoLifter schon im Börsensegment DAX 100 gelistet – eine Firma ohne Einnahmen und ohne Produkt im Börsensegment der hundert wichtigsten deutschen Unternehmen. "

Brand Eins, September 2002: [PA: 488:1]

Dieses Zitat verdeutlicht sehr anschaulich, warum es sich lohnt, das Unternehmen CargoLifter AG unter Rückgriff auf die Theorie der Celebrity Firm zu untersuchen. Selbst Monate nach der Insolvenzanmeldung wurde das Unternehmen noch als ein hoch ambitioniertes und faszinierendes Projekt dargestellt. Bis zum heutigen Tage sind das Unternehmen und dessen Luftschiffprojekt gar einem breiten Teil der Bevölkerung in Erinnerung geblieben. Es liegen also erste fundierte Anhaltspunkte für den Status organisationaler Berühmtheit vor.

Auch das Scheitern des Unternehmens wurde durch Externe mit nahestehenden Begriffen erklärt, welche in dieser Arbeit zentral sind: *„Es sollte das längste und teuerste Luftschiff der Welt werden und endete im Größenwahn"*[489], leitete beispielsweise der NDR eine Reportage ein. Technische Branchenexperten, welche dem Projekt zwischenzeitlich als Berater nahestanden, stellten fest, dass es retrospektiv hoch rätselhaft sei, wie das Unternehmen auf falschen Kostenkalkulationen beharrte[490]. Auch der Technikhistoriker Reinhold Bauer, der sich innerhalb seiner Forschung intensiv mit gescheiterten Innovationsprojekten auseinandergesetzt hat[491], stellte innerhalb eines Rundfunk-Interviews zudem erst jüngst fest, dass CargoLifter vermutlich an der *„Hybris der Ingenieure"*[492] gescheitert sei.

Schon aus externer Perspektive werden dem Unternehmen strategische Persistenzen sowie kollektive Überschätzungen attribuiert. Auch für das Konzept des „Organizational Hubris" ergibt sich anhand des Falls CargoLifter damit ein hinreichender theoretischer Anfangsverdacht, dem in Kombination mit dem Konzept der Celebrity Firm in diesem Abschnitt fundiert empirisch nachgegangen werden soll.

Anzumerken gilt hierbei, dass das Ziel des empirischen Teils dieser Arbeit nicht darin besteht, ehemalige Unternehmensangehörige oder das Projekt als Ganzes bloßzustellen. Auch die Frage nach möglichen Rechtsverstößen von Entscheidungsträgern des Unternehmens, die ausgiebig durch die Staatsanwaltschaft Potsdam geprüft und wiederlegt wurden, steht aufgrund des wirtschaftswissenschaftlichen Fokus nicht im Interesse dieser Arbeit.

---

[489] Norddeutscher Rundfunk, 07.11.2002: [PA: 641:1].

[490] Vgl. Windischbauer/Richardson 2005, S. 63. Das Originalzitat lautet: „What remains most puzzling, however, is how false economic assumptions persisted".

[491] Vgl. Bauer 2004, 2006.

[492] Vgl. Bauer 2012.

© Springer Fachmedien Wiesbaden GmbH, ein Teil von Springer Nature 2012
P. Hermanns, *Organizational Hubris*, Edition KWV,
https://doi.org/10.1007/978-3-658-24332-6_5

Die empirische Arbeit ist hingegen motiviert von der zumeist angelsächsisch geprägten Fallstudienforschung, die sich häufig an extremen und außergewöhnlichen Fällen orientiert und organisationales Scheitern aus organisationstheoretischer Perspektive wissenschaftlich aufarbeitet[493]. Ziel dieser Arbeit ist auch, theoretische Lehren aus einem extremen Fall zu ziehen[494]. Auf der Folie der theoretischen Konzepte von Celebrity und Hybris soll der phänomenale Aufstieg und viel beachtete Niedergang des Unternehmens CargoLifter AG insgesamt nachvollzogen und theoretisch erklärt werden.

Im Folgenden wird zunächst das Fallstudienunternehmen anhand notwendiger Hintergrundinformationen dargestellt und die Unternehmenshistorie anhand von zwei Phasen vorgestellt. Innerhalb eines ersten Analyseteils wird der Existenz von organisationaler Prominenz nachgegangen. Der zweite Analyseteil wird daran anschließend die Existenz und Emergenz von Organizational Hubris untersuchen.

II. Die CargoLifter AG: Notwendige Hintergrundinformationen zur Fallstudie

In Anlehnung an eine im Jahr 2001 erschienene Publikation des Unternehmens, welche die Anfangsjahre aus Unternehmenssicht vorstellt[495], darf man heute durchaus die Frage aufwerfen: ‚CargoLifter AG – waren das nicht die mit den Luftschiffen?' In der Tat: mehr als zehn Jahre sind seit der Insolvenzanmeldung im Jahr 2002 vergangen. Vielen Lesern mag der Unternehmensname und dessen Geschäftsidee noch in Erinnerung geblieben sein. Doch die Zeiten, in denen CargoLifter durch alle Medien hindurch thematisiert wurde und in der Öffentlichkeit auf große Aufmerksamkeit stieß, sind längst vergangen. Zur tiefgründigen Vorstellung des Fallgeschehens und Vorbereitung der Analyse wird in diesem Abschnitt das Unternehmen in einem kurzen Überblick anhand seiner Geschäftsidee und wesentlicher weiterer Hintergrundinformationen vorgestellt.

1. Der CargoLifter als neue Transportdimension: Die Geschäftsidee und deren Ursprünge

Die ursprüngliche Geschäftsidee des Unternehmens CargoLifter ist intuitiv einleuchtend und gleichermaßen faszinierend. Jeder, der schon einmal nachts auf deutschen Autobahnen gezwungen war, sich hinter einem langsamen Schwerlasttransport einzureihen, ist sich des Problems bewusst: Überdimensionierte und schwere Turbinen, Anlagenteile oder Rotoren können meist nur unter kompliziertesten Umständen aus den Produktionsstätten auf Baustellen oder zu ihren Einsatzorten transportiert werden.

Ist ein Transport nach Übersee erforderlich, treten besonders große Herausforderungen auf. Bedingt durch die Tatsache, dass selbst die größten zur Verfügung stehenden Frachtflugzeuge weder genug Kapazität noch das nötige Volumen aufweisen, sehen sich Anlagenbauer damit konfrontiert, technische Anlagen im eigenen Werk zur Durchführung erster

---

[493] Vgl. insbes. Boje et al. 2004; Brown 2005; Starbuck/Milliken 1988; Stein 2003, 2004, 2007.
[494] Vgl. Starbuck 2009, S. 930.
[495] Vgl. Bergmann 2001, S. 5.

Funktionstests vorzumontieren, sie daraufhin für den Transport gezielt zu zerlegen und erst am endgültigen Bestimmungsort wieder aufzubauen. Bei der Verschiffung entfällt zwar meist das Problem zu geringer Frachtkapazität und damit der Zwang zur gezielten Demontage. Dennoch stehen Transporteure und Logistiker noch vor dem Problem, die Strecken bis zu den Hochseehäfen zu bewältigen, denn üblicherweise sind Landstraßen und Autobahnen für diese überdimensionierten Güter schlichtweg nicht ausgelegt.

Auch Frachthubschrauber können für diese Aufgabenstellung nicht als Alternative eingesetzt werden. Denn sowohl deren beschränkte Reichweite als auch ihr Mangel an Tragkraft machen einen Transport gewaltiger Turbinen und Anlagen unmöglich.

Während diese skizzierten Probleme schon innerhalb westlicher Produktionsstandorte – wie Deutschland – zumeist groß sind, kommen an Zielorten in Entwicklungsländern erschwerende Umstände hinzu. Häufig existieren dort kaum ausgebaute Fernstraßen, vielfach verschlechtert widrige Witterung wie Monsun sie so sehr, dass viele Straßen und Wege völlig unbenutzbar werden.

In Summe stehen und standen Logistiker und Anlagenbauer vor immensen Herausforderungen. Es fehlt ein geeignetes Transportmittel für diese speziellen Einsätze. Zwar erreichen die produzierten Anlagen schlussendlich ihren Bestimmungsort, jedoch besteht bei Produzenten wie auch bei Kunden ein dringender Bedarf an einer problemloseren, kostengünstigeren und schnelleren Alternative.

Aus diesen Markterfordernissen entstand Anfang der 1990er-Jahre die Idee des CargoLifters. Ein mit Helium gefülltes Luftschiff – 260 m lang, 65 m breit und mit einem Volumen von 550.000 m³ – sollte eine Marktnische zwischen langsamen Schiffen und schnellen Flugzeugen besetzen und damit großvolumige und bis zu 160 t schwere Last über eine Strecke von bis zu 10.000 km nonstop transportieren. Während bisherige Transporte eine Durchschnittsgeschwindigkeit von weniger als 8 km/h aufwiesen, würde das angedachte Luftschiff seine Last mit durchschnittlich 80 km/h an sein Ziel befördern können. So liest sich auch eine der ersten Unternehmensbeschreibungen aus dem Jahr 1996:

„CargoLifter – A New Dimension in Transportation: Diese Aussage stellt zunächst klar, daß der ‚CargoLifter' dem Transport von ‚Gütern' dient, die durch ein Anheben transportiert werden. Der ‚CargoLifter' ist ein neues Transportsystem, das sowohl hinsichtlich der Größe der von ihm transportierbaren Gegenstände als auch von seinen eigenen Maßen her in neue Dimensionen geht. Zugleich eröffnet die direkte Beförderung der Lasten von Punkt zu Punkt neue Möglichkeiten in der Logistik. Von Beginn an standen spezifische Transportprobleme und deren Lösung im Vordergrund des Projekts. Diese Führung von den Anforderungen des Marktes her unterscheidet den ‚CargoLifter' von anderen Projekten. Nicht die Entwicklung einer neuen Transporttechnik oder eines besonders schönen Luftschiffes ist das Ziel, sondern die Zurverfügungstellung einer hoch effizienten Transportlösung!"

PR-Broschüre, 1996: [ID: 451:1][496]

Die Ursprünge des Projektes und erste konzeptionelle Ausarbeitungen sind seitens zukünftiger potenzieller Abnehmer des Produktes und dessen Dienstleistungen entstanden. Im Sep-

---

[496] Das Kürzel ID steht für „Interne Dokumente". Alle innerhalb dieser Arbeit verwendeten internen Dokumente sind innerhalb eines eigenen Verzeichnisses unter dem Datenbankkennzeichen ID aufgeführt.

tember 1994 trat erstmalig ein Initiativkreis unter dem Namen „CargoLifter" zusammen, um die vorherrschenden Probleme der Anlagenbauer und Schwerlasttransporteure gemeinsam zu erörtern und zu verbessern. Das Ziel dieser Besprechungen war zu diesem Zeitpunkt noch recht ergebnisoffen gehalten, indem lediglich allgemein über neue potenziell gangbare Arten und Möglichkeiten des Schwerlasttransports diskutiert wurde. Insbesondere durch verstärkte Einbeziehung des Verbands Deutscher Maschinen- und Anlagenbau e.V. (VDMA) und der darin vertretenen Sektion des Großanlagenbaus konnte der Initiativkreis CargoLifter erste Marktstudien durchführen. So hatten zum damaligen Zeitpunkt zwölf der in der Sektion Großanlagenbau des VDMA vertretenen Unternehmen jährlich rund 300 Anlagen mit jeweils über 100 t Gewicht zu Kunden im In- und Ausland zu transportieren[497].

Ausgehend von diesem entdeckten und erklärten Marktbedarf entstanden unter Initiative des späteren Vorstandsvorsitzenden in der Folgezeit weitere technische und wirtschaftliche Machbarkeitsstudien. Im Sommer 1995 wurde – erneut mit Unterstützung des VDMA – der Bedarf von Maschinen- und Anlagenbauern in einer breiter angelegten Marktstudie näher untersucht[498]. In dieser neuerlichen Untersuchung stellte sich heraus, dass das Gewicht der bisherigen Transporte bei durchschnittlich 149 t pro Transport lag und viele der befragten Transporteure und Anlagenbauer über immense Zeit- und Kostenprobleme – insbesondere bei Transporten in Entwicklungsländer – klagten. In einem zweiten Teil der Studie wurden diese Probleme aufgegriffen und ein großes Lastenluftschiff als Transportmethode der Wahl herausgearbeitet und zur Entwicklung vorgeschlagen[499].

Die Grundidee des CargoLifter als neuartiges Transportmittel wurde entsprechend durch diese Studie schon früh vor der eigentlichen Unternehmensgründung entwickelt. Eine erste Zielgröße des Luftschiffs wurde anhand des identifizierten Zielmarktes angedacht, sodass dieses erste, als CL-160 bezeichnete, Luftschiff bis zu 160 t transportieren sollte. Vorgesehen war zu dem Zeitpunkt sogar, spätere Ausbaustufen mit einer Nettokapazität von 450-500 t Last zu konstruieren.

Der grundsätzliche Prozessablauf ist auch für Laien und Nichttechniker leicht nachvollziehbar. In Abbildung 8 wird dieser Prozess anschaulich dargestellt. Ausgehend von der Lastaufnahme – beispielsweise einer Turbine – in das Luftschiff direkt am Produktionsstandort kann ein CargoLifter je nach Konfiguration auf eine Flughöhe bis 4.000 m steigen und mit einer Maximalgeschwindigkeit von 140 km/h über eine Distanz von 10.000 km die Fracht transportieren. Am Zielort, z.B. einer Baustelle, wird die Ladung anschließend abgeladen.

Diese grundlegende Idee des CargoLifters blieb über die gesamte Länge der Unternehmenshistorie bestehen. Nicht zu vernachlässigen bleibt, dass diese simplifizierte Darstellung wesentlich komplexerer technischer Prozesse und Prozeduren bedarf, die in einem späteren Abschnitt noch detailliert vorzustellen sind.

---

[497] Vgl. Interne Unternehmensmitteilung, Februar 1996: [ID: 552].
[498] Vgl. VDMA-Marktstudie CargoLifter, 1995: [ID: 582].
[499] Vgl. VDMA-Marktstudie CargoLifter, 1995: [ID: 583].

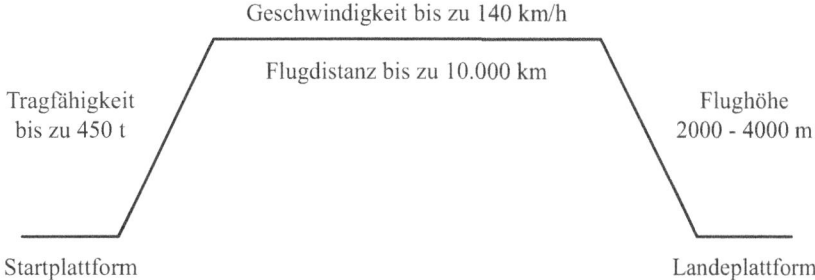

Geschwindigkeit bis zu 140 km/h

Flugdistanz bis zu 10.000 km

Tragfähigkeit
bis zu 450 t

Flughöhe
2000 - 4000 m

Startplattform

Landeplattform

Abbildung 8: Grundprozess des CargoLifter Systems[500]

2.   Das Gründungsteam und die Unternehmensgründung im September 1996

Unmittelbar im Anschluss an diese konzeptionellen Vorüberlegungen der VDMA-Studie begann im Jahr 1996 die Phase der praktischen Umsetzung. Nach einer Reihe fundierter Business-Case-Berechnungen und weiterer technischer Plausibilitätsprüfungen wurde im September 1996 das Unternehmen als Aktiengesellschaft in Wiesbaden gegründet.

Während in der Vorgründungsphase viele verschiedenen Personen, Experten und Unternehmen an den Studien und konzeptionellen Ausarbeitungen beteiligt waren, lässt sich mit Stichtag der Unternehmensgründung erstmalig ein fester Personenkreis als Gründungsteam identifizieren und darstellen. Interessanterweise blieben fast alle Personen aus der Anfangsphase bis zur Insolvenz des Unternehmens in einer ähnlichen Funktion oder Position tätig.

Obgleich der zur Unternehmensgründung ernannte Vorstandsvorsitzende niemals auch nur annähernd einen beherrschenden Aktienanteil an dem Unternehmen hielt, wird er dennoch in internen und externen Publikationen, wie auch in den Interviews und Videomaterialien als Unternehmensgründer und ursprünglicher Ideengeber dargestellt[501]. Geboren in den frühen 1950er-Jahren in Süddeutschland, durchlief er eine im Vergleich zu seinen Vorfahren ungewöhnliche und unkonventionelle Ausbildung. Während sein Großvater Mitbegründer einer Fluglinie war und auch sein Vater die Position des Chefpiloten eines Luftfahrtkonzerns innehatte, startete der Vorstandsvorsitzende seine berufliche Zukunft mit einer Ausbildung als Landwirt. Nach einem späteren Studium und anschließender Promotion im Fach Rechtswissenschaften folgten berufliche Stationen in leitenden Funktionen bei einer in Süddeutschland ansässigen Bank und einem Maschinenbaukonzern. Nach der deutschen Wiedervereinigung folgte eine Geschäftsführerposition bei einem feinmechanisch orientierten Betrieb in einem der neuen Bundesländer. Zu Beginn der 1990er-Jahre hatte er während eines zweijährigen USA-Aufenthalts eine Position als Visiting Research Professor an einer wirtschaftswissenschaftlichen Business School in North Carolina inne. In dieser Zeit begann

---

[500] Eigene Abbildung. Quelle: PR-Broschüre, 1996: [ID: 451].
[501] Vgl. stellvertretend für alle anderen Publikationen: Bergmann 2001, S. 31. Dort ist der Unternehmensgründer mit seiner Frau und seinen vier Kindern auf einer Familienfotografie abgebildet. Das gesamte Buch von Bergmann ist überwiegend auf die Person des Vorstandsvorsitzenden fokussiert, obgleich es im Titel den Unternehmensnamen trägt. Vgl. zudem die Fallstudie von Huchzermeier/Loch 1999.

sich der Vorstandsvorsitzende verstärkt mit der globalen Logistik und den Problemen von Maschinen- und Anlagenbauern auseinander zusetzen. Im Anschluss an seine Rückkehr nach Deutschland begann im Jahr 1994 sein Einsatz und Engagement für CargoLifter[502], indem er die treibende Kraft hinter der VDMA-Studie und der späteren Unternehmensgründung war.

Der erst zu einem späteren Zeitpunkt ernannte stellvertretende Vorstand, der nach seiner Berufung hauptsächlich für den Bereich der Kapitaleinwerbung und das Ressort Finanzen zuständig war, wurde zum Zeitpunkt der Unternehmensgründung mit Prokura bedacht. Diese Person, zwölf Jahre jünger als der Vorstandsvorsitzende, genoss eine Ausbildung als Diplom-Bauingenieur und absolvierte anschließend ein MBA-Studium. Berufliche Erfahrungen sammelte er im Großanlagenbau, Baugeschäft und im Rahmen eines großen Logistikprojektes: der Konversion eines Flughafens von der militärischen zur privatwirtschaftlichen Nutzung[503].

Die bei der Gründungsversammlung gewählten drei Aufsichtsräte blieben in dieser Konstellation bis kurz vor der Insolvenz in ihrem Amt. Fachlich und inhaltlich deckten sie aufgrund ihrer bisherigen Berufserfahrungen und -praxis die bei Unternehmensgründung benötigen und angedachten Tätigkeitsfelder ab. Der Aufsichtsratsvorsitzende bekleidete in seiner Hauptfunktion einen Vorstandsposten in einem international tätigen Anlagenbaukonzern. Dieser konnte die Transportprobleme seiner Industrie, die der CargoLifter zukünftig lösen sollte, hautnah nachvollziehen. Ein weiterer Aufsichtsrat war als Logistiker und Inhaber einer Schwerlastspedition tätig, führte also mit seinem Unternehmen tagtäglich die komplexen Transporte selbst durch. Der dritte Aufsichtsrat, ein ingenieurwissenschaftlich orientierter Professor und Inhaber eines Statik- und Dynamiklehrstuhls, übernahm die technische Kompetenz innerhalb des Kontrollgremiums.

Schon die ursprünglichen VDMA-Machbarkeitsstudien wurden von technischer Seite durch einen ehemaligen Doktoranden dieses Professors betreut, der sich in seiner Dissertation auf den Themenbereich der Luftschiffe fokussiert hatte. Zur Unternehmensgründung kam dieser Person dann eine leitende Funktion auf technischer Seite des Unternehmens zu. Später übernahm er den Posten des Geschäftsführers der technischen Tochtergesellschaft und blieb dem Unternehmen selbst nach der Niederlegung seiner Geschäftsführertätigkeit im Jahr 1998[504] als externer technischer Berater bis zur Insolvenz des Unternehmens verbunden[505].

Ein weiteres zentrales Mitglied des Gründungsteams war ein Amerikaner, der mit dem Vorstandsvorsitzenden während seiner Zeit als Gastprofessor zusammengearbeitet hatte. Seine Kenntnisse im Bereich der Logistik brachte er für das Unternehmen zum Zeitpunkt der Unternehmensgründung ein. Später führte er die Geschäfte der Tochtergesellschaft in den USA.

Ferner zu nennen ist ein IT-Experte, der zuvor mit dem stellvertretenden Vorstand in dem bereits erwähnten Flughafenkonversionsprojekt gearbeitet hatte. Dieser nahm bei CargoLif-

---

[502] Vgl. CV des Vorstandsvorsitzenden: [ID: 350].
[503] Vgl. IR-Broschüre, März 2000: [ID: 454:46].
[504] Vgl. Internes Schreiben, 02.06.1998: [ID: 568:1].
[505] Vgl. Interne Fax-Kommunikation, 05.06.1998: [ID: 687:1].

ter die Funktion eines IT- und Telekommunikationsleiters wahr. Darüber hinaus stieß kurze Zeit nach der Unternehmensgründung ein in Süddeutschland ansässiger Controller zu dem Unternehmen, welcher bis zur Insolvenz mit dem Unternehmen verbunden blieb und auch eine Geschäftsführerposition einer Tochtergesellschaft wahrnahm.

Persönliche und fachliche Expertise innerhalb der Unternehmensbereiche schien zum Zeitpunkt der Gründungsversammlung gesichert. Auf Initiative dieses Teams fand die eigentliche Unternehmensgründung am 1. September 1996 in Wiesbaden statt. 93 individuelle Gründungsaktionäre, institutionelle Investoren und große Unternehmen aus den Sektoren Transportwesen, Wissenschaft und Technologie zeichneten Aktien an der AG. In Summe verfügte die Gesellschaft schon bei ihrer Gründung über ein Kapital in Höhe von 0,383 Millionen Euro, was noch innerhalb des ersten Geschäftsjahres durch zusätzliche Aktienverkäufe auf 0,86 Millionen Euro ansteigen sollte.

Die vor dem Unternehmen liegenden Aufgaben werden über die während der Gründungsversammlung beschlossene Unternehmenssatzung anhand der darin enthaltenen Darstellung des Unternehmensgegenstands sehr deutlich:

„Gegenstand des Unternehmens ist die Projektierung des ‚CargoLifter' bis hin zu der Entwicklung, dem Bau und dem Betrieb von multifunktionalen Großluftschiffen insbesondere zum Zwecke des Transports von Groß- und Schwerlasten, des umweltschonenden Transports von Gütern und Personen sowie allen damit mittelbar oder unmittelbar zusammenhängenden Geschäften."

Satzung CargoLifter AG, 1996: [ID: 461:1]

CargoLifter musste ein geeignetes Luftschiff entwickeln, konstruieren und später auch betreiben. Anhand dieser nötigen Kernaufgaben strukturierte sich die Organisation auch von ihrem später noch zu zeigenden Aufbau und Organigramm.

Es gilt daher nun die Kernaufgaben und geplanten Dienstleistungen des Unternehmens näher zu spezifizieren, wodurch in einem zweiten Schritt auch die wesentlichen Tochtergesellschaften der AG näher vorgestellt werden können.

3.   Kernaufgaben des Unternehmens und dessen Tochtergesellschaften

Über den zur Unternehmensgründung definierten Unternehmenszweck werden die notwendigen Aufgaben der Gesellschaft unmittelbar deutlich. Das Unternehmen CargoLifter plante die Entwicklung und den Bau von Großluftschiffen, um mit diesen den Betrieb eines Luftschiffsystems zum Transport schwerer Güter aufzubauen. Das Unternehmen stand nicht nur vor der Herausforderung, ein gänzlich neuartiges Luftschiff zu entwickeln und zu konstruieren, sondern musste gleichermaßen auch den zukünftigen Betrieb als Logistikunternehmen vorbereiten. Erschwerend kam hinzu, dass für den Bau eines Luftschiffs weltweit keine geeigneten Produktionsstätten vorhanden waren – was auch den Bau einer eigenen Luftschiffwerft nötig machte.

Die Geschäftsidee als solche ist über verschiedene Produktionsstufen zu verstehen: Ausgehend von der Entwicklung und Konstruktion eines Luftschiffs über den späteren Betrieb bis

hin zu darauf aufbauenden und darüber hinausgehenden Logistikdienstleistungen[506]. Zu beachten ist ausdrücklich, dass das geplante Geschäftsmodell die gesamte Wertschöpfungskette abdeckte und in weiten Teilen revolutionierte. Über die Schaffung eines Transportluftschiffs als völlig neuartiges Produkt würden etablierte Anbieter und Transportmittel des Ge-
schäftsfelds Schwerkraftlogistik – in Gestalt von LKW, Schiffen oder Flugzeugen – neue
Konkurrenz erhalten: Bei ersten Berechnungen und Szenarioanalysen des Geschäftsmodells
war der Einsatz eines Luftschiffs nicht nur in Zeit-, sondern in allgemeinen Kostenfragen
diesen etablierten Transportmethoden deutlich überlegen. Über die zusätzliche Möglichkeit,
durch ein Luftschiff gänzlich neuartige Dienstleistungen zu schaffen, beispielsweise den
Transport von großen Turbinen ohne eine vorherige Demontage oder einen kompletten und
schnellen Austausch von Anlagenteilen im Wartungsfall, wird eine radikale Innovation bezüglich potenzieller Auswirkungen auf Geschäftsfelder und Märkte deutlich.

Anhand dieser geplanten Dienstleistungen wird aber auch die Dimension der Aufgabenstellungen deutlich, vor denen das Unternehmen nach seiner Gründung stand. Zieht man zum
Vergleich beispielsweise die Wertschöpfungskette der zivilen Luftfahrtindustrie heran, lassen sich die notwendigen Aufgaben sehr einfach nachvollziehen: CargoLifter hätte für sein
geplantes Geschäftsmodell die Aufgabe eines Fluggeräteherstellers übernehmen müssen (im
Sinne einer Airbus oder Boeing). Außerdem hätten sie die Pilotenausbildung anbieten, den
Betrieb der Luftschiffe operativ durchführen (im Sinne einer Lufthansa-Cargo) und zudem
mögliche Start- und Landepunkte konstruieren müssen (im Sinne einer Fraport). Die folgende Abbildung 9 vergleicht die Wertkette der Flugzeugindustrie mit der geplanten Wertschöpfungskette von CargoLifter.

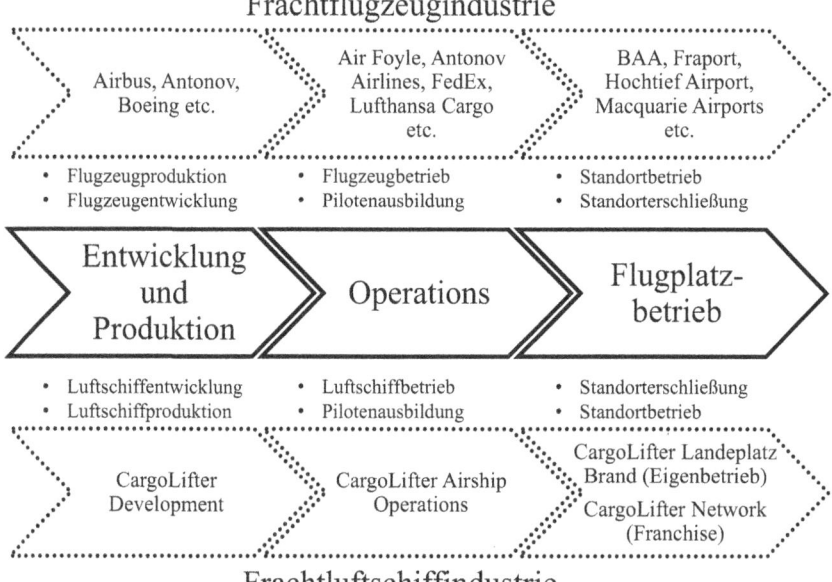

Abbildung 9: Wertketten der Frachtflugzeugindustrie und Frachtluftschiffindustrie im Vergleich

---

[506] Vgl. Titze 2005, S. 13.

Die innerhalb dieser Wertkette abgebildeten und für den Bau und Betrieb eines Luftschiffs notwendigen Tochtergesellschaften wurden nicht parallel zur AG, sondern erst im Laufe der Zeit gegründet. Die wichtigsten Gesellschaften seien hier kurz vorgestellt: Die CargoLifter Development GmbH spezialisierte sich auf die Entwicklung des Luftschiffs und sollte auch die spätere Produktion übernehmen. Der CargoLifter Airship Operations kamen die Ausbildung von Luftschiffpiloten und der spätere operative Betrieb der Luftschiffe zu. Die Cargo-Lifter Network GmbH hingegen plante das Logistiknetzwerk und zukünftige Luftschifflandeplätze mittels eines Franchisekonzeptes, pflegte darüber hinaus den Kontaktaufbau zu potenziellen und zukünftigen Kunden und führte insbesondere Marktstudien und Machbarkeitsanalysen durch.

Daneben wurden im Verlaufe der Unternehmenshistorie weitere unterstützende Tochtergesellschaften gegründet. Erwähnenswert ist insbesondere die CargoLifter World, welche das Besucherzentrum und die Marketingaktivitäten sowie Veranstaltungen am Produktionsstandort des Luftschiffhangars betreute. Eine Übersicht über das Unternehmensorganigramm gibt Abbildung 10. Darin enthalten sind auch weitere Tochtergesellschaften, welche für das Fallgeschehen von untergeordneter Relevanz sind, die aber der Vollständigkeit halber mit aufgeführt sind. Im Anhang E.1 findet sich zudem eine detaillierte Aufgabenbeschreibung aller einzelnen Tochtergesellschaften.

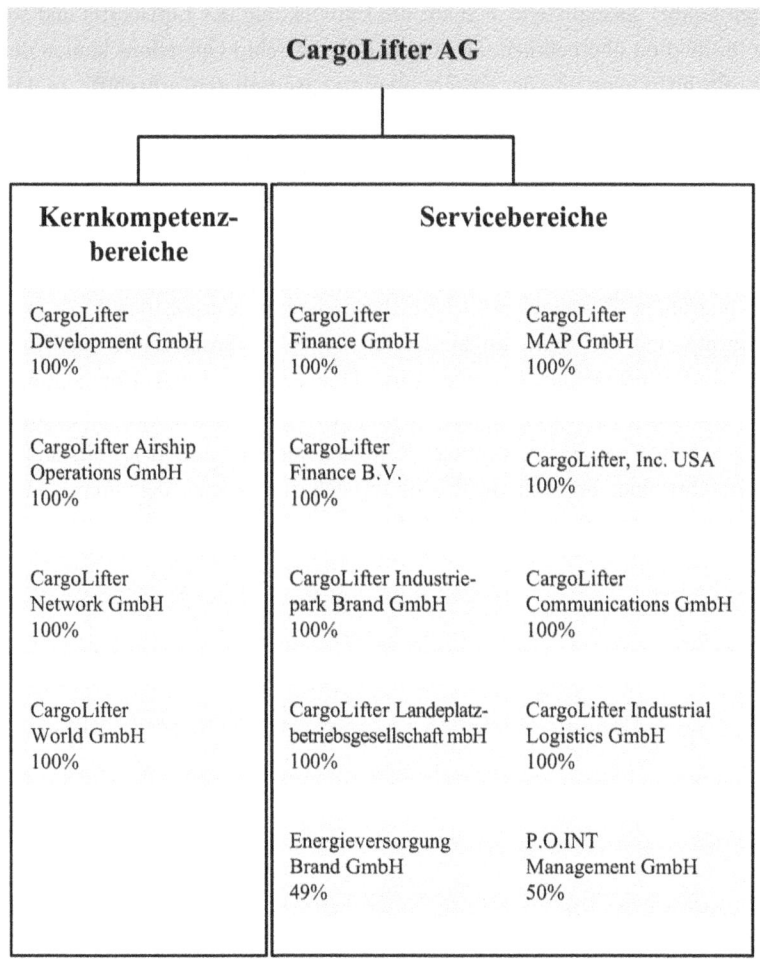

Abbildung 10: Organigramm der CargoLifter AG (Stand: November 2001)[507]

---

[507] Eigene Abbildung. Quelle: Geschäftsbericht 2000/2001, 19.11.2001: [ID: 228:92].

4. Chronik: Zwei Phasen der Unternehmensgeschichte

Nachdem die Kernaufgaben des Unternehmens festgelegt und die ersten Tochtergesellschaften gegründet waren, war aus CargoLifter als kleinem Startup innerhalb von nur wenigen Jahren ein Konglomerat mit 14 Tochtergesellschaften und mit über 500 Mitarbeitern geworden – wie Abbildung 11 verdeutlicht.

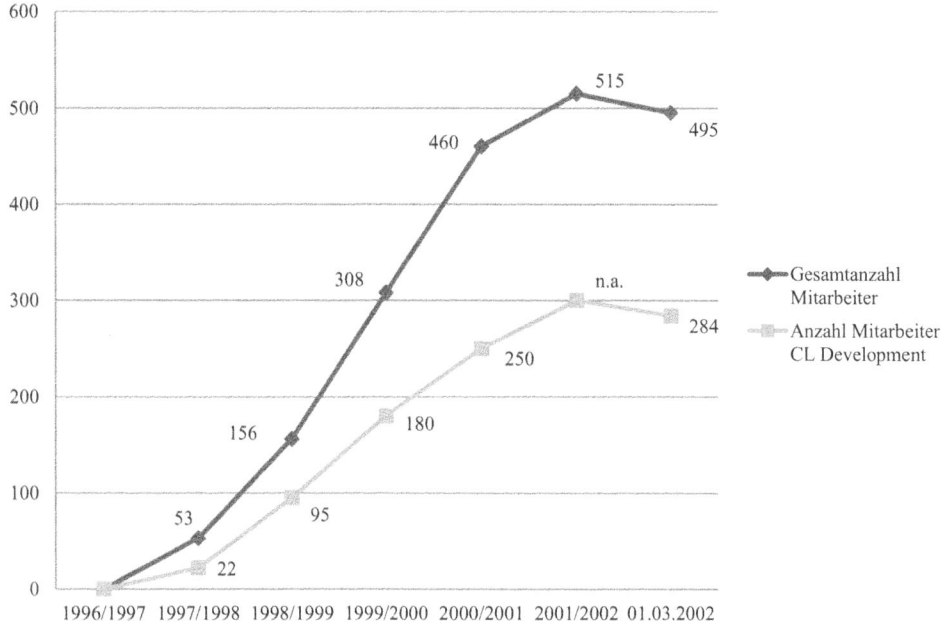

Abbildung 11: Anzahl der Mitarbeiter im Zeitverlauf

Zum besseren Verständnis des Fallgeschehens und der späteren Fallstudienanalyse soll an dieser Stelle auf wesentliche Ereignisse der Unternehmenshistorie in chronologischer Reihenfolge eingegangen werden. Aufgrund des Fallstudiengeschehens erscheint es dabei sinnvoll, die Historie von CargoLifter in zwei Phasen darzustellen: Die erste Phase begann unmittelbar mit der Unternehmensgründung und reicht bis Ende November 2000. Zu diesem Zeitpunkt eröffnete CargoLifter nicht nur feierlich seine große Luftschiffhalle. Entgegen der ersten Phase, innerhalb derer CargoLifter hohen öffentlichen Zuspruch erhalten hatte, setzte auf den Tag genau zu dieser Eröffnungsfeier großflächige mediale Kritik an dem Projekt ein. Der Tag der Halleneröffnung und diese einsetzende Kritik stellen daher einen Wendepunkt in der Historie dar, sodass die zweite Phase begann. Von nun an wurde an dem Luftschiffprojekt mehr und mehr öffentliche Kritik geäußert, welche bis zur Zahlungsunfähigkeit und Insolvenzanmeldung im Mai 2002 anhielt.

a. Phase I: September 1996 – November 2000

Die erste Phase der Unternehmenshistorie war insbesondere gekennzeichnet durch viele öffentlich wirksame Großereignisse des Unternehmens und einen erfolgreichen außerbörslichen Aktienverkauf. Öffentliche Bekanntheit und finanzielle Erfolge gingen innerhalb dieser Zeit also Hand in Hand. Geprägt war diese Phase darüber hinaus von dem Unternehmensaufbau. Das Unternehmen verstand sich innerhalb des ersten Jahres noch als „virtuelle Organisation", da die verschiedenen Mitarbeiter dezentral über den Einsatz von moderner IT zusammenarbeiteten. Erst als die ersten Tochtergesellschaften gegründet und mehr und mehr Mitarbeiter eingestellt worden waren, wandelte sich dieses Selbstverständnis im Zeitablauf.

Im Hauptfokus der Unternehmensaktivitäten standen während der Zeit bis November 2000 insbesondere der Grundstückkauf eines früheren sowjetischen Militärflughafens südlich von Berlin und die Entwicklung dieses Standorts. Auf diesem wurde in den folgenden Jahren nämlich der große Luftschiffhangar konstruiert, innerhalb dessen das 260 m lange Frachtluftschiff CL-160 später gebaut werden sollte.

Auch an der Technologie des Luftschiffs wurde innerhalb dieser Zeit gearbeitet. Neben der Planung des großen CL-160 Luftschiffs wurde ein maßstabsmäßig wesentlich kleineres Luftschiff namens „Joey" konstruiert und erprobt. Darüber hinaus wurde durch das Unternehmen entschieden, einen großen Aerostaten zu konstruieren. Dieser CL-75 genannte Ballon sollte ebenfalls zum Lastentransport verwendet werden.

Auf Basis dieser ersten Ausführungen kann die Unternehmenshistorie der ersten Phase nun chronologisch anhand wesentlicher Ereignisse und Entscheidungen dargestellt werden. Hierzu wird eine inhaltliche Unterteilung in technische Ereignisse, finanzielle Ereignisse sowie Medien- und Publikumsereignisse vorgenommen.

i.   Technische Ereignisse

Mit Unternehmensgründung hatte sich das Unternehmen vorgenommen, das größte jemals gebaute Luftschiff zu entwickeln und zu konstruieren und dieses für den Transport von bis zu 160 t schwerer Last einzusetzen. Im März 1997 wurde organisationsintern beschlossen, einen kleinen Konzeptdemonstrator des Luftschiffs zu bauen. Genauer gesagt wurde entschieden, das Luftschiff Joey (Größenmaßstab 1:8 zum CL-160 Luftschiff) zu entwickeln und anzufertigen.

Im November 1998 wurden innerhalb eines so genannten „konzeptionellen Design-Freeze" erstmalig die Dimensionen und das Konzept des Luftschiffs CL-160 festgeschrieben. Auf diesen Ausmaßen und technischen Grundkonfigurationen sollten dann alle weiteren detaillierteren Planungen und Entwicklungen aufbauen.

Der Erstflug Joeys verschob sich im Zeitablauf mehrfach. Zwar wurde dieses kleine Luftschiff schon im Mai 1998 erstmalig zusammengebaut und auf der Logistikmesse in Leipzig als statisches Modell vorgestellt, die erste tatsächliche Flugerprobung fand jedoch erst im Oktober 1999 statt.

Hilfreich war Joey und dessen erfolgter Erstflug insbesondere für die Anerkennung als Entwicklungsbetrieb durch das Luftfahrtbundesamt, welche die CargoLifter Development im Januar 2000 erhielt. Da der höchstens einen Piloten und Messequipment oder einen Piloten und einen Passagier aufnehmende Joey nicht für die Ausbildung von Luftschiffpiloten geeignet war, erwarb CargoLifter im Frühjahr 2000 ein Luftschiff fremder Produktion. Dieses Skyship 600B konnte neben zwei Piloten bis zu zwölf Passagiere aufnehmen.

Ebenfalls im Frühjahr 2000 entschieden Aufsichtsrat und Management von CargoLifter, einen weiteren Zwischenschritt auf dem Weg zum CL-160 einzulegen. Beschlossen wurde, den CL-75 Aerostaten zu entwickeln und zu konstruieren. Dieser Ballon sollte beispielsweise als Kranersatz eingesetzt werden und bis zu 75 Tonnen Last heben. Der Öffentlichkeit wurde dieses Projekt erstmalig im November 2000 präsentiert.

Insgesamt ist aus diesen Ausführungen folgendes ersichtlich: Innerhalb der ersten Phase der Unternehmenshistorie lagen durchaus technische Fortschritte des Unternehmens vor. Neben der Konstruktion und dem erfolgten Erstflug Joeys sowie der Anerkennung als Entwicklungsbetrieb wurde darüber hinaus das Projekt CL-75 beschlossen und entwickelt. Eines hatte CargoLifter innerhalb dieser Phase jedoch nicht erreicht. Wurde bei der Unternehmensgründung und in der Anfangsphase noch vollmundig angekündigt, dass das CL-160 Luftschiff erstmalig im Jahr 2000 fliegen würde, war CargoLifter selbst zur Halleneröffnung Ende des Jahres 2000 von einem tatsächlichen Konstruktionsbeginn weit entfernt.

ii.   Finanzielle Ereignisse

Wesentlich erfolgreicher als die technischen Entwicklungen stellten sich hingegen die finanziellen Ereignisse innerhalb der ersten Unternehmensphase dar. Nach der Unternehmensgründung durch 93 Aktionäre wurde der Business-Case des Unternehmens in der Folge detaillierter geplant und weiterentwickelt. Im Verlauf des Jahres 1997 entstanden dabei wichtige wirtschaftliche Machbarkeitsstudien durch eine deutsche Großbank sowie einen international tätigen Anlagenbaukonzern, durch welche auch neue Aktionäre geworben werden konnten. Schon zum Jahresende zählte CargoLifter bereits mehr als 600 Anteilseigner.

Nachdem das Gelände eines ehemaligen Militärflughafens als zukünftiger Werftstandort im Jahr 1998 erworben wurde, erhielt CargoLifter eine Zusage über öffentliche Fördermittel durch das zuständige Land Brandenburg. Diese Subventionen in Höhe von fast 40 Millionen Euro waren dabei zweckgebunden an den Bau der Halle. Später wurden noch kleinere Summen für den Bau weiterer Gebäude bewilligt. Zum Ende des Jahres 1998 zählte Cargo-Lifter schon fast 4.000 Aktionäre.

Im Jahr 1999 folgten insbesondere weitere Kapitalerhöhungen. Spätestens zu diesem Zeitpunkt konstatierte sich das Unternehmen selbst seinen Erfolg und bereitete zielgerichtet seinen Börsengang vor:

„Beispiellos ist unser anhaltender Erfolg auf dem Kapitalmarkt: Sie, unsere Aktionäre, ermöglichen es uns, unser gemeinsames Projekt zügig voranzutreiben. Ohne Sie würde es die ‚Success Story' CargoLifter so nicht geben: Noch vor der geplanten Börsennotierung haben wir im 2. und 3. Private Placement 4.725.000 neue Aktien geschaffen und bis heute insgesamt rund 210 Mio. DM [107.37 Mio. €] Eigenkapital eingeworben. Mit mittlerweile rund 10.000 Aktionären sind wir zur „großen" Publikumsgesellschaft gereift; der für das Frühjahr 2000 anvisierte Börsengang wird unseren Aktionärsstamm erneut verbreitern."

Geschäftsbericht und Konzernabschluss 1998/1999, Dezember 1999: [ID: 226:13]

Dieser äußerst erfolgreiche vorbörsliche Aktienverkauf sollte auch zu Beginn des Jahres 2000 anhalten. Mehr und mehr individuelle Kleinanleger wollten an dem Projekt teilhaben. Kurz vor dem anstehenden Börsengang bezeichnete sich CargoLifter dann als größte und bisher erfolgreichste Privatplatzierung Deutschlands:

„Mit 13.126 Aktionären zum Abschluss der vorbörslichen Platzierung am 1. März 2000 ist CargoLifter die größte und erfolgreichste Privatplatzierung Deutschlands. Das bisher eingeworbene Eigenkapital: 330,00 Mio. DM (168,73 Mio. €). Eine solide Finanzierung mit attraktiven Ertragsaussichten."

IR-Broschüre, März 2000: [ID: 454:7]

Die vielbeachtete Börsen-Erstnotierung CargoLifters im Mai 2000 sollte dem Unternehmen weitere neue Aktionäre und rund 90 Mio. Euro zusätzliches Kapital einbringen. Emittiert wurde die Aktie zu 15 Euro, vielfach ansteigende Käufe führten im August 2000 zu einer Notierung von 27 Euro. Eine kleine Sensation stellte im Verlauf des Jahres dann auch ein damit verbundenes Ereignis dar: Am 16. November wurde durch die Deutsche Börse bekannt gegeben, dass CargoLifter zum Jahresende in den MDAX aufgenommen würde. Die Aktie rückte damit aufgrund seines hohen Handelsvolumens in den Index der 100 größten aktiennotierten Unternehmen Deutschlands auf – und das obgleich die Aktie als hochriskant galt und das Unternehmen zu diesem Zeitpunkt kaum nennenswerte Umsätze zu verzeichnen hatte.

iii.   Medien- und Publikumsereignisse

Eng verbunden mit dem finanziellen Aufstieg CargoLifters waren die mediale Berichterstattung der Anfangsphase sowie die großen Publikumsereignisse.

CargoLifter zog nur wenige Monate nach seiner Gründung in den massenmedialen Diskurs ein. Im Februar 1997 porträtierte Bild am Sonntag, die seinerzeit reichweitenstärkste deutsche Sonntagszeitung, das Unternehmen. Die Idee des CargoLifters wurde damit einem Millionenpublikum bekannt gemacht. Nur wenige Tage später, Anfang März 1997, wurde CargoLifter darüber hinaus Bestandteil einer Titelstory im Manager Magazin, sodass das Unternehmen und dessen Geschäftsmodell auch einem wirtschaftlich interessierten Publikum vermittelt wurden.

Nachdem mehr und mehr Medien über CargoLifter berichtet hatten, folgten im Jahr 1998 erste höchst öffentlich wirksame Publikumsereignisse. Neben einer Einladung zu den Innovationstagen des Bundespräsidenten Roman Herzog wurde CargoLifter im Mai 1998 auch Hauptaussteller auf der Leipziger Logistik Messe. Allerhöchste politische und wirtschaftliche Entscheidungsträger kamen demnach mit der Idee des neuen Transportmediums unmittelbar in Kontakt. Ebenfalls im Jahr 1998 zelebrierte CargoLifter feierlich den ersten Spatenstich und leitete damit symbolisch die Konstruktion des großen Luftschiffhangars ein.

Mit Beginn der Bautätigkeiten standen nun alle weiteren Großereignisse des Unternehmens in unmittelbaren Zusammenhang mit dem Hangar. Ein Jahr später, im Sommer 1999, waren bereits erste Bögen dieser Halle gefertigt, sodass das Sommerfest als ein als „Bogenfest" bezeichnetes Richtfest gefeiert wurde. Ein breites Publikum wurde angezogen, rund 25.000 Besuchern erschienen dabei auf der Baustelle.

Auch im Jahr 2000 stand die Halle weiterhin im Mittelpunkt der Ereignisse. Parallel zu der Eröffnung des unternehmenseigenen Besucherzentrums wurde der Hangar ein Außenexponat der in Hannover stattfinden Expo-Weltausstellung. Anfang September stand eine weitere Feierlichkeit an. Die finale Konstruktion des letzten Hallentors wurde mit 6.000 Besuchern gefeiert. Der damalige Bundeskanzler Gerhard Schröder, welcher mit dem Unternehmen CargoLifter schon auf der CeBIT Computermesse in Kontakt gekommen war, stattete im Verlauf des Monats der Baustelle und dem Unternehmen einen Besuch ab. Viele Medien sollten am darauffolgenden Tag über den Besuch des Bundeskanzlers und den Stand der Bauarbeiten von CargoLifter berichten.

Das meist beachteste Publikumsereignis stellte innerhalb dieser Phase die feierliche Eröffnung der Luftschiffwerft im November 2000 dar. Am 22. November lud das Unternehmen hierzu innerhalb einer nicht-öffentlichen Veranstaltung 500 hochrangige Gäste aus Wirtschaft, Politik und Gesellschaft ein und präsentierte ihnen den fertiggestellten Luftschiffhangar. Nur wenige Tage später, am 25. November, öffnete das Unternehmen die fertiggestellte Luftschiffwerft erstmalig der breiten Öffentlichkeit. An diesem Abend kamen sogar 7.000 zahlende Besucher zusammen und feierten die Eröffnung der großartigen Halle.

b.   Phase II: November 2000 – Mai 2002

i.   Der Wandel in der Unternehmenshistorie: Beginn eines öffentlichen Vertrauensverlusts

Fast auf den Tag genau kann der Wandel in der Unternehmenshistorie festgelegt werden. Während CargoLifter innerhalb der ersten Phase vielfältigen öffentlichen Zuspruch erhielt und kaum mediale Kritik an dem Projekt laut wurde, änderte sich diese Stimmung zum Zeitpunkt der Halleneröffnung schlagartig.

Veranschaulichen lassen sich diese Grenzziehung und der Wandel innerhalb der Unternehmenshistorie anhand von zwei Indikatoren. Einmal anhand der Börsenkursentwicklung des Unternehmens. Zum anderen an zwei in der Financial Times Deutschland (FTD) erschienenen Zeitungsartikeln. Beide Indikatoren stehen zwar in einem Zusammenhang, weisen aber auch bei unabhängiger Betrachtung eine deutliche Trendwende auf.

Schon am Vortrag des ersten und nicht-öffentlichen Events zur Halleneröffnung, dem 21. November 2000, publizierte die FTD einen ersten großen Artikel. Innerhalb dieses Beitrags wurde auf möglicherweise drastisch steigende Gesamtkosten des Luftschiffprojekts hingewiesen: *„Kosten für den Bau des CargoLifter explodieren: Das Transportluftschiff könnte 1 Mrd. DM verschlingen – Kapitalerhöhung zur Finanzierung der Serienfertigung wahrscheinlich"*[508]. Einen Tag nach der Veranstaltung wurde ein weiterer, diesmal sogar ganzseitiger Zeitungsartikel in der FTD publiziert. Schon der Titel kündigte eine kritische Diskussion des Unternehmens und dessen Projekts an: *„Cargolif-f-f-f-f-f-ter: Ein halbes Jahr nach dem Börsenstart des Luftschiffbauers CargoLifter sind die Perspektiven des Projektes noch immer unklar – und das Management gibt Rätsel auf"*[509]. Ein Informationskasten,

---

[508] Financial Times Deutschland, 21.11.2000: [PA: 245:1].
[509] Financial Times Deutschland, 23.11.2000: [PA: 252:16].

welcher zentrale Informationen über die Historie und weitere Unternehmensdaten beinhaltete, ließ von seiner Beschriftung einen ähnlichen sprachlichen Grundtenor erkennen: *„Wie
die CargoLifter-Manager nach den Sternen greifen – Chronik einer Heliumblase"*[510].

In diesem Artikel wurden darüber hinaus nicht nur sprachliche Mittel eingesetzt, sondern
auch auf grafische Elemente zur Unterstützung des Aussagegehalts zurückgegriffen. Der
gesamte ganzseitige Artikel wurde mit einer Zeichnung eines aus voller Fahrt kommenden,
dann trudelnden und schließlich abstürzenden Luftschiffs durchzogen. Der Titel des Artikels, *„Cargolif-f-f-f-f-f-ter"*, welcher vermutlich das zischende Geräusch von langsam
entweichendem Gas sprachlich hervorhob, wurde durch die Grafik einer sich zusammenfal-
tenden Luftschiffhülle umso mehr verdeutlicht. Auch eine Fotografie des Vorstandsvorsitzenden, in der sein Konterfei eine überdimensioniert große Nase aufwies, wirkt grotesk, da
offenbar bei der Aufnahme ein Fischaugen-Objektiv verwendet wurde. Um dem Leser einen
Gesamteindruck der Wirkung dieses Artikels mit der integrierten Karikatur zu vermitteln,
ist in der folgenden Abbildung 12 die Zeitungsseite ganzseitig abgebildet.

---

[510] Financial Times Deutschland, 23.11.2000: [PA: 253:3].

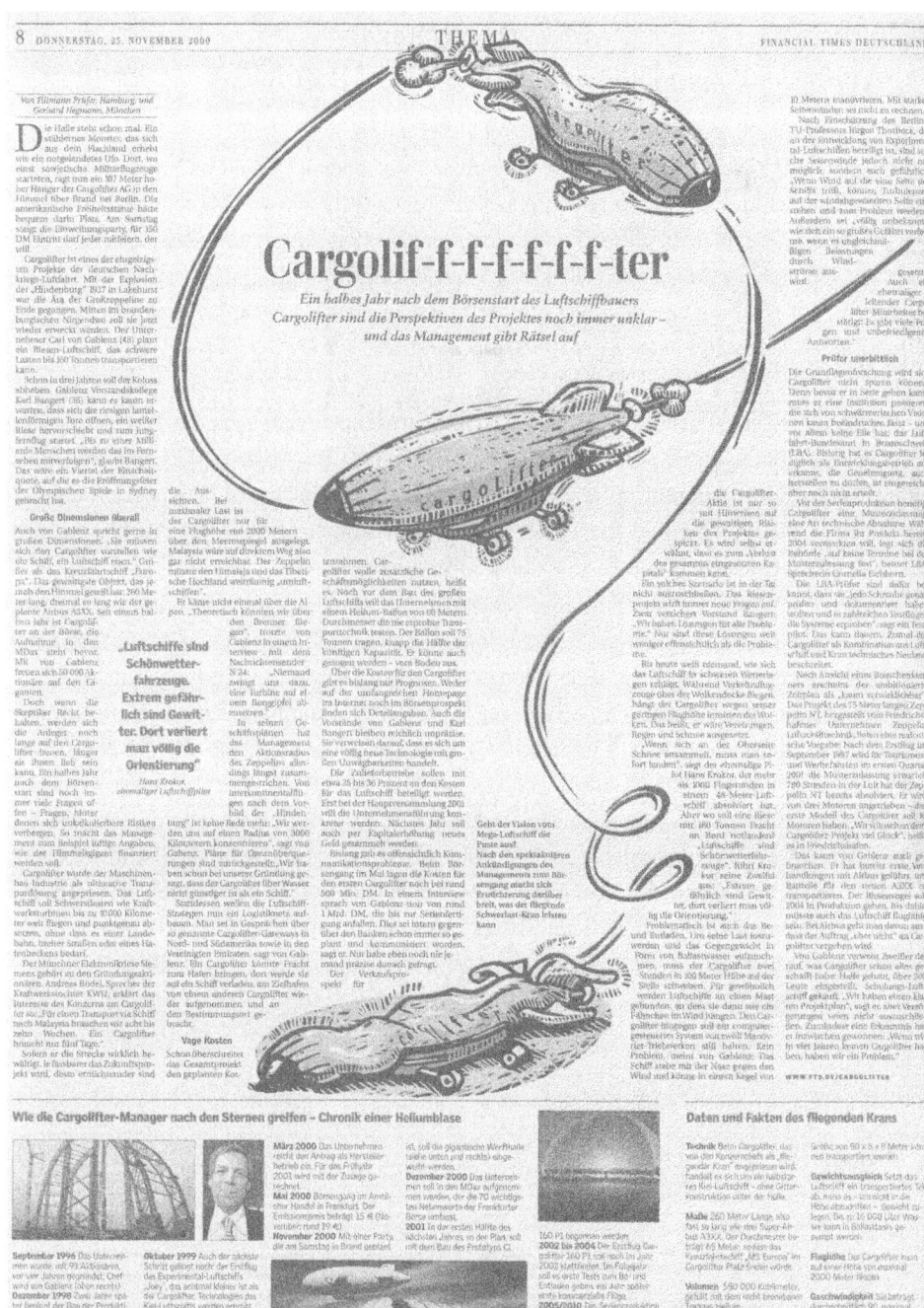

Abbildung 12: Zeitungsartikel der FTD vom 23.11.2000[511]

---

[511] Quelle: Financial Times Deutschland, 23.11.2000, S. 8 (zitiert als Großzitat unter Verwendung des §51 UrhG).

Mit diesen beiden Artikeln hatte eine überregionale deutsche Tageszeitung einen sehr prominenten Zeitpunkt gewählt, um ausgedehnte Kritik an dem Projekt zu äußern. Ob dieser
Zeitpunkt nun zufällig zustande kam oder gezielt von der Redaktion geplant wurde, sei dahingestellt. Dennoch wandelte sich mit Erscheinen dieses Artikels die generelle Berichterstattung drastisch: Die Zeit des medialen Zuspruchs war beendet. Mehr und mehr Publikationen betrachteten das Projekt nun aus einer kritischen Perspektive. Manche hinterfragten
die Zeit- und Kostenpläne, während andere den technischen Ansatz und das generelle Vorgehen des Unternehmens infrage stellten. Spätestens zum Ende des Jahres wurde diese Kritik auch einem Millionenpublikum vermittelt, indem die Boulevardzeitung Bild titelte:
*„CargoLifter eine Luftnummer? Experten Krieg um unsere größte Wirtschafts-Hoff-
nung"*[512].

Parallel zu dieser großflächig einsetzenden Kritik entwickelte sich auch der Aktienkurs des
Unternehmens. Nach einem Allzeithoch von über 27 Euro im August 2000 war dieser bis
Anfang November schon auf unter 20 Euro abgefallen. Nachdem der Schlusskurs am 20.
November 20,90 Euro betrug, fiel dieser nach Erscheinen der zwei FTD Artikel um fast
14% auf einen Schlusswert von 18 Euro am 23. November[513].

Ende November 2000 endete zwar eine Sperrfrist für Altaktionäre: Anteilseigner, die vor
dem Börsengang am Unternehmen beteiligt waren, hatten sich zum Zeitpunkt der Erstnotiz
verpflichtet, ihre Aktien weitere sechs Monate zu halten[514]. Daher kann nicht eindeutig geklärt werden, ob die einsetzende negativ geprägte Berichterstattung für das Unternehmen
und dessen Aktienkurs dauerhaft unvorteilhaft war. Dennoch zeigt sich anhand eines Vergleichs der Zeitpunkte 20. November und dem Jahresendwert am 29. Dezember, dass der
Kurs der CargoLifter Aktie um 43% sank, während sich die Referenzwerte des DAX (-2,7
%) und MDAX (-1,5%) über den gleichen Zeithorizont weitestgehend stabil entwickelten.
Es waren zu diesem Zeitpunkt also Effekte vorhanden, die nicht auf Markt-, sondern auf
Unternehmensentwicklungen Rückschlüsse zulassen. Insbesondere sank der Kurs in dieser
Zeit dauerhaft unter den Erstausgabewert von 15 Euro. Abbildung 13 verdeutlicht anschau-
lich den Aktienkursverlauf.

---

[512] Bild, 20.12.2000: [PA: 1350:1].
[513] Die zum Vergleich herangezogenen Referenzindizes (DAX, MDAX und DOW) entwickelten sich innerhalb dieser
     Tage uneinheitlich, wiesen aber keine großen Verluste und höchstens Schwankungen von -2% auf.
[514] Vgl. Financial Times Deutschland, 01.12.2000: [PA: 260:1].

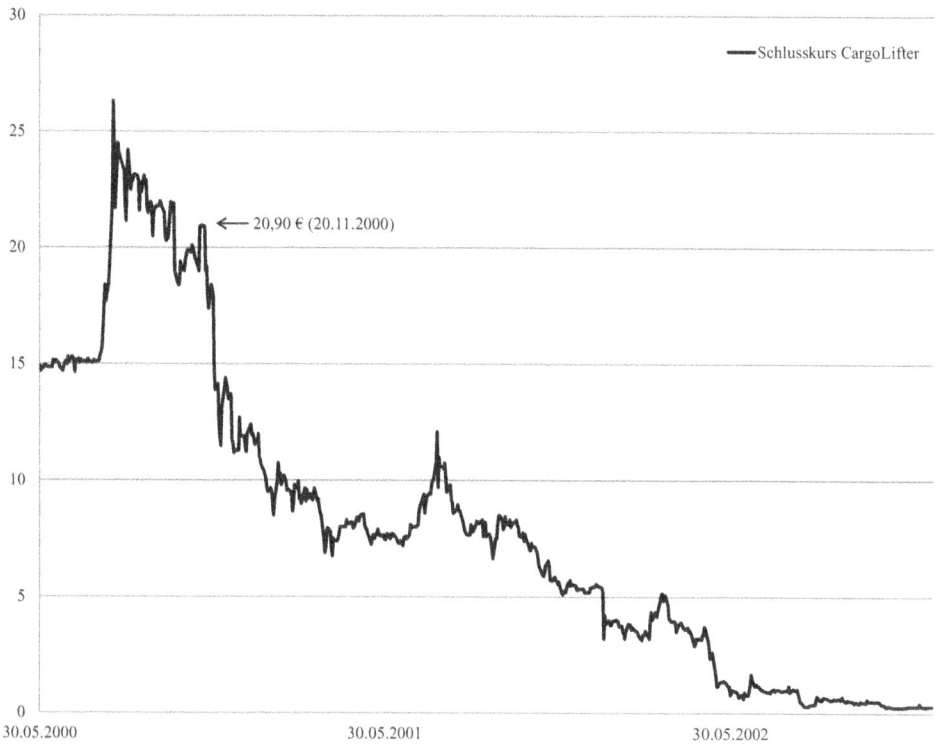

Abbildung 13: Schlusskurs der CargoLifter Aktie (2000-2002)[515]

Die Hauptursache für das Einsetzten der kritischen Berichterstattung ist insbesondere anhand einer Gegebenheit festzumachen. Im medialen Diskurs und in der breiten öffentlichen Wahrnehmung wurde zum Zeitpunkt der Halleneröffnung schlagartig eine Problematik des Unternehmens offenbar, welche sich bis zum Eintritt der Insolvenz durchziehen sollte. CargoLifter hatte von Anfang an hohe Erwartungen geweckt. Groß angekündigt wurde beispielsweise in den ersten Jahren der Unternehmenshistorie, den ersten Prototypen des CL-160-Luftschiffs bereits im Jahr 2000 sowohl über die Expo 2000 in Hannover[516] als auch die Olympischen Spiele in Sydney fliegen zu lassen[517]. Wie auch Abbildung 14 grafisch veranschaulicht, musste dieser ambitionierte Zeitplan für den Produktionsstart und Erstflug des CL-160 Luftschiffs jedoch von Jahr zu Jahr nach hinten verschoben werden.

Und zwar konnte in der öffentlichen Wahrnehmung nachvollzogen werden, dass das Luftschiff nur hätte konstruiert werden können, wenn die Halle dafür zur Verfügung gestanden hätte. Als jedoch mit der Halleneröffnung Ende des Jahres 2000 die Produktion des Luftschiffs immer noch nicht begonnen und der Zeitplan Anfang des Jahres 2001 erneut verschoben worden war, wuchs die allgemeine Enttäuschung. CargoLifter konnte also die ver-

---

[515] Eigene Abbildung. Quelle der Kursdaten: http://www.ariva.de, Abruf am 02.10.2011.
[516] Vgl. Zeitschriftenbeitrag eines Aufsichtsrats, November 1997: [ID: 443:1]; Externe Wirtschaftlichkeitskalkulation dt. Großbank, 28.04.1997: [ID: 590:37].
[517] Vgl. Unternehmenszeitschrift, September 1997: [ID: 431:9].

kündeten Versprechungen nicht einlösen und damit die hohen öffentlichen Erwartungen nicht erfüllen. Die zweite Phase der Unternehmenshistorie charakterisierte sich dementsprechend durch einen öffentlichen Vertrauensverlust, wie auch folgende Feststellung der Süddeutschen Zeitung zeigt:

„Die Luftschiffbauer kämpfen mit einem angekratzten Image: [...] Der Streit schwelt zwar nur noch, die Sache aber ist nicht abgehakt. CargoLifter bleibt in Erklärungsnot. Ständige Änderungen am Projekt, ein Aktienkurs auf Talfahrt, offene Termin- und Finanzierungsfragen haben am Image des Luftfahrtpioniers gekratzt. CargoLifter muss mit erheblichem Vertrauensverlust bei Anlegern und potenziellen Kunden fertig werden."

Süddeutsche Zeitung, 23.01.2001: [PA: 798:1]

Aber auch innerhalb des Unternehmens und auf Top-Management-Ebene wurde deutlich wahrgenommen, dass CargoLifter öffentliches Vertrauen verloren hatte und die Medien ab dem Zeitpunkt der Halleneröffnung erstmalig als kritischer Gegenspieler wahrgenommen wurden:

„Auf der Kehrseite der Medaille muss festgestellt werden, daß das Unternehmen, insbesondere seit Herbst letzten Jahres durch eigenes Versäumen und verschiedene Neagtivmeldungen [sic] aber auch durch gezielte ‚Angriffe' an Kredit in der öffentlichen Meinung verloren hat. Ziemlich genau mit dem Ende der Lock-up Period [sic] für Altaktionäre schlug uns ‚plötzlich' kalter Wind entgegen – und das massiv. Die CargoLifter – und hier insbesondere die ‚Finanzmarke CL' erlebt die Medien erstmals als kritischen Widerpart. Insbesondere im Herbst 2000 bereitete uns dieser Stimmungsumschwung intern reichlich Schwierigkeiten. Aber dieser Gegenwind ist nur ein Grund für die verlangsamte Fahrt des ‚Kommunikations-Schiffs CargoLifter'."

Internes Diskussionspapier (Neuausrichtung der Unternehmenskommunikation), Juni 2001:
[ID: 687:25]

Im Folgenden gilt es daher darzustellen, mit welchen Maßnahmen CargoLifter innerhalb der zweiten Phase seine Historie auf den Vertrauensverlust reagierte und welche weiteren wichtigen Ereignisse sich bis zum Eintritt der Insolvenz ereigneten.

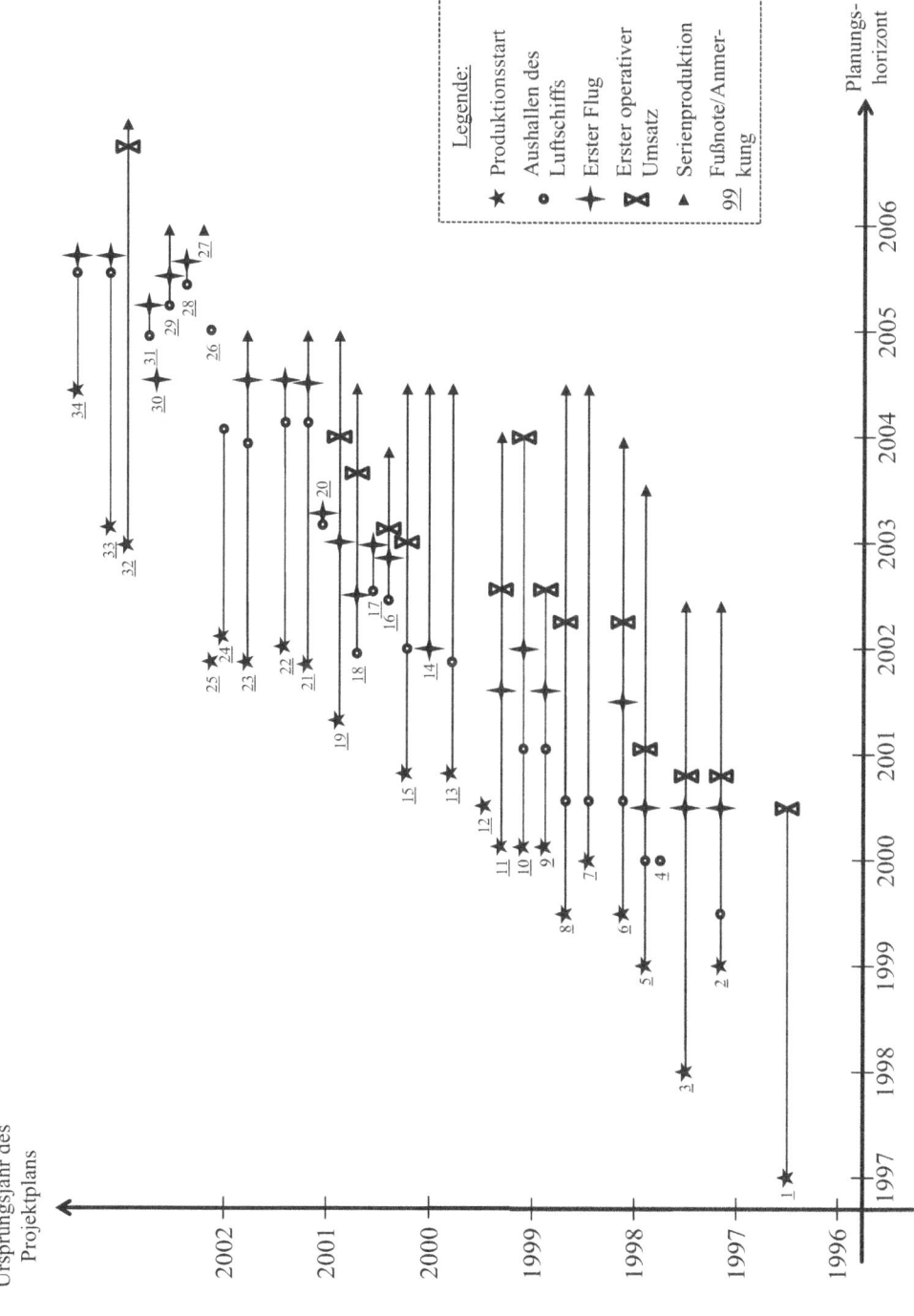

Abbildung 14: Projektverzögerungen des CL-160-Entwicklungsprogramms[518]

---

[518] Die Fußnoten mit Hinweisen auf die einzelnen Quellen der Planungsdaten finden sich in Anhang E.2.

ii.   Reaktionen auf den Vertrauensverlust: Publikumsereignisse

„Herzlich willkommen zum Auftakt der Roadshow, wie wir es nennen. Der CargoLifter AG.
Auftakt deshalb, weil wir eine Tour durch Deutschland machen. Durch verschiedene Städte.
Insgesamt sechs. Als ersten Wurf sozusagen. [...] Der Grund warum wir das machen ist,
dass wir einerseits der Meinung sind selber, dass wir eine einigermaßen transparente
Kommunikationspolitik betreiben. Und wir möchten das gerne fortsetzen. In diesem Sinne.
Sie haben alle mitbekommen, dass in den letzten Wochen und sogar Monaten das Thema
CargoLifter kontrovers in den Medien behandelt worden ist. Ich denke einmal, es ist eine
Gelegenheit hier Stellung zu nehmen. Und auch klar zu sagen, wo wir stehen. Und wo es
lang geht. [...]"
       Obere Führungskraft, Internes Unternehmensvideo (Roadshow Frankfurt), 14.02.2001:
                                                                                   [ID: 742:1]

Mit diesen Worten eröffnete der für die Veranstaltung zuständige Manager Mitte Februar
2001 eine Serie von deutschlandweit stattfindenden Unternehmenspräsentationen. Der medialen Kritik wurde daher über ein öffentliches Format aktiv entgegengetreten. Indem auf
diesen Veranstaltungen die Aktionäre, Presse und interessierte Öffentlichkeit über den Entwicklungsstand des Luftschiffprojektes informiert wurde. Ein Jahr später wurde diese Ver-
anstaltungsreihe wiederholt, sodass auch Anfang des Jahres 2002 mehrere Präsentationen in
verschiedenen deutschen Städten abgehalten wurden.

Neben diesem Format der Öffentlichkeitsarbeit fand während der zweiten Phase der Unternehmenshistorie noch ein weit beachtetes und erwartetes Ereignis statt. Schließlich im September 2001 feierte CargoLifter den sogenannten Produktionsbeginn für das Luftschiff CL-
160.

Eigentlich war dieser Start der Produktion schon zur Halleneröffnung im November 2000
vorgesehen gewesen und durch das Unternehmen in den zum Börsengang herausgegebenen
Zeitplänen angekündigt worden. Und tatsächlich kündigten Medien im Zuge ihrer Berichterstattung über die Feier zur Halleneröffnung im gleichen Atemzug den anstehenden oder
schon stattgefundenen Baubeginn an: *„In der Zeppelin-Werfthalle beginnt der Bau des*
CargoLifters"[519] titelte beispielsweise Die Welt. Die Süddeutsche Zeitung kündigte die
Veranstaltung hingegen präziser an und verwies nur auf einen symbolischen Baustart:
„Start für CargoLifter: In der Werfthalle der Berliner CargoLifter AG ist am Samstag der
symbolische Startschuss für die Fertigung des Luftschiffes CL 160 gefallen"[520].

Doch durch die von dem Unternehmen Anfang des Jahres 2001 öffentlich verkündeten
Zeitverzögerungen verschob sich auch der Produktionsbeginn, den das Unternehmen dann
erst im September 2001 erneut in Aussicht stellte. Die Medien berichteten zu dem Zeitpunkt
erneut über das lang erwartete und nun tatsächlich anstehende Ereignis: *„Sie fliegen noch*
nicht, aber sie werden von heute an gebaut: Die neuen Luftschiffe CargoLifter"[521] titelte die
Süddeutsche Zeitung. Die Welt sprach dabei sogar fälschlicherweise vom Beginn der Serienproduktion:

---

[519] Die Welt, 22.11.2000: [PA: 251:1].
[520] Süddeutsche Zeitung, 27.11.2000: [PA: 788:1].
[521] Süddeutsche Zeitung, 27.09.2001: [PA: 723:1].

„Bei CargoLifter beginnt die Produktion – Bundespräsident Rau und Brandenburgs Wirt-
schaftsminister wollen dabei sein: Am Donnerstag soll es endlich richtig losgehen: Die
CargoLifter AG in Brand startet unter den Augen von viel Prominenz den Produktionsbe-
ginn ihres gewaltigen Luftschiffs. Bundespräsident Johannes Rau hat sich mit 140 Mitarbei-
tern zum Arbeitsbesuch angesagt, Brandenburgs Wirtschaftsminister Wolfgang Fürniß wird
erneut für den neuen Logistik-Standort der ‚Leichter-als-Luft-Technologie‘ werben. [...]
Bislang entstanden in der riesigen CargoLifter-Halle nur ‚Erlkönige‘ des Luftschiffs. Am
Donnerstag beginnt nun ganz offiziell die Serienproduktion."

Die Welt, 25.09.2001: [PA: 358:1]

Ähnlich wie schon im Jahr 2000 wurde auch bei diesem Ereignis von symbolischen Handlungen gesprochen. Symbolisch, so wurde es zumindest zu dem Zeitpunkt von dem Unternehmen kommuniziert, war jedoch diesmal weniger die Ankündigung als die Art und Weise, wie der Start in die Tat umgesetzt wurde: *„In Brand startete Brandenburgs Wirtschafts-*
minister Fürniß (CDU) mit einem symbolischen Knopfdruck den Zuschnitt für die Hülle des
ersten Luftschiffes"[522]. Die beteiligten Personen schienen an diesem Tag zweifelsfrei davon
auszugehen, dass die Produktion nun tatsächlich beginnen würde und dem Luftschiff keine
Hürden mehr im Wege stehen würden:

„Bahnen frei für das größte Luftschiff der Welt. Auf einem über 250 Meter langen Schneide-
tisch hat die Produktion der Kunststoff-Hülle begonnen: Dieser Schneidetisch dürfte in der
Welt einmalig sein: 262 Meter lang und fast vier Meter breit. Auf ihm werden seit Donners-
tag in der 60 Kilometer südlich Berlins gelegenen CargoLifter-Werft in Brand die Hüllen
für ein riesiges Luftschiff und einen Transportballon gefertigt. Den roten Knopf zum Start
dieses elektronisch gesteuerten und mit Dutzenden von Pumpen ausgestatteten Wunder-
werks der Technik drückte am Nachmittag Wirtschaftsminister Wolfgang Fürniß (CDU).
‚Das ist bisher der wichtigste Tag für das Unternehmen‘, meinte der Minister. Nun seien die
Luftschiffe zum Transport großer Lasten nicht mehr nur eine faszinierende Idee. ‚Endlich
beginnt die Produktion, was sehr wichtig für das Vertrauen der Aktionäre und Investoren
ist.‘"

Der Tagesspiegel, 28.09.2001: [PA: 1099:2]

Eine ähnliche Botschaft kommunizierte auch der Vorstandsvorsitzende des Unternehmens,
was beispielsweise anhand folgender Berichterstattung erkennbar wird:

„Darin [in dem Hangar] läuft an diesem Donnerstag in Anwesenheit von Bundespräsident
Johannes Rau die Produktion des fliegenden Superkrans an. ‚Ein ganz wichtiger Meilen-
stein für uns‘, sagt [der Vorstandsvorsitzende]. Zunächst werden in den nächsten Wochen
auf einem 262 Meter langen Schneidetisch aus einem speziell gefertigten Verbundmaterial
144 Bahnen zurechtgeschnitten[,] auf ein Tausendstel Millimeter genau. Die Techniker
schweißen sie zur gigantischen Hülle des CargoLifters CL 160, so die offizielle Bezeich-
nung, zusammen. In ihr würde bequem das Kreuzfahrtschiff ‚MS Europa‘ Platz finden. Die
Planung der weiteren Produktionsschritte Fertigung des Kiels mitsamt Einbau der Treib-
stoff- und Ballasttanks und der Steuerungselektronik sowie die Montage der Haupt- und
Manövriertriebwerke ist weit fortgeschritten. Um keine unliebsamen Überraschungen zu
erleben, haben die Ingenieure den Zusammenbau im Computer in allen Einzelheiten durch-
gespielt. ‚Da wird es keine Probleme geben‘, ist [der Vorstandsvorsitzende] überzeugt. Der
Serienstart im Geschäftsjahr 2004/05 für den Laster der Lüfte sei gesichert, da werde es

---

[522] taz, 28.09.2001: [PA: 1169:1].

nicht noch einmal zu Verzögerungen kommen, beteuert er. Gegenüber der ursprünglichen Planung liegt das Projekt um ein Jahr zurück. In gut zwei Jahren soll ein Prototyp zu ersten Probefahrten abheben. Im Jahr 2015, so die Vision, sollen schon 50 CargoLifter tonnen-schwere Lasten um die Welt bugsieren."

Wirtschaftswoche, 27.09.2001: [PA: 1071:4]

Obgleich die Medien zu diesem Zeitpunkt einen tatsächlichen Produktionsbeginn beschrie-ben, der durch die Anwesenheit des brandenburgischen Wirtschaftsministers und einem am selben Tag stattfindenden Besuch des Bundespräsidenten von einer hohen öffentlichen Auf-merksamkeit begleitet wurde, sahen die Tatsachen für CargoLifter doch etwas unvorteilhaf-ter aus. Schon im April 2001 wurde während einer Führungskräftekonferenz in Bezug auf sich erneut anbahnende Zeitverschiebungen von einem Manager hinterfragt, wie genau der „Produktionsbeginn" zu verstehen sei:

„[Tagesordnungspunkt] 6. Langfristplanung: sind nach außen kommunizierte Zahlen und Zeiten nach aktuellen Erkenntnissen aktuell, bzw. realisierbar? [Das Protokoll verweist auf ein Planungsdokument ‚Bau CL 160 Document.pdf']
[Name A]: sensibilisiert über den Inhalt der Folie von [Name B] und längere Diskussion über Planung, Termine, interne Kommunikation, Einbindung von Lieferanten (als potentiel-le Informationsquelle für Presse, Analysten etc.) und Fragen, wie z.B. Wie ist ‚Produktions-beginn' definiert?
[Name C]: Produktionsbeginn unverändert 1.9.2001"

Protokoll Top-Management Meeting, 24.04.2001: [ID: 677:16]

Auch wenn diese Protokolleinträge inhaltlich nicht direkt hergeben, auf welche Art und Weise bei diesem Treffen der „Produktionsbeginn" nun tatsächlich angesprochen wurde, zeigt sich zumindest dennoch, dass das Thema unternehmensintern kontrovers diskutiert wurde. Zwei Monate vor dem eigentlichen Ereignis zeigte sich in internen Dokumenten, dass das Ereignis zumindest als höchst öffentlichkeitswirksames Instrument verstanden wurde:

„[Tagesordnungspunkt] 3: Weitere Diskussion bzgl. Planung.
[...]
[Name]: Ende September großes Event in der Halle – Produktionsbeginn.
[...]
Kurzfristiges Ziel der CL Maßnahmen:
Liquidität sichern – Geld einwerben
28. September – vorläufige Bilanz Pressekonferenz / Start Produktion ! Großer Start-schuß!"

Protokoll Top-Management Meeting, 24.07.2001: [ID: 676:23]

Vor diesem Hintergrund höchst auffällig ist dann eine augenscheinliche Divergenz zwi-schen der medialen Berichterstattung über den „Produktionsbeginn" und einer am gleichen Tag herausgegebenen PR-Mitteilung des Unternehmens:

„Mit dem Start der Produktion ist in Brand die Umsetzungsphase angelaufen. ‚Den Produk-tionsbeginn darf man sich nicht so vorstellen, dass bereits in einigen Wochen ein fertiges Luftschiff in der Werfthalle steht', erklärte [der Vorstandsvorsitzende]. ‚Die Fertigung vie-ler Einzelteile des CL 160 übernehmen zunächst externe Partnerunternehmen, während die Ingenieure in Brand Produktionsmittel und Montageeinrichtungen vorbereiten sowie zur Produktion nötige Tests durchführen.' Bei der Produktion des CL 160 konzentrierten sich

sämtliche Beteiligten auf ihre Kernkompetenzen. „In unserem Fall ist das in erster Linie die Luftschiff-Hülle – für diesen Schlüsselbereich der Leichter-als-Luft-Technologie haben wir sämtliche erforderlichen Voraussetzungen wie Fertigungseinrichtungen, Heliumlogistik und Gas Management geschaffen sowie uns weltweit einzigartiges Know-how erarbeitet."

PR-Mitteilung, 27.09.2001: [ID: 671:26]

Das Unternehmen verstand also im September 2001 den Produktionsbeginn lediglich als Vorbereitung und Test der Anlagen und Produktionseinrichtungen. Bemerkenswert ist diese Pressemitteilung vor allem, da den anwesenden Politikern und Journalisten vor Ort am Tag und an den Vortagen des Ereignisses ein scheinbar anderer Eindruck vermittelt worden war. Anders ist nicht nachvollziehbar, dass die Wirtschaftswoche in ihrem Bericht detailliert davon sprach, wie genau die Techniker mit der Konstruktion der Hülle beginnen würden. Auch der Wirtschaftsminister, welcher im Bericht des Tagesspiegels zitiert wurde, schien tatsächlich davon ausgegangen zu sein, dass fortan Hüllen für den Transportballon und das Luftschiff gefertigt würden.

Schon der Terminus „Produktionsbeginn" ist dabei durchaus irreführend gewählt – wird mit einem Start gemeinhin keine Vorbereitung sondern ein unmittelbarer Beginn assoziiert. Das Unternehmen trat dem ihm entgegengebrachten Vertrauensverlust also mit einer falsch vermittelten Veranstaltung entgegen. Aber nichtsdestotrotz wurden unternehmensextern falsche Assoziationen geschaffen. Ein durchaus symptomatisches Handeln von CargoLifter in der letzten Phase seiner Historie. Erstaunlicherweise wurde jedoch diese offensichtliche Divergenz in der Öffentlichkeit und den Medien in den kommenden Wochen und Monaten zunächst nicht aufgegriffen oder thematisiert.

iii.   Reaktionen auf den Vertrauensverlust: Technische Ereignisse

Von technischer Seite hatte das Unternehmen innerhalb der zweiten Phase seine Historie durchaus einige Fortschritte und Erfolge aufzuweisen. Im Frühjahr 2001 begannen erste Indoor-Tests mit dem großen CL-75 Ballon. Hierdurch konnte insbesondere das Lastaustauschverfahren, welches auch für das große Luftschiff CL-160 vorgesehen war, erstmalig getestet werden. Ab dem Herbst 2001 fanden mit dem Ballon zudem eine Reihe von Tests außerhalb des Luftschiffhangars statt.

Auch an der Entwicklung des CL-160 Luftschiffs wurde in dieser Zeit weiterhin gearbeitet. Zur Jahreswende 2001/2002 war das Unternehmen von einem tatsächlichen Produktionsbeginn des Luftschiffs jedoch immer noch weit entfernt, was sich spätestens an den Ergebnissen einer im Frühjahr 2002 stattgefundenen technischen Milestone-Konferenz zeigen sollte.

Diese wichtige technische Entwicklungskonferenz für das Luftschiff CL-160 fand im März 2002 statt. Im Verlauf eines mehrtägigen sogenannten „Preliminary Design Reviews" (PDR), welches in der Luftfahrtentwicklung regelmäßig Anwendung findet, wurde der Entwicklungsstand aller geplanten Luftschiffkomponenten zusammengeführt und kritisch diskutiert.

Nach Abschluss dieses PDR wurde CargoLifter in der Außendarstellung und -kommunikation nicht müde zu betonen, dass diese technische Bestandsaufnahme der wesentliche Durchbruch in der Luftschiffentwicklung sei. Besonderer Wert wurde darauf gelegt aufzuzeigen, dass dem Projekt nun keine fundamentalen Risiken mehr im Wege ständen. Erkennbar sind diese öffentlichen Äußerungen anhand einer herausgegebenen Pressemitteilung sowie angefertigter Videostatements zentraler technischer Mitarbeiter:

„Technische Machbarkeit durch Entwicklungsstudie und Expertenurteile bestätigt
In der vergangenen Woche hat bei der CargoLifter Development GmbH in Briesen-Brand das sogenannte ‚Preliminary Design Review' (PDR) stattgefunden. Das PDR ist einer der Meilensteine innerhalb des Entwicklungsprozesses eines Luftfahrtgerätes. Der Zweck eines solchen ‚Design Reviews' ist es, die Entwicklungsreife je nach Entwicklungsstufe festzustellen und die Integrität der Konstruktion insgesamt zu überprüfen.
Um das Systemverhalten unter allen, auch extrem unwahrscheinlichen Bedingungen, kennenzulernen und die Sicherheit zu gewährleisten, werden dabei sogenannte ‚Worst Case'-Szenarien betrachtet. Das vorliegende Ergebnis des ‚Preliminary Design Review' bestätigt die technische Machbarkeit des CL 160. Im ‚Detailed Design', der nächsten Stufe des Design-Prozesses, wird das bestätigte Konzept weiter konkretisiert. [...]
Von seiten [sic] der Experten, die am PDR teilgenommen haben, liegen folgende Statements vor: [...]
[Name], Leiter der Produktion der CargoLifter Development GmbH:
‚Es ist so, dass wir inzwischen sehr genau wissen, wie wir das Luftschiff bauen wollen, technisch halte ich das alles für machbar. Und ich glaube, das ist auch die allgemeine Meinung in diesem PDR, dass wir natürlich noch einige Themen zu lösen haben – aber das sind keine ‚No-Go-Items' mehr, also es wird keine Punkte mehr geben, die nicht lösbar sind.'"
                                          PR-Mitteilung, 03.03.2002: [ID: 496:29]

Im deutlichen Widerspruch zu dieser positiven Außendarstellung standen jedoch die tatsächlich während der technischen Bestandsaufnahme festgestellten internen Ergebnisse. Ein ranghoher technischer Mitarbeiter sprach über die Ergebnisse der Konferenz während seines zusammenfassenden Statements von „weißen Flecken" innerhalb der technologischen Entwicklung. Diese seien jedoch nach der Bestandsaufnahme bekannt, sodass nach der langen Phase der Fehlplanungen nun erstmalig eindeutige Zeit- und Kostenpläne erstellt werden könnten:

„I think, there are white spots. There are deficiencies. But we are clear about those deficiencies. I think for the first time this is, that we can now make very clear statements to costs and clear statements to time. And I have a very good feel for this. Even that I must say in comparison to our plans we have, we are behind. No question. This will be a very, very big challenge for the management of the company, first of all the senior management, to communicate this to the outside world."
Ranghoher technischer Mitarbeiter, Internes Unternehmensvideo (PDR), 01.03.2002: [ID: 757:3]

An der Konferenz nahm auch ein externer technischer Berater teil, welcher die Vorstände und den Aufsichtsrat vertrat und diesen eine abschließende Stellungnahme und Zusammenfassung über den PDR gab. Am letzten Tag und kurz vor Abschluss des PDR hielt ein Mitglied des obersten Managements eine Ansprache an alle beteiligten Mitarbeiter und berief sich dabei auf die ihm schon vorliegende Zusammenfassung des externen Beraters:

„The team is very good. He thinks, that overall how we handle this has impressively been improved. There is progress. There is significant progress. Sort of a little negative is, honestly it is not really a preliminary design review. It's a little bit like, let's face it, it's the Pre-

PDR. [Employees laugh]. But he thinks it's better having this. And we are coming closer to eliminate the pre. And I think if we progress like this, I think the next which I think is a CDR, will then be a real CDR. So we are coming closer to where we should be. "

Oberstes Management, PDR, 01.03.2002: [ID: 757:5]

Interessanterweise ergibt sich bei näherer Betrachtung des Originalberichts dieses technischen Beraters jedoch erneut eine Divergenz. Der Berater, welcher im Unternehmen zu diesem Zeitpunkt hohe Wertschätzung genoss, honorierte zwar durchaus den Fortschritt des PDR. Jedoch hielt er anhand des Berichts auch fest, dass sich viele Gebiete der Luftschiffentwicklung noch in einer frühen Phase befinden würden. Teilweise müssten in einigen Entwicklungsbereichen sogar noch alternative Ansätze und Konstruktionen untersucht werden. Im Gegensatz zu den über PR-Mitteilung verbreiteten Informationen gingen dieser Berater und weitere zentrale Mitarbeiter seinerzeit daher von unverändert hohen und fundamentalen Risiken aus, welche auch noch einen gänzlichen Projektabbruch zur Folge gehabt haben könnten:

„Neben diesen sehr positiven Ergebnissen sind jedoch auch kritische Erkenntnisse festzuhalten:
1. Der insgesamt erzielte Fortschritt entsprach nicht dem Inhalt eines PDR. Die Detailkonstruktion ist nicht abgeschlossen. In vielen Bereichen werden noch alternative Konzepte untersucht. [...]
7. Es gibt noch viele ungelöste Grundsatzprobleme, die auch potenzielle ‚show stopper' enthalten. Ihre Klärung wird einen erheblichen Restaufwand an Geld und Zeit nach sich ziehen. [...]"

Memo externer technischer Top-Management Berater (Bewertung des CL-160 (P1) PDR), 02.03.2002: [ID:524:21]

Auch wenn der tatsächliche Stand der technologischen Entwicklung in dieser wirtschaftswissenschaftlichen Arbeit nicht beurteilt werden kann, zeigt sich anhand der aufgezeigten Divergenzen, dass selbst kurz vor der Insolvenz zumindest noch Unklarheit hinsichtlich wichtiger technologischer Grundsatzfragen vorherrschend war. Von einem unmittelbaren und tatsächlichen Baubeginn des Luftschiffs CL-160 war das Unternehmen also nach wie vor weit entfernt. Diese Vermutung verdeutlicht sich zudem an erneuten Planungsänderungen: Kurz vor der Insolvenz wurde der Erstflug des Luftschiffs auf Mitte 2005 projektiert und auch die Planung der Entwicklungskosten waren einer erneuten Steigerung unterworfen.

Insgesamt zeigt sich anhand dieses Abschnitts, dass das Unternehmen CargoLifter in der zweiten Phase seiner Unternehmenshistorie zwar einige technische Erfolge mit dem CL-75 Ballon vorweisen konnte. Dennoch überblickte CargoLifter die Komplexität der Entwicklung des CL-160 Luftschiffs immer noch nicht vollständig und musste dementsprechend fortwährend die Zeit- und Kostenplanungen anpassen. Auffällig ist darüber hinaus, dass in der Außendarstellung über den angekündigten Produktionsstart und die kommunizierten Ergebnisse des PDR ein äußerst positiver Anschein vermittelt wurde. Dem Vertrauensverlust wurde also mit einer äußerst positiven Darstellung von Entwicklungsfortschritten entgegengetreten.

iv.   Finanzielle Ereignisse

Während sich die erste Phase der Unternehmenshistorie überwiegend durch finanzielle Errungenschaften im Sinne der erfolgreichen Aktienverkäufe darstellte, war die zweite Phase
von kontinuierlich nachlassenden liquiden Mitteln geprägt.

Mitte August 2001 hatte beispielsweise die Finanzabteilung von CargoLifter für ein Füh-
rungskräftetreffen eine detaillierte Übersicht der fixen und variablen Kosten des Unternehmens erstellt. Die Summe der fixen und quasifixen Kosten betrug zu diesem Zeitpunkt 7,7
Mio. Euro monatlich. Den obersten Führungskräften war dementsprechend zweifelsohne
bewusst, dass die noch vorhandene Liquidität des Unternehmens lediglich bis zum Ende des
Jahres oder bei Kostenreduktionen und Investitionsverzögerungen bis ins Frühjahr 2002
reichen würden[523]. Auch die Öffentlichkeit wurde Anfang September über diese Gegebenheit und die Zukunftsaussichten des Unternehmens informiert[524]. Eine länger geplante und
im November 2001 durchgeführte Kapitalerhöhung, die zwar noch einen beachtlichen Kapi-
talzufluss von knapp über 33 Millionen Euro einbrachte, wurde zu diesem Zeitpunkt unternehmensintern auch nur noch als marginale Verbesserung der allgemeinen Finanzsituation
interpretiert[525].

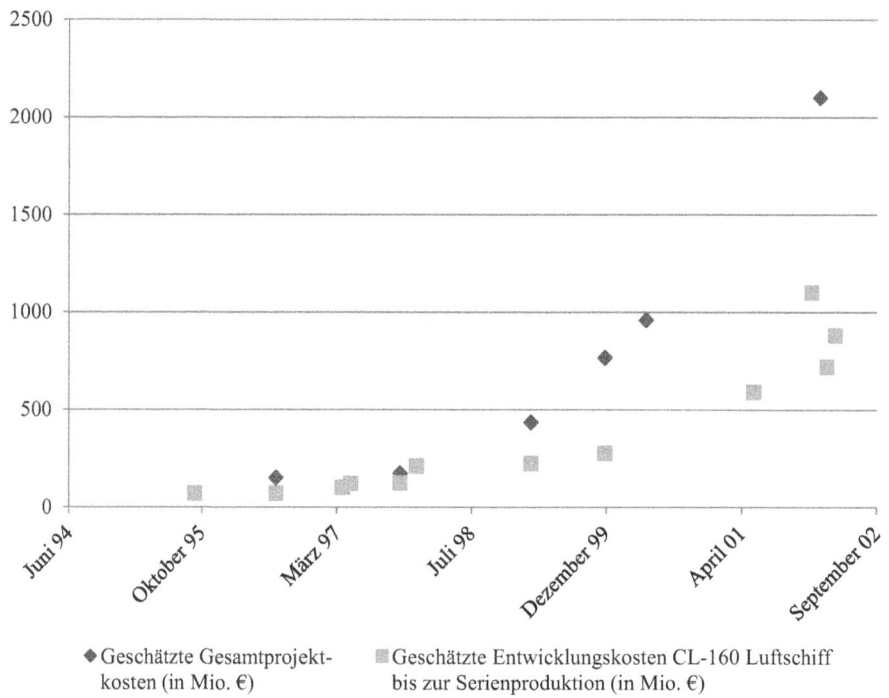

◆ Geschätzte Gesamtprojekt-   ▨ Geschätzte Entwicklungskosten CL-160 Luftschiff
  kosten (in Mio. €)   bis zur Serienproduktion (in Mio. €)

Abbildung 15: Kostenschätzungen und -steigerungen des Entwicklungsprogramms[526]

---

[523] Vgl. Memo externer technischer Top-Management Berater, 25.11.2001: [ID: 679:12].
[524] Vgl. Financial Times Deutschland, 10.09.2011: [PA: 355:2].
[525] Vgl. 2. Quartalsbericht Geschäftsjahr 2001/2002, 30.04.2002: [ID: 239:12].
[526] Die Hinweise auf die einzelnen Quellen der Planungsdaten finden sich in Anhang E.3.

Offensichtlich und damit bedrohlich für den unternehmerischen Bestandserhalt wurden zu diesem Zeitpunkt die parallel zu den Zeitverschiebungen des CL-160 Projekts auftretenden Projektkostensteigerungen, welche auch in Abbildung 15 grafisch veranschaulicht werden. Der Aufsichtsrat und das oberste Management des Unternehmens entschieden daher im November 2001, eine große und namhafte Unternehmensberatung zu Rate zu ziehen. Innerhalb der kommenden zwei Monate führte diese sodann eine wirtschaftliche und finanzielle Bestandsaufnahme CargoLifters durch. Insbesondere wurde der Business-Case des Unternehmens geprüft und zudem auf den noch notwendigen Finanzbedarf bis zur Fertigstellung des ersten CL-160 Prototyps eingegangen. Nach Abschluss der Untersuchung und Präsentation der Ergebnisse im Januar 2002 wurden neuerliche Projektkostensteigerungen deutlich.

Zur Unternehmensgründung im Jahr 1996 sahen die die Business- und Kostenpläne Cargo-Lifters nämlich lediglich 69 Mio. Euro bis zum Eintritt der Luftschiff-Serienproduktion vor[527]. Die zum Zeitpunkt des Börsengangs herausgegebenen Pläne wiesen dann schon deutliche Steigerungen auf und betrugen 275 Mio. Euro[528]. Das beauftragte Topmanagement-Beratungsunternehmen kalkulierte die Kosten bis zum Anlauf der Serienproduktion gemeinsam mit ranghohen Mitarbeiten im Jahr 2002 dann schließlich auf 720 Mio. bis 1,1 Mrd. Euro[529].

Problematisch erwies sich diese erneute Kostensteigerung insbesondere aus einem Grund, welcher auch anhand der folgenden Abbildung 16 grafisch nachvollziehbar wird: Nach der im November 2001 erfolgten Kapitalerhöhung hatte CargoLifter inklusive aller geflossenen Subventionen im Verlauf der Jahre zwar beachtliche 344,5 Mio. Euro an Kapital eingeworben. Durch den Unternehmensaufbau und die bis dato erfolgte technische Entwicklung war jedoch zum Zeitpunkt des Beratungseinsatzes nur noch wenig Liquidität vorhanden. Es wurde also offensichtlich, dass CargoLifter im Frühjahr 2002 und damit mehr als fünf Jahre nach seiner Unternehmensgründung weniger als die Hälfte des bis zum Start der Luftschiff-Serienproduktion notwendigen Kapitals eingeworben hatte. Insbesondere für die nun noch dringend anstehende weitere Entwicklung und später folgende Konstruktion der ersten beiden Luftschiffprototypen fehlte zu Beginn des Jahres 2002 akut das Kapital.

---

[527] Vgl. CargoLifter Business & Cash Flow Planung, August 1996: [ID: 551:24].
[528] Vgl. Interner Bericht, Dezember 1999: [ID: 557:9].
[529] Vgl. Abschlussbericht externes Top-Management Beratungsunternehmen, Januar 2002: [ID: 538:23]; Internes Unternehmensvideo (Hauptversammlung), 16.03.2002: [ID: 723:2].

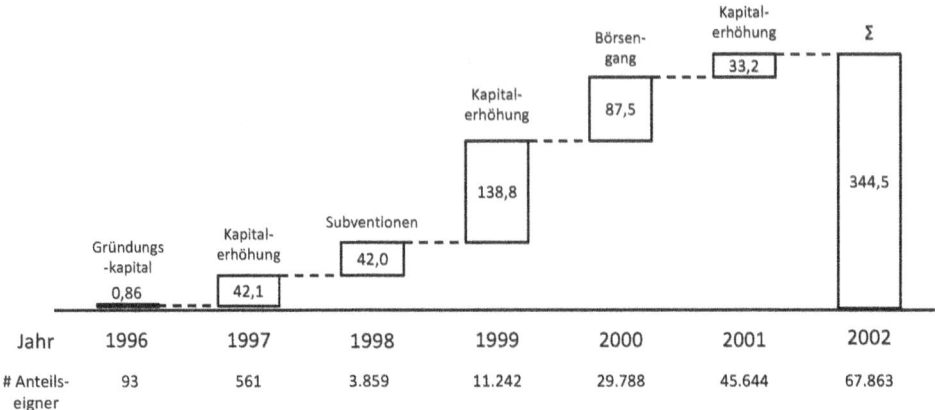

Abbildung 16: Eingeworbenes Kapital im Verlauf der Unternehmenshistorie[530]

Den Aktionären und der Öffentlichkeit wurde diese erneute und drastische Projektkosten-steigerung auf der im März 2002 anstehenden Hauptversammlung erstmalig bekannt gege-ben. Zwar versuchte die Unternehmensführung im Rahmen dieser letzten Hauptversamm-lung noch, eine finanzielle und erste kommerzielle Erfolgsmeldung zu verkünden: Auf einer Pressekonferenz unmittelbar vor Beginn der Versammlung wurde der erste Verkauf eines CL-75-Ballonsystems bei gleichzeitigem Abschluss von zusätzlichen 25 Kaufoptionen an eine neu geschaffene kanadische Gesellschaft verkündet. CargoLifter beteiligte sich zudem mit 20% des Eigenkapitals an dieser Neugründung[531]. Jedoch hinterfragten die Medien, wie beispielsweise das Nachrichtenmagazin Der Spiegel, schon am Tag der Hauptversammlung die tatsächliche Substanz dieses Verkaufs kritisch[532]. Auch andere Medienhäuser versuchten im Verlaufe des Monats nachzuvollziehen, wie glaubhaft dieser Vertragsabschluss tatsäch-lich war. Hierbei entdecken manchen bei der Recherche Widersprüche in den Aussagen von CargoLifter hinsichtlich der Finanzierungsstruktur des neu geschaffenen Unternehmens[533].

Im April 2002 bot CargoLifter als letzte finanzielle Maßnahme eine Wandelanleihe an[534]. Diese brachte dem Unternehmen jedoch nur noch einen einstelligen Millionenbetrag ein. Trotz der zu dem Zeitpunkt schon verstärkten organisationalen Sparmaßnahmen sollten nur wenige Tage Aufschub bis zum Eintritt der Illiquidität gegeben sein.

Anfang Mai 2002 unterzeichneten CargoLifter und der Luftfahrtkonzern Boeing eine über ein Jahr lang verhandelte Absichtserklärung zur Zusammenarbeit[535]. Es gelang dem Unter-nehmen zu diesem Zeitpunkt jedoch nicht mehr, verlorenes Vertrauen in der Öffentlichkeit

---

[530] Eigene Abbildung, Quelle: [ID: 538]. Aus Gründen der Übersichtlichkeit sind alle geflossenen Subventionen dem Jahr 1998 untergeordnet, auch wenn diese teilweise erst später ausgezahlt wurden. Die im Jahr 2002 platzierte Wan-delanleihe wurde nicht in die Abbildung aufgenommen.

[531] Vgl. Internes Unternehmensvideo (Pressekonferenz Hauptversammlung), 16.03.2002: [ID: 715:1].

[532] Vgl. Der Spiegel, 17.03.2002: [PA: 548:10].

[533] Vgl. Der Tagesspiegel, 27.03.2002: [PA: 1119:1].

[534] Vgl. 2. Quartalsbericht Geschäftsjahr 2001/2002, 30.04.2002: [ID: 239:11].

[535] Vgl. Financial Times Deutschland, 03.05.2002: [PA: 565:1].

zurückzugewinnen. Diesen anhaltenden Vertrauensverlust legt beispielsweise auch folgender Medienkommentar anschaulich dar:

„Die Probleme von CargoLifter sind die nicht die des Kapitalmarkts [sic]. Die Schwierigkeiten der Luftschiffbauer aus Brandenburg beruhen auf einer tiefen Vertrauenskrise der Anleger und der Öffentlichkeit. Auf Zweifel an der wirtschaftlichen und technischen Realisierbarkeit des Projekts etwa reagierte das Management zunächst gar nicht, dann mit Dementis, um später dennoch Konzeptänderungen vorzunehmen, die als ,Lernfortschritte' gepriesen wurden. Ein öffentlicher Streit mit einem hartnäckigen Kritiker trug zudem den Beigeschmack einer Diffamierungskampagne. Das alles vermittelte den Anlegern weniger den Eindruck einer souveränen Handhabung eines anspruchsvollen Projekts als vielmehr eines Rückzugsgefechts nach dem Motto ,Wer nicht für uns ist, ist gegen uns.' Da ein wirtschaftlicher Erfolg des Unternehmens bislang noch immer nicht erkennbar ist, hat die Glaubwürdigkeit von CargoLifter massiv gelitten. Allein am wirtschaftlichen Maßstab aber muss sich auch dieses Unternehmen messen lassen. Dies gilt natürlich auch für die Freigabe von Fördermitteln."

Die Welt, 18.05.2002: [PA: 592:7]

Weder die angerufene Landes- und Bundesregierung noch private Investoren waren Mitte Mai 2002 noch gewillt, dem Unternehmen weitere Förderungen respektive Kapitaleinlagen zu gewähren. Zwecks drohender Zahlungsunfähigkeit stellte am 31. Mai die erste und wichtigste Tochtergesellschaft des Unternehmens, die CargoLifter Development, einen Insolvenzantrag. In den folgenden Wochen sollte auch die AG und alle weiteren Tochtergesellschaften Insolvenz anmelden. Da es in der Folgezeit nicht gelang, einen Investor zu finden oder einen Neuanfang herzustellen, markiert die Zahlungsunfähigkeit damit das Ende der innerhalb dieser Arbeit betrachteten Unternehmenshistorie.

Abbildung 17 gibt zusammenfassend eine Chronik über die zentralen Ereignisse der Unternehmenshistorie. Bevor mit der Fallstudienanalyse begonnen werden kann, wird in einem nun folgenden Abschnitt noch ein Überblick zu der Luftschifftechnologie allgemein, den Luftschiffen CargoLifters im Speziellen sowie den Hangar gegeben.

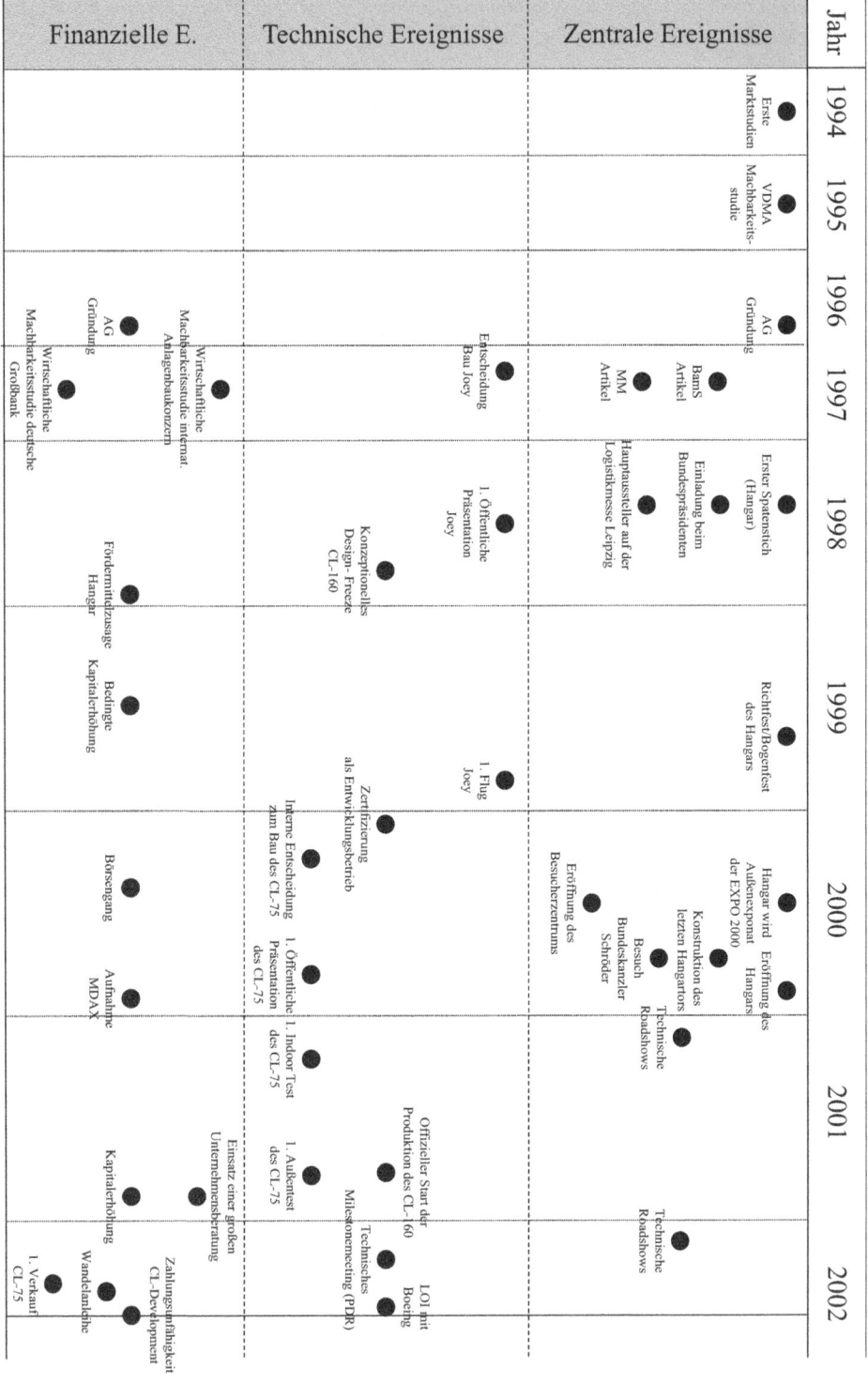

Abbildung 17: Wichtigste Ereignisse der Unternehmenshistorie

5.   Luftschiffe und der Luftschiffhangar: Artefakte des Unternehmens

Zum weiteren Verständnis des Fallgeschehens und der späteren Analyse soll innerhalb des aktuellen Abschnitts ein Überblick über die Luftschifftechnologie, alle Luftfahrtgeräte CargoLifters, sowie den Hangar gegeben werden.

a.   Die Technologie des Luftschiffs CL-160 und dessen Vorläufer

Zum Zeitpunkt der Unternehmensgründung war in den ersten technischen Entwicklungsplänen, Businessplänen und Begutachtungen durch Banken und externen Unternehmen auf dem Weg zum projektierten CL-160 Lastenluftschiff nur ein technologischer Vorreiter als Zwischenstufe vorgesehen. Es handelte sich ein einsitziges Luftschiff mit dem Namen „Joey". Erst nachdem in der Entwicklung technische Probleme und daraus resultierend zeitliche Verzögerungen auftauchten, wurde im Jahr 2000 mit dem Aerostaten CL-75 ein Zwischenschritt eingeleitet. Ebenfalls im Jahr 2000 wurde ein mehrsitziges Luftschiff namens „Charly" erworben, welches hauptsächlichen für die Pilotenausbildung eingesetzt werden sollte.

Um die Faszination an dem Projekt besser verständlich zu machen, werden nun ein Überblick und rudimentäre technische Hintergründe zur Luftschifftechnologie, dem geplanten 160-t-Lastenluftschiff und weiteren Luftfahrtgeräten gegeben.

i.   Ein kurzer Überblick über die Luftschifftechnologie

Luftschiffe – umgangssprachlich zumeist auch als Zeppeline bezeichnet – sind jene Fluggeräte, die auf dem „Leichter-als-Luft"-Prinzip basieren. Sowohl Ballone als auch Luftschiffe werden dieser Gesetzmäßigkeit folgend konstruiert und erhalten ihren aerostatischen Auftrieb dadurch, dass ihre Gesamtmasse leichter als die sie umgebende Luft ist. Während bei Fesselballonen und Heißluft-Luftschiffen als Traggas lediglich erhitzte Luft verwendet wird, findet bei originären Luftschiffen in aller Regel Wasserstoff oder das Edelgas Helium Verwendung. Hierbei gilt, dass Wasserstoff zwar aufgrund der Häufigkeit seines natürlichen Vorkommens wesentlich preisgünstiger zu beziehen ist und vor allem eine höhere Tragkraft aufweist, jedoch leicht entflammbar ist. Helium hingegen ist nicht brennbar, weist aber eine geringere Tragkraft auf. Helium-Luftschiffe müssen also über ein wesentlich größeres Volumen als Wasserstoff-Luftschiffe verfügen, um die gleiche Masse heben zu können[536]. Insbesondere aus Sicherheitsaspekten findet in den heute vorherrschenden Luftschiffen fast ausschließlich Helium Verwendung[537].

Drei wesentliche Luftschiff-Typen lassen sich anhand der Konstruktionsart unterscheiden. Neben Starrluftschiffen existieren halbstarre Luftschiffe sowie der Typ des Prallluftschiffs[538]:

---

[536] Die Tragkraft des gewählten Traggases ist immer abhängig von der Umgebungstemperatur und dem vorherrschenden Luftdruck. So beträgt die Tragkraft in Meereshöhe bei einer Temperatur von 0° Celsius (sowohl von Außenluft als auch des Traggases) von Wasserstoff 1,20 kg und für Helium 1,11 kg. Bei 30° Celsius betragen die Werte hingegen nur noch 1,08 bzw. 1,00 kg (vgl. Kleinheins/Meighörner 2005, S. 1).
[537] Vgl. Klußmann/Malik 2007, S. 32.
[538] Vgl. Hallmann 2002; Klußmann/Malik 2007, S. 182.

- Prallluftschiffe – teilweise auch als „Blimp" bezeichnet – kommen von ihrer Grund-konstruktion am nächsten an einen Fesselballon heran. Die Luftschiffgondel, an der die Antriebe befestigt sind und in der sich die Piloten und gegebenenfalls weitere Passagiere befinden, wird nicht über eine starre Verbindung sondern nur über Seile oder Klebungen mit der Luftschiffhülle verbunden. Auch das Heckleitwerk ist häufig lediglich an der Hülle des Luftschiffs über Verklebungen angebracht. Insgesamt fehlt einem Blimp jedes starre innere Gerüst. Die einzigen festen Elemente eines solchen Luftschiffs sind die Gondel und Leitwerke. Damit diese Art von Luftschiffen über-haupt flugtauglich sind und dauerhaft stabil in der Luft bleiben, benötigen sie eine ausgeglichene aerodynamische Form. Diese wird dadurch erreicht, dass der Innen-druck der Hülle höher als der Umgebungsdruck ist. Es herrscht also Überdruck in-nerhalb der Luftschiffhülle. Um diesen Überdruck permanent aufrechtzuerhalten, müssen zusätzlich Ballonetts innerhalb der Hülle verbaut werden. Ballonetts lassen sich simplifiziert wie Schwimmblasen vorstellen. Je nach Flughöhe des Luftschiffs ändern sich nämlich die Druckverhältnisse der Umgebungsluft und damit auch das Volumen des Traggases. Um ein Kollabieren der Hülle bei abnehmendem Innen-druck zu verhindern, werden die Ballonetts mit Luft gefüllt, wodurch die Luftschiff-hülle nach wie vor durch einen Überdruck prall gefüllt ist und damit seine ausgegli-chene aerodynamische Form beibehält.
- Bei halbstarren Luftschiffen lassen sich grob zwei Subtypen unterscheiden. Ein rei-nes Kielluftschiff oder ein Kielluftschiff mit einem Teilskelett innerhalb der Hülle. Beide verfügen zunächst über einen starren Kiel, an welchem die Gondel und die meisten weiteren festen Teile befestigt werden. Dieses Konstruktionsprinzip ermög-licht eine gleichmäßigere Verteilung der innerhalb eines Luftschiffs auftretenden Kräfte. Je nach Einsatzzweck und Größe des Luftschiffs wird der Kiel zusätzlich um eine innerhalb der Hülle befindliche Verstrebung ergänzt, womit weitere Stabilität geschaffen werden kann und an der weitere feste Teile, z.B. Trieb- oder Leitwerke, befestigt werden können. Auch bei diesem Luftschifftyp ist ein Überdruck innerhalb der Luftschiffhülle zur Bewahrung der aerodynamischen Form notwendig und muss ebenfalls durch Ballonetts dauerhaft sichergestellt werden.
- Als Starrluftschiffe werden Luftschifftypen bezeichnet, die auf Basis eines festen strukturellen Gerüsts konstruiert sind. Die Form eines Luftschiffs starrer Bauart wird durch dieses strukturelle Gerüst vorgegeben. Hierdurch ergibt sich der deutlichste Unterschied zu halbstarren sowie Prallluftschiffen. Das feste Gerüst innerhalb von Starrluftschiffen prägt die Struktur des Schiffs, nicht aber der Überdruck innerhalb der Hülle. Zwar wird auch bei diesen Schiffen der Auftrieb durch ein Traggas herge-stellt, es befindet sich jedoch zumeist in speziellen Gaszellen weiter innerhalb des Schiffs, sogenannten Compartments. Die äußerste Hülle eines starren Luftschiffs dient nicht zur Speicherung des Traggases, sondern ist lediglich ausschlaggebend für den Wetter- und Windschutz. Nur die inneren Gaszellen müssen eine hohe Dichtig-keit aufweisen. Da auch kein Überdruck auf der Außenhülle herrschen muss, kann auf Ballonetts verzichtet werden. Auch wenn das innere tragende Gerüst bei starren

Luftschiffen fast immer aus leichtem Aluminium gefertigt wird, führt dieses im Vergleich mit prallen und halbstarren Luftschiffen zu einem erheblich höheren Gewicht.

Das legendäre Luftschiff „Hindenburg" sowie dessen weit weniger bekanntes Schwesterschiff „Graf Zeppelin II" der Zeppelinwerke stellen die größten jemals gebauten Luftschiffe und die größten jemals konstruierten Starrluftschiffe dar. Und tatsächlich imponieren die Ausmaße bis heute: Mit einer Länge von über 245 m und 41 m Durchmesser war es schon damals möglich, 242 t Gesamtgewicht bei 118 t Leergewicht mit einer Wasserstofffüllung von 200.000 m³ zu heben[539].

Ursprünglich waren diese Luftschiffe rein für einen Betrieb mit Helium ausgelegt. Aufgrund der Klassifizierung von Helium als strategisch relevante Ressource wurde von der US-amerikanischen Regierung jedoch in den 1930er-Jahren ein Exportverbot an Deutschland erlassen[540]. Innerhalb der USA wurde damals die weltweit größte Menge an Helium produziert[541]. Beim Betrieb der Hindenburg und dessen Atlantikfahrten musste also auf Wasserstoff zurückgegriffen werden, das zwar den schon erwähnten Vorteil der höheren Tragkraft aufweist, jedoch auch die immanente Gefahr der hohen Brennbarkeit mit sich bringt. Das bis heute im kollektiven westlichen Gedächtnis[542] verankerte Unglück der Hindenburg in Lakehurst, New Jersey, am 6. Mai 1937[543] muss auch als direkte Folge dieser Traggasproblematik gesehen werden – beim Einsatz von Helium wäre ein derartiger Unfall schlicht nicht möglich gewesen[544].

ii.   CL-160: Das geplante CargoLifter Lastenluftschiff

Der im vorherigen Abschnitt kurz angeführte technische und historische Exkurs war nötig, um darauf aufbauend den technologischen Ansatz des Unternehmens CargoLifter zu erläutern. Während die Luftschifffahrt und -industrie seit dem Unglück von Lakehurst nämlich kein Massenphänomen mehr war[545], sondern technologisch nur noch ein Nischendasein fristete, nahm sich das Unternehmen im Jahr 1996 mit der Planung des Luftschiffs CL-160 die große Aufgabe vor, die Renaissance der Großluftschiffe einzuläuten. Die technische Grundidee blieb im Unternehmensverlauf zwar unverändert, jedoch wurden im Zeitablauf einige technologische Planungsänderungen und Konzeptmodifikationen durchgeführt. Tabelle 9 verdeutlicht diesen Wandel der Spezifikationen und technischen Herangehensweisen. Im Folgenden wird nun das generelle technische Grundkonzept skizziert.

---

[539] Vgl. für eine Übersicht über das Luftschiff „Hindenburg" bspw. Waibel 2010.
[540] Vgl. Braun 2007, S. 419 ff.
[541] Vgl. Haberstroh 2010, S. 11.
[542] Teilweise wird dieses Ereignis auch als erstes massenmediales Desaster der Neuzeit dargestellt (vgl. Campbell 2008).
[543] Dieses Unglück hat nicht nur breite öffentliche Aufmerksamkeit erhalten, sondern wird bis heute in vielen Domänen – wie der allgemeinen Geschichtsforschung, der Technikhistorie oder der Unfallursachenforschung – erforscht. Vgl. für einen Überblick bspw. Frank 2008, S. 31 ff.
[544] Vgl. Knäusel 1988, S. 130 ff.
[545] Vgl. Fritzsche 1992; de Syon 2002; Reinicke 1998; Zeising 1998.

Jahr / Technologische Ausprägung	1996	1997	1998	1999	2000	2001	2002
Dimensionen	236 m Länge, 59 m Durchmesser	242 m Länge	250 m Länge	|↗	260 m Länge, 65 m Durchmesser		
Volumen	350.000 m³ Helium	400.000 m³ Helium	|↗	550.000 m³ Gesamtvolumen, 450.000 m³ Helium			
Triebwerke	|↗	4 Diesel-Vortriebwerke, je 6 MW Leistung, 6,5 m Durchmesser		←|↗	Powerwingkonzept: 16 Triebwerke, davon 4 Vortriebwerke, 12 Manövertriebwerke	|↗	Wegfall der Powerwings und separater Strom-Generatoren, 8 statt 16 Triebwerke, 16 Triebwerke, bewegliche Marschtriebwerke
Geschwindigkeit	max. 140 km/h	135 km/h Reisegeschwindigkeit	80 - 120 km/h Reisegeschwindigkeit; max. 135 km/h		90 km/h Reisegeschwindigkeit		
Reichweite	|↗	10.000 km ohne Zwischenstopp		←|↗	Bei 10.000 km müssten Auftankstopps in die Route eingeplant werden. Die erste Luftschiffgeneration soll nur bis 4.000 km Reichweite ausgelegt werden.		
Cargo-Loadbay	Extern des Luftschiffes	←|↗	Innerhalb des Luftschiffkiels, 50x8x8m Ausmaße, 3.200 m³ Fassungsvolumen				
Gaszellen	Mehrere individuelle Gas-Compartments			←|↗	Ein einziges Gas-Compartment		

Tabelle 9: Technologische Planungsentwürfe und Entwicklungsstufen des CL-160 Luftschiffs

Ganz im Gegensatz zu den historischen Vorbildern der 1930er-Jahre, welche überwiegend für den Passagiertransport eingesetzt wurden, sah das CL-160-Luftschiff vor, große und bis zu 160 t schwere Lasten nonstop über weite Strecken zu transportieren. Schon allein durch die Metaphorik des Wortes „CargoLifter" zeigt sich die Geschäftsidee des Hebens und Schwebens von Fracht auf einfache Weise.

Von den Ausmaßen war die erste angedachte Version des Transportluftschiffs, der CL-160, zwar noch an seine historische Vorbildern angelehnt, was auch vielfach innerhalb von Unternehmenspräsentationen grafisch veranschaulicht wurde[546]. Mit einer geplanten Länge von 260 m wäre das Lastenluftschiff beispielsweise nur gut 15 m länger als die Hindenburg als größtes jemals gebautes Luftschiff gewesen. Jedoch ergab sich durch das Nutzungsverbot von Wasserstoff und den Zwang, das tragschwächere Helium einzusetzen, der Bedarf nach mehr Volumen. Mit einem geplanten Durchmesser von 65 m hätte ein CL-160-Luftschiff ein Gesamtvolumen von 550.000 m³ bei einer Heliumfüllung von über 450.000 m³ enthalten. Dieses Luftschiff hätte also mehr als doppelt so viel Traggas wie die Hindenburg enthalten, welche „nur" mit 200.000 m³ Wasserstoff gefüllt war.

Nicht nur die Ausmaße und das Volumen hätten den CargoLifter als größtes jemals gebautes Luftschiff einzigartig gemacht. Vielmehr wurde entgegen den historischen Vorbildern und aus Gewichtsgründen angedacht, nicht auf einer festen Struktur im Sinne eines Starrluftschiffs aufzubauen, sondern den CL-160 als reines Kielluftschiff zu konstruieren. Ohne jegliche innere Struktur sollten die Triebwerke, Gondel sowie die Ladebucht und der Laderahmen an einem Kohlefaser-Kiel angebracht werden. Überdies wurde in den letzten Planungsversionen im Jahr 2002 auf die Integration mehrerer individueller Gaszellen verzichtet, sodass das Traggas für das Luftschiff lediglich in der Luftschiffhülle als einzige Helium-Zelle enthalten gewesen wäre. Aufgrund des Grundprinzips der Luftschifftechnologie hätte daher innerhalb dieser Hülle Überdruck herrschen müssen[547]. Anzumerken bleibt an dieser Stelle schon, dass sowohl ein Kielluftschiff als auch eine einzelne Traggaszelle in dieser Größenordnung noch nie konstruiert und produziert worden sind.

Auch durch den vorgesehenen Prozess des Lastaustauschs sollte mit dem CL-160 völliges technologisches Neuland betreten werden. Die bis zu 160 t schwere Last sollte in einem Lastaufnahmerahmen aufgenommen und innerhalb des Luftschiffs in einer Ladebucht mit den Ausmaßen 50 x 8 x 8 m verstaut werden, was einem Umfang von 36 Transportcontainern entsprochen hätte. Zum Be- und Entladen der Fracht wurde konzeptionell geplant, das Luftschiff über der Baustelle oder dem Produktionsort schweben zu lassen und es mit speziellen Seilen in einer festen Position über dem Grund zu halten. Durch ein speziell konstruiertes und innerhalb des Luftschiffs integriertes Kransystem würde in einem nächsten Schritt der Laderahmen herabgelassen und nach erfolgter Be- bzw. Entladung wieder in das Luftschiff hochgezogen[548]. Obgleich dieser Prozess leicht nachvollziehbar ist und unkompliziert erscheint, ist dieses Verfahren in der Luftschiffhistorie niemals angewendet worden und

---

[546] Vgl. Präsentationsunterlagen: Zusammenarbeit mit einem Luft- und Raumfahrtkonzern, 07.09.2001: [ID: 673:2].
[547] Vgl. PR-Broschüre, 1996: [ID: 451:11].
[548] Vgl. Externe Wirtschaftlichkeitskalkulation dt. Großbank, 28.04.1997: [ID: 590:16].

zudem äußerst komplex. Während des mehrstündigen Ladeprozesses hätten Seitenwinde auftreten können, die das Luftschiff aus seiner optimalen Position gebracht hätten. Darüber hinaus hätte eine Änderung der Sonnenintensität dazu führen können, dass sich die Luftdruckverhältnisse geändert hätten und dadurch die Tragkraft des Gases beeinflusst worden wäre. Für diesen Prozess wäre ein integrales Ballast- und Druckmanagementsystem für das Luftschiff und die Hülle unerlässlich gewesen.

Erschwerend kommt hinzu, dass ein Luftschiff jederzeit „balanced", also sich in einem ausgeglichenen schwerelosen Zustand befinden muss. Da jedoch beim Entladen der Fracht ein Luftschiff an Masse abnimmt, würde das enthaltene Traggas also zu viel Auftrieb generieren. D.h. bei jeder Entladung hätte beim CargoLifter entweder Traggas abgelassen oder ein Ausgleichsgewicht geladen werden müssen. Das Ablassen von Helium hätte sich jedoch aufgrund des hohen Preises nur im Notfall angeboten, sodass das Unternehmen plante, einen Ballastaustausch mit Wasser durchzuführen. Jede entnommene Last sollte mit Ballastwasser in gleicher Menge ausgeglichen werden. Hierzu sollten sich in dem Laderahmen spezielle Wassertanks befinden, welche bis zu 160 t Wasser hätten aufnehmen sollen.

Bei längeren Flugstrecken wäre zudem ein unmittelbar damit verwandtes Problem aufgetreten. Dadurch nämlich, dass das Flugbenzin verbraucht wird, verliert ein Luftschiff gemeinhin an Gewicht. Der nun automatisch entstehende Auftrieb müsste wieder ausgeglichen werden, wobei sich wie gehabt für CargoLifter ein Ablassen des Traggases theoretisch angeboten hätte, jedoch aus Kostengründen unwirtschaftlich gewesen wäre[549]. Alternativ kann der Masseverlust durch Aufnahme von Ballastwasser ausgeglichen werden. Schon in den 1930er-Jahren wurden für diese Problematik spezielle Ballastwasserrückgewinnungsanlagen getestet, die sich jedoch aufgrund auftretender Korrosion wenig bewährten. Das Unternehmen CargoLifter plante auch für das CL-160-Luftschiff entsprechende Anlagen zu entwickeln, kam aber innerhalb der Unternehmensgeschichte nicht über technische Anfangsstadien hinaus.

Die Planungen erschienen sehr ambitioniert und zukunftsweisend. Das Unternehmen sah vor, das von den Ausmaßen und vom Volumen her größte jemals existierende Luftschiff zu bauen, wobei im Vergleich zu den schon gebauten Zeppelinen der 1930er-Jahre eine abweichende und in diesen Dimensionen niemals verwendete Konstruktionsart gewählt wurde. Zudem bestand die Zielsetzung, ein Luftschiff für einen noch nie dagewesenen Einsatzzweck – nämlich den Lastentransport – einzusetzen. Dies machte neuartige Verfahren bei der Lastaufnahme und dem Ballastausgleich nötig. Insgesamt lässt sich durchaus in vielen Feldern des anvisierten Luftschiffs CL-160 ein hohes Maß an Radikalität erkennen. Die folgende Tabelle 10 gibt einen zusammenfassenden Überblick über diese extremen und einzigartigen Merkmale des geplanten Luftschiffs.

---

[549] Vgl. Hallmann 2002, S. 123 f.

Einzigartigkeitsmerkmal / Extremmerkmal	CargoLifter CL 160 Luftschiff	Vergleichsmaßstab
Größtes jemals gebautes Luftschiff	260 m Länge, 65 m Durchmesser	246 m Länge, 41 m Durchmesser (LZ 129 Hindenburg, Baujahr: 1936)
Größtes jemals gebautes Kielluftschiff	260 m Länge, 65 m Durchmesser	125 m Länge, 25 m Durchmesser, 34.000 m³ Volumen (Nobile Roma, Baujahr: 1920)
Größtes Hüllenvolumen	550.000 m³ (Äußere Hülle ≙ einzige Traggaszelle)	200.000 m³ Volumen in 16 Traggaszellen (LZ 129 Hindenburg, Baujahr: 1936)
Größtes Hüllenvolumen innerhalb einer einzigen Traggaszelle	550.000 m³	~40.000 m³ (Goodyear ZPG-3W, Baujahr: 1958)
Größte Hüllenfläche	65.000 m³	34.000 m² (LZ 129 Hindenburg, Baujahr: 1936)
Höchstes Gesamtgewicht	>400 t	242 t (LZ 129 Hindenburg, Baujahr: 1936)
Höchste Frachtzuladung	160 t Fracht	50 t Fracht (LZ 104, Baujahr: 1917)
Cargo Loading Bay	Einzigartig in der Geschichte der Luftschifffahrt	-
Lastaufnahmeverfahren (mehrstündiges Schweben über dem Ladeplatz)	Einzigartig in der Geschichte der Luftschifffahrt	-

Tabelle 10: Extrem- und Einzigartigkeitsmerkmale des geplanten CL-160 Luftschiffs

Die erste projektierte Zielgröße des Luftschiffs und die damit verbundene maximale Nutzlast von 160 t kamen durch die schon erwähnten Vorgaben der potenziellen Abnehmer zustande[550]. Zudem orientierte sich die Gesamtlänge des Luftschiffs eng an schon durch historisch erreichten Größenmarken der Hindenburg und Graf Zeppelin II[551], was gut durch interne Planungsdokumente und Kommunikationsunterlagen belegbar ist: *„Die Dimension [des Luftschiffs] entspricht dabei noch in etwa der Hindenburg [...], so daß auf deren Daten bezüglich des Flugverhaltens zurückgegriffen werden kann"[552]*. Interessanterweise wiesen noch im Jahr 1999 Einschätzungen leitender technischer Mitarbeiter darauf hin, dass die Innovation als solche nicht radikaler Natur sei: *„Konzept mit erprobter Technik [...] ‚Grundlagenforschung mußten wir nicht betreiben. Die zum Bau erforderlichen Technologien liegen vor – teilweise sind sie seit den dreißiger Jahren erprobt"[553]*, merkte ein leitender technischer Entwickler an. Dieser Aspekt sei zunächst dahingestellt, da er im Verlauf der Arbeit noch gezielt dargestellt und analysiert werden wird.

Erstaunlicherweise wurde die Einstiegsgröße des CL-160-Luftschiffs noch durch einen zweiten Aspekt legitimiert. Während der Anfangsjahre[554] und bis ins Jahr 2000 hinein[555]

---

[550] Vgl. Entwurf eines Zeitschriftenbeitrags durch einen Mitarbeiter, 1999: [ID: 415:4].
[551] Vgl. Präsentationsunterlagen Zusammenarbeit mit einem Luft- und Raumfahrtkonzern, 07.09.2001: [ID: 673:2].
[552] PR-Broschüre, 1996: [ID: 451:14].
[553] PR-Mitteilung, Januar 1999: [ID: 27:9].
[554] Vgl. PR-Mitteilung, Januar 1999: [ID: 24:4].
[555] Vgl. Geschäftsbericht 1999/2000, 24.11.2000: [ID: 227:17].

herrschten die Anschauungsweise vor, dass mit diesem 160-t-Lastenluftschiff nur ein erster Schritt vollzogen sein sollte. Bis zum Jahr 2010 – so Planungen in der ursprünglichen VDMA-Konzeptstudie im Jahr 1995 – sollten gar Luftschiffe mit einer Kapazität von 500 t einsetzbar sein[556]. Der CL-160 stellte sich also nur als kleinstes Schiff innerhalb einer Reihe größerer CL-Versionen, bis hin zum CL-500 dar. Als Prototyp geplant war in den Gründungsjahren[557] lediglich ein kleines Luftschiff: Joey.

iii.   Joey – Ein selbstkonstruiertes Kielluftschiff

Entgegen dem Luftschiff CL-160, welches niemals über die Konzeptphase hinauskam und daher nie konstruiert wurde, ist das Luftschiff „Joey" von CargoLifter tatsächlich gebaut worden. Der Erstflug erfolgte im Herbst 1999.

Technische und historische Ursprünge des Projekts lagen an der schon erwähnten süddeutschen Universität, an der ein Aufsichtsratsmitglied des Unternehmens eine Professur bekleidete und ein leitender technischer Angestellter des Unternehmens seine Dissertation verfasste. In den Vorjahren entstanden dort kleinste unbemannte Solarluftschiffe. So ist es nachvollziehbar, dass das Konzept zum Luftschiff Joey dann auch im Februar 1997 im Rahmen einer Universitätsveranstaltung vorgestellt wurde:

„,Joey' ist der Name eines kleinen Versuchsmusters, das zur Entwicklung eines Frachtluftschiffes für den globalen Transport beitragen soll. Geplant ist ,Joey' als ein Schiff, das über ausreichend Platz für 2 Personen bzw. 1 Person und entsprechendes Meßequipment verfügt. "

PR-Mitteilung Süddeutsche Universität, 07.02.1997: [ID: 611:1]

Präsentiert und vorgestellt wurde dieses Luftschiff immer in Hinblick auf das Luftschiff CL-160, wobei hier zumeist darauf verwiesen wurde, dass Joey im Maßstab 1:8 zu dem geplanten CL-160 stünde[558]. Mit einer Länge von 32 m und einem Durchmesser von 8 m ist diese Information zwar durchaus zutreffend. Jedoch verfügt das Joey-Luftschiff nur über ein Volumen von knapp über 1.000 m³. Nach den Gesetzmäßigkeiten der sogenannten Ähnlichkeitsmechanik müsste der Vergleichsmaßstab jedoch auf das Volumen des Traggases ausgerichtet sein, so dass ein Volumen-Maßstab zum Vergleich herangezogen werden müsste[559]. Bei Betrachtung dieser Kausalität steht der Joey zu einem CL-160 folglich in Relation 1:550 und ist damit wesentlich kleiner. Eine Information und Größenrelation, die innerhalb von internen Unternehmensdokumenten und in Dokumenten, die an die Öffentlichkeit gerichtet waren, nicht zu finden ist.

Ferner ist zwar die technische Grundkonzeption des Joey mit dem des CL-160 vergleichbar, da auch hier auf die Bauart eines Kielluftschiffs gesetzt und dieser Kiel in Sandwichbauwei-

---

[556] Vgl. VDMA-Marktstudie CargoLifter, 1995: [ID: 583:3].

[557] Erst kurz vor der Insolvenz im Jahr 2002 wurde das Konzept einer kleineren Vorversion erarbeitet, welche die grundsätzliche Funktionalität des CL-160 präsentieren sollte. Vgl. Interne Präsentationsunterlagen, Februar 2002: [ID: 488:1].

[558] Vgl. PR-Unternehmensvideo, Juli 1998: [ID: 5:23].

[559] Vgl. Hallmann 2002, S. 120. Diese Tatsache wird dadurch verstärkt, dass sich Abkühlungs- und Erwärmungsprozesse großer Heliummengen wesentlich expansiver entwickeln können, was einen direkten Einfluss auf die Ausdehnung der Traggasfüllung haben kann. Hierdurch können vor allem sehr problematische Rückwirkungen auf die Tragkraft entstehen.

se aus kohlefaserverstärktem Kunststoff gefertigt wurde. Jedoch verfügt Joey innerhalb seiner Hülle neben vier einzelnen Traggaszellen über eine Fachwerkkonstruktion und Leitwerkskreuze, sodass auf dem Kiel noch einige verstärkende interne Streben und Elemente zur Stabilisierung aufgebaut wurden. Der innere Konstruktionsaufbau unterscheidet sich damit zentral zu den Planungsentwürfen des CL-160.

Die dem Luftschiff Joey vielfach attribuierte Rolle eines Prototyps[560] kam dieser schon aufgrund seines abweichenden Konstruktionsaufbaus nicht nach. Es wurde daher nicht die Konstruktion des CL-160 vorbereitet, sondern zunächst nur ein Luftschiff ähnlicher Bauart, jedoch viel geringerer Größe entworfen und konstruiert.

In den Folgejahren wurde das Luftschiff Joey in der Außendarstellung und -kommunikation des Unternehmens dennoch vielfach als „[f]unktionsfähiger Demonstrator (inklusive Lastaufnahmeverfahren)"[561] vorgestellt. Erklärtes Ziel war zu dieser Zeit, anhand des Demonstrationsobjekts das Prinzip des Lastaufnahmeverfahrens und Ballastausgleichs zu testen und vorzuführen.

Inwiefern Joey tatsächlich für diese Zwecke verwendet wurde und sich für diese überhaupt eignete, ist für das Fallgeschehen und dessen Interpretation von großer Bedeutung. Auf diese Thematik wird demzufolge im Analyseteil präziser eingegangen werden. Fest stand aber schon im Jahr 1998, dass sich Joey keinesfalls als Luftschiff zur Ausbildung von Luftschiffpiloten geeignet hätte. Das Unternehmen benötigte ein weiteres und für höhere Passagierzahlen ausgelegtes Luftschiff.

iv.   Charly – Das Skyship 600B

Obgleich mit dem Luftschiff Joey neuartige technologische Ansätze verfolgt worden waren, waren die Einsatzszenarien für dieses Luftschiff schon aufgrund seiner Größe begrenzt. Insbesondere für die Ausbildung von Luftschiffpiloten konnte das Gerät nicht benutzt werden, da es nicht über genügend Sitzplätze verfügte. Bei CargoLifter und der für den Betrieb der Luftschiffe zuständigen Tochtergesellschaft Operations wurde die Problematik der Ausbildung von Luftschiffpiloten schon früh identifiziert und thematisiert. Da CargoLifter mittelfristig mit der Produktion und dem anschließenden operativen Einsatz einer dreistelligen Anzahl von CL-160-Luftschiffen innerhalb seines Business-Plans kalkulierte, weltweit aber überhaupt nur äußerst wenig Piloten über eine Luftschifflizenz verfügten, musste für eine eigenständige Ausbildung von Luftschiffpiloten gesorgt werden[562]. Für diese Ausbildungszwecke wurde daher im Jahr 1998 während eines Managementtreffens des erweiterten Füh-

---

[560] Innerhalb der Außenkommunikation über die Aktionärszeitschrift wird Joey als kleiner Prototyp des CL-160-Luftschiffs bezeichnet (vgl. Tagesordnung 1. ordentliche Hauptversammlung, 23.11.1997: [ID:430:10]). Auch Studien externer Unternehmen und Banken argumentieren in der Anfangsphase ähnlich: „Im Jahr 1997 bis 1998 wird in Stuttgart ein kleiner Prototyp gebaut und sowohl im Windkanal als auch in der Praxis erprobt" (Externe Wirtschaftlichkeitskalkulation dt. Großbank, 28.04.1997: [ID: 590:10]). Oder: „Der Bau des kleinen Prototyps Joey wird Ende 1997 beginnen und Mitte 1998 von Flugtests abgelöst werden" (Externe Wirtschaftlichkeitskalkulation internat. Großunternehmen (überarbeitete Version), 09.05.1997: [ID: 598:3]).
[561] PR-Mitteilung, Januar 1999: [ID: 23:3].
[562] Vgl. Internes Planungs-/Strategiedokument, 20.08.1998: [ID: 586:2].

rungskreises die Idee diskutiert, ein sogenanntes „Skyship 600B" für Ausbildungszwecke zu erwerben und zu betreiben[563].

Bei diesem aus englischer Produktion stammenden Luftschifftyp handelt es sich um ein klassisches Prallluftschiff. Erste Flugerprobungen mit diesem Luftschiffmuster fanden im Jahr 1984 statt. Mit einer Länge von knapp 60 m und einem Durchmesser von 15 m wird ein Volumen von 7.500 m³ erreicht. Dieser Luftschifftyp verfügt damit über eine Tragkraft, mit der bis zu zwölf Passagiere und zwei Piloten in der Gondel transportiert werden können[564].

Im Frühling 2000 erwarb CargoLifter in England ein gebrauchtes Skyship 600B, ließ es technisch überarbeiten und nach Deutschland überführen und taufte es später auf den Namen „Charly". Aus Anlass des 100-jährigen Jubiläums des ersten Zeppelinaufstiegs nahm es am 2. Juli 2000 überaus öffentlichkeitswirksam neben drei weiteren Luftschiffen anderer Konstrukteure an der Luftschiffparade über dem Bodensee teil[565].

v.   CL-75: Der Lastenballon

Aus für das Fallgeschehen nicht unerheblichen und deshalb im Analyseteils noch präzise zu analysierenden Gründen entstanden im Jahr 1999[566] erste Ideen, einen technischen Zwischenschritt auf dem Weg hin zum geplanten CL-160 einzulegen. Zwei leitende Mitarbeiter, wovon einer einen intensiven praktischen Hintergrund in der Luftschiffindustrie und Hüllenmaterialfertigung erfahren hatte und ein anderer einen militärischen Hintergrund vorweisen konnte, erinnerten sich an Versuche des Militärs mit großen Aerostaten[567]. Angedacht wurde, unbemannte Ballone als „schwebende Kräne" einzusetzen. Diese Grundidee reicht bis ins Jahr 1859 zurück[568] und wurde nicht nur beim Militär, sondern auch in zivilen Forschungseinrichtungen in Frankreich und Kanada in den frühen 1990er-Jahren getestet. Auch ein späteres Aufsichtsratsmitglied veröffentlichte zu dieser Thematik schon im Jahr 1993 – weit vor seiner Tätigkeit bei CargoLifter – einen Artikel in einer Logistik-Branchenzeitschrift[569].

Unter dem Projektnamen „Tug-a-blog" wurden im Jahr 1999 erste technische Spezifikationen und Anforderungen diskutiert. Im März 2000 wurde das Projekt durch den Aufsichtsrat offiziell unter dem Namen „Tow Tech" initiiert, indem zwölf Richtlinien für die Projekt- und Programmplanung aufgestellt wurden, welche insbesondere die technische Funktionalität skizzierten, Anforderungen definierten und die Führungskompetenzen darlegten[570]. Unter dem Namen „CL-75 Aircrane" wurden die Unternehmensplanungen im Herbst 2000 auch erstmalig den Aktionären und der Öffentlichkeit präsentiert und ein Prototyp zur Produktion in Auftrag gegeben[571]. Erste Indoor-Funktionstests mit diesem Prototypen wurden

---

[563] Vgl. Protokoll Management Meeting, 25.05.1998: [ID: 697:7].
[564] Vgl. Kleinheins/Meighörner 2005, S. 250; Rimell 1993.
[565] Vgl. PR-Unternehmensvideo, Juni 2002: [ID: 651:45].
[566] Vgl. Präsentation externes Top-Management Beratungsunternehmen, 05.07.1999: [ID: 479:78].
[567] Vgl. Interne E-Mail Kommunikation, 31.10.2000: [ID: 685].
[568] Vgl. Hallmann 2002, S. 102 f.
[569] Vgl. Zeitungsbeitrag eines späteren Aufsichtsrats, 25.09.1993: [ID: 473:2].
[570] Vgl. Internes Planungs-/Strategiedokument, 26.10.2000: [ID: 687:6].
[571] Vgl. 1. Quartalsbericht Geschäftsjahr 2000/2001, Januar 2001: [ID: 236:8].

im Januar 2001 und ein erstmaliger Freilufttest im Herbst 2001 durchgeführt[572]. Auf einer Pressekonferenz unmittelbar vor der letzten Hauptversammlung im März 2002 erfolgte zudem der bereits erwähnte Verkauf eines ersten Ballonsystems an eine kanadische Gesellschaft[573], welcher aber in der Insolvenzphase nicht mehr ausgeführt wurde.

Von technologischer Seite her sind das geplante Ballonkransystem und der einzige jemals produzierte Prototyp wesentlich übersichtlicher als ein CL-160-Luftschiff, wobei dessen Ausmaße dennoch beachtlich sind. Mit einem Durchmesser von 61 m und 110.000 m³ Volumen sollte der Heliumauftrieb insgesamt für eine maximale Traglast von 75 t sorgen – daher der Name CL-75. Über an dem Ballon befestigte Seilkonstruktionen wurde ein speziell angefertigter Laderahmen für die Fracht angehängt, innerhalb dessen auch die Ballastwassertanks enthalten waren[574]. Als Einsatzszenarien wurden vielfältige Möglichkeiten diskutiert. Zum Beispiel wurde der Ballon neben dem Brückenersatz in Krisengebieten auch als Kranersatz für Großbaustellen oder für Frachthäfen angeboten. In Kombination mit einem Hubschrauber sollten zudem große Lasten in kürzester Zeit über kurze Strecken transportiert werden.

Im Sommer 2002 – und damit innerhalb der Insolvenzphase – wurde der einzige Prototyp bei einem Sturm zerstört. Eine erneute Produktion fand nicht mehr statt. Zwar griffen andere Unternehmen diese Idee auf, jedoch existiert nach wie vor kein operativ im Markt befindliches System. Mit seinen Ausmaßen hält dieser Ballon damit bis heute den Rekord des größten jemals produzierten Aerostaten. Da sich die Dimensionen des geplanten CL-160-Luftschiffs, des CL-75-Ballons und des Demonstrators Joey nur schwer über Zahlen und Worte vermitteln lassen, demonstriert die folgende Abbildung 18 anschaulich die Größenrelationen der drei CargoLifters Hauptprodukte im Vergleich zu einem Airbus Flugzeug.

---

[572] Vgl. Geschäftsbericht 2000/2001, 19.11.2001: [ID: 228:6].
[573] Vgl. Internes Unternehmensvideo (Pressekonferenz Hauptversammlung), 16.03.2002: [ID: 717:2].
[574] Vgl. Präsentationsunterlagen für einen Fachvortrag, 06.02.2002: [ID: 34:18].

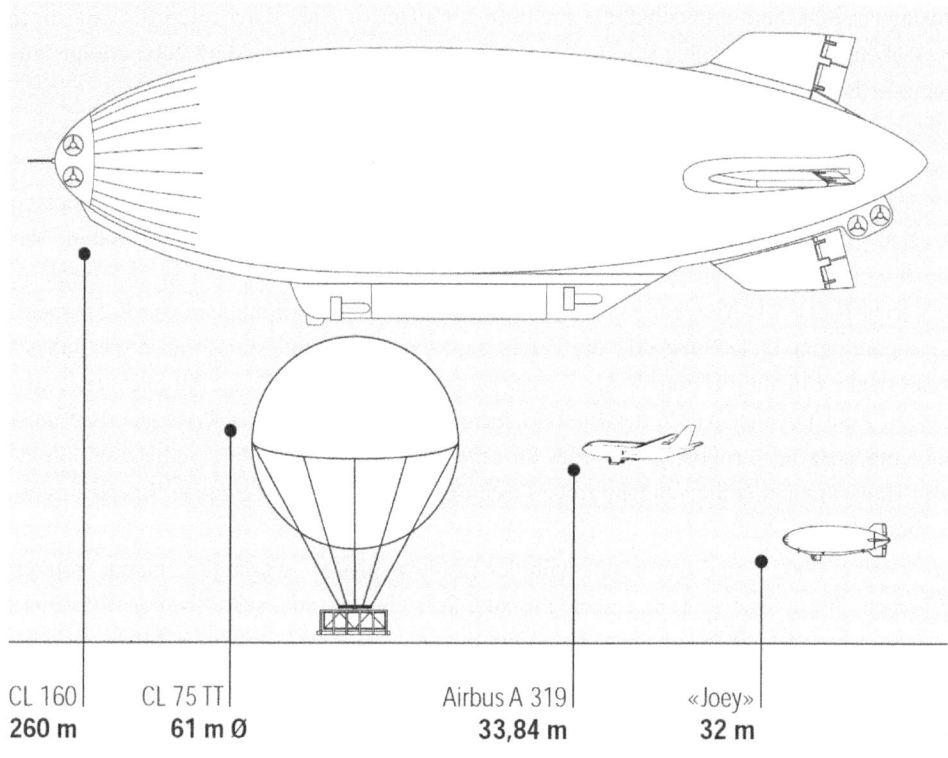

CL 160	CL 75 TT	Airbus A 319	«Joey»
260 m	**61 m Ø**	**33,84 m**	**32 m**

Abbildung 18: Größenvergleich des CL-160-Luftschiffs[575]

b.   Die CargoLifter-Werft

Neben dem größten jemals gebauten Aerostaten und dem größten jemals geplanten Luft-schiff zeichnete sich das Unternehmen CargoLifter noch durch einen weiteren Superlativ aus: In seinem Auftrag wurde die nach eigenen Angaben größte stützenfreie Halle der Welt als eines der größten deutschen Gebäude errichtet[576].

„Mit 107 m Höhe, 210 m Breite und einer Gesamtlänge von 360 m wird unsere Luftschiff-halle in Brand wohl eine der größten freitragenden Hallen der Welt. Allein 5,5 Mio. m³ um-bauter Raum entstehen hier, die in den Sockelzonen zusätzlich 3.000 m² Büro- und Neben-flächen enthalten."

Geschäftsbericht und Konzernabschluss 1997/1998, Januar 1998: [ID: 225:59]

Die CargoLifter-Werft – feierlich im November 2000 eröffnet – lässt sich schon anhand dieser vom Unternehmen herausgegebenen Selbstbeschreibung zweifelsfrei und im wahr-sten Sinne des Wortes als größter Meilenstein in der gesamten Unternehmenshistorie identi-fizieren. Da diesem Gebäude und insbesondere dem Eröffnungszeitpunkt in der Fallstudien-

---

[575] Quelle: Geschäftsbericht 1999/2000, 24.11.2000: [ID: 227:97]; zitiert als Großzitat unter Verwendung des §51 UrhG.
[576] Vgl. PR-Mitteilung, 18.12.1998: [ID: 28:4].

betrachtung eine zentrale Bedeutung zukommt, bedarf es an dieser Stelle noch einer genaueren Vorstellung dieses Hangars und dessen Entstehungsgeschichte.

Da CargoLifter beabsichtige, das größte jemals existierende Luftschiff zu entwickeln und zu konstruieren, war die Errichtung einer plangemäßen Produktionshalle unabdingbar, da auch die Akquisition einer geeigneten Halle unmöglich war. Geeignete Produktionsstätten in den nötigen Dimensionen existierten schlichtweg nicht. In Deutschland wurden während und nach dem Zweiten Weltkrieg alle großen Luftschiffhallen abgerissen oder zerstört. Lediglich in den USA und England existieren noch einige wenige Hallen, welche jedoch für die Ausmaße eines CL-160 auch nicht tauglich erschienen.

Dementsprechend diente auch eine im Herbst 1998 durchgeführte siebentägige Reise mehrerer Unternehmensabgeordneter in die USA, mehr der Information, als dem tatsächlichen Erwerb eines Hangars. Während dieses Besuchs wurden zwei Luftschiffwerften besichtigt. Eine davon auf der Lakehurst Naval Air Station in New Jersey[577] – dem Gelände, auf dem das Luftschiff Hindenburg im Jahr 1937 verunglückte[578]. Der bis heute dort noch bestehende Hangar wurde schon in den 1920er-Jahren erbaut, nahm neben diversen deutschen Luftschiffen auch US-amerikanische Militärluftschiffe auf und gilt als eine der größten existierenden Luftschiffwerften überhaupt[579]. Jedoch hätte auch dort der CL-160 aufgrund der Hallenhöhe von „nur" rund 70 m nicht konstruiert werden können. Zudem sah der Business-Plan von CargoLifter vor, schon zu der Zeit ab der Serienreife des CL-160 vier Luftschiffe jährlich zu produzieren[580], sodass eine Halle mit einer parallelen Kapazität von zwei Schiffen hätte benötigt sein sollen.

Ohnehin war bereits im September 1998 ein Kaufvertrag mit dem Land Brandenburg für das Werftgelände unterschrieben worden[581]. Das Areal mit einer Gesamtgröße von 500 ha, 60 km südlich von Berlin gelegen, befindet sich auf dem Gebiet der ehemaligen DDR und wurde in Zeiten des Kalten Krieges von der Sowjetunion als Militärstützpunkt und mit seinen zwei Start- und Landebahnen als Militärflughafen benutzt.

Dieses Gelände bot genügend Freifläche für zwei Luftschifflandeplätze. Neben der zentralen Konstruktionshalle konnten auch weitere eigenständige Gebäude für ein Besucherzentrum, eine Energiezentrale, diverse Infrastruktureinrichtungen sowie verschiedene Büroeinheiten erbaut werden.

Der Hangar wurde nach einem ersten symbolischen Spatenstich im Jahr 1998, dem Baubeginn im April 1999 und dem im Oktober 1999 als „Bogenfest" gefeiertem Richtfest Ende 2000 fertiggestellt. Ursprünglich ausgelegt war dieser für die Aufnahme von zwei Luftschiffen gleichzeitig, damit parallel hätte produziert oder gewartet werden können.

Erst dann werden die Dimensionen plastisch nachvollziehbar, wenn man Daten wie die 5,2 Mio. m³ Gesamtvolumen oder die 66.000 m² Gesamtfläche der Halle in Relation zu anderen großen Bauwerken setzt:

---

[577] Vgl. Externe Wirtschaftlichkeitskalkulation internat. Großunternehmen, April 1997: [ID: 593:2].
[578] Vgl. Pace et al. 2003.
[579] Vgl. Vaeth 2005, S. 119; vgl. auch Shock 1996.
[580] Vgl. Externe Wirtschaftlichkeitskalkulation dt. Großbank, 28.04.1997: [ID: 590:35].
[581] Vgl. Interne Fax-Kommunikation, 05.06.1998: [ID: 687:32].

„Die Höhe der Werfthalle bietet genügend Raum, um die Skyline des Potsdamer Platzes aufzunehmen – das 103 m hohe Sony-Center von Helmut Jahn, links daneben das Torhaus von Hans Kollhoff und das für Daimler-Benz errichtete Hochhaus von Renzo Piano. "

SIAT 2001, S. 34

Und selbst dann, wenn diese drei Hochhäuser hypothetisch in der Halle aufgenommen würden, wäre links und rechts noch genug Freiraum, um jeweils mehr als drei Airbus A-320 Flugzeuge hintereinander in Reihe zu parken.

Im aktuellen Unterkapitel wurde der Ursprung CargoLifters, dessen Geschäftsmodell und die Historie vorgestellt. Darüber hinaus wurde eine kurze Einführung in die Luftschifftechnologie zur Übersicht gegeben und eine Auflistung über alle Luftfahrtgeräte CargoLifters sowie dessen Luftschiffhangar aufgezeigt. Aufbauend auf diesen Hintergrundinformationen kann nun die Analyse des Falles durchgeführt und präsentiert werden.

III. Der Aufstieg von CargoLifter zu einer Celebrity Firm

Unter Rückgriff auf die im Kapitel C. angestellten Vorüberlegungen und den sich daraus ergebenden theoretischen Referenzrahmen wird in diesem Kapitel nun zunächst geklärt, ob CargoLifter den Status einer Celebrity Firm erreichte und innehatte.

Der (massen-)medialen Darstellung eines Unternehmens kommt für die Emergenz organisationaler Berühmtheit eine gewichtige Funktion zu. Um mehr über generelle Ausprägung und Art der Berichterstattung zu erfahren und dem Leser darüber das Unternehmen noch näher zu bringen, soll innerhalb eines ersten Abschnitts zunächst dem Medieninhalt gezielt nachgegangen werden. Hierbei wird kurz aufgezeigt werden, wie und warum sich die Berichterstattung über die CargoLifter AG im medialen Diskurs etablierte und wie sich die Anzahl der Berichterstattung im Zeitablauf entwickelte. Anhand einer Darstellung der Berichterstattung des exemplarisch ausgewählten Jahres 1997 wird zudem aufgezeigt, mit welchen qualitativen Inhalten über CargoLifter berichtet wurde.

In einem zweiten Schritt wird der Existenz des Status organisationaler Berühmtheit strukturiert nachgegangen. Hierzu soll der Celebrity-Creation-Referenzrahmen auf die Fallstudie angewendet werden. Neben den Kontextfaktoren und der dramatischen Berichterstattung soll schwerpunktmäßig überprüft werden, ob das Unternehmen (1) eine breite öffentliche Bekanntheit erreichte und (2) positiven emotionalen Zuspruch erhielt.

1.   Faszination Luftschiff und die Rückkehr der Zeppeline: Zur Etablierung von CargoLifter in der medialen Berichterstattung

Im August des Jahres 2000 schrieb die renommierte US-amerikanische Technologie- und Innovationszeitschrift „Wired" in einer groß angelegten Reportage über das Unternehmen CargoLifter: *„The $77 million hangar, 50 percent subsidized by the Brandenburg state* *government, is an emblem of the enthusiasm and hope that Germany has tied up in the [CEO]'s big balloon"*[582].

Dem Unternehmen war es bis zu diesem Zeitpunkt also gelungen, eine hohe und auch internationale mediale Aufmerksamkeit auf sich zu ziehen. Diese Aufmerksamkeit stand dabei sogar in Verbindung mit positiven Emotionen wie Hoffnung und Enthusiasmus. Doch wie war es CargoLifter möglich, solch ein herausragendes Ansehen innerhalb nur weniger Jahre nach der Unternehmensgründung zu erlangen?

Im Kern baute dieser Erfolg der Anfangsjahre auf der fesselnden Vision eines neuen Transportmediums und der damit einhergehenden, einleuchtenden Geschäftsidee auf. Vor allem der Vorstandsvorsitzende evozierte in der breiten Öffentlichkeit einen enormen Enthusiasmus und bestärkte damit die Zuversicht seiner Mitarbeiter und Aktionäre. Nicht nur das Geschäftsmodell des Unternehmens, sondern auch seine ausgeprägt unkonventionelle Strategie zeichneten CargoLifter als herausragend aus, was alles in allem in einer wohlwollenden medialen Berichterstattung mündete und zu einer breiten Öffentlichkeitswirksamkeit führte.

a.   Erste Erwähnungen innerhalb der Medien

Tatsächlich gelang es dem Unternehmen schon kurz nach seiner Gründung im Jahr 1996, Hoffnungen und Erwartungen zu wecken und dabei große sowie unkonventionelle Ankündigungen zu verbreiten. Neben ersten Artikeln in einer Fachzeitschrift für Logistik[583] wurde CargoLifter schon früh der wirtschaftlich interessierten Öffentlichkeit vorgestellt: *„Ein riesiges Luftschiff soll die Transportprobleme beim Bau von Großanlagen lösen"*[584] titelte die Wirtschaftswoche bereits im Oktober 1996 und damit wenige Wochen nach der Unternehmensgründung. Schon in diesem ersten prominent erschienen Artikel wurde auf einen in der Wirtschaft vorherrschenden Konflikt hingewiesen und CargoLifter als potenzieller Protagonist zur Lösung eben dieses Konflikts präsentiert. Gleichsam verkündete das Unternehmen aber innerhalb dieses Artikels den anspruchsvollen Zeitplan, innerhalb des Jahres 2000 den Jungfernflug mit dem CL-160-Luftschiff durchzuführen.

Im Jahr 1997 erhöhte sich die mediale Schlagzahl erheblich. Im Februar 1997 und damit kein halbes Jahr nach der Unternehmensgründung wurde CargoLifter unter dem Titel *„Der Super-Brummi der Lüfte"*[585] in der „Bild am Sonntag" porträtiert. Diese war zu diesem Zeitpunkt die größte deutsche Sonntagszeitung, mit einer Auflage von fast drei Millionen Exemplaren und einer Reichweite von über 11 Millionen Lesern[586]. CargoLifter erlangte hierdurch also den Durchbruch für eine große Öffentlichkeitswirkung. Die Geschäftsidee und Möglichkeit, Aktien an dem Unternehmen zu erwerben, wurde daher einem Millionenpublikum bekannt gemacht. Für ein Unternehmen wie CargoLifter, das auf einer kontinuierlichen Suche nach Kapitalquellen war und für das öffentliche Aufmerksamkeit über die dadurch entstehenden Aktienverkäufe von unschätzbarem Wert war, wirkte sich diese Be-

---

[582] Wired, August 2000: [PA: 271:18].
[583] Vgl. Deutsche Verkehrszeitung, 09.11.1996: [PA: 3], [PA: 4].
[584] Wirtschaftswoche, 24.10.1996: [PA: 1056:11].
[585] Bild am Sonntag, 16.02.1997: [PA: 860].
[586] Vgl. IVW 1997, S. 62.

richterstattung monetär auch tatsächlich ungemein positiv aus. Einer der Vorstände erinnerte sich innerhalb des Interviews in Hinblick auf diesen Artikel beispielsweise an eine ganz spezifische Gegebenheit. Während nämlich der Aufsichtsratsvorsitzende in seiner Haupttätigkeit als Vorstand eines internationalen Anlagenbaukonzern das Unternehmen und die Idee des CargoLifters sehr protegierte, taten sich bei einem Hauptkonkurrenten dieses Anlagenbauers erhebliche Zweifel und Widerstände auf. Diese Zweifel sollten dann erst durch den wohlgesinnten und öffentlichkeitswirksamen Artikel eine Wandlung erfahren:

„[...] Bei [Name des Anlagenbauers] zu der Zeit war ein Herr [Name A], der hat das immer nur geblockt. Da gab es unten [in der Hierarchie] ein paar Begeisterte, wie [Name B] die einmal anders waren als der Vorstand. Aber der hat immer nur gesagt, hier, bescheuert. Und dann kam der berühmte Bild-Zeitungsartikel. Bild am Sonntag. Den hat man ihm dann vorgelegt. Und dann hat er gesagt, au, scheint ja doch etwas zu werden. [...]"
Mitglied des Vorstands, Interview

Dieser Artikel war Ausgangszeitpunkt der sich fortentwickelnden Medienberichterstattung. Zunehmend erschienen Artikel und Meldungen. Auch die Wirtschaftspresse berichtete fortan in großer Anzahl und vorteilhafter Art über das Unternehmen und dessen innovative Geschäftsidee. CargoLifter wurde beispielsweise schon im März 1997 als Teil einer Titelstory des „Manager Magazins" porträtiert[587]. Die kontinuierliche Zunahme der Berichterstattung wird nun in einer quantitativen Darstellung belegt, wohingegen auf die Vorteilhaftigkeit in einem folgenden qualitativ orientierten Abschnitt eingegangen wird.

b.   Der quantitative Anstieg der Berichterstattung

Dass die Häufigkeit der medialen Berichterstattung tatsächlich über die Jahre hinweg zunahm, blieb auch innerhalb des Unternehmens nicht unbemerkt. Anhand der von dem Unternehmen in Auftrag gegebenen Medienresonanzanalysen zeigt sich ein beständiger Anstieg an Berichten in den deutschen Medien sowie ein Wachstum des Publikums durch die erzielte Reichweite (vgl. Abbildung 19). Bedingt dadurch, dass der Ursprung dieser Daten während der Analyse der internen Dokumente nicht zweifelsfrei nachvollzogen werden konnte, wurde sie zunächst nicht für glaubwürdig gehalten.

Die Erhebung und Erstellung einer eigenen Medienresonanzanalyse wäre für diese Arbeit jedoch nicht zielführend gewesen[588]. Es wurde lediglich stichprobenartig eine Betrachtung der größten deutschen überregionalen Tageszeitungen und Zeitschriften vorgenommen. Abbildung 20 verdeutlicht eine Übersicht über die Anzahl der Nennungen des Begriffs „CargoLifter" innerhalb verschiedener Publikationen. Aufbauend auf der Tatsache, dass nicht jede einzelne Nennung des Firmennamens tatsächlich mit einer Berichterstattung über das Unternehmen einherging, der Begriff sich beispielsweise auch in Berichterstattungen über andere Unternehmen, in Werbungen oder in Inhaltsübersichten der Medienpublikationen wiederfand, ist die Anzahl der Nennungen nicht mit der Anzahl der tatsächlich über CargoLifter erschienen Berichte gleichzusetzen. Dennoch zeigt sich anhand dieser selbst erhobenen Daten, dass das Unternehmen kontinuierlich und in steigendem Ausmaß in den deutsch-

---

[587] Vgl. Manager Magazin, 01.03.1997: [PA: 493].
[588] Vgl. bspw. Raupp/Vogelgesang 2009 für einen Überblick über die Medienresonanzanalyse.

sprachigen Medien thematisiert wurde. Die von dem Unternehmen herausgegebenen Daten der Medienresonanzanalyse scheinen aufgrund dieser rudimentären Annäherung dementsprechend plausibel.

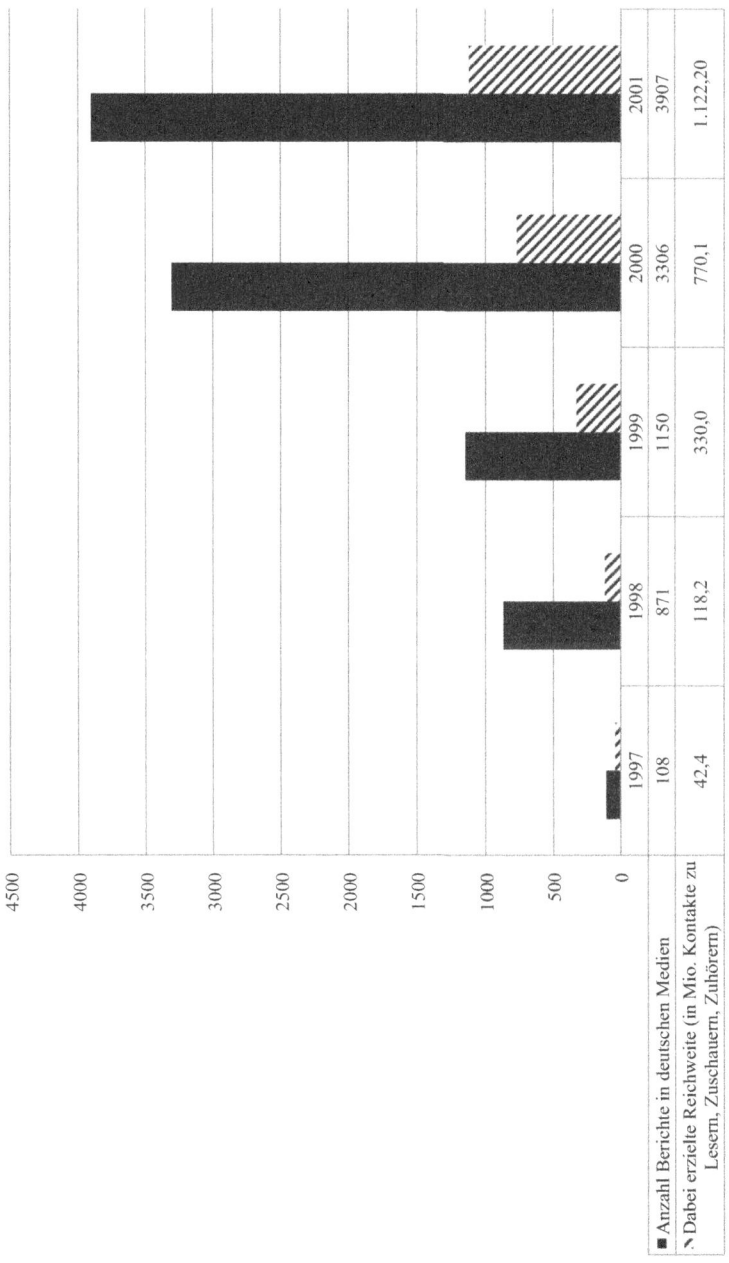

Abbildung 19: Medienresonanz[589]

---

[589] Eigene Abbildung. Quelle: CargoLifter Geschäftsbericht 2000/2001, 19.11.2001: [ID: 228:18]. Zahlen für das Jahr 2002 liegen nicht vor.

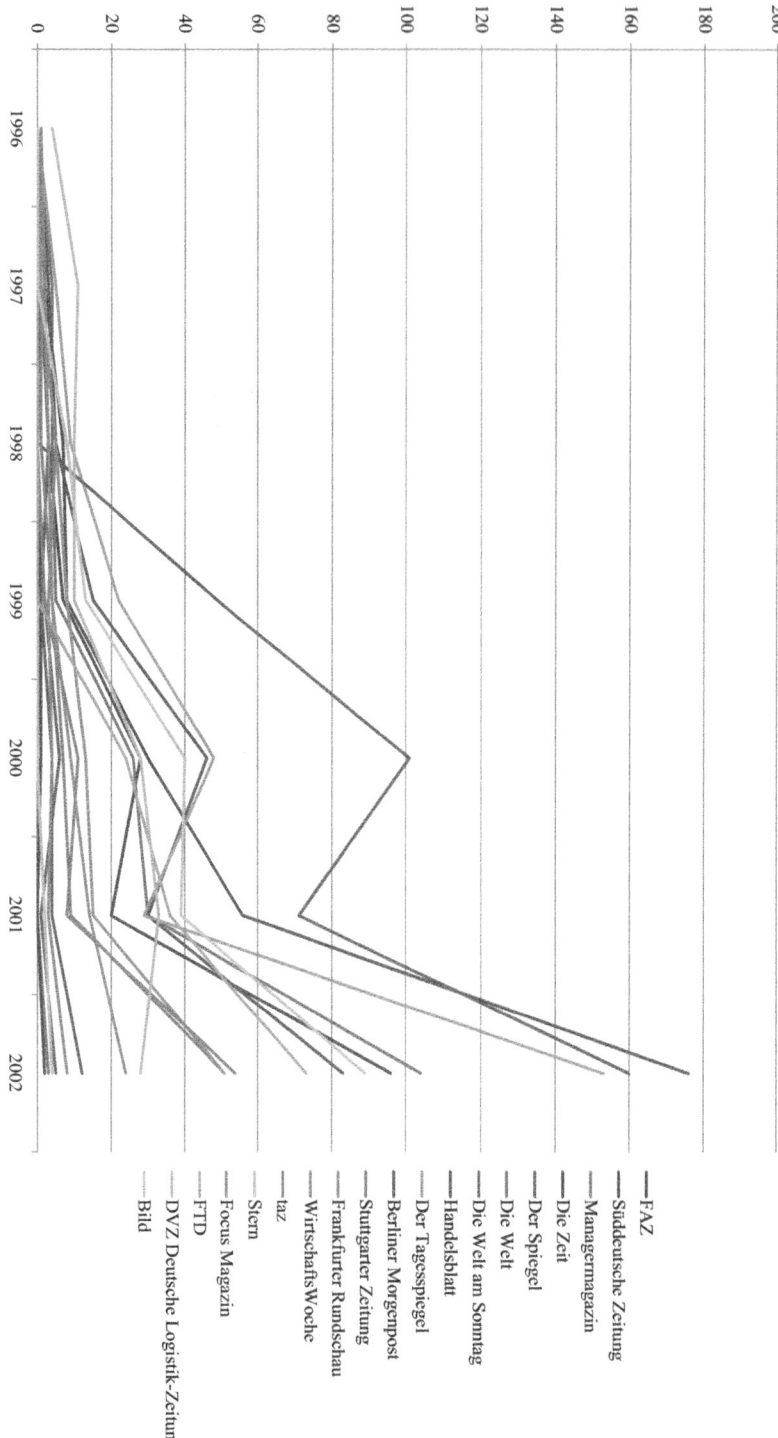

Abbildung 20: Anzahl Nennungen des Begriffs „CargoLifter" in großen überregionalen Publikationen

Problematisch an dieser quantitativen Erfassung ist jedoch zweierlei: Einerseits kann aus diesen Zahlen nicht abgeleitet werden, ob CargoLifter nun tatsächlich eine große öffentliche Bekanntheit erreichte und positiven emotionalen Zuspruch erhielt. Bedingt dadurch, dass das Unternehmen durch seinen Geschäftszweck einzigartig war, würde auch ein Vergleich dieser Zahlen mit allseits bekannten Unternehmen wie Coca-Cola, IBM oder Daimler keinen Erkenntnisgewinn bringen. Darüber hinaus sagt andererseits eine hohe Anzahl an Berichten noch nichts über den tatsächlichen Inhalt aus. Es ist daher zusätzlich nötig, auf qualitative Aspekte der Berichterstattung einzugehen. Präziser gesprochen, können die Inhalte dazu beitragen, Sympathien in der breiten Öffentlichkeit überhaupt erst zu erzeugen. Es ist daher von Interesse, die Veröffentlichungsstrategien und Medieninhalte näher zu untersuchen, um auf Basis dessen nachzuvollziehen, warum die Medien regelmäßig über CargoLifter berichteten.

c. Qualitative Aspekte und Inhalte der Medienberichterstattung: CargoLifter als dankbares Thema der Nachrichtenproduktion

„Zeppelin-Journalismus war emotionaler Journalismus! Er reichte weit über die Befriedigung der fünf ‚W's' (wer, was, wann, wo, wie) der faktischen Nachrichtenübermittlung hinaus. Er war Infotainment frühester Ausprägung. Er war ein boomender Wirtschaftsfaktor, den kein Blatt versäumen wollte!"[590].

Obgleich aus dem Jahr 1998 stammend und nicht auf CargoLifter bezogen, zeigt sich anhand dieser Aussage dennoch eine hohe Aktualität. Zeising analysiert in ihrer historisch orientierten Dissertation zwar die journalistische Berichterstattung über die Zeppelin-Luftschifffahrt des frühen 20. Jahrhunderts – entlang der von Graf Ferdinand von Zeppelin entwickelten Luftschiffe und Innovationen. Diese Feststellung lässt sich allerdings auf die Berichterstattung über CargoLifter transformieren. Wie in diesem Abschnitt zu zeigen sein wird, kann auch hier ein deutlich emotional geprägter Journalismus beobachtet werden. Das Thema CargoLifter bot zusätzlich genügend Neuigkeitswert, um interessante Nachrichten und Berichte zu produzieren. Medienhäuser griffen das Thema anscheinend dankbar auf, um ihren Lesern eine attraktive, positive und informative Berichterstattung zu bieten und ihre Auflage sicherzustellen.

Innerhalb der für diese Arbeit durchgeführten Presse- und Medieninhaltsanalyse[591] lassen sich diverse, immer wiederkehrende Muster der Berichterstattung erkennen, die über viele Publikationen hinweg auftraten. Allein aufgrund der schieren Anzahl der erschienenen Artikel über das Unternehmen lassen sich die Medieninhalte und die durchgeführten Inhaltsanalysen nicht vollständig vorstellen. Dennoch kann anhand der herausgearbeiteten Leitmotive die generelle Art und der Grundton der medialen Berichterstattung aufgezeigt werden. Dadurch im Besonderen lässt sich die Motivation einzelner Medienhäuser verstehen, in der Form über CargoLifter zu berichten.

---

[590] Zeising 1998, S. 75.
[591] Vgl. Bonfadelli 2002.

Als Beispiel für die Berichterstattung in der Phase des Aufstiegs hin zu einer Celebrity Firm wird an dieser Stelle die Berichterstattung des Jahres 1997 anhand zentraler Leitmotive exemplarisch vorgestellt. Diese Auswahl lässt sich damit begründen, dass dieses Jahr als das des großen Durchbruchs des Unternehmens im medialen Mainstream gesehen werden kann. Eine Berichterstattung fand während dieses Jahres in den meisten überregionalen Tageszeitungen und großen Magazinen erstmalig statt, um sich dann in regelmäßigen Abständen zu wiederholen.

Der Frage, was konkret die Berichterstattung des Jahres 1997 auszeichnete, kann über den Medieninhalt und den individuellen Medienaufbau im Sinne der Pressesprache beantwortet werden. Tabelle 11 gibt hierzu einen detaillierten Überblick der identifizierten inhaltlichen Leitmotive und Veröffentlichungsstrategien.

In Summe zeichneten sich die Artikel über eine Kombination der Darstellung aus der Historie und dem Mythos Zeppelin und der Faszination der Luftschifffahrt aus. Das Geschäftsmodell des Unternehmens wurde anhand seiner Einzigartigkeit und einer gewissen auf Gigantomanie aufbauenden Beschreibung erläutert. Unterstützt wurde dies durch den gezielten Einsatz von humoristischen Wortspiele sowie dem Aufbau von dramaturgischen Spannungsfeldern im sprachlichen Aufbau.

Codierung in Atlas.ti	Beschreibung des Codes/Kodieranleitung	Interpretation/Angenommene Intention der Textstelle
Medieninhalt		
Die Rückkehr der Zeppeline	Die Textstelle verweist auf eine Renaissance der Luftschifffahrt.	Die Textstellen lassen eine gewisse Vorfreude der Journalisten auf ein neues technologisches Zeitalter erkennen.
Historie und der Mythos Hindenburg	Die Textstelle erläutert die Historie der Luftschifffahrt (insbesondere der des frühen 20. Jahrhunderts). Die Textstelle erläutert alternativ den Absturz und die Geschichte des Luftschiffs „Graf Hindenburg".	In Kombination mit dem Code „Die Rückkehr der Zeppeline" wird das neue technologische Zeitalter unter Rückgriff auf die Historie der Luftschifffahrt regelrecht dramatisch und mystisch dargestellt.
Faszination Luftschiff	Die Textstelle lässt eine Faszination des Journalisten oder der innerhalb des Artikels beschriebenen Personen oder Sachverhalte für die Luftschiffthematik erkennen.	Durch diese Textstelle wird auf eine hohe Emotionalität innerhalb der Bevölkerung in Bezug auf die Luftschiffthematik verwiesen.
Gigantomanie & Superlative	Die Textstelle verwendete steigernde Adjektive oder eine überhöhende Darstellung der Größenbeschreibung von Luftschiffen.	Durch diese Textstellen wird zumeist auf eine regelrecht unfassbare Größendimension der Luftschiffe verwiesen, welche durch bildliche Sprachelemente dem Leser plastisch vermittelt werden.
Einzigartigkeit des Projekts und Geschäftsmodells	Die Textstelle beschreibt das Geschäftsmodell von CargoLifter und verweist auf eine hohe Einzigartigkeit und Besonderheit.	Diese Textstelle verdeutlicht einen hohen Anteil an Neuigkeit in der Berichterstattung und begründet die Berichterstattung über das Unternehmen.
Umweltfreundlichkeit	Die Textstelle verweist auf eine hohe Umweltfreundlichkeit des Geschäftsmodells und der Luftschifffahrt.	Diese Textstelle verdeutlicht einen hohen Anteil an Neuigkeit in der Berichterstattung und begründet die Berichterstattung über das Unternehmen.
Medienstrategien		
Wortspiele	Die Textstelle beschreibt den Kontext CargoLifter und die Luftschifffahrt in einer humorvollen Art und Weise. Hierbei können beispielsweise bewusst andere Wörter zur Vermiedlichung, Erhöhung oder Unterstreichung von Sachverhalten eingesetzt werden.	Die Textstellen liefern einen gewissen humoristischen Anteil in der Berichterstattung. Zudem zeigt sich hierdurch, dass es für Medien durchaus lohnenswert sein kann, Artikel über die Thematik zu veröffentlichen.
Spannungsfelder	Die Textstelle zeigt Gegensätze auf und vereint damit sich eigentlich widersprechende Sachverhalte innerhalb eines Satzes oder weniger Satzfolgen auf eine humorvolle Art und Weise.	Die Textstelle erzeugt eine Dramaturgie innerhalb der Berichterstattung und macht die entsprechenden Artikel spannender und für die Leser attraktiver.

Tabelle 11: Medieninhalte und Publikationsstrategien im Jahr 1997

Als Einstieg in die Artikel wurde häufig auf die anstehende Rückkehr der Zeppeline und Luftschifffahrt verwiesen. Die Wochenzeitung „Die Zeit" betitelte beispielsweise einen Artikel über CargoLifter mit: *„Die Rückkehr des Riesen"[592]*. Und auch die Tageszeitung „Die Welt" titelte: *„Die Rückkehr der Zeppeline"[593]*. Durchaus lässt sich anhand dieser Überschriften eine positiv konnotierte Erwartungshaltung erkennen: Lässt sich eine Rückkehr auch als positiv konnotierter Akt verstehen.

Nachdruck erhält diese Interpretation zudem über die in den Artikeln meist kommunizierte Faszination in Bezug auf Luftschiffe im Allgemeinen sowie eine erfolgende Darstellung des Mythos der Luftschifffahrt anhand des Zeppelins Hindenburg im Speziellen. Die Tageszeitung „taz" brachte ihre Begeisterung für Luftschiffe beispielsweise unter dem Titel *„Magie des Schwebens"[594]* deutlich zum Ausdruck. Dieser angebliche Mythos der Hindenburg war dabei ein Leitmotiv, welches in vielen Artikeln der Anfangsphase auftauchte. Die Mehrzahl verwies in Textform auf das Unglück oder zeigte Bilder dieses klassischen Luftschiffs. Die „Frankfurter Allgemeine Zeitung" stellte klar: *„Das Unternehmen plant den Bau des Luftschiffes CL 160, das bis zu 160 Tonnen schwere Fracht transportieren kann und die Ausmaße des legendären Zeppelins Hindenburg erreicht"[595]*. Zudem verdeutlichte dieser Artikel die Verbindung zur Hindenburg über eine Fotografie mit weiter verstärkenden Bildunterschrift: *„Das große Vorbild für alle Luftschiffe: die Hindenburg"[596]*. Auch das „Handelsblatt" benutzte die allseits bekannte Hindenburg, dort jedoch zum anschaulichen und plastisch nachvollziehbaren Größenvergleich: *„Mit einer Länge von 240 m würde der CargoLifter etwa die Länge des letzten deutschen Luftschiffes ‚Hindenburg' aufweisen, aber mit 350.000 cbm Helium eine erheblich höhere Tragfähigkeit haben"[597]*. Dass das Unternehmen CargoLifter diesen Mythos der Hindenburg sowie die mit Luftschiffen verbundenen und aufkeimenden Emotionen auch sehr geschickt zu nutzen und zu instrumentalisieren vermochte, verdeutlichte beispielsweise der in Berlin erscheinende „Tagesspiegel":

„Den Mythos vom Zeppelin wiederbelebt. [...] Luftschiffe haben viel mit Emotionen zu tun: Als [der Vorstandsvorsitzende] am Ende der ersten ordentlichen Hauptversammlung der CargoLifter Luftschiff AG vor vier Wochen zwei Mini-Zeppeline per Fernsteuerung über die Köpfe der rund 400 Aktionäre im Wiesbadener Kurhaus fliegen ließ, quittierten es seine Zuhörer mit dankbarem Applaus. Der Vorstandsvorsitzende hatte die Inhaber spielend auf seiner Seite. [...] Tatsächlich hat der 45jährige [Vorstandsvorsitzende] einen Traum aufgegriffen, dessen Anhängerschaft seit der Explosion der ‚Hindenburg' am 7. Mai 1937 im amerikanischen Lakehurst nie ausgestorben ist. Damals wollten viele Luftverkehrsexperten in der Zeppelin-Stadt Friedrichshafen und auf der ganzen Welt nicht glauben, daß von nun an das Flugzeug konkurrenzlos die Lüfte beherrschen sollte. Ein paar, die auch heute nicht daran glauben mögen, haben für [den Vorstandsvorsitzenden] die Brieftasche aufgemacht. Die Zahl der Aktionäre stieg von Jahresanfang mit 200 auf mittlerweile rund 900. Zudem

---

[592] Die Zeit, 31.10.1997: [PA: 15:10].
[593] Die Welt, 20.04.1997: [PA: 8:7].
[594] taz, 22.03.1997: [PA: 7:2].
[595] Frankfurter Allgemeine Zeitung, 26.11.1997: [PA: 666:1].
[596] Frankfurter Allgemeine Zeitung, 26.11.1997: [PA: 666:4].
[597] Handelsblatt, 10.04.1997: [PA: 908:3].

zeichneten die Transportunternehmen [Unternehmensname A] und [Unternehmensname B] und die Anlagensparten von [Unternehmensname C] und [Unternehmensname D] Kapital."
Der Tagesspiegel, 22.12.1997: [PA: 1000:1]

Journalisten und Redakteure weckten mit dieser Darstellung der Historie und der Faszination der Luftschiffe bei ihrer Leserschaft deutliche Assoziationen. Die geschickte Erstellung eines spannenden und fesselnden Presseartikels unterstützte das Entstehen von Emotionen. Schon durch die historischen Anknüpfungspunkte gelang es, den Lesern eine interessante und unterhaltsame Geschichte zu vermitteln.

In einer ähnlichen Art und Weise wurde auch das Geschäftsmodell von CargoLifter beschrieben und vorgestellt. Allein das einzigartige Vorgehen von CargoLifter und die fast unvorstellbare Größe des anvisierten Luftschiffs provozierten diese Art der Darstellung.

Häufig wurde die überragende Größe des Luftschiffs durch den Einsatz von verstärkenden Beschreibungen intensiviert. Das von sich aus schon als Superlativ ausgelegte Luftschiff wurde in namentlichen Umschreibungen sprachlich ins Unermessliche überhöht oder seine Ausmaße durch steigernde Adjektive unterstrichen. Allen voran ist die Springer-Presse zu nennen, die wahlweise vom *„Super-Brummi der Lüfte"*[598], der *„Entwicklung des Giganten"*[599] oder dem *„Mega-Luftschiff"*[600] sprach. Andere Medien gingen ähnlich vor, indem von einem *„gigantischem Luftschiff"*[601] gesprochen wurde. Auch die „Berliner Zeitung" nannte einen ihrer Artikel vergleichbar: *„Gigantisches Luftschiff über der Expo"*[602]. Zudem bestärkte diese Zeitung ihre Ausführungen in einem späteren Artikel mit einer Beschreibung der *„Schwebende[n] Kraftprotze – leichter als Luft"*[603].

Alternativ wurde die Größe des Luftschiffs und Projektes anhand von Objekten verglichen, die den Lesern gemeinhin von den Dimensionen her bekannt und greifbar sein sollten: *„Es grenzt an das unvorstellbare: ein Luftschiff, in dessen Helium-Bauch die Kathedrale von Canterbury komplett verschwinden würde"*[604]. Oder: *„Mit einer Länge von 242 Metern und einem maximalen Durchmesser von 61 Metern wird der ‚CL 160' etwas kürzer als das Luftschiff ‚Hindenburg' sein, dafür aber dicker. Die Ausmaße entsprechen denen eines großen Kreuzfahrtschiffs"*[605].

Unabhängig von der Tatsache, dass die Größe des geplanten Luftschiffs an sich schon beeindruckend war, versuchten die Publikationen diese noch näher und mit sprachlichen Mitteln gezielt in ihren Artikel hervorzuheben. Die Anziehungskraft für diese Ausmaße wird nicht nur bei den Lesern intendiert, indem sie sich diese bildlich vor Auge führen sollen, vielmehr wird die Faszination der jeweiligen Journalisten und Redakteure näherungsweise in ihren Beschreibungen deutlich. Dadurch wird sehr nachvollziehbar auf das für die Berichterstattung ausschlaggebende neuartige und unkonventionelle Element des Unterneh-

---

[598] Bild am Sonntag, 16.02.1997: [PA: 860:1].
[599] Die Welt, 04.06.1997: [PA: 862:3].
[600] Die Welt, 20.04.1997: [PA: 8:1].
[601] Manager Magazin, 01.03.1997: [PA: 493:8].
[602] Berliner Zeitung, 19.02.1997: [PA: 498:14].
[603] Berliner Zeitung, 09.10.1997: [PA: 498:33].
[604] Westfalenpost, 25.01.1997: [PA: 498:11].
[605] Die Welt, 13.12.1997: [PA: 863:3].

mens hingewiesen. Die Artikel enthalten erneut eine Steigerung der Attraktivität und des Wiedererkennungswertes für die Leserschaft.

Neben dieser tiefer liegenden und indirekten Darstellung des Besonderen dieses Unternehmens, verwiesen die Artikel noch auf direktem Weg auf die hohe Eigentümlichkeit von CargoLifter hin:

„Die Zukunft der Wirtschaft liegt für viele im Cyberspace. Aber das ist, wenn überhaupt, nur die halbe Wahrheit. Tatsächlich liegt die Zukunft der Wirtschaft in einem Gewerbegebiet irgendwo östlich von Wiesbaden. Und sie ist für den Besucher auch dann noch schwer zu finden, wenn er die Adresse kennt. Das einzige Hinweisschild hängt, gerade postkartengroß, in der Eingangshalle eines nüchternen Gebäudes, in dem die Büros auch tageweise vermietet werden. Von hier aus führt [Name], Vorstandsvorsitzender und einziger fester Mitarbeiter der Zentrale, die ‚CargoLifter AG‘. Der Firmenname steht für eine Geschäftsidee, die einigermaßen verwegen ist: CargoLifter – das ist der Versuch, ein neues Konzept des Schwerlasttransports zu realisieren."

Manager Magazin, 01.03.1997: [PA: 493:6]

Vielfach wurde durch die Medien im gleichen Atemzug darauf hingewiesen, dass der CargoLifter eine neue und umweltfreundliche, weniger Kerosin verbrauchende und weniger Emissionen verursachende Alternative zu Flugzeugen und Schiffen werden könne: *„Vorsichtig geschätzt sei das Luftschiff für rund ein Prozent des weltweiten See- und Lufttransports die bessere und vor allem umweltfreundlichere Alternative"*[606]. Manche Presseorgane ließen sich regelrecht poetisch dazu hinreißen, diese Art des Gütertransports als neues Industrieparadigma anzupreisen:

„Die Industriepolitik der Regierenden bestimmt eben selten das ökologisch Mach- und Wünschbare, sondern zuvörderst Klientelismus und eine schräge Optik. Jämmerlich, fällt doch den phantasielosen Subventionsexperten hierzulande zum Thema ‚Flugverkehr‘ außer dem Airbus nur der Airbus ein. Der still schwebende Riese der Zukunft hat sanfte, konische Formen. Will heißen: Das andere Industrieleitbild, das nicht auf Lautstärke, Hochgeschwindigkeit und Naturverbrauch setzt, ist ja vorhanden: Eine Bewegung zur Erdverträglichkeit muss es nur besetzen. Wie nannte sich das doch gleich in bewährter Rockpoesie bei Led Zeppelin? Stairways to Heaven...".

taz, 22.03.1997: [PA: 7:6]

Neben diesen inhaltlichen Aspekten der Berichterstattung ließen sich in den Publikationen des Jahres 1997 auch wiederkehrende Motive der Pressesprache erkennen. Diese lassen sich einerseits als Wortspiele identifizieren, die einen gewissen humorvollen Anteil mit sich bringen und aufzeigen, wie geeignet das Thema CargoLifter für die Kreation guter journalistischer Publikation sein könnte. Andererseits werden in mehreren Artikeln über den gezielten sprachlichen Einsatz Spannungsfelder geschaffen. Es entsteht hierdurch ein Element der Steigerung, welche die Artikel von ihrer Grundkonstruktion dramatischer wirken lassen.

Bei der empirisch identifizierten Kategorie des Wortspiels ist der schon mehrfach angeführte Artikel der „Bild am Sonntag" beispielhaft anzuführen. Mit dem Titel *„Der Super-Brummi der Lüfte"*[607] wird für die Leserschaft ein regelrecht humorvolles, aber dennoch simples

---

[606] Frankfurter Rundschau, 24.11.1997: [PA: 1179:3].
[607] Bild am Sonntag, 16.02.1997: [PA: 860:1].

und gleichermaßen plastisches Bild der Kernidee des CargoLifter Geschäftskonzeptes geschaffen. Andere Publikationen gingen noch über diese humorvolle Darstellung hinaus, indem der CargoLifter einerseits als hypothetische Konstruktion oder andererseits als potenzieller König der Lüfte vorgestellt wurde: „*Ist es ein Luftschloss oder die Geburtsstunde eines neuen Königs der Lüfte?*"[608].

Deutlich erkennbar ist anhand dieser zweiten Textstelle eine parallele Verwendung dieser als Spannungsfeld. Das *‚Luftschloss'* steht für das imaginierte, aber unerreichbare und zum Scheitern verurteilte Element. Der *‚König der Lüfte'* nimmt hingegen im Erfolgsfall die glänzende Zukunft des revolutionierenden Transportgeräts ein. Das Spannungsfeld zeichnet sich gerade dadurch aus, dass schon im Jahr 1997 potenzielle Chancen ebenso wie die Risiken dieses Projektes deutlich sichtbar waren und diskutiert wurden, sodass Erfolg wie Scheitern angerissen wurden. Zudem haftete dem Unternehmen zu diesem Zeitpunkt etwas regelrecht Unvorstellbares und Mystisches an.

Auch andere Medien machten von diesem Stilmittel gebrauch: „*Mit altem Luftschiff in neue Transportzukunft. Ampeln für Bau des CargoLifters ‚schon fast auf Grün'*"[609] titelte die „Frankfurter Rundschau" und verwies hiermit auf ein Spannungsfeld zwischen alter technischer Grundidee aber neuer Technologie bei einem völlig neuartigem und revolutionärem Einsatzzweck. Andere Publikationen benutzen dieses Stilmittel, um auf das Wechselspiel zwischen der unvorstellbaren Masse der zu transportierenden Güter bei gleichzeitiger Schwerelosigkeit und demnach Leichtigkeit des Luftschiffs hinzuweisen: „*Tonnenschwere Fracht entschwebt zum Ziel*"[610]. Auch leitende Mitarbeiter machten von dieser Kommunikationsweise gebrauch, indem sie beispielsweise in einem Gastbeitrage für eine Logistikzeitschrift den Projektfortschritt skizzierten und sich dabei des Gegensatzes von Traum und Realität bedienten: „*Eine Träumerei wird Realität – Die CargoLifter AG ist auf Kurs*"[611].

Durch die beiden Kategorien ‚Wortspiele' sowie ‚Spannungsfelder' schufen die Journalisten eine unverkennbar ansprechende und interessante Berichterstattung. Der Leser wurde zur Imagination angeregt – ein deutliches Zeichen für Elemente und Ausprägungen eines emotional geprägten Journalismus und Emotionen erzeugende Berichterstattung.

Bei der Analyse für das Jahr 1997 zeigte sich, dass diese Inhalte und Herangehensweisen in einer mehr oder weniger stark ausgeprägten Form und Häufigkeit in einer Vielzahl von Publikationen Anwendung fanden. Ohne eine genaue Häufigkeitsdarstellung des Kategoriensystems zu unterbreiten, kann anhand eines Artikels eine übergeordnete und fast prototypische Gültigkeit festgemacht werden. Mit einem Beitrag der FAZ existiert zumindest eine Publikation, die diese Inhaltselemente innerhalb eines einzigen Artikels abdeckt, abgesehen von einem einzigen Bestandteil[612]. Zur Veranschaulichung findet sich dieser Artikel mit den entsprechenden Kodierungen der Textstellen im Anhang E.4.

---

[608] Der Tagesspiegel, 14.06.1997: [PA: 998:2].
[609] Frankfurter Rundschau, 24.11.1997: [PA: 1179:1].
[610] Westfalenpost, 25.01.1997: [PA: 498:37].
[611] Deutsche Verkehrszeitung, 08.11.1997: [PA: 18:5].
[612] Vgl. Frankfurter Allgemeine Zeitung, 10.02.1997: [PA: 665:14].

Die Reportagen aus dem Jahr 1997 zeigen folgendes: Vergleichbar mit dem historischen Zeppelin-Journalismus[613] war die Berichterstattung auch im Fall CargoLifter betont emotional geprägt. Zudem wurde auch bei den Lesern eine Emotionalität und Imaginationsmöglichkeit geweckt. Allein durch die hier beschriebenen Leitmotive und den Inhalt der Berichte wird ein augenfälliger Reiz des Unternehmens und der generellen Idee CargoLifters offenbar. Für die Medien lohnte es sich, über das Thema zu berichten, denn es gab viele journalistisch interessante Ansatzpunkte, welche neu und publikumswirksam waren. Auf Basis der Thematik CargoLifter bekamen Journalisten und Redakteuren eine gute Möglichkeit, um spannende, unterhaltsame sowie informative Artikel zu veröffentlichen. Damit lässt sich nachvollziehen, dass CargoLifter ein dankbares Thema in der gesamten Medienbranche abgab.

Auf Basis der quantitativen Anzahl und der qualitativen Vorteilhaftigkeit der Berichterstattung ist anzunehmen, dass das Thema CargoLifter auch bei den Lesern in hoher Erinnerung blieb[614]. Es lässt sich die Vermutung aufstellen, dass nicht nur die Medien, sondern auch die Rezipienten an einer weiteren Berichterstattung interessiert waren. Viele Leser waren vermutlich daran interessiert, die Entwicklung des Unternehmens weiterhin verfolgen zu können. In jedem Falle lässt sich festhalten, dass nur durch die Art und Weise der anfänglichen Berichterstattung die Anlage für die Entstehung eines Celebrity-Status überhaupt erst gelegt wurde.

Da eingangs dieses Abschnitts die These aufgestellt wurde, dass die Berichterstattung über CargoLifter im Zeitablauf zunahm und für die Interessen des Unternehmens dienlich war, lässt sich diese Vorteilhaftigkeit in den Ausführungen dieses Abschnitts klar herausarbeiten. Im Kern bot die Thematik CargoLifter genug Substanz für gute journalistische Artikel und Geschichten. Die Vorteilhaftigkeit äußerte sich über eine positiv konnotierte Berichterstattung und das daraus wachsende Interesse der Leserschaft im Sinne einer breiten öffentlichen Wahrnehmung. Das Thema CargoLifter blieb schon früh in der öffentlichen Wahrnehmung präsent.

Neben der sehr emotional geprägten Sprache kreierten die Medien aber auch eine „dramatische Realität"[615]. In einem nun folgenden Abschnitt gilt es daher, eine strukturierte Annäherung an den Celebrity-Creation-Referenzrahmen[616] durchzuführen. Insbesondere um innerhalb dessen aufzuzeigen, mit welchen Mitteln das Unternehmen CargoLifter die Berichterstattung der Medien positiv beeinflusste und wie die Berichterstattung tatsächlich zu einer breiten öffentlichen Bekanntheit und großem emotionalen Wohlwollen für das Unternehmen führte.

---

[613] Vgl. Zeising 1998.
[614] Theorien der Medienwirkungsforschung zeigen zu dieser Thematik auf, wie ein vielfach und positiv beschriebener Sachverhalt auch die Medienrezipienten in ihrer Meinung beeinflusst kann. Die verbreitetsten Theorien stellen Agenda-Setting, Medien-Priming sowie Framing dar. Vgl. McCombs/Shaw 1972; Iyengar/Kinder 1987; Goffman 1974.
[615] Vgl. Kapitel C.I.3.
[616] Vgl. Rindova et al. 2006, S. 65.

2.   Die CargoLifter AG: Eine wahrhaftige Celebrity Firm

Aufbauend auf das von Rindova und Kollegen im Jahr 2006 aufgestellten Celebrity-Crea-tion-Framework soll innerhalb dieses Abschnitts nachvollzogen werden, ob und wie Cargo-Lifter tatsächlich den Status einer Celebrity Firm erreichte. Geleitet von diesem Referenz-modell wurde die vollständige Pressedatenbank über den Zeitraum der gesamten Unterneh-menshistorie hinweg gesichtet und analysiert. Für die Prüfung der Emergenz und Existenz eines Celebrity-Status standen hierbei vornehmlich qualitative und über die Medien trans-portierte Indikatoren für eine mögliche (1) breite öffentliche Bekanntheit sowie (2) einen positiven emotionalen Zuspruch im Vordergrund.

Zwar wäre es für die dieser Arbeit zugrundeliegende Forschungsfrage ausreichend, den Sta-tus der Celebrity Firm anhand dieser zwei Kriterien festzustellen. Um jedoch nicht nur die Existenz, sondern auch die Emergenz der organisationalen Berühmtheit zu rekonstruieren und dadurch ein breiteres Verständnis für das Fallgeschehen zu erhalten, soll das gesamte Framework angewendet werden. Das Datenmaterial wurde daher auch auf mögliche unter-stützende Kontextfaktoren sowie die dramatische mediale Realität hin gesichtet.

Im Folgenden wird anhand von drei Schritten die Entstehung der organisationalen Be-rühmtheit von CargoLifter aufgezeigt. Abbildung 21 fasst das Modell zur Wiederholung erneut zusammen und zeigt im unteren Abbildungsbereich die drei nun folgenden Analyse- und Darstellungsschritte auf.

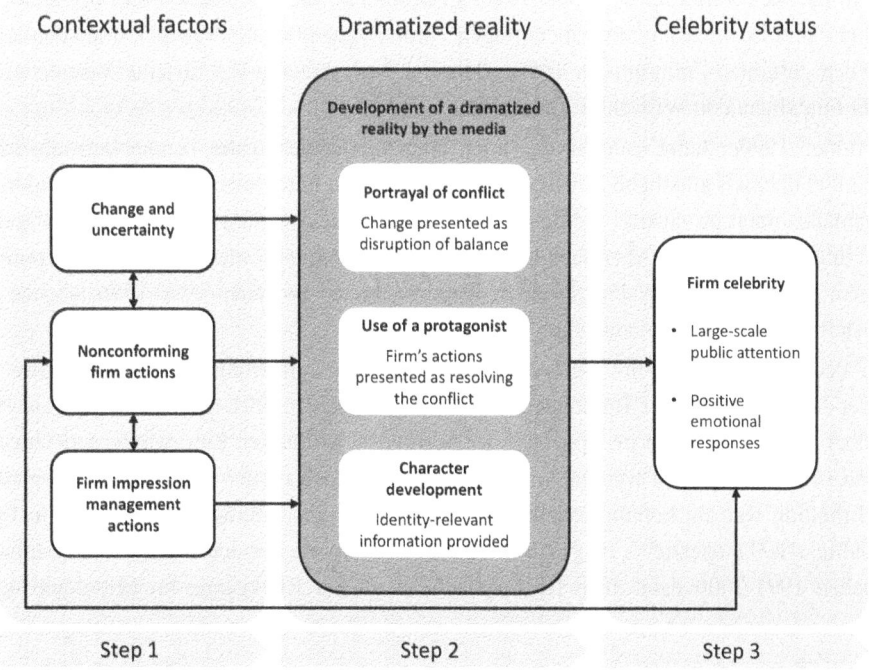

Abbildung 21: Celebrity-Creation-Framework – Verdeutlichung des analytischen Vorgehens[617]

---

[617] Eigene Abbildung. Quelle: Rindova et al. 2006, S. 65 (modifiziert).

a.   Begünstigende Kontextfaktoren für den Aufstieg von CargoLifter

i.   Wandlungs- und Unsicherheitsprozesse in der globalen Unternehmensumwelt

Zum breiteren Verständnis des Fallgeschehens lohnt es sich, die Rahmenbedingungen zu skizzieren, unter denen die Idee CargoLifter zustande kam und das Unternehmen gegründet wurde. Um übergeordnete Wandlungsprozesse und Quellen wirtschaftlicher Unsicherheit, auf welchen der Kontextfaktor „Change & Uncertainty" des Celebrity Frameworks abzielt, zu verstehen, kann anstatt auf Pressepublikationen besser auf Fundamentaldaten der Volkswirtschaft zurückgegriffen werden. Da die Geschäftsidee von CargoLifter ihre Ursprünge in der Branche der Maschinen- und Anlagenbauer hatte und zudem vorgesehen war, eine neuartige Logistikdienstleistung zu etablieren, kann auch die Situation der Anlagenbau- sowie Logistikbranche zum Zeitpunkt der mittleren 1990er-Jahre dargelegt werden.

Die im Jahr 1994 beginnende Vorgründungsphase und die im Jahr 1996 erfolgte Unternehmensgründung fanden im von der deutschen Wiedervereinigung geprägten Westdeutschland statt. Die anfängliche Euphorie der Wendezeit war mittlerweile vollkommen verflogen. Das Bruttoinlandsprodukt stagnierte seit einiger Zeit, das Jahr 1993 war von einer milden Rezession gezeichnet. Der Schuldenstand der Bundesrepublik wuchs in den 1990er-Jahre von unter 40% erstmalig über 50% und erreichte im Jahr 1999 eine Höhe von 61,26% des BIP. Auch die wirtschaftliche Zukunftsvorsorge deutscher Unternehmen bot zu der Zeit ein vergleichbares Bild auf: Die Bruttoanlageinvestitionen im Verhältnis zum BIP sanken kontinuierlich über den Zeitraum von 1992-1998. Insbesondere die öffentlichen und privaten Forschungs- und Entwicklungsausgaben gingen vorübergehend deutlich zurück und stagnierten über den gesamten Zeitraum der 1990er-Jahre[618]. Vgl. Anhang E.5 für eine Visualisierung dieser fundamentalen Wirtschaftskennzahlen.

Die frühen 1990er-Jahre standen aber auch unter dem Zeichen der Treuhandanstalt. Mehr als 12.000 ehemals staatliche Betriebe der DDR mussten unter teils immensen Restrukturierungsmaßnahmen privatisiert werden. 3.000 Unternehmen wurden in dieser Zeit stillgelegt oder gingen insolvent[619]. Aber auch in westdeutschen Regionen stiegen die Insolvenzanmeldungen, welche innerhalb des gesamten Bundesgebietes zwischen 1990-1996 jährlich um zweistellige Prozentzahlen anstiegen[620].

Dem deutschen Maschinen- und Anlagenbau erging es innerhalb der ersten Hälfte der 1990er-Jahre ähnlich: Der Branchenumsatz brach zwischen 1991 und 1993 beispielsweise um über 10% ein und erst im Jahr 1996 sollte mit 109 Milliarden Euro wieder das Umsatzniveau von 1991 erreicht werden[621]. Hilfreich für die doch relativ kurzfristige wirtschaftliche Erholung war ein kontinuierlicher Exportzuwachs mit verantwortlich, der schon Ende des Jahres 1993 einsetzte[622]. Insgesamt wuchsen die Exporte der deutschen Maschinenbauer zwischen 1991-2000 dann auch trotz zwischenzeitlicher Rückgänge im Mittel um 4,6%

[618] Vgl. Statistisches Bundesamt 2012.
[619] Vgl. BMWi 2012.
[620] Vgl. IfM 2012.
[621] Vgl. Statista 2012.
[622] Vgl. Weiß 2003, S. 80.

jährlich[623]. Schon anhand dieser Fundamentaldaten lässt sich eine eindeutige Tendenz erkennen, mit der auch die Industrie der Anlagenbauer umzugehen hatten, nämlich der zunehmende Trend zur Globalisierung[624].

Diese Entwicklung zum vermehrten internationalen Warenaustausch blieb auch in der Logistikbranche nicht unbeobachtet[625]. Die Schwerlastlogistik begann schon früh, sich Gedanken über die aufkommenden Transportprobleme bei der steigenden Anzahl internationaler Transporte schwerer Anlagengüter zu machen[626]. Jedoch zeigte sich immer wieder, dass existierende Transportmittel – wie selbst die größten verfügbaren zivilen Frachtflugzeuge – an die Grenzen ihrer Dimension und Kapazität stießen[627]. Somit erhielt die Idee des Cargo-Lifters schon durch die Entwicklungen der Anlagenbauindustrie und durch die Logistikbranche eine nachvollziehbare Basis.

Die Phase der frühen 1990er-Jahre zeichnete sich insgesamt weniger durch eine hohe gesamtgesellschaftliche Innovativität aus. Dass dennoch neuartige und wachstumsorientierte Perspektiven möglich schienen, zeigte die Idee des CargoLifters auf. Interessanterweise entstanden nämlich die ersten konzeptionellen Überlegungen und Ausarbeitungen zum Cargo-Lifter als hoch innovatives und radikal andersartiges Produkt innerhalb einer von Stagnation betroffenen Volkswirtschaft. Es ist einfach nachzuvollziehen, dass das Thema CargoLifter dankbar von der Öffentlichkeit aufgenommen wurde, schon allein deshalb, weil das Unternehmen entgegen des Markttrends und der generell vorherrschenden Stimmung operierte. Die fundamentalen wirtschaftlichen Rahmenbedingungen schafften eine sehr geeignete Basis für den Aufstieg von CargoLifter. Aber auch die Mitte der 90er-Jahre beginnende Phase einer neuen deutschen Aktienkultur begünstigte die Aufwärtsentwicklung. Insbesondere die im November 1996 erstmalig notierte „T-Aktie" der Deutschen Telekom AG[628], löste in weiten Teilen der Öffentlichkeit plötzlich ein hohes Interesse für den Aktienmarkt aus. Von dieser neuen Offenheit gegenüber Aktiengesellschaften profitierte CargoLifter ebenfalls.

ii. Nonkonformität

Die CargoLifter AG plante, das weltgrößte Luftschiff zu konstruieren und zu betreiben und es für einen vollkommen neuartigen Zweck einzusetzen, den Transport schwerster Lasten und Güter. Schon die Geschäftsidee als solche war hoch innovativ und außergewöhnlich und lässt ein nonkonformes unternehmerisches Handeln erkennen.

Daneben zeichnete sich das Unternehmen durch weitere Handlungen und Merkmale aus, die seine Einzigartigkeit weiter hervorhoben. Auffallend waren von Anfang an das große Engagement und die Projektbegeisterung einzelner Privatpersonen. Schon bei der Unternehmensgründung wurde das Kapital überwiegend durch private Investoren gestellt, was über die gesamte Unternehmenshistorie so bleiben sollte. Noch im Februar 2002 – und damit

---

[623] Vgl. Weiß 2003, S. 74.
[624] Vgl. bspw. Günther 2009 für einen weiteren Überblick über die wirtschaftliche und historische Entwicklung der deutschen Maschinen- und Anlagenbauindustrie.
[625] Vgl. Baumgarten/Wolff 1993.
[626] Vgl. Hellmuth 1989.
[627] Vgl. Reed 1994.
[628] Vgl. zum Thema der „T-Aktie" bspw. die Dissertation von Munk 2003.

kurz vor der Insolvenz – wurde das Kapital der CargoLifter AG zu 65% von Privatanlegern gestellt[629].

Auch die Arbeitsweise innerhalb der Organisation war sehr speziell. Der Arbeitsalltag war stark von Projektarbeit geprägt. Aufgrund der schon in den Anfangsjahren entstandenen verschiedenen Unternehmensstandorte machte das Unternehmen frühzeitig extensiven Gebrauch von modernen IT- und Kommunikationsgeräten. Und tatsächlich arbeiteten Mitarbeiter der ersten Stunde vielfach aus dem Homeoffice[630], was nicht nur in Unternehmensvideos der Öffentlichkeit präsentiert wurde[631], sondern auch vom „Manager Magazin" in einer Titelgeschichte zum Einsatz der „virtuellen Organisationsform" anhand von CargoLifter mit praktischer Relevanz für den deutschen Wirtschaftsstandort belegt wurde[632]. Konsequenterweise wurde nicht nur bei internen Geschäftsprozessen, sondern auch in der Außenkommunikation frühzeitig Gebrauch von der damals neu aufkommenden Technologie des Internets gemacht. Gerade die Aktienverkäufe ins Ausland gestalteten sich internen Unternehmensdokumenten zufolge „*sehr erfolgreich*"[633], indem ausländische Investoren über das Internet sehr einfach Informationen über das Unternehmen einholen konnten. In späteren Jahren konnten Interessenten und Aktionäre sogar den Fortschritt des Hallenbaus per Video Stream live auf der Unternehmenshomepage mitverfolgen[634]. Und auch Hauptversammlungen wurden für die interessierte Öffentlichkeit und Aktionäre, welche nicht zur Versammlung anreisen konnten, live als Online-Video Stream auf der Unternehmenshomepage angeboten[635].

Anhand letztgenannter Aspekte zeigt sich, dass die Grenzen zwischen unkonventionellem Handeln von CargoLifter und seiner (medialen) Inszenierung fließend verliefen. Neben der vorhandenen Nonkonformität setzte das Unternehmen auch auf den gezielten Einsatz von PR-Maßnahmen.

iii.   Impression Management und PR-Maßnahmen

Die Andersartigkeit des Unternehmens, welche ihm zweifelsohne selbst bewusst war, wurde über verschiedene Kanäle sehr geschickt an die Presse lanciert. Neben regelmäßig erscheinenden PR-Veröffentlichungen und dem Internetauftritt sprechen insbesondere die vielfach vom unternehmenseigenen Team angefertigten internen Unternehmensvideos eine eindeutige Sprache. Teile dieser Aufnahmen wurden als PR-Unternehmenspräsentationen verwendet und sowohl an die Presse wie auch an die Öffentlichkeit gegeben. Mittel- bis langfristig war im Unternehmen geplant, daraus eine sogenannte „CargoLifter-Story" zu produzieren und weltweit zu verkaufen[636] – die PR-Maßnahmen sollten daher über den Einsatz von Merchandising auch monetär lukrativ für das Unternehmen werden.

---

[629] Vgl. Präsentationsunterlagen Luft- und Raumfahrtkonzern, Februar 2002: [ID: 299:43].
[630] Vgl. Bergmann 2001, S. 86; Unternehmenszeitschrift, September 1997: [ID: 431:7]; Internes Planungs-/Strategiedokument, 1998: [ID: 684:9].
[631] Vgl. PR-Unternehmensvideo, 1998: [ID: 702:13].
[632] Vgl. Manager Magazin, 01.03.1997: [PA: 493].
[633] Protokoll interne technische Konferenz, 27.11.1996: [ID: 550:13].
[634] Vgl. Bergmann 2001, S. 135.
[635] Vgl. Frankfurter Allgemeine Zeitung, 04.03.1999: [PA: 677:1]; Internes Unternehmensvideo (Roadshow Frankfurt), 14.02.2001: [ID: 743:21].
[636] Vgl. Geschäftsbericht 2000/2001, 19.11.2001: [ID: 228:97].

Die Innovativität des Unternehmens wurde immer wieder öffentlichkeitswirksam zur Schau gestellt. Im Rahmen der Leipziger Logistik Messe im Mai 1998, auf der CargoLifter bereits als Hauptaussteller auftrat, wurde ein „Innovationssymposium" veranstaltet. Erklärtes Ziel war nicht weniger, als eine neue *„Innovationskultur in Deutschland"* zu schaffen[637]. Ein leitender Mitarbeiter der Marketingabteilung erklärte hierzu beispielsweise in der Unternehmenszeitung: *„Wir wollen konkrete Anstöße für eine Innovationskultur geben – also nicht nur reden, sondern auch handeln. Aus diesem Grund unterstützen wir ausgewählte Projekte, zum Beispiel indem wir sie unseren Aktionären vorstellen"[638]*. Schon im Juli 1998 wurde das Projekt CargoLifter in einem noch größeren Rahmen auf einer Initiative des Bundespräsidenten Roman Herzog vorgestellt. Während sogenannter „Innovationstage" präsentierte sich CargoLifter dem Bundespräsidenten und 1.500 geladenen hochrangigen Gästen aus Wirtschaft und Politik. Am Rande organisierte das Unternehmen ein weiteres Symposium, das von einem ZDF-Moderator geleitet wurde. Insbesondere wurde hier eine *„Initiative zur Förderung neuer innovativer Projekte in Deutschland"* vorgeschlagen und vorgestellt. CargoLifter präsentierte sich darin als idealtypisches erstes Unternehmen, einer neuen Form der „Innovations-AG": *„CargoLifter – ein Beispiel für Innovation am Standort Deutschland"[639]*.

In einem wirtschaftlichen Umfeld, was zu Zeiten der Unternehmensgründung von Stagnation betroffen war, präsentierte sich CargoLifter insgesamt als bewusst andersartiges Unternehmen, das sich durch einen angeblichen Verzicht auf Staatsgelder[640] und durch einen friedlichen sowie umweltgerechten Geschäftszweck auszeichnen würde[641]. Wiederkehrend tauchte der Aspekt des auf Innovationen ausgelegten Unternehmens auf. Vielfach fanden sich in den Anfangsjahren auch Stimmen, welche zitieren, dass CargoLifter gegen das „Nörgeln" und „Jammern" und die allgemein schlechte Stimmung in Deutschland antreten wolle. Der Vorstandsvorsitzende prägte hierbei einen vielfach wiedergegebenen und später auch in PR-Kampagnen[642] enthaltenen Satz: *„Wir machen es einfach"[643]*. CargoLifter stellte sich also als idealtypisches fortschrittliches Unternehmen dar. Gleichsam wurde auch der 1. Spatenstich zum Baustart des Hangars im Mai 1998 durch den Sprecher innerhalb eines PR-Films beschrieben: *„Anpacken, führen, beweisen, dass sich in Deutschland noch etwas bewegen lässt"[644]*.

Ob sich das Unternehmen bewusst als innovativ und andersartig inszeniert hatte, ließ sich für die vorliegende Arbeit nicht zweifelsfrei klären. Zentrale interne Marketing-Manager und externe PR-Berater wiesen in einem Gespräch mit einer PR-Branchenzeitschrift noch auf einen weiteren Aspekt der Marketingstrategie hin. Es ging hier um die Instrumentalisierung des Mythos der Luftschifffahrt[645]. Fraglich bleibt jedoch, ob dieser tatsächlich als sol-

---

[637] Vgl. Internes Unternehmensvideo (Messe Leipzig 1998, Symposium), Mai 1998: [ID: 714:1].
[638] Unternehmenszeitschrift, Mai 1998: [ID: 459:26].
[639] Vgl. Unternehmenszeitschrift, Juli 1998: [ID: 433:16].
[640] Vgl. Bergmann 2001, S. 34.
[641] Vgl. Internes Diskussionspapier, Juni 2001: [ID: 687:22].
[642] Vgl. Printanzeige, 2001/2002: [ID: 348:12].
[643] PR-Unternehmensvideo, Juli 1998: [ID: 5:18]
[644] PR-Unternehmensvideo, Juni 2002: [ID: 651:35].
[645] Vgl. Werben und Verkaufen, 12.05.2000: [PA: 152:5].

cher eingesetzt wurde, wenigstens wurden in dem für diese Arbeit vorliegenden Material kaum Anhaltspunkte dafür gefunden. Außerdem darf vermutet werden, wie auch schon in einem vorherigen Abschnitt aufgezeigt[646], dass der Mythos der Luftschifffahrt auch ohne Zutun von CargoLifter in der medialen Berichterstattung Verwendung fand.

Insgesamt fanden deutlich erkennbare PR- und Impression-Management-Maßnahmen im Unternehmen statt. Ob diese wirklich ausschlaggebend für den Erfolg in den Medien waren oder ob dies dem unkonventionellem Handeln zuzuschreiben ist, sei dahingestellt, da dieser Sachverhalt auch für den weiteren Verlauf der Analyse nur von untergeordneter Relevanz ist.

b.   Medieninhalte und Medienstrategien auf dem Weg zur Celebrity Firm: Eine
        dramatische Realität

Praktisch alle Medien griffen das Thema CargoLifter auf, wobei die Anzahl der Veröffentlichungen – wie im Abschnitt zu den quantitativen Publikationszahlen gezeigt[647] – über die Unternehmenshistorie hinweg stetig anstieg. Die im Celebrity Framework beschriebene „dramatische" mediale Realitätskonstruktion konnte anhand des Falls CargoLifter nachvollzogen werden. Neben der Darstellung übergeordneter Konfliktfelder und der Präsentation von CargoLifter als Möglichkeit zur Lösung dieser gesellschaftsrelevanten Problemstellungen wurden in den Medien auch Charakteristika des Unternehmens präsentiert, im Sinne von Unternehmenskultur- und Identitätsbestandteilen.

i.   Die mediale Darstellung eines übergeordneten Konflikts und CargoLifter als
        idealtypischer Protagonist zur Konfliktlösung

Die Medien griffen häufig Konflikte wirtschaftlicher und globaler Art auf. Das Unternehmen wurde nicht nur allein thematisiert, sondern vielmehr wurde CargoLifter im gleichen Atemzug auch als prototypischer Erlöser von diesen Problemen präsentiert. Schon im Gründungsjahr 1996 verdeutlichte die Wirtschaftswoche die vorherrschenden Schwierigkeiten der Anlagenbauer. Allein der Untertitel des Artikels ließ hierbei eine deutliche Botschaft erkennen: *„Ein riesiges Luftschiff soll die Transportprobleme beim Bau von Großanlagen lösen"*[648]. Auch innerhalb des Artikels wurde dieser Konflikt breiter dargelegt, indem Vertreter der Anlagenbaubranche porträtiert und wörtlich zitiert wurden und das System CargoLifter als ideale Alternative für die Überwindung der gewaltigen Transportprobleme vorgestellt wurde[649]. Auch im Jahre 1997 blieb dieses Muster weiterhin erkennbar, indem sich auch andere große überregionale Publikationen dieser Publikationsstrategie bedienten und ebenfalls Branchenvertreter zu Wort kommen ließen. Dadurch wurde ebenso das Dilemma und dessen potenzielle Lösung den Lesern vor Augen geführt[650]. Ein Vertreter eines großen

---

[646] Vgl. Kapitel E.III.1.a.
[647] Vgl. Kapitel E.III.1.b.
[648] Wirtschaftswoche, 24.10.1996: [PA: 1056:11].
[649] Vgl. Wirtschaftswoche, 24.10.1996: [PA: 1056:5].
[650] Vgl. bspw. Die Zeit, 31.10.1997: [PA: 15:9]; Mannheimer Morgen, 15.04.1997: [PA: 498:20].

Maschinenbaukonzerns gab beispielsweise an, dass der CargoLifter keinesfalls utopisch sei, sondern *„die Lösung viele[r] unserer Probleme"*[651] darstelle.

Der viel beachtete und bereits erwähnte Artikel der „Bild am Sonntag" kann erneut als idealtypischer Vertreter für die Erklärung eines Konfliktes und die Präsentation von CargoLifter als protagonistischem Problemlöser herhalten, indem dort geschrieben wurde:

„Sie sind ein Albtraum für jeden Autofahrer: riesige Schwerlasttransporte. Sie blockieren Straßen, für den langsamen Transport gigantischer Turbinen und Anlagen müssen Leitplanken abgeschraubt, Ampeln ausgegraben und nicht selten Bäume beschnitten werden. Doch damit ist spätestens im Jahr 2000 Schluß. Denn dann startet der CargoLifter, ein fliegender Super-Brummi."

Bild am Sonntag, 16.02.1997: [PA: 860:2]

Andere Industrien und Interessensgruppen verbanden mit dem CargoLifter ebenfalls große Hoffnungen. Das Greenpeace Magazin erklärte den CargoLifter als ideale Lösung zur Überwindung der bis dato praktizierten umweltschädlichen Transportsysteme: *„Eine Wiesbadener Firma will mit Cargo-Zeppelinen den Transport revolutionieren"*[652]. Für die Automobilindustrie wurde die neuartige Idee gar als regelrechter Heilsbringer verkündet. Als im Jahr 1998 die dänischen Autobahnen durch einen Streik der dortigen LKW-Fahrer nicht benutzbar waren, wurde aufgezeigt, wie ein Luftschiff in Gestalt des CargoLifters mühe- und schwerelos über diese Streiks hinwegschweben könne und die Logistikströme der Automobilbauer gewährleisten würde: *„Streikbrecher ‚CL-160' – Streikblockaden wie in Dänemark? Für ‚CL-160' von der CargoLifter AG [...] kein Problem"*[653].

Spätestens im Jahr 1998, als das Unternehmen in Ostdeutschland den ehemaligen Militärflughafen erworben hatte und dort damit begonnen hatte, den Hangar zu erbauen, griffen Medien auf den übergeordneten schwelenden Konflikt der Volkswirtschaft zurück. Der Organisation wurden regelrechte *„positive Arbeitsmarkteffekte"*[654] bescheinigt und CargoLifter als „Job-Wunder" im sonst strukturschwachen ostdeutschen Umfeld dargestellt[655]. Selbst der Bundeskanzler Gerhard Schröder hoffte laut Medienberichten bei einem Besuch der CargoLifter-Baustelle im Jahr 2000, dass das Unternehmen *„zahlreiche neue Arbeitsplätze in Brandenburg schaffen [werde]"*[656].

Dem Unternehmen wurden darüber hinaus in den Medien viel Lob und frühzeitige Hoffnung entgegengebracht. Spätestens zum Zeitpunkt der Halleneröffnung Ende des Jahres 2000 erreichte diese Berichterstattung ihren Höhepunkt und CargoLifter wurde durch die Bildzeitung gar als *„ ...unsere größte Wirtschafts-Hoffnung"*[657] bezeichnet.

---

[651] Handelsblatt, 10.04.1997: [PA: 908:1].
[652] Greenpeace Magazin, November/Dezember 1997: [1322:3]. Ähnlich die Berliner Zeitung, welche titelte: *„Schwebende Zigarre hilft Treibstoff zu sparen"* (19.02.1997: [PA: 498:18]).
[653] Auto Bild, 08.05.1998: [PA: 41:1].
[654] Frankfurter Allgemeine Sonntagszeitung, 11.01.1998: [PA: 667:6].
[655] Vgl. Bild, 20.01.1998: [PA:1327:1]; Frankfurter Rundschau, 28.04.1998: [PA: 1180:2].
[656] VerkehrsRundschau, 05.09.2000: [PA: 222:2].
[657] Bild, 20.12.2000: [PA: 1350:1].

ii.   Ein Beispiel zu medial dargelegten Identitätsbestandteilen des Unternehmens: Der
       Vorstandsvorsitzende als der neue „Graf Zeppelin"

Mit dem „Charakter" CargoLifter, auf dem die dritte Säule der medialen Realitätskonstruktion innerhalb des Celebrity-Creation-Frameworks abzielt, bot das Unternehmen den Medi-
en genügend Anhaltspunkte für die Erstellung guter journalistischer Geschichten. Es lagen
für Berichterstatter positive, außergewöhnliche und mitteilungsrelevante Informationen in
Gestalt von sichtbaren Unternehmenskulturbestandteilen und Ausprägungen der organisationalen Identität vor, welche innerhalb der Berichterstattung Aufnahme fanden.

Neben dem Hangar als architektonisch hervorstechendstes Artefakt sowie den vielfach diskutierten technischen Spezifikationen des anvisierten CL-160-Luftschiffs wurde darüber
hinaus häufig die kollektive Mitarbeiterschaft als internationale, hoch spezialisierte Exper-
tengruppe, deren Arbeitsformen und ihr Zusammenarbeiten beschrieben. Stellvertretend für
viele Publikationen brachte es die US-amerikanische Wired sehr präzise auf den Punkt, indem sie die Belegschaft als *„imposante Mitarbeiterschaft"*[658] charakterisierte, die in einer
„euphorischen Hipp-Hipp-Hurra-Kultur"[659] zusammenarbeitet. Dem Reporter drängte sich
dabei auch das poetisch umschriebene Gefühl auf, dass sich das Unternehmen und dessen
im Entstehen befindlicher Produktionsstandort durch eine Art der vagen *„Willy Wonka-
Mentalität"*[660] auszeichnen würden.

Es würde den Rahmen dieser Arbeit sprengen, alle jemals erschienenen Pressemeldungen
eingehend zu diskutieren, daher gibt Tabelle 12 zusammenfassend einen Überblick über die
zentralen durch Medien transportierten Identitäts- und Charakterbestandteile des Unternehmens.

---

[658] Wired, August 2000: [PA: 271:19]. Die Textstelle lautet im englischsprachigen Original: „The staff is pretty impressive, too".
[659] Wired, August 2000: [PA: 271:36]. Im englischsprachigen Original wird von einer „rah-rah company culture" gesprochen.
[660] Vgl. Wired, August 2000: [PA: 271:50]. „Willy Wonka" ist der grotesk surreale Hauptcharakter des im Jahr 1964
von Dahl veröffentlichten Kinderbuchs „Charlie und die Schokoladenfabrik", welches 1971 und 2005 auch als Hol-
lywood-Verfilmungen adaptiert wurde.

Leitmotiv	Beschreibung	Exemplarische Textstelle
CargoLifter als virtuelles Unternehmen	Innerhalb der Unternehmensbeschreibung wird auf eine virtuelle Organisationsform und/oder den innovativen Einsatz von modernen IT- und Kommunikationsmitteln verwiesen.	- *„Virtuelle Organisationen sind bereits Realität"* *Computerwoche, April 1997: [PA: 498:5]* - *„CargoLifter AG kooperiert mit IBM, Cisco und e-plus."* *AFX – TD, 07.02.2000: [PA: 128:3]*
CargoLifter als umweltfreundliches Unternehmen	Die Unternehmensbeschreibung verweist auf ein umweltfreundliches Geschäftsmodell.	- *„Die neue Transporttechnik zeichne sich durch besonders gute Umweltverträglichkeit aus, weil der infrastrukturelle Landverbrauch minimal sei, ebenso wie die Lärmemission der Luftschiffe. Der Energieaufwand soll ebenfalls gering gehalten werden. Bei voller Beladung mit 160 Tonnen sind laut [Name] nur 45 Liter Treibstoffverbrauch pro 100 Kilometer in 2000 Metern Flughöhe zu erwarten. Die Höchstgeschwindigkeit des CL 160 wird 140 Stundenkilometer betragen."* *Wirtschaftsblatt, 25.09.1997: [PA: 13:4]*
CargoLifters Mitarbeiter	Innerhalb der Unternehmensbeschreibung wird auf eine internationale, hochgradig spezialisierte und motivierte Belegschaft verwiesen.	- *„‚Once in a lifetime' bekomme man die Chance, an solch einem Projekt mitzuarbeiten, sagt [Name]. Der US-Amerikaner hat dreißig Jahre Erfahrung in der Luft- und Raumfahrtindustrie. Die letzten zwölf Jahre leitete er den Bereich Kraftstoffturbinen beim Triebwerkshersteller Pratt & Whitney."* *Handelsblatt, 04.01.2000: [PA: 925:4]* - *„Interview mit [Name], 47, ist Testpilot für Luftschiffe bei der Cargolifter AG. Seit einem Jahr arbeitet der schwedische Luftfahrtingenieur vor den Toren Berlins an der Entwicklung des größten Luftschiffs aller Zeiten."* *Süddeutsche Zeitung, 10.04.2000: [PA: 777:1]*
Die Luftschifftechnologie	Innerhalb der Unternehmensbeschreibung wird die Luftschifftechnologie und das geplante CL-160 Luftschiff vorgestellt.	- *„Warum der CargoLifter mehr Wasser als Treibstoff tanken muß: Aufnehmen und Absetzen großer Lasten beim Riesenluftschiff / Ganz ohne Infrastruktur kommt auch das neue Transportsystem nicht aus."* *Frankfurter Allgemeine Zeitung, 08.06.1999: [PA: 679:1]*
Die Luftschiffwerft	Innerhalb der Unternehmensbeschreibung wird das Artefakt des Luftschiffhangars architektonisch und technologisch beschrieben.	- *„Nicht weit von Berlin wächst ein gewaltiges Bauwerk aus der Ebene. Auf dem Gelände des ehemaligen sowjetischen Militärflughafens Brand entsteht eine Werfthalle, in der ein Jumbo-Jet wie ein Spielzeug wirken würde: 107 Meter hoch, 210 Meter breit und 360 Meter lang. Hier soll der Cargo-Lifters zusammengebaut werden, ein 260 Meter langes Luftschiff."* *FACTS, 28.10.1999: [PA: 102:9]* - *„Rekorde bricht nach Angaben der Cargolifter AG die Werft, deren Bau 156 Millionen Mark verschlingt. Rund 15. 000 Tonnen wiegt die Stahlkonstruktion, die eine Fläche von mehr als sechs Hektar überspannt. Noch nie sei eine so große Halle ohne Stützpfeiler gebaut worden, sagt [Name]. Acht Fußballfelder würden darin Platz finden, es könnten auch 14 Großraum-Jumbos vom Typ Boeing 747 abgestellt werden."* *Berliner Zeitung, 20.04.2000: [PA: 144:7]*

Tabelle 12: Zentrale durch Medien transportierte „Charaktereigenschaften" CargoLifters in der ersten Phase der Unternehmenshistorie (1996-2000)

Als weitere wichtige Komponente kristallisierte sich neben diesen soeben genannten Leit-
motiven die Person des Vorstandsvorsitzenden innerhalb der Berichterstattung als weiteres
Motiv heraus.

Innerhalb der Medienberichte fällt auf, dass der Vorstandsvorsitzende am häufigsten zu
Wort kam oder porträtiert wurde, was sich anhand der folgenden Abbildung 22 erkennen
lässt. Bei allen in der Pressedatenbank enthaltenen Artikel der gesamten Unternehmenshistorie wurde eine Wortzählung durchgeführt, um eine Rangfolge des Gebrauchs von Sub-
stantiven mit mehr als 100 Nennungen aufzustellen. Nach Bereinigung dieser Ergebnisliste
um jene Substantive, welche nicht originär in den Originalpublikationen enthalten waren[661],
konnte eine Liste für die Erstellung einer sogenannten „Wortwolke" zur Visualisierung dieser Häufigkeitsanalyse benutzt werden.

Abbildung 22: Wortwolke der Medienberichterstattung[662]

Anhand dieser Abbildung lässt sich erkennen, dass der Nachname des Vorstandsvorsitzenden wesentlich häufiger innerhalb der Berichterstattung auftauchte, als der des stellvertretenden Vorstandes. Nach dem Unternehmensnamen „CargoLifter"[663] und der Rechtsform-
bezeichnung „AG"[664] verzeichnete der Nachname dieser Person fast 2.500 Nennungen über
alle Presseartikel hinweg. Der Name fand damit in jedem Artikel eine durchschnittliche
Verwendung von 1,65 Nennungen. Der Nachname des stellvertretenden Vorstands wurde
hingegen nur 441-mal genannt, also lediglich in weniger als jedem dritten Artikel erwähnt,
was zeigt, dass er damit weniger im Fokus der medialen Berichterstattung und im Licht der
Öffentlichkeit stand.

---

[661] Substantive wie „Ausgabeauftrag", „Copyright", „Dokument" oder „Seite" wurden dementsprechend nicht in die
     Abbildung integriert, da diese zumeist innerhalb eines jeden Dokuments aus den Pressedatenbanken enthalten wa-
     ren.
[662] Die Abbildung entstand unter Rückgriff auf den Service der Webseite www.wordle.net. „VV" steht innerhalb dieser
     Grafik als Abkürzung für den Begriff Vorstandsvorsitzender; „V" wird als Abkürzung für den stellvertretenden Vor-
     stand verwendet.
[663] 10.612 Nennungen über alle Artikel hinweg.
[664] 2.951 Nennungen über alle Artikel hinweg.

Bei der Betrachtung der Vita des Vorstandsvorsitzenden kann diese Schwerpunktsetzung innerhalb der Berichterstattung durchaus nachvollzogen werden. Diese bot eine sehr vielfältige und unkonventionelle Art auf und eröffnete den Journalisten Ansatzpunkte für die Erstellung ansprechender Publikationen und somit eine weitere dramaturgische Gestaltung der Artikel.

Er wurde immer wieder im Zusammenhang mit seinem ungewöhnlichen Werdegang vorgestellt. Als ausgebildeter Landwirt und später promovierter Jurist besetzte er Positionen in Banken und der Industrie und nahm in den frühen 1990er-Jahren eine Gastprofessur in den USA wahr. Die Tatsachen, dass seine Vorfahren bedeutende Personen der Luftfahrtgeschichte darstellten und sein Großvater gar nebenher als Aufsichtsratsmitglied die historische Zeppelin-Luftschiffgesellschaft mit beaufsichtigt hatte, bot einen reizvollen journalistischen Spannungsbogen. Häufig wurde daher bei der Berichterstattung darauf verwiesen, dass der Vorstandsvorsitzende nun in dritter Generation die Luftfahrtgeschichte maßgeblich mit prägen und damit die Familienhistorie fortführen werde[665].

Nicht nur dem familiären Hintergrund und dem dabei häufig Erwähnung findenden aristokratischen Familiennamen, sondern auch den persönlichen Eigenschaften des Vorstandsvorsitzenden wurde in den Medien viel Aufmerksamkeit geschenkt. So wurde dieser mitunter häufig als herausragend charismatische Person[666], *„Artist der Rhetorik"*[667] oder Überzeugungskünstler[668] beschrieben. Wiederholt wurde er als exzellenter Verkäufer porträtiert und noch bis kurz vor der Insolvenz als Person dargestellt, welche *„Eskimos Kühlschränke verkaufen"*[669] könne. Auch die tatsächliche Wirkung seiner Persönlichkeit wurde umfassend beschrieben und dem Leser anschaulich vermittelt:

„When I ask [name], or 'Baron' [CEOs name], why he's so sure that his revival of the dream won't also end in tears, he shows me a tight smile. The 48-year-old German aristocrat-businessman – with his dark hair, brown eyes, and splendid jet-black suit – looks more like a señor than a [baron]. Picture a half brother of Plácido Domingo who didn't get thick in the middle or grow a beard. He looks up at the sky, then says, 'Yes, but there are many kinds of tears.' This is a [CEOs name] tactic, frequently deployed. He answers the tough questions about his grand project with a riddle, then looks to the heavens as if gazing upon an 850-foot-long, 21-story-high airship called the CL160. My eyes obediently follow his, looking for the big magumba, but all I see is eastern German cumulus."

Wired, August 2000: [PA: 271:1]

Ferner griff die Presse auf weitere Motive bei der Berichterstattung zurück – anscheinend reichten ab einem gewissen Zeitpunkt die Darstellungen über die Familie, die Person und die persönliche Wirkung des Vorstandsvorsitzenden nicht mehr aus. Verwendet wurde ein Motiv, das eine eindeutige Verbindung zwischen dem Vorstand und dem Wegbereiter der Zeppelinluftschifffahrt, Graf Ferdinand von Zeppelin, herstellt:

[665] Vgl. taz, 12.03.1999: [PA: 67:11].
[666] Vgl. Norddeutscher Rundfunk, September 2001: [PA: 646:28].
[667] Der Spiegel, 31.07.2000: [PA: 218:8].
[668] Vgl. Financial Times Deutschland, 16.05.2000: [PA: 1:10].
[669] Berliner Morgenpost, 01.12.2001: [PA: 1265:1].

„Wie zur Jahrhundertwende der Edelmann Ferdinand Graf von Zeppelin gab nun wieder ein Nicht-Techniker adliger Abstammung den entscheidenden Anstoß: [Name des Vorstandsvorsitzenden], 47, gelernter Landwirt, promovierter Jurist und Enkel des [Name einer Fluglinie]-Pioniers [Name], rief im September 1996 die CargoLifter AG ins Leben. Ähnlich wie einst dem legendären Grafen von Zeppelin gelang es ihm, in kürzester Zeit eine erstaunliche Schar von Förderern zu gewinnen."

Der Spiegel, 23.08.1999: [PA: 487:20]

„Es half alles nichts mehr, Ferdinand Graf von Zeppelin war pleite. Ein Sturm hatte im Sommer 1908 sein neuestes Luftschiff zerstört. Der Versuch, Zeppeline zu einem ernstzunehmenden Transportmittel zu machen, schien gescheitert. Womit keiner gerechnet hatte: Die Bürger im damaligen Deutschen Reich hatten Mitgefühl und spendeten spontan sechs Millionen Reichsmark [die sogenannte „Zeppelinspende"]. Der Graf war saniert.
Am Beginn des 21. Jahrhunderts kauft Luftschiff-Aktien, wer einer Technik zum Durchbruch verhelfen will und auf ein Geschäft hofft. [Name des Vorstandsvorsitzenden] hat deshalb eine Aktiengesellschaft gegründet, um seinen Traum zu verwirklichen. Der Vorstandschef der CargoLifter AG plant neue Giganten der Lüfte, die bis zu 160 Tonnen schwere Anlagen wie Transformatoren in die ganze Welt transportieren, preiswerter als mit dem Flugzeug und schneller als per Schiff oder Lkw."

Wirtschaftswoche, 18.05.2000: [PA: 1064:2]

Konsequenterweise wurde der Vorstandsvorsitzende vielfach als *„Visionär der Luftfahrt"*[670], *„moderner Luftfahrt-Pionier"*[671] oder *„Luftfahrtpionier auf den Spuren Graf Zeppelins"*[672] beschrieben. Einige Medien gingen in ihrer Beschreibung weiter und setzten den Vorstand gar mit dem Grafen gleich: *„Für viele Menschen ist der charismatische Chef [Name] ein neuer Graf Zeppelin"*[673].

Die folgende Tabelle 13 veranschaulicht zusammenfassend, mit welchen Attributen der Vorstandsvorsitzende im Laufe der Zeit belegt wurde. Eine genaue Übersicht über die verwendeten Kodierungen und exemplarische Textstellen finden sich im Anhang E.6.

---

[670] Welt am Sonntag, 03.10.1999: [PA: 94:12].
[671] Handelsblatt, 06.06.2000: [PA: 188:1].
[672] Stuttgarter Zeitung, 25.11.2000: [PA: 1299:6].
[673] Norddeutscher Rundfunk, September 2001: [PA: 646:28].

Übergeordnete Rubrik	*Code*
Beschreibung der Persönlichkeit	– Agil
	– Aura des Erfolgs / Erfolgsmensch
	– Einnehmende Persönlichkeit
	– Löst Euphorie und Enthusiasmus aus
	– Motivator
	– Optimist / Mutig
	– Rhetoriker / Begeisternder Redner
	– Schnelldenker
	– Siegessicher
	– Überzeugungskünstler
	– Unkonventionelle Art
	– Visionär
	– Weltverbesserer
	– Zielstrebig
Beschreibung des persönlichen Hintergrunds	– Aristokrat
	– Logistikexperte
	– Luftfahrt-„DNA"
	– Unkonventioneller Lebenslauf
Der Vorstandsvorsitzende im Kontext des Unternehmens	– Alleiniger Entscheider
	– Brillanter Innovator
	– CargoLifter als das „Kind" des Vorstandsvorsitzenden
	– Der moderne Graf Zeppelin
	– Marketingstratege / Brillanter Verkäufer
	– Star der Luftfahrtszene
	– Workaholic
Erste Anzeichen der Kritik an der Person	– Abgehobene Persönlichkeit
	– Ikarus-Motiv
	– Unbeirrbar im Handeln

Tabelle 13: Mediale Be- und Zuschreibungen des Vorstandsvorsitzenden im Zeitraum 1996-2000

Dem Vorstandsvorsitzenden kamen durch diese Art der Berichterstattung und auch durch seine Persönlichkeitsmerkmale in der Anfangsphase positive Emotionen entgegen. Ihm wurde Charisma attribuiert, er wurde als begeisternder Redner charakterisiert und er wurde als einnehmende und fesselnde Persönlichkeit beschrieben, die es vermochte, innerhalb der Belegschaft und bei den Aktionären Euphorie auszulösen[674]. Auch die Welt am Sonntag argumentierte in einem Porträt und einer begleitenden „Homestory" ähnlich und zeigte auf, dass man dem Vorstandsvorsitzenden gerne zuhören würde:

„So etwas nennt man eine Vision. Und der, der sie hat, sitzt im weißen Leinenhemd auf dem Balkon seines Hofes im Allgäu und moderiert die Aussicht. Blick auf den Forggensee, auf Schloß Neuschwanstein, die Alpen. Er erklärt gern, und seine Stimme klingt dabei wie in den Sachgeschichten der ‚Sendung mit der Maus' – gewinnend, aber nüchtern."

Die Welt am Sonntag, 03.10.1999:[PA: 94:15]

Neben diesen Sympathien, die der Vorstandsvorsitzende evozierte, kam ihm parallel auch eine breite öffentliche Bekanntheit zu. Auf den Titel eines modernen ‚Graf Zeppelin' folgte

---

[674] Vgl. Frankfurter Rundschau, 30.05.1998: [PA: 1181:7].

eine Nominierung[675] und spätere Auszeichnung als Entrepreneur des Jahres[676]. Schon bald galt der Vorstand in der medialen Darstellung als neuer „Star" der Luftfahrt: *„Bei der Internationalen Luft- und Raumfahrtausstellung (ILA) in Schönefeld zählt [Name] zu den heimlichen Stars: Die Branche beäugt das Projekt aufmerksam. Sein Terminkalender ist prall gefüllt"[677].*

Auf Basis dieser Ausführungen lässt sich erkennen, dass der Vorstandsvorsitzende in der öffentlichen Wahrnehmung und auf Basis seiner Darstellung in den Medien den Status eines Celebrity-CEOs erreichte. Ein ehemaliger enger Mitarbeiter des Vorstands bestärkte diese Feststellung während eines Interviews auch folgendermaßen:

„Und dann gab es Zeiten, da haben die Leute um Autogrammkarten von ihm gebeten. Und haben auch gesagt, wir kaufen die Aktien, weil dieser Mann so toll ist. Weil der hat halt Charisma und der ist so klasse."

Vorstandsnaher Mitarbeiter, Interview

c.   Das Ergebnis: Firm Celebrity

Nicht nur dem Vorstandsvorsitzenden der CargoLifter AG kann im Laufe der Zeit der Celebrity-CEO-Status attestiert werden, auch die gesamte Organisation war der Öffentlichkeit wohlbekannt und erhielt positiven emotionalen Zuspruch. Der aktuelle Abschnitt wird anhand qualitativer Indikatoren aufzeigen, dass CargoLifter tatsächlich den Status einer Celebrity Firm erreichte.

i.   Hohe öffentliche Bekanntheit

Das Gründungsjahr des Unternehmens 1996 war stark von der Zuversicht der Branche und Industrie geprägt, was sich daran zeigte, dass große Industriekonzerne Gründungsaktionäre des Unternehmens waren oder im Laufe der Zeit Aktien zeichneten. Schon mit Beginn des Jahres 1997 setzte allerdings die Berichterstattung über CargoLifter in den überregionalen Tageszeitungen ein, sodass dieses Jahr den medialen Durchbruch schaffte. Erst im Jahr 1998 wandelte sich diese flächendeckende Berichterstattung auch in eine allgemeine öffentliche Bekanntheit, was sich an ersten qualitativen Indikatoren festmachen lässt.

Schon der als Volksfest organisierte erste Spatenstich auf dem ehemaligen Militärflughafen und zukünftigen Luftschiff-Heimathafen sollte am 2. Mai 1998 mehr als 5.400 Teilnehmer anlocken[678], wobei der Umriss des geplanten Hangars mit 500 Spaten symbolisch ausgegraben wurde[679]. Die nur wenige Tage später folgende Ausstellung von CargoLifter auf der internationalen Logistikmesse in Leipzig führte dazu, dass sich innerhalb von nur vier Tagen 156.773 Besucher auf der Unternehmenshomepage weitere Informationen über die Firma einholten. Fast 4.000 von ihnen nahmen zudem an den Internet-Videoübertragungen der Veranstaltung teil[680]. Insbesondere die Einladung von CargoLifter zu den Innovationstagen

---

[675] Vgl. Manager Magazin, Juni 1999: [PA: 849:1].
[676] Vgl. Der Tagesspiegel, 15.09.1999: [PA: 1019:1].
[677] Berliner Morgenpost, 07.06.2000: [PA: 1236:4].
[678] Vgl. Unternehmenszeitschrift, Mai 1998: [ID: 459:33].
[679] Vgl. Frankfurter Allgemeine Sonntagszeitung, 03.05.1998: [PA: 672:1].
[680] Vgl. Unternehmenszeitschrift, Mai 1998: [ID: 459:40].

des Bundespräsidenten, die auf Roman Herzogs viel beachtete Berliner „Ruck-Rede"[681] ins Leben gerufen wurden, sollte dem Unternehmen noch mehr Bekanntheit einbringen. 1.500 hochrangige Vertreter aus Politik und Wirtschaft kamen dadurch im Juli 1998 erstmalig mit der Idee des CargoLifters in Kontakt. Viele überregionale Zeitungen berichteten aufgrund dieser Veranstaltung weiterhin und vorteilhaft über CargoLifter[682].

Das Jahr 1999 brachte eine noch größere Bekanntheit. Die Aktiennachfrage hielt kontinuierlich an, sodass zum Jahresende mehr als 10.000 Aktionäre das Unternehmen zur erfolgreichsten vorbörslichen Privatplatzierung in Deutschland machten. Auch die Medien wiesen auf die hohen Popularitätswerte des Unternehmens hin: *„Nicht alle Unternehmen finden so viel öffentliches Interesse wie CargoLifter, die mit gigantischen Luftschiffen Lasten transportieren wollen"*[683]. Schon zum Tag der offenen Tür im Frühjahr strömten über 10.000 Gäste[684]. Im Herbst des Jahres wurde dann das Richtfest des Hangars zelebriert, welches als „Bogenfest" bezeichnet wurde, da zu dem Zeitpunkt alle zentralen Bögen der Hallenkonstruktion aufgestellt waren: Insgesamt 25.000 Besucher feierten dieses Ereignis, was beispielsweise eine Lokalzeitung so beschrieb:

„Besuchersturm zum Tag der offenen Tür bei CargoLifter: Rund 25.000 Besucher strömten am Samstag zum Bogenfest auf dem Werftgelände. Vor den Bahnschienen staute sich der Verkehr. Anstatt der geplanten Schranke schlägt das Unternehmen vor, dass die Straße südlich des Bahnübergangs künftig über eine Brücke und dann bis zum Krausnicker Tor geführt wird."

Lausitzer Rundschau, 19.10.1999: [PA: 1398:1]

Eine noch höhere Anzahl an Großereignissen wies das Jahr 2000 auf. Der IT-Konzern IBM präsentierte CargoLifter und dessen Luftschiff auf der Computermesse CeBIT als Best Practice Showcase für den innovativen Einsatz von E-Business Lösungen. Innerhalb der nur wenige Tage dauernden Messe erhielt die Unternehmenshomepage eine signifikante Steigerung der Besucherzahlen auf 2,3 Millionen Internetbesucher[685]. Und auch die physischen Messebesucher sorgten für Publizität. In Zeitungen war am nächsten Tag ein Bild zu finden, auf dem der Vorstandsvorsitzende von CargoLifter zusammen mit dem IBM-Geschäftsführer, dem damaligen Bundeskanzler Gerhard Schröder sowie den Ministerpräsidenten Sigmar Gabriel stand. Hierbei hielten sich alle vier Personen deutlich sichtbar unterhalb eines über ihren Köpfen schwebenden CargoLifter Luftschiffmodells auf[686]. Im Kontext der ebenfalls in Hannover stattfindenden Expo 2000 wurde die Baustelle von CargoLifter im Verlauf des Jahres gar als Außenprojekt in das Programm der Weltausstellung aufgenommen und mit 66.000 Besuchern durch die Presse als regelrechter *„Publikums-Magnet"*[687] bezeichnet.

[681] Vgl. Herzog 1997.
[682] Vgl. Der Tagesspiegel, 24.07.1998: [PA: 1005:1].
[683] Wirtschaftswoche, 09.12.1999: [PA: 1063:1].
[684] Vgl. Berliner Morgenpost, 14.03.1999: [PA: 1212:1].
[685] Vgl. Präsentationsunterlagen 3. Ordentliche Hauptversammlung, 11.03.2000: [ID: 223:15].
[686] Vgl. Die Welt, 07.03.2000: [PA: 869:4].
[687] Berliner Morgenpost, 05.09.2000: [PA: 1248:1].

Das aus finanzieller Sicht zentrale Ereignis des Jahres stellte der im Mai 2000 durchgeführte Börsengang dar, wobei die Aktie schon nach wenigen Monaten im Dezember aufgrund ihres hohen Handelsvolumens im M-DAX gelistet wurde. Manche bezeichneten die Erstnotierung als einen *„der spektakulärsten Börsengänge der deutschen Wirtschaftsgeschichte"*[688]. Andere bescheinigten dem Unternehmen darüber hinaus glänzende Aussichten:

„Mit der Aufnahme des Börsenhandels nimmt eines der spektakulärsten Venture-Capital-Projekte die nächste Hürde auf dem Weg in eine möglicherweise große Zukunft. Das 250-Millionen-Euro-Projekt der Berliner CargoLifter AG soll den Güterverkehr des 21. Jahrhunderts revolutionieren. Riesige Luftschiffe (Länge: 260 Meter - Nutzlast: 160 Tonnen) sollen künftig großvolumige oder besonders eilige Wirtschaftsgüter über Entfernungen von bis zu 10 000 Kilometer transportieren, wobei sowohl auf der Kostenseite als auch bei der Lieferzeit erhebliche Vorteile gegenüber dem Landtransport erreichbar sein sollen."

Die Welt, 16.05.2000: [PA: 872:1]

Alle weiteren öffentlichkeitswirksamen Ereignisse standen im Jahr 2000 immer in direktem Zusammenhang mit dem Hangar: Noch vor der Eröffnung erhielt dieses Bauwerk einen renommierten Industriepreis[689]. Auch der Bundeskanzler kam erneut mit dem Unternehmen in Kontakt. Während dessen „Ostdeutschland-Reise", bei der er von einem Tross an Journalisten begleitet wurde, stattete er der Baustelle einen Besuch ab und verkündete einen von der Presse gerne aufgenommenen Satz: *„Was [hier] passieren wird, ist ein Stück wirklich guter und großer deutscher Ingenieurskunst hier"*[690]. Der ihn begleitende brandenburgische SPD-Ministerpräsident Manfred Stolpe ließ sich zu noch größeren Worten hinreißen: *„Also wenn wir Brandenburger nicht so bescheiden wären, dann würden wir sagen, das ist wirklich die weltgrößte Halle die es gibt. Und wenn wir nicht so bescheiden wären, dann würden wir noch hinzufügen, das ist vielleicht das achte Weltwunder"*[691].

Die dann im November 2000 erfolgende festliche Halleneröffnung generierte die für das Unternehmen bedeutendste Öffentlichkeitswirkung. Einerseits wurde dieses Ereignis in einem kleinen, aber hochrangigen Rahmen begangen: *„Vor 500 Gästen aus Wirtschaft und Gesellschaft sowie Diplomaten aus 50 Ländern würdigte Brandenburgs Ministerpräsident Dr. Manfred Stolpe bei der Halleneinweihung das Projekt als ‚Investition in eine Zukunftsbranche'"*[692]. Nur wenige Tage später wurde der Hangar zu einer groß angelegten Einweihungsfeier auch der Öffentlichkeit zugänglich gemacht, soweit sie eine Eintrittskarte für wohlgemerkt 150 DM[693] erworben hatten:

„Besucher feierten in der riesigen Werfthalle: Das Fest war dem gigantischen Rahmen angemessen: Fast 7.000 Menschen feierten am Sonnabend den Abschluss der Bauarbeiten an der 360 Metern langen, 210 Metern breiten und 107 Metern hohen Werfthalle der Berliner CargoLifter AG im brandenburgischen Brand (Dahme-Spreewald). Gleichzeitig fiel symbolisch der Startschuss für die Fertigung des Luftschiffes CL 160."

Die Welt, 27.11.2000: [PA: 879:1]

---

[688] Der Spiegel, 29.05.2000: [PA: 170:3].
[689] Vgl. Handelsblatt, 11.10.2000: [PA: 945:1].
[690] Vgl. bspw. Berliner Morgenpost, 02.09.2000: [PA: 1247:3]; Süddeutsche Zeitung, 02.09.2000: [PA: 783:1].
[691] Norddeutscher Rundfunk, 07.11.2002: [PA: 647:4].
[692] Deutsche Verkehrszeitung, 30.11.2000: [PA: 259:5].
[693] Vgl. Berliner Zeitung, 22.11.2000: [PA: 250:6]; Bild, 27.11.2000: [PA: 1349:1].

Spätestens zur Halleneröffnung war das Unternehmen CargoLifter über alle Grenzen hinweg bekannt. Auch in den Folgejahren sollte dieser Status anhalten. So wurde das Unternehmen im Jahr 2001 auf Platz 16 und im Jahr 2002 an 25. Stelle der beliebtesten Arbeitgeber bei angehenden Ingenieuren ausgezeichnet. Das Unternehmen wurde dabei noch vor renommierten Arbeitgebern wie McKinsey, Deutsche Telekom oder Deutsche Bahn gewählt[694] – was deutlich zeigt, dass CargoLifter bei dieser Zielgruppe einen hohen Wiedererkennungswert und damit eine breiten Bekanntheitsgrad aufwies. Auch innerhalb des Unternehmens blieben diese Popularitätswerte nicht unbemerkt:

„Die Ergebnisse einer im März 2001 durchgeführten repräsentativen Marktstudie zu Bekanntheit und Image des Logistik-Unternehmens bestätigen den Erfolg: Nur viereinhalb Jahre nach der Gründung kennen 45 Prozent der deutschen Bevölkerung CargoLifter mindestens dem Namen nach – und beurteilen das Unternehmen und seine Idee als faszinierend, innovativ, sinnvoll und Umweltanforderungen ernst nehmend."

Geschäftsbericht 2000/2001, 19.11.2001: [ID: 228:19]

Quantitativ kann die permanente große öffentliche Wahrnehmung an dem im Juni 2000 eröffneten Besucherzentrum über den Zeitablauf hinweg sehr anschaulich nachvollzogen werden: Selbst bis zum Zeitpunkt nach der Insolvenz fand das zur Expo 2000 eröffnete Besucherzentrum mit jährlich fast 200.000 zahlenden Besuchern rege Aufmerksamkeit. Abbildung 23 verdeutlicht die Besucherzahlen und eine Übersicht weiterer großer Publikumsereignisse grafisch.

---

[694] Vgl. Wirtschaftswoche, 15.08.2002: [PA: 1081].

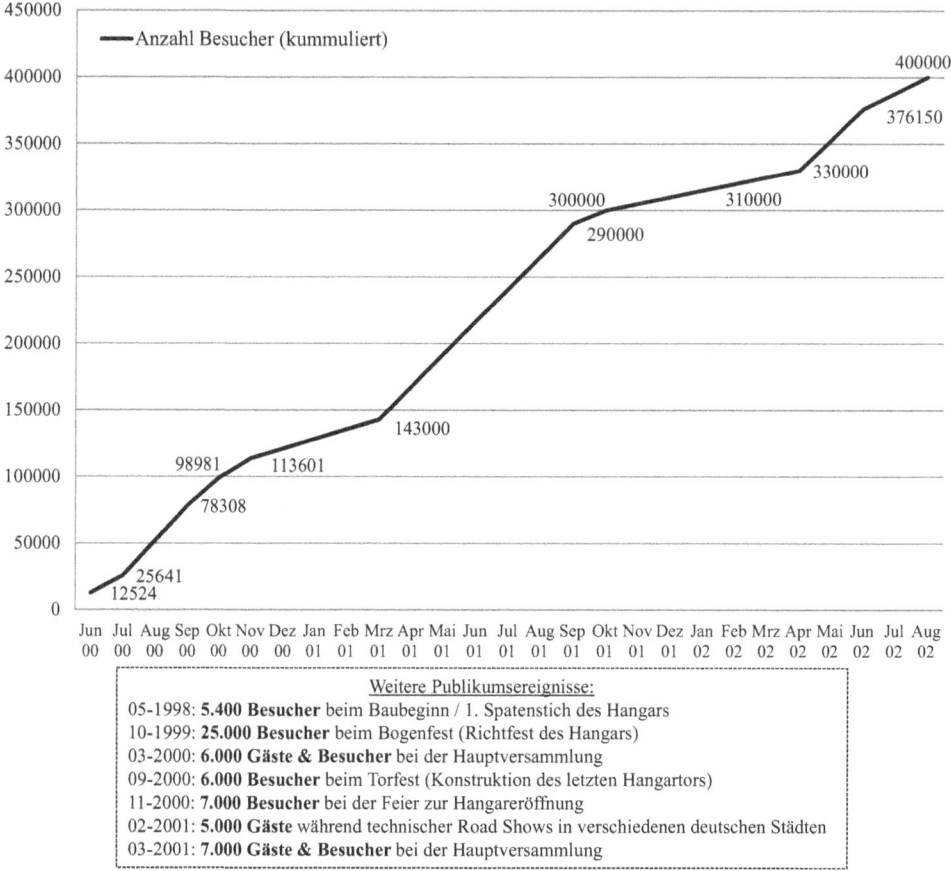

Abbildung 23: Publikumsentwicklung des Besucherzentrums und weitere Großereignisse

ii.   Positiver emotionaler Zuspruch

Parallel zu der großen Öffentlichkeitswirksamkeit erhielt das Unternehmen CargoLifter fast
von Anbeginn an positive emotionale Resonanz aus der Bevölkerung, sodass auch das zweite Kriterium für den Status einer Celebrity Firm erfüllt wurde.

Selbstverständlich ergab sich diese Emotionalität einerseits aus einer generell vorherrschenden Faszination mit der Luftschifffahrt. Zeitungen beschrieben hierbei vielfach, wie es Betrachtern von über ihnen fliegenden Luftschiffen fast unmöglich war, nicht von diesen grazil
schwebenden Gefährten in ihren Bann gezogen zu werden. Schon die Dallas Morning News
schrieb beispielsweise in einem frühen Artikel über CargoLifter von einer generellen öffentlichen Begeisterung für Luftschiffe:

*„Yet the unpromising postwar history of big airships hasn't ended a long flirtation with the
concept. Part of it is public fascination. As one character said, 'Nobody doesn't like a
blimp,' joked Dallas airship historian [name], whose license plate – BLIMPS – announces
his passion."*

                                                   The Dallas Morning News, 05.03.1997: [PA: 6:4]

Auch in anderen Zeitungen ließ sich die Berichterstattung über dieses Leitmotiv erkennen, indem die Faszination anhand von Besucherreaktionen plastisch beschrieben wurde: *„Luftschiffe bringen [brandenburgischen Wirtschaftsminister] ins Schwärmen"*[695], zeigte beispielsweise die Süddeutsche Zeitung auf. *„Irdische Hindernisse gibt's für den CargoLifter nicht"*[696], titelte Die Welt, sodass auch die Pressesprache deutliche Anzeichen einer emotionalen Prägung aufwies. Die dem Unternehmen entgegengebrachte große Erwartungshaltung und die damit verbundenen Vorschusslorbeeren werden hieran besonders deutlich.

Die dem Unternehmen entgegengebrachte Gefühlsbetontheit ließ sich nicht nur an der Faszination mit Luftschiffen, sondern auch an einem zweiten Leitmotiv erkennen: der Reaktion auf den Luftschiffhangar des Unternehmens. Hierbei beschrieben Medien die große Begeisterung von Besuchern auf das Bauwerk. Parallel zum Baufortschritt ist eine Steigerung innerhalb der Berichterstattung zu erkennen. So ist eine hohe emotionale Prägung in den Artikeln zur Halleneröffnung nicht zu übersehen, denn regelrecht poetisch titelte beispielsweise die FAZ in einem Artikel über den Stand der Bauarbeiten: *„Wo die Zeppeline wohnen werden: Im brandenburgischen Ort Brand entsteht auf einem ehemaligen sowjetischen Militärflughafen eine Luftschiffwerft von gigantischen Ausmaßen"*[697]. Dem Bundeskanzler schien es bei seinem Besuch der Baustelle ähnlich zu ergehen: *„Und Schröder wirkt tatsächlich begeistert. ,Unglaublich', entfährt es ihm mehrmals, bevor er auf das hölzerne Podest vor der Halle steigt, um eine kurze Rede zu halten"*[698]. Die schweizerische NZZ zeigte die deutlichen emotionalen Reaktionen der Baustellenbesucher folgendermaßen auf:

„Die Besucher, von denen die benachbarten Brandenburger nicht selten mit Kindern und Hund anreisen, kümmert das nicht. Sie kommen inzwischen aus halb Europa und lassen sich in der Regel von der Begeisterung am Ort anstecken. Die Theorie sei phantastisch, hört man im Bus, der von der Ausstellung zur Halle fährt, an der Menschen in großer Höhe wie Fliegen an einer Scheibe fast pausenlos arbeiten."

Neue Zürcher Zeitung, 06.06.2000: [PA: 1293:6]

Nach Abschluss der Bauarbeiten und mit Eröffnung der Halle berichteten Medien dann zunehmend von den Reaktionen der Besucher innerhalb des Bauwerks. Folgendes Zitat spiegelt die Emotionen eines jungen Besuchers während einer Hallenbesichtigung sehr ausdrucksvoll wider:

„Groß – das ist das erste große Wort. Das Wort danach, sozusagen. Nach dem Ost-Wunder-Sightseeing. Der Bus fährt gleich zurück, die Besichtigung der neuen Luftschiff-Werft ist zu Ende. Groß – das ist es überhaupt, worum es hier geht. ,Sehr groß', sagt ein Junge, vielleicht sieben oder acht Jahre alt. Sein Vater muss die Schnur halten, mit dem kleinen Helium-Luftschiff aus dem Andenken-Shop dran. Der Junge staunt immer noch, und aus dem Staunen wird langsam ein Stammeln: ,Groß wie ... wie ein ... so groß wie ...' Und dann weiß er nicht weiter und macht erst mal ganz große Augen. Wie sonst soll man die ganze Größe der Größe beschreiben?"

Süddeutsche Zeitung, 16.12.2000: [PA: 791:8]

---

[695] Süddeutsche Zeitung, 20.01.1998: [PA: 765:3].
[696] Die Welt, 31.05.2000: [PA: 874:1].
[697] Frankfurter Allgemeine Zeitung, 20.04.2000: [PA: 685:1].
[698] Berliner Morgenpost, 02.09.2000: [PA: 1247:3].

Dass sich solche Gefühle der Begeisterung und diese Faszination für ein technisches Arte-fakt nicht nur bei jungen Besuchern und sonstigen Gästen einstellten, sondern auch die schreibende Zunft erfasste, sodass diese regelrecht vor Euphorie „umgeworfen" wurden, zeigt sich anhand des folgenden Artikelauszugs:

„Die größte freitragende Halle der Welt steht jetzt in Brand: Was für eine Halle, welcher Hall! Mächtig wummert, dröhnt und rollt es nach, gewaltig wie in keiner Kaverne. Aber keine Kaverne ist auch so riesig wie diese Halle, die sich 107 Meter hoch über 360 Meter in der Länge und 210 Meter in der Breite wölbt. Eine Höhe, die das Auge gar nicht mehr ab-schätzen kann; nur die Container, die hier aufgebaut sind, selbst dieses große Podest, auf dem kleine Menschen Reden halten, wirkt winzig in den 5,2 Millionen Kubikmetern umhüll-ten Luftraums. [...] Diese Halle, die größte freitragende der Welt: Sie ist wirklich umwer-fend. Es wirkt daher ausnahmsweise nicht albern, wenn die Leute von CargoLifter sich da-für einen eigenen Begriff ausgedacht haben: ‚Aërium'."

Die Welt, 24.11.2000: [PA: 257:3]

Im Ergebnis konnte anhand der vergangenen Abschnitte gezeigt werden, dass CargoLifter tatsächlich der Status einer Celebrity Firm zugeschrieben werden kann. Neben einer hohen und dauerhaft über die Unternehmenshistorie anhaltenden öffentlichen Bekanntheit empfing das Unternehmen auch emotionalen Zuspruch aus der Bevölkerung. Insbesondere die Luft-schiffwerft des Unternehmens kann hierbei als das Symbol CargoLifters Berühmtheit schlechthin interpretiert werden. Schon zur feierlichen Halleneröffnung strömten tausende Besucher, im Verlauf der Jahre waren es gar Hunderttausende, welche das Besucherzentrum aufsuchten und dabei an einer Hallenführung teilnahmen. Daneben wiederfuhr das Unter-nehmen durch das Artefakt des Hangars einen hohen emotionalen Zuspruch. Nicht nur die Besucher waren regelrecht von dem Gebäude fasziniert, auch die Medien berichteten deut-lich emotional geprägt über die Ausmaße des Bauwerks. Die folgende Tabelle gibt zusam-menfassend einen Überblick über die zentralen Elemente, anhand derer CargoLifters Promi-nenz konstituiert werden kann.

Celebrity Firm Kriterium	Qualitative Ausprägung
Hohe öffentliche Bekanntheit	
	• Hohe und im Zeitverlauf ansteigende mediale Resonanz
	• Besucherzentrum als „Publikumsmagnet"
	• Hoch frequentierte Publikumsereignisse
Positiver emotionaler Zuspruch	
	• Emotionalität und Begeisterung in Bezug auf Luftschiffe
	• Besucher zeigen positive emotionale Reaktionen auf den Hangar und das Unternehmen
	• Medien zeigen positive emotionale Reaktionen auf den Hangar und das Unternehmen

Tabelle 14: Konstituierende Elemente CargoLifters Prominenz

Nachdem anhand des vergangenen Unterkapitels gezeigt werden konnte, dass CargoLifter tatsächlich den Status einer Celebrity Firm erreichte, kann innerhalb des kommenden Ab-schnitts nun der Existenz von Organizational Hubris nachgegangen werden.

IV. Der Niedergang von CargoLifter: Existenz und Emergenz von Organizational Hubris

In diesem Abschnitt wird nun der zentralen Fragestellung nachgegangen, ob innerhalb des Unternehmens CargoLifter AG Muster von kollektiven organisationalen Selbstüberschätzungsprozessen aufgetreten sind. Für diese Analyse wurden überwiegend die Datenbanken der internen Unternehmensdokumente sowie die transkribierten Interviews herangezogen und unter Rückgriff auf den theoretischen Referenzrahmen des Organizational Hubris Frameworks hin analysiert.

Wenn die Existenz einzelner Organizational Hubris Bestandteile festgestellt werden kann, gilt in einem zweiten Schritt möglichen Einflussfaktoren und damit der Emergenz nachzugehen. Da bereits herausgearbeitet wurde, dass das Fallstudienunternehmen den Status einer Celebrity Firm erlangte, gilt es unter Rückgriff auf die Forschungsfrage dieser Arbeit zu untersuchen, welche Dynamiken zwischen Organizational Hubris und dem Status der Celebrity Firm vorgelegen haben können. Hierbei soll weniger eine feste Kausalität angenommen werden. Vielmehr soll ergebnisoffen exploriert werden, welche möglichen Aus- und Wechselwirkungen existiert haben können.

Unter Rückgriff auf das Theoriekapitel kann zur Rekapitulation an dieser Stelle erneut der theoretische Referenzrahmen zum Organizational Hubris Framework aufgeführt werden[699]: Von Organizational Hubris betroffene Unternehmen charakterisieren sich durch eine kollektive Überbewertung von organisationalen Fähigkeiten, grandiosem und nonkonformen organisationalem Verhalten sowie geteilten Gefühlen der Unverwundbarkeit. Im Zeitablauf kann durch das Unternehmen Kritik ausgeblendet und negiert werden und zudem eine strategische Rigidität auftreten. Der theoretische Referenzrahmen ist erneut in der folgenden Abbildung 24 dargestellt.

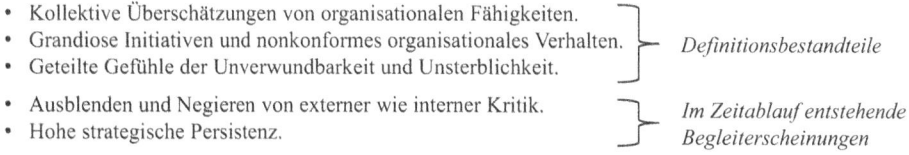

- Kollektive Überschätzungen von organisationalen Fähigkeiten.
- Grandiose Initiativen und nonkonformes organisationales Verhalten.   *Definitionsbestandteile*
- Geteilte Gefühle der Unverwundbarkeit und Unsterblichkeit.

- Ausblenden und Negieren von externer wie interner Kritik.   *Im Zeitablauf entstehende*
- Hohe strategische Persistenz.   *Begleiterscheinungen*

Abbildung 24: Rekapitulation des Organizational Hubris Referenzrahmens

Basierend auf dieser theoretischen Vorstrukturierung soll nun ein strukturierter Überblick über die Analyseergebnisse gegeben werden. Hierzu wird jede einzelne Ausprägung des Referenzrahmens unter Rückgriff auf das Datenmaterial hin überprüft. Sollten hierbei Anhaltspunkte für die Existenz gefunden werden, wird unmittelbar auf jeder Ausprägungsebene auf eine mögliche Dynamik zum Status der Berühmtheit eingegangen.

---

[699] Vgl. Kapitel B.V.3.

1. Kollektive Überschätzung von organisationalen Fähigkeiten

Der erste und zentrale Bestandteil des Organizational Hubris Referenzrahmens beschreibt eine kollektive Überschätzung organisationaler Kompetenzen. Nach einer Analyse der Existenz wird in einem zweiten Schritt der Emergenz dieser Ausprägung nachgegangen werden.

a. Existenz: Überschätzung technischer organisationaler Kompetenzen

Erste Anzeichen, dass innerhalb der CargoLifter AG tatsächlich eine kollektive Überschätzung organisationaler Fähigkeiten vorgelegen haben kann, ergeben sich aus verschiedenen Ereignissen. Schon bei einer ersten Betrachtung des Unternehmenszwecks und des gewählten strategischen Vorgehens zeigt sich, dass das Unternehmen vorhatte, das größte jemals gebaute Luftschiff zu konstruieren – ohne dabei auf einem technologischen und dimensionsmäßigen Skalierungsprozess aufzubauen. Innerhalb der Entwicklung dieses Luftschiffs sah sich CargoLifter von Anbeginn an mit Zeitverzögerungen bei seinem ambitionierten Zeitplan konfrontiert. Daneben stiegen auch die geplanten Entwicklungskosten kontinuierlich an.

Zwar sind Kosten- und Zeitüberschreitungen innerhalb von Entwicklungsprojekten der Luft- und Raumfahrtindustrie eher die Regel als die Ausnahme. Auf Ebene des Individuums sind diese Symptome allerdings ein deutliches Anzeichen für eine Fähigkeitsüberschätzung[700]. Dementsprechend kann vermutet werden, dass auf kollektiver Ebene eine Überbewertung der technischen Leistungsfähigkeit und eigenen Planungsfähigkeiten vorgelegen haben kann, wodurch diese Zeit- und Kostenüberschreitungen entstanden sein können.

Dass eine Überschätzung der technischen organisationalen Kompetenzen vorgelegen haben mag, zeigt sich nicht nur an den gerade dargestellten Ereignissen, sondern auch an einem Vergleich von zentralen organisationsinternen Einschätzungen und Glaubenssätzen in Hinblick auf die erforderlichen Innovationsanstrengungen.

Nach der Insolvenzanmeldung CargoLifters organisierte der Insolvenzverwalter im Juli 2002 ein sogenanntes „Experten-Hearing" zur technischen Bestandsaufnahme. Auf diesem Treffen diskutierten internationale Experten der Luftfahrtentwicklung und zentrale Unternehmensvertreter den Entwicklungsstand des Luftschiffs und damit die während der Unternehmenshistorie erfolgten technischen Errungenschaften. Die Ergebnisse dieser Tagung fielen nicht grundsätzlich abweichend von den Ergebnissen der unternehmensintern im März 2002 stattgefundenen technischen Milestone-Konferenz (PDR) aus. Auch im Juli 2002 wurde eine generelle technische Machbarkeit des Luftschiffprojekts bestätigt. Deutlich sichtbar wurde jedoch, dass einige Entwicklungsfelder des Luftschiffs noch grundlegenden Forschungsbedarf benötigen würden:

„[...] Im Verlauf einer mehr als achtstündigen Sitzung präsentierten die CargoLifter Mitarbeiter den aktuellen Stand der Entwicklung der ‚Leichter-als-Luft'-Systeme. Diskutiert wurde [sic] sowohl das Gesamtkonzept des Luftschiffes als auch Detailfragen, wie zum Beispiel die Hülle, die Antriebe und das Lastaustauschsystem. ‚Die Diskussion hat deutlich gemacht,

---

[700] Vgl. zum Zusammenhang von Selbstüberschätzung und Fehlplanungen bei Budget- und Zeitplänen erneut Larwood/ Whittaker 1977.

welche anspruchsvolle Aufgabe sich das CargoLifter Team vorgenommen hat, und dass auf vielen Gebieten ein großer Teil des Weges noch vor uns liegt', sagte der [während der Insolvenz neu ernannte] Vorstandsvorsitzende [Name] nach dem Hearing.

In einigen Bereichen, beispielsweise bei der Ballast-Generierung zur Kompensation des Masseverlustes aus dem Treibstoffverbrauch, ermittelten die Fachleute noch grundlegenden Forschungsbedarf. [...]"

PR-Mitteilung, 12.07.2002: [ID: 671:37]

Bei Gegenüberstellung dieses ermittelten grundlegenden Forschungsbedarfs mit den während der Unternehmenshistorie kommunizierten Basisannahmen an die dem Unternehmen bevorstehenden Innovationsanstrengungen ergibt sich für diese Arbeit eine interessante Perspektive. Noch im Jahr 1999 wurde durch leitende technische Mitarbeiter eine vollkommen andere Sichtweise vertreten, nach welcher überhaupt keine radikalen Innovationsanstrengungen erforderlich seien: *„Konzept mit erprobter Technik [...] ,Grundlagenforschung mußten wir nicht betreiben. Die zum Bau erforderlichen Technologien liegen vor – teilweise sind sie seit den dreißiger Jahren erprobt'"*[701]. Und selbst zur Börseneinführung im Mai 2000 war dieses Denkmuster noch maßgeblich. In einem Interview unmittelbar nach der Erstlistung antwortete ein Mitglied des obersten Führungsteams einer englischsprachigen Reporterin im Handelssaal auf die Interviewfrage nach vorherrschenden technischen Projektrisiken, dass die technologischen Risiken unter Kontrolle seien und die Luftschifftechnologie nicht grundsätzlich neuartig sei:

„No. There is always a technical risk. If you are talking in technology terms. You know, this is pretty much under control. And the airship is not new, the technology is not new. Its dimension is not the main risk, it's the whole project to get it done. [...]"

Internes Unternehmensvideo (Interviews zum Börsengang), 30.05.2000: [ID: 737:2]

Anhand eines Vergleichs zwischen den retrospektiven Beurteilungen der technischen Bestandsaufnahme und den von Unternehmensmitgliedern während der Unternehmenshistorie prospektiv geteilten Einschätzungen zeigt sich, dass das Ausmaß und der Aufwand der Innovation durch das Unternehmen lange und fortwährend unterschätzt wurden. Vor allem scheint darüber hinaus auch die technische Leistungsfähigkeit des Unternehmens kollektiv überschätzt worden zu sein. Obgleich das Unternehmen keine radikalen Forschungserfordernisse sah, schaffte es dieses nicht, seine Zeit- und Kostenpläne einzuhalten und hatte selbst bis zum Eintritt der Insolvenz grundlegende technische Problemfelder noch nicht gelöst.

Auf Basis dieser ersten Ausführungen lohnt es sich dementsprechend, der technischen organisationalen Kompetenz von CargoLifter detailliert nachzugehen. Festzuhalten bleibt vorab, dass eine endgültige und abschließende Beurteilung der technischen Leistungsfähigkeit und damit der technischen organisationalen Kompetenz den Horizont dieser wirtschaftswissenschaftlich orientierten Arbeit übersteigt. Dennoch ist unter Einbeziehung der organisationsinternen Erwartungen, Planungen und Einschätzungen, den nach außen kommunizierten Errungenschaften sowie den retrospektiven Erinnerungen ehemaliger Mitarbeiter eine Stellungnahme möglich.

---

[701] PR-Mitteilung, Januar 1999: [ID: 27:9].

Innerhalb der Datenanalyse traten drei Themenfelder der technischen Überbewertung hervor, welche im Folgenden vorgestellt werden sollen.

i.   Das Versuchsluftschiff Joey

Das kleine von CargoLifter selbst konstruierte Luftschiff Joey, erhielt zweifelsfrei eine hohe öffentliche Aufmerksamkeit: *„It's a bird. It's a plane. It's a Joey"*, titelte eine US-amerikanische Wirtschaftszeitung zum Erstflug regelrecht euphorisch[702]. Auch ehemalige Mitarbeiter erinnerten sich, dass das kleine Luftschiff für das Marketingteam und die Außendarstellung des Unternehmens ein regelrechtes Wundermittel war. Im gleichem Atemzug erwähnten diese jedoch auch, dass das Gerät durchaus seine technischen Tücken hatte: *„The marketing department loved it. But the pilots hated it"*[703].

Auf Basis dieser Aussage lohnt es sich, der tatsächlichen technischen Leistungsfähigkeit von Joey nachzugehen und dabei zu betrachten, ob und wie sich das Unternehmen in Hinblick auf Joey eine technische organisationale Kompetenz der Luftschiffbaukonstruktion attribuierte. Wenn die praktisch-technische Funktionalität des Fluggeräts gering ausgeprägt war, das Unternehmen zu seinem Bestehen aber von einer vorhandenen organisationalen Kompetenz ausging, könnte eine Überbewertung der eigenen organisationalen Fähigkeiten vorgelegen haben.

Innerhalb der geführten Experteninterviews wussten rückblickend tatsächlich viele Mitarbeiter davon zu berichten, dass schon die Entwicklung und Konstruktion des Luftschiffs immense Probleme bereitet hätte. Den Berichten zufolge hatten sich diese technischen Probleme nach Fertigstellung noch weiter zugespitzt. Das Luftschiff hätte ein zu hohes Gewicht aufgewiesen, der Heliumverlust wäre aufgrund einer undichten Luftschiffhülle erheblich gewesen und insgesamt habe das Schiff nur wenige Flugstunden absolviert. Zudem konnte das Gerät niemals den für das Luftschiff CL-160 geplanten Lastaustauschvorgang vorführen, sodass Joey nicht die Rolle des ihm zugedachten Prototyps oder Demonstrationsobjekts übernehmen konnte.

Im Gegensatz zu diesen rückblickenden Erinnerungen lesen sich Originalzitate aus der Unternehmenshistorie völlig konträr. In der Außendarstellung wurde das Unternehmen nicht leise zu betonen, dass Joey ein *„[f]unktionsfähiger Demonstrator (inklusive Lastaufnahmeverfahren)"*[704] sei. Dieser sollte ursprünglich auch die Entwicklung des großen Luftschiffs CL-160 maßgeblich voranbringen:

„,Unser ,Joey' ist zwar kleiner, aber im Grunde die Wiedergeburt der legendären silbernen Zigarren', so [Entwicklungsleiter], Geschäftsführer der für die Entwicklung verantwortlichen CargoLifter Development GmbH: ,Vor allem aber beweisen wir endgültig die technische Machbarkeit unserer Vision vom schwebenden Kran.'"

Firmenzeitschrift, Februar 1998: [ID: 434:16]

„,Der ,Joey' ist ein Quantensprung in der Entwicklung des CargoLifters', erklärt [Name], Vorstand der CargoLifter AG. [...] ,Gerade die bautechnischen Erfahrungen, die wir mit ,Joey' gewinnen, fließen direkt in die Entwicklung des CargoLifters ein', erklärt [Aufsichts-

---

[702] Zitiert nach Frankfurter Allgemeine Zeitung, 04.04.2000: [PA: 685:7].
[703] Mittleres Management, Interview.
[704] PR-Mitteilung, Januar 1999: [ID: 23:3].

*rat]. „Der Zeitpunkt war reif, die professionelle Computersimulation um die reale Erpro-
bung zu ergänzen.'"*

PR-Mitteilung, Januar 1999: [ID: 27:6]

Nach dem erfolgten Erstflug beanspruchte das Unternehmen in der Außendarstellung endgültig einen deutlichen technischen Erfolg für sich: *„Der sichtbarste Meilenstein in der
Technik war der Erstflug unseres Experimental-Luftschiffs Joey im Oktober 1999"*[705]. Auf
Basis dieses technischen Meilensteins attribuierte sich das Unternehmen dann sogar organisationale Kompetenzen und Fähigkeiten des Luftschiffbaus:

*„Das Entwicklungsteam von CargoLifter hat seine Fähigkeiten längst unter Beweis gestellt.
Im Oktober 1999 gelang der erfolgreiche Erstflug von Joey, dem Experimentalluftschiff im
Größen-Verhältnis 1:8. Die Flug- und Belastungstests mit Joey sowie die praktischen Erfahrungen mit seiner Fertigstellung auf Basis umfassender Computer-Simulationen liefern
wichtige Erkenntnisse für die weitere Entwicklung des CL 160."*

IR-Broschüre, März 2000: [ID: 454:32]

Diese Kompetenzeinschätzung war dabei nicht nur Teil einer externen PR-Darstellung, sondern wurde tatsächlich organisationsintern geteilt. Auch unternehmensintern herrschte nämlich zu diesem Zeitpunkt zumindest auf Ebene des obersten Managements die Wahrnehmung vor, dass mit Joey ein erfolgreicher technischer Meilenstein erreicht worden wäre.
Während eines länger angelegten und von einem externen Top-Management-Beratungsunternehmen durchgeführten „Projektcontrollings" wurden Zeit- und Kostenplanungen des
Unternehmens auf ihre Genauigkeit hin analysiert – insbesondere um sicherzustellen, dass
das große CL-160 Entwicklungsprojekt erfolgreich durchgeführt werden könnte. Innerhalb
der Analyse wurde von dem Beratungsteam dann im Juli 1999 jedoch festgestellt, dass der
Projektplan des Testluftschiffs nicht aktuell und fehlerhaft sei: *„Weakness: Kein aktueller
Projektplan Joey"*[706]. Doch in einer Stellungnahme des Managements wurden die Pla-
nungsverzögerungen kurz vor dem anstehenden Erstflug deutlich positiver interpretiert:
*„Das Experimentalschiff Joey ist fertiggestellt und wird nun die Flugtests absolvieren. Die
Kosten- und Zeitüberschreitung blieb innerhalb eines akzeptablem Rahmen"*[707].

Dieser Kommentar ist hochinteressant, da die Realität der Planungen von dieser internen
Beurteilung schon zum Zeitpunkt des Erstflugs gravierend abwich: Abbildung 25 verdeutlicht die Terminschiene für das kleine Luftschiffprojekt und zeigt auf, dass die Entwicklung
einen Zeitverzug von über anderthalb Jahren zu verzeichnen hatte. Im Vergleich zu den
erstmalig angestellten Planungen dauerte die Entwicklungsphase damit mehr als doppelt so
lange, wie ursprünglich geplant. Deutlich wird daher auch, dass die Planungsfähigkeiten des
Unternehmens wenig akkurat ausgeprägt waren, obgleich Entscheidungsträger des Unternehmens davon ausgingen, dass die Planüberschreitungen akzeptabel blieben.

---

[705] Jahresabschluss mit Lagebericht, 31.08.2000: [ID: 43:4].
[706] Präsentation externes Top-Management Beratungsunternehmen, 05.07.1999: [ID: 479:38].
[707] Stellungnahme der Geschäftsführung zu Präsentation externes Top-Management Beratungsunternehmen, 11.10.
1999: [ID: 480:6].

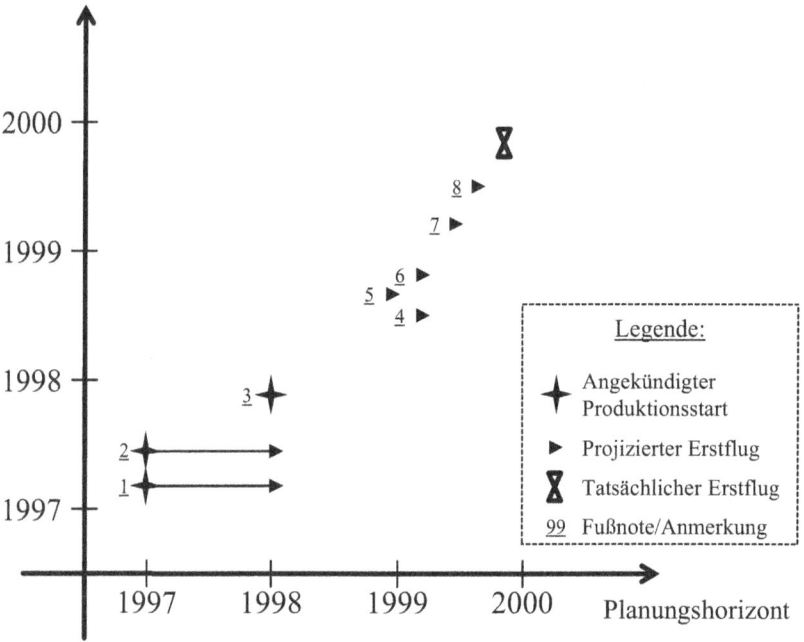

Abbildung 25: Projektplanungen und Zeitüberschreitungen des Luftschiffs „Joey"[708]

Zwar kam Joey zum Zeitpunkt des erfolgten Erstflugs durch Medien und die Öffentlichkeit eine hohe Aufmerksamkeit zu. Jedoch wurde das Luftschiff in der Folgezeit innerhalb der öffentlichen Wahrnehmung, die sich anhand der während der Roadshows gestellten Fragen sowie der medialen Berichterstattung nachvollziehen lässt, kaum noch beachtet. Lediglich am Rande berichteten einzelne Zeitungen noch über das einsitzige Versuchsluftschiff. Der Tagesspiegel verwies beispielsweise im Februar 2001 auf die bisherigen Flugeinsätze des Luftschiffs. Innerhalb von 16 Monaten nach dem Erstflug war das Fluggerät dabei gerade einmal zu acht Flügen abgehoben: *„Der kleine Zeppelin ‚Joey' startete vor ein paar Tagen zum achten Mal"[709]*. Andere Medien, die das Thema aufgriffen, beurteilten die technische Tauglichkeit und Funktionalität durchaus kritischer: *„Joey. Das Testluftschiff ist keine Erfolgsstory. Gewichtsprobleme. Bei öffentlichen Präsentationen bleibt Joey meist in der Halle"[710]*.

Dass das Demonstrationsobjekt tatsächlich von technischer Seite weniger leistungsfähig als erhofft war, erreichte spätestens im August 2001 das oberste Management. Der vielfach angekündigte Hauptzweck Joeys, durchgeführte Simulationen und entwickelte Software für das große CL-160-Luftschiff zu testen, wurde während eines Meetings des Top-Manage-

---

[708] Die Fußnoten mit Hinweisen auf die einzelnen Quellen der Planungsdaten finden sich in Anhang E.7.
[709] Der Tagesspiegel, 19.02.2001: [PA: 1085:4].
[710] Norddeutscher Rundfunk, September 2001: [PA: 646:20].

ments kritisch diskutiert. Die Software des Luftschiffs hätte nämlich auf Anforderung des Luftfahrtbundesamtes hin fundamental weiterentwickelt werden müssen. Dies veranlasste die Führungskräfte sogar dazu, über eine Demontage und reine Zurschaustellung des Flugobjektes im Besucherzentrum nachzudenken:

„Thema Investitionen:
- Aufbesserung Joey zur Validierung der Software aus Flight Science notwendig – wird für LBA benötigt.
- Joey wird wohl ‚ausgeschlachtet' – Ausstellungsstück Besucherzentrum?"
                              Protokoll Top-Management Meeting, 17.08.2001: [ID: 676:16]

Obgleich Joey für die Entwicklung des großen CL-160 Luftschiffs wichtige flugphysikalische Berechnungen hätte durchführen können, blieb das Fluggerät in der Folge weitestgehend ungenutzt. Selbst kurz vor der Insolvenz des Unternehmens im Jahr 2002 hatte das Entwicklungsteam nach wie vor kein „Minimum-Betriebshandbuch" erstellt, was die geringe Nutzung des Geräts mit erklärte:

„Joey-Nutzung
Die blamable Erkenntnis, dass das nach wie vor flugfähige Versuchsgerät im vergangenen Jahr unzureichend genutzt wurde, hat zu einer Absprache zwischen Flugbetrieb, Flugphysik und Konstruktion geführt, im laufenden Jahr Joey wieder intensiver zu nutzen. Voraussetzung dafür ist, dass die Entwicklung ein Minimum-Betriebshandbuch erstellt. Dies wurde von [Name A] zugesagt. Die Testflüge sollen hauptsächlich der Verifikation von flugphysikalischen Berechnungsverfahren dienen. [Name B] hat dies trotz der größenbedingten Begrenzung der Übertragbarkeit als wichtig bestätigt."
                         Memo externer technischer Top-Management Berater, März 2002: [ID: 524:12]

Anhand der Entwicklungen rund um das Luftschiff Joey zeigt sich zusammenfassend folgendes: Innerhalb der Entwicklungsphase und im späteren operativen Flugbetrieb tauchten hohe Zeitverzögerungen und grundlegende technische Probleme auf. Dennoch attribuierte sich das Unternehmen sowohl in der Außendarstellung als auch in der inneren Wahrnehmung Fähigkeiten der Luftschiffentwicklung. Dass diese kollektive Selbstwahrnehmung überhöht war, zeigt sich daran, dass selbst kurz vor der Insolvenz grundlegende Dokumentationen noch nicht vorhanden waren und nur wenige flugphysikalische Testflüge durchgeführt worden waren. Insbesondere konnte mit Joey niemals das Lastaustauschsystem vorgeführt und getestet werden, für welches das Luftschiff ursprünglich angedacht und angekündigt worden war. Bei diesem Abgleich der ursprünglichen technischen Vorstellungen mit dem tatsächlichen Endergebnis zeigt sich, dass das Unternehmen in Hinblick auf Joey seine technische Kompetenz wenig unter Beweis gestellt hatte. Da das Unternehmen dennoch in Hinblick auf Joey von einer vorliegenden Kompetenz der Luftschiffkonstruktion ausging, ist die Interpretation zulässig, dass die kollektiven Entwicklungsfähigkeiten überschätzt wurden.

Daneben zeigt sich jedoch noch eine weitere Gegebenheit. Ein in einer PR-Mitteilung zitierter Aufsichtsrat merkte im Januar 1999 an: *„Gerade die bautechnischen Erfahrungen, die wir mit ‚Joey' gewinnen, fließen direkt in die Entwicklung des CargoLifters ein"*[711]. Wenn

---

[711] PR-Mitteilung, Januar 1999: [ID: 27:6].

sich innerhalb des Unternehmens jedoch schon derart gravierende Probleme bei der Konstruktion eines volumenmäßig 550-fach kleineren Luftschiffes ergaben, so mag durchaus die Frage angebracht sein, wie und ob diese technischen organisationalen Fähigkeiten zu der Konstruktion des vielfach größeren und komplexeren CL-160 hätten beitragen sollen. Dass diese Problematik jedoch unternehmensintern nur wenig reflektiert wurde und von den technischen Rückständen des Joey-Projektes nicht auf das CL-160 Projekt geschlussfolgert wurde, zeigt beispielsweise folgender Interviewauszug auf:

„*[Interviewpartner]: Und man hat ja den Joey gebaut. Das Versuchsluftschiff. Was ja ein Sack mit Löchern war. Und spätestens da, das war ja noch in einer relativ frühen Phase. Da ist dann schon relativ viel Geld heraus geflossen. Und der große Hangar war ja schon im Bau. Aber spätestens an diesem Projekt Joey, das sollte ja ein Testprojekt sein, hätte auch ein Dummer merken müssen, ey, irgendwas läuft da nicht so, wie wir es eigentlich vorhatten.*
[Interviewer]: War das vor der Leipziger Messe noch?
[Interviewpartner]: Ja. Das war... sie müssten mal schauen, wann der Joey auf die Beine gekommen ist. Also ich habe den noch gesehen, da war die Halle noch nicht im Bau. Da war schon zumindest das Ding da. Und dann hat es noch ein Jahr gedauert, bis das Ding überhaupt geflogen ist. Klar, es ist ein Experimentalluftschiff. Das ist immer nicht so einfach mit dem LBA. Aber spätestens da wäre ich gestolpert und hätte gesagt, warum fliegt das Ding nicht. Ja, es war ja da. Es war ja Helium drin. Es war auch ein Sitz da und es war auch ein Motor dran. Warum fliegt das Ding nicht? Was ist los? Wo klemmt es? Und die nächste Frage ist dann natürlich sofort, nicht nur, warum fliegt das Ding nicht, sondern: Wie ist es denn verkabelt, wo kommen denn die Daten her? Das ist ja ein Versuchsträger.
[Interviewer]: Und das wusste keiner?
[Interviewpartner]: Ja. Also, da bin ich gestolpert. Und ich bin kein Testpilot. Aber ich bin Ingenieur und da habe ich gesagt, Leute o.k., wenn ich etwas testen will, dann muss man auch sagen, was ich testen soll. Und was ich eigentlich erwarte von dem Teil. Sonst mache ich eine Simulation. Weil es sah ja weder aus wie ein CargoLifter, noch war es angetrieben wie ein CargoLifter, noch war es von der Grundkonstruktion her ein CargoLifter. Selbst dieser Kiel war anders. Also hätte ich mir doch da irgendwo einmal Gedanken machen müssen, was ist denn da eigentlich zusammen gestrickt worden. Und das wiederum war ja das Ergebnis dieses Entwicklungsteams, das schon eine gewisse Größenordnung hatte. Wo ich mir dann hätte die Frage stellen müssen, sagt einmal, was machen die Jungs eigentlich. Wir wollen ein Großluftschiff bauen, 250 m lang, oder weiß der Kuckuck wie viel. Und kriegen diesen löchrigen Sack nicht hin.
[Interviewer]: [lacht]
[Interviewpartner]: Ja, und ich meine, so schwer ist das ja nicht. Blimps gibt es ja. Die kann ich an jeder Straßenecke kaufen. Ja. Also was, wo ist das Problem? Was ist anders an unseren Teil? Was sollte anders sein, was ist anders? Und warum fliegt es nicht?
[Interviewer]: Also diese Divergenz wurde dann auch gar nicht gesehen?
[Interviewpartner]: Ja. Also man hat das irgendwie phhhr... dann hat man sich selbst auch bei den Spezialisten mehr oder weniger so ein bisschen zugemüllt. Und es gab 1000 Dinge, warum das Ding nicht geflogen ist.
[Interviewer]: Und jeder hat einen anderen Grund?
[Interviewpartner]: Jeder hatte einen anderen Grund. Ja. Also das ist auch so einer der Gründe, warum das gescheitert ist.“

Geschäftsführer Tochtergesellschaft, Interview

ii.   Illusorische Kernkompetenz der Hüllenmaterialfertigung

Neben dem selbstkonstruierten Luftschiff Joey begann CargoLifter ab dem Jahr 2000 damit, ein zweites auf der Leichter-als-Luft Technologie aufbauendes Luftfahrtgerät zu konstruieren. Anhand der Entwicklungsgeschichte des Ballons CL-75 und weiterer unmittelbar mit diesem Aerostaten verbundenen Ereignissen lässt sich ein weiteres Motiv der technischen Fähigkeitsüberschätzung herausarbeiten.

Das CL-75-Ballonprojekt wurde überwiegend zur Demonstration des Lastaustauschverfahrens im Jahr 1999 initiiert und war für CargoLifter das erste große Projekt, welches im finanziellen und zeitlichen Planungsrahmen blieb. Zur Jahreswende 2001/2002 konnte mittels des Ballons das Lastaustauschverfahren erstmalig getestet und in praxisnahen Versuchen durchgeführt werden. Dennoch wiesen viele ehemalige Mitarbeiter innerhalb der Interviews darauf hin, dass die Ballonentwicklung schon aufgrund des fehlenden Antriebs und der geringeren technischen Komplexität nicht mit den für den Luftschiffbau notwendigen technischen Fähigkeiten zu vergleichen sei.

Problematischer stellte sich jedoch heraus, dass der Ballon als solcher gar nicht durch CargoLifter, sondern von einer auf Militär-Aerostaten spezialisierten US-amerikanischen Firma gefertigt wurde. Manche Interviewpartner bezeichneten die sich dadurch ergebenden Situationen als regelrecht „unsauber", indem CargoLifter ausschließlich für sich die technologische Entwicklung reklamierte und sich in der Außendarstellung als leitendes Entwicklungsunternehmen darstellte[712]:

„*[Interviewpartner]: Da gab es das Thema mit, mit diesem CL-75 Aircrane, kennen Sie diesen großen Ballon? [...] Der war, der war im Geiste ein, ein Kind von CargoLifter. Stimmt auch, aber er war promotet und gebaut ganz woanders, in Amerika, und auf einmal wurde es ein bisschen unsauber. Und das hat man nicht überlebt.*
[Interviewer]: Was, was meinen Sie mit unsauber?
[Interviewpartner]: Also man hat die Technologie und das Produkt des Aircranes CargoLifter zugesprochen."

Mittleres Management, Interview

Obgleich CargoLifter an der Entwicklung des Ballonsystems maßgeblich beteiligt war, wurde der Ballon mit seinen zentralen Komponenten, der Laderahmen sowie die Ballonhülle, durch spezialisierte Drittfirmen in den USA gefertigt. Ein Interims-Vorstand, welcher während des Insolvenzverfahrens berufen wurde, stellte innerhalb eines Memos diesen Sachverhalt beispielsweise folgendermaßen dar:

„*5. Das vorhandene Know-How*
Die technischen Resultate der CL-Entwicklung werden von mir gerade archiviert. Es sind einige wertvolle Beiträge dabei (z.B. ein Bauunterlagensatz für den CL-75 Transportballon.)
Entscheidend für die Nutzung sind jedoch die Fachleute, die damit umgehen können. Je nebulöser die Zukunftsaussichten, umso unrealistischer sind Chancen einzuschätzen, diese

---

[712] Vgl. hierzu bspw. die VDI-Nachrichten vom 01.03.2002 [PA: 530:14], innerhalb dessen ein Vorstand während eines Interviews folgende Aussage tätigt: „*Und wir haben den CL 75 Aircrane selbst entwickelt, gebaut und sind im Test. Das ist derzeit das mit Abstand größte Luftfahrtgerät, dessen Durchmesser nahezu den Durchmesser des CargoLifters erreicht und uns damit ganz fundamentale Testdaten liefert für das große Luftschiff.*"

ehemaligen Mitarbeiter wieder zu gewinnen. Für den Bau des CL-75 Transportballons ist auch nahezu keine Produktionserfahrung verfügbar, da der zerstörte Ballon in den USA bei der Firma [Unternehmensname] gefertigt wurde."

Memo durch ehemaligen Vorstand in der Insolvenz, 08.05.2003: [ID: 381:1]

Grundsätzlich ist die Tatsache, dass ein Unternehmen die Entwicklung selber übernimmt und die Konstruktion an spezialisierte Produktionsunternehmen auslagert, nicht ungewöhnlich. Vor allem in der Luftverkehrsbranche sind derartige Modelle sehr weit verbreitet[713]. Kritisch ist hingegen die Tatsache zu sehen, dass das Unternehmen CargoLifter darauf hinausarbeitete und Mitarbeiter kollektiv davon ausgingen, über eine hochspezialisierte Kompetenz der Luftschiffhüllenfertigung zu verfügen. Wenn jedoch tatsächlich eine derartige Fähigkeit der Hüllenkonstruktion vorlag, ist es unverständlich, wieso die Hülle für den CL-75 extern gefertigt und hinzugekauft wurde.

Schon im Jahr 1998 verwiesen interne Planungsunterlagen darauf, dass CargoLifter eine hochspezialisierte Kompetenz in der Hüllenfertigung aufwies[714]. Spätestens mit dem feierlichen Event zum Produktionsstart im Herbst 2001, bei dem unter Anwesenheit des brandenburgischen Ministerpräsidenten sowie des Bundespräsidenten Johannes Rau der weltweit größte Hüllenschneidetisch eingeweiht wurde, wurde verstärkt auf die vorgebliche „Kernkompetenz" aufmerksam gemacht:

„Bei der Produktion des CL 160 konzentrierten sich sämtliche Beteiligten auf ihre Kernkompetenzen. ,In unserem Fall ist das in erster Linie die Luftschiff-Hülle – für diesen Schlüsselbereich der Leichter-als-Luft-Technologie haben wir sämtliche erforderlichen Voraussetzungen wie Fertigungseinrichtungen, Heliumlogistik und Gas Management geschaffen sowie uns weltweit einzigartiges Know-how erarbeitet.'"

PR-Mitteilung, 27.09.2001: [ID: 671:26]

Auch in der Folgezeit verwiesen andere und vor allem unternehmensinterne Dokumente auf diese spezielle unternehmerische Fähigkeit: *„Kernkompetenz: Hüllenentwicklung und Fertigung"[715]*, titelte beispielsweise eine unternehmensinterne Präsentation im Jahr 2002.

Innerhalb des Unternehmens wurde also darauf hingearbeitet und spätestens mit der Einweihung des Schneidetischs davon ausgegangen, dass eine solche Kompetenz vorherrschend sei. Jedoch sah die Realität für CargoLifter ungemein unvorteilhafter aus, was Mitarbeitern und Aktionären erst kurz vor der Insolvenz bewusst wurde. Am Tag und nur wenige Stunden vor Beginn der letzten Hauptversammlung wurde während einer Pressekonferenz der erste Verkauf eines CL-75 Ballonsystems verkündet. Hierbei beabsichtigte die Unternehmensführung, erneut auf die bisherigen Lieferanten und Konstrukteure zurückzugreifen. Vor allem die Ballonhülle für das erste kommerzielle Ballonsystem sollte von einem Zulieferer beigesteuert werden, anstatt sie auf seinem hauseigenen Schneidetisch selber zu produzieren. Eine Kernkompetenz bezüglich der Hüllenentwicklung und -fertigung war zu diesem Zeitpunkt nicht vorzufinden und war daher eine illusorische Wahrnehmung.

---

[713] Vgl. Monnoyer/Zuliani 2007.
[714] Vgl. Internes Planungs-/Strategiedokument, April 1998: [ID: 585:14].
[715] Interne Vorstandspräsentation, 19.02.2002: [ID: 554:5].

Dass innerhalb des Unternehmens tatsächlich in breiten Teilen davon ausgegangen wurde, über eine organisationale Fähigkeit der Hüllenproduktion zu verfügen, lässt sich an verschiedenen Sachverhalten aufzeigen: Noch in der Aufsichtsratssitzung am Tag vor der Hauptversammlung wurde die Thematik des Hüllenmaterials zwischen Aufsichtsrat, Vorstand und erweitertem Management besprochen. Interessanterweise war hierbei laut Protokoll einer der Aufsichtsräte zu diesem Zeitpunkt noch von einer real existierenden Kernkompetenz überzeugt:

„[Name eines Aufsichtsrats] weist darauf hin, daß die Kernkompetenz von CargoLifter in der Hüllenfertigung liegt. Daher sei es für die Mitarbeiter in der CL Development schwer nachzuvollziehen, daß die Fertigung des ersten Systems nun bei [Name des Zulieferunternehmens] erfolgen solle.
[Name, Mitglied des obersten Managements] weist darauf hin, daß dieser erste Ballon so schnell wie möglich fertigzustellen und in Betrieb genommen werden müsse. Dies würde nur mit einem Engineering Team gelingen, bei dem alle Beteiligten, nämlich CargoLifter, [Firmenname A] und [Firmenname B] ihre Kompetenzen einbringen, um so schnellst möglich zum Ziel zu kommen."
                                     Protokoll Aufsichtsratssitzung, 15.03.2002: [ID: 530:36]

Einen Tag darauf, innerhalb einer Ansprache desselben Aufsichtsrats auf der Hauptversammlung, unterstrich dieser noch einmal seine Sichtweise:

„Indem wir ganz klar in Richtung einer verstärkten Systemintegration gehen. Der CargoLifter wird dann der Systemintegrator für große Systeme für Leichter-als-Luft-Technologie in der Welt sein. Und ich sehe ganz klar, dass dieses Potenzial existiert. Und wir werden neben der Systemintegrationskompetenz auch einige Kernkompetenzen haben, insbesondere natürlich im Bereich der Hülle. Und wir werden, so wie es bisher geplant war, den Weg konsequent fortsetzen."
                                     Internes Unternehmensvideo (Hauptversammlung), 16.03.2002: [ID: 723:4]

Ebenfalls im Laufe der Hauptversammlung erkundigte sich ein Aktionär während des Frageteils bei der AG-Führungsstruktur, warum die Hülle für den verkauften Ballon noch nicht hausintern in Deutschland produziert würde. Jedoch blieb der Kern der Frage unbeantwortet. Das antwortende Mitglied des obersten Führungsteams verwies lediglich darauf, dass CargoLifter Luftschiffhüllen nicht produzieren, sondern nur konfektionieren würde – die eigentliche Kompetenz in der Hüllenfertigung wurde demnach immer weiter abgeschwächt:

„[Frage eines Aktionärs]: Und als Frage würde ich gerne beantwortet haben, warum die Hülle zurzeit noch nicht hier produziert wird? Oder ob die Möglichkeit besteht oder wo direkt dann die Hülle produziert werden soll?
[Antwort eines Mitglieds des obersten AG-Führungskreises]: Das Hüllenmaterial produzieren wir nicht, sondern das beziehen wir. Da gibt es Lieferanten in den USA, aber auch in Europa. Und die Hülle können wir sowohl hier in der Halle konfektionieren, also zurechtschneiden und zusammenschweißen, als auch in den USA. Wir haben aber natürlich auch das Bestreben, das hier zu machen. Weil wir hiermit dann natürlich unsere vorhandenen Investitionen auslasten. Und auch unsere Mitarbeiter. Und natürlich dabei auch weiteres Know-how im Hüllenbereich aufbauen."
                                     Internes Unternehmensvideo (Hauptversammlung), 16.03.2002: [ID: 725:4]

Eine ähnliche Diskussion fand auch wenige Tage später auf einer Betriebsversammlung zwischen Mitarbeitern und dem obersten Management statt[716]. Durch die Rückfrage eines Mitarbeiters an das Management zeigte sich hier, dass innerhalb des Unternehmens bis zu diesem Zeitpunkt noch davon ausgegangen wurde, mittels des Schneidetisches über eine spezialisierte Kompetenz in der Hüllenfertigung zu verfügen.

Aus den hier vorgestellten Textausschnitten und Zusammenhängen ergibt sich zusammenfassend, dass das Unternehmen bis zum Zeitpunkt der Insolvenz noch nicht über eine Kompetenz in der Hüllenfabrikation verfügte, obwohl gezielt über mehrere Jahre hinweg darauf hingearbeitet wurde und unternehmensintern und -extern von deren tatsächlicher Existenz ausgegangen wurde. Zwar schien das Management diesen Mangel an Expertise bei dem Verkauf des ersten kommerziellen Ballonsystems durchaus zu realisieren. Jedoch ergibt sich für den Zeitraum davor, dass über einen langen Zeitraum von einer illusionären Kompetenzeinschätzung ausgegangen wurde, sodass kollektiv eine Überschätzung der Fähigkeitsbasis stattgefunden hatte.

iii.   Ungelöste technische Grundsatzfragen innerhalb des CL-160 Projekts

Neben der Überschätzung technischer Fähigkeiten in Hinblick auf die Luftschiffkonstruktion sowie das Hüllenmaterial, kann eine kollektive Überschätzung noch anhand eines dritten Gebiets aufgezeigt werden. Über die Unternehmenshistorie hinweg blieben fundamentale technische Grundsatzfragen ungeklärt. Hierdurch lässt sich eine Überschätzung der kollektiven technischen Leistungsfähigkeit erkennen.

Einerseits zeigen sich grundlegende Planungsfehler, welche innerhalb der Unternehmenshistorie nicht adressiert oder behoben wurden. Auf Ebene des Top-Managements bestand zum Zeitpunkt der Halleneröffnung beispielsweise die Vorstellung, dass der Hangar die technischen Erwartungen übererfüllt habe:

„The Tow-Tech project [CL-75 Balloon] is the example of where CargoLifter needs to be. Think about it. We took our brain power, we found the people to do the design and now the construction, and just like the hangar at Brand, we are ending up with a system which will meet or exceed our technical expectations and we will have the system built on budget and on schedule. So why in the hell do we think that we have to change this excellent model. "
Interne E-Mail Kommunikation, 31.10.2000: [ID: 685:2]

Doch retrospektiv wussten viele Interviewpartner – insbesondere auch diejenigen mit technischem Hintergrund – davon zu berichten, dass die technischen Erwartungen an die Halle keinesfalls übererfüllt wurden: Geplant war das Gebäude für eine parallele Aufnahme von zwei CL-160-Luftschiffen. Mit immer konkreter werdenden technischen Konstruktionsplanungen und der Installation des CNC-Hüllenschneidetisches stellte sich jedoch heraus, dass die Halle lediglich die Konstruktion eines einzelnen Luftschiffs zulassen würde – eine überaus bedrohliche Situation für den Business Case des Unternehmens. Immerhin wurde ab dem Erreichen der Serienproduktion mit vier jährlich produzierten Luftschiffen kalkuliert, was zwingend eine parallele Fertigung vorausgesetzt hätte:

---

[716] Vgl. Internes Unternehmensvideo (Betriebsversammlung), 18.04.2002: [ID: 727:2]. Vgl. zudem Anhang E.8.

„Und der Rest ist also so etwas wie die Halle. Und von der Halle wussten wir relativ bald, also als sie stand und wir dann also an der Entwicklung weiter dran waren, als sie stand, dass sie eigentlich zu klein ist, um das zu tun, was sie tun sollte. Also, sie ist geplant gewesen, als eine Einrichtung für den Bau eines Luftschiffes und die Austestung eines zweiten parallel. Also, wenn eins gebaut ist, dann wird das andere quasi rübergeschoben und daneben fängt man dann mit dem Bau des zweiten an, und dann macht man die Inneneinrichtung des ersten. Dann kam nachher heraus, man kann darin maximal ein Schiff gleichzeitig bearbeiten, oder aufbereiten.“

Mittleres Management, Interview

„Naja, also es gab ja keine Erfahrungen da drin, wie man damit umzugehen hatte, ja. Mit der Umsetzung einer solchen Innovation, es ist eben, hm. Was hat die Steigerung ausgemacht? Im Endeffekt ist die Halle, die wir gebaut haben, ob man die hätte später bauen können, weiß ich nicht, denn da, die hat ja auch wiederum viele Leute überzeugt, dass das eine gute Innovation ist, die wir da haben. Und, hm, insofern glaube ich es nicht. Man hat damals aber gedacht, man könnte zwei Luftschiffe in der Halle bauen, das wäre gegangen, allerdings wäre nur eins in Komponentenfertigung gewesen, eins dann vollständig, und das wäre auch ein bisschen kompliziert geworden. Also, die Dimensionen sind einfach auch für einen Laien kaum nachvollziehbar gewesen.“

Geschäftsführer Tochtergesellschaft, Interview

Neben diesen Planungsfehlern und Fehleinschätzungen bei der Hallenkonstruktion sind die während der Entwicklung des CL-160-Luftschiffs auftauchenden technologischen Grundsatzprobleme zu sehen – da sich an diesen noch deutlicher eine kollektive Fähigkeitsüberschätzung offenbart. Während schon im kleineren Ausmaß beim Joey-Projekt Probleme auftauchten, bestanden diese auch bei dem großen Hauptprojekt des Unternehmens fort. Weniger kritisch ist hierbei zu sehen, dass grundsätzliche technische Fragestellungen bestanden, was in einem Entwicklungsprogramm durchaus als normales Phänomen zu sehen ist. Problematischer ist hingegen die Tatsache einzuschätzen, dass grundlegende Probleme über längere Zeiträume hinweg nicht richtig adressiert wurden und bis zum Eintritt der Insolvenz nicht gelöst werden konnten.

Parallel dazu wurden sowohl in der Außendarstellung als auch in der inneren Wahrnehmung Entwicklungsfortschritte vielfach größer und erfolgreicher dargestellt, als diese tatsächlich waren:

„Die technische Machbarkeit steht für Experten inzwischen außer Zweifel. ‚Es geht nicht mehr um das Ob – wir müssen es einfach umsetzen‘, ist [der Vorstandsvorsitzende] überzeugt, ‚und dabei gibt es eine Menge Arbeit.‘“

PR-Mitteilung, Januar 1999: [ID: 27:3]

Am sichtbarsten wird die Problematik des Aufschiebens und Vertagens bei der kurz vor der Insolvenz stattgefundenen technischen Milestone-Konferenz, dem sogenannten PDR, sowie bei der technischen Bestandsaufnahme, die während des Insolvenzverfahrens durch eine Expertenanhörung durchgeführt wurde. Wie bereits erwähnt, ermittelten die Experten in dieser Expertenanhörung in einigen Bereichen der Luftschiffentwicklung noch *„grundle-*

genden Forschungsbedarf"[717]. Auch der PDR wurde durch einen ranghohen und auf Vorstandsebene agierenden technischen Berater kritisch beurteilt:

„Bewertung des CL-160 (P1) PDR [...]
Es gibt noch viele ungelöste Grundsatzprobleme, die auch potenzielle ‚show stopper' enthalten. Ihre Klärung wird einen erheblichen Restaufwand an Geld und Zeit nach sich ziehen. [...]
Die wichtigsten technischen Problembereiche: [...]
2. Eis-und Schnee-entfernung [...]
8. Einfluss der Elastizität auf ‚handling characteristics' und Aeroelastizität
9. Detailauslegung des Gas-Management-Systems [...]"
    Memo externer technischer Top-Management Berater (Bewertung des CL-160 (P1) PDR),
                                                                02.03.2002: [ID: 524:28]

Genauso wie dieser technische Berater berichteten auch zentrale technische Mitarbeiter während der Interviews von diesen zwei wesentlichen technischen Problemfeldern. Der Schneeproblematik sowie Probleme mit dem Gas-Management-System.

Die Schneeproblematik würde insbesondere in Situationen auftreten, in denen das CL-160-Luftschiff nicht im Betrieb und an einem Luftschiffmast verankert den Wetterbedingungen frei ausgesetzt sei. Bei einsetzendem Schneefall ist der sich auf einem Luftschiff absetzende Schnee höchst problematisch und gefährlich. Hierdurch würde nämlich das Luftschiff durch auf der Hülle niedergehenden Schnee deutlich an Gewicht zunehmen und könnte damit auf den Boden gedrückt werden. Zu viel niedergehender Schnee könnte damit in einer Havarie des Luftschiffs münden. Da CargoLifter zudem nicht vorsah, für jedes Luftschiff eine eigene Halle zu konstruieren und im Business Case geplant war, eine Vielzahl von Luftschiffen zu betreiben, wäre es unmöglich gewesen, jedes Luftschiff bei einsetzendem Schneefall in einer Halle unterzubringen. Auch die bei kleineren Luftschiffen angewendete Methode, abgelagerten Schnee durch über das Luftschiff geworfene Seile und Taue manuell zu entfernen, wäre bei einem CL-160-Luftschiff aufgrund dessen Größe unmöglich gewesen. Zur Lösung hätten allenfalls Heizelemente in die Luftschiffoberfläche eingebaut werden können, was die Gewichtsbilanz des Luftschiffs aber empfindlich gestört hätte.

Als technisch noch anspruchsvoller stellten Interviewpartner die Problematik mit dem Gas-Management-System des Luftschiffs dar. Ein leitender technischer Entwickler beschrieb die Aufgabenstellung als *„[e]in Detailaspekt unter vielen, die uns Kopfzerbrechen bereitet haben"*[718]. Das Problem tritt insbesondere bei einem sehr großen Traggasvolumen auf. Bei einer sich verändernden Umgebungstemperatur, beispielsweise durch einsetzenden Niederschlag oder aufziehende Wolken, würde sich die Tragfähigkeit des Heliums verändern. Das Luftschiff könnte dabei je nach Veränderung der Umgebungstemperatur rasch an Höhe gewinnen oder verlieren. Weniger problematisch wäre dieses Phänomen im regulären Flugbetrieb, da diesem Effekt durch aerodynamisches Flugverhalten entgegengewirkt werden könnte. Problematische Auswirkungen könnten jedoch bei dem Andockvorgang am Luft-

---

[717] PR-Mitteilung, 12.07.2002: [ID: 671:37].
[718] Leitender Mitarbeiter Entwicklungsbetrieb, E-Mail Interview.

schiffmast auftreten, sodass ein präzises Landen und Andocken an den Luftschiffmast sich durch eine sich veränderte Tragfähigkeit sehr anspruchsvoll gestalten würde. Auch der Lastaustauschprozess, bei dem das Luftschiff zum Be- und Entladen der Last mehrere Stunden in einer stabilen Position über dem Landeplatz schweben müsste, ist für dieses Problem höchst anfällig.

Lösbar wäre diese Problematik zwar sehr einfach durch das Ablassen von Helium, jedoch wäre diese Herangehensweise bei den hohen Heliumpreisen höchst unwirtschaftlich und würde das gesamte Geschäftsmodell infrage stellen. Zur fundierten technischen Erläuterung stellt Anhang E.9 diese beiden technischen Problemfelder anhand von Originalzitaten und Erklärungen von Interviewpartnern weiter und präziser vor.

Wie bereits erwähnt, ist weniger die Existenz der Probleme als solche kritisch zu sehen, als der Umgang mit diesen. Die Problematik mit dem Gas-Management wurde schon im Oktober 1998 auf hoher Managementebene intern adressiert[719], jedoch über die Jahre hinweg wenig gezielt angegangen. Die Schneeproblematik betreffend wurde noch Januar 2001 an die Aktionäre kommuniziert, dass das Thema gezielt bearbeitet würde[720], was im März 2002 immer noch nicht hinreichend geschehen war[721]. Parallel dazu wurden auch in der Außendarstellung des Unternehmens die Ergebnisse des PDR wesentlich besser präsentiert, als sie in Wirklichkeit waren. In PR- und Videomitteilungen wurde verkündet, dass der Entwicklung nach Abschluss dieses Milestone-Meetings keine wesentlichen Problemfelder mehr im Wege stehen würden[722]. Es lässt sich aus diesen Äußerungen daher eine völlig verfremdete Sichtweise der technischen Fähigkeiten des Unternehmens erkennen.

Die offensichtliche große Diskrepanz zwischen einerseits externer Darstellung, dem damit in Verbindung stehenden Auftreten und der Wirkung nach Außen und der andererseits falschen, unrealistischen Einschätzung und Wahrnehmung ist besonders auffällig. Es liegt nahe, an einen Tatbestand der betrügerischen Absichten, wie Bereicherung einzelner, zu denken. Während folgender Ausführungen und Analysen kann jedoch entwickelt werden, dass sich vor allem Zustände kollektiver Illusion nachweisen lassen.

Vergleicht man das aus heutiger Perspektive abgegebene Statement eines leitenden technischen Mitarbeiters mit seinen damaligen originär abgegebenen Einschätzungen, wird ein Aufschieben und regelrechtes Ausblenden von Problemfeldern als immer wiederkehrendes Thema sichtbar. Retrospektiv betrachtete er im Interview nämlich den Stand der Luftschiffentwicklung und das Ignorieren von fundamentalen technischen Problemfeldern außerordentlich kritisch:

„[Interviewpartner]: Da ist nichts passiert. Nichts passiert. Es ging alles in der alten Schiene weiter. Nach dem Motto: wird schon, wird schon, wird schon. Und man hat wirklich diese [grundlegenden technischen Fragestellungen], das ist glaube ich die zentrale Aussage, die [grundlegenden technischen Fragestellungen] hat man ausgeblendet. Und

---

[719] Vgl. Interne E-Mail Kommunikation, 01.10.1998: [ID: 560:2].
[720] Vgl. Internes Unternehmensvideo (Roadshow Frankfurt), 14.02.2001: [ID: 743:8].
[721] Vgl. Memo externer technischer Top-Management Berater (Bewertung des CL-160 (P1) PDR), 02.03.2002: [ID: 524:28].
[722] Vgl. PR-Mitteilung, 03.03.2002: [ID: 496:29]. Innerhalb dieser PR-Mitteilung wurde verkündet, dass innerhalb der abgeschlossenen PDR-Konferenz keine „No-Go-Items" entdeckt worden seien.

zwar kollektiv. Der einzelne Entwickler, den konnten sie immer... hier [Name], den konnte ich immer mal packen. Hier [Name], hör mal, das ist doch Quatsch. [Verstellte Stimme]: 'Ja, ja. Da hast du recht.' Beim Milestone Meeting vertritt der da natürlich seine These, es geht! Klar kann er sich nicht hinstellen und sagen, es geht nicht. Die mussten ja alle, weil sie davon überzeugt waren, wir sind hier in einer tollen Firma, da ist das Image CargoLifter, boah, ja. Wer sägt sich freiwillig den Ast ab, auf dem er sitzt? Nur, das ist so eine Eigendynamik, die nicht funktioniert, wenn ich die [grundlegenden technischen Fragestellungen] außen vor lasse. Und vielleicht, Herr [Name des Interviewers], ist das das zentrale Ding an diesem Großprojekt: Dass man die Leute mit so einer Begeisterung – auch mich – auf einen Ast gebracht hat, wo dieses 'Hey, ich bin CargoLifter' so groß war, dass man auf keinen Fall herunterfallen wollte.

[Interviewer]: Weil man selber CargoLifter wurde?

[Interviewpartner]: Genau. Und dann wirklich kollektiv Dinge ausgeblendet hat. Weil dann wäre man ja in dem Moment vom Ast gefallen. Wenn der [Name], der [Name] gesagt hätte, ja klar: Geht nicht. Ja. Dann wäre er vom Ast gefallen. Der junge Superstar, Physik. Der hätte sagen müssen, das war es dann bei CargoLifter. Da sagt man dann natürlich lieber: Naja, ich bin ja nur der Physiker. Sollen die sich doch den Kopf zerbrechen, wo sie billigeres Helium herkriegen. Weil mit Wasserstoff wäre es ja gegangen. Wasserstoff kostet nichts. Ja, da hätte ich das wunderbar fliegen können. Wenn wir das Ding mit Wasserstoff gemacht hätten, dann wäre zumindest das Ding fliegbar gewesen."

Leitender technischer Mitarbeiter, Interview

Bei einem Vergleich dieser Reflektionen mit den damaligen Einschätzungen zum Zeitpunkt des PDR zeigt sich tatsächlich, dass dieser Mitarbeiter seinerzeit eine wesentlich positivere Sichtweise an den Tag gelegt hatte. In einem vom unternehmenseigenen Filmteam angefertigten Videointerview unmittelbar nach Abschluss des technischen Meetings äußerte sich dieser leitende technische Mitarbeiter wie folgt:

„[Frage durch den Kameramann]: [Name], ehrliche Antworten. Es geht nicht darum, irgendetwas schön zu reden. Aus Ihrer Sicht, wie sehen Sie das mit dem Flugbetrieb des CargoLifter? Ist das machbar?

[Leitender technischer Mitarbeiter]: Also zunächst einmal eine ganz globale Antwort darauf. Eindeutig ja. Eindeutig ja. Ich denke, man muss [das] so ein bisschen differenziert sehen. In unserem Fall. Wir haben zwei Phasen, die wir betrachten müssen. Das eine ist die Entwicklungs- oder Testphase. Zunächst einmal. Und dann die kommerzielle Phase. Für die erste Phase können wir im Augenblick glaube ich schon sehr genaue Aussagen machen, das hat gerade diese Woche bei unserem Wrapup, bei der Positionsbestimmung, wie man in der Fliegerei sagt, da hat sich das klar herausgestellt. Dass wir genügend Daten haben, um eindeutige Aussagen machen zu können, dass das Luftschiff in der Konfiguration für Flugtests fliegen wird. D.h. ich sehe es sehr zuversichtlich, nicht nur zuversichtlich, sondern ich bin fest davon überzeugt, dass wir ohne Probleme in der Lage sein werden das Luftschiff in dem Flugbetrieb, in den Testflugbetrieb aufzunehmen. Punkt eins. Punkt zwei, ich bin ebenfalls sehr zuversichtlich, dass wir bereits mit P1 in einem überschaubaren Zeitrahmen den sogenannten Load-Exchange oder den Lastenaustausch mit der Ladeplattform demonstrieren können. Und basierend auf diesen Daten dann in einem ganz normalen in der Fliegerei üblichen Entwicklungsprozess entsprechende Modifikationen und Weiterentwicklungen für den Serienflugbetrieb oder für das Serienluftschiff anbringen können. Bis dorthin ist sicherlich noch ein Stück des Weges zu gehen. Aber die Daten, die uns im Augenblick vorliegen,

die technischen Systemlösungen, die vorhanden sind, machen mich persönlich sehr, sehr
zuversichtlich, dass wir unser gestecktes Ziel definitiv erreichen. "
Leitendender technischer Mitarbeiter, Internes Unternehmensvideo (Interviews nach dem
PDR), 01.03.2002: [ID: 758:1]

Im späteren Verlauf des Experteninterviews bemerkte derselbe leitende technische Mitarbeiter zudem, dass auch er ohne Frage direkt von einem kollektiven Phänomen erfasst wurde, welches er wie folgt beschrieb:

„[Interviewpartner]: Ja, das war ein kollektiver Optimismus [Sprechpause] ich würde fast
sagen eine kollektive Selbstverblendung, weil man sich so und wie gesagt, ich schließe mich
bewusst nicht aus. Also ich war ein starker CargoLifter-Mann, obwohl ich es ja zumindest
für mich versucht habe, es zumindest so zu regeln, dass das Risiko begrenzt war. Im Sinne
von Beratervertrag. Weil ich hatte da schon einen Namen zu verlieren. Schon ein kollektives
...ich... es war ja der Spruch: ‚ich bin part of CargoLifter.‘ Das war ganz stark. Jeder hat
stolz seinen Aufkleber am Auto gehabt.
[Interviewer]: Die Nadel am Anzug?
[Interviewpartner]: Ja. Ich war stolz. Hier, wenn ich nach Hause gekommen bin und konnte
meinem Sohn sagen: Hey, CargoLifter. [Lacht]"
Leitender technischer Mitarbeiter, Interview

Zusammenfassend kann anhand der vergangenen drei Abschnitte festgehalten werden, dass innerhalb von CargoLifter tatsächlich eine kollektive Überschätzung organisationaler Fähigkeiten existierte. Einerseits existierte eine Überbewertung der Luftschiffbaukompetenz in Hinblick auf Joey. Daneben herrschte unternehmensintern eine illusorische Vorstellung über eine Kernkompetenz der Luftschiffhüllenfertigung vor. Darüber hinaus konnten fundamentale technische Problembereiche während der Unternehmenshistorie nicht gelöst werden und das Erfordernis der zeitnahen Lösung wurde kollektiv vollkommen ausgeblendet.

So liegt nahe, dass in den kommenden Abschnitten der Emergenz dieser Fähigkeitsüberschätzung nachgegangen werden muss. Dabei muss insbesondere auch eine mögliche Dynamik mit dem Status der Celebrity Firm geprüft werden.

b.   Emergenz der kollektiven Fähigkeitsüberschätzung

i.   Der Hangar – Auslöser einer prominenzinduzierten Kompetenzillusion

„Und die Budgetierung für den Technikteil und den Infrastruktur-Teil, [die] hat zumindest
so in der frühen Phase nicht stattgefunden. Was uns da glaube ich ein bisschen gerettet hat,
war folgendes: Sie müssen ja wissen, das CargoLifter Projekt hat in den ersten Jahren ei-
gentlich von der Halle gelebt. Die Leute haben die Halle mit dem technischen Projektstand
gleichgesetzt. So eine Halle bauen, wenn es auch eine tolle war, und stützenfrei, und so
groß wie sonst nirgends, und super, und tolle Tore, und king-pin der ist so groß und so
schwer und blah. Beeindruckend. Aber [das] hat leider mit einem Luftschiff nichts zu tun
gehabt. [Spricht über die zuständigen Projektentwickler] Schlaue Leute. Super, super Leute.
Die konnten halt gut eine Halle bauen. Die haben den Projektfortschritt gut überwacht, die
sind im Budget geblieben. Alles bestens. [...] Es gab schon Hallen und das ist ihnen gut ge-
lungen. Und das wurde von der Kompetenz her irgendwo damit gleichgesetzt, ja, dann wird
der Rest auch irgendwo einigermaßen akkurat stimmen können. [Lacht]. "
Geschäftsführer Tochtergesellschaft, Interview

Dieses Zitat eines ehemaligen Mitarbeiters, der während der gesamten Unternehmensgeschichte für CargoLifter tätig war, zeichnet eindrucksvoll auf, dass und wie grundverschieden die für die Konstruktion eines Luftschiffs notwendigen Fähigkeiten im Verhältnis zu der Kompetenzbasis für einen Hallenbau sind. Darüber hinaus wird an dem Zitat sichtbar, dass durch die erfolgreiche Konstruktion der Luftschiffwerft zwei vollkommen unterschiedliche Fähigkeitsbasen miteinander gleichgesetzt wurden.

Ursächlich kann daher auch für die Erklärung der Emergenz der technischen Fähigkeitsüberschätzung die Fertigstellung des Hangars sein. Innerhalb des Fallgeschehens kam diesem Bauwerk schon eine herausragende Rolle für die Entstehung der organisationalen Berühmtheit zu. Durch die Analyseergebnisse kristallisierte sich heraus, dass sich vor allem durch die Fertigstellung dieses Bauwerks sowie der Prominenz und Emotionalität, welche sich an diesem Artefakt widerspiegelten, die Emergenz der technischen Kompetenzillusion hervorgerufen wurde. Die erfolgreich zur Anwendung gekommenen Fähigkeiten des Hallenbaus wurden als Fähigkeitsindikator[723] eingesetzt und zwar bemerkenswerterweise für die interne wie externe Attribution einer generellen Kompetenz des Luftschiffbaus.

Parallel dazu entstand nach Fertigstellung der Werft auch eine Glorifizierung und falsche Darstellung der Entstehungsgeschichte des Bauwerks, was sich als überhöhte Sichtweise auf unternehmenseigene Leistungen und Errungenschaften Niederschlug.

Einerseits lässt sich die Emergenz der technischen Fähigkeitsüberschätzung durch den Status der Berühmtheit und die durch den Hangar ausgelösten positiven Emotionen erklären. Andererseits stellte sich in der Analyse anhand des Hangars noch ein weiterer, nur indirekt mit Celebrity verbundener Kontextfaktor für die Entstehung der Fähigkeitsüberschätzung heraus. Die Entscheidung, den Hangar zu konstruieren und dies anschließend in die Tat umzusetzen, wurde von ehemaligen Mitarbeitern in ihrer subjektiven Erinnerung als außerordentlich mühevoll empfunden. Es gab große Widerstände von Seiten der Banken. Trotzdem wurde der Bau der Halle in Auftrag gegeben und recht schnell fertiggestellt. Somit entstand in der Organisation die Überzeugung, dass auch alle weiteren noch so schwierigen Aufgaben hätten bewältigt werden können. Ein für fast unmöglich gehaltenes Projekt war zum positiven und für alle sichtbaren Abschluss gekommen. Damit entstand der Glaube an die Selbstwirksamkeit der Fähigkeiten für alle anderen zukünftigen Pläne und Aufgaben. Alles erschien machbar. Dass die Fähigkeit ein Luftschiff zu konstruieren mit den architektonischen Herausforderungen des omnipotenten Baus wenig gemein hatte, wurde ausgeblendet.

Abbildung 26 verdeutlicht diese empirisch abgeleitete Kausalität vorab. Im Anschluss werden die einzelnen Motive anhand von Textstellen und Originalzitaten weiter erläutert. Die Tabelle im Anhang E.10 fasst darüber hinaus zur Untermauerung weitere Textstellen zusammen.

---

[723] Vgl. Chatterjee/Hambrick 2011.

Abbildung 26: Emergenz einer prominenzinduzierten Fähigkeitsüberschätzung

Die Vor- und Entstehungsgeschichte des Hallenbaus kann für CargoLifter als überaus mühsam interpretiert werden. Diese Tatsache wurde von verschiedenen Interviewpartnern wiederholt bestätigt. Die Widerstände begründeten sich auf architektonischer und finanzieller Bedenken. Anfänglich ergab sich das Problem, dass Baufirmen nicht davon zu überzeugen waren, einen derart großen Hangar mit Toren zu bauen. Den Interviewpartnern und auch originären Unternehmensunterlagen zufolge konnten die Baufirmen erst von der Machbarkeit überzeugt werden, als gezielt darauf verwiesen wurde, dass schon in den 1940er-Jahren funktionsfähige Hallen mit entsprechenden Torsystemen gefertigt worden seien. Aus finanzieller Sicht ergaben sich für das Unternehmen in der Konzeptionsphase weitere Widerstände. Eine Bürgschaftszusage wurde verzögert, sodass die Finanzierung temporär als gescheitert galt. Erst durch die zu dem Zeitpunkt sehr erfolgreich verlaufenden Privatplatzierungen wurde der Bau dann überwiegend über Eigenkapital finanziert. Dieser Weg wurde als beschwerlich empfunden, verlief dennoch für das Unternehmen erfolgreich. Damit entstand organisationsintern ein tiefer Glaube in die Wirksamkeit eigener Fähigkeiten:

„Naja, also alleine die Größe dieses Systems. Also, man hat ja damals schon geglaubt, man kann nicht so eine große Halle bauen. Das ist, das geht gar nicht haben die gesagt, es haben alle geunkt, bis wir dann die Halle stehen hatten."

Geschäftsführer Tochtergesellschaft, Interview

Dieser vom Unternehmen kollektiv als beschwerlich wahrgenommene Weg zur Realisierung des Hangars kann als Kontextfaktor mit zu der Entstehung der daraus vorherrschenden Überschätzung der technischen Fähigkeiten geführt haben. Vorstellbar ist, dass kollektiv davon ausgegangen wurde, dass mit dem Hallenbau die schwerste und komplexeste Aufgabe der Unternehmenshistorie durchzuführen sei. Nachdem diese Aufgabe dann trotz der hohen Hürden und Widerstände erfolgreich abgeschlossen worden war und dem Unternehmen von allen Seiten durch den Hangar zudem enorm hoher sozialer Zuspruch entgegengebracht worden war, kann die illusionäre Vorstellung erwachsen sein, dass von nun an alle anderen komplexen Aufgaben gleichermaßen realisierbar wären[724].

---

[724] Bei diesem Motiv ergeben sich deutliche Parallelen zu der bei Individuen auftretenden Anstrengungsattributions-Hypothese. Vgl. hierzu Kapitel B.II.1.b.

Neben diesem Kontextfaktor können auch direkte Rückschlüsse zwischen dem Status der organisationalen Berühmtheit und der Emergenz der Fähigkeitsüberschätzung gezogen werden. Besonders deutlich wird dies an dem eingangs dieses Abschnitts aufgeführten Interviewausschnitt. Parallel dazu wird dieser Einflussfaktor anhand der Symbolwirkung des Luftschiffhangars und die diesem – extern wie intern – entgegengebrachten Emotionen nachvollziehbar. Dass nicht nur Unternehmensmitglieder, sondern auch Unternehmensexterne durch den Hangar in Begeisterung versetzt wurden, zeigen die beiden folgenden Passagen auf.

„Aber ich weiß, dass [der Bundeskanzler] Schröder kokettierte mit: ‚Die Zukunft hat begonnen in Brandenburg‘. Und die Halle in Brandenburg war natürlich das Vorzeigeprestigeobjekt überhaupt im Osten. Absolute Innovation, weltweiter Augenmerk."

Mittleres Management, Interview

„Ja, jaja. Also wie das dann so… ich war dann erst einmal sehr skeptisch. Die haben auch fast ein dreiviertel Jahr auf mich eingeredet [bis ich den Arbeitsvertrag unterschrieben habe]. Ich war dann dreimal da auf dem Brand und habe mir das angeschaut. Am Anfang habe ich das schon für ein ausgesprochen windiges Projekt gehalten. Ich habe viel gesehen in der Fliegerei. Da scheitern die Dinge schnell und ich glaube das immer erst, wenn die Flieger auf dem Beton stehen. Und ich sah dann da diese gewaltige Halle wachsen und das ist natürlich dann bei aller kritischen Einschätzung, das ist dann natürlich gigantisch. Da sagt man dann, Mensch, die Jungs, die müssen Geld haben. Da muss was dahinter sein und, was weiß ich. 200 Ingenieure inzwischen. Und dann wuchsen da die Glaskästen mit den Büros hoch. Das war schon genial."

Geschäftsführer Tochtergesellschaft, Interview

Übersehen wurde unter Umständen, dass CargoLifter zwar an der Planung und Konzeption der Halle beteiligt war. Doch selbstverständlich wurde der Bau durch ein spezialisiertes Hoch- und Tiefbaukonsortium umgesetzt. Dennoch entstand durch die organisationale Berühmtheit und die Emotionalität eine Gleichsetzung der Fähigkeitsbasen Hangarkonstruktion und Luftschiffentwicklung. Es entwickelte sich also schnell die Vorstellung, dass, wenn das Unternehmen solch eine Halle bauen könne, es zweifelsfrei auch in der Lage sein würde, ein Luftschiff zu konstruieren. Anschaulich wird dieser Zusammenhang beispielsweise bei folgendem Originalzitat. Hierin zeigt ein ehemaliger Mitarbeiter auf, dass die Organisationsmitglieder von der Fertigstellung ihres Hangars gefesselt waren und eitel und selbstverliebt ihre eigentliche Kernaufgabe, die Konstruktion des großen CL-160 Luftschiffs, aus dem Fokus verloren:

„Well. Even more than that. We really got involved into the visitor center. At Brand. And yeah, the hangar was a tremendous example of… Quite frankly, of German architecture and German engineering. You need to understand, I've worked with German companies. Most of my life. My father… So I can appreciate a lot of the German psyche and psychology. And also I do have a deep respect for German engineering. I mean, in many respects it is the world leader. Ähm. So we built that. But then we became, I think, a little bit too enamored with the fact, that we built this big huge hanger. And we needed just to step back and to say, okay, it's a hangar. It's not… Yes, it is important. Yes, we need it. But it's not the reason that we are here."

Leitender technischer Mitarbeiter, Interview

Noch deutlicher wird dieser Zusammenhang durch ein Mitglied des unternehmerischen Gründungsteams dargestellt. Dieser legt nicht nur dar, wie sich der als mühsam empfundene Weg zum Hangar auswirkte. Insbesondere ist anhand dieser Textstelle erkennbar, dass unternehmensintern durch den mit dem Hangar verbundenen Erfolg nicht mehr an eigenen Fähigkeiten gezweifelt wurde und eine realistisch Beurteilung eigener Schwächen ausblieb:

„[Interviewpartner]: Als man den Bauvertrag unterschrieb, hatte man kein Geld um den gesamten Bauvertrag zu bezahlen. Man hat aber es geschafft auf dem Weg dorthin das Geld einzutreiben.
[Interviewer]: Ok?
[Interviewpartner]: Und den Geist wollte man nicht zerstören. Aber den Punkt hat man nicht erfasst, wo man sagen musste, man muss jetzt mal der Realität ins Auge blicken. Und, da war so dieses, wir zweifeln an unserer eigenen Fähigkeit, wir zweifeln an, an Dingen die wir bisher taten und in Zukunft vielleicht besser nicht mehr tun sollten. Das kam, das wurde nicht diskutiert, also jedenfalls nicht so, dass es ein Thema war, wie wir es heute hatten. Es war halt Analyse wo man ein bisschen die Augen rollt in großen Unternehmen, wie ich es nun hier habe und sich ständig wieder vorführt, was ist gut, was ist schlecht. Wo bin ich besser geworden, wo bin ich schlechter geworden, also dieser ‚continuous improvement‘ Prozess.
[Interviewer]: Also, die Selbstreflektion hat nicht eingesetzt?
[Interviewpartner]: Nee, da war man war einfach zu selbstverliebt, glaube ich.“
Mitglied des obersten Führungskreises, Interview

Dass in der organisationsinternen Wahrnehmung tatsächlich eine Gleichsetzung der Luftschiffbau- mit der Hallenbaukompetenz stattgefunden hat, zeigt sich an folgendem Auszug. Einer der beiden Vorstände antwortete während der Hauptversammlung im Jahr 2002 auf eine Aktionärsfrage zu den Zeitverzögerungen, dass schließlich „auch" die Halle innerhalb der Zeitplanungen konstruiert worden sei:

„Das [Zeit- und Kostenüberschreitungen] ist bei solchen Projekten einfach auch, ich will nicht sagen, liegt in der Natur der Sache, dagegen kämpft man an. Ähm. Es muss aber nicht immer so sein. Wir haben auch die Halle im Zeit- und Kostenplan hinbekommen. Auch den CL-75. Der CL-160 ist einfach noch einmal ein ganzes Stück komplexer.“
Mitglied des Vorstands, Internes Unternehmensvideo (Pressekonferenz Hauptversammlung), 16.03.2002: [ID: 716:9]

Bemerkenswert an diesem Zitat ist noch, dass selbst bezüglich des Hallenbaus die Augen verschlossen worden waren. Nach und nach wurde die Leistung des Hallenbaus überhöht und damit regelrecht glorifiziert. Vielfach wurde darauf verwiesen, dass der Hallenbau innerhalb der Zeit- und Kostenplanungen fertiggestellt worden war, was eine Behauptung war, welche bei genauerer Analyse nicht ansatzweise zutraf. Das muss dem Unternehmen zu einem früheren Zeitpunkt bewusst gewesen sein, da ein Topmanagement-Beratungsunternehmen schon im Jahr 1999 detailliert auf Zeit- und Kostenüberschreitungen hingewiesen hatte[725]. Dennoch schien dies sich organisationsintern und kollektiv als gegeben durchgesetzt zu haben, da dies als Fakt mehrfach zu finden ist. Abbildung 27 verdeutlicht

---

[725] Vgl. Präsentation externes Top-Management Beratungsunternehmen (überarbeitete Version), 07.10.1999: [ID: 481:10].

die Zeitverschiebungen für den Hallenbau grafisch, sodass diese Glorifizierung nachvollzogen werden kann.

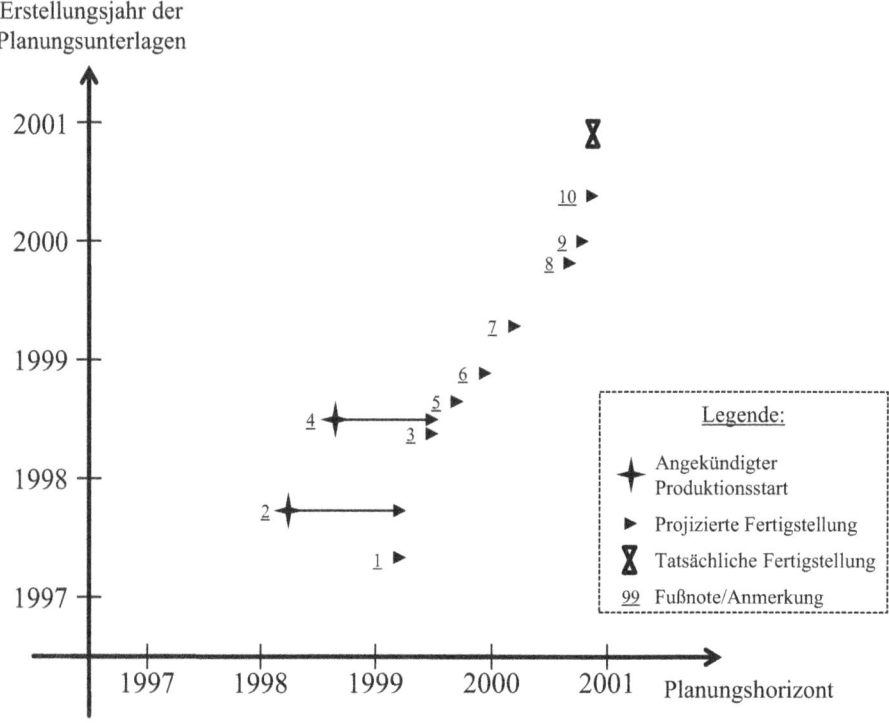

Abbildung 27: Zeitplanungen und Planüberschreitungen des Hangar Projekts[726]

Anhand des aktuellen Abschnitts hat sich nun tatsächlich gezeigt, das Celebrity für die Emergenz einer Fähigkeitsüberschätzung maßgeblich sein kann. Mit Fertigstellung des Hangars, welcher als herausragendes Symbol der Berühmtheit gesehen werden kann, erhielt das Unternehmen hohen sozialen und emotionalen Zuspruch. Darüber hinaus erwuchs durch den erfolgreich konstruierten Hangar die illusionäre Gleichsetzung der Hallenbaukompetenz mit den Luftschiffbaufähigkeiten. Es entstand damit organisationsintern der feste Glaube, auch über die notwendigen Fähigkeiten des Großluftschiffbaus zu verfügen. Celebrity führte hier zu einer technischen Kompetenzillusion.

Während dieser Abschnitt eine Verbindung zwischen Celebrity und Organizational Hubris zieht, werden im kommenden Teil weitere aber eher indirekte Verbindungen aufgezeigt.

---

[726] Die Fußnoten mit Hinweisen auf die einzelnen Quellen der Planungsdaten finden sich in Anhang E.11.

ii.   Auswirkungen des organisationsintern wahrgenommenen Erfolgs

„[Interviewer]: Das heißt aber, es wurde schon ein bisschen, kann man sagen, überambitioniert geplant? Am Anfang? Dass man einfach diese Unsicherheit vollkommen falsch eingeschätzt hat bei so einem Entwicklungsprojekt?
[Interviewpartner]: Es wurde ambitioniert geplant. Aber wie gesagt, irgendwie durch den Erfolg hat eine gewisse Verblendung stattgefunden. Vielleicht auch eine gewisse Selbstüberschätzung.“

Oberster Führungskreis, Interview

Obgleich innerhalb der Interviews keine direkte Frage zur Thematik der Fähigkeitsüberschätzung gestellt wurde, entwickelten manche Mitarbeiter von sich aus direkt den Gedanken, Selbstüberschätzung oder Überbewertung organisationaler Fähigkeiten als Aspekt anzuerkennen. Nicht nur an der bereits durchgeführten Analyse der technischen Kompetenz von CargoLifter, sondern auch während einer Betrachtung der übergeordneten organisationalen Leistungsfähigkeit wird offensichtlich, dass das Unternehmen über seine gesamte Historie seine Planungsfähigkeiten kollektiv überbewertet hat: Schon der zeitliche Entwicklungsrahmen des kleinen Luftschiffs Joey wies hohe Verzögerungen auf. Noch deutlicher wurden Zeit- und Budgetsteigerungen bei dem CL-160-Entwicklungsvorhaben. Ein sich ex post als milliardenschwer herausstellendes Projekt wurde ex ante lediglich als Millionprojekt kalkuliert. Dabei musste der zeitliche Planungsrahmen fortwährend angepasst werden, was die Fehlplanungen einmal mehr unterstreicht[727].

Innerhalb der Experteninterviews wurde gezielt nach dem Zustandekommen dieser Planungsfehler und der falschen Einschätzung der Projektgröße gefragt. Im rückblickenden Sinngebungsprozess verwiesen ehemalige Mitarbeiter auf vielfältige Aspekte, wobei sich über die meisten Experteninterviews hinweg drei Erklärungsmuster herauskristallisierten und manifestierten. Neben einer generell organisationsintern vorherrschenden Stimmung des kollektiven Optimismus wurde auf eine allgemeine Unterschätzung von Komplexität und Unsicherheit beim Projektstart verwiesen. Darüber hinaus zeigten manche Interviewpartner auf, dass durch einen organisationsintern wahrgenommenen Erfolg eine hohe Selbstsicherheit und damit ein weiterer Erfolgsglaube entstanden sei.

Während der Ursprung der ersten beiden Motive nicht rekonstruiert werden konnte, lohnt es sich, das dritte Motiv genauer zu betrachten. Der Erfolg von CargoLifter stellte sich überwiegend in der ersten Phase der Unternehmenshistorie durch positiven sozialen Zuspruch im Sinne der organisationalen Berühmtheit sowie den finanziellen Erfolg der Aktienplatzierungen dar. In Hinblick auf die Emergenz von kollektiven Fähigkeitsüberschätzungen ist es daher lohnenswert, die Auswirkungen des sozialen Zuspruchs näher zu betrachten. Alle Motive sind vorab in Tabelle 15 abgebildet und werden anhand exemplarischer Textstellen verdeutlicht.

---

[727] Vgl. hierzu erneut Abbildung 14.

Übergeordnetes Inter- pretationsmuster	*Exemplarische Textstellen aus internen Dokumenten und Experteninterviews*

Kollektiver (Über)- optimismus

Ehemaliger Mitarbeiter verwiesen innerhalb der Interviews auf einen hohen kollektiv vorherrschenden Optimismus, durch welchen Planungsfehler zustande kamen. Es herrschte die Stimmung vor, dass mit den gegebenen Mitteln, das Ziel erreicht werden könnte.

„[Interviewpartner]: I can't answer the question. I think within the two months of arriving in Brand, it was painfully obvious to me, that we didn't have enough cash to do it. The [executive team] would going to have to work for years, to keep selling shares somehow. To keep that thing going. I think it was... To say it was optimistic is an understatement, a gross understatement. It was really, really optimistic.

[Interviewer]: Hm. So, was this discussed in your management meetings? That money was not enough. Or that the time schedule wasn't sufficient?

[Interviewpartner]: Not... It wasn't discussed a lot. I think, there was an underlying thought that... We were being... We, the whole team was being overly optimistic, that we can do this in the time, with the money we had. It really wasn't... Let's see. It's kind of having the gorilla in the room, you know that phrase. Nobody wants to talk about this gorilla. But he is there. "

Hochrangiger Mitarbeiter Entwicklungsbetrieb, Interview

„Also, ich glaube die grundsätzliche Idee war, dass man, oder der [Vorstand] eben eine ganz tolle Idee hatte. Die Vision, hier ein neues Transportmittel äh, zu etablieren, und davon war er sehr überzeugt. So und dann, dann hat man Experten, die alle aus diesem Luftschiffgeschäft kommen, oder damit zu tun hatten, die dann mehr oder weniger gesagt hatten, ja so was gab es ja schon mal, lässt sich leicht umsetzen, mit einigermaßen optimistischen Annahmen rangegangen. Und dann kam man zu irgendeinem, ja, Kostenansatz für ein Luftschiff. Und, ähm, ich glaube, man war da so ein bisschen geblendet vom eigenen Optimismus, dass man dann gesehen hat, Mensch so ein Luftschiff kostet so und so viel und auf der anderen Seite haben wir ein Marktpotential von so und so viel Luftschiffen. Und wenn wir die alle aufbauen, also schwupp di wupp, haben wir da eben einen super Markt, äh, äh, Szenario. Und ähm, na gut, das war in sich zwar konsistent, aber grundsätzlich auf falschen Annahmen basierend, weil es eben doch nicht so einfach sich umsetzen lässt. Und in dem Moment wo, wo wir dann angefangen haben, als Ingenieure, sowohl an der Technik ähm, die Probleme heraus zu arbeiten, dass es eben nicht so einfach ist, als auch nachher, wir gesehen haben, dass die Kosten in einigen Bereichen sehr viel höher sind, als der ursprüngliche Ansatz, da fing natürlich das ganze Geschäftsmodell so ein bisschen an zu wackeln. "

Mittleres Management Entwicklungsbetrieb, Interview

„Also, eines ist sicherlich Unwissenheit. Das nächste ist, ein grenzenloser Optimismus, dass man sagte: ‚In Deutschland hat man das schon mit Graf Zeppelin hinbekommen. Jetzt machen wir das einfach auch.‘ Ohne, das Personal zusammen zu haben. Und was man nicht unterschätzen darf, ist der Vergleich der Historie zu heute. Natürlich sind die Zeppeline geflogen, aber was in der Zwischenzeit ein Funktionstest von der FAA verlangt wird. Oder schon in Richtung Überflugsrechte für bestimmte Länder oder Landgebiete. "

Kaufmännischer Mitarbeiter, Mittleres Management, Interview

Unterschätzung von Komplexität und Unsicherheit

Interviewteilnehmer verwiesen darauf, dass zumindest in den Anfangsjahren und zum Projektstart die volle Komplexität des Projektes nicht überblickt wurde. Vielfach wurde hierbei angemerkt, dass zum Projektbeginn der kollektive Glaube geteilt und vorherrschend war, dass die für den Bau des CL-160 notwendigen

„Grundlagenforschung mußten wir nicht betreiben. Die zum Bau erforderlichen Technologien liegen vor – teilweise sind sie seit den dreißiger Jahren erprobt. "

Hochrangiger Techniker, PR-Mitteilung: Luftschiff nimmt Gestalt an, Januar 1999: [ID: 27:9]

„[Frage durch den Kameramann]: Gibt es ein Endergebnis von dem PDR in Richtung Machbarkeit des CargoLifter?

[Hochrangiger Techniker]: Ja, das, das Ergebnis ist eigentlich, dass sich die Vermutungen bestätigt haben. CargoLifter ist keine kleine Tat. Es ist eben sehr groß, schwierig zu machen. Aber er ist machbar. "

Derselbe hochrangige Techniker, Internes Unternehmensvideo (PDR), 01.03.2002: [ID: 759:1]

„Dann hatte er gesagt, dass wir eigentlich schon seit 1997 immer sagen, dass das Luftschiff in drei Jahren kommt. Da hat er Recht. Und das stört uns natürlich genauso. Wir reden ja auch intern natürlich genau darüber. Und die Frage, die eigentlich dahinter

Technologien schon entwickelt seien oder auf bestehender Technologie zurückgegriffen werden könnte.

war, sind wir jetzt weit genug um einmal sagen zu können jetzt ist es das und nicht wieder in drei Jahren. Ich glaube Herr [Name] hat das ganz gut dargestellt wir haben in dem letzten Jahr dort einen enormen Fortschritt gemacht. Es mag auch sein, dass wir in vielen oder in einigen Bereichen die Komplexität dieses riesigen Luftfahrtgerätes zunächst auch unterschätzt haben. Ich bin der Meinung, dass die Projektpläne jetzt soweit ausgebaut sind und wir auch die Gesamtkomplexität erkannt haben. Ich glaube, das war auch eine Erkenntnis des PDR, dass wir heute einfach auch sehr viel mehr wissen, was wir nicht wissen. Und diese weißen Felder deutlich eingrenzen konnten. Da bleibt immer noch etwas zu klären. Ich will damit sagen, dass einfach die Qualität unserer Planung, beruhend auf dem Stand der technischen Entwicklung, deutlich vorangeschritten ist."

Mitglied des obersten AG-Führungskreises, Hauptversammlung – Fragen durch Aktionäre, 16.03.2002: [ID: 724:7]

„Ja, um überhaupt erst einmal etwas, etwas was wirklich mit Luftfahrt zu tun hat, oder mit Zeppelin oder ähnlichen Dingen – leichter als Luft – zu tun hat. Um da etwas zu zeigen. Und dann auch wirklich daran zu lernen. Also das interessante ist, was wir daran gelernt haben, ist, eine der Lebenslügen des CargoLifters war, dass die Technologien die man braucht schon alle bestehen. Wir müssen nur lernen sie zusammenzufügen zu einem Produkt."

Mittleres Management, Interview

„Ja, schwer zu sagen. Also, ich denke... was ich schon angesprochen habe ist, dass einfach die Größe des Projektes um Größenordnungen unterschätzt worden ist. Also allein die technische Komplexität. Auch finanziell unterschätzt worden. Keine Ahnung. Also der Herr [Vorstandsvorsitzende] und die anderen Leute die seinerzeit die AG gegründet haben, sind ja auch eher so aus der Logistikbranche. Was ich so gehört habe. ... Also, keine Ahnung. Es ist irgendwie... das Ding war immer so ein bisschen... die Größenordnung dessen, was geplant war, war so jenseits der... ja, wie soll ich das sagen. Also jenseits der Erfahrungswerte. Dass diese Frage, ob das überhaupt realistisch ist, was wir da machen, oder nicht. Gar nicht so richtig zu beantworten war. Also letzten Endes war es halt auch ein Forschungsprojekt. Und Forschung bedeutet immer, man muss es ausprobieren um zu wissen, ob es geht. Oder ob es halt nicht geht. Und rein technisch gesehen, sind dort auch sehr viele Fragen offen geblieben. Wo man meiner Meinung nach auch heutzutage nicht sagen kann, man braucht soundsoviel Zeit und soundsoviel Geld und dann geht das. Sondern, wo man sagen muss, o.k. man muss jetzt das und die und die und die Frage klären und danach kann man sagen wie es weitergeht."

Mitarbeiter Entwicklungsbetrieb, Interview

„Ich glaube, das haben sie bei anderen Projekten am Anfang auch. Da will ich da sagen, da setzen Leute da sich zusammen und schätzen einmal ab und sagen ‚au, das geht eigentlich zügig und das haben die einmal gemacht und das ist übertragbar'. Und dann kommen da Zahlen heraus, wo sie sagen die sind vielleicht schon sehr groß. Und das erschreckt sie, weil sie noch nie so etwas Großes gemacht haben. Aber Ihnen fehlt vielleicht die Erfahrung von so Großprojekten. Kucken sie sich einmal an, was kostet eine Triebwerksentwicklung, was kostet eine Flugzeugentwicklung. Kucken sie, was braucht Airbus."

Leitender Mitarbeiter Entwicklungsbetrieb, Interview

„Für den Fertigungsbereich konnte ich sicherstellen, das [sic] wichtige Handbücher und Standardskataloge ‚auf dem kleinen Dienstwege' [von einem großen Industriekonzern] verfügbar werden. Eine Eigenentwicklung ist schlichtweg für CL unmöglich."

Internes Memo, oberste Führungsebene, November 2001: [ID: 679:7]

„Sicherung der Überlebensfähigkeit von CargoLifter.
Meine Gespräche mit Mitgliedern der beiden ersten Führungsebenen haben folgende Erkenntnisse erbracht:
[...]
- ‚Schönrechnung' des business cases
- Unterbewertung der noch zu lösenden operationellen und entwicklungstechnischen Probleme"

Memo externer technischer Top-Management Berater, Februar 2002: [ID: 524:41]

„Würdigung der Rolle der Entwicklung

Nach mehreren Gesprächen mit [Mitgliedern des obersten Führungskreises] habe ich den Eindruck gewonnen, daß die Bedeutung der Entwicklung für ein Vorhaben wie CargoLifter nicht richtig erkannt wird.

Folgende Sachpunkte möchte ich dafür anführen:

- Die Komplexität der Systemverknüpfungen wird erheblich unterschätzt
- Unverständnis, dass gelegentlich fachliche Voraussagen korrigiert werden müssen
- Keine Termintreue
- ‚Das kann doch alles nicht so teuer sein'"

Memo externer technischer Top-Management Berater, Februar 2002: [ID: 524:2]

„Verschärfend wirkten die Unsicherheiten oder Fehleinschätzungen bei folgenden Einflussgrößen:

- Realistisches Marktpotential für das angestrebte Betreibermodell
- Entwicklungskostenaufwand unter Berücksichtigung der begrenzten Erfahrungen der Mannschaft
- Zeitbedarf
- Kenntnis der wirtschaftlich erlaubbaren Fertigungskosten und Investitionen (speziell des Hangars)"

Memo Vorstand in der Insolvenz, 28.03.2003: [ID: 314:14]

Hohe Selbstsicherheit durch subjektiv wahrgenommenen Erfolg
Interviewteilnehmer berichteten davon, dass durch den organisationsintern wahrgenommenen Erfolg ein weiterer Erfolgsglaube entstand.

„Und das ist hier so die kleine Besonderheit, die ich CargoLifter zubilligen würde, dass man gesagt hat: ‚Ach, wir sind doch so weit vorne. Und wenn wir erst einmal entwickeln und das Ding erst einmal aufbauen und in die Halle stellen sozusagen.' Dass man einfach nicht kapiert hat, dass das nicht geht."

Geschäftsführer Tochtergesellschaft, Interview

„[Interviewpartner]: Sie sehen ja, dass es funktioniert. Es wird ja jetzt gemacht in den USA. Es ist ja nicht so, dass es nicht geht. Sondern... sich sozusagen zu überlegen, was ist denn wenn es Nacht wird, die Wölfe kommen und das Wasser steigt? Sondern das war alles darauf ausgelegt, dass man sich selber die Schippe Sand unter den Kiel schaufelt. Sozusagen so ein Münchhausenprinzip. Also das war ja auch so. Wir haben kein Geld. Über die Öffentlichkeit holen wir uns das Geld. Und wir bauen uns selber die Kraft auf, auf der wir nach oben geschwemmt werden. Und das hat lange Zeit funktioniert. Und dann könnten sie auch sagen, dass man dazu sehr dran geglaubt hat. Also, das quasi die Reichsbedenkenträger gefehlt haben, die gesagt haben: was machst du denn, wenn das hier nicht mehr funktioniert? Wir waren so davon überzeugt, kann ich auch so sagen, dass das klappen wird. Dass wir das hinbekommen. Also einfach, wenn sie 300 Millionen aus der Öffentlichkeit eingeworben haben, dann denken Sie o.k. Gut. Wir brauchen doch nur noch...

[Interviewer]: Also [war das] letztendlich so ein großes Selbstbewusstsein auf kollektiver Ebene?

[Interviewpartner]: Ja. Also schon. Ich denke, es war ja auch erfolgreich. Also d.h., in dem Moment, wo man Erfolg hat, kann man sich schwer vorstellen, dass sozusagen alles wegbricht. Dass sie auf einmal mit dem Wirtschaftsministerium telefonieren und die wollen gar nicht mehr den Hörer abnehmen. Das sind ja so Sachen, die man... ich glaube, da braucht man jemanden, der das alles schon einmal erlebt hat. Sozusagen jemanden, der da viele Erfahrungen auf dem Bereich hat. Und das eben auch einschätzen kann."

Geschäftsführer Tochtergesellschaft, Interview

„Und wir waren da... ich sehe das so... ich weiß es ein bisschen, manche sind ja jetzt verbittert und vielleicht der ein oder andere... auch so das Team von [Name A] und auch [Name B]. Ich hatte die ja dann immer dabei. Und habe das dann auf mich wirken lassen. Wir waren ja zum Teil 10-15 Mann. Und da saßen diese ganzen Experten da von Boeing oder Airbus uns gegenüber. Und da habe ich gerade in der Schlussphase, da habe ich mir gedacht, Mensch, jetzt, wir sind jetzt richtig gut. Und es ist halt immer traurig im Leben, das erste Mal, wenn man denkt, eigentlich man hat es jetzt und man ist relativ nah dran, dann erwischt es einen."

Oberstes Führungsebene, Interview

> *"Aber, so würde ich das heute einmal sehen, wie das innerhalb der Firma war. Also, es war ein großes Selbstbewusstsein. Ja. Und die Einzigartigkeit darin war natürlich dann klar für mich, das Produkt und das Projekt als solches. Es gab keine Wettbewerber, im Grunde genommen gab es immer mal wieder irgendwo Berichte. Aber im Grunde genommen gab es keine Wettbewerber. Und wo gibt es denn das? Ja man muss sich das einmal vorstellen."*
>
> Oberstes Führungsebene, Interview

Tabelle 15: Retrospektive Interpretationen für das Zustandekommen von Projektplanungsfehlern

Wie weiter oben gezeigt[728], wurde unternehmensintern tatsächlich die technische Fähigkeitsbasis kollektiv überbewertet. Gezeigt hatte sich darüber hinaus auch, dass fundamentale technische Probleme im Zeitablauf nicht adressiert und regelrecht ausgeblendet wurden. Der Aerostat CL-75 wurde zwar erfolgreich konstruiert, wies aber eine geringe technische Komplexität auf und wurde nicht auf Basis CargoLifters hauseigener Fähigkeiten konstruiert. Streng genommen kann interpretiert werden, dass in Hinblick auf die Konstruktion von Joey und das Luftschiff CL-160 mehr technische Misserfolge als Erfolge vorlagen.

Anhand des innerhalb der Tabelle 15 gezeigten dritten Motivs – dem organisationsintern wahrgenommenen Erfolg und dem daraus entstandenen Erfolgsglauben – stellt sich daher nun die Frage, ob und welche Art von Erfolg organisationsintern wahrgenommen wurde.

Folgender Interviewausschnitt verdeutlicht hierbei, dass insbesondere die Phase der Kapitalanwerbung als großer Erfolg wahrgenommen wurde, welche dabei zu einem organisationsinternen Übermut führte. Interessanterweise verweist der Gesprächspartner zudem darauf, dass durch den Status der organisationalen Berühmtheit und dem damit verbundenen sozialen Zuspruch, optimistisch davon ausgegangen wurde, auch zukünftige Probleme der Projektfinanzierung und -realisierung lösen zu können:

„[Interviewpartner]: Also, was es einmalig gemacht hat, was mir auch sehr viel Spaß gemacht hat und wirklich toll war, war die Unternehmenskultur. Also, es waren sehr viele junge Leute. Sehr motiviert. Leistungsmotiviert. Modern.
[Interviewer]: Also intrinsisch motiviert so gesehen?
[Interviewpartner]: Ja, aber auch modern. Nicht, also jeder von uns hatte ein Laptop zur Verfügung gestellt bekommen. Und Handy. Man war nicht kleinkariert, wie es viele Konzerne sind. Dass man... man war irrsinnig schnell. Die Präsentationen waren toll. Schnelle, kluge Leute. Die aber, bis auf sehr wenige, ein Thema nicht zu Ende gedacht haben. Und diese Unternehmensk... diese Philosophie ‚wir kommen aus der Garage und wir haben es bis zu 3-4 Mio. Eigenkapital gebracht, DM damals noch, das macht uns so schnell keiner nach‘. Und da war man also schon sehr übermütig.
[Interviewer]: Also selbstbewusst übermütig würden Sie sagen?
[Interviewpartner]: So ist es.
[Interviewer]: Durch diese Erfolge, dass man so schnell Kapital angeworben hat?
[Interviewpartner]: Genau. Und dass man auch in der Presse war. Jeder wollte ja was von CargoLifter. Fand die Idee klasse. Und, keiner hat ja gesagt, die Idee ist Mist. Jeder sagte, au das ist aber toll, jeder wollte dabei sein. Dann kamen natürlich leichte Zweifel, wie wollt ihr das finanzieren. Wie sieht der Zeitplan aus? – Ja, ja, das machen wir schon irgendwie. – Aber, das Unternehmen, die Unternehmenskultur ist sehr selbstbewusst. Sehr modern. Und

---

[728] Vgl. Kapitel E.IV.1.a.

wirklich in ihren einzelnen Fachbereichen sehr gute Leute. Das muss man sagen. Und die
auch menschlich sehr in Ordnung waren, bis auf wenige Ausnahmen. "

Mittleres Management, Interview

Neben dieser Darstellung der Auswirkung von Erfolg beinhaltet der Textausschnitt noch
eine weitere wichtige Gegebenheit. Es gibt einen Hinweis auf einen zentralen Bestandteil
CargoLifters Identität. Zu Zeiten seines Bestehens herrschte unternehmensintern die kollektiv geteilte Wahrnehmung vor, Teil einer begnadeten und außerordentlich intelligenten Mitarbeiterschaft zu sein – ein Motiv, welches innerhalb der „Organizational Identity"-
Forschung unter dem Aspekt „The best and the brightest" erforscht wird[729]. Nicht nur in internen Dokumenten und originären Videodateien taucht dieses Motiv auf. Auch die Presse
griff dieses Charakteristikum von CargoLifter gezielt innerhalb der Berichterstattung auf,
wodurch auch Unternehmensexterne mit dieser Einschätzung vertraut gemacht wurden:

„The staff is pretty impressive, too. [Name], a former major in the British army and an air-
ship expert initially charged with scouting the globe for engineers and managers to join
CargoLifter, says, 'We now have two-thirds of the world's lighter-than-air experts.' In all,
240 people from 15 nations are employed by CargoLifter in Germany and America. "

Wired, August 2000: [PA: 271:19]

Das für Ingenieure hoch ansprechende Projekt sowie die weltweite Bekanntheit von Cargo-
Lifter sorgten im Zeitablauf dafür, dass zunehmend weitere Experten als Mitarbeiter angeworben werden konnten. Selbst ganze Entwicklungsteams aus renommierten Großkonzernen wurden angestellt und konnten zu einem Umzug nach Brandenburg bewegt werden:

„We had people come from... We sent the recruiting team to Seattle, Washington. And they
recruited half a dozen Boeing engineers. Pack up in Seattle, Washington. And move to
Brand. And I think, someone actually got stranded there after the company folded. We had
guys from Switzerland.... The Brits were all airheads too. Those guys, I expect them to come
in. But Boeing engineers? Pack up and go all the way. "

Hochrangiger Mitarbeiter Entwicklungsbetrieb, Interview

Interessanterweise entwickelte das Projekt also eine solch hohe Anziehungskraft, dass es
dem Unternehmen immer wieder möglich war, die renommiertesten Experten anzuwerben.
Die erfolgreiche Anwerbung einer hochkarätigen Mitarbeiterschaft wurde nicht nur organisationsintern, sondern auch durch Unternehmensexterne als Erfolg und Fähigkeitsindikator
interpretiert. Folgende Anwerbungsepisode zeigt beispielsweise auf, dass ein hoch angese-
hener Blitzschutzexperte für die Mitarbeit begeistert werden konnte. Organisationsintern
sorgte dieser Schritt für eine deutliche Erfolgswahrnehmung und selbst Experten des Luftfahrtbundesamtes honorierten diese Expertenanwerbung äußerst positiv:

„[Sprecher]: Blitze sind eine Gefahr für heliumgefüllte Luftschiffe. Helium ist extrem gut
leitend. Es zieht Blitze an. Deswegen führt CargoLifter im Sommer 2001 eine Testreihe im
Hochspannungslabor der Uni Cottbus durch. Leitung, [Name des Experten], der Guru auf
diesem Gebiet. Er hat die Zulassungsvorschriften der US-Luftfahrtbehörde für Blitzschutz
festgelegt. "

PR-Unternehmensvideo, Juni 2002: [ID: 651:7].

---

[729] Vgl. Alvesson/Robertson 2006; Alvesson/Empson 2008.

„[Interviewpartner]: Und der [Name des Experten], ich muss gestehen, ich weiß nicht, ob er noch lebt. Ich weiß es einfach nicht. Der war damals schon im Ruhestand. Und hatte in Pittsburgh eine Firma, spezialisiert auf das Thema Blitzschutz an Luftfahrtzeugen. Und dieser [Name des Experten] mit seiner Firma ist die [stark betont] Koryphäe, wenn es um Blitzschutz geht.

[Interviewer]: Also machte er dann auch für Airbus und Boeing die Tests?

[Interviewpartner]: Ähh. Er hat das Blitzschutzkonzept von den Space Shuttles gemacht.

[Interviewer]: O.k. interessant. Also [ist er sehr] renommiert auf dem Feld?

[Interviewpartner]: Also er ist die Institution, wenn es um... auch um Unfallanalysen geht, wo man den Verdacht hat, dass da irgendetwas in die Richtung beteiligt sein könnte. Usw. Der [Name] hat uns dahin vermittelt. Und wir sind dann in Kontakt mit dem gekommen. Und die erste Reaktion war, naja, er ist nicht grundlos im Ruhestand. Er möchte jetzt eigentlich seinen Ruhestand genießen. Usw. und so fort. Nichts-desto-trotz sind dann irgendwann der [Vorstandsvorsitzende] und der [Entwicklungsleiter]... haben sie mit dem [Entwicklungsleiter] gesprochen?

[Interviewer]: Ja.

[Interviewpartner]: Ja. Also der [Entwicklungsleiter] dahingeflogen. Und haben sich mit dem unterhalten. Und irgendwie am Ende des Gesprächs muss der gesagt haben, ich bin dabei. Dann sind wir praktisch mit dieser Informationen zum LBA [Luftfahrtbundesamt] gegangen und dann hat das LBA nur gesagt, naja o.k., dann haken wir den Punkt ab. Und der Verantwortliche vom LBA sagte dann halt nur, also für ihn, mehr können wir nicht tun, als wenn wir den mit dabei haben. Usw. Und er hätte nur noch eine Bitte, ob er den einmal kennenlernen dürfte. [Lacht]

[Interviewer]: [Lacht]

[Interviewpartner]: Ja. Das ist jetzt nicht gelogen."

Leitender Mitarbeiter Entwicklungsbetrieb, Interview

Doch gerade aus diesen gefühlten Erfolgen und der organisationsinternen Wahrnehmung, über eine hochkarätige Mitarbeiterschaft zu verfügen, entwickelte sich ein kollektiver Glaube in die Selbstwirksamkeit eigener Fähigkeiten und darüber hinaus die Anspruchshaltung, auch zukünftig erfolgreich alle auftauchenden Schwierigkeiten auf Basis der eigenen Kompetenzen bewältigen zu können:

„Aber auch in unserem Team, mit sehr vielen Fachleuten, sie haben hier einige Repräsentanten gesehen. Wir sind mittlerweile 380 Mitarbeiter. Darunter finden Sie praktisch alle Experten aus der Leichter-als-Luft Welt. Die haben wir nämlich alle eingesammelt. Darin sind eingebunden praktisch alle führenden Institute der Welt, die sich mit so etwas jemals beschäftigt haben. Diese schönen Windkanalversuche, die sind jetzt nicht nur in Dresden gemacht worden, sondern auch in Moskau. Und in Amerika. Und das Ganze müssen sie umsetzen, das ist eine Herausforderung an uns alle. In Bezug auf Zeiten und Kosten. Und da sind wir halt bisher sehr stolz drauf, denn wir haben das bisher gut geschafft."

Oberste Führungskraft, Road Show Frankfurt, 14.02.2001: [ID: 743:2]

Auch innerhalb der geführten Experteninterviews nahmen viele ehemalige Mitarbeiter nach wie vor Bezug zu dem Motiv „The best and the brightest". Hierbei wurde meist weniger die Existenz einer tatsächlich herausragenden Mitarbeiterschaft angezweifelt, als die Auswirkungen, die durch diesen Bestandteil der kollektiven Selbstwahrnehmung entstanden. Ein Mitarbeiter merkte beispielsweise an, dass es verwunderlich sei, wie Projektkostenkalkulationen unterschätzt wurden, obgleich eine herausragende Mitarbeiterschaft an dem Projekt beteiligt war:

„Man hat das Budget unterschätzt, obwohl man hat wirklich die Besten der Besten der Welt dort gehabt, das muss man schon mal sagen. Und diese Leute sind sicherlich nicht billig gewesen."

Mittleres Management, Interview

Andere Mitarbeiter zeigten auf, dass durch das Renommee der Experten wesentliche technische Grundsatzfragen weniger beachtet wurden. Die Vorstellung, eine herausragende Entwicklungsmannschaft zu sein, kann daher mit zur Emergenz von kollektiven Überschätzungsprozessen geführt haben:

„[Interviewpartner]: Ja, sie haben sich auch selbst immer wieder Milestones gesetzt um sich selbst zu blenden, immer wieder. Ich schließe mich da nicht aus. Auch ich habe mich geblendet. [Lacht]. Das ist ja das Lustige.
[Interviewer]: Das ist ja faszinierend, wie das kollektiv gelaufen ist.
[Interviewpartner]: Ja. Man lässt sich durch die Größe, durch den Teilerfolg, der mit dem Enderfolg überhaupt nichts zu tun hat, lässt man sich blenden. Und zum nächsten Schritt führen. Der auch eine Blendung ist.
[Interviewer]: Weil man irgendwie daran glaubt und denkt: Es könnte ja doch irgendwie klappen? Also so eine positive Grundhaltung?
[Interviewpartner]: Ja. Ja, ja. Man lässt sich natürlich auch durchaus durch persönliche Auftritte blenden. Das gehört dazu. Da kommt einer aus Amerika und erzählt ihnen eine tolle Show. Ohh, der hat Ahnung, ja. Hat schon bei der NASA gearbeitet. Prima. [Da] [m]uss man Ahnung haben. [Lacht]."

Geschäftsführer Tochtergesellschaft, Interview

Rückblickend wurde auch kritisch angemerkt, dass trotz der versammelten Expertise grundlegende technische Probleme nicht gelöst wurden und selbst das kleine Joey-Luftschiff bis zur Insolvenz des Unternehmens große Probleme bereitete. Folgender Interviewauszug stellt hierbei ein hochspannendes Mysterium heraus. Obgleich die Mitarbeiter von ihrer eigenen Brillanz kollektiv überzeugt waren und dies bis heute noch sind, wurden selbst weniger komplexe technische Probleme nicht gelöst und das Projekt ist gescheitert:

„[Interviewpartner]: Von ganz oben runter bis ganz ins Detail. Wobei es meiner Meinung nach im Detail zum Teil besser funktioniert hat, mit Ausnahme von dem was ich vorhin sagte. Fuel System oder Elektrik, wo man einfach gesehen hat, da war der falsche Entwickler dran. Oder die falsche Truppe. Aber es gab auch andere, die wirklich genial gute Ideen gebracht haben. Es ist ja nicht so, dass da nur schlechte Leute waren. Im Gegenteil. Das war eine begnadete Truppe. Das muss ich schon sagen.
[Interviewer]: Das sagen ja auch alle immer wieder. Dass da wirklich eine ganz, ganz geniale Truppe zusammengekommen sei. In der amerikanischen Forschung spricht man von ‚The best and the brightest'. Also, dass es ein so gutes Team war.
[Interviewpartner]: Sehen Sie. Aber trotzdem ist es gescheitert.
[Interviewer]: Das ist das Faszinierende.
[Interviewpartner]: Jetzt sind wir wieder bei der Ambivalenz. Ich sage auch, es war eine Supertruppe. Aber im Endeffekt haben sie nur einen löchrigen Sack herausgebracht. Also war es keine gute Truppe. Es ist nix rausgekommen. Es ist wirklich ein Haufen Schrott raus

gekommen. Ich muss es einmal ganz krass sagen. Es tut mir selbst weh, das so sagen zu
müssen. Der Joey war ein löchriger Sack."
Geschäftsführer Tochtergesellschaft, Interview

Die kollektive Selbstwahrnehmung innerhalb des Unternehmens wurde also gesteuert von dem Schema: „The best and the brightest". Gezeigt werden konnte, dass diese kollektive Einschätzung den Glauben bestärkte, auch zukünftig mit den eigenen Fähigkeiten wirksam zu sein und damit weitere Erfolge zu erzielen. Dadurch, dass die Medien über diesen Bestandteil CargoLifters Identität berichteten, wurde das Motiv auch unternehmensextern reproduziert, was den Status einer Celebrity Firm bestärkte. Vor allem auf dieser Berühmtheit aufbauend war es für das Unternehmen möglich, neue Mitarbeiter anzuwerben, was die kollektive Wahrnehmung einer herausregenden Mitarbeiterschaft weiter untermauerte.

In der retrospektiven Beurteilung ehemaliger Mitarbeiter zeigte sich jedoch, dass trotz der Vorstellung von „The best and the brightest" gravierende Planungsfehler zustande kamen und technische Probleme nicht gelöst wurden. Angemerkt wurde dabei auch, dass der Glaube an das hochspezialisierte Expertentum die Überschätzung von Fähigkeiten mit initiierte, indem grundlegende technische Fragen und eigene organisationsinterne Schwächen nicht adressiert wurden.

Die folgende Abbildung 28 stellt diesen empirisch abgeleiteten Zusammenhang zusammenfassend grafisch dar.

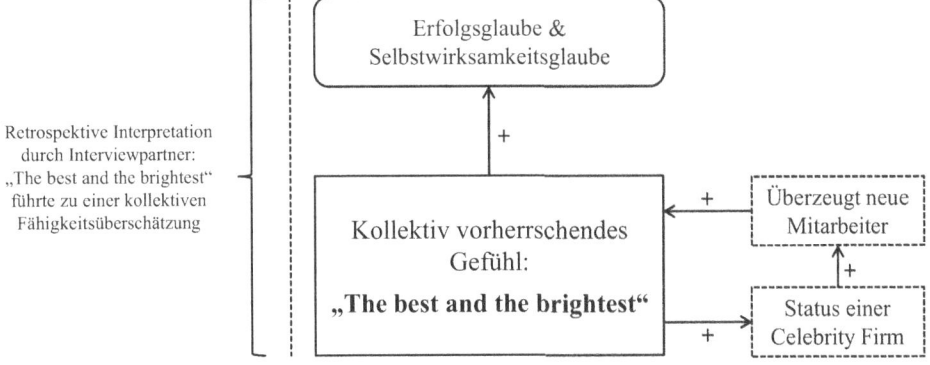

Abbildung 28: Empirisch abgeleitete Kausalität zum „The best and the brightest"-Motiv

Insgesamt konnte anhand der vergangenen Ausführungen gezeigt werden, dass innerhalb von CargoLifter nicht nur Motive der kollektiven Überschätzung von Fähigkeiten vorlagen. Vielmehr konnte dargestellt werden, dass der vorherrschende Status der Celebrity Firm direkte und indirekte Auswirkungen auf die Existenz und Emergenz dieses Hybris Bestandteils hatte.

Der Hangar als Artefakt CargoLifters Berühmtheit löste große Emotionen und einen hohen sozialen Zuspruch aus. Dadurch wurden die Fähigkeitsbasen des Hallenbaus und der Luftschiffkonstruktion illusionär gleichgesetzt. Celebrity hat hierbei also mit zu der Emergenz der Fähigkeitsüberschätzung beigetragen. Daneben konnte gezeigt werden, dass Prominenz für die Aufrechterhaltung einer Fähigkeitsüberschätzung verantwortlich sein kann. Innerhalb des Unternehmens lag während der Unternehmenshistorie die kollektive Wahrnehmung von „The best and the brightest" vor. Diese Selbstwahrnehmung führte zum Glauben in die eigenen, besonderen Fähigkeiten und den unumstößlichen Erfolg. Indem dieser Charakterbestandteil durch Medien dargestellt wurde und weiterhin neue herausragende Experten angeworben werden konnten, wurde der Glaube an die eigene Exzellenz über einen längeren Zeitraum reproduziert. Retrospektiv stellten Mitarbeiter jedoch fest, dass dieser Glaube an eine herausragende Mitarbeiterschaft jedoch auch kollektive Überschätzungen von Fähigkeiten mit initiiert haben kann.

2. Grandiose Initiativen und nonkonformes organisationales Verhalten

Der zweite Definitionsbestandteil des Organizational Hubris Frameworks beschreibt, dass ein von diesem Phänomen betroffenes Unternehmen sich durch grandiose und nonkonforme Strategien charakterisiert.

Dem Nonkonformismus kann hierbei innerhalb einer qualitativen Analyse relativ einfach nachgegangen werden, indem anhand qualitativer Indikatoren überprüft wird, ob und wie ein Unternehmen von geltenden Wettbewerbsregeln abweicht[730] oder gar gänzlich neuartige Wettbewerbsregeln für sich selbst kreiert[731].

Eine Erfassung der Grandiosität muss von mehreren Seiten betrachtet werden. Die Beurteilung einer „grandiosen Strategie" beinhaltet einen stark normativen Charakter, da nicht abschließend festgelegt werden kann, wann ein strategischer Schritt oder eine strategische Entscheidung lediglich „groß" oder doch „zu groß" war.

Innerhalb der einzig bislang vorliegenden Studie, welche der strategischen Grandiosität innerhalb einer quantitativen Untersuchung direkt nachgeht, wird diese Variable über die Anzahl und den Transaktionswert von Unternehmensakquisitionen bestimmt.

Einem Unternehmen wird eine grandiose Strategie bescheinigt, wenn es in einem gegebenen Zeitraum mehr und wertmäßig höhere Akquisitionen durchgeführt hat als seine unmittelbaren Konkurrenten[732]. Bei dieser Messung wird nicht mit einbezogen, ob diese grandiose Strategie mit oder ohne Erfolg durchgehalten wurde. Häufig wird innerhalb der Literatur nämlich argumentiert, dass insbesondere eine grandiose strategische Orientierung organisationales Scheitern hervorrufen kann[733]. Es kann daher auch die Interpretation eingenommen werden, dass eine Strategie dann als „zu" groß und daher grandios gelten kann, wenn sich diese ex-post als nicht erfolgreich herausgestellt hat.

Da in dem hier thematisierten Fallstudienunternehmen die Messung mangels durchgeführter Übernahmen nicht vorgenommen werden kann, wird die Beurteilung der Grandiosität anders erfolgen müssen. Überprüft wird zunächst, ob das Unternehmen innerhalb seines Han-

---

[730] Vgl. Porter 2003.
[731] Vgl. Kim/Mauborgne 2005.
[732] Vgl. Chatterjee/Hambrick 2007, S. 372.
[733] Vgl. Lubit 2002, S. 130 f.

delns und Entscheidens nach Superlativen strebte, was mit einer an Großartigkeit ausgerichteten Unternehmensstrategie gleichgesetzt werden soll. Sollte das Unternehmen nach Superlativen gestrebt haben, kann in einem zweiten Schritt betrachtet werden, wie diese Strategie zum Zeitpunkt des Bestehens von CargoLifter eingeschätzt wurde und wie die Strategie retrospektiv durch ehemalige Unternehmensangehörige beurteilt wird.

Auf Basis dieser Ausführungen kann nun der Frage nachgegangen werden, ob CargoLifter vor einer großen, aber lösbaren Aufgabenstellung stand oder ob diese Aufgabe mit der gewählten Strategie und dem eingeschlagenen Vorgehen nicht realisierbar, also „zu groß" und daher „zu grandios" war. Über diese Herangehensweise kann daher mit beantwortet werden, ob eine mögliche Grandiosität mitverantwortlich für das organisationale Scheitern des Fallstudienunternehmens gewesen sein kann. Die normative Frage der generellen Sinnhaftigkeit und Machbarkeit des Projektes wird sich dabei auf Aussagen aus den Experteninterviews stützen.

Auf die Dynamik mit dem Status der Celebrity Firm wird erneut in einem abschließenden Teil dieses Abschnitts eingegangen.

a.   Die grandiose und nonkonforme Aufgabenstellung des Unternehmens

„Es wurden natürlich auch immer große Maßstäbe gesetzt: Wir hatten die größte Halle, wir hatten das größte Russengelände Ostdeutschlands. Es wurde natürlich auch immer gleich mit so großen Maßstäben operiert, dass da eigentlich nur was Großes bei rauskommen konnte."

Mitarbeiter Marketingabteilung, Interview

Zweifelsohne setzte das Projekt CargoLifter große und ungewöhnliche Maßstäbe in vielen Bereichen, was anhand der größten freitragenden Halle, dem CL-75 als größtem gebauten Aerostaten sowie dem in Planung befindlichen größten jemals gebauten Luftschiff offensichtlich wird.

Das strategische Geschäftsmodell von CargoLifter sah insgesamt vor, ein vollkommen neuartiges Luftschiff bisher ungesehener Größe zu entwerfen, zu bauen und später auch in Eigenregie operativ zu betreiben. Das Unternehmen plante dabei also, die gesamte Wertschöpfungskette für dieses Fluggerät abzudecken oder genauer gesagt, diese überhaupt erst zu kreieren. CargoLifter hätte also auf Basis dieser Planungen eine neuartige Industrie geschaffen, was in Summe ein höchst neuartiges und daher nonkonformes strategisches Vorgehen offenbart.

Manche ehemalige Mitarbeiter wiesen innerhalb der Interviews schon bei der Beschreibung dieses Geschäftsmodells auf eine überaus große Aufgabe hin, welche ein leitender Angestellte gar als Mammutaufgabe umschrieb: *„But the initial concept [the CEO] had, was that he would design, he would build, and he would operate the fleet. Which is a pretty big task. Oh, it's a mammoth task"*[734]. Eng verwoben war diese radikale und große Aufgabenstellung mit einem hohen Grad der Neuigkeit und Nonkonformität. Ehemalige Mitarbeiter betonten auf die Frage nach den Merkmalen der Einzigartigkeit von CargoLifter vielfach, dass sich

---

[734] Leitender Mitarbeiter Entwicklungsbetrieb, Interview.

das Unternehmen und die Arbeit stark durch einen „Pioniergeist" ausgezeichnet hätten: *„CargoLifter. So, that's a good question. Hm. We were definitely a bunch of pioneers. No two ways about that"*[735].

Anhand der unternehmenseigenen Archivmaterialien lässt sich erkennen, dass auch während der Unternehmenshistorie das Streben nach Superlativen bewusst war und dies auch in internen Dokumenten besonders hervorgehoben wurde:

> *„Im ersten Halbjahr 2001 konnten wieder wichtige Fortschritte auf Seite der technischen Entwicklung bei CargoLifter erzielt werden. Nach dem ersten Weltrekord im letzten Jahr (wir haben die größte freitragende Halle der Welt) kamen zwei weitere hinzu, die unmittelbar der Entwicklung des Luftschiffes CL 160 dienen. Mit der Fertigstellung unseres Testträgers CL 75 AirCrane wurde der größte Ballon der Welt in dieser Halle aufgebaut. Kurz darauf wurde von CargoLifter ein dritter Rekord aufgestellt: Der CL 75 AC bestand erfolgreich einen Drucktest mit 8 inches watergauge. Die üblichen vorgeschriebenen Tests liegen bei weniger als der Hälfte des heute erreichten Druckes (Zum Vergleich: Charly, unser Trainingsluftschiff vom Typ Skyship 600 musste ‚nur' auf 3,4 inches watergauge getestet werden)."*
>
> Unterlagen Beiratssitzung, 11.09.2001: [ID: 448:2]

Auch in der Außenkommunikation wurden Superlative, Grandiosität und Gigantismus sehr gezielt eingesetzt, indem beispielsweise der Hangar als *„[d]ie Werfthalle – ein Projekt der Superlative"*[736] beschrieben wurde. Zudem wurde das eigene Projekt und Vorgehen als wesentlich grandioser und damit attraktiver als das Vorgehen etablierter deutscher Großkonzerne dargestellt:

> *„Die Attraktivität dieses außergewöhnlichen Projekts manifestiert sich im Übrigen in vielen ungewöhnlichen Erscheinungsbildern: Welches Unternehmen, das noch nicht mal drei Jahre alt ist, erlebt bei einem Tag der offenen Tür einen Besucheransturm von 10.000 Menschen? Hat man jemals bei Daimler-Benz ein Volksfest zelebriert mit Musik, Spielen und Preisen? Wer kann von einer Hauptversammlung der Deutschen Bank nach Hause gehen und sagen: ‚Das ist einmalig'? Wo kann man sonst sehen, wie aus vielen Millionen Mark wirklich etwas Gigantisches entsteht? Und welches Unternehmen dieser Größenordnung schafft es, keinem der Finanzriesen zu gehören? David gegen Goliath!"*
>
> Bergmann 2001, S. 134 f.

Neben dem Streben nach Superlativen konnte aus der Dokumentenanalyse ein weiteres Motiv zur Beschreibung der Größe von CargoLifters Vorhaben identifiziert werden. Dieses lässt sich als „Mondmotiv" umschreiben. Schon in einer Marketingkampagne hatte sich CargoLifter mit dem US-amerikanischen Mondprogramm identifiziert und auf eine ähnliche Stufe gesetzt:

> *„1961 kündigt John F. Kennedy an, dass in weniger als zehn Jahren ein Astronaut den Mond betreten wird. Eine riskante Aussage über ein riskantes Projekt. Selbst NASA-Experten bezweifeln, dass eine Mondlandung realisierbar sein wird. Die Mondlandung soll die Welt beeindrucken. Mit einer historischen Leistung erarbeitet sich die USA ihren weltweiten Führungsanspruch. Viele technische Innovationen entwickeln sich aus diesem eigentlich politischen Projekt.*

---

[735] Leitender Mitarbeiter Entwicklungsbetrieb, Interview.
[736] SIAT 2001, S. 35.

1994 startet ein deutsch-amerikanisches Team im Auftrag der Maschinen- und Anlagenbau-
industrie das Projekt CargoLifter. Das Ziel: Innerhalb von zehn Jahren soll die Serienpro-
duktion eines Transportluftschiffes für Groß- und Schwertransport beginnen. Experten be-
urteilen das Projekt als ambitioniert, aber technisch machbar und wirtschaftlich aussichts-
reich."

Printanzeige, 2001/2002: [ID: 348:2]

Nicht nur zum Zeitpunkt des tatsächlichen organisationalen Bestehens konnte dieses Motiv identifiziert werden. Viele ehemalige Mitarbeiter griffen innerhalb der Interviews auf diese Mondlandungsmetapher für die Beschreibung des Unternehmens und des gewählten strategischen Vorgehens zurück:

„Und da ist der technische Entwicklungsehrgeiz bei so einem CargoLifter unglaublich groß.
Groß, also ist wirklich vergleichbar, vielleicht jetzt ein bisschen hoch gegriffen, aber nicht
so kolossal, aber schon, schon so diese Mondlandung, weil man da noch nie da war und
Riesenteams über mehrere Jahre mit unglaublich viel Geld einen Wahnsinnsschritt ma-
chen."

Leitender Mitarbeiter Entwicklungsbetrieb, Interview

„Ja, ja, jap. Ja, wie eine Mondrakete. Ich würde das vergleichen in der Faszination mit, wie
damals das Mondprogramm von der NASA losgetreten wurde. Vielleicht nicht ganz so doll,
in einer andern Größenordnung. Aber so in der Art. Da hat irgendwie jeder so seine Visio-
nen gehabt."

Geschäftsführer Tochtergesellschaft, Interview

Insgesamt lässt sich an diesen Ausführungen erkennen, dass das Projekt CargoLifter in seiner Dimension sowohl zum Zeitpunkt des unternehmerischen Bestehens als auch in der historischen Betrachtung durch ehemalige Mitarbeiter als große und anspruchsvolle Aufgabe dargestellt wird. Besonders deutlich wird diese Grandiosität an dem Streben nach Superlativen. Die Tabelle im Anhang E.12 fasst diese Motive zusammen und enthält darüber hinaus weitere Originalzitate.

Unmittelbar darauf aufbauend stellt sich die Frage, ob diese anspruchsvolle und große Aufgabe tatsächlich mit dem von CargoLifter eingeschlagenen Weg lösbar war. Es gilt daher zu prüfen, wie das Vorgehen von CargoLifter zum Zeitpunkt des unternehmerischen Bestehens interpretiert wurde und welche Anschauungsweisen retrospektiv auf die Thematik herrschen.

b.   Prospektive und retrospektive Beurteilungen der Aufgabenstellung

Zur Unternehmensgründung im Jahr 1996 sahen die Business- und Kostenpläne 69 Millionen Euro bis zur Luftschiff-Serienproduktion sowie 150,8 Millionen Euro Gesamtprojektkosten vor[737]. Doch schon im Vergleich mit den zum Zeitpunkt des Börsengangs herausgegebenen Zahlen und internen Planungen ergaben sich signifikante Kostensteigerungen: Hier wurde bereits mit 275 Millionen Euro bis zum Erreichen der Serienproduktion[738] sowie 767

---

[737] Vgl. CargoLifter Business & Cash Flow Planung, August 1996: [ID: 551:24].
[738] Vgl. Interner Bericht, Dezember 1999: [ID: 557:9].

Millionen Euro Gesamtprojektosten[739] kalkuliert. Wenige Monate vor der Insolvenz berechneten im Januar 2002 Unternehmensinterne sowie ein externes Topmanagement-Beratungsunternehmen die Kosten bis zum Serienanlauf auf 720 Millionen bis 1,1 Milliarden Euro[740]. Auch die Gesamtprojektkosten stiegen erneut und wurden auf über 2 Milliarden Euro geschätzt[741]. Die weiter oben bereits vorgestellte Abbildung 15 verdeutlicht diese Kosteneinschätzungen und Steigerungen im Zeitablauf grafisch.

Solche Kostensteigerungen für Großprojekte sind in der Luft- und Raumfahrt durchaus an der Tagesordnung und ein dort häufig auftretendes Muster[742]. Dennoch war CargoLifter von seinem Vorgehen und im Vergleich zu etablierten Konzernen der Luft- und Raumfahrt außergewöhnlich: Das Unternehmen war mehrheitlich im Streubesitz individueller Aktionäre, so dass die institutionellen Investoren und große Unternehmen im Hintergrund standen. Zusätzlich hatte CargoLifter – von den nicht nennenswerten Marketingerlösen einmal abgesehen – kein operatives Geschäft, aus dem die notwendigen Anlaufkosten für Forschungs- und Entwicklungsleistungen hätten finanziert werden können. Da auch viele Interviewpartner davon zu berichten wussten, dass Kreditinstitute nicht bereit waren, große Kreditlinien für das Unternehmen zu gewähren, war CargoLifter in seinem Vorgehen überwiegend von Eigenkapital abhängig. Zwar wurde das Unternehmen mit über 40 Millionen Euro für den Hallenbau durch öffentliche Gelder subventioniert[743], was jedoch im direkten Vergleich mit den insgesamt notwendigen Mitteln nur als kleiner Anteil zu sehen ist.

Trotz der höchst erfolgreichen Privatplatzierungen, durch welche das Unternehmen im Verlauf der Historie zusammen mit den öffentlichen Beihilfen rund 350 Millionen Euro einwarb, hatte das Unternehmen zum Zeitpunkt der Insolvenz weniger als die Hälfte der benötigten Mittel akquiriert. Da vor der Insolvenzanmeldung dem Unternehmen – wie bereits gezeigt – weder Privataktionäre, noch große Konzerne oder die öffentliche Hand neues Kapital zur Verfügung stellten, musste CargoLifter zwecks mangelnder Liquidität Insolvenz anmelden.

Hervorzuheben ist, dass der oberste Führungskreis des Unternehmens, sprich das Top-Management, der Aufsichtsrat und das erweiterte Management, bis kurz vor der Insolvenz an der Absicht festhielten, ein Luftschiff zu konstruieren, welches in der Größe noch nie dagewesen wäre. Desgleichen muss die Annahme vorgeherrscht haben, dass die gewählte Strategie der Kapitaleinwerbung weiterhin Erfolg versprechend sein würde und sich die Projektplanungen zudem als robust genug erweisen würden. Anders ist nicht erklärbar, dass der oberste Führungskreis des Unternehmens, der von der Gründung bis zur Insolvenz fast unverändert geblieben war, nicht von seiner Sichtweise und Planungsabsichten abwich. Größer als die Risiken wurden die Chancen eingeschätzt. Insbesondere lässt sich erkennen, dass die als „groß" empfundene Aufgabenstellung des Unternehmens als realisierbar und nicht „zu

---

[739] Vgl. Interne Finanzplanung, Dezember 1999: [ID: 683:1]; Präsentationsunterlagen 3. Ordentliche Hauptversammlung, 11.03.2000: [ID: 223:2].
[740] Vgl. Abschlussbericht externes Top-Management Beratungsunternehmen, Januar 2002: [ID: 538:23]; Internes Unternehmensvideo (Hauptversammlung), 16.03.2002: [723:2].
[741] Vgl. Memo Top-Management Berater, Februar 2002: [ID: 523:6].
[742] Vgl. Flyvbjerg et al. 2009.
[743] Vgl. zur Thematik der öffentlichen Förderung bei CargoLifter: Titze 2005.

groß" interpretiert wurde, da das Projekt bis zur Insolvenz weitergeführt und nicht vorzeitig abgebrochen wurde.

Anhand dieser Ausführungen zeigt sich, dass prospektiv die Sichtweise bestand, mit der eingeschlagenen Strategie die große Aufgabenstellung des Unternehmens bewältigen zu können. In der retrospektiven Betrachtung fällt die Beurteilung durch unternehmensinterne wie auch durch externe Personen jedoch höchst unterschiedlich aus.

Kritisiert wurde beispielsweise, dass die große Aufgabenstellung für ein neu geschaffenes Unternehmen schlichtweg nicht machbar gewesen sei:

„Ein anderes Beispiel: Da ist in IT-Infrastruktur investiert worden, die also, ich weiß nicht wie viele Millionen, irgendwelche Sachen, da ist auch mit [Unternehmensname], da liefen auch Lieferverträge, aber die Details kenne ich jedenfalls nicht. Es ist es jedenfalls in Infrastrukturen investiert worden, die weit jenseits dessen liegen, was ein Start-up hätte leisten sollen, ne."

Mittleres Management, Interview

Verdeutlicht wurden diese Ausführungen meist mit einer kritischen Anmerkung in Bezug auf die vielen von CargoLifter überwiegend als GmbH betriebenen Tochtergesellschaften. Anhand dieser zeigt sich, dass ein sehr breites Spektrum an Aufgaben über die gesamte Wertschöpfungskette hinweg geplant war und durchgeführt werden musste, was für ein neu gegründetes Unternehmen mitunter eine zu große Aufgabe gewesen sein kann:

„6. Organisation der Firma
Als ich Beratungstätigkeit bei CargoLifter aufnahm, war ich zunächst überrascht, eine organisatorische Struktur vergleichbar der eines Weltkonzerns vorzufinden. Das [sic] neben der Entwicklung und dem Bau von Luftschiffen auch der Betrieb des Endproduktes in eigener Regie erfolgen muß, ist nachvollziehbar und durch die Firma Zeppelin Luftschifftechnik GmbH in Praxis demonstriert. Weiterhin war es sinnvoll, das am Standort Entstehende einer interessierten Öffentlichkeit zu präsentieren. [...] Völlig unverständlich war für mich die Installation von so vielen Tochtergesellschaften unterhalb der CargoLifter AG. Alle Teilgliederungen waren mit Geschäftsführern und kleinen Stäben ausgestattet. [...]"
Memo Vorstand in der Insolvenz, 28.03.2003: [ID: 314:31]

Andere Stimmen zeigten direkt auf, dass die Art des gewählten Vorgehens und die Aufgabenstellung allgemein „zu groß" und demnach von dem Unternehmen nicht hätte bewältigt werden können:

„[Interviewpartner]: Ja, genau. Und sie [das oberste Management] haben niemals ein Großprojekt an wesentlicher Stelle mitgestaltet. Ja. Also, ich sage einmal, so eine [Industrieunternehmen]-Mannschaft wäre an das Thema anders herangegangen. Ja. Nicht. Also das sind doch schon fundamentale Fehleinschätzungen. Dass dieser Enthusiasmus und auch dieses Engagement dann dazu geführt hat, dass man auf dem Börsenparkett 700 Millionen DM eingesammelt hat...
[Interviewer]: Was ja ein Riesenerfolg war?
[Interviewpartner]: Also, es ist nun einmal ein fantastischer Erfolg.
[Interviewer]: Das muss man erst einmal schaffen, genau.
[Interviewpartner]: Nur muss man eben sagen, das hat auch riesige Kosten. Allein diese Roadshows usw. haben ja Millionen verschlungen. Und dann hatte man sich einen Stil angewöhnt, als kleine mickrige Firma musste man bei [dem Vorstandsvorsitzenden der Deutschen Bahn] auf der gleichen Etage im Nachbargebäude sitzen, mit Designermöbeln und

alles. Es war alles im Grunde genommen zwei Nummern zu groß. Bedenken Sie, dass das eigentlich geborgtes Geld war."

Externer Berater, Interview

„Ja, auch. Klar. Ja, weil selbst der schlauste Ingenieur, jetzt, könnte wahrscheinlich dieses Projekt von vorne bis hinten objektiv, nicht richtig beurteilen. Es müsste immer irgendwo in skalierbaren Schritten passieren, dass man aus dem einen Projektstand dann lernt, wie man den nächsten Projektschritt irgendwie machen kann. Und wir wollten: ‚too fast, too big' das Projekt aufsetzen."

Geschäftsführer Tochtergesellschaft, Interview

Vielfach richtete sich die Hauptkritik gegen den eingeschlagenen Weg von CargoLifter, die Aktiengesellschaft vollständig auf einer schrittweise durchgeführten Privatplatzierung aufzubauen. Infrage gestellt wurde hierbei, ob das Vorhaben von CargoLifter generell mit einer privaten Kapitaleinwerbung und ohne die überwiegende Finanzierung durch Staat oder Großkonzerne überhaupt zu machen gewesen sei. Bereits während der Insolvenz wurde durch den neu ernannten Vorstandsvorsitzenden auf diese Thematik verwiesen:

„Der Schritt von null zum operablen, betriebskostenmäßig auch zu konkurrenzfähigen Transportmitteln, ist für ein Unternehmen der Größe und Kompetenz von CargoLifter alt zu groß. Das ist ein Fakt. Aber weiter. Die industrielle Realisation eines derart innovativen Vorhabens allein mit privaten Mitteln ist unmöglich. Und ich weiß, wovon ich rede. Ich bin 35 Jahre lang vom Anbeginn an im Airbus Programm tätig gewesen. Und ich sage Ihnen, es hat 20 Jahre gebraucht, bis im Grunde genommen das Airbus Programm zu einem wirklich industriell geführten und managable Programm geworden ist. Bis dahin war Staatsförderung unerlässlich. Und kucken wir nach Amerika. Die großen Erfolge, Boeing 747, sind mit voll finanzierten militärischen Programmen angeschossen worden. Ohne diese Hilfe, Innovationen zu unterstützen, sind solche Vorhaben nicht zu realisieren. Es ist auch ein großer Erfolg von CargoLifter alt, überhaupt einen so großen Eigenentwicklungskosten oder äh... Geldanteil überhaupt eingeworben zu haben. Das wollen wir in dieser Gelegenheit nicht vergessen. Aber allein mit privaten Mitteln sind solche Vorhaben nicht realisierbar."

Vorstand in der Insolvenz, Internes Unternehmensvideo (Technical Hearing), 11.07.2002:
[ID: 760:1]

Auch unternehmensinterne Interviewpartner verwiesen auf diese Problematik der überwiegend auf privatem Kapital angelegten Finanzierungsstruktur:

„Ähm.. gut, also ich glaube das letztendlich das Geld schon die Ursache [für das Scheitern] war. Weil meine persönliche Erklärung eigentlich war, oder Quintessenz war, dass so ein Projekt als einzelnes Unternehmen nicht durchführbar ist. Sondern sozusagen von einer Airbus oder unter Regierungsführung, weil das politisch gewollt ist. Aus einem Firmenkonsortium heraus getrieben werden müsste. Und dann nicht als Aktienmarkt notiertes Unternehmen. Weil als Aktienmarktunternehmen das einfach eine Nummer zu groß ist. Wir haben ja den Rückenwind der Dotcom quasi nutzen können, um so weit zu kommen, wie wir gekommen sind. Aber ich glaube das war eher ein Zufallsprofit, ein Projekt von dieser Dimension, auch mit dem Ansatz in Tranchen das Kapital anzuwerben. Da habe ich mir nachher gesagt, das ist von vornherein zum Scheitern verurteilt. Wenn jetzt jemand kommen würde und will das Betriebssystem der Zukunft entwickeln. Und Windows ablösen. Und dann sagen, o.k., die Betaversion finanziere ich. Und dann werbe ich das Geld für den Usertest ein. Und dann werbe ich das Geld für die Marketingkampagne ein. Dann funktioniert das auch nicht. Es muss irgendwie aus einem existieren Unternehmen heraus gestemmt werden. Was

sagt: 2% meines Umsatzes investiere ich in ein innovatives Projekt. Was so noch nie da gewesen ist, was auch keiner so richtig versteht. Aber wir glauben daran als Management und wir sehen das als Investition in die Zukunft an. Und in eine ganz neue Sparte. "

Vorstandsnaher Mitarbeiter, Interview

Anhand des vergangenen Abschnitts hat sich nun also gezeigt, dass die Aufgabe von CargoLifter während des Unternehmensbestands zwar als anspruchsvoll und groß wahrgenommen, jedoch als zu bewältigende Aufgabe ausgelegt wurde. Innerhalb der retrospektiven Beurteilung merkten viele Mitarbeiter an, dass die gewählte Strategie für ein neu gegründetes und überwiegend privat finanziertes Unternehmen „zu groß" und daher nicht zu schaffen gewesen sei. Da das Unternehmen jedoch nicht von seiner Strategie abwich, zeigt sich daher durchaus auch, dass das Unternehmen in einer strategischen Rigidität verharrt haben könnte – einem Aspekt, welcher in einem späteren Verlauf der Analyse noch gezielt nachgegangen werden soll.

Innerhalb des Unternehmens herrschten zweifelsfrei ein grandioser Anspruch und ein nonkonformes Handeln vor. So kann es jetzt von Nutzen sein, einer möglichen Dynamik zu dem Status der Celebrity Firm nachzugehen.

c.   Dynamik mit dem Status der Celebrity Firm

CargoLifter traf bereits zu seiner Gründung im Jahr 1996 die strategische Entscheidung, das weltweit größte Luftschiff zu entwickeln, zu konstruieren und später zu betreiben. Hierdurch zeigt sich, dass Grandiosität und Nonkonformität schon von Anbeginn der Unternehmenshistorie vorlagen. Der Bestandteil der Grandiosität und Nonkonformität kann dementsprechend nicht durch den Status der Celebrity Firm ausgelöst worden sein.

Innerhalb der weiter oben durchgeführten Analyse zum Status organisationaler Berühmtheit konnte jedoch gezeigt werden, dass die Presse innerhalb ihrer Berichterstattung gezielt Charaktereigenschaften und die strategische Orientierung des Unternehmens aufgriff. Neben der Darstellung von CargoLifters ungewöhnlicher und radikaler Strategie[744] wurde auch die Grandiosität in den Artikeln gezielt hervorgehoben: Anhand der Berichterstattung des Jahres 1997 konnte exemplarisch gezeigt werden, dass Medien sich eines inhaltlichen Elements der „Gigantomanie & Superlative" bedienten[745]. Durch diese inhaltliche Darstellung verwiesen Zeitungen auf die großartigen Ansprüche und das grandiose Vorgehen von CargoLifter. Erstaunlicherweise wurde innerhalb der Berichterstattung dieses Element häufig durch übersteigende Sprachelemente oder Wortspiele weiter dramatisiert und regelrecht überwältigend dargestellt.

Nicht nur dem Unternehmen, sondern auch den Medien war daher das grandiose Vorgehen bewusst. Es kann dabei vermutet werden, dass durch diese herausgestellte Eigenschaft Medienvertreter ursprünglich überhaupt erst auf das Unternehmen aufmerksam geworden waren und ihre Recherche aufnahmen. Medienvertreter werden sich des Motivs der Grandiosi-

---

[744] Vgl. Kapitel E.III.2.a.ii.
[745] Vgl. Kapitel E.III.1.c.

tät und Nonkonformität dann innerhalb ihrer Suche nach Neuartigem bedient haben, um eine ansprechende und informative Berichterstattung zu erzeugen.

Indem also die Presse durch das unkonventionelle Verhalten und Vorgehen von CargoLifter überhaupt erst auf das Unternehmen aufmerksam wurde und dann in ihrer späteren Berichterstattung über diese besonderen Eigenschaften berichtete, legten Grandiosität und Nonkonformität überhaupt erst den Ursprung für die Emergenz des Celebrity-Status. An dieser Stelle zeigt sich sehr deutlich, dass Organizational Hubris auch Auswirkungen auf die Emergenz des Celebrity-Status haben kann, was für das Verständnis einer gegenseitigen Dynamik sehr aufschlussreich ist.

3.   Geteilte Gefühle der Unverwundbarkeit und Unsterblichkeit

Als drittes Motiv des Organizational Hubris Referenzrahmens gilt es zu prüfen, ob innerhalb von CargoLifter Motive der Unverwundbarkeit und Unsterblichkeit vorlagen oder hervortraten.

Innerhalb der Datenanalyse konnten zumindest drei derartige Motive herausgearbeitet werden: eine technologische, reputationsmäßige sowie finanzielle Vorstellung der organisationalen Unverwundbarkeit. Nach der Vorstellung dieser Motive, werden die einzelnen Aspekte unmittelbar auf eine mögliche Dynamik mit dem Status der organisationalen Berühmtheit hin überprüft.

a.   Technologische Unverwundbarkeit

Ein Motiv der technischen Unverwundbarkeit herrschte innerhalb des Unternehmens in Bezug auf die technische Qualifikation des Hüllenmaterials vor. Das CL-160-Luftschiff war in seinen letzten Planungsentwürfen mit lediglich einer einzigen Traggaszelle konzipiert, sodass die Luftschiffhülle direkt mit Helium gefüllt worden wäre. Auf ähnliche Weise wurde auch der CL-75 konstruiert, in dem das Traggas direkt innerhalb der Ballonhülle integriert war.

Sowohl unternehmensintern als auch per Kommunikation an die Presse zeigte man sich hierbei überzeugt, dass das Hüllenmaterial durch Fremdeinwirkung zwar reißen könne, dies aber nicht zu einem abrupten Entweichen des Gases und damit einer Havarie des Luftschiffs führen würde. Besonders deutlich wird diese Einschätzung an einem innerhalb der Datenanalyse mehrfach aufgefundenem „Cessna-Motiv". Dokumente und Mitarbeiter verwiesen hierbei darauf, dass das Luftschiff gar den Aufprall eines Kleinflugzeuges überstehen würde:

„,Sicherheitsprobleme seien nicht zu befürchten, sagt [PR Mitarbeiter]. Am Simulator ist es nicht gelungen, den CargoLifter abstürzen zu lassen.' Selbst eine Cessna könnte durch das Luftschiff hindurch fliegen. ,Ehe das Helium entweicht, haben Sie genügend Zeit zum Landen.'"

Berliner Zeitung, 20.04.2000: [PA: 144:5]

„Nur für den internen Gebrauch, streng vertraulich.
3.2 Konstruktion:
Wodurch kann ein Loch in der Hülle bewirkt werden und mit welchen Folgen ist in einem
solchen Fall zu rechnen?
Ein Loch in der Hülle kann entweder durch Fremdeinwirkung (Zusammenstoß mit einem
Flugzeug, Geschoß etc.) oder durch einen Materialfehler bedingt sein. Materialfehler kön-
nen jedoch aufgrund des hohen luftfahrttechnischen Sicherheitsstandards weitestgehend
ausgeschlossen werden. Die Folgen einer Gasverlust bewirkenden Beschädigung der Au-
ßenhülle sind abhängig von dem Ort, an dem die Beschädigung auftritt und natürlich von
der Größe der Beschädigung: Eine Beschädigung an der Oberseite des Schiffes führt zu
einem stärkeren Gasaustritt als eine Beschädigung im unteren Bereich. Allerdings würde
selbst ein Loch von mehreren Quadratmetern das Luftschiff nicht zum sofortigen Absturz
bringen. Die Reißfestigkeit der Hülle hat sich durch die Weiterentwicklung der Hüllenmate-
rialien in den letzten Jahren stetig verbessert. Nichtsdestotrotz liegt ein besonderer Augen-
merk bei der Auswahl des Hüllenmaterials auf diesem Aspekt. "
Internes Dokument zum Umgang mit externen Fragen, 24.03.2000: [ID: 531:20]

Spätestens nachdem aber der CL-75-Ballon während eines Sturms in der Insolvenzphase im
Juli 2002 havarierte, wurde Mitarbeitern diese fehlerhafte Einschätzung bewusst, sodass
sich die organisationsinterne Sichtweise wandelte. Ausgelöst war der Ballonabsturz nämlich
durch ein Versagen des Hüllenmaterials. Die Windgeschwindigkeit des Sturms überstieg die
Auslegungskriterien der Hülle, sodass sie riss und das Traggas entgegen vorheriger Annahmen doch schlagartig entwich:

„Unwetter zerstört Hülle des CL 75 AirCrane:
Durch das schwere Unwetter über der Region Berlin-Brandenburg am Abend des 10. Juli
wurde die Hülle des Prototypen des CL 75 AirCrane zerstört. [...] Im Verlauf der über
Brandenburg hinwegziehenden Gewitterfront mit Windgeschwindigkeiten bis zu 156 Stun-
denkilometern wurde die Hülle des Prototypen des Transport-Ballons CL 75 AirCrane zer-
stört. [...] Seit März 2002 war der Prototyp des Transport-Ballons in einem Dauer-Feld-
versuch auf dem Werftgelände verankert und hatte bereits Windgeschwindigkeiten von mehr
als 100 Stundenkilometern ohne Beschädigung überstanden. Die Wettervorhersagen für den
Abend des 10. Juli 2002 lagen innerhalb der berechneten Belastungsparameter. Aus diesem
Grund wurde entschieden, den CL 75 AirCrane nicht in den Hangar zu ziehen. [...] Nach
einer ersten Analyse der Messdaten ist klar, dass die gestrigen Wetterbedingungen die Aus-
legungskriterien überschritten haben. [...]"
PR-Mitteilung, 11.07.2002: [ID: 496:16]

Auch ein ehemaliger Mitarbeiter nahm innerhalb eines Interviews Bezug zu dem „Cessna-
Motiv". Hierin zeigte er auf, dass unternehmensintern lange eine falsche Vorstellung hin-
sichtlich der Unfehlbarkeit des Hüllenmaterials bestanden hatte, welche ihm erst nach dem
Absturz des CL-75 bewusst wurde:

„[Interviewpartner]: Das ist ja kein [Ballon] wie von einem Kindergeburtstag oder so. Al-
so, vielleicht gibt es das auch gar nicht mehr. Also, jedenfalls war zu sehen, wie sich da
plötzlich irgendwie so zwusch, zack, bumm, weg war er. Wenn ich mir meine eigenen Sprü-
che vorstelle, ich habe einmal an irgendwelchen... [...] Ich habe an solchen Aktionärstagen
teilgenommen, wo wir dann rumgereist sind. Bremen, Hamburg und so weiter. Wo wir an
verschiedenen Orten waren. Und habe da so ein bisschen Rede und Antwort von der Marke-
ting- und Operationsseite gegeben. Von der Strategieseite her. Und... Ja richtig. Da kam
dann eben auch das Thema Empfindlichkeit des Materials. Also, wie sicher ist das System

usw. Da waren natürlich auch Leute drin, die etwas vom Luftverkehr verstanden. Also, im Bereich Aviation, im Sichtflugbereich, etwas schlechteres Wetter, eine Wolke dazwischen oder sonst irgendwie etwas. Der Pilot pennt und dann knallt der da herein mit seiner Cessna. Was passiert denn da? ,Joah' habe ich dann auch gesagt, wie andere auch: ,Da ist ein Loch drin, wir suchen den, laden den zum Kaffee ein, flicken den zusammen oder sonst etwas und suchen uns einen Landeplatz.' Nach dem [CL-75] wusste ich: Nee, zack, bum. Maschine hereingeflogen, rumms fällt das Ding herunter. 400 t Lebendgewicht knallen unten irgendwo auf. Egal was da ist. Kindergarten, Feld, sonst irgendwie etwas. Auf jeden Fall: Schlagzeile. Und das war natürlich auch technologische Naivität. Geglaubt, o.k., das Ding ist unverletzbar. Da gab es dann so Sprüche: Ja, in den USA, da gibt es keinen Ballon, ohne Löcher. Weil die Idioten darauf schließen. [Lacht] Ja, gut. Und irgendwann sagte mir, ich glaube das war der [Name A] oder jedenfalls irgendeiner der Techniker, das war so in der [Name B]-Zeit, der sagte mir dann irgendwann: ,Sagen wir einmal in Lineallänge. Also Schullineallänge. Wenn der Riss größer ist, dann kannst du die nicht mehr aufhalten.'
[Interviewer]: Weil der Druckunterschied dann zu groß ist?
[Interviewpartner]: Nee, nee. Der Druckunterschied ist nicht das Problem. Also, was mich immer davon überzeugt hat, dass die Cessna da ruhig hereinfliegen kann, ist, dass der Druckunterschied so groß ist wie hier zwischen uns und da oben in der vierten Etage. Das merkt man ja gar nicht. Aber... das ist die sogenannte potentielle Energie, die da drin steckt. Die 400.000 m³ Helium, die wollen an dem einen kleinen Loch heraus."

Mittleres Management, Interview

Anhand dieses „Cessna-Motivs" und der damit verbundenen Annahme der Unfehlbarkeit des Hüllenmaterials lässt sich also erkennen, dass innerhalb des Unternehmens ein technischer Unverwundbarkeitsglaube geteilt wurde. Innerhalb der Datenanalyse konnte jedoch nicht geklärt werden, woher dieser technische Fehlglauben rührte.

Bei zwei weiteren vorherrschenden Motiven konnte hingegen die Emergenz rekonstruiert werden. Diese werden in den kommenden Abschnitten vorgestellt.

b.   Unverwundbarkeit der Reputation

In der zweiten Hälfte der 1990er-Jahre war CargoLifter nicht das einzige deutschstämmige Unternehmen, welches die Renaissance der Luftschifffahrt einleitete. Schon zu Beginn der 1990er-Jahre entschied der Friedrichshafener Zeppelin-Konzern ein Luftschiff neuer Technologie zu konstruieren, das sogenannte „Zeppelin NT". Zwar unterschied sich dieses Luftschiff in Größe, Bauart und Einsatzzweck fundamental von dem geplanten CL-160 Cargo-Lifter. Das lediglich 75 m lange und halb-starre Luftschiff wurde speziell für Aussichts- und Touristikflüge konzipiert. Dennoch erhielt auch dieses kleinere Projekt eine beachtliche Medienpräsenz, sodass potenzielle und aktuelle Investoren und Mitarbeiter von CargoLifter meist auch über das Projekt des Zeppelin-Konzerns informiert waren.

Auch dieses Projekt litt in seiner Anfangsphase unter technologischen Entwicklungsschwierigkeiten, sodass sich deutliche Kostensteigerungen ergaben[746]. Durch eine hohe öffentliche Beachtung setzte Kritik aus den Medien ein[747]. Insbesondere eine Beinahehavarie über dem Bodensee und der daraus folgenden Notlandung, welche sich während eines Testflugs im

---

[746] Vgl. Frankfurter Rundschau, 30.05.1998: [PA: 1181].
[747] Vgl. Neue Zürcher Zeitung, 02.04.1998: [PA: 663:1].

Herbst 1997 ereignete, wurde durch das Magazin Der Spiegel öffentlich analysiert und kritisiert[748].

Innerhalb von CargoLifter blieben diese technischen Probleme des Zeppelin-Konzerns und die Beinahehavarie durchaus nicht unbemerkt. Direkt nach Erscheinen des Spiegel-Artikels schien sich unter potenziellen und aktuellen Aktionären Unsicherheit breit zu machen, ob auch CargoLifter von derartigen Problemen betroffen sein könnte, was zu einer verminderten Investitionsbereitschaft führte:

„Wegen des Spiegel-Artikels habe ich schon 3 Anrufe erhalten. Nach diesem Text darf man ja von know how der Friedrichshafener nicht mehr reden! Wenn ich dagegen die hervorragende Arbeit sehe, die in der Sendung ‚Sonde' des Südwest 3 gezeigt wurde! Man sollte das Video dort mit Rabatt bestellen und an wichtige Investoren aushändigen. [...]
[Deutsche Großbank], Frankfurt, die gerade erst einen speziellen Venture Fonds gegründet haben. Ich habe seit 4 Monaten mit der [Abteilungsname] gesprochen und mich langsam vorgetastet. Obwohl zwei [Name der Bank]-Teilnehmer in Leipzig dabei waren und sich ausgesprochen positiv geäußert hatten, hat heute der Direktor abgesagt. Die Begründung war ein einziges Hin und Her, umgangssprachlich auch Herum-eiern genannt. Ob Spiegel-Artikel oder Arbeitsplätze in Brandenburg anstatt in Hessen, auf keines konnte ich [Name] festnageln. Nachfragen wegen des Spiegel-Artikels kamen auch von anderen. Konnte beruhigen. Vorschlag: Luftschifftechnik-Mehrheit übernehmen, solchen Unsinn verhindern."
Interne Fax-Kommunikation auf hoher Managementebene, 15.05.1998: [ID: 493:10]

Interessanterweise zeigt die Textstelle auf, dass Unternehmensmitglieder von CargoLifter durch den medialen Erfolg ihr eigenes Unternehmen mit wesentlich besseren Fähigkeiten bewerteten als die des Zeppelin-Konzerns. Dies ist insofern erstaunlich, da CargoLifter zu diesem Zeitpunkt vom Erstflug des Testluftschiffs Joey noch weit entfernt war und Zeppelin zumindest ein fliegendes Luftschiff konstruiert hatte und damit organisationale Fähigkeiten des Luftschiffbaus bereits zum Einsatz gekommen waren.

Daneben zeigt sich anhand dieser Textstelle das zweite Motiv der Unverwundbarkeit. Die offensichtlichen Parallelen des eigenen Projekts zu dem Projekt von Zeppelin wurden CargoLifter-intern nicht entdeckt. Auch das Luftschiffprojekt des Zeppelin-Konzerns hatte nämlich in seiner Anfangsphase einen hohen medialen und öffentlichen Zuspruch erhalten. Nachdem dort aber technische Probleme und Zeitverzögerungen aufgetreten waren, wurde durch Medien Kritik an dem Unternehmen geäußert.

Innerhalb von CargoLifter wurde zu diesem Zeitpunkt offensichtlich ignoriert, dass auch ihr eigenes und zu diesem Zeitpunkt vorteilhaft in den Medien diskutiertes Projekt bei auftauchenden Problemen öffentliche Kritik wiederfahren könnte. CargoLifter übersah zu dem Zeitpunkt gar, dass auch sie dem allgemeinen Risiko der Luftfahrtentwicklung – im Sinne von technologischen Problemen und daraus resultierenden Zeit- und Kostenüberschreitungen – unterliegen könnten.

Wie in einem folgenden Abschnitt noch detailliert zu zeigen sein wird, handelte es sich bei den Kritikern am Projekt des Zeppelin-Konzerns erstaunlicherweise um die gleichen Jour-

---

[748] Vgl. Der Spiegel, 11.05.1998: [PA: 1383].

nalisten, die nur ein Jahr später CargoLifter analysieren und kritisieren sollten[749]. Vor allem sollte der gleiche Redakteur des Magazins Der Spiegel in den Folgejahren mehrfach in größeren Artikeln den Problemen von CargoLifter öffentlich auf den Grund gehen[750].

Der mit dem Celebrity-Status einhergehende positive Medienzuspruch kann folglich nicht nur darin münden, dass eigene Fähigkeiten überbewertet werden. Durch medialen Zuspruch kann sogar der kollektive Glaube entstehen, auch zukünftig positiv in der Presse besprochen zu werden. Innerhalb von CargoLifter entstand dabei ein regelrechter Unverwundbarkeitsglaube gegenüber öffentlicher Kritik und Reputationsbeschädigung.

c.   Finanzielle Unverwundbarkeit

Neben dieser vermeintlichen technologischen und reputationsmäßigen Unverwundbarkeit konnte aus dem Datenmaterial ein weiteres Motiv in Form der kollektiv gefühlten finanziellen Unsterblichkeit herausgearbeitet werden. CargoLifter war davon überzeugt, dass bisherige Kapitaleinwerbungserfolge auch zukünftig fortgesetzt werden könnten oder das Projekt alternativ durch den Staat oder die Industrie unterstützt werden würde. Ein finanzielles Scheitern im Sinne einer Insolvenz oder Illiquidität wurde zwar in den Risiken der Jahresabschlussberichte erwähnt. Jedoch wurde durch den Glauben an die eigene Einzigartigkeit und durch den wahrgenommenen Erfolg gemeinschaftlich eine davon abweichende Überzeugung geteilt:

„Und es war auch so die Idee, dass man gedacht hat, das ist so innovativ dieses Projekt, damit überzeugen wir auch die Politik. Und hm, da wird man nicht pleitegehen, das wird man nicht pleite gehen lassen, ja. Da wird man Durststrecken haben und äh, aber dass da nachher der [Wirtschaftsminister] doch so den ganz klaren Willen hatte, uns pleitegehen zu lassen. Das war schon irgendwie etwas erstaunlich. "

Geschäftsführer Tochtergesellschaft, Interview

Schon in der Anfangszeit nach den ersten erfolgreichen Privatplatzierungen ließ sich erkennen, dass die finanziellen Errungenschaften für selbstverständlich gehalten wurden: *„Sprecher: Die CargoLifter AG hat sich zu einem Liebling der Finanzwelt entwickelt. Geld ist jetzt kein Problem mehr"*[751]. Selbst die Warnung durch eine Top-Managementberatung führte zu keiner Änderung des eingeschlagenen Vorgehens der Kapitaleinwerbung. So wurde durch diese nämlich schon im Jahr 1999 angemerkt: *„CL AG ist kurz- bis mittelfristig nicht selbstfinanzierungsfähig"*[752].

Der im Jahr 2000 durchgeführte Börsengang verfehlte durch ein sich eingetrübtes Börsenumfeld zwar die Erwartungen des Managements. Doch die nur wenige Monate später erfolgende Aufnahme in den MDAX schien dann schwerer zu wiegen, sodass das Unternehmen diese Aufnahme als finanziellen Erfolg einstufte, obgleich diese rein auf dem Handelsvolumen der Aktie und nicht auf Gewinn- oder Umsatzzahlen des Unternehmens beruhte:

---

[749] Vgl. Telepolis, 02.06.1999: [PA: 114].
[750] Vgl. Der Spiegel, 23.08.1999: [PA: 487], 31.07.2000: [PA: 218], 29.12.2001: [PA: 652].
[751] PR-Unternehmensvideo, Juli 1998: [ID: 5:25].
[752] Präsentation externes Top-Management Beratungsunternehmen, 05.07.1999: [ID: 479:19].

„Im Finanzbereich hat CargoLifter wichtige Ziele erreicht: Dies findet seinen Ausdruck in der MDAX-Aufnahme vom 18. Dezember 2000, womit CargoLifter nach nur sechs Monaten Börsenzugehörigkeit zu den 100 größten Börsenwerten in Deutschland gehört."

Jahresabschluss mit Lagebericht, 31.08.2000: [ID: 43:15]

Selbst als sich im Jahr 2001 die generellen Finanzierungsoptionen für das Unternehmen weiter verschlechterten, ging das oberste Management nach wie vor davon aus, die Geschäftstätigkeit unter Rückgriff auf erneute Kapitaleinlagen kleiner Privatinvestoren aufrecht zu erhalten und dementsprechend vor einem finanziellen Scheitern geschützt zu sein:

„[Name]: Szenario: Was machen wir, wenn wir Gefahr laufen, daß die Puste ausgeht? Letzte Maßnahme: 65000 Aktionäre haben genügend Power um den Rest zu finanzieren (inkl. Bezugsrechtsvereinbarung)."

Protokoll Top-Management Meeting, 17.08.2001: [ID: 676:19]

Zur Jahreswende 2001/2002 verstärkte das Unternehmen zusätzlich seine Bemühungen, weitere öffentliche Förderungen oder Bürgschaften zu erhalten. Hierbei wurde fest davon ausgegangen, dass die öffentliche Hand dem Unternehmen aufgrund der Innovativität des Projektes finanziell beistehen würde. Interne Unterlagen und Interviewaussagen wichtiger Mitarbeiter zeigten zwar, dass das Brandenburgische Wirtschaftsministerium in vertraulichen Gesprächen dem Unternehmen positive Signale zukommen ließ. Das Unternehmen überbewertete zu diesem Zeitpunkt jedoch seine Chancen, indem die Aussagen des Wirtschaftsministeriums als aufrichtig und abgesichert interpretiert wurden. Die Möglichkeit eines politischen Taktierens oder gezielten Hinhaltens der politischen Entscheidungsverantwortlichen wurden jedoch gar nicht erst in Erwägung gezogen.

„[Interviewpartner]: Ich meine, dass unser damals zuständiger Wirtschaftsminister, der die Finanzierung, die er unter vier Augen oder sechs Augen zugesagt hatte, wenn wir in der Lage sind einen Investor zur weiteren Beteiligung zu bringen, was dann auch passiert ist. Unter Einbeziehung der Landesbürgschaft weitere Mittel einbringt. Da haben wir dann einfach drauf vertraut. Das war dann nur leider ziemlich spät.
[Interviewer]: Das war im Mai 2002?
[Interviewpartner]: Ja, das war Ostern oder Pfingsten. Ich weiß es nicht mehr genau. [Die Vorstände] sind nach London und haben sich da die Zusage geholt. Und dann wollte er danach plötzlich davon nichts mehr wissen."

Mittleres Management, Interview

Die Relevanz, Tragweite und Wichtigkeit des Projektes wurden also insgesamt und bis zum Eintritt der Insolvenz überbewertet, was sich anhand der festen Überzeugung manifestierte, weitere öffentliche Fördermittel zu erhalten. Bestärkt durch einen Glauben an die eigene Einzigartigkeit und die anfänglichen finanziellen Erfolge erwuchs im Unternehmen daher das Motiv einer finanziellen Unverwundbarkeit, welche sich gar als Unsterblichkeitsmotiv interpretieren lässt.

Innerhalb der Datenanalyse konnte darüber hinaus herausgefunden werden, dass dieses Unverwundbarkeitsmotiv durch den vorliegenden Status organisationaler Berühmtheit über den Zeitverlauf aufrechterhalten wurde.

Von Beginn des Projektes an arbeitete CargoLifter mit renommierten Unternehmen der Luft- und Raumfahrt sowie der Logistikbranche zusammen. Der im Laufe der Zeit entstehende Status der Celebrity Firm und die damit verbundene große Öffentlichkeitswirksamkeit führte parallel dazu, dass viele der hochrangigsten Politiker, wie der Bundeskanzler, zwei Bundespräsidenten sowie weitere Bundesminister und Landespolitiker bei CargoLifter zu einem öffentlichkeitswirksamen Besuch erschienen. In der organisationsinternen Wahrnehmung entwickelte sich darauf aufbauend das Selbstverständnis, auf Augenhöhe mit Politik und Großindustrie zu operieren. Dieses Muster lässt sich beispielsweise in originären Dokumenten erkennen:

„Unser Projekt genießt auch weiterhin große Aufmerksamkeit und politische Unterstützung. Dies wurde sowohl von Bundeskanzler Gerhard Schröder bei seinem Besuch in Brand am 1. September 2000 als auch durch den brandenburgischen Ministerpräsidenten Dr. Manfred Stolpe anläßlich der feierlichen Einweihung der Werfthalle deutlich gemacht."
1. Quartalsbericht Geschäftsjahr 2000/2001, Januar 2001: [ID: 236:3]

„Die CargoLifter AG ist auf dem Weg, ein ‚Global Player' im Bereich der weltweiten Logistik und der internationalen Luft- und Raumfahrt zu werden."
Geschäftsbericht 2000/2001, 19.11.2001: [ID: 228:4]

Auch innerhalb der Experteninterviews wurde gezielt auf diese spezifische Ausprägung des kollektiv herrschenden Selbstverständnisses verwiesen:

„Da sagt jeder... wissen Sie, auch dieses Prinzip... es war damals das Selbstverständnis von CargoLifter auf Augenhöhe zu sein. Mit der Bundesregierung, mit der Landesregierung, mit den Großkonzernen. EADS, Boeing, Rolls Royce, GE, ABB, Siemens, mit denen man alle gesprochen hat: Wir sind ja euer Level."
Mittleres Management, Interview

Ein anderer ehemaliger Mitarbeiter zeigte darüber hinaus auf, dass durch dieses Selbstverständnis zusätzlich eine kollektive Überbewertung eigener Fähigkeiten entstand. Es wurde mit renommierten Großunternehmen kooperiert, sodass organisationsintern davon ausgegangen wurde, genauso leistungsfähig wie diese zu sein. Im Rückblick war leichter zu erkennen, dass die eigenen Fähigkeiten noch nicht derart stark ausgeprägt waren:

„Bei den anderen drei Gesellschaften, also die Technik ja, aber es war so nach dem Motto: ‚Der Traum die Begeisterung'. Schon mit welchen Partnern man zusammen gearbeitet hat, also sehr prestigeorientiert. Wenn sie mit Linde arbeiten, mit General Electric, mit Full Aerospace. Das sind Namen in der ganzen Luft- und Raumfahrtwelt, mit denen man sich nie zugetraut hätte überhaupt darüber nachzudenken. Und das hat der [Vorstandsvorsitzende] möglich gemacht, dass das alles was geworden ist. Aber diese Unternehmen waren ganz anders fokussiert als wir. Und wir haben einfach gedacht: ‚Ja wir sind genauso gut wie diese tollen Unternehmen' Und das war nicht der Fall, wir sind einfach ein Start-up gewesen."
Mittleres Management, Interview

Ein weiterer Mitarbeiter unterstrich ebenfalls diese Überbewertung der eigenen Chancen und Fähigkeiten. Insbesondere zeigte dieser aber auf, dass durch die Prominenz und Berühmtheit des Projektes der Glaube an die eigene Wichtigkeit kollektiv aufrechterhalten wurde:

„[Interviewpartner]: Im erweiterten Managementteam war ich, ja, richtig. Aber ich habe am Ende des Tages natürlich überhaupt nicht die Hosen angehabt. Weil zum Glück. Aber trotz und alledem hat es eben der Vorstand eben nicht verstanden, zur rechten Zeit die richtigen... doch die richtigen Hebel irgendwo umzulegen. Vielleicht einen großen Investor mit in das Boot zu holen. Von EADS. Oder eine Boeing. Oder eine Lockheed Martin. Etc. PP. Ja, also da war man auch zu lange zu stolz. Zu eingenommen von sich selbst. Too full of themselves, sozusagen. Und haben gedacht, das können wir alles machen. Mit 500 Leuten. [Telefon klingelt im Hintergrund] Sorry, das echte Leben.
[Interviewer]: Genau, Sie waren so ein bisschen so bei dem Thema, dass man ‚too full of themselves‘ war. Letztendlich, die falschen Entscheidungen, dass sie zu stolz waren?
[Interviewpartner]: Ja, man hat gedacht, man bekommt das alles alleine gestemmt. Mit den 520 Leuten, die wir hatten und mit den paar Millionen, die wir noch auf dem Konto hatten. Und das war ganz einfach irgendwann...
[Interviewer]: Also die Selbstwirksamkeit war sehr hoch eingeschätzt, dass man dachte...?
[Interviewpartner]: Absolut, absolut. Und auch die, ich sage einmal, die Möglichkeit, dass uns da jemand fallen lassen könnte, weil das ja ein so [stark betont] prominentes Projekt ist und 50 Botschafter waren da. Und der Herr Schröder war da. Und der Herr Trittin war da. Und der Sheiq-Maktum aus Dubai war zweimal da. Und, und, und. Wer uns alles sehen und hören wollte. Und, Vizepräsident von China war da. Und, wir sind doch so toll: Uns kann doch eigentlich gar nichts passieren. Weil, wenn wir das jetzt hier einstampfen, was hat es denn... Deutschland geht unter. Ja, auf dem, jetzt mal etwas überspitzt, auf dem geistigen Niveau haben sich die Kollegen da befunden. Gerade eben auch der [Name]. Ja, und in dieser Attitüde hat er sich teilweise, was ich so mitbekommen habe, mit Leuten auch in der Politik in die Haare bekommen. Wo es dann am Ende des Tages einfach nur noch scheitern konnte.“

Geschäftsführer Tochtergesellschaft, Interview

Parallel zu der Wahrnehmung der eigenen Wichtigkeit und Prominenz entwickelte sich dann die Vorstellung, selbst im Misserfolgsfall von der Politik oder Industrie gestützt zu werden. Auf Basis der folgenden Textstelle kann darüber hinaus die Interpretation gezogen werden, dass durch die Prominenz des Projektes und das damit einhergehende Gefühl, auf Augenhöhe mit der Großindustrie und Politik zu operieren, die Vorstellung der finanziellen Unverwundbarkeit permanent aufrecht erhalten blieb – und das obgleich negative Signale vorherrschend waren:

„[Interviewpartner]: Ach, naja, ich würde sagen... wenn ich das jetzt... [der Vorstandsvorsitzende] hat das immer in dem Begriff genannt: ‚Die werden auch noch von dem Leichter-als-Luft-Virus infiziert, wie wir alle hier.‘ Also quasi so eine Art virales Management. Oder virales Marketing würde man heute sagen. Wenn jemand da ist und das gesehen hat und durch die Halle gelaufen ist und mal mit dem Luftschiff geflogen ist, dann findet er das auch toll.
[Interviewer]: Vielleicht kann man auch sagen, zu starkes Glauben an die eigene Unabhängigkeit oder die eigene ‚distinctiveness‘ auf Englisch?
[Interviewpartner]: Ja.
[Interviewer]: Also ein zu starker Glaube an die eigene Besonderheit?
[Interviewpartner]: Ja. Einfach nicht zu sehen, dass man es mit einem Interessengeflecht zu tun hat, was ganz massiv sein kann. Die können dahin kommen und es toll finden. Und dann kommen sie nach Hause, und dann ist es wieder harte Realität irgendwie.
[Interviewer]: Interessant, ja.

[Interviewpartner]: Also, das war zum Beispiel wirklich. Wir haben glaube ich lange Zeit lang, wenn man das so sagen will, mit einer gewissen Arroganz überschätzt, wie schön wir sind. Und dass uns alle auch schön finden.

[Interviewer]: Also letztendlich [waren sie] wirklich identifiziert mit dem Produkt, so ein bisschen Weltverbesserer-Stimmung?

[Interviewpartner]: Wir waren sehr identifiziert. Ja. Und auch ganz ehrlich. Dass man denkt: ‚Ich meine es doch gut. Ich will es doch. Ich bin doch gar nicht so, wie ihr da erzählt. Das müsst ihr doch merken.' [lacht]

[Interviewer]: [lacht]

[Interviewpartner]: Das ging bis dahin, ich hatte dann...

[Interviewer]: Wann hat man das gemerkt? Erst als das Unternehmen insolvent gegangen ist? Oder hat man das irgendwann schon intern vorher gemerkt? Also festgestellt, dass man letztendlich so ein bisschen zu positiv gedacht hat?

[Interviewpartner]: Ich habe es erst hinterher gemerkt. Man sich dann fragt, was ist denn da eigentlich passiert. Woran liegt denn das. Weil das fängt ja dann an auseinanderzufallen. Sie merken dann auf einmal, der Kurs geht runter. Ja, das ist temporär. Und es gehen überall die Kurse runter. Ist das existenzbedrohend? Nein! Der [Vorstandsvorsitzende] hat zum Beispiel gemeint, wir haben jetzt hier die 500 Arbeitsplätze in Brandenburg, die werden uns nicht einfach kaputt gehen lassen. Haben sie aber. Das war auch so ein Satz von ihm, da war ich irgendwann dabei, wo er sagte: ‚Da brauchen Sie doch nicht glauben, dass wir jetzt hier abgewickelt werden.' Wir sind aber abgewickelt worden. Also ich glaube zum Beispiel, alles was ich mit den Stakeholdern beschrieben habe, mit amerikanischen Interessen, mit [Unternehmensname]-Interessen, Luft- und Raumfahrtinteressen, all das ist nicht, nicht betrachtet worden.

[Interviewpartner]: Also [waren sie] zu sehr nach innen zentriert? Zu sehr auf die Idee zentriert und zu wenig auf alles andere, was noch passieren könnte?

[Interviewpartner]: Sie denken, sie sind Claudia Schiffer und alle sagen, oh, die ist aber schön. Und dann kommt jemand und sagt. Da kommt eine Ehefrau und sagt, ich finde das gar nicht gut, dass du das schön findest. Da kommen sie so nicht drauf."

Geschäftsführer Tochtergesellschaft, Interview

Zusammenfassend hat sich anhand des vergangenen Abschnitts gezeigt, dass über die Unternehmenshistorie von CargoLifter zumindest drei Motive der Unverwundbarkeit auftraten: die technologische, reputationsmäßige und finanzielle Unverwundbarkeit. Während für das technologische Motiv nicht unmittelbar herausgefunden werden konnte, woher diese kollektiv dominierende Anschauungsweise rührte, konnte für die anderen Aspekte eine Dynamik zum Status der Berühmtheit gesehen werden. Der durch Celebrity ausgelöste mediale Zuspruch der Anfangsjahre führte dazu, dass unternehmensintern die Möglichkeit negativer Berichterstattung nicht in Betracht gezogen wurde. Der Status einer Celebrity Firm kann daher die Emergenz eines Unverwundbarkeitsmotivs mit initiiert haben. Daneben konnte auch gesehen werden, dass Celebrity einen vorherrschenden Unverwundbarkeitsglauben bestärken und damit aufrechterhalten kann. Dadurch, dass organisationsintern die Vorstellung vorherrschte, auf Augenhöhe mit Politik und der Großindustrie zu operieren, wurde finanzielles Scheitern nicht als Option gesehen, sodass das Motiv der finanziellen Unverwundbarkeit aufrechterhalten blieb.

Die Abbildung 29 verdeutlicht diese drei Motive grafisch und zeigt deren Verbindung zur organisationalen Berühmtheit auf. Die einzelnen Motive werden zusätzlich durch weitere im Anhang E.13 befindliche Textauszüge ergänzt.

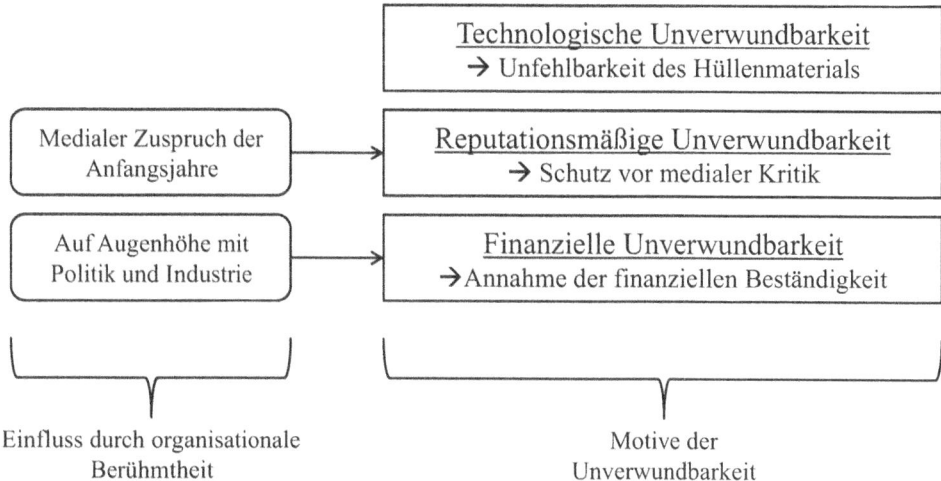

Abbildung 29: Identifizierte Motive der organisationalen Unverwundbarkeit

4.   Ausblendung und Negation von externer wie interner Kritik

Bei der Ausblendung und Negation von Kritik – als nächstem Bestandteil des Organizational Hubris Referenzrahmens – handelt es sich um Phänomene, welche im Zeitablauf entstehen können. Zu überprüfen gilt es daher nun, ob Kritik an dem Projekt und dem strategischen Vorgehen von CargoLifter geäußert wurde und wie von dem Unternehmen mit dieser Kritik umgegangen wurde. Zunächst soll der extern, dann der intern aufgetretenen Kritik nachgegangen werden.

a.   Externe Kritik

Innerhalb der Datenanalyse konnten über die Unternehmenshistorie hinweg vielfältige Äußerungen externer Kritik identifiziert werden, welche alle durch Medienpublikationen ausgelöst wurden. Sechs Episoden können hierbei besonders hervorgehoben werden, da innerhalb dieser nicht nur die externe Kritik, sondern auch die organisationsinterne Reaktionen von Mitarbeitern nachvollzogen werden konnten.

Generell wurde Kritik an dem Unternehmen, dessen Geschäftsidee und Vorgehen schon früh geäußert. In einem im Januar 1998 erschienen Kommentar des Handelsblatts wurden beispielsweise der Business-Case und die Wirtschaftlichkeitsplanungen des Unternehmens bemängelt:

„Ins Ungewisse: [...] Der [vom Vorstandsvorsitzenden] herausgestellte Bedarf an Leistungen von Riesenluftschiffen – oder wie er sagt: eines ‚schwebenden Krans für Groß- und Schwertransporte' – dürfte an den Realitäten vorbeigehen. Für den Transport schwerer Lasten stehen heutzutage reichlich Spezialschiffe, Großraumflugzeuge, Straßentieflader mit

vielen Achsen sowie mobile Raupenkräne zur Verfügung. [Der Vorstandsvorsitzende] spe-
kuliert darauf, mit Luftschiffen Investitionsstandorte bedienen zu können, die mit herkömm-
lichen Transportmitteln zu vertretbaren Kosten nicht zu erreichen sein sollen. Das darf als
absurd bezeichnet werden."

Handelsblatt, 20.01.1998: [PA: 912:2]

Auch ein Jahr vor dem Börsengang, Mitte des Jahres 1999, wurde sehr fundierte Kritik an
den bis dato durch das Unternehmen öffentlich genannten Entwicklungskosten geäußert.
Der Artikel stammte von einem Luftfahrtjournalisten, welcher bereits in einer ingenieurwis-
senschaftlichen Dissertation Zukunftstrends der Luftfahrtindustrie untersucht hatte[753]. Auf
Basis des in der Luftfahrtindustrie vorherrschenden und maßgeblichen Entwicklungsstück-
preises pro Kilogramm, welcher bei bisherigen Luftschiffentwicklungsprojekten doppelt so
hoch wie bei einer Boeing 747 war, kalkulierte dieser eine Kostensteigerung des CargoLif-
ter-Projektes um mindestens 100%. Zudem erschienen dem Kritiker auch die von CargoLifter genannten operativen Betriebskosten des Luftschiffs zu niedrig und optimistisch angesetzt: Die vom Unternehmen genannten Betriebskosten von 4.200 DM/h für einen CargoLifter würden seinen Kalkulationen zufolge noch unter denen eines regulären Geschäftsreise-
flugzeugs liegen, welche allein schon 6.000 DM/h betragen würden[754]. Dementsprechend
erwartete dieser Kritiker auch deutliche Steigerungen bei den operativen Betriebskosten. In
einem wenige Tage später veröffentlichten und diesen Artikel begleitenden Interview mit
dem Vorstandsvorsitzenden brachte der Journalist erneut seine Kritik an und konfrontierte
den Vorstand damit direkt. Der Vorstandsvorsitzende trat dieser Kritik seinerzeit jedoch mit
dem Hinweis entgegen, dass nicht alle Technologien für den CargoLifter gänzlich neu entwickelt werden müssten, sondern auf bestehende Materialien und Prozesse zurückgegriffen
werden könnte. Durch diesen aus seiner Sicht geringen Entwicklungsaufwand, würden daher auch nur geringere Entwicklungskosten anfallen[755]. Der externen Kritik wurde durch
dieses Interview also öffentlich entgegengetreten.

Ungeachtet dieser nachvollziehbaren Kritik, gelangten die Argumente scheinbar nicht in das
öffentliche Bewusstsein. Auch innerhalb des Unternehmens wurde diese vermutlich kaum
realisiert. Interessanterweise benannte nämlich kein einziger Interviewpartner während der
geführten Interviews diese früh einsetzende Kritik. Wenn im Rahmen der Interviews gezielt
nach den Erinnerungen der ehemaligen Mitarbeiter zum Zeitpunkt des Einsetzens medialer
Kritik gefragt wurde, wurden zumeist die gleich noch aufzuführenden FTD-Artikel oder
spätere Veröffentlichungen aus anderen Medienhäusern benannt.

Ob diese mangelnde Erinnerung dadurch zustande kam, dass sie im Unternehmen nicht
kommuniziert und reflektiert wurden, konnte nicht zweifelsfrei geklärt werden. Einerseits
ist denkbar, dass das Magazin Telepolis eine relativ geringe Reichweite hatte. Die Argumente des Kritikers wurden damals nämlich auch nicht von weiteren Medien aufgegriffen,
sodass die Informationen deswegen möglicherweise nicht in die Öffentlichkeit und das Un-

---

[753] Vgl. Schmidt 1992.
[754] Vgl. Telepolis, 31.05.1999: [PA: 79:9].
[755] Vgl. Telepolis, 02.06.1999: [PA: 114:22].

ternehmen vordrangen. Andererseits beschrieb aber auch einer der frühen kritischen Journalisten die Reaktionen des Unternehmens auf seinen Artikel: *„Also, man hat natürlich einfach dann sich totgeschwiegen. Man wollte alle Kritiker aussitzen oder ausschweigen"*[756].
Insgesamt schien zu diesem Zeitpunkt und unmittelbar vor dem Börsengang von CargoLifter eine regelrechte Euphorie vorzuherrschen, die sowohl organisationsintern als auch durch
Aktionäre und weitere wichtige Stakeholder des Unternehmens kollektiv geteilt wurde. Ein
leitender technischer Entwickler des Friedrichshafener Zeppelin-Konzerns gab bei einem
Interview nämlich sehr kritisch zu bedenken, dass sein eigenes Unternehmen trotz des erfolgten Erstflugs des Zeppelin NT's starke mediale und öffentliche Kritik erfahren habe,
wohingegen die Planungen und Entwicklungsfähigkeiten von CargoLifter ein Jahr vor dem
Börsengang kollektiv kaum hinterfragt worden wären:

> *„[Journalist]: Herr [Name], die Firma CargoLifter AG fällt ständig durch unrealistische*
> *Prognosen hinsichtlich den Entwicklungszeiten und -kosten eines Transportluftschiffes auf.*
> *Wie bewerten Sie deren ehrgeizige Ankündigungen?*
> *[Name]: Ich bewerte diese so, daß eine interessante Idee aufgegriffen wurde, da das Prob-*
> *lem das zu lösen ist, immanent ist. Was mich allerdings verwundert ist, daß wir bei unserem*
> *Luftschiff, welches ja bekanntlich fliegt, sehr oft kritisch betrachtet werden und daß das*
> *CargoLifter-Projekt maßgeblich seine Planungsdaten ändert, ohne daß dies jemand von der*
> *Presse zur Kenntnis nimmt. Dies ist für mich sehr erstaunlich. Wenn das Volumen von*
> *450.000 m³ auf 550.000 m³ erhöht wird, wenn auf der EXPO 2000 bereits das Originalschiff*
> *in der Luft sein sollte und jetzt womöglich nicht einmal der Erprobungsträger Joey in der*
> *Luft sein wird, so werden erstaunlicherweise weder von den Hauptaktionären noch von der*
> *[Großbank], die das Unternehmen an die Börse bringen will, die Planungsdaten der Car-*
> *goLifter AG kritisch hinterfragt."*
>
> Telepolis, 27.04.1999: [PA: 664:1]

Dass Kritik am Unternehmen und dem Projekt jedoch auch organisationsintern sehr stark
perzipiert und dabei negiert wurde, zeigt eine spätere Episode auf. Nachdem das Magazin
Der Spiegel im August 1999 bereits einen kritischen Artikel zu möglichen technischen Problemen und Risiken des CargoLifter-Projekts veröffentlicht hatte[757], wurde zeitgleich zum
Börsengang des Unternehmens im Mai 2000 ein weiterer kritischer Artikel herausgegeben.
Auch diese beiden Artikel wurden von für diese Arbeit befragten Mitarbeitern nicht benannt, obgleich die Kritik im Magazin Der Spiegel sehr aufmerksamkeitsstark publiziert
wurde. Insbesondere ist es sehr interessant, dass den Mitarbeitern jede Erinnerung daran
fehlte, obwohl die Veröffentlichung zum damaligen Zeitpunkt innerhalb des Unternehmens
starke emotionale Reaktionen hervorgerufen hatte.

Der zweite Artikel, am 29.05.2000 und damit genau einen Tag vor dem Börsengang von
CargoLifter publiziert, ging auf die technischen Risiken des Projektes ein. Dass diese zweifelsohne vorhanden waren, betonte auch das Unternehmen frühzeitig, indem detailliert in
den Aktienverkaufsprospekten auf die Projektrisiken hingewiesen wurde. Im Verkaufsprospekt zur Börsenneueinführung war beispielsweise zu lesen: *„Insbesondere bis zum erfolg-*

---

[756] Journalist, Interview.
[757] Vgl. Der Spiegel, 23.08.1999: [PA: 487].

reichen Abschluss sämtlicher Testflüge muss das Projekt als technisches und demzufolge auch als wirtschaftliches Wagnis angesehen werden, das den Verlust des gesamten eingesetzten Kapitals zur Folge haben kann"[758]. Der Spiegel reflektierte in seinem Artikel daher überwiegend diese zur Börsen-Erstnotiz genannten Risiken. Daneben wurde im letzten Teil des Artikels auf die den Vorständen und Geschäftsführern zur Börseneinführung zugestandenen Aktienoptionen und -vergütungen verwiesen. Alles in allem setzte sich der Artikel daher nur mit in offiziellen Dokumenten genannten Angaben auseinander, sodass es die Mitarbeiter gestört haben könnte, dass auf diesem offiziellen Weg zu einem für das Unternehmen exponierten Zeitpunkt auf die Projektrisiken hingewiesen wurde, was in der Form bis dato noch nicht in anderen Publikationen erfolgt war.

Dass die Mitarbeiter tatsächlich sehr starke emotionale Reaktionen auf den Artikel zeigten, war anhand eines am Tag der Börseneinführung erstellten internen Unternehmensvideos deutlich zu sehen. Auf diesen unveröffentlichten und ungeschnittenen Unternehmensaufnahmen wurden der Vorstandsvorsitzende und ein weiterer hochrangiger Mitarbeiter schon während des Frühstücks im Hotel interviewt. Das nächste Gespräch mit dem Vorstandsvorsitzenden wurde auf der Autofahrt zum Börsenplatz aufgezeichnet. Innerhalb der Frankfurter Börse gaben andere hochrangige Mitarbeiter weitere Statements zu der unmittelbar bevorstehenden Erstnotiz und dem Spiegel-Artikel ab. Ein Mitarbeiter des Führungsteams äußerte sich darin beispielsweise wie folgt:

„Der [Artikel, der] eigentlich schon am Sonntag aufgekommen ist. Ehrlich gesagt, als ich ihn gestern im Flugzeug das erste Mal im Original gelesen habe, fand ich ihn gar nicht mehr so wild. Zumindest haben sie ein gutes Bild von der Halle drin. Und wenn man es doch einmal etwas, ich sage einmal, versucht etwas unvoreingenommener zu lesen, dann ist ja kein Zweifel daran, dass der Markt da ist. [Kurze Pause] Der Stil, der Stil ist einfach nicht in Ordnung. Der Stil ist einfach mies machend. Ich verstehe eigentlich nicht unbedingt, warum der Spiegel immer meint, er müsste sich genau auf die Art profilieren. Das hätte ja auch etwas sachlicher sein können. Naja. [...] Ich hatte ja davon eben schon berichtet. Ich hatte mich ja gefragt, der Spiegelartikel macht mich in gewisser Weise schon wütend. Und zwar weniger, was er da sagt, weder das über CargoLifter, noch das Management. Es ist mehr die Art und Weise wie. Es ist, aus meiner Sicht, erkennbare Absicht, hier einfach etwas mies machen zu wollen. Ich kann das, ich habe es eigentlich noch nie verstehen können, ich kann es nicht verstehen und ich kann es auch nicht bei uns verstehen, warum der Spiegel sich manchmal bemüßigt fühlt, der Miesmacher der Nation zu sein. Kritik ist in Ordnung. Nachfragen ist zweimal in Ordnung. Mehr Risiken herausstellen als die Chancen ist Ansichtssache. Das ist alles in Ordnung. Aber ich weiß nicht, warum dieses Magazin es nötig hat, immer wieder in diesem Stil zu verfahren. Und in gewisser Weise denke ich mir, und das ist das, was mich am Wochenende eigentlich viel mehr beschäftigt hat. Wenn wir in Deutschland immer darüber reden, wir möchten Innovationen. Usw. und so fort. Dann kann Innovation nur verbunden sein mit einem gewissen Risiko. Sonst wäre es ja keine Innovation. Es wäre ja nur das, was wir schon immer gemacht haben. Wo wir ja gerade sagen, wir müssen vielleicht etwas ändern. Wenn also Innovation mit einem Risiko verbunden ist, dann kann man auch nicht gleich dann, wenn irgendjemand endlich einmal etwas tut, und das sind ja nicht nur wir, sondern auch andere, automatisch wiederum anfangen, dann die Risikokeule herauszuholen und auf die einzuschlagen. Irgendwann muss

---

[758] Verkaufsprospekt Barkapitalerhöhung, 26.05.2000: [ID: 242:18].

man sich überlegen ob die Art und Weise, wie der Spiegel manchmal seine Artikel schreibt, dazu beiträgt, dass wir in Deutschland immer noch nicht da sind, wo wir längst sein könnten. Ich denke, dass die Bevölkerung in Deutschland da sehr viel weiter ist. Die Wirtschaft und auch die Verwaltung sind sehr viel mehr bereit, etwas zu tun. Auch aktiv. Es gibt bestimmte Kreise, die sich dem vor lauter Bedenkenträgerei nach wie vor verschließen. Weil sie eben die Risiken nicht nur sehen, sondern sie eben über alles heben. Und sie fühlen sich bestätigt oder sie fühlen sich vielleicht auch gebremst dann von solchen Artikeln. Das ist ja quasi so, wie so in einer Animation, wenn bestimmte Leute nach vorne wollen. Und gleichzeitig gibt es welche, die bremsen. Und dann gibt es noch ein paar, die diese Bremser in dieser Ansicht bestätigen und noch das richtige Pulver dafür geben. Ich würde mich freuen, wenn man mit dem Spiegel direkt über so etwas reden könnte. Und nicht in Form eines Artikels."
Mitglied des obersten Managements, Internes Unternehmensvideo (Interviews zum Börsengang), 30.05.2000: [ID: 736:1]

Andere leitende Mitarbeiter berichteten von ihren persönlichen Reaktionen:

„Also natürlich nimmt einen das schon ein bisschen mit. Vor allen Dingen so ein paar Artikel, die einfach nicht fundiert oder sachlich recherchiert sind. Äh, aber dennoch denke ich, wirklich sachliche, negative Argumente konnte keiner finden. Und wir hatten ja auch sehr viele positive Begleitartikel. Und ich denke, dass wir die Hauptprobleme gelöst haben. Und die Sache gut voranbringen werden. Insofern muss man hier ja immer wieder Grundsatzarbeit machen, eine sachliche Diskussion führen. Aber ich denke, es hätte ein bisschen besser laufen können. Auch mit ein paar Begleitartikeln. Das muss man sagen. Aber ich denke, im Großen und Ganzen waren auch sehr viele positive dabei. Und wir können, glaube ich, schon damit leben."
Mitglied des obersten Managements, Internes Unternehmensvideo (Interviews zum Börsengang), 30.05.2000: [ID: 736:1]

Noch einige andere leitende Mitarbeiter, vom Kameramann zu ihrer Stimmung befragt, antworteten mit deutlich zynischem Unterton:

„Fantastisch. Guten Morgen. Die Stimmung ist fantastisch. Wir haben uns alle total gefreut über den Spiegel Artikel. Das war so richtig geil. Endlich einmal ein Verriss über uns in den letzten drei Wochen. Wir haben uns schon gewundert, wann kommt es endlich? Wann kommt es? Und jetzt war es so weit und wir haben alle scheiße geschlafen. Wir freuen uns. Offensichtlich sind die Tränensäcke richtig dick. Nach drei Jahren harter Arbeit. Ich denke, das ist fair. Ein Verriss kurz vor dem Börsengang ist fair, oder? Ist fair? Cool."
Geschäftsführer Tochtergesellschaft, Internes Unternehmensvideo (Interviews zum Börsengang), 30.05.2000: [ID: 736:4]

„Was kratzt es eine deutsche Eiche, wenn sich ein Wildschwein an ihr schuppert? Naja, gut. Ich gehe davon aus, dass der Spiegel uns weiter meckernd und hämisch furzend begleiten wird. Pflegen wir diesen Feind, damit wir uns andere vom Leibe halten."
Leitender Mitarbeiter, Internes Unternehmensvideo (Interviews zum Börsengang), 30.05.2000: [ID: 736:10]

Durchaus wird aus den Textstellen ersichtlich, dass exponierte Mitarbeiter diese aus den Medien entgegenkommende Kritik wahrnahmen und verarbeiteten. Im Vergleich zu den ersten kritischen Stimmen, auf die das Unternehmen kaum direkt reagierte, änderte sich nun das Vorgehen schlagartig und sollte sich fortan als Muster ausprägen. Als Antwort auf den Artikel zum Börsengang veröffentliche der Aufsichtsratsvorsitzende in einem einseitigen offenen Brief eine Stellungnahme in der Unternehmenszeitschrift und trat der Kritik entgegen[759]. Diese erkennbare Negation von Kritik kann über den offenen Brief zunächst noch als sehr seichte Reaktion bezeichnet werden.

Dass sich die Reaktionen auf Kritik zunehmend offensiver ausgestaltete, zeigte sich nur wenige Monate später anhand der Reaktionen auf die zwei zum Zeitpunkt der Halleneröffnung erschienenen Artikel der FTD[760]. Der einen Tag vor der Eröffnung publizierte Artikel mit dem Titel *„Kosten für den Bau des CargoLifter explodieren: Das Transportluftschiff könnte 1 Mrd. DM verschlingen – Kapitalerhöhung zur Finanzierung der Serienfertigung wahrscheinlich"*[761] kann hierbei zwar als eindeutige Fehlberichterstattung der Zeitung identifiziert werden. Die öffentlich verkündeten Kostenschätzungen und Planzahlen hatten sich nämlich zu dem Zeitpunkt nicht geändert, sodass nicht von einer „Kostenexplosion" gesprochen werden konnte. Doch kann dem Unternehmen für diese Berichterstattung eindeutig ein Mittverschulden zugesprochen werden, da es in der Unternehmenskommunikation Nachlässigkeiten gab und vorherige falsche Medienberichte über die Budgetplanungen ignoriert oder nicht richtiggestellt wurden[762].

Am Tag danach, dem Tag der Halleneröffnung am 22. November, fand eine Telefonkonferenz zwischen der Geschäftsführung CargoLifters und der Zeitung FTD statt. Doch wurde der Widerspruch offenbar nicht endgültig aufgelöst und am 23. November veröffentlichte die FTD den zweiten Artikel, welcher die bereits in Abbildung 12 gezeigte Zeichnung des abstürzenden Luftschiffs beinhaltete[763]. Nicht nur viele Aktionäre wandten sich nach diesem Artikel in Leserbriefen an die Zeitung[764]. Auch der Vorstandsvorsitzende von CargoLifter verfasste unmittelbar nach dem zweiten Artikel einen Brief an den Chefredakteur der FTD und legte diesem darin seine Sicht der Dinge auf die Problemstellung dar und beschwerte sich über die „tendenziöse" Art des Artikels[765]. Statt diesen Brief jedoch nur an den Adressaten zu senden und gegebenenfalls eine Richtigstellung zu fordern, wurde er am 24. November auf der Unternehmenshomepage veröffentlicht, erreichte aber den Chefredakteur der FTD scheinbar nie. Der Chefredakteur wandte sich nämlich am 26. November an den Vorstandsvorsitzen und wies dabei darauf hin, dass er den Brief nie erhalten habe[766].

Mit dieser Episode, die im Anhang E.14 detailliert zusammengefasst und weiter dargestellt ist, zeigte sich nun im Verhalten von CargoLifter eine deutliche Ausprägung eines Musters, welches sich im Laufe der Zeit noch weiter verstärken sollte. Medialer und damit externer Kritik – ob nun gerechtfertigt oder ungerechtfertigt – wurde seitens des Unternehmens höchst öffentlichkeitswirksam entgegen getreten. Kritiker wurden hierbei durch Unterneh-

---

[759] Vgl. Unternehmenszeitschrift, Juli 2000: [ID: 672:44].
[760] Vgl. Kapitel E.II.4.b.i.
[761] Vgl. Financial Times Deutschland, 21.11.2000: [PA: 245].
[762] Vgl. Anhang E.14 für eine detaillierte Darstellung und Aufarbeitung dieser Episode.
[763] Vgl. Financial Times Deutschland, 23.11.2000: [PA: 252].
[764] Vgl. Financial Times Deutschland, 05.12.2000: [PA: 263].
[765] Vgl. Offener Brief des Vorstandsvorsitzenden an die FTD, 24.11.2000: [ID: 763].
[766] Vgl. Fax-Kommunikation Chefredakteur FTD, 26.11.2000: [ID: 633:5].

mensangehörige und Aktionäre für ihre Kritik an dem Projekt kritisiert, sodass die Kritik in weiten Teilen negiert wurde. Vier weitere Episoden, die im Anhang E.15 bis E.18 detailliert dargestellt sind, verdeutlichen dieses Handlungsmuster zusätzlich.

Schon Anfang Dezember 2000 und damit wenige Tage nach Veröffentlichung der ersten FTD-Artikels trat ein neuer Akteur als externer Kritiker hervor. In seiner Position als Herausgeber einer kleinen Flugzeitschrift kritisierte er das technologische Vorgehen von CargoLifter und die Sinnhaftigkeit des Gesamtprojektes. Teilweise bediente sich diese Person fraglos zweifelhafter Strategien. Nicht nur brachte er falsche und für das Unternehmen unvorteilhafte Gewichtsberechnungen über das Luftschiff in Umlauf[767]. Auch startete er in einem Internetforum eine regelrechte Kampagne und führte dort unter mehreren Benutzernamen Diskussionen mit sich selbst, um seine Kritik am Unternehmen zu bestärken[768]. CargoLifter bot diesem Kritiker eine große Bühne, indem sie öffentlich auf die Kritik eingingen. Das unternehmenseigene PR-Team wurde innerhalb des Forums aktiv und veröffentlichte Gegendarstellungen zu den angeführten Argumenten und Behauptungen des Kritikers. Aber auch Aktionäre und andere Unterstützer diskutierten ebenfalls innerhalb dieses Forums rege mit[769]. Von welcher Motivation dieser Redakteur in seinem energischen Vorgehen schlussendlich geleitet war, ist für die vorliegende Arbeit von untergeordneter Relevanz. Dennoch kann vermutet werden, dass zumindest eine wesentliche Motivation darin bestanden haben kann, den Verkaufsabsatz seiner Zeitschrift zu erhöhen.

Ungeachtet der ausschlaggebenden Motive der Kritik, erlangte die Auseinandersetzung eine hohe öffentliche Aufmerksamkeit. Die Auseinandersetzung wurde beispielsweise von anderen Medien als „Expertenstreit"[770] dargestellt. Auch die Bildzeitung ließ den Kritiker und den Vorstandsvorsitzenden des Unternehmens innerhalb desselben Artikels mit einer Darstellung ihrer Positionen zu Wort kommen[771]. In einem Zeitungsinterview mit dem Tagesspiegel drohte der Vorstandsvorsitzende dem Kritiker später öffentlich mit einem Rechtsstreit: „Dem biete ich nur ein Gerichtsverfahren an"[772]. Und tatsächlich wurden später zwischen dem Unternehmen und dem Kritiker gegenseitige Unterlassungserklärungen, Anzeigen und Strafanzeigen angestrebt und erhoben[773], die auch zu zivilgerichtlichen Verfahren führten, welche auch in den Tagesmedien eingehend diskutiert wurden[774]. Sehr deutlich wird daher auch an dieser Episode, dass öffentlicher Kritik mit Gegenkritik entgegengetreten wurde und die Kritik im Großen negiert wurde. Anhang E.15 stellt diese Episode zusammenfassend und detailliert dar.

Im Jahr 2001 blieb das Verhalten von CargoLifter gegenüber seinen Kritikern konstant. Das Magazin Der Stern spekulierte hierbei über die Zukunftschancen des Projektes und betitelte

---

[767] Vgl. Lausitzer Rundschau, 27.12.2000: [PA: 1428:1].

[768] Ein Phänomen, welches innerhalb der letzten Jahre im Internet und insbesondere in der Web 2.0-Ära vermehrt auftritt und zumeist unter den Begriffen der „Hasstirade" oder des „Shitstorm" Verwendung findet (vgl. bspw. Breihut 2011).

[769] Vgl. Online-Forum Eintrag: Gegendarstellung CargoLifter AG, 07.12.2000: [ID: 353:1].

[770] Frankfurter Rundschau, 18.01.2001: [PA: 1196:2].

[771] Vgl. Bild, 20.12.2000: [PA: 1350].

[772] Der Tagesspiegel, 21.12.2000: [PA: 1052:2].

[773] Vgl. Lausitzer Rundschau, 27.04.2001: [PA: 1442:1].

[774] Vgl. Financial Times Deutschland, 28.12.2000: [PA: 268:8].

einen Artikel: *„Absturz vor dem Start? Der CargoLifter soll das größte Luftschiff der Welt werden. Nun droht die Finanzierung zu scheitern. Zigtausend Anleger fürchten um ihr Geld"*[775]. Der Vorstandsvorsitzende setzte sich wiederum öffentlich mit dem Artikel auseinander. In einem Schreiben – erneut ausschließlich auf der Unternehmenshomepage veröffentlicht – analysierte er den Aussagegehalt, die Darstellungsform und die Argumentation des Artikels, der seiner Auffassung nach *„... ein Musterbeispiel für – wie ich es nennen würde – ‚Negativjournalismus'"*[776] sei[777].

Ziel war damit nicht nur auf die Magazinkritik zu reagieren, sondern sich gegen die vorherrschende Kaste der „Negativjournalisten" allgemein auszusprechen. Parallel dazu verfassten einige Aktionäre als Gegenreaktionen wiederum deutliche Leserbriefe: *„Auch der Stern gehört zu den Kaputtschreibern und Miesmachern, die eine großartige Idee und unternehmerische Weitsicht torpedieren und so genau den Schaden anrichten, vor dem sie potenzielle Anleger angeblich bewahren wollen"*[778].

Zur Jahreswende 2001/2002 wurden in Zeitschriften und Magazinen zunehmend Fragen nach der Liquidität von CargoLifter gestellt. Auslöser war ein online erschienener und dann von Nachrichtenagenturen aufgegriffener Bericht der FTD[779]. Dieser zitierte den Vorstandsvorsitzenden, welcher auf einer Veranstaltung auf den angeblichen Bedarf von CargoLifter nach einer stattlichen Unterstützung zum Schutz vor Illiquidität verwies. Hierdurch brach der Aktienkurs des Unternehmens Mitte Januar 2002 um zeitweilig mehr als 60% ein und schloss mit einem Tagesminus von fast 40%[780]. Zwar versuchte das Unternehmen die Aussage am Folgetag öffentlich zu relativieren[781], doch auf einer am selben Tag stattfindenden internen Betriebsveranstaltung wurde die Berichterstattung diskutiert und mit Unverständnis aufgenommen[782]. Kritik wurde demnach erneut mit negierender Haltung verarbeitet. Vergleiche Anhang E.17 für eine detaillierte Darstellung dieser Episode.

Eine letzte und dann doch erneut deutlich stärkere Reaktion ließ sich im März 2002 erkennen. Das Unternehmen wurde hier wiederum vom Magazin Der Spiegel kritisiert. Diesmal konnte es aus internen Dokumenten zitieren, die der Redaktion zugespielt worden waren. Inhaltlich wies die Berichterstattung auf technische Entwicklungsprobleme hin. In dem Artikel wurde CargoLifter als regelrechtes *„technisches und finanzielles Himmelfahrtskommando"*[783] bezeichnet. In unmittelbarer Gegenreaktion schaltete das Unternehmen PR-Agenturen ein, nahm sofort Stellung und verlangte eine Gegendarstellung. Der Vorstandsvorsitzende drohte dem Magazin zudem rechtliche Schritte an und wollte eine Klage anstreben[784], die aber bis zum Eintritt der Insolvenz nie erfolgte. Anhang E.18 fasst diese Episode detailliert zur Übersicht zusammen. Auch in der letzten Episode lässt sich daher erneut das

---

[775] Der Stern, 11.04.2001: [PA: 320:5].
[776] Offener Brief des Vorstandsvorsitzenden, April 2001: [ID: 1:10].
[777] Vgl. Anhang E.16.
[778] Der Stern (Leserbrief), 26.04.2001: [PA: 1201:1].
[779] Vgl. DPA-AFX, 16.01.2002: [PA: 502:1].
[780] Vgl. Agence France Presse, 16.01.2002: [PA: 501:1].
[781] Vgl. Financial Times Deutschland, 17.01.2002: [PA: 509:1].
[782] Vgl. Internes Unternehmensvideo (Betriebsversammlung), 17.01.2002: [ID: 705:2].
[783] Der Spiegel, 04.03.2002: [PA: 653:1].
[784] Vgl. DPA-AFX, 04.03.2002: [PA: 537:4].

Muster erkennen, durch welches CargoLifter gegen extern geäußerte Kritik öffentlich vorging und Kritiker kritisiert wurden.

Anhand des aktuellen Abschnitts und der dargestellten externen Kritik kann zusammenfassend zweierlei festgehalten werden.

Einerseits zeigt sich, dass sich die inhaltliche Mediendarstellung des Unternehmens im Laufe der Zeit wandelte. Ein einstmals euphorisch in den Medien besprochenes Unternehmen wurde bei auftauchenden Problemen zunehmend öffentlich kritisiert. Dass sich die inhaltliche Darstellung in Bezug auf das Unternehmen sehr stark wandelte, lässt sich neben der hier detailliert aufgezeigten Kritik auch sehr anschaulich anhand der Porträtierung des Vorstandsvorsitzenden nachvollziehen. Auch die inhaltliche Berichterstattung über den Vorstand wandelte sich im Laufe der Zeit. Während dieser – wie weiter oben bereits gezeigt – in den Anfangsjahren noch als „moderner Graf Zeppelin" oder „Pionier der Luftfahrt" positive Zuschreibungen erhielt, änderte sich die inhaltliche Berichterstattung mit der Zeit drastisch. Zwar existierten nach wie vor die positiven Aussagen über seine Persönlichkeit, sodass er „ ...als mitreißender Redner und unerschütterlicher Optimist... "[785] vorgestellt wurde. Jedoch mehrten sich die Stimmen, die ihn auch als „Meister der Inszenierung"[786] beschrieben. Im Jahr 2002 steigerten sich die kritischen Stimmen so, dass er teilweise despektierlich als „Mann mit dem Luftballon"[787] bezeichnet wurde und nach der Insolvenz gar den Titel des „[Vorname]-guck-in-die-Luft"[788], „Bruchpilots"[789] und „Absteiger des Jahres 2002"[790] zugesprochen bekam.

Andererseits sind aus diesem Abschnitt die Reaktionen des Unternehmens auf externe Kritik deutlich geworden. Medialer Kritik wurde höchst publikumswirksam entgegengetreten, indem Kritiker offensiv und aggressiv kritisiert und Dispute sowie Auseinandersetzungen in der Öffentlichkeit geführt wurden. Insbesondere erkennbar ist daher, dass externe Kritik in der Breite abgetan und negiert wurde.

b.   Interne Kritik

Im vorherigen Abschnitt konnte aufgezeigt werden, dass externe Kritik an CargoLifter geäußert wurde und in welcher Art CargoLifter darauf reagierte. Neben den dargestellten und analysierten größeren Episoden der Kritik, offenbart die Betrachtung der externen Kritik noch eine weitere interessante Gegebenheit. Auch die weiter oben schon vorgestellten technologischen Grundsatzprobleme der Schneeproblematik oder des Gas-Managements[791] wurden in der Fachpresse früh diskutiert[792] und durch Expertenstatements innerhalb der Tagespresse als gravierende und schwer lösbare Problemfelder dargestellt[793]. Wie weiter oben bereits detailliert diskutiert, wurden diese grundlegenden technischen Schwierigkeiten je-

---

[785] Die Welt, 23.01.2001: [PA: 881:1].
[786] Süddeutsche Zeitung, 27.09.2001: [PA: 802:2].
[787] Frankfurter Allgemeine Zeitung, 18.01.2002: [PA: 511:1].
[788] Der Tagesspiegel, 10.06.2002: [PA: 1153:1].
[789] Der Spiegel, 15.12.2002: [PA: 644:6].
[790] Der Spiegel, 15.12.2002: [PA: 644:8].
[791] Vgl. Kapitel E.IV.1.a.iii.
[792] Vgl. Flight (Leserbrief), 11.11.1998: [PA: 385:1].
[793] Vgl. Die Zeit, 11.03.1999: [PA: 65:14].

doch unternehmensintern wenig adressiert und bis zur Insolvenz nicht gelöst[794]. Die bereits angeführte Interpretation eines leitenden technischen Mitarbeiters, dass diese Grundprobleme regelrecht „ausgeblendet" worden waren, erhält damit weitere Unterstützung[795]. Externer Kritik wurde demnach nicht nur negierend entgegengetreten, sondern manche Kritik wurde organisationsintern auch regelrecht ignoriert.

Daneben ist es nun interessant nachzuvollziehen, ob Kritik in Hinblick auf technologische Probleme oder Planungsansätze nicht nur außerhalb des Unternehmens, sondern auch organisationsintern erfolgte und wie damit umgegangen wurde.

Innerhalb der Datenanalyse konnten tatsächlich verschiedene Quellen organisationsinterner Kritik identifiziert werden, die in den meisten Fällen durch Unternehmensexterne in Form von Unternehmensberatern oder durch untere bis mittlere Führungskräfte an das oberste Management herangetragen wurden. Vor allem im Zeitraum von 1999 bis Ende 2000 konnten vielfältige kritische Hinweise in Bezug auf vorherrschende Zeit- und Kostenplanungen festgestellt werden. Zwei Muster der organisationalen Reaktion auf diese Kritik lassen sich hierbei ableiten: Intern wurden diese Probleme nicht adressiert, vertuscht oder kleingehalten. In der Außenkommunikation wurde hingegen ein aussichtsreicher Anschein gewahrt, indem weiterhin überaus positive Planungen an die Öffentlichkeit kommuniziert wurden. Tabelle 16 zeigt hierzu Textstellen auf und ordnet diese den zwei Handlungsmustern zu.

---

[794] Vgl. Kapitel E.IV.1.a.iii.
[795] Vgl. Leitender technischer Mitarbeiter, Interview.

Erfolgte Kritik	Organisationale Reaktion	Kategorisierung der Reaktion
„- Markt fragt logistische Komplettleistungen nach, die CL kurz- bis mittelfristig nicht mit eigenen Kräften erbringen kann - Wichtige Kostentreiber wie Ladevorgänge, Intermodularität, Lademittelumlauf und logistische Dienstleistungen CL Network sowie Kosten für EDV (Software und Implementierungen) sind evtl. in den Kostenansätzen unterschätzt worden - CLAG ist kurz- bis mittelfristig nicht selbstfinanzierungsfähig - Ungenügender Projektfortschritt gefährdet finanzielles Engagement bisheriger und potentieller Kapitalgeber - Durch Projektverzögerungen und unrealistische Budgetierung bedingte Kostensteigerungen gefährden das Vertrauen von Investoren - Unvollständig terminierte und abgestimmte Grobpläne CL 160 - Unzureichend aktualisierte Budgetierung CL 160" Präsentation externes Top-Management Beratungsunternehmen (Projektmonitoring), 05.07.1999: [ID: 479:37]	„..Es ist wohl kaum ein Unternehmen von so vielen Personen und Institutionen hinterfragt und geprüft worden wie CargoLifter. Das betrifft auch die von uns selbst gewählten Planungs- und Controllinginstrumente bis hin zum externen Projektmonitoring." Geschäftsbericht und Konzernabschluss 1998/1999, Dezember 1999: [ID: 226:18]	• Ignorieren/Vertuschen/Kleinhalten von internen Problemfeldern und Planungsfehlern. • Wahren eines positiven externen Images.
„..Subject: schedule of focal points meetings We would like to emphasize our concern about the CargoLifter Programme planning." Externe E-Mail eines Luftfahrtkonzerns in Vorbereitung auf ein Meeting, 28.01.2000: [ID: 500:51]	„..Subject: schedule of focal points meetings for your info! Just have a look at their 'concerns.'" Interne Reaktion eines leitenden Mitarbeiters auf diese E-Mail, 28.01.2000: [ID: 500:52]	• Ignorieren/Vertuschen/Kleinhalten von internen Problemfeldern und Planungsfehlern.
Nach der Insolvenzanmeldung wurde eine im Mai 2000 angefertigte interne Studie zu den Entwicklungskosten und Planungshorizonten der Öffentlichkeit bekannt, indem diese Studie der Presse zugespielt wurde (vgl. WDR 2003 [PA: 1486:4]). Die Studie offenbarte gravierende Kosten- und Zeitüberschreitungen und wurde durch die Geschäftsführung angeblich vernichtet; die Studienergebnisse wurden intern nicht weiter verwendet. „..1. Im Mai 2000 stand fest, daß der Prototyp des Luftschiffes keineswegs vor dem Ende des ersten Quartals 2003 fertig sein würde und daß er erheblich mehr kosten würde, als bisher angenommen. Die Konzeption des Luftschiffes war zu diesem Zeitpunkt nur ansatzweise und in vielen Details überhaupt noch nicht da. Die Konstruktion hatte in vielen wichtigen Bereichen entweder noch nicht begonnen oder noch nicht zu wesentlichen Ergebnissen geführt."	Keine entsprechenden Originaldokumente vorliegend.	• Ignorieren/Vertuschen/Kleinhalten von internen Problemfeldern und Planungsfehlern. • Wahren eines positiven externen Images.

2. Die offizielle Reaktion auf die Studie, wenn sie tatsächlich wie verlautbart erfolgte, ist als schwerer Managementfehler zu werten: Die Autoren wurden insgesamt als inkompetent eingestuft, die Studie ohne nachvollziehbare Prüfung als falsch bezeichnet und folgerichtig zur Vernichtung angewiesen. Die Kommunikation zwischen Vorstand und den Autoren der Studie erfolgte zudem stets über Dritte. Damit wurde nach meiner Einschätzung die vielleicht letzte Chance vertan, das Projekt – unter welchen geänderten Randbedingungen auch immer – noch zu retten.

3. Die Studie offenbart erhebliche Mängel in der Organisation und in der mittelfristigen Planung."

Memo Insolvenzverwalter, 03.06.2003: [ID: 601:6]

- Wahren eines positiven externen Images.

Keine entsprechenden Originaldokumente vorliegend.

„Die ersten Tage auf dem Brand haben mich zutiefst erschüttert. Die Unprofessionalität, die fehlenden Strukturen und die tatsächliche Wahrheit über den Projektstand zeigten sich im krassen Widerspruch zum öffentlichkeitswirksamen Auftritt von CargoLifter. Zugegeben, dieser war und ist wichtig, um gute Leute als Mitarbeiter und Kapital in Form von Aktionären zu gewinnen. Die Diskrepanz zwischen Anspruch und Wirklichkeit war aber schon erschreckend. Und dieser nach wenigen Tagen gewonnene Eindruck hat sich auch nach 100 Tagen nicht revidiert, sondern eher bestätigt. Bei meinem Eintritt in die Firma waren mir die technischen und finanziellen Risiken sehr wohl bewußt, dass aber solch große interne Managementprobleme vorhanden sind, habe ich nicht im Entferntesten geahnt. Über Wochen und Monate produzieren wir Stillstand, da interne Machtkämpfe Priorität zu haben scheinen, anstatt die hochanspruchsvollen technischen und ökonomischen Herausforderungen mit der vollen Energie aller Mitarbeiter zu lösen. Das Management muss einheitlich auftreten, motivieren und eben führen. Hierbei fehlt bei CargoLifter der professionelle Ansatz. Auch wenn es schwer fällt, liebgewonnene Gewohnheiten Preis zu geben, eine andere Chance gibt es nicht. Ich komme mir vor, wie in einer Forschungseinrichtung, Uni oder noch treffender bei einem freiwilligen ‚Jugend-forscht-Wettbewerb'. Wir sind weit entfernt von einem effizient arbeitenden Unternehmen. Dies heißt aber nicht, dass CargoLifter unfähige und unwillige Mitarbeiter hat. Das Wichtigste was CargoLifter fehlt, sind meines Erachtens Führung und Struktur."

Interner Kritikbrief eines technischen Projektmanagers, Oktober 2000: [ID: 542:2]

„Also, the refusal to communicate our best estimates to the investment community is troubling. In June of this year when the first bottoms-up estimate indicated the rollout date for P1 would be significantly later and at greater expense than communicated only a month earlier at the IPO, we not only refused to divulge this information, we actively sought to squelch it. I heard several managers' state that the reason for this was to avoid the appearance of fraud. Presumably, disclosure at a later date (suspi-

- Ignorieren/Vertuschen/Kleinhalten von internen Problemfeldern und Planungsfehlern.
- Wahren eines positiven externen Images.

ciously after the strike date for employee stock options) would be less fraudulent." Interner Kritikbrief eines Abteilungsleiters, 21.11.2000: [ID: 318:2] *"As I mentioned in my previous Letter to you, I believe CL Development is lacking in integrity, organisation, and communication. It is apparent that [CEO] does not realize this has left the management team with very little credibility in the eyes of the development organisation."* Kündigungsschreiben desselben Abteilungsleiters, 12.12.2000: [ID: 319:2] *[Name D] and [Name E] who I often disagreed with; [Name F]; [Name G] (who I disagreed with); [Name H] (who I disagreed with; and other first level managers. [Name I] (Director of Test) and I often shared the same feelings about leadership at the company. I believe [Name I] left the company about the time I did.* *However, nothing was ever acted upon, except that perhaps that CL did finally hire a qualified pilot to head up a flight operations group, more than a year after I had advised [Name A] that it was going to be necessary. Also, after another American consultant came on board ([Name J], I think the company was called [Name], and believe they had worked on the Biosphere 2 project): CL woke up to the fact that transport category operation regulations would need to be developed with the JAA for the operations CL was considering."* Erläuterung der Schreiben durch den entsprechenden ehemaligen Mitarbeiter, 02.08.2010: [ID: 647:6]	Keine entsprechenden Originaldokumente vorliegend.	• Ignorieren/Vertuschen/Kleinhalten von internen Problemfeldern und Planungsfehlern.
Mehrere Abteilungsleiter und Projektmanager gehen geschlossen auf die Bühne des Tagungsraums und äußern in einer Gruppe während des technischen Milestonemeetings Kritik am bisherigen Vorgehen des Unternehmens und fordern eine Änderung des Vorgehens. Weite Teile der aufgeführten Kritikpunkte sind deckungsgleich mit denen von [ID: 542:2], [ID: 318:2] und [ID: 319:2]. Dies zeigt, dass die adressierte frühere Kritik bis zu diesem Zeitpunkt nicht angegangen wurde und daher negiert wurde. Internes Unternehmensvideo (PDR), 01.03.2002: [ID: 757:1] *"Kommunikation: Wahrheit statt ‚keine schlechten Nachrichten' – ‚We can live with reality"*. Abschlusspräsentation externes Top-Management Beratungsunternehmen, 02.05.2002: [ID: 529:29]	Keine entsprechenden Originaldokumente vorliegend.	• Wahren eines positiven externen Images.

Tabelle 16: Erfolgte organisationsinterne Kritik und entsprechende organisationale Reaktionen

An den innerhalb dieser Tabelle angeführten Textstellen zeigt sich, dass wesentliche Kritik an dem Projekt auch organisationsintern geäußert wurde und diese an die höchste Unternehmensspitze getragen wurde. Eine fundamentale Änderung des internen Vorgehens und der angefertigten Planungen erfolgte jedoch nicht. Insbesondere die Projektplanungen wurden weiterhin nur inkrementell angepasst.

Ob die obere Führungsebene des Unternehmens die fundamentale Kritik am gewählten Vorgehen bewusst oder unbewusst ignorierte oder diese nicht unmittelbar nachvollziehen konnte, ließ sich innerhalb der Analyse nicht zweifelsfrei rekonstruieren. Betrachtet man die vier Mitglieder des vom Unternehmen als obersten Führungskreis verstandenen „Executive Teams", fällt folgendes auf: Abgesehen von einem hatten diese keinen technisch fundierten Hintergrund und waren von ihrer Ausbildung her mit den Gesetzmäßigkeiten der Luftfahrt wenig vertraut. In Vorbereitung auf das wichtige technische Milestone Meeting im März 2002 hielt ein zentraler technischer Berater in einem Memo auch folgende Forderung fest und wies dabei auf ein mangelndes technisches Problembewusstsein der obersten Führungsebene hin:

„In Anbetracht der sehr begrenzten Kenntnis der technischen Problembereiche im Vorstand der CL AG, empfehle ich, dass die Herren [Name A] und [Name B] bei der Zusammenfassung der PDR-Ergebnisse anwesend sind."
         Memo externer technischer Top-Management Berater, 25.11.2001: [ID: 679:12]

Weiterhin fällt auf, dass innerhalb der CargoLifter AG erst kurz vor der Insolvenz auf der letzten Hauptversammlung erstmalig ein technischer Vorstand benannt wurde, indem der technische Aufsichtsrat in den Vorstand wechselte. Doch retrospektiv betrachteten sowohl zwei der Aufsichtsräte als auch andere Mitglieder des obersten Managements das lange Fehlen eines technischen Vorstandes als gravierendes Problem. Dennoch waren das oberste Management und der Aufsichtsrat lange kollektiv der Überzeugung, mit der eingeschlagenen Strategie und der personellen Aufstellung richtig und erfolgreich zu handeln, was darauf hinweisen könnte, dass Kritik kollektiv auf dieser Ebene negiert wurde:

„[Interviewpartner]: Also, ich meine, Sie werden wahrscheinlich... müsste ich jetzt falsch liegen, wenn Sie nicht von Herrn [Aufsichtsratsvorsitzender] und [Name weiterer Aufsichtsrat] nicht eine ausführliche Darstellung bekommen haben, dass der Technikchef gefehlt habe. Und dass man viel früher hätte einen stärkeren gebraucht, der die Technik vorantreibt. [Interviewer]: Identische Sicht, ja. [Interviewpartner]: [lacht] Das ist wahrscheinlich aus einem Rohr. Da haben sie das herausgeschossen. Das ist mir schon klar, weil das eine große Diskussion war. Kann man im Nachhinein sich wirklich... auch drüber unterhalten. Durchaus kritisch drüber reden. Wissen sie, wissen sie nur eins... und das ist halt so ein bisschen der menschliche Aspekt in der Nachsicht... [Interviewer]: Ist man immer schlauer? [Interviewpartner]: Ja und vor allem Dingen es ist auch des, wissen sie... deswegen hatte ich auch gesagt, die absolute Figur in dem ganzen Spiel war der [Vorstandsvorsitzende]. Die absolute Figur. Und wir waren am Ende des Tages... und es ist nun einmal so... wir waren alle seine Jünger, seine Verehrer und so. Aber eines hat mich ein bisschen... ich meine gut, wir [...] sind halt diejenigen, die dann am Schluss nach rechtlich als [Mitglieder des obersten Führungskreises] und so halt dann im Feuer hängen und so. Aber eines hat

mich dann schon ein bisschen traurig gestimmt, dass so manche Herren, gerade auch so [Name] und [Name] und so... Danach wirklich sich... wirklich nicht Brust gezeigt haben auch gegenüber so einem miesen Typ wie dem Verwalter. Und einfach nicht stärker gesagt haben o.k., wir haben Fehler gemacht, aber wir haben es mitgetragen. Wir sind da auch dran mit Schuld. Wir sind ein Aufsichtsrat.
[Interviewer]: Das ist ja eigentlich das deutsche System, eigentlich ist der Aufsichtsrat auch derjenige, der alles auch mit verantwortet.
[Interviewpartner]: So, genau. Wir haben das auch mit entschieden. Dass man sich wirklich hinstellt und sagt: Jungs, wir haben das so gemacht. Wir waren alle der Überzeugung. Wenn wir nicht überzeugt gewesen wären, hätten wir viel früher sagen müssen: ,[Vorstandsvorsitzender] du musst gehen.'"
Mitglied des obersten Führungsteams, Interview

Neben diesen möglichen Gründen für das Ignorieren von Kritik kann auch eine indirekte Verbindung zu dem vorherrschenden Status organisationaler Berühmtheit gezogen werden. Wie bereits in einem vorherigen Abschnitt gezeigt, erlangte CargoLifter über seine hohe Prominenz Zugang zu den allerhöchsten Kreisen der Politik und Industrie. Vorstellbar ist, dass durch diesen wahrgenommenen Zuspruch weiterhin von einer hohen kollektiven Selbstwirksamkeit ausgegangen wurde, sodass interne Kritik an der eigenen Struktur und Verfahrensweise ignoriert wurde.

Erkennbar wird diese Interpretation aus einer auf höchster Unternehmensebene zirkulierenden E-Mail, die in Vorbereitung auf ein Treffen mit Entwicklungsingenieuren von Airbus verfasst wurde. Airbus hatte nach längeren Verhandlungen Anfang des Jahres 2001 wegen seiner Bedenken hinsichtlich der bestehenden zeitlichen Entwicklungsunsicherheiten öffentlich bekannt gegeben, den CargoLifter CL-160 doch nicht für den Transport von Flugzeugteilen benutzen zu wollen. Dennoch ergab sich für CargoLifter im Herbst 2001 eine erneute Chance, Airbus als potenziellen Kunden zu gewinnen – indem dort der CL-75-Ballon als Transportalternative vorgestellt werden sollte. Ein Mitglied des obersten Führungskreises äußerte sich vor dem anstehenden Treffend wie folgt:

„[I]ch habe überhaupt keine Lust da sehr freundlich mit Airbus zu sein....wir waren sehr nett- udn di ehaben uns je nach Bedarf mißbraucht....außerdem bin ich am 5. mit [Name A] beim Kanzler ...am 6. 9. halte ich einen Vortrag bei der EADS !!!! in München udn am 7. kommt der DR. ?? [Name B] aufd den Brand!!! Ich habe auch dem [Name C] schon das Szenario gemalt: 2005 Airbus will den A 380 bauen...Straße blockiert ... Bauern, LKW...etc .... darüber ein Cargolifter AirCrane, der wunderbar irgendwelch eSachen über deren Köpfe hinwegzieht..auf dem AirCrane das LOGO eines bekannten amerikanischen Luft- und Raumfahrtkonzerns........sowqeit zu meiner Stimmung und Vergehensweise EADS/Airbus ...... und ich meine das auch richtig ernst! Man kann ja dabei freundlich bleiben ...aber man spielt mit uns nicht Katz und Maus ..... und die Zeiten stehen eben gerad emal schlechter für Alrbus......[alle Rechtschreibfehler: sic]."
Interne E-Mail Kommunikation, 08.08.2001: [ID: 555:2]

Anhand dieser Textstelle zeigt sich, dass durch den Kontakt der obersten Führungsebene zum Bundeskanzler und zu ranghohen Entscheidungsträgern des EADS-Konzerns davon ausgegangen wurde, das eigene Produkt in Form des CL-75 erfolgreich auf den Markt bringen zu können. Demut und Bewusstsein für organisationsinterne Fehler und Grenzen war durch diesen sozialen Zuspruch scheinbar nur kaum noch vorhanden. Durch Celebrity und den damit verbundenen Zuspruch kann also in Teilen mit erklärt werden, warum interne und auch externe Kritik im Zeitablauf wenig beachtet wurde und keine Wirkung zeigen konnte.

Anhand des aktuellen Abschnitts hat sich darüber vor allem noch eine andere Tatsache offenbart. Trotz der erfolgten Kritik rückte das Unternehmen und die zuständigen Entscheidungsträger des obersten Managements nicht von dem eingeschlagenen strategischen Pfad ab. Insbesondere wurde die Entwicklungsstrategie, das größte jemals gebaute Luftschiff ohne Zwischenschritte zu konstruieren, trotz des vielfältigen negativen Feedbacks nicht grundlegend hinterfragt. Somit kann eine strategische Persistenz innerhalb des Entscheidungsverhaltens vorgelegen haben, welche nun in einem abschließenden Abschnitt Betrachtung finden soll.

5. Hohe strategische Persistenz

„Überall, können wir jetzt uns überall gegenseitig noch ankreiden, was wir da falsch gemacht haben. Aber aus meiner Sicht war das nicht die… wir müssen so die… es gab einfach Rahmenbedingungen und Situationen zu dieser Zeit, wo wir dann am Ende des Tages auch keine Chance mehr hatten. Muss man ja leider einmal so sagen. Auch diese Diskussion, hätte man erst ein kleines Schiff bauen sollen. Nein. Wir sind angetreten um ein großes zu bauen. Und wir haben jahrelang gepredigt, dass das große den Vorteil hat. Und dann kann ich nicht auf dem halben Weg plötzlich die Argumentation umdrehen und sagen, jetzt lasst uns so ein kleines Ding bauen. Und, also, ich fand, das war alles… strategisch richtig gut angelegt."

Mitglied des obersten Führungsteams, Interview

Die strategische organisationale Persistenz wird anhand dieses Zitats sehr gut veranschaulicht. Bis wenige Wochen vor dem Eintritt der Insolvenz hielt CargoLifter an dem Vorhaben fest, das größte jemals gebaute Luftschiff zu konstruieren, ohne dabei auf einen technologischen Skalierungsprozess zurückzugreifen. Selbst Jahre nach der Insolvenz spricht sich dieses hochrangige Führungsmitglied noch für das gewählte Vorgehen aus und steht dabei im Vergleich mit anderen ehemaligen Unternehmensangehörigen isoliert da. Alle anderen für diese Arbeit interviewten ehemaligen Unternehmensangehörigen, sofern sie sich zu der Thematik äußerten, reflektierten im Nachhinein, dass der Verzicht auf eine technologische Skalierung ein Hauptfehler des Unternehmens gewesen wäre. Nicht nur technologische Bedenken spielten bei dieser Argumentation eine Rolle. Manche Experten merkten an, dass ein kleineres, das Verfahren des Lastaustauschs zeigendes Luftschiff als Signal für die Öffentlichkeit wichtig gewesen wäre, um die tatsächliche technische Machbarkeit zu demonstrieren.

„[Interviewpartner A]: [...] we communicated a big airship and we made the mistake that we did not foresee [the] development steps. But we aimed for the big one, 260 m airship. [Interviewpartner B]: It's like forming Airbus and building an A380 as the first one without the A320. [Interviewpartner A]: As from the development team received indications that it would be in terms of material, technology, and experience and gathering data and would be more, and

would be wise, to have a smaller airship first. Which would not fit into our business plan. On the financial assumptions. Because, the financial assumptions about such that, that was just one airship feasible. With that...
[Interviewpartner B]: ... amount of money.
[Interviewpartner A]: Amount of money. So everything concentrated on the big one, which of course caused problems. Which is quite natural in the aerospace industry: too late, too heavy and too expensive. It's too late, too heavy, too expensive. That were the three key points. So, what we should have done, is, we built Joey. [...] And what we should have done, after we built Joey, we should have produced [an] 80m to 100m airship. And then go to 150m. [...]"

Mittleres Management, Interview

Wenige Tage vor Anmeldung der Zahlungsunfähigkeit im Mai 2002 wurde der Öffentlichkeit verkündet, dass vom eingeschlagenen technologischen Entwicklungspfad abgewichen werden sollte. Auf einer Pressekonferenz wurde bekannt gegeben, dass sich das Unternehmen aufgrund der mangelnden Liquidität vorerst ausschließlich auf die Konzeption und Produktion des CL-75-Lastenballons konzentrieren würde. Unternehmensintern wurde hingegen schon im März 2002 damit begonnen, von der Entwicklung des CL-160-Luftschiffs abzusehen und vorerst einen technologisch reduzierten Demonstrator zu bauen. Von dem Unternehmen wurde also zu diesem Zeitpunkt eingesehen, dass die bisherige Strategie nicht mehr erfolgsversprechend war und sich als Fehler erwiesen hatte. Während der ersten Monate nach Eintritt der Insolvenz wurde dieses Vorhaben forciert, führte jedoch aufgrund mangelnder Investorenbereitschaft auch nicht zum Erfolg. Tabelle 17 gibt einen Überblick über Ereignisse, welche auf eine Auflösung der strategischen Persistenz verweisen und zeigt darüber hinaus auf, dass der Aufbruch der Persistenz sehr spät erfolgte.

Laut unabhängiger Angaben mehrerer Interviewpartner wurde Anfang des Jahres 1999 zudem organisationsintern ein Versuch unternommen, die strategische Persistenz frühzeitig aufzubrechen. Ein technischer Mitarbeiter hatte entdeckt, dass die Konstruktionspläne für ein in den 1950er-Jahren vom Unternehmen Goodyear gebautes Prallluftschiff noch auf Mikrofilm existierten. Dadurch, dass dieser Luftschifftyp eine mehrere Tonnen schwere Radarantenne zur Luftraumüberwachung transportierte, wurde bei CargoLifter angedacht, diese Konstruktionspläne zu erwerben, ein solches Luftschiff erneut zu errichten und für den Lastentransport umzurüsten. Das Lastaustauschverfahren hätte mit diesem Luftschiff also im operativen Flugbetrieb frühzeitig getestet werden können. Nachdem dieser Vorschlag über das mittlere Management an die oberste Führungsebene getragen wurde, erhielt er dort jedoch keine Zustimmung, sodass an der ursprünglichen Strategie festgehalten wurde. Die folgende Tabelle 18 führt hierzu Interviewaussagen zentraler Mitarbeiter zu dieser Episode auf.

Zeitpunkt und Quelle	Textstelle
02.03.2002 Memo externer technischer Top-Management Berater (Bewertung des CL-160 (P1) PDR), 02.03.2002: [ID: 524:20]	*„Bewertung des CL-160 (P1) PDR [...]* *Die Entwicklung eines Demonstrators P1 ist der allein mögliche Weg.“*
18.04.2002 Aufsichtsrat auf einer Betriebsversammlung, [ID: 727:14]	*„Und im Grunde genommen, wenn ein P1, möglicherweise auch in einer abgestrippten Version, vielleicht ein bisschen kleiner, aber prinzipiell die Fähigkeiten der CL Vision demonstrierend, erst einmal in Hardware vor eurem Hangar steht, dann werden die Kunden auch kommen. Und werden im Grunde genommen ihren Beitrag dazu liefern, dass dieses Konzept ein Erfolg ist.“*
03.05.2002 Protokoll Aufsichtsratssitzung, 03.05.2002: [ID: 530:19]	*„[Name A] erläutert kurz die Arbeitsgruppen zum Thema Kostenreduzierung und stellt ein erweitertes LTA-Produktportfolio vor. [Name B] betont erneut die Notwendigkeit, nicht den Anschein zu erwecken, dass man die Strategie wechselt. Dies sei weder für den Finanzmarkt noch für die Aktionäre nachzuvollziehen. [Name C] ergänzt, dass die Präsentation eines erweiterten LTA-Produktportfolios nicht eine Änderung der Strategie des CL 160 darstellt, der auf jeden Fall gebaut wird, sondern es sei eher zu verstehen als eine stufenweise Entwicklung bis zum CL 160. [Name B] weist darauf hin, dass der private Finanzmarkt für ein solches Vorgehen nicht den langen Atem hat, zumal durch den geänderten Zeit- und Kostenplan parallel ein Enttäuschungsvorgang stattfindet.“*
17.05.2002 DPA – AFX, [PA: 588:1]	*„CargoLifter baut künftig nur noch Ballons: [...] Der finanziell angeschlagene Luftschiffbauer CargoLifter AG hat die Fertigstellung seines Vorzeigeprojekts auf unbestimmte Zeit verschoben. Die Pläne für das gigantische Luftschiff CL 160, das eines Tages Lasten bis zu 160 Tonnen transportieren soll, bleiben vorerst in der Schublade.“*
12.07.2002 PR-Mitteilung, 12.07.2002: [ID: 496:15]	*„Das Ziel, das Transport-Luftschiff CL 160, soll über mindestens einen Zwischenschritt in Form eines als Demonstrator- und Entwicklungsplattform konzipierten kleineren Luftschiffes erreicht werden.“*

Tabelle 17: Aufbruch der strategischen Persistenz

Interviewtextstelle

„*[Interviewpartner]: Anyway, [Name A] came and he said: Why don't we do this in different way? Why don't we stop spending money on Joey, which is a silly little airship, it doesn't teach us anything. And it's now out of date, because we are not going to have the fin cross, we're not going to have gas bags insides. So all the things you're doing in Joey are not helping us. Why don't you simply go to America and say: in the 1960s the US Navy had big blimps. The biggest blimps that have ever flown. They had 4 tons of radar. The N-ships, the ZPG's. They had 4 tons of radar in. They were looking for Russian missiles coming over the ocean. Why don't we simply go to the American Goodyear company and say: we want another one. We want to build the next model. Now, the certification authorities will be relaxed, because we're not doing anything different. We are building another one of the proven type. These airships have already flown. Because, this model is a scale 10th of the size of CargoLifter. So we can actually scale it. It can fly 25 people from America to Germany. It can go to the North Pole, it can go to the tropics. Because we know that this is what they did in the 1950s. Now it's proven. We know this. So we will have an airship that can do these things. Now we try to pick up a concrete block that is four tons. We don't have the radar dish inside. We have 4 tons of lift. Maybe we can have 5 tons of lift, because we have better engines or something. But essentially we are going to see if we can do a load pickup.*

[Interviewer]: If it works at all..?

[Interviewpartner]: If it works at all. And then we can go and tell everybody: Hey, we've done it. But CargoLifter said, no we don't want to do that. And they carried on with Joey.

[Interviewer]: Why would you say did this decision grew up or why did people follow this [initial] decision?

[Interviewpartner]: I don't know. The idea was taken by [Name A] to [Name B]. And [Name B] took it to [Member of the executive management]. When we were in Schloss Briesen, early 1999, and [Member of the executive management] said no.

[Interviewer]: Interesting.

[Interviewpartner]: I don't know if he made this decision on his own or with the others. But they said no."

Mitarbeiter Entwicklungsbetrieb, Interview

„*[Interviewpartner]: Oh, good. Maybe he brought this up. We said look, why don't you go back to the largest and the last of nonrigid airships. The ZPG3W. There were four of them built by Goodyear in the late 1950s. I knew and I told them. All the drawings for that ships still exist. On microfilm. You have a recipe for building a modern, fairly good-sized ship, that will allow you to learn your craft. And then at that point, you will be in the position these larger, more complex ships. And it was tossed around... And the answer that came back was, no, no we can't do that. We told the shareholders we're going to build the big ship right away. And so, can you hang on just a second [gets interrupted]. Let's see. Ähm.*

[Interviewer]: So basically Goodyear and...

[Interviewpartner]: Yep. We had suggested to do that, and then you figure it out. And then they said, we cannot do that because we already, we had this iron schedule, we raised all those money based on our statement that we will have a 160 t ship. That is our first ship. And we will be able to get it out the door in four years. Well, they took us. And they did take an interim solution. They said, we need some kind of product, that we can quickly get out there to show people, we are building something. And that's when they came up with the CL-75."

Mitarbeiter Entwicklungsbetrieb, Interview

„[Interviewpartner]: Sure. I can assure you that one of the suggestions that was put forward was, you mentioned earlier that somebody said that there has never been a large non-rigid airship. Or you say semirigid, but it's non-rigid. Because the envelope is just non-rigid. And in the 1950s, there was a large airship produced by the USA. And many of the design documentation, or a lot of the design documentation, was available. And somebody from CargoLifter, an English guy, gathered as many documents as he could. And a suggestion was put forward, that we produce something that was probably half scale, maybe a little bit shorter. But bigger than the Skyship, bigger than Joey. At least something that would give us the experience of handling the materials. Producing an airship. Of possibly doing a small version of load transfer. Getting an understanding of the flight. Just to refine the models. Because our flight sciences department, run by [Name], the [nationality] guy. Really a lovely guy. But technically, his brain was bigger than his head. And he could... answer all the detail right down to a little bit, but he couldn't tell you, if it would move if wind would come, or could we take the fins and just chop six off them and it wouldn't matter. He would be going and analyze it. Ähm, lovely guy, but he was just that way implied. And we would have benefited by doing something of that nature. The problem is, the scene was set before any of us arrived. The scene was set, that we would use Joey. And then go straight to the big one.

[Interviewer]: And no one changed this mindset of the executive team?

[Interviewpartner]: We couldn't change it. Well, no."

Leitender Mitarbeiter Entwicklungsbetrieb, Interview

„[Interviewpartner]: Nur: Vision und Umsetzung, da muss man einen Link haben und ich glaube da fehlte auch die Ressource, die stark genug war die Vision zuzulassen aber operativ umzusetzen. Und dann zu sagen: so, stop! So wird es gemacht. Das ist der Zeitplan, in diesen Kosten bewegen wir uns. Ich glaube, wenn man nicht bis 2001 gewartet hätte und gesagt hätte: O.k., wir gehen jetzt beispielsweise auch... es wurde ignoriert, zum Beispiel einen kleinen Prototypen zu bauen.

[Interviewer]: Genau, das ist noch eine zentrale Frage, die ich immer wieder habe. Genau, das finde ich sehr spannend, ja.

[Interviewpartner]: Ja. Wir, wir haben mehrfach angeregt: Lasst uns ein Funktionsmodell bauen, das das kann. Das dauert vielleicht fast so lange, wie den Riesen zu bauen. Aber wir überzeugen die Welt, dass es geht. Und wenn es geht kommt auch das Geld herein. Und dann wurde aber um das Verrecken an dem ‚nein wir bauen sofort das Endprodukt' und haben dann vielleicht ein Testvehikel, einen Joey, der aus Studententagen noch kam. Der aber niemals diese Funktionalität hätte darstellen können. Weder die Belastung, nach hätte er überhaupt das darstellen können, dass es geht. Und das war einfach: ‚Nein, das wird nicht gemacht. Und wollen wir nicht.' Und wir waren dann...

[Interviewer]: Ist das nur durch [den Vorstand] abgelehnt worden, oder durch das gesamte Topmanagement? Wer hat das zentral letztendlich abgelehnt?

[Interviewpartner]: Phh. Ähm. Also da ich ja in der Entwicklungsabteilung sehr stark aktiv war. Ich glaube es war nicht nur [der Vorstand] selber. Es waren gerade auch starke Führungskräfte, die in der Development, auch durch diese Untergliederung, gar nicht so stark zum Tragen gekommen sind. Das waren auch sehr starke Einflüsse aus dem Bereich Finance. Aus dem Bereich Operations. Wo es dann auch sehr stark Diskussionen gab, die aber in den einzelnen Teilen der Firma, auch in den Unterfirmen unterschiedlich wahrgenommen wurden. Aber, da waren heftige Diskussionen. Ich denke einmal gerade der Leiter der Development GmbH, der [Name], der hat sich schon auch sehr stark dafür eingesetzt...ich habe aber auch oft so den Eindruck gehabt, irgendwann wurde dann halt einfach platt geredet. Und gesagt: ‚Nee, das ziehen wir jetzt so durch.' Und wir hatten dann eben auch ganz konkret auch ausgesprochen Warnungen. Achtung, da wird jetzt einer quasi als Bauernopfer aufbereitet und den opfern wir nachher. Weil irgendeiner muss ja schuld haben am Ende, wenn es nicht klappt. "

Mitarbeiter Entwicklungsbetrieb, Interview

Tabelle 18: Ein frühzeitiger Vorschlag der strategischen Neuorientierung

Innerhalb der Experteninterviews wurde auch möglichen Gründen für diese strategische Persistenz nachgegangen. Retrospektiv gibt es diesen Ausführungen nach also rationale Erklärungen für das damalige irrationale organisationale Entscheiden und Handeln. Über alle Gespräche hinweg kristallisierten sich drei wesentliche Erklärungsmuster heraus. Einerseits waren das Unternehmen und das Top-Management regelrecht gefangen in den selbst geschaffenen, überhöhten Erwartungen. Es wurde anscheinend davon ausgegangen, dass ein Abweichen vom Großprojekt CL-160 auf ein stufen- und schrittweises Vorgehen sowohl durch Aktionäre als auch die Öffentlichkeit nicht toleriert würde. Daneben wurde häufig angemerkt, dass das CL-160-Luftschiff eine vom Markt geforderte und damit notwendige Mindestgröße darstellen würde. Ein kleineres Luftschiff hätte innerhalb der Vorstellung des Managements keinen tragfähigen Business Case ergeben. Als drittes Motiv wurden die falschen Basisannahmen des Projektes als Einflussfaktor auf die strategische Persistenz genannt. Wie bereits gezeigt[796], ging das obere Management bis kurz nach dem Börsengang davon aus, dass die grundlegende Luftschifftechnologie für das CL-160-Projekt keinen erheblichen Forschungsaufwand benötigen würde. Außerdem wurde schon bei Projektstart davon ausgegangen, neben dem CL-160 auch weit größere und kapazitätsmäßig noch leistungsfähigere Luftschiffe – im Sinne eines CL-500 500-t-Luftschiffs – zu konstruieren. Der CL-160 mit seinen dem historischen Luftschiff „Hindenburg" ähnlichen Längendimensionen wurde dabei als sinnvoller Zwischenschritt gesehen. Ein Skalierungsprozess war also angedacht, setzte aber bei einer falschen Größendimension an. Diese drei Motive sind zusätzlich in der Tabelle im Anhang E.19 zusammengefasst.

Neben diesen Begründungen wurde an einigen wenigen Stellen innerhalb der Interviews auch eine Verbindung zur organisationalen Berühmtheit von CargoLifter angedeutet. Einerseits wurde von manchen ehemaligen Mitarbeitern erwähnt, dass durch den sozialen Zuspruch und die finanzielle Beteiligung jener Industriekonzerne, die planten, den CL-160 einzusetzen, auch organisationsintern die Überzeugung dominierte, auf eine Skalierung verzichten zu können:

„Traue ich mir keine echte Prognose dafür zu. Gut, das war... von meinem Gefühl her würde ich sagen, es gab einen... gut, jetzt komme ich mit so einem Fehler. Am Anfang... als ich mit dem [Vorstand] geredet hatte, hatte er glaube ich wirklich die Meinung, er bekommt das hin. Und er bräuchte den Staat nicht. Wir schaffen das mit der deutschen Industrie. Für die wir das Ding ja bauen sollen. Da war ja [Industriekonzern A] dabei. [...] Ein top Maul hatten die [Industriekonzern B]. Da war ich dabei. Mit denen habe ich geredet. Dann vorher und hinterher, sozusagen, wir konnten gar nicht so schnell schauen, wie schnell da alle unter dem Tisch waren."

Geschäftsführer Tochtergesellschaft, Interview

Daneben trat ein Element hervor, welches ebenfalls schon weiter oben erwähnt wurde. Der nur über den Status der Celebrity Firm mögliche erfolgreiche Aktienverkauf wurde als sozialer Zuspruch angesehen, sodass hierdurch ein weiterer Erfolgsglaube und „Selbsttäuschungsprozess" in Hinblick auf die gewählte Strategie stattfand.

---

[796] Vgl. Kapitel E.IV.1.a.

„Und man hat sich dadurch auch selbst benebelt. Nach dem Motto, ich kann mir vorstellen, dass das auch sicher ein ganz interessanter laufender Selbsttäuschungsprozess war. Weil man gesagt hat: ‚O.k., wir haben eine Vision. Jetzt läuft das Geld herein. Ahh, die andern sehen das auch. Also wird das schon technisch funktionieren.'"

Geschäftsführer Tochtergesellschaft, Interview

Aufbauend auf dieser Aussage lässt sich vermuten, dass organisationsintern die Annahme vorherrschend gewesen sein kann, dass nur durch positiven externen Zuspruch weiterhin neue Finanzierungsquellen erschließbar seien. Ein Abrücken von dem lange geplanten CL-160-Projekt, welches durch seine Grandiosität die Berühmtheit mit initiiert und bestärkt hat, wäre einem regelrechten Eingeständnis und einem möglichem Projektende gleichgekommen:

„[Interviewer]: Why didn't you, as a team, or management team decided to change the schedule. Or rethink the whole strategy?
[Interviewpartner]: I think at that point in time if we had ever really stood up and said, you know, really, really need a lot more money and a lot more time, the whole house of cards would have just collapsed. You know. It was like I have said before, having a gorilla in the room. You know, he's there, but if you would admit he is there, it's all over."

Hochrangiger Mitarbeiter Entwicklungsbetrieb, Interview

Zusammenfassend zeigt sich anhand des aktuellen Abschnitts, dass innerhalb von CargoLifter tatsächlich ein Muster der strategischen Persistenz aufgetreten ist: Von Anbeginn der Unternehmenshistorie bis kurz vor Eintritt der Insolvenz plante das Unternehmen, das weltgrößte Luftschiff zu konstruieren, ohne dabei einen technologischen Skalierungsprozess durchzuführen. Indem diese strategische Entscheidung im Jahr 2002 revidiert wurde und der Beschluss getroffen wurde, zunächst einen funktionsfähig reduzierten Demonstrator zu bauen, gestand sich das Unternehmen eine strategische Fehlentscheidung ein. Gezeigt werden konnte darüber hinaus, dass schon im Jahr 1999 der erfolglose Versuch unternommen wurde, diese Strategie abzuändern.

Mögliche Gründe für diese Persistenz sind vielfältig. Drei Erklärungsmuster wurden aus den Experteninterviews abgeleitet. Anhaltspunkte für den Einfluss von organisationaler Berühmtheit ließen sich hingegen nur am Rande finden.

Nachdem der Organizational Hubris Referenzrahmen nun umfassend geprüft worden ist, gilt es im kommenden Abschnitt eine abschließende Beurteilung zum Einfluss von Hybris auf das organisationale Scheitern sowie die Dynamik mit dem Status der Celebrity Firm zu geben.

V. Zusammenfassende Betrachtung der Fallstudienergebnisse

Für eine nun abschließende Zusammenfassung der Analyseergebnisse kann eine Übersicht über die tatsächliche Existenz von Organizational Hubris innerhalb des Fallstudienunternehmens abgegeben werden. Zudem wird eine zusammenfassende Darstellung zur Dynamik zwischen Organizational Hubris und Celebrity erstellt werden. Auf diesen beiden Zusammenfassungen aufbauend soll abschließend eine Beurteilung erfolgen, ob und wie Muster kollektiver Überschätzungen zu dem Niedergang und Scheitern des Unternehmens beigetragen haben.

1.   Existenz von Organizational Hubris

Anhand der Analyseergebnisse zeigt sich, dass innerhalb des Fallstudienunternehmens CargoLifter AG alle Ausprägungen und Bestandteile des Organizational Hubris Referenzrahmens zum Vorschein traten.

Die Existenz der kollektiven Überschätzung organisationaler Fähigkeiten, als erstes und wesentliches Element des theoretischen Konstrukts, kann anhand von drei Motiven nachvollzogen werden. Diese Überschätzung zeigte sich dabei insbesondere in Hinblick auf die technischen organisationalen Fähigkeiten des Unternehmens.

Durch einen Vergleich prospektiver Einschätzungen und Erwartungen mit tatsächlichen technischen Ergebnissen und retrospektiven Beurteilungen durch Experten, konnte zunächst in Bezug auf das Versuchsluftschiff Joey diese Überschätzung der technischen organisationalen Kompetenz verifiziert werden. Schon die Entwicklung dieses Fluggeräts hatte technische Probleme bereitet und zeitliche Verzögerungen aufgewiesen. Nach erfolgtem Erstflug zeigte sich, dass dieses Luftschiff weit weniger leistungsfähig war, als ursprünglich propagiert und geplant. Dennoch attribuierte sich das Unternehmen sowohl in der Außendarstellung als auch in der inneren Wahrnehmung herausragende Fähigkeiten der Luftschiffentwicklung. Dass diese kollektive Selbstwahrnehmung überhöht war, zeigte sich daran, dass selbst kurz vor der Insolvenz grundlegende Dokumentationen noch nicht vorhanden und nur wenige flugphysikalische Testflüge durchgeführt worden waren. Insbesondere konnte mit Joey niemals das Lastaustauschsystem vorgeführt und getestet werden, für welches das Luftschiff ursprünglich angedacht und angekündigt worden war. Bei diesem Abgleich der ursprünglichen technischen Vorstellungen mit dem tatsächlichen Endergebnis zeigt sich daher, dass das Unternehmen in Hinblick auf Joey seine technische Kompetenz wenig unter Beweis hatte stellen können. Da das Unternehmen dennoch auf Grundlage Joeys von einer vorliegenden Kompetenz der Luftschiffkonstruktion ausging, ist die Interpretation zulässig, dass die kollektiven Entwicklungsfähigkeiten überschätzt wurden.

Die Überbewertung technischer Fähigkeiten konnte darüber hinaus noch an zwei weiteren Aspekten nachvollzogen werden: Einerseits zeigte sich innerhalb der Datenanalyse, dass fundamentale technische Problembereiche während der Unternehmenshistorie nicht gelöst werden konnten. Anstatt diese Probleme jedoch zielgerecht anzugehen, wurde das Erfordernis der zeitnahen Lösung kollektiv regelrecht ausgeblendet. Obgleich bezüglich der Technik vielfältiges negatives Feedback vorlag, wurden diese Problembereiche ausgeblendet und optimistisch davon ausgegangen, den technischen Entwicklungsprozess erfolgreich zu meistern.

Andererseits zeigte sich, dass innerhalb des Unternehmens eine kollektive Vorstellung über eine Kernkompetenz der Hüllenfertigung geteilt wurde. Aus der Datenanalyse ging jedoch hervor, dass das Unternehmen bis zum Zeitpunkt der Insolvenz noch nicht über eine Kompetenz in der Hüllenfabrikation verfügte, obwohl gezielt über mehrere Jahre hinweg darauf hingearbeitet wurde und unternehmensintern und -extern von deren tatsächlicher Existenz ausgegangen wurde. Dementsprechend herrschte über einen langen Zeitraum eine illusionäre Kompetenzeinschätzung vor, was ebenfalls den Aspekt einer kollektiven Überschätzung der Fähigkeitsbasis unterstreicht.

Die Grandiosität und Nonkonformität, als zweiten Bestandteil von Organizational Hubris, konnten ebenfalls in dem Fallstudienunternehmen Bestätigung finden. Zweifelsohne setzte das Projekt CargoLifter große und ungewöhnliche Maßstäbe in vielen Bereichen, was insbesondere anhand der größten freitragenden Halle, dem CL-75 als größtem gebauten Aerostaten sowie dem in Planung befindlichen größten jemals gebauten Luftschiff offensichtlich wird. Innerhalb der Datenanalyse wurde darüber hinaus sichtbar, dass dieses Streben nach Superlativen innerhalb des organisationalen Handelns auch bewusst war und zudem gezielt hervorgehoben wurde.

Die kollektiven Gefühle der Unverwundbarkeit und Unsterblichkeit, als die dritte Definitionsebene von Organizational Hubris, wurden anschließend geprüft und konnten ebenfalls Bestätigung finden. Einerseits herrschte im Fallstudienunternehmen eine kollektiv geteilte Annahme über die technische Unverwundbarkeit des Hüllenmaterials vor. Daneben prägte sich eine Vorstellung der reputationsmäßigen Unverwundbarkeit aus, wodurch nicht davon ausgegangen wurde, Ziel unvorteilhafter Presseberichterstattung zu werden. Darüber hinaus wurde eine finanzielle Unsterblichkeit identifiziert, durch welche unternehmensintern davon ausgegangen wurde, vor Illiquidität geschützt zu sein.

Über diese drei originären Definitionsbestandteile hinaus kann zudem nachvollzogen werden, dass innerhalb des Fallstudienunternehmens im Zeitablauf Kritik externer und interner Art negiert und ausgeblendet wurde. Anhand des Festhaltens an einer grandiosen, rückblickend sich jedoch als nicht erfolgreich herausstellenden Strategie, konnte zudem eine hohe strategische Persistenz innerhalb der Datenanalyse identifiziert werden. Auch die vierte und fünfte Definitionsebene von Organizational Hubris wird damit empirisch bestätigt.

2.   Dynamik zwischen Organizational Hubris und Celebrity

Über die Existenz von Organizational Hubris hinaus konnte für einige der Theorieebenen auch die Emergenz dieses Phänomens nachvollzogen werden. Vor dem Hintergrund der Fragestellung dieser Arbeit waren insbesondere mögliche Dynamiken zwischen Hybris und Celebrity von Interesse.

Innerhalb der Datenanalyse konnten dabei drei verschiedene Arten gegenseitiger Aus- und Wechselwirkungen identifiziert werden. Neben einer Emergenz von Organizational Hubris durch Celebrity, wurde eine Aufrechterhaltung der Hybris durch Berühmtheit festgestellt. Zudem existiert ein Motiv, innerhalb dessen Celebrity durch einen Bestandteil von Organizational Hubris hervorgerufen wurde. Die folgende Tabelle 19 verdeutlicht vorab die gefunden empirischen Ergebnisse im Hinblick auf den Zusammenhang von Hybris und Celebrity.

Ausprägung des Organizational Hubris Referenzrahmens	Empirische Muster von Organizational Hubris innerhalb der Fallstudie	Empirisch erkennbarer Zusammenhang zwischen Organizational Hubris und Celebrity	Klassifikation der Dynamik
Kollektive Überschätzung von organisationalen Fähigkeiten	Überschätzung technischer organisationaler Kompetenzen - Das Versuchsluftschiff Joey - Illusorische Kernkompetenz der Hüllenmaterialfertigung - Ungelöste technische Grundsatzfragen	Der Luftschiffhangar war das sichtbarste Artefakt CargoLifters Berühmtheit. Innerhalb der Analyse stellte sich heraus, dass durch die Prominenz und Emotionalität, welche sich an diesem Bauwerk widerspiegelten, die Emergenz einer technischen Kompetenzillusion mit hervorgerufen wurde. Durch die organisationale Berühmtheit und die Emotionalität entstand eine Gleichsetzung der Fähigkeitsbasen des Gebäudebaus sowie der Luftschiffkonstruktion. Es entwickelte sich also im Laufe der Zeit die organisationsinterne Vorstellung, dass, wenn das Unternehmen eine Halle bauen könne, es zweifelsfrei auch in der Lage sein würde, ein Luftschiff zu konstruieren. Celebrity kann daher für die Emergenz einer technischen Fähigkeitsüberschätzung maßgeblich sein.	**Emergenz Organizational Hubris** Celebrity führt zu Organizational Hubris
		Daneben konnte gezeigt werden, dass Prominenz für die Aufrechterhaltung einer Fähigkeitsüberschätzung verantwortlich sein kann. Innerhalb des Unternehmens lag während der Unternehmenshistorie die kollektive Wahrnehmung von „The best and the brightest" vor. Diese Selbstwahrnehmung führte zu einem hohen Glauben in die eigenen Fähigkeiten und den eigenen Erfolg. Indem dieser Charakterbestandteil durch Medien dargestellt wurde und weiterhin neue herausragende Experten angeworben werden konnten, wurde der Glaube an die eigene Exzellenz über einen längeren Zeitraum reproduziert. Retrospektiv stellten Mitarbeiter jedoch fest, dass dieser Glaube an eine herausragende Mitarbeiterschaft jedoch auch kollektive Überschätzungen von Fähigkeiten mit initiiert haben kann.	**Aufrechterhaltung** Celebrity bestärkt Organizational Hubris
Grandiose Initiativen und nonkonformes organisationales Verhalten	Die Grandiosität des Unternehmens und der gewählten Strategie verdeutlicht sich über die große Aufgabenstellung und das Streben nach Superlativen. Deutlich erkennbar ist die Grandiosität zudem anhand des Vorhabens, das weltgrößte jemals gebaute Luftschiff ohne einen technologischen Skalierungsprozess zu konstruieren. Innerhalb von Experteninterviews wurde diese Aufgaben-	Innerhalb der durchgeführten Analyse zum Status organisationaler Berühmtheit konnte gezeigt werden, dass die Presse innerhalb ihrer Berichterstattung gezielt Charaktereigenschaften und die strategische Orientierung des Unternehmens aufgriff. Neben der Darstellung von CargoLifters ungewöhnlicher und radikaler Strategie wurde auch die Grandiosität in den Artikeln gezielt hervorgehoben. Die Grandiosität und Nonkonformität des Unternehmens bildeten damit überhaupt erst die Grundlage für die Emergenz eines Celebrity-Status, indem Medien zunehmend über das Unternehmen berichteten. Zusätzlich führte Berühmtheit in Form des frühen Zuspruchs und das finanzielle Engagement namhafter Industriekonzerne und der breiten Öffentlichkeit zu der organisationsinternen Wahrnehmung, dass die Aufgabe bewältigbar und die gewählte Strategie zielführend sei.	**Emergenz Celebrity** Organizational Hubris führt zu Celebrity

stellung jedoch retrospektiv als „zu groß" und nicht bewältigbar interpretiert. Die Nonkonformität des Unternehmens zeigt sich insbesondere anhand der Einzigartigkeit der gewählten Strategie.	Das frühe Vorliegen der organisationalen Berühmtheit führte daher zu einer prospektiven organisationsinternen Legitimation des gewählten Vorgehens, obgleich retrospektiv das Vorgehen kritisch und teilweise als nicht machbar beurteilt wird.	**Aufrechterhaltung** Celebrity bestärkt Organizational Hubris
Geteilte Gefühle der Unverwundbarkeit und Unsterblichkeit		
- Technologische Unverwundbarkeit	Das vorliegende Datenmaterial lässt keine oder kaum direkte Verbindungen zwischen der Existenz organisationaler Berühmtheit und der Emergenz dieses Bestandteils von Organizational Hubris zu.	-
- Unverwundbarkeit der Reputation	Durch die vorherrschende Berühmtheit, den medialen Zuspruch und den Finanzerfolg der Anfangsphase entstand ein Motiv, innerhalb dessen das Unternehmen nicht davon ausging, Ziel unvorteilhafter medialer Berichterstattung zu werden.	**Emergenz Organizational Hubris** Celebrity führt zu Organizational Hubris
- Finanzielle Unverwundbarkeit	Die finanzielle Unverwundbarkeit ließ sich als regelrechtes Unsterblichkeitsmotiv erkennen. Das Motiv entstand sehr deutlich durch die Existenz organisationaler Prominenz: Durch die Berühmtheit erhielt CargoLifter Zugang zu den allerhöchsten Kreisen der Industrie und Politik. Innerhalb des Unternehmens wurde im Zeitablauf dann jedoch davon ausgegangen, auf Augenhöhe mit der Großindustrie und der Politik zu operieren. Durch diesen Glaube wurde kollektiv davon ausgegangen, vor Illiquidität geschützt zu sein.	**Emergenz Organizational Hubris** Celebrity führt zu Organizational Hubris
Ausblendung und Negation von externer wie interner Kritik	Organisationsexterne Kritik wurde in der ersten Phase der Unternehmenshistorie zunächst ignoriert oder ausgeblendet. Mit Beginn der zweiten Phase der Unternehmenshistorie wurde öffentlicher Kritik entgegengetreten. Kritiker wurden dabei zumeist öffentlich für ihre Kritik kritisiert. Die in der Anfangsphase und bis zum Börsengang vorherrschende Emotionalität (als Ausprägung der organisationalen Berühmtheit) mündete sowohl organisationsintern als auch -extern in einer regelrechten Euphorie, sodass grundsätzliche Kritik wenig beachtet wurde. Kritik wurde jedoch nach dem Börsengang während der zweiten Phase der Unternehmenshistorie auch organisationsintern häufiger angebracht. Hierbei wurden Probleme zumeist kleingehalten – insbesondere vor dem Hintergrund, einen wohlwollenden öffentlichen Zuspruch beizubehalten. Implizit lässt sich demnach erkennen, dass versucht wurde, die Prominenz durch diese Maßnahmen aufrecht zu erhalten.	**Aufrechterhaltung** Celebrity bestärkt Organizational Hubris

Hohe Strategische Persistenz	Fundamentale organisationsinterne Kritik wurde negiert, abgetan oder klein gehalten.	Zwischen dem Vorliegen organisationaler Berühmtheit und der Emergenz der strategischen Persistenz konnten auf Basis des vorliegenden Datenmaterials nur indirekte Rückschlüsse gezogen werden.
	Retrospektiv wurde durch die meisten Interviewpartner angemerkt, dass das gewählte Vorhaben von CargoLifter, direkt das CL-160 ohne Zwischenstufen konstruieren zu wollen, ein Fehler gewesen sei.	Ein frühzeitiges und öffentliches Abrücken von dem lange geplanten CL-160 Projekt wäre einer Offenbarung und einem möglichem Projektende gleichgekommen: Das Unternehmen war regelrecht abhängig von dem Status seiner Prominenz. Nur über das große CL-160 Luftschiffprojekt war es möglich, das Projekt in dieser Dimension öffentlichkeitswirksam darzustellen. Es kann dementsprechend auch die Sorge vorgelegen haben, dass ohne das große Projekt keine weiteren Finanzierungsquellen mehr hätten erschlossen werden können.
	Diese strategische Entscheidung wurde erst wenige Wochen vor der Insolvenz revidiert, obgleich es schon im Jahr 1999 einen Versuch gegeben hatte, die Strategie zu ändern.	

Tabelle 19: Zusammenfassung der empirischen Ergebnisse

Der Einfluss von Organizational Hubris auf Celebrity lässt sich innerhalb der Analyse anhand des Motivs der grandiosen Initiativen und dem nonkonformen organisationalen Handeln identifizieren. Dieses Streben nach Grandiosität und Nonkonformität wurde schon unmittelbar zum Zeitpunkt der Unternehmensgründung offensichtlich. Nicht nachzuvollziehen ist zwar, woher die Ursprünge für dieses strategische Handeln und Denken rührten. Eine Ausprägung von Organizational Hubris lag damit schon zur Unternehmensgründung vor. Gesehen wurde aber während der Analyse sehr deutlich, dass diese Anlage von Organizational Hubris überhaupt erst den Celebrity-Status mit kreierte. Medien griffen nämlich die Grandiosität des Unternehmens innerhalb ihrer Berichterstattung gezielt und gerne auf. Über diese ursprüngliche und im Zeitablauf zunehmende Berichterstattung wurde daher erst die Basis für eine breite öffentliche Bekanntheit des Unternehmens und den positiven emotionalen Zuspruch gegenüber CargoLifter gelegt.

Dieser sich entwickelnde Status der Prominenz hatte sodann unmittelbare Rückwirkung auf das Unternehmen, sodass auch eine umgekehrte Einflussnahme von Celebrity auf Organizational Hubris sichtbar wird. Obgleich Interviewpartner retrospektiv festhielten, dass das gewählte strategische Vorgehen „zu grandios" und nahezu unlösbar gewesen wäre, herrschte prospektiv die Annahme der Sinnhaftigkeit und Machbarkeit vor. Manche Interviewpartner gaben hierbei an, dass durch den empfangenen sozialen Zuspruch sowie die finanziellen Erfolge der Anfangszeit auch das grandiose strategische Vorgehen organisationsinterne Legitimation erfuhr. Organizational Hubris und Celebrity hatten damit schon in der Anfangsphase sich gegenseitig bedingende Aus- und Wechselwirkungen.

An weiteren Motiven konnte die Emergenz von Organizational Hubris durch Celebrity noch deutlicher erklärt werden. Deutlich sichtbar wurde dieser Einfluss von Celebrity bei der Überschätzung der technischen Kompetenz, sowie den kollektiv geteilten Gefühlen der reputationsmäßigen Unverwundbarkeit und finanziellen Unsterblichkeit.

Die Ursprünge der Fähigkeitsüberschätzung in Hinblick auf technische Kompetenzen kann auf Basis der Analyseergebnisse durch das Vorherrschen einer technische Kompetenzillusion mit erklärt werden. Insbesondere dem Luftschiffhangar, als das Artefakt CargoLifters Prominenz schlechthin, kommt hierbei eine gewichtige Rolle innerhalb der Erklärung zu: Durch die Prominenz und Emotionalität, welche sich an diesem Bauwerk widerspiegelten, entstand organisationintern eine Gleichsetzung der Fähigkeitsbasen des Gebäudebaus mit den Fähigkeitsbasen der Luftschiffentwicklung. Der Hangar diente damit als Fähigkeitsindikator für den Glauben an die Existenz einer herausragenden Luftschiffkonstruktionskompetenz – und das obgleich beide Fähigkeiten grundverschieden sind.

Daneben zeigt sich, dass Celebrity und der damit einhergehende mediale und öffentliche Zuspruch innerhalb des Fallstudienunternehmens zu einer Annahme der reputationsmäßigen Unverwundbarkeit geführt hat. Dadurch, dass das Projekt in der ersten Phase seiner Unternehmenshistorie innerhalb der Medien sehr wohlwollend und vorteilhaft diskutiert wurde, erwuchs innerhalb des Unternehmens die Annahme, nicht Ziel einer unvorteilhaften Berichterstattung zu werden.

Celebrity führte neben Gefühlen der reputationsmäßigen Unverwundbarkeit auch zu geteilten Annahmen der finanziellen Unsterblichkeit. Indem CargoLifter über seine Prominenz Zugang zu den allerhöchstens politischen und wirtschaftlichen Entscheidungspersonen erhielt, erwuchs ein Gefühl der finanziellen Beständigkeit. Es wurde davon ausgegangen, dass das Projekt bei Liquiditätsproblemen aufgrund seiner ranghohen Kontakte und seiner eigenen Prominenz nicht finanziell scheitern könne.

Über die Erklärung der Emergenz hinweg, konnte zudem eine Aufrechterhaltung von Organizational Hubris durch Celebrity anhand von zwei Motiven gesehen werden. Einerseits zeigte sich, dass innerhalb des Unternehmens die kollektive Vorstellung geteilt war, Teil einer herausragend befähigten Mitarbeiterschaft zu sein. Dieses Motiv des „The best and the brightest" wurde auch innerhalb der medialen Berichterstattung als Charaktereigenschaft des Unternehmens aufgenommen und bestärkte den Status organisationaler Prominenz. Dadurch, dass das Projekt über seine Einzigartigkeit im Verlauf der Zeit gar eine internationale Bekanntheit erreichte, war es dem Unternehmen zudem möglich, mehr und mehr Experten anzuwerben. Retrospektiv stellten Interviewpartner jedoch fest, dass das Denkmuster „The best and the brightest" eine kollektive Selbstüberschätzung technischer Art mit hervorgerufen haben kann. Auch angemerkt wurde, dass diese kollektive Selbsteinschätzung grundsätzlich von Selbstüberschätzung geprägt war: Dadurch, dass zentrale technische Fragen nicht adressiert wurden oder gelöst werden konnten, wurde angemerkt, dass sich die Wahrnehmung von „The best and the brightest" retrospektiv als überschätzender Irrglaube darstellte.

Andererseits war erkennbar, dass im Zeitverlauf unternehmensexterne und -interne Kritik negiert oder ignoriert wurde. Innerhalb der Datenanalyse konnte diesbezüglich festgestellt werden, dass die dem Projekt entgegengebrachte hohe Emotionalität mit dazu führte, dass Kritik weniger beachtet beziehungsweise sogar missachtet wurde. Die vorherrschenden technischen Planungsannahmen und das generelle strategische Vorgehen blieben demnach unverändert, was ebenfalls auf eine Aufrechterhaltung von Organizational Hubris verweist.

Die folgende Abbildung 30 veranschaulicht die gefunden verschiedenen Arten der Aus- und Wechselwirkung von Organizational Hubris und Celebrity zusammenfassend grafisch. Im kommenden Abschnitt gilt nun der Frage nachzugehen, ob und wie Organizational Hubris zum Niedergang und Scheitern des Unternehmens beigetragen haben kann.

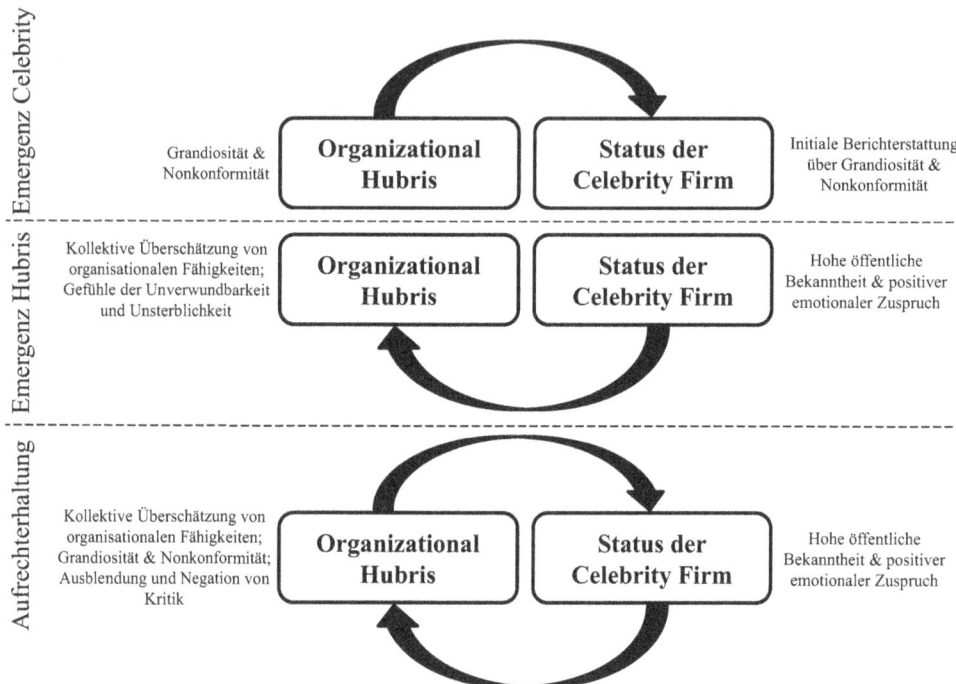

Abbildung 30: Aus- und Wechselwirkungen zwischen Hubris und Celebrity

3.   Einfluss von Organizational Hubris auf den Niedergang und das Scheitern der CargoLifter AG

Es wäre Hybris zu sagen, ausschließlich Organizational Hubris hätte den Niedergang und das Scheitern der CargoLifter AG ausgelöst und zu verantworten. Dennoch können Niedergang und Scheitern des Unternehmens auf der theoretischen Folie von Organizational Hubris nachvollzogen werden und in Teilen mit erklärt werden.

Die Hauptursache des organisationalen Misserfolgs kann zweifelsfrei in der mangelnden Liquidität des Unternehmens gesehen werden, durch welche die CargoLifter AG im Mai 2002 Insolvenz anmelden musste. Ausgelöst von kontinuierlich steigenden Zeit- und Kostenüberschreitungen innerhalb des Entwicklungsprojektes kennzeichnete sich der dem Scheitern vorangegangene Niedergang durch eine Phase des öffentlichen Vertrauensverlusts: Weder private Investoren noch der Staat waren schlussendlich gewillt, dem Unternehmen finanziell beizustehen. Von Interesse ist daher nun, inwiefern Organizational Hubris über dessen einzelne Bestandteile für den Niedergang und das Scheitern als Erklärung herangezogen werden können.

Anhand der Analyse wurde festgestellt, dass innerhalb des Fallstudienunternehmens drei Ausprägungen der Überschätzung technischer organisationaler Fähigkeiten vorlagen. Deutlich ist geworden, dass durch eine mangelnde technische Leistungsfähigkeit die Fehlplanungen und -kalkulationen innerhalb des technischen Entwicklungsprozesses überhaupt erst entstanden sind. Durch eine länger andauernde Überschätzung der technischen Leistungsfähigkeit, welche anhand des Motivs der ungelösten technischen Grundsatzfragen sehr anschaulich zum Vorschein trat, war es dem Unternehmen nicht möglich, die Grenzen seiner eigenen organisationalen Fähigkeiten und Leistungsfähigkeiten zu sehen. Insbesondere schaffte es das Unternehmen nicht, aus vergangenen Fehlern zu lernen, sodass Planungen wiederholt falsch angestellt wurden und anschließend korrigiert werden mussten.

Dadurch, dass diese Fehlplanungen den öffentlichen Vertrauensverlust hervorgerufen haben, kann die kollektive Überschätzung der organisationalen Fähigkeiten mit als Auslöser dieses Vertrauensverlustes und daher auch Bestandteil CargoLifters Niedergang gesehen werden.

Neben der Überschätzung von Fähigkeiten können auch die vorherrschenden Gefühle der Unverwundbarkeit mit dem Niedergang und Scheitern CargoLifters in Verbindung gebracht werden. Das Motiv der technischen Unverwundbarkeit ist hierbei in enger Verbindung zur technischen Fähigkeitsüberschätzung zu sehen, jedoch weniger ursächlich für das organisationale Misslingen. Die reputationsmäßige Unverwundbarkeit, welche für das Jahr 1998 identifiziert werden konnte, kann hingegen deutlicher mit CargoLifters Abstieg assoziiert werden. Diese ursprüngliche Annahme, dass das Unternehmen nicht Ziel einer unvorteilhaften Berichterstattung werden könnte, mag mit dazu beigetragen haben, dass externe Kritik im späteren Verlauf der Unternehmenshistorie zunächst ignoriert oder negiert wurde und dieser Kritik anschließend entschieden entgegengetreten wurde. Eine reputationsmäßige Unverwundbarkeit kann daher mit zu der Emergenz des Ansteigens der Kritikschranke geführt haben und damit zum öffentlichen Vertrauensverlust beigetragen haben.

Muster und Ausprägungen der finanziellen Unverwundbarkeit, als drittes identifiziertes Motiv, konnten innerhalb der Datenanalyse schon für das Jahr 1999 identifiziert werden. Obgleich ein Beratungsunternehmen noch vor dem Börsengang anmerkte, dass CargoLifter kurz- bis mittelfristig nicht selbstfinanzierungsfähig sei, wurde an dem eingeschlagenen Vorgehen der Kapitaleinwerbung festgehalten. Selbst im August 2001 – und damit wenige Monate vor der Insolvenz – gingen Entscheidungsträger auf höchster Managementebene noch davon aus, dass die bisherigen 65.000 Kleinaktionäre auch die restlichen Entwicklungskosten und die anstehenden Kostensteigerungen übernehmen würden. Es kann daher einerseits vermutet werden, dass durch die Existenz dieses Unverwundbarkeitsmotivs die Unternehmensführung nicht frühzeitig und zielgerichtet versucht hat, weitere Kapitalquellen oder Großaktionäre zu gewinnen. Andererseits wird insbesondere erkennbar, wie dieses Gefühl der Unverwundbarkeit dazu führte, dass sich das Unternehmen selbst und seinen Anteilseignern gegenüber die mangelnde Eigenfinanzierungsfähigkeit nicht frühzeitig genug eingestand. Das finanzielle Scheitern kann dementsprechend durch die Existenz dieses Unverwundbarkeitsmotivs sehr gut erklärt werden.

Die Ausblendung und Negation von externer wie interner Kritik, als eine Begleiterscheinung des Organizational Hubris Frameworks, lässt sich gleichermaßen mit dem Niedergang und Scheitern CargoLifters in Verbindung bringen. Indem externer öffentlicher Kritik durch das Unternehmen entschieden entgegengetreten wurde, verlor das Unternehmen zusehends an öffentlichem Ansehen und Zuspruch. CargoLifter schaffte es bis zum Eintritt der Insolvenz nicht, diesen Vertrauensverlust wieder auszugleichen. Dies könnte als Folge ihrer Reaktion auf Pressekritik gesehen werden. Der Niedergang des Unternehmens ist dadurch auch mit zu erklären.

Die Negation interner Kritik lässt hingegen erkennen, dass an gewissen Entscheidungen, wie den Planungsansätzen, zu lange festgehalten wurde. Im Nachhinein stellten sich dabei viele Entscheidungen als Fehlentscheidungen heraus, woraus sich hauptsächliche Problembereiche entwickelten. Eine frühzeitige Reaktion auf interne aufbauende Kritik hätte dazu führen können, dass technische und organisationale Probleme des Unternehmens hätten behoben werden können.

Integrativ zu betrachten sind ferner die Grandiosität und strategische Persistenz CargoLifters. Zweifelsfrei setzte CargoLifter große Dimensionen und Ansprüche in vielen Bereichen. Insbesondere wurde schon zum Zeitpunkt der Unternehmensgründung entschieden, das größte jemals gebaute Luftschiff zu konstruieren, ohne dabei einen technologischen Skalierungsprozess durchzuführen. Zudem musste das Unternehmen nicht nur das Luftschiff konstruieren und bauen, sondern auch weitere wesentliche Elemente der Wertschöpfungsstufe selbst kreieren, wie beispielsweise den Betrieb des Luftschiffs und der Landeplätze.

Innerhalb der Analyse zeigte sich, dass CargoLifter durch eine strategische Persistenz viel zu lange an dieser nicht erfolgreichen Strategie festgehalten hatte. Erst kurz vor der Insolvenz wurde nämlich entschieden, unmittelbar von einem Bau des großen CL-160 Luftschiffs abzusehen und zunächst kleinere Konstruktionsschritte einzugehen. Viele Interviewpartner merkten rückblickend an, dass die Aufgabenstellung des Unternehmens zu groß und daher für ein neu gegründetes Unternehmen eigentlich nicht machbar gewesen sei. Die Grandiosität und strategische Persistenz können daher mit erklären, warum das Unternehmen schlussendlich finanziell scheiterte.

In Summe zeigt sich anhand der Fallstudienergebnisse, dass auf der Folie von Organizational Hubris der Niedergang und das Scheitern des Unternehmens nachvollzogen und erklärt werden können. Zwar ließen sich innerhalb der Datenanalyse nicht alle Einflussquellen für die Emergenz einzelner Bestandteile von Organizational Hubris nachvollziehen. Dennoch ergab die Analyse, dass die Existenz organisationaler Berühmtheit kollektive Selbstüberschätzungsprozesse initiieren und aufrechterhalten kann. Celebrity war damit nicht nur für den Aufstieg des Fallstudienunternehmens maßgeblich, sondern nahm auch einen maßgeblichen Anteil im Niedergang und Scheitern CargoLifters ein. In Anlehnung an die bekannte Weisheit „success breeds failure"[797] lässt sich unter Rückgriff auf die Fallstudienergebnisse daher auch feststellen: „Celebrity breeds failure".

Eng verknüpft mit dieser abschließenden Argumentation ist die Frage, welche kollektive Unternehmensebene von dem Phänomen Organizational Hubris schlussendlich betroffen war. Zwar verwiesen ehemalige Mitarbeiter auf eine herausragende Rolle des Vorstandsvorsitzenden, welcher allein durch sein Charisma und seine zur Begeisterung hinreißende Art,

---

[797] Vgl. Probst/Raisch 2005, S. 104; vgl. insbes. auch Miller 1990, 1994.

eine hohe Euphorie innerhalb der Belegschaft ausgelöst haben soll. Möglich wäre, dass er für die Entscheidung, auf einen Skalierungsprozess zu verzichten, ursprünglich verantwortlich gewesen sein könnte. Auch wenn er eine hohe Wirkung auf seine Mitarbeiterschaft und das externe Umfeld gehabt haben muss, ihm sogar der Status eines Celebrity-CEOs zugesprochen werden kann, sollte sein Einfluss nicht als alleiniger Faktor betrachtet werden. Durchaus selbstkritisch sprach dies auch ein ehemaliger ranghoher Mitarbeiter an:

„Es hat damals eine Diskussion gegeben... er wurde dann teilweise auch so angefeindet usw. und so fort. Und ich hatte damals eigentlich folgende Position, die ich bis heute vertrete: Nicht er hat einen Fehler gemacht. Wir außen rum haben einen Fehler gemacht. Weil wir in der Gesamtheit hätten ihm vermitteln müssen, wo man hätte umschalten müssen. Er kann es nicht selbst."

Vorstandsnaher Mitarbeiter, Interview

Zu überdenken ist nämlich die Zusammensetzung und die Zusammenarbeit des gesamten Führungsteams. Vorstand, zwei Mitglieder des erweiterten Managements sowie Aufsichtsrat blieben vom Gründungszeitpunkt bis fast zum Eintritt der Insolvenz in gleicher Konstellation. Auf dieser Ebene scheinen Entscheidungen sehr homogen und kollektiv getroffen worden zu sein, was daran erkennbar ist, dass keines dieser Führungsmitglieder während der Unternehmenshistorie seine Position aufkündigte. Die Motive der Unverwundbarkeit, der Negation von Kritik und der strategischen Persistenz können in der gesamten Unternehmensspitze wiedergefunden werden: Organizational Hubris scheint auf dieser Ebene ein kollektives Phänomen gewesen zu sein.

Aber nicht nur innerhalb dieser obersten Führungsebene, sondern auch im mittleren Management und der Mitarbeiterschaft konnten einzelne Ausprägungen von Organizational Hubris ausgemacht werden. Die Überbewertungen der technischen Kompetenzen sowie die durch Berühmtheit hervorgerufenen Kompetenzillusion spiegelten sich hier ebenfalls wider. Und auch die Aktionäre waren dem Projekt über weite Strecken überaus positiv gesinnt, was sich ansatzweise anhand der wenigen kritischen Nachfragen auf den Hauptversammlungen offenbarte. Organisational Hubris hatte innerhalb des Fallstudienunternehmens also nicht nur Bestand auf der Ebene des oberen Managements, sondern lag auch auf Ebene der Mitarbeiter- sowie Inhaberschaft vor.

F. Fazit und Diskussion

I. Zusammenfassung der theoretischen und empirischen Ergebnisse

Die außergewöhnliche Dynamik zwischen dem faszinierenden Aufstieg, dem glamourösen Bestehen sowie dem dramatischen Niedergang der CargoLifter AG stellte ein Mysterium dar. Diese Dynamik im Nachhinein in allen Facetten zu verfolgen, zu begreifen und zu ergründen, hat sich als äußerst fesselnde und spannende Aufgabe herauskristallisiert. Schon die anfängliche Perzeption der Vorgänge rund um das Unternehmen ließ aufmerken und eine gewisse Verwunderung entstehen, insofern als sich noch aus heutiger Perspektive heraus ein packendes Abbild zeichnet: Das Unternehmen in seiner Gesamtheit muss damals etwas ganz Besonderes ausgestrahlt haben. Im Zentrum der CargoLifter AG stand ein grandioses, in der Form noch nicht dagewesenes Projekt. Gerade weil schon alleine der grandiose Anspruch, das größte Luftschiff der Welt zu bauen, direkte Assoziationen mit Hybris weckt, kann man die Faszination der Gründer, der Mitarbeiter und der breiten Öffentlichkeit von diesen Dimensionen auch heute noch nachvollziehen. Unterstützt wird diese besondere Tatsache noch dadurch, dass kaum ein Unternehmen so schnell eine derartig große Berühmtheit erlangt hatte.

Durch diese ursprünglich im Zusammenhang mit der CargoLifter AG entstandenen Eindrücke entstand das Vorhaben, nach den konkreten Hintergründen und Ursprüngen dieser als speziell zu bezeichnenden Dynamik zu forschen. Es entwickelte sich die Aufgabenstellung, Aufstieg, Niedergang und Scheitern des Fallstudienunternehmens CargoLifter AG auf Folie der theoretischen Konzepte kollektiver Berühmtheit und Hybris nachzuvollziehen und zu klären.

Innerhalb der ersten beiden Kapitel wurde dafür zunächst ein theoretisches Verständnis erarbeitet.

Im ersten Theoriekapitel wurde dem Konzept und der Erforschung von Hybris nachgegangen. Dieses bisher ausschließlich auf Ebene des Individuums untersuchte Phänomen wurde anhand von Studien der Psychologie, Medizin und Managementforschung vorgestellt. Anhand einer theoretischen Erweiterung konnte gezeigt werden, dass Hybris wie vermutet als kollektives organisationales Phänomen im organisationalen Kontext vorstellbar ist.

Konzeptionell vorgeschlagen wurde hierbei, dass sich durch „Organizational Hubris" jene Organisationen beschreiben lassen, welche kollektiv ihre organisationale Fähigkeiten überschätzen beziehungsweise an ihre Fähigkeitsbasis in übermäßiger Weise glauben. Daneben können Organisationen zu grandiosem und nonkonformen organisationalen Verhalten sowie kollektiv geteilten Gefühlen der Unverwundbarkeit neigen. Derartige Unternehmen können zudem interne und externe Kritik ausblenden und negieren. Auch eine strategische Rigidität kann bei ihnen auftreten.

© Springer Fachmedien Wiesbaden GmbH, ein Teil von Springer Nature 2012
P. Hermanns, *Organizational Hubris*, Edition KWV,
https://doi.org/10.1007/978-3-658-24332-6_6

Das Forschungsfeld Celebrity schloss sich im zweiten Theoriekapitel an. Neben einer Vorstellung bisheriger Ansätze individueller Prominenz innerhalb der Managementforschung wurde insbesondere auf die kollektive Konzeptualisierung der Berühmtheit eingegangen. Unternehmen gelten dieser Theorie nach dann als Celebrity Firm, wenn sie in der Öffentlichkeit eine hohe Bekanntheit erreicht und zudem positiven emotionalen Zuspruch aus der Bevölkerung erhalten haben.

Anhand beider Theoriekapitel wurden insgesamt Schnittstellen und gegenseitige Dynamiken in Form von Aus- und Wechselwirkungen kollektiver Hybris und Berühmtheit diskutiert. Vor allem wurde festgestellt, dass Prominenz zu einem hohen sozialen Zuspruch und damit zu einer organisationsinternen Erfolgswahrnehmung führen kann. Hierbei handelt es sich um Einflussquellen, welche innerhalb von Theorie und Empirie auch als Auslöser oder Verstärker von Hybris diskutiert und erforscht werden.

Insgesamt wurde auf Basis der Theoriearbeit ein Referenzrahmen erarbeitet, mit Hilfe dessen die empirische Fallstudienanalyse strukturiert durchgeführt werden konnte.

Das für die Fallstudie relevante und somit herauszuarbeitende Geschehen wurde hier mittels einer qualitativen Erhebung erfasst. Auf Basis von Experteninterviews, Archivmaterialien, unternehmenseigenen Videoaufzeichnungen sowie Pressepublikationen konnte ein reichhaltiges Verständnis der gesamten, von 1996 bis 2002 andauernden Unternehmenshistorie gewonnen werden.

Innerhalb der Datenanalyse stellte sich heraus, dass die CargoLifter AG tatsächlich den Status einer Celebrity Firm erreicht hatte. Durch die Analyse des Fallgeschehens unter Berücksichtigung des ersten Definitionskriteriums ließ sich ein großer Bekanntheitsgrad des Unternehmens erkennen: Nämlich an einer kontinuierlich steigenden Anzahl an Pressepublikationen sowie den stark frequentierten Publikumsereignissen, wie beispielsweise der feierlichen Eröffnung der Werfthalle im November 2000.

Neben der öffentlichen Bekanntheit empfing das Unternehmen positiven emotionalen Zuspruch, sodass auch das zweite Kriterium der organisationalen Berühmtheit Bestätigung fand. Am sichtbarsten wurde dieser Bestandteil der Definition anlässlich der emotionalen Reaktionen der Öffentlichkeit in Bezug auf die überwältigende Größe des Hangars. Nicht nur Besucher schienen fasziniert und begeistert von den Ausmaßen dieses Gebäudes, sondern auch das Interesse der Presse wurde davon in den Bann gezogen. Nachvollziehen ließ sich das anhand der deutlich emotional geprägten Berichterstattung.

Neben Celebrity konnte innerhalb der Analyse auch die Existenz von Organizational Hubris innerhalb des Fallstudienunternehmens bestätigt werden. Es war offensichtlich, dass Organisationsmitglieder organisationale Kompetenzen und Fähigkeiten technischer Art kollektiv überbewerteten. Daneben zeichnete sich CargoLifters Vorgehen auch durch Grandiosität und nonkonformes strategisches Verhalten aus. Erkennbar wurden darüber hinaus kollektive Gefühle der Unverwundbarkeit und Unsterblichkeit in Bezug auf Technologie, Reputation sowie finanzielle Beständigkeit. Parallel zu diesen drei Bearbeitungspunkten trat eine kollektive Negation von externer und interner Kritik auf. Ferner ließ sich eine strategische Persistenz erkennen, welche auch kollektiv geteilt wurde.

Über die reine Existenz von Celebrity und Organizational Hubris hinaus wurde anschließend der Emergenz von Hybris in Hinblick auf die Dynamik zum Status der Celebrity Firm nachgegangen. Hierbei wurden empirisch drei verschiedene Zusammenhänge entdeckt. Einerseits bestand eine Emergenz von Hybris durch Celebrity, andererseits konnte eine gegenseitige Dynamik beider Konzepte analysiert werden und ferner wurde gesehen, dass Bestandteile von Hybris auch die Emergenz von Celebrity mit hervorgerufen haben können.

Die erste Dynamik zwischen beiden Konzepten, der Emergenz von Organizational Hubris durch den Status der Celebrity Firm, konnte besonders deutlich durch die Reaktionen auf den Luftschiffhangar erkannt werden. Dieses Gebäude kann als das Artefakt für die Prominenz von CargoLifter gesehen werden. Durch die erfolgreiche Konstruktion des Hangars sowie den hohen Bekanntheitsgrad, begleitet von der positiven Emotionalität, welche sich an diesem Bau wiederspiegelten, entstand organisationsintern eine Kompetenzillusion. Die Fähigkeiten ein Gebäude solcher Art errichten zu können wurden nämlich auf eine Stufe mit der für den Bau eines Luftschiffs notwendigen Kompetenzen gestellt. Celebrity war also für das Unternehmen als Fähigkeitsindikator[798] für die kollektive Wahrnehmung einer Luftschiffkonstruktionskompetenz herangezogen worden. In rückblickender Betrachtung ehemaliger Mitarbeiter zeigte sich jedoch, dass diese Fähigkeiten des Luftschiffbaus noch nicht stark ausgeprägt waren, sodass sich die Fähigkeitseinschätzung als illusionär und überschätzend erwies.

Neben der Emergenz zeigte sich eine Aufrechterhaltung einzelner Muster von Organizational Hubris durch Celebrity. Beispielsweise wurde durch den vorherrschenden Status der Prominenz die kollektive Wahrnehmung nach dem Schema „The best and the brightest" organisationsintern und -extern reproduziert. Ehemalige Unternehmensangehörige jedoch merkten an, dass sich im Nachhinein dieser Glaube an die eigene Exzellenz als falsch herausstellte und sich als überschätzende Wahrnehmung herausstellte.

Durch die Analyse der Grandiosität wurde klar, dass Organizational Hubris auch die Emergenz der kollektiven Berühmtheit mit begünstigen kann. Indem das Fallstudienunternehmen über sein Vorhaben bereits zur Unternehmensgründung in dieser Art diese grandiosen und höchst ungewöhnlichen strategische Pläne aufgestellt hatte, wurde überhaupt erst die Basis für die Entstehung von Celebrity gelegt. Medien griffen diesen Charakterbestandteil des Unternehmens CargoLifters nämlich in der Anfangsphase gezielt auf und schufen über ihre Berichterstattung die Grundlage für die Entstehung der hohen öffentlichen Bekanntheit und des positiven emotionalen Zuspruchs.

Zusammenfassend wurde anhand der Fallstudienanalyse deutlich, dass Aufstieg und Niedergang sowie das Scheitern des Fallstudienunternehmens vor dem Hintergrund von kollektiver Prominenz und Hybris nachvollzogen und theoretisch erklärt werden können. Insbesondere konnten höchst bemerkenswerte Dynamiken zwischen Celebrity und Hybris analysiert werden. Genau diese Dynamiken stellen den zentralen theoretischen Beitrag der vorliegen Arbeit dar. Nur über eine integrative Betrachtung von externen Attributionen und

---

[798] Vgl. Chatterjee/Hambrick 2011.

Erwartungen sowie der organisationsinternen Wahrnehmung dieses sozialen Zuspruchs können im vorliegenden Fall Rückschlüsse auf das organisationale Scheitern gezogen werden.

Ohne die Anlage von Organisational Hubris zur Unternehmensgründung wäre der Status der Celebrity Firm vermutlich nicht in diesem Ausmaß und dieser Intensität hervorgetreten. Dieser bereits innerhalb der ersten Phase der Unternehmenshistorie vorliegende Status der Prominenz trug wesentlich zu CargoLifters rasantem Aufstieg bei. Zusätzlich war es gerade die vorliegende Prominenz, welche im Verlauf der Zeit zur Emergenz und Aufrechterhaltung weiterer Ausprägungen von Organizational Hubris führte, wodurch Niedergang und Scheitern des Unternehmens mit hervorgerufen wurden.

Die vorliegenden Analyseergebnisse zeigen also, dass eine singuläre Betrachtung von Hybris oder Celebrity nicht zielführend ist. Hybris allein ist beispielsweise keine hinreichende Erklärungsbasis für den Niedergang und das Scheitern des Fallstudienunternehmens. Nur unter Rückgriff auf Celebrity und die gegenseitige Dynamik zwischen beiden Konzepten ist ein übergreifendes Fallverständnis möglich.

II.   Limitationen der empirischen Fallstudie und praktische Implikationen

Bevor auf praktische Implikationen dieser Arbeit eingegangen werden kann, müssen die Grenzen der empirischen Fallstudie diskutiert werden. Zwei Limitationen sind hierbei von unmittelbarer Bedeutung. Neben der sich aus einer Einzelfallstudie ergebenden generellen Problematik muss auch das empirische Datenmaterial kritisch hinterfragt werden.

Eine qualitative Studie kann immer nur einen Ausschnitt der empirischen Realität wiedergeben. Begrenzt wird die Analyse und Interpretation durch das vorliegende Datenmaterial, von dem die Zuverlässigkeit der innerhalb dieser Arbeit gezogenen Analyseergebnisse und Interpretationen abhängt. Zwar wurde die Reliabilität durch eine Triangulation anhand verschiedenartiger Datenquellen durchgeführt. Dennoch muss angemerkt werden, dass die vorhandenen internen Dokumente, welche originäre strategische Planungsprozesse und Einschätzungen aufzeigen, dafür nicht im gesamten Ausmaß, also vollständig erhoben werden konnten und vorliegen. Durch die verständlicherweise aufgetretenen Wirren der Insolvenz ist die Unternehmenshistorie im Archiv nicht vollständig dokumentiert. Verständlicherweise ergeben sich daher Lücken in der Datenlage. Ein Ausgleich dieser Schwachstelle wurde durch andere Quellen versucht zu kompensieren, wie beispielsweise durch Experteninterviews und die durch ehemalige Unternehmensangehörige zur Verfügung gestellten Dokumente.

Andererseits muss gesehen werden, dass die vorliegende empirische Studie als Einzelfallstudie konzipiert ist. Auf Basis dieser Studienergebnisse ist eine Generalisierbarkeit nicht möglich. Hieraus kann daher nicht geschlussfolgert werden, dass jede Celebrity Firm Muster von Organizational Hubris ausprägen muss und demzufolge der Gefahr des organisationalen Scheiterns ausgesetzt wäre. Die vorliegende Einzelfallstudie lässt jedoch plastisch und drastisch die Einschätzung zu, dass kollektive Überschätzungen von Fähigkeiten im organisationalen Rahmen überhaupt auftreten und zudem durch Prominenz initiiert und bestärkt werden können. Nicht jedes Unternehmen muss diesem Phänomen unterliegen. Dennoch kann die Existenz und Bedeutsamkeit von Organizational Hubris durch die vorliegende Studienergebnisse belegt werden. Die Möglichkeit zur Sensibilisierung für die Existenz und Emergenz eines solchen dysfunktionalen und bestandsbedrohenden Musters innerhalb von Organisationen muss im Bewusstsein verankert und in Erwägung gezogen werden.

Unmittelbar aus der zweiten Limitation ergibt sich daher die erste praktische Implikation. Das oberste Management von Organisationen müsste in regelmäßigen Abständen einen Prozess in Gang setzen oder halten, welcher ermöglicht, sich der kollektiven Überbewertung von organisationalen Fähigkeiten und Kompetenzen bewusst zu werden: Also, dass ein Phänomen der kollektiven Überbewertung ihrer eigenen organisationalen Fähigkeiten und Kompetenzen generell auftreten kann und dass dieses Muster hoch dysfunktionale Wirkungen und Folgen für den organisationalen Bestandserhalt beinhalten kann. Darüber hinaus gilt es zu beachten, dass organisationale Berühmtheit nicht nur positive Wirkungen mit sich bringen kann, sondern auch inhärente Gefahren dysfunktionaler Aus- und Wechselwirkungen bestehen.

Die normative Frage, ob es für Organisationen lohnend und erstrebenswert ist, den Status einer Celebrity Firm zu erlangen, kann auf Basis dessen nicht beantwortet werden und bedarf weiterer, repräsentativer Forschung. Dennoch kann für bereits bestehende Celebrity Firms empfohlen werden, sich der Gefahren einer kollektiven Fähigkeitsüberbewertung bewusst zu sein und diesen pro aktiv vorzubeugen.

Eine Möglichkeit, die kollektive Überbewertung von Fähigkeiten zu identifizieren, könnte beispielsweise das Kompetenz-Monitoring darstellen. Unternehmen können über diese Beobachtungspraktik zweiter Ordnung frühzeitig falsche oder überschätzende Selbstbeurteilungen identifizieren und diesen entgegenwirken[799]. Alternativ besteht die bereits auf Ebene des Individuums vorgeschlagene Möglichkeit des „Organizational Fools"[800]. Hierbei handelt es sich um einen Berater, welcher einem von Hybris betroffenen Manager kritisch zur Seite steht. Ein solches externes Korrektiv könnte gleichermaßen einer Organisation zur Seite gestellt werden und damit die Fähigkeiten der betroffenen Organisation neutral beurteilen.

Problematisch ist zu sehen, dass innerhalb des Fallstudienunternehmens genau diese Beratungstätigkeit im Jahr 1999 erfolgte und ein externes „Projektcontrolling" durchgeführt wurde. Obgleich weit vor Eintritt der Insolvenz durch ein Top-Management-Beratungsunternehmen auf gravierende Projektmissstände hingewiesen wurde[801], erfolgte keine strategische Anpassung oder neue Orientierung. Durch Organizational Hubris in Kombination mit Berühmtheit können Unternehmen demnach dazu tendieren, fundamentale Kritik zu negieren. In Anlehnung an die bekannte Weisheit „success breeds failure" sollten sich Organisation daher auch der Kausalität bewusst werden: „Celebrity breeds failure".

---

[799] Vgl. Danneels 2011; Eberl 2009; Schreyögg/Kliesch-Eberl 2007; Schreyögg/Steinmann 1987.
[800] Vgl. Kets de Vries 1990.
[801] Vgl. Präsentation externes Top-Management Beratungsunternehmen, 05.07.1999: [ID: 479:38].

Parallel dazu lässt sich erkennen, dass aus Sicht einer Celebrity Firm auch der Umgang mit der Presse neu bedacht werden muss. Im Fallstudienunternehmen kam den Medien sowohl beim Aufstieg, beim Bestehen als auch beim Niedergang eine veritable Rolle zu. Unabhängig von tatsächlich vorherrschenden organisationsinternen Errungenschaften schaffte es das System der Massenmedien, ein in der öffentlichen Wahrnehmung einstmals aussichtsreiches und positiv beurteiltes Unternehmen zu kippen. Medien nehmen durch die Publikation von schlechten Nachrichten bei dem Niedergang von Unternehmen eine wichtige Rolle ein, indem sie beispielsweise Kritik initiieren oder bestärken. Unternehmensvertreter sollten daher frühzeitig versuchen, dieser nachteiligen Berichterstattung entgegenzuwirken[802], indem sie einerseits Kritik adäquat entgegennehmen und verarbeiten, aber auch einen angemessenen Abstand zu Medienberichten entwickeln.

III. Theoretische Implikationen und zukünftiger Forschungsbedarf

Innerhalb der vorliegenden Arbeit konnte theoretisch und empirisch aufgezeigt werden, dass eine kollektive Überbewertung von Fähigkeiten möglich ist und dass diese durch den Status einer Celebrity Firm hervorgerufen und bestärkt werden kann. Unmittelbare Anknüpfungspunkte ergeben sich damit an das junge Forschungsfeld der „Capability Cues"[803]. Organisationale Berühmtheit kann den Ergebnissen dieser Arbeit zufolge ein illusionärer „Capability Cue" für die organisationale Beurteilung weiterer Kompetenzen und Fähigkeiten darstellen.

Zu bedenken gilt, dass nicht allzu viele Organisationen einen positiven emotionalen Zuspruch sowie eine hohe Öffentlichkeitswirkung erfahren. Nur wenige Unternehmen werden daher tatsächlich den Status einer Celebrity Firm erreichen. Aus der Tatsache des seltenen Auftretens und dem Zusammenhang zwischen einer geringen Anzahl an Celebrity Firms und dem Phänomen Organizational Hubris kann jedoch nicht geschlossen werden, dass dies für den Organisationsalltag keine Relevanz hat.

Denn die vorliegende Untersuchung konnte anhand der empirischen Studie aufzeigen, dass Prominenz für die Emergenz wesentlicher Teile kollektiver Hybris verantwortlich sein kann. Darüber hinaus wurden aber Ausprägungen von Organizational Hubris empirisch bestätigt, welche keine direkten Rückschlüsse auf die Existenz organisationaler Prominenz zulassen. Wenn Celebrity zwar Hybris auslösen kann, jedoch nicht der alleinige Einflussfaktor ist, existieren sicher weitere – bisher nicht erforschte – Einflussfaktoren. Zudem ergibt sich darüber hinaus die Gewissheit, dass Organizational Hubris auch in Organisationen auftritt, in denen kein Status der Celebrity Firm vorliegt.

Zukünftige Forschung sollte daher weiteren möglichen Einflussquellen von Organizational Hubris nachgehen. Innerhalb der aktuellen Arbeit wurde innerhalb des Theorieteils bereits herausgearbeitet, dass die Existenz einer individuellen Selbstüberschätzung auch Muster der kollektiven Überbewertung auslösen kann. Denkbar ist dementsprechend, den hier nicht

---

[802] Vgl. Westphal/Deephouse 2011; Westphal et al. 2012.
[803] Vgl. Chatterjee/Hambrick 2011.

thematisierten Einfluss des Vorstandsvorsitzenden oder CEOs auf sein Führungsteam und die gesamte Mitarbeiterschaft gezielt empirisch zu untersuchen.

Schnittstellen ergeben sich dabei zu den Forschungsgebieten der organisationalen Identität sowie der Unternehmenskultur[804]. Zudem kann der Erfassung der kollektiv geteilten Beliefs weiter nachgegangen werden[805], welche, wie der Fall Falls CargoLifter gezeigt hat, mit Unternehmensgründung falsch ausgeprägt sein können.

Neben diesen ersten Vorschlägen für Themengebiete der zukünftigen Forschung gilt es, zwei weiteren Problemstellungen nachzugehen. Einerseits dem Dualitätsdilemma und andererseits der Frage der Grenzziehung zwischen pro- und retrospektiver Beurteilung.

Das Dualitätsdilemma stellt sich insofern dar, als dass sowohl das Konzept der Celebrity Firm als auch Organizational Hubris über die Ausprägung von radikalen, unkonventionellen und nonkonformen strategischen Handlungen einen identischen Definitionsbestandteil beinhalten. Hybris und Celebrity weisen daher per se theoretische Schnittmengen auf. Während der zukünftigen Forschung sollte daher die Grenzziehung und gegenseitige Bedingtheit weiter thematisiert werden – insbesondere, um darüber die ursprünglichen Prozesse von Organizational Hubris noch tiefer und vielfältiger zu ergründen.

Daneben steht ein zentrales Problem der Hybris-Forschung. Eine Selbstüberschätzung wird überwiegend retrospektiv festgestellt. Innerhalb der Forschung werden momentan die prospektiven den retrospektiven Beurteilung und kollektiven Einschätzung gegenübergestellt. Um die prospektive Emergenz einer retrospektiv als Fähigkeitsüberschätzung deklarierten Einschätzung besser verstehen zu können, sollte es gelingen, kollektive Entscheidungs- und Einschätzungsprozesse nicht nur retrospektiv nachzuvollziehen und zu rekonstruieren. Vielmehr wäre es wünschenswert, den Prozess der Einschätzung unmittelbar während der Entscheidungsphase in der Empirie nachzuvollziehen. Ethnografische Methoden der teilnehmenden Beobachtung innerhalb von Organisationen wären hierbei beispielsweise hilfreich, um mit ihr das Phänomen Organizational Hubris noch tiefer in seinem Entstehungsprozess zu erkunden.

---

[804] Vgl. Kets de Vries/Miller 1984a.
[805] Vgl. Nystrom/Starbuck 1984.

Literaturverzeichnis

Abraham, A./Zuckerman, D. (2011): Adolescents, celebrity worship, and cosmetic surgery, in: Journal of Adolescent Health 49 (5), S. 453-454.

Abril, P.S. (2011): The evolution of business celebrity in American law and society, in: American Business Law Journal 48 (2), S. 177-225.

Acedo, F.J./Barroso, C./Galan, J.L. (2006): The resource-based theory: Dissemination and main trends, in: Strategic Management Journal 27 (7), S. 621-636.

Ackerman, P.L./Beier, M.E./Bowen, K.R. (2002): What we really know about our abilities and our knowledge, in: Personality and Individual Differences 33 (4), S. 587-605.

Aktas, N./Bodt, E. de/Roll, R. (2009): Learning, hubris and corporate serial acquisitions, in: Journal of Corporate Finance 15 (5), S. 543-561.

Albert, S./Whetten, D.A. (1985): Organizational identity, in: Research in Organizational Behavior 7, S. 263-295.

Alicke, M.D./Govorun, O. (2005): The better-than-average effect, in: Alicke, M.D./Dunning, D.A./Krueger, J.I. (Hrsg.): The self in social judgment: Studies in self and identity, New York, S. 85-106.

Alvesson, M./Robertson, M. (2006): The best and the brightest: The construction, significance and effects of elite identities in consulting firms, in: Organization 13 (2), S. 195-224.

Alvesson, M./Empson, L. (2008): The construction of organizational identity: Comparative case studies of consulting firms, in: Scandinavian Journal of Management 24 (1), S. 1-16.

Alvesson, M./Kärreman, D. (2007): Constructing mystery: Empirical matters in theory development, in: The Academy of Management Review 32 (4), S. 1265-1281.

Alvesson, M./Sandberg, J. (2011): Generating research questions through problematization, in: The Academy of Management Review 36 (2), S. 247-271.

Anderson, C./Ames, D.R./Gosling, S.D. (2008): Punishing hubris: The perils of overestimating one's status in a group, in: Personality and Social Psychology Bulletin 34 (1), S. 90-101.

Ansoff, H.I. (1980): Strategic issue management, in: Strategic Management Journal 1 (2), S. 131-148.

Antoniou, A./Guo, J./Petmezas, D. (2008): Merger momentum and market valuations: The UK evidence, in: Applied Financial Economics 18 (17), S. 1411-1423.

Asendorpf, J.B./Ostendorf, F. (1998): Is self-enhancement healthy? Conceptual, psychometric, and empirical analysis, in: Journal of Personality and Social Psychology 74 (4), S. 955-966.

Ashford, S.J./Northcraft, G.B. (1992): Conveying more (or less) than we realize: The role of impression-management in feedback-seeking, in: Organizational Behavior and Human Decision Processes 53 (3), S. 310-334.

Ashforth, B.E./Gibbs, B.W. (1990): The double-edge of organizational legitimation, in: Organization Science 1 (2), S. 177-194.

Atteslander, P. (2008): Methoden der empirischen Sozialforschung, Berlin.

© Springer Fachmedien Wiesbaden GmbH, ein Teil von Springer Nature 2012
P. Hermanns, *Organizational Hubris*, Edition KWV,
https://doi.org/10.1007/978-3-658-24332-6

Avenarius, R. (1978): Der Größenwahn: Erscheinungsbilder und Entstehungsweise, Berlin/ Heidelberg.

Ayton, P./McClelland, A.G.R. (1997): How real is overconfidence?, in: Journal of Behavioral Decision Making 10 (3), S. 279-285.

BMWi (2012): Die wirtschaftspolitische Entwicklung von 1949 bis heute, http://www.bm wi.de/BMWi/Navigation/Ministerium/Geschichte/wirtschaftspolitik-seit-1949,did=15927 6.html?view=renderPrint, Zugriff am: 09.03.2012.

Balderston, F.E. (1987): Facade and self-deception in the deteriorating financial firm, in: California Management Review 29 (2), S. 101-112.

Bandelow, B./Gruber, O./Falkai, P. (2008): Kurzlehrbuch Psychiatrie, Heidelberg.

Barney, J.B. (1991): Firm resources and sustained competitive advantage, in: Journal of Management 17 (1), S. 99-120.

Barney, J.B. (2001a): Resource-based theories of competitive advantage: A ten-year retrospective on the resource-based view, in: Journal of Management 27 (6), S. 643-650.

Barney, J.B. (2001b): Is the resource-based "view" a useful perspective for strategic management research? Yes, in: The Academy of Management Journal 26 (1), S. 41-56.

Barney, J.B./Bunderson, J.S./Foreman, P./Gustafson, L.T./Huff, A.S./Martins, L.L./ Reger, R.K./Sarason, Y./Stimpert, J.L. (1998): A strategy conversation on the topic of organization identity, in: Whetten, D.A./Godfrey, P.C. (Hrsg.): Identity in organizations: Building theory through conversations, Thousand Oaks, S. 99-168.

Bartsch, K./Roß, J.-M. (2009): CargoLifter – Ein Misserfolg mit schlummerndem Technologiepotential?, in: Fisch, J.H./Roß, J.-M. (Hrsg.): Fallstudien zum Innovationsmanagement: Konzepte und Methoden zur Lösung von Problemen aus der Unternehmenspraxis, S. 27-50.

Bauer, R. (2004): Scheitern als Chance? Fehlgeschlagene Innovationen als Gegenstand der technikhistorischen Forschung, in: Wissenschaftsmanagement – Zeitschrift für Innovation 10 (5), S. 24-29.

Bauer, R. (2006): Gescheiterte Innovationen: Fehlschläge und technologischer Wandel, Frankfurt/New York.

Bauer, R. (2012): Technikgeschichte: Mehr Flop als Top: Ein Gespräch mit dem Technikhistoriker Reinhold Bauer, http://wissen.dradio.de/technikgeschichte-mehr-flop-als-top. 35.de.html?dram:article_id=15807, Zugriff am: 09.04.2012.

Baumeister, R.F./Campbell, J.D./Krueger, J.I./Vohs, K.D. (2003): Does high self-esteem cause better performance, interpersonal success, happiness, or healthier lifestyles?, in: Psychological Science in the Public Interest 4 (1), S. 1-44.

Baumeister, R.F./Heatherton, T.F./Tice, D.M. (1993): When ego threats lead to self-regulation failure: Negative consequences of high self-esteem, in: Journal of Personality and Social Psychology 64 (1), S. 141-156.

Baumgarten, H./Wolff, S. (1993): Perspektiven der Logistik: Trendanalysen und Unternehmensstrategien, Berlin.

Bell, T.E./Esch, K. (1987): The fatal flaw in flight 51-L, in: IEEE Spectrum 24 (2), S. 36-51.

Benjamin, W. (1936): Das Kunstwerk im Zeitalter seiner technischen Reproduzierbarkeit, in: Zeitschrift für Sozialforschung 5 (1), S. 40-66.

Berger, P.L./Luckmann, T. (1966): The social construction of reality, Garden City.

Bergmann, A.C. (2001): CargoLifter: Wie alles begann, Berlin.

Berzewski, H. (2009): Der psychiatrische Notfall, 3. Auflage, Berlin/Heidelberg.

Biehl-Missal, B./Piwinger, M. (2009): Ein Bild für die Götter, in: Harvard Business Manager 31 (6), S. 100-106.

Billett, M.T./Qian, Y. (2008): Are overconfident CEOs born or made? Evidence of self-attribution bias from frequent acquirers, in: Management Science 54 (6), S. 1037-1051.

Birke, F. (2006): Hybris bei Unternehmensübernahmen: Hintergründe und Analyse, Saarbrücken.

Blake, M./Henning, P.B. (2011): Unconscious regulatory processes in the organizational psyche, in: Psychological Perspectives 54 (1), S. 34-53.

Blumberg, B./Cooper, D.R./Schindler, P.S. (2005): Business research methods, Maidenhead.

Boje, D.M./Rosile, G.A./Durant, R.A./Luhman, J.T. (2004): Enron spectacles: A critical dramaturgical analysis, in: Organization Studies 25 (5), S. 751-774.

Bollaert, H./Petit, V. (2010): Beyond the dark side of executive psychology: Current research and new directions, in: European Management Journal 28 (5), S. 362-376.

Bondt, W.F.M. De/Thaler, R.H. (1995): Financial decision-making in markets and firms: A behavioral perspective, in: Jarrow, R./Maksimovic, V./Ziemba, W. (Hrsg.): Handbook in Operations Research and Management Science, Amsterdam, S. 385-410.

Bonfadelli, H. (2002): Medieninhaltsforschung: Grundlagen, Methoden, Anwendungen, Konstanz.

Boorstin, D.J. (1961): The image: A guide to pseudo-events in America, New York.

Borchardt, A./Göthlich, S.E. (2006): Erkenntnisgewinnung durch Fallstudien, in: Albers, S./Klapper, D./Konradt, U. (Hrsg.): Methodik der empirischen Forschung, Wiesbaden, S. 37-48.

Boyce, M.E. (1995): Collective centring and collective sense-making in the stories and storytelling of one organization, in: Organization Studies 16 (1), S. 107-137.

Braun, H. (2007): Aufstieg und Niedergang der Luftschifffahrt: Eine wirtschaftshistorische Analyse, Weiden/Regensburg.

Braun, M.W. (2003): Genauigkeit der Selbsteinschätzung beim Erwerb neuer Kompetenzen in Abhängigkeit von Kontrollmeinung, Erfahrung, Selbstaufmerksamkeit, Ängstlichkeit und Geschlecht, Bern.

Breihut, J. (2011): Soziale Netzwerke: Pril-Wettbewerb endet im PR-Debakel, http://www.spiegel.de/netzwelt/netzpolitik/0,1518,763808,00.html, Zugriff am: 16.03. 2012.

Bronisch, T./Habermeyer, V./Herpertz, S.C. (2008): Persönlichkeitsstörungen, in: Möller, H.-J./Laux, G./ Kapfhammer, H.-P. (Hrsg.): Psychiatrie und Psychotherapie, Berlin/Heidelberg, S. 1030-1093.

Brown, A.D. (1997): Narcissism, identity, and legitimacy, in: The Academy of Management Review 22 (3), S. 643-686.

Brown, A.D. (2005): Making sense of the collapse of Barings Bank, in: Human Relations 58 (12), S. 1579-1604.

Brown, A.D./Jones, M. (2000): Honourable members and dishonourable deeds: Sensemaking, impression management and legitimation in the "Arms to Iraq Affair", in: Human Relations 53 (5), S. 655-689.

Brown, A.D./Starkey, K. (2000): Organizational identity and learning: A psychodynamic perspective, in: The Academy of Management Review 25 (1), S. 102-120.

Brown, R./Sarma, N. (2007): CEO overconfidence, CEO dominance and corporate acquisitions, in: Journal of Economics and Business 59 (5), S. 358-379.

Brunsson, N. (1982): The irrationality of action and action rationality: Decisions, ideologies and organizational actions, in: Journal of Management Studies 19 (1), S. 29-44.

Brunsson, N. (1985): The irrational organization: Irrationality as a basis for organizational action and change, Chichester et al.

Brunsson, N. (1989): The organization of hypocrisy: Talk, decisions and actions in organizations, West Sussex.

Bryant, J./Miron, D. (2002): Entertainment as media effect, in: Bryant, J./Zillmann, D. (Hrsg.): Media effects: Advances in theory and research, 2. Auflage, Mahwah, S. 549-582.

Busenitz, L.W./Barney, J.B. (1997): Differences between entrepreneurs and managers in large organizations: Biases and heuristics in strategic decision-making, in: Journal of Business Venturing 12 (1), S. 9-30.

Cairns, D.L. (1996): Hybris, dishonour, and thinking big, in: Journal of Hellenic Studies 116, S. 1-32.

Camerer, C./Lovallo, D. (1999): Overconfidence and excess entry: An experimental approach, in: The American Economic Review 89 (1), S. 306-318.

Campbell, B.C. (2008): Disasters, accidents, and crises in American history: A reference guide to the nation's most catastrophic events, New York.

Campbell, W.K. (2001): Is narcissism really so bad?, in: Psychological Inquiry 12 (4), S. 214-216.

Campbell, W.K./Bush, C.P./Brunell, A.B./Shelton, J. (2005): Understanding the social costs of narcissism: The case of the tragedy of the commons, in: Personality and Social Psychology Bulletin 31 (10), S. 1358-1368.

Campbell, W.K./Hoffman, B.J./Campbell, S.M./Marchisio, G. (2011): Narcissism in organizational contexts, in: Human Resource Management Review 21 (4), S. 268-284.

Campbell, W.K./Rudich, E.A./Sedikides, C. (2002): Narcissism, self-esteem, and the positivity of self-views: Two portraits of self-love, in: Personality and Social Psychology Bulletin 28 (3), S. 358-368.

Carr, A. (1998): Identity, compliance and dissent in organizations: A psychoanalytic perspective, in: Organization 5 (1), S. 81-99.

Carroll, J. (2010): The tragicomedy of celebrity, in: Society 47 (6), S. 489-492.

Cashmore, E. (2006): Celebrity/culture, New York.

Cassar, G. (2010): Are individuals entering self-employment overly optimistic? An empirical test of plans and projections on nascent entrepreneur expectations, in: Strategic Management Journal 31 (8), S. 822-840.

Charmaz, K. (2006): Constructing grounded theory: A practical guide through qualitative analysis, London et al.

Chatterjee, A./Hambrick, D.C. (2007): It's all about me: Narcissistic chief executive officers and their effects on company strategy and performance, in: Administrative Science Quarterly 52 (3), S. 351-386.

Chatterjee, A./Hambrick, D.C. (2011): Executive personality, capability cues, and risk taking: How narcissistic CEOs react to their successes and stumbles, in: Administrative Science Quarterly 56 (2), S. 202-237.

Chen, C.C./Meindl, J.R. (1991): The construction of leadership images in the popular press: The case of Donald Burr and People Express, in: Administrative Science Quarterly 36 (4), S. 521-551.

Christensen, L.T./Cheney, G. (2000): Self-absorption and self-seduction in the corporate identity game, in: Schultz, M./Hatch, M.J. (Hrsg.): The expressive organization: Linking identity, reputation, and the corporate brand, New York et al., S. 246-270.

Coben, S. (2011): Review: Corporate Hubris, in: Reviews in American History 19 (1), S. 98-103.

Conger, J. (1990): The dark side of leadership, in: Organizational Dynamics 19 (2), S. 44-55.

Conger, J.A./Kanungo, R.N. (1998): Charismatic leadership in organizations, Thousand Oaks.

Conrad, C. (2003): Stemming the tide: Corporate discourse and agenda denial in the 2002 "Corporate Meltdown", in: Organization 10 (3), S. 549-560.

Creswell, J.W. (1998): Qualitative inquiry and research design: Choosing among five traditions, London.

Cross, K.P. (1977): Not can, but will college teaching be improved?, in: New Directions for Higher Education 17 (1), S. 1-15.

Crossland, C./Hambrick, D.C. (2007): How national systems differ in their constraints on corporate executives: A study of CEO effects in three countries, in: Strategic Management Journal 28 (8), S. 767-789.

Crossland, C./Hambrick, D.C. (2011): Differences in managerial discretion across countries: How nation-level institutions affect the degree to which CEOs matter, in: Strategic Management Journal 32 (8), S. 797-819.

Cruver, B. (2002): Anatomy of greed: The unshredded truth from an Enron insider, London.

Dahl, R. (1964): Charlie and the chocolate factory, New York.

Danneels, E. (2011): Trying to become a different type of company: Dynamic capability at Smith Corona, in: Strategic Management Journal 32 (1), S. 1-31.

Deal, T.E./Kennedy, A.A. (1982): Corporate cultures: The rites and rituals of corporate life, Reading.

Deckstein, D. (2011): Traumflieger auf dem Hof, in: Der Spiegel 65 (13), S. 71-72.

Deephouse, D.L. (2000): Media reputation as a strategic resource: An integration of mass communication and resource-based theories, in: Journal of Management 26 (6), S. 1091-1112.

Deluga, R. (1997): Relationship among American presidential charismatic leadership, narcissism, and rated performance, in: The Leadership Quarterly 8 (1), S. 49-65.

Denzin, N.K. (2009): Reading Film – Filme und Videos als sozialwissenschaftliches Erfahrungsmaterial, in: Flick, U./Kardorff, E. v./Steinke, I. (Hrsg.): Qualitative Forschung: Ein Handbuch, Reinbeck, S. 416-428.

DiMaggio, P.J./Powell, W.W. (1983): The iron cage revisited: Institutional isomorphism and collective rationality in organizational fields, in: American Sociological Review 48 (2), S. 147-160.

Dobelli, R. (2011): Die Kunst des klaren Denkens: 52 Denkfehler, die Sie besser anderen überlassen, München.

Doukas, J.A./Petmezas, D. (2007): Acquisitions, overconfident managers and self-attribution bias, in: European Financial Management 13 (3), S. 531-577.

Duchon, D./Burns, M. (2008): Organizational narcissism, in: Organizational Dynamics 37 (4), S. 354-364.

Duchon, D./Drake, B. (2009): Organizational narcissism and virtuous behavior, in: Journal of Business Ethics 85 (3), S. 301-308.

Dunning, D./Heath, C./Suls, J.M. (2004): Flawed self-assessment: Implications for health, education, and the workplace, in: Psychological Science in the Public Interest 5 (3), S. 69-106.

Dunning, D./Johnson, K./Ehrlinger, J./Kruger, J. (2003): Why people fail to recognize their own incompetence, in: Current Directions in Psychological Science 12 (3), S. 83-87.

Dunning, D./Leuenberger, A./Sherman, D.A. (1995): A new look at motivated inference: Are self-serving theories of success a product of motivational forces?, in: Journal of Personality and Social Psychology 69 (1), S. 58-68.

Dunning, D./Meyerowitz, J.A./Holzberg, A.D. (1989): Ambiguity and self-evaluation: The role of idiosyncratic trait definitions in self-serving assessments of ability, in: Journal of Personality and Social Psychology 57 (6), S. 1082-1090.

Duriau, V.J./Reger, R.K./Pfarrer, M.D. (2007): A content analysis of the content analysis literature in organization studies: Research themes, data sources, and methodological refinements, in: Organizational Research Methods 10 (1), S. 5-34.

Eberl, M. (2009): Die Dynamisierung organisationaler Kompetenzen: Eine kritische Rekonstruktion und Analyse der Dynamic Capability-Debatte, Hamburg.

Ehrlinger, J./Dunning, D. (2003): How chronic self-views influence (and potentially mislead) estimates of performance., in: Journal of Personality and Social Psychology 84 (1), S. 5-17.

Ehrlinger, J./Johnson, K./Banner, M./Dunning, D./Kruger, J. (2008): Why the unskilled are unaware: Further explorations of (absent) self-insight among the incompetent, in: Organizational Behavior and Human Decision Processes 105 (1), S. 98-121.

Eidenschink, K. (2003): Das narzisstisch infizierte Unternehmen, in: Organisationsentwicklung 22 (1), S. 4-15.

Eisenhardt, K.M./Graebner, M.E. (2007): Theory building from cases: Opportunities and challenges, in: The Academy of Management Journal 50 (1), S. 25-32.

Eisenhardt, K.M. (1989): Building theories from case study research, in: The Academy of Management Review 14 (4), S. 532-550.

Ellis, H. (1898): Autoeroticism: A psychological study, in: Alienist and Neurologist 19 (1), S. 260-299.

Erez, A./Judge, T.A. (2001): Relationship of core self-evaluations to goal setting, motivation, and performance, in: Journal of Applied Psychology 86 (6), S. 1270-1279.

Fast, N.J./Sivanathan, N./Mayer, N.D./Galinsky, A.D. (2012): Power and overconfident decision-making, in: Organizational Behavior and Human Decision Processes 117 (2), S. 249-260.

Ferris, K.O. (2007): The sociology of celebrity, in: Sociology Compass 1 (1), S. 371-384.

Ferris, K.O./Harris, S.R. (2011): Stargazing: Celebrity, fame, and social interaction, New York.

Festinger, L. (1954): A theory of social comparison processes, in: Human Relations 7 (2), S. 117-140.

Finkelstein, S./Hambrick, D.C. (1996): Strategic leadership: Top executives and their effects on organizations, New York.

Finkelstein, S./Hambrick, D.C./Canella, A.A. (2009): Strategic leadership: Theory and research on executives, top management teams, and boards, New York.

Fischhoff, B./Slovic, P./Lichtenstein, S. (1977): Knowing with certainty: The appropriateness of extreme confidence, in: Journal of Experimental Psychology: Human Perception and Performance 3 (4), S. 552-564.

Fisher, N.R.E. (1976): Hybris and dishonour: I, in: Greece & Rome (Second Series) 23 (02), S. 177-193.

Fisher, N.R.E. (2009): Hybris and dishonour: II, in: Greece & Rome (Second Series) 26 (01), S. 32-47.

Flick, U. (2009): Triangulation in der qualitativen Forschung, in: Flick, U./Kardorff, E. v./ Steinke, I. (Hrsg.): Qualitative Forschung: Ein Handbuch, 7. Auflage, Reinbeck, S. 309-318.

Flick, U. (2010): Qualitative Sozialforschung: Eine Einführung, 3. Auflage, Reinbeck.

Flottau, J. (2009): Lastwagen, flieg!, in: Süddeutsche Zeitung vom 09.12.2009, S. 2.

Flyvbjerg, B. (2006): Five misunderstandings about case-study research, in: Qualitative Inquiry 12 (2), S. 219-245.

Flyvbjerg, B. (2011): Case study, in: Denzin, N.K./Lincoln, Y.S. (Hrsg.): The Sage Handbook of Qualitative Research, 4. Auflage, Thousand Oaks, S. 301-316.

Flyvbjerg, B./Gabuio, M./Lovallo, D. (2009): Delusion and deception in large infrastructure projects: Two models for explaining and preventing executive disaster, in: California Management Review 51 (2), S. 170-193.

Forbes (2011a): The world's biggest public companies, http://www.forbes.com/global-2000/list/, Zugriff am: 02.11.2011.

Forbes (2011b): The best brokerage analysts, http://www.forbes.com/lists/2010/25/blue-chip-analysts-10_The-Best-Brokerage-Analysts_Ind_Rank.html, Zugriff am: 02.11.2011.

Forbes (2011c): America's highest paid chief executives, http://www.forbes.com/lists/2011/12/ceo-compensation-11_rank.html, Zugriff am: 02.11.2011.

Forbes (2011d): The world's most powerful celebrities, http://www.forbes.com/wealth/celebrities/list, Zugriff am: 02.11.2011.

Forbes, D. (2005): Are some entrepreneurs more overconfident than others?, in: Journal of Business Venturing 20 (5), S. 623-640.

Forbes, W./Skerratt, L. (1992): Analysts' forecast revisions and stock price movements, in: Journal of Business Finance & Accounting 19 (4), S. 555-569.

Ford, R. (2006): Why we fail: How hubris, hamartia, and anagnosis shape organizational behavior, in: Human Resource Development Quarterly 17 (4), S. 481-489.

Foss, N.J. (2007): Strategic belief management, in: Strategic Organization 5 (3), S. 249-258.

Frank, S. (2008): Zeppelin-Ereignisse: Technikkatastrophen in medialen Prozessen, Marburg.

Fraser, B.P./Brown, W.J. (2002): Media, celebrities, and social influence: Identification with Elvis Presley, in: Mass Communication & Society 5 (2), S. 183-206.

Freud, S. (1914): On Narcissism: An introduction, in: Morrison, A. (Hrsg.): Essential Papers on Narcissism, New York/London, S. 17-43.

Fritzsche, P. (1992): A nation of fliers: German aviation and the popular imagination, Cambridge et al.

Froschauer, U./Lueger, M. (2003): Das qualitative Interview, Wien.

Früh, W. (2011): Inhaltsanalyse, 7. Auflage, Konstanz.

Gabriel, M.T./Critelli, J.W./Ee, J.S. (1994): Narcissistic illusions in self-evaluations of intelligence and attractiveness, in: Journal of Personality 62 (1), S. 143-155.

Gabriel, Y. (1997): Meeting god: When organizational members come face to face with the supreme leader, in: Human Relations 50 (4), S. 315-342.

Gabriel, Y. (1998): The hubris of management, in: Administrative Theory & Praxis 20 (3), S. 257-273.

Gabriel, Y. (1999): Organizations in depth, London et al.

Galvin, B.M./Waldman, D.A. (2010): Visionary communication qualities as mediators of the relationship between narcissism and attributions of leader charisma, in: Personnel Psychology 63 (3), S. 509-537.

Gardner, D.G./Pierce, J.L. (1998): Self-esteem and self-efficacy within the organizational context, in: Group & Organization Management 23 (1), S. 48-70.

Garland, R. (2010): Celebrity ancient and modern, in: Society 47 (6), S. 484-488.

Gigerenzer, G./Hoffrage, U./Kleinbölting, H. (1991): Probabilistic mental models: A Brunswikian theory of confidence, in: Psychological Review 98 (4), S. 506-528.

Giles, D. (2000): Illusions of immortality: A psychology of fame and celebrity, New York.

Glad, B. (2002): Why tyrants go too far: Malignant narcissism and absolute power, in: Political Psychology 23 (1), S. 1-37.

Gläser, J./Laudel, G. (2010): Experteninterviews und qualitative Inhaltsanalyse, 4. Auflage, Wiesbaden.

Godkin, L./Allcorn, S. (2011): Organizational resistance to destructive narcissistic behavior, in: Journal of Business Ethics 104 (5), S. 559-570.

Goel, A.M./Thakor, A.V. (2008): Overconfidence, CEO selection, and corporate governance, in: The Journal of Finance 63 (6), S. 2737-2784.

Goffman, E. (1974): Frame analysis: An essay on the organization of experience, London.

Goodman, L.E. (2010): Supernovas: The dialectic of celebrity in society, in: Society 47 (6), S. 510-515.

Graffin, S.D./Wade, J.B./Porac, J.F./McNamee, R.C. (2008): The impact of CEO status diffusion on the economic outcomes of other senior managers, in: Organization Science 19 (3), S. 457-474.

Griffin, D./Tversky, A. (1992): The weighing of evidence and the determinants of confidence, in: Cognitive Psychology 24 (3), S. 411-435.

Griffin, D./Varey, C. (1996): Towards a consensus on overconfidence, in: Organizational Behavior and Human Decision Processes 65 (3), S. 227-231.

Guthey, E./Clark, T./Jackson, B. (2009): Demystifying business celebrity, London.

Guthey, E./Jackson, B. (2005): CEO portraits and the authenticity paradox, in: Journal of Management Studies 42 (5), S. 1057-1082.

Günther, C. (2009): Structural change in the german machine tool industry: An empirical investigation of technological, regional, and firm-specific developments, Jena.

Haberstroh, C. (2010): Flüssigheliumversorgung, Dresden.

Hackfort, D./Regös, R./Schlattmann, A. (2005): Effekte beim Handeln, Aachen.

Hallmann, W. (2002): Ballone und Luftschiffe im Wandel der Zeit, Königswinter.

Hambrick, D.C. (2007): Upper echelons theory: An update, in: The Academy of Management Review 32 (2), S. 334-343.

Hambrick, D.C./Finkelstein, S. (1987): Managerial discretion: A bridge between polar views of organizational outcomes, in: Staw, B.M./Cummings, L.L. (Hrsg.): Research in Organizational Behavior (Vol. 9), Greenwich, S. 369-406.

Hambrick, D.C./Mason, P.A. (1984): Upper echelons: The organization as a reflection of its top managers, in: The Academy of Management Review 9 (2), S. 193-206.

Hannan, M.T./Freeman, J. (1977): The population ecology of organizations, in: American Journal of Sociology 82 (5), S. 929-964.

Harrison, S.H./Corley, K.G. (2011): Clean climbing, carabiners, and cultural cultivation: Developing an open-systems perspective of culture, in: Organization Science 22 (2), S. 391-412.

Haslam, S.A./Postmes, T./Ellemers, N. (2003): More than a metaphor: Organizational identity makes organizational life possible, in: British Journal of Management 14 (4), S. 357-369.

Hatch, M.J./Schultz, M. (2002): The dynamics of organizational identity, in: Human Relations 55 (8), S. 989-1018.

Haynes, K.T./Campbell, J.T./Hitt, M.A. (2010): Greed, hubris and board power effects on firm outcomes, in: The Academy of Management Annual Meeting Proceedings, S. 1-6.

Hayward, M.L.A. (2007): Ego check: Why executive hubris is wrecking companies and careers and how to avoid the trap, Chicago, IL.

Hayward, M.L.A./Forster, W./Sarasvathy, S./Fredrickson, B. (2009): Beyond hubris: How highly confident entrepreneurs rebound to venture again, in: Journal of Business Venturing 25 (6), S. 569-578.

Hayward, M.L.A./Hambrick, D.C. (1997): Explaining the premiums paid for large acquisitions: Evidence of CEO hubris, in: Administrative Science Quarterly 42 (1), S. 103-127.

Hayward, M.L.A./Rindova, V.P./Pollock, T.G. (2004): Believing one's own press: The causes and consequences of CEO celebrity, in: Strategic Management Journal 25 (7), S. 637-653.

Hayward, M.L.A./Shepherd, D.A./Griffin, D. (2006): A hubris theory of entrepreneurship, in: Management Science 52 (2), S. 160-172.

Heider, F. (1958): The psychology of interpersonal relations, New Jersey.

Hellmuth, G. (1989): Heavy hauling by German railroad, in: Lifting and Transportation International 36 (1), S. 23.

Helmke, A. (1989): Realitätsangemessenheit der Selbstwahrnehmung, München.

Helmke, A. (1992): Selbstvertrauen und schulische Leistung, Göttingen.

Helmke, A. (1998): Vom Optimisten zum Realisten? Zur Entwicklung des Fähigkeitsselbstkonzeptes vom Kindergarten bis zur 6. Klassenstufe, in: Weinert, F. (Hrsg.): Entwicklung im Kindesalter, Weinheim, S. 115-132.

Heneman, H.G. (1974): Comparisons of self- and superior ratings of managerial performance, in: Journal of Applied Psychology 59 (5), S. 638-642.

Hermanns, P. (2011a): Organizational identity, basic assumptions and radical innovations – The German worship of airships: Thinking incremental while striving radically, in: 27. EGOS Colloquium, Göteborg (06.-09.07.2011).

Hermanns, P. (2011b): Entrepreneurship, hubris & organizational identity, in: Strategic Management Society, 31st Annual International Conference, Miami (06.-09.11.2011).

Hermanns, P. (2012): Rise and fall of a celebrity firm – celebrity induced narcissism and the micro-foundations of organizational hubris, in: VHB 36. Workshop der Kommission Organisation, Berlin (29.02.-02.03.2012).

Hermanns, P./Schreyögg, G. (2012): Rise and fall of a celebrity firm: Exploring the origins and development of organizational hubris, in: Academy of Management Annual Meeting, Boston (03.-07.08.2012).

Herzog, R. (1997): „Aufbruch ins 21. Jahrhundert", Hotel Adlon, Berlin, 26. April 1997, http://www.bundespraesident.de/SharedDocs/Reden/DE/Roman-Herzog/Reden/1997/04/19970426_Rede.html, Zugriff am: 12.03.2012.

Hilary, G./Menzly, L. (2006): Does past success lead analysts to become overconfident?, in: Management Science 52 (4), S. 489-500.

Hiller, N.J./Hambrick, D.C. (2005): Conceptualizing executive hubris: The role of (hyper-)core self-evaluations in strategic decision-making, in: Strategic Management Journal 26 (4), S. 297-319.

Hmieleski, K.M./Baron, R.A. (2008): When does entrepreneurial self-efficacy enhance versus reduce firm performance?, in: Strategic Entrepreneurship Journal 2 (1), S. 57-72.

Hmieleski, K.M./Baron, R.A. (2009): Entrepreneurs' optimism and new venture performance: A social cognitive perspective, in: The Academy of Management Journal 52 (3), S. 473-488.

Hollander, P. (2010): Why the celebrity cult?, in: Society 47 (5), S. 388-391.

Holtmann, J.P. (2008): Pfadabhängigkeit strategischer Entscheidungen: Eine Fallstudie am Beispiel des Bertelsmann Buchclubs Deutschland, Köln.

Homberg, F. (2010): Auslöser für Akquisitionen: Synergien oder Hybris?, Göttingen.

Homberg, F./Osterloh, M. (2010): Fusionen und Übernahmen im Licht der Hybris – Überblick über den Forschungsstand, in: Journal für Betriebswirtschaft 60 (4), S. 269-294.

Hopf, C. (2009a): Qualitative Interviews – ein Überblick, in: Flick, U./Kardorff, E. v./Steinke, I. (Hrsg.): Qualitative Forschung: Ein Handbuch, 7. Auflage, Reinbeck, S. 349-360.

Hopf, C. (2009b): Forschungsethik und qualitative Forschung, in: Flick, U./Kardorff, E. v./ Steinke, I. (Hrsg.): Qualitative Forschung: Ein Handbuch, 7. Auflage, Reinbeck, S. 589-599.

House, R.J. (1977): A 1976 theory of charismatic leadership, in: Hunt, J.G./Larson, L.L. (Hrsg.): Leadership: The cutting edge, Carbonale, S. 189-207.

House, R.J./Howell, J.M. (1992): Personality and charismatic leadership, in: The Leadership Quarterly 3 (2), S. 81-108.

Howe, P. (2005): Paparazzi: And our obsession with celebrity, New York.

Howell, J.M./Avolio, B.J. (1992): The ethics of charismatic leadership: Submission or liberation?, in: The Academy of Management Executive 6 (2), S. 43-54.

Huber, G.P./Power, D.J. (1985): Retrospective reports of strategic-level managers: Guidelines for increasing their accuracy, in: Strategic Management Journal 6 (2), S. 171-180.

Huchzermeier, A./Loch, C.H. (1999): CargoLifter AG: INSEAD Case Study, Koblenz.

Hvide, H. (2002): Pragmatic beliefs and overconfidence, in: Journal of Economic Behavior & Organization 48 (1), S. 15-28.

Höfner, K./Pohl, A. (1993): Wer sind die Werterzeuger, wer die Wertvernichter im Portfolio?, in: Harvard Business Manager 15 (1), S. 51-58.

IVW (1997): Auflagenliste 1/97, Bonn.

IfM (2012): Tabellen zu Unternehmensinsolvenzen, http://www.ifm-bonn.org/index.php?id=623, Zugriff am: 09.03.2012.

Iyengar, S./Kinder, D.R. (1987): News that matters: Television and American opinion. American politics and political economy, Chicago et al.

Janis, I.L. (1972): Victims of groupthink: A psychological study of foreign-policy decisions and fiascoes, Boston et al.

Janis, I.L. (1983): Groupthink: Psychological studies of policy decisions and fiascoes, 2. Auflage, Boston.

Johnson, D.D.P./Fowler, J.H. (2011): The evolution of overconfidence, in: Nature 477 (7364), S. 317-320.

Johnson, R.E./Silverman, S.B./Shyamsunder, A./Swee, H.-Y./Rodopman, O.B./Cho, E./Bauer, J. (2010): Acting superior but actually inferior?: Correlates and consequences of workplace arrogance, in: Human Performance 23 (5), S. 403-427.

Jones, E.E./Harris, V.A. (1967): The attribution of attitudes, in: Journal of Experimental Social Psychology 3 (1), S. 1-24.

Judge, T.A./Erez, A./Bono, J.E./Thoresen, C.J. (2003): The core self-evaluations scale: Development of a measure, in: Personnel Psychology 56 (2), S. 303-331.

Judge, T.A./Piccolo, R.F./Kosalka, T. (2009): The bright and dark sides of leader traits: A review and theoretical extension of the leader trait paradigm, in: The Leadership Quarterly 20 (6), S. 855-875.

Jørstad, J. (1995): Narcissism and leadership: Some differences in male and female leaders, in: Nordic Journal of Psychiatry 49 (6), S. 409-416.

Kaufmann, W. (1980): Tragödie und Philosophie, Tübingen.

Kaul, C./Vater, A./Schütz, A. (2007): Selbstüberschätzung und Gefühle der Unzulänglichkeit im Management. Narzisstische Verhaltensmuster und Ansätze für Coachingprozesse anhand eines Fallbeispiels, in: Wirtschaftspsychologie 22 (3), S. 22-32.

Kelle, U. (2009): Computergestütze Analyse qualitativer Daten, in: Flick, U./Kardorff, E. v./Steinke, I. (Hrsg.): Qualitative Forschung: Ein Handbuch, 7. Auflage, Reinbeck, S. 485-502.

Kernberg, O.F. (1975): Borderline conditions and pathological narcissism, New York.

Kernis, M.H. (2009): Toward a conceptualization of optimal self-esteem, in: Psychological Inquiry 14 (1), S. 1-26.

Kernis, M.H./Sun, C.-R. (1994): Narcissism and reactions to interpersonal feedback, in: Journal of Research in Personality 28 (1), S. 4-13.

Kershaw, I. (1998): Hitler: 1889-1936: Hubris, New York/London.

Kets de Vries, M.F.R. (1985): The dark side of entrepreneurship, in: Harvard Business Review 63 (6), S. 160-167.

Kets de Vries, M.F.R. (1990): The organizational fool: Balancing a leader's hubris, in: Human Relations 43 (8), S. 751-770.

Kets de Vries, M.F.R. (1991): Whatever happened to the philosopher-king? The leader's addiction to power, in: Journal of Management Studies 28 (4), S. 339-351.

Kets de Vries, M.F.R. (1994): The leadership mystique, in: The Academy of Management Executive 8 (3), S. 73-89.

Kets de Vries, M.F.R./Miller, D. (1984a): Group fantasies and organizational functioning, in: Human Relations 37 (2), S. 111-134.

Kets de Vries, M.F.R./Miller, D. (1985a): The neurotic organization: Diagnosing and changing counterproductive styles of management, 2. Auflage, San Francisco et al.

Kets de Vries, M.F.R./Miller, D. (1984b): Neurotic style and organizational pathology, in: Strategic Management Journal 5 (1), S. 35-55.

Kets de Vries, M.F.R./Miller, D. (1985b): Narcissism and leadership: An object relations perspective, in: Human Relations 38 (6), S. 583-601.

Kets de Vries, M.F.R./Miller, D. (1986): Personality, culture, and organization, in: The Academy of Management Review 11 (2), S. 266-279.

Kieser, A. (1997): Rhetoric and myth in management fashion, in: Organization 4 (1), S. 49-74.

Kim, W.C./Mauborgne, R. (2005): Blue ocean strategy: How to create uncontested market space and make the competition irrelevant, Boston.

King, B.G./Whetten, D.A. (2008): Rethinking the relationship between reputation and legitimacy: A social actor conceptualization, in: Corporate Reputation Review 11 (3), S. 192-207.

Kirkpatrick, S.A./Locke, E.A. (1991): Leadership: Do traits matter?, in: The Academy of Management Executive 22 (1), S. 48-60.

Kitayama, S./Markus, H./Matsumoto, H. (1997): Individual and collective processes in the construction of the self: Self-enhancement in the United States and self-criticism in Japan, in: Journal of Personality and Social Psychology 72 (6), S. 1245-1267.

Kjærgaard, A./Morsing, M./Ravasi, D. (2011): Mediating identity: A study of media influence on organizational identity construction in a celebrity firm, in: Journal of Management Studies 48 (3), S. 514-543.

Klayman, J./Soll, J.B./González-Vallejo, C./Barlas, S. (1999): Overconfidence: It depends on how, what, and whom you ask, in: Organizational Behavior and Human Decision Processes 79 (3), S. 216-247.

Kleinheins, P./Meighörner, W. (2005): Die großen Zeppeline: Die Geschichte des Luftschiffbaus, 3. Auflage, Berlin/Heidelberg.

Klußmann, N./Malik, A. (2007): Lexikon der Luftfahrt, 2. Auflage, Berlin et al.

Knäusel, H.G. (1988): Das Unglück von Lakehurst und seine Folgen, in: v. Schiller, H./Knäusel, H.G. (Hrsg.): Zeppelin: Aufbruch ins 20. Jahrhundert, Bonn, S. 130-155.

Koch, B. (2011): Die Welt retten und E-Mails checken, in: Frankfurter Allgemeine Zeitung vom 26.10.2011, S. 18.

Kociatkiewicz, J./Kostera, M. (2010): Experiencing the shadow: Organizational exclusion and denial within experience economy, in: Organization 17 (2), S. 257-282.

Koellinger, P./Minniti, M./Schade, C. (2007): "I think I can, I think I can": Overconfidence and entrepreneurial behavior, in: Journal of Economic Psychology 28 (4), S. 502-527.

Kohut, H. (1971a): The analysis of the self: A systematic approach to the psychoanalytic treatment of narcissistic personality disorders, New York.

Kohut, H. (1971b): Narzissmus – Eine Theorie der psychoanalytischen Behandlung narzisstischer Persönlichkeitsstörungen, Frankfurt a.M.

Kotha, S./Rajgopal, S./Rindova, V.P. (2001): Reputation building and performance: An empirical analysis of the top-50 pure internet firms, in: European Management Journal 19 (6), S. 571-586.

Kowal, S./O'Donnel, D.C. (2009): Zur Transkription von Gesprächen, in: Flick, U./Kardorff, E. v./Steinke, I. (Hrsg.): Qualitative Forschung: Ein Handbuch, 7. Auflage, Reinbeck, S. 437-446.

Kroll, M.J./Toombs, L.A./Wright, P. (2000): Napoleon's tragic march home from Moscow: Lessons in hubris, in: The Academy of Management Executive 14 (1), S. 117-128.

Kruger, J./Dunning, D. (1999): Unskilled and unaware of it: How difficulties in recognizing one's own incompetence lead to inflated self-assessments, in: Journal of Personality and Social Psychology 77 (6), S. 1121-1134.

Kwan, V.S.Y./John, O.P./Kenny, D.A./Bond, M.H./Robins, R.W. (2004): Reconceptualizing individual differences in self-enhancement bias: An interpersonal approach, in: Psychological Review 111 (1), S. 94-110.

Köhler, L. (1978): Über einige Aspekte der Behandlung narzisstischer Persönlichkeitsstörungen im Lichte der historischen Entwicklung psychoanalytischer Theoriebildung, in: Psyche 32 (11), S. 1001-1058.

Köhn, R. (2009): Der politische A 400 M, in: Frankfurter Allgemeine Zeitung vom 11.03. 2009, S. 18.

Lamnek, S. (2002): Qualitative Interviews, in: König, E./Zedler, P. (Hrsg.): Qualitative Forschung, S. 157-193.

Langer, E./Roth, J. (1975): Heads I win, tails it's chance: The illusion of control as a function of the sequence of outcomes in a purely chance task, in: Journal of Personality and Social Psychology 32, S. 951-955.

Langley, A. (1999): Strategies for theorizing from process data, in: The Academy of Management Review 24 (4), S. 691-710.

Larwood, L./Whittaker, W. (1977): Managerial myopia: Self-serving biases in organizational planning, in: Journal of Applied Psychology 62 (2), S. 194-198.

Lasch, C. (1979): The culture of narcissism: American life in an age of diminishing expectations, New York.

Leary, M.R./Tangney, J.P. (2003): Handbook of self and identity, New York.

Leonard-Barton, D. (1992): Core capabilities and core rigidities: A paradox in managing new product development, in: Strategic Management Journal 13 (1), S. 111-125.

Leonardi, P.M. (2011): Innovation blindness: Culture, frames, and cross-boundary problem construction in the development of new technology concepts, in: Organization Science 22 (2), S. 347-369.

Lepsius, M.R. (1993): Demokratie in Deutschland: Soziologisch-historische Konstellationsanalysen, Göttingen.

Lewis, M./Sullivan, M.W. (2005): The development of self-conscious emotions, in: Elliot, A./Dweck, C. (Hrsg.): Handbook of competence and motivation, New York/London, S. 185-201.

Li, J./Tang, Y. (2010): CEO hubris and firm risk taking in china: The moderating role of managerial discretion, in: The Academy of Management Journal 53 (1), S. 45-68.

Lines, G. (2001): Villains, fools or heroes? Sports stars as role models for young people, in: Leisure Studies 20 (4), S. 285-303.

Lofton, K. (2011): Religion and the American celebrity, in: Social Compass 58 (3), S. 346-352.

Long, S. (2002): Organisational destructivity and the perverse state of mind, in: Organisational and Social Dynamics: An International Journal of Psychoanalytic, Systemic and Group Relations Perspectives 2 (2), S. 179-207.

Lowe, R.A./Ziedonis, A.A. (2006): Overoptimism and the performance of entrepreneurial firms, in: Management Science 52 (2), S. 173-186.

Lubit, R. (2002): The long-term organizational impact of destructively narcissistic managers, in: The Academy of Management Executive 16 (1), S. 127-138.

Ludes, P. (1997): Aufstieg und Niedergang von Stars als Teilprozeß der Menscheitsentwicklung, in: Faulstich, W./Korte, H. (Hrsg.): Der Star: Geschichte, Rezeption, Bedeutung, München, S. 78-98.

Ludwig, S./Nafziger, J. (2010): Beliefs about overconfidence, in: Theory and Decision 28 (1), S. 1-26.

Lüders, C. (2009): Beobachten im Feld und Ethnoraphie, in: Flick, U./Kardorff, E. v./Steinke, I. (Hrsg.): Qualitative Forschung: Ein Handbuch, 7. Auflage, Reinbeck, S. 384-401.

Mabe, P.A./West, S.G. (1982): Validity of self-evaluation of ability: A review and meta-analysis, in: Journal of Applied Psychology 67 (3), S. 280-296.

MacDowell, D.M. (1976): Hybris in Athens, in: Greece & Rome (Second Series) 23 (01), S. 14-31.

MacSuibhne, S.P. (2009): What makes "a new mental illness"?: The cases of solastalgia and hubris syndrome, in: Cosmos and History: The Journal of Natural and Social Philosophy 5 (2), S. 210-225.

Malmendier, U./Tate, G. (2005): CEO overconfidence and corporate investment, in: The Journal of Finance 60 (6), S. 2661-2700.

Malmendier, U./Tate, G. (2009): Superstar CEOs, in: The Quarterly Journal of Economics 124 (4), S. 1593-1638.

Malmendier, U./Tate, G./Yan, J. (2011): Overconfidence and early-life experiences: The effect of managerial traits on corporate financial policies, in: Journal of Finance 66 (5), S. 1687-1733.

Markus, H./Wurf, E. (1987): The dynamic self-concept: A social psychological perspective, in: Annual review of psychology 38 (2), S. 299-337.

Martin, J./Feldman, M.S./Hatch, M.J./Sitkin, S.B. (1983): The uniqueness paradox in organizational stories, in: Administrative Science Quarterly 28 (3), S. 438-453.

Mason, R.O. (2004): Lessons in organizational ethics from the Columbia disaster: Can a culture be lethal?, in: Organizational Dynamics 33 (2), S. 128-142.

Mayring, P. (2002): Einführung in die qualitative Sozialforschung: Eine Anleitung zu qualitativem Denken, 5. Auflage, Weinheim/Basel.

Mayring, P. (2009): Qualitative Inhaltsanalyse, in: Flick, U./Kardorff, E. v./Steinke, I. (Hrsg.): Qualitative Forschung: Ein Handbuch, 7. Auflage, Reinbeck, S. 468-474.

Mayring, P. (2010): Qualitative Inhaltsanalyse: Grundlagen und Techniken, 11. Auflage, Weinheim/Basel.

McCombs, M.E./Shaw, D.L. (1972): The agenda-setting function of mass media, in: Public Opinion Quarterly 36 (2), S. 176-187.

McCutcheon, L.E. (2003): Machiavellianism, belief in a just world, and the tendency to worship celebrities, in: Current Research in Social Psychology 8 (9), S. 131-138.

McFarlin, D.B./Baumeister, R.F./Blascovich, J. (1984): On knowing when to quit: Task failure, self-esteem, advice, and nonproductive persistence, in: Journal of Personality 52 (2), S. 138-155.

McNamara, K. (2011): The paparazzi industry and new media: The evolving production and consumption of celebrity news and gossip websites, in: International Journal of Cultural Studies 14 (5), S. 515-530.

Meindl, J.R./Ehrlich, S.B./Dukerich, J.M. (1985): The romance of leadership, in: Administrative Science Quarterly 30 (1), S. 78-102.

Meindl, J.R./Ehrlich, S.B. (1987): The romance of leadership and the evaluation of organizational performance, in: The Academy of Management Journal 30 (1), S. 91-109.

Miller, A. (1986): Depression and grandiosity as related forms of narcissistic disturbances, in: Morrison, A. (Hrsg.): Essential Papers on Narcissism, New York, S. 323-347.

Miller, D. (1990): The icarus paradox: How exeptional companies bring about their own downfall, New York.

Miller, D. (1994): What happens after success: The perils of excellence, in: Journal of Management Studies 31 (3), S. 325-358.

Mishina, Y./Block, E.S./Mannor, M.J. (2012): The path dependence of organizational reputation: How social judgment influences assessments of capability and character, in: Strategic Management Journal 33 (5), S. 459-477.

Mishina, Y./Dykes, B.J./Block, E.S./Pollock, T.G. (2010): Why "good" firms do bad things: The effects of high aspirations, high expectations, and prominence on the incidence of corporate illegality, in: The Academy of Management Journal 53 (4), S. 701-722.

Monnoyer, M.-C./Zuliani, J.-M. (2007): The decentralisation of Airbus production and services, in: The Service Industries Journal 27 (3), S. 251-262.

Moore, D.A./Healy, P. (2008): The trouble with overconfidence, in: Psychological Review 115 (2), S. 502-517.

Morf, C.C./Rhodewalt, F. (2001): Unraveling the paradoxes of narcissism: A dynamic self-regulatory processing model, in: Psychological Inquiry 12 (4), S. 177-196.

Munk, N. (2003): Die T-Aktie als Marke: Staatliche und private Einflussnahme zur Kurspflege einer „Volksaktie", 2. Auflage, Wiesbaden.

Myers, D.G. (2008): Psychologie, 2. Auflage, Berlin/Heidelberg.

Möller, J./Trautwein, U. (2009): Selbstkonzept, in: Möller, E./Möller, J. (Hrsg.): Pädagogische Psychologie, Heidelberg, S. 179-203.

Neumann, E. (2010): Offener und verdeckter Narzissmus, in: Psychotherapeut 55 (1), S. 21-28.

Neumann, F. (1984): Behemoth. Struktur und Praxis des Nationalsozialismus 1933-1944, Frankfurt a. M.

Nocera, J. (2011): What makes Steve Jobs great, in: The New York Times vom 26.08.2011, S. 19.

Nystrom, P.C./Starbuck, W.H. (1984): Managing beliefs in organizations, in: The Journal of Applied Behavioral Science 20 (3), S. 277-287.

Owen, D. (2006): Hubris and nemesis in heads of government, in: Journal of the Royal Society of Medicine 99 (11), S. 548-551.

Owen, D. (2008a): Hubris syndrome, in: Clinical Medicine 8 (4), S. 428-432.

Owen, D. (2008b): In sickness and in power, London.

Owen, D. (2011): Psychiatry and politicians – afterword: Commentary on psychiatry and politicians, in: The Psychiatrist 35 (1), S. 145-148.

Owen, D./Davidson, J. (2009): Hubris syndrome: An acquired personality disorder? A study of US Presidents and UK Prime Ministers over the last 100 years, in: Brain: A journal of neurology 132 (5), S. 1396-1406.

Oxford Dictionary (2011): Celebrity, http://oxforddictionaries.com/definition/celebrity, Zugriff am: 01.11. 2011.

Oyserman, D. (2001): Self-concept and identity, in: Tesser, A./Schwarz, N. (Hrsg.): Blackwell handbook of social psychology: Intraindividual processes, Malden/Oxford, S. 499-517.

Pace, K./Montgomery, R./Zitarosa, R. (2003): Images of America: Naval air station Lakehurst, Charleston et al.

Patton, M.Q. (2002): Qualitative research and evaluation methods, 3. Auflage, Thousand Oaks.

Peters, T.J./Waterman, R. (1982): In search of excellence: Lessons from America's best-run companies, New York.

Petit, V./Bollaert, H. (2011): Flying too close to the sun? Hubris among CEOs and how to prevent it, in: Journal of Business Ethics (online first).

Petkova, A./Rindova, V.P./Gupta, A.K. (2008): How can new ventures build reputation? An exploratory study, in: Corporate Reputation Review 11 (4), S. 320-334.

Pfarrer, M.D./Pollock, T.G./Rindova, V.P. (2010): A tale of two assets: The effects of firm reputation and celebrity on earnings surprises and investors' reactions, in: The Academy of Management Journal 53 (5), S. 1131-1152.

Pfeffer, J./Fong, C.T. (2005): Building organization theory from first principles: The self-enhancement motive and understanding power and influence, in: Organization Science 16 (4), S. 372-388.

Pierce, J.L./Gardner, D.G. (2004): Self-esteem within the work and organizational context: A review of the organization-based self-esteem literature, in: Journal of Management 30 (5), S. 591-622.

Pierce, J.L./Gardner, D.G./Cummings, L.L./Dunham, R.B. (1989): Organization-based self-esteem: Construct definition, measurement, and validation, in: The Academy of Management Journal 32 (3), S. 622-648.

Porter, M.E. (2003): Competitive advantage: Creating and sustaining superior performance, Neuauflage, New York et al.

Priem, R.L./Butler, J.E. (2001): Is the resource-based "view" a useful perspective for strategic management research?, in: The Academy of Management Journal 26 (1), S. 22-40.

Probst, G./Raisch, S. (2005): Organizational crisis: The logic of failure, in: The Academy of Management Executive 19 (1), S. 90-105.

Raupp, J./Vogelgesang, J. (2009): Medienresonanzanalyse: Eine Einführung in Theorie und Praxis, Wiesbaden.

Ravasi, D./Schultz, M. (2006): Responding to organizational identity threats: Exploring the role of organizational culture, in: The Academy of Management Journal 49 (3), S. 433-458.

Reed, A. (1994): Cargo: The heavy haulers. Two UK-NIS pairings find success with charters using the 150-tonne-capable An-124, in: Air Transport World 31 (11), S. 113.

Reinicke, H. (1998): Deutschland hebt ab: Der Zeppelinkult – Zur Sozialpathologie der Deutschen, Köln.

Rhodewalt, F./Morf, C.C. (1998): On self-aggrandizement and anger: A temporal analysis of narcissism and affective reactions to success and failure, in: Journal of personality and social psychology 74 (3), S. 672-685.

Rieks, R. (1974): Hybris, in: Ritter, J./Gründer, K./Gabriel, G. (Hrsg.): Historisches Wörterbuch der Philosophie, Basel, S. 1234-1235.

Rimell, R.L. (1993): Skyship! Renaissance of the British airship industry, Berkhamsted.

Rindova, V.P./Petkova, A.P./Kotha, S. (2007): Standing out: How new firms in emerging markets build reputation, in: Strategic Organization 5 (1), S. 31-70.

Rindova, V.P./Williamson, I.O./Petkova, A.P. (2010): Reputation as an intangible asset: Reflections on theory and methods in two empirical studies of business school reputations, in: Journal of Management 36 (3), S. 610-619.

Rindova, V.P./Williamson, I.O./Petkova, A.P./Sever, J.M. (2005): Being good or being known: An empirical examination of the dimensions, antecedents, and consequences of organizational reputation, in: The Academy of Management Journal 48 (6), S. 1033-1049.

Rindova, V.P./Pollock, T.G./Hayward, M.L.A. (2006): Celebrity firms: The social construction of market popularity, in: The Academy of Management Review 31 (1), S. 50-71.

Robins, R.W./Beer, J.S. (2001): Positive illusions about the self: Short-term benefits and long-term costs, in: Journal of Personality and Social Psychology 80 (2), S. 340-352.

Roll, R. (1986): The hubris hypothesis of corporate takeovers, in: Journal of Business 59 (2), S. 197-216.

Rosenthal, S./Pittinsky, T. (2006): Narcissistic leadership, in: The Leadership Quarterly 17 (6), S. 617-633.

Rotter, J.B. (1966): Generalized expectancies for internal versus external control of reinforcement, in: Psychological Monographs 80 (1), S. 1-28.

Rotter, J.B. (1990): Internal versus external control of reinforcement: A case history of a variable, in: American Psychologist 45 (4), S. 489-493.

Russel, G. (2011): Psychiatry and politicians: The hubris syndrome, in: The Psychiatrist 35 (1), S. 140-145.

SIAT (2001): CL21 – Die CargoLifter-Werft, München.

Scheier, M.F./Carver, C.S./Bridges, M.W. (1994): Distinguishing optimism from neuroticism (and trait anxiety, self-mastery, and self-esteem): A reevaluation of the Life Orientation Test, in: Journal of Personality and Social Psychology 67 (6), S. 1063-1078.

Schein, E.H. (1983): The role of the founder in creating organizational culture, in: Organizational Dynamics 12 (1), S. 13-28.

Schein, E.H. (1984): Coming to a new awareness of organizational culture, in: Sloan Management Review 25 (2), S. 3-16.

Schkade, D./Sunstein, C.D./Kahnemann, D. (2000): Deliberating about Dollars: The severity shift, in: Columbia Law Review 100 (1), S. 1139-1175.

Schmidt, A.P. (1992): Entwicklungstrends der Verkehrsflugzeugbranche und deren Projektion bis zum Jahr 2010 unter Anwendung einer integralen Szenariotechnik, Frankfurt am Main et al.

Scholl, A. (2009): Die Befragung, 2. Auflage, Konstanz.

Schreyögg, G. (1989): Zu den problematischen Konsequenzen starker Unternehmenskulturen, in: Zeitschrift für betriebswirtschaftliche Forschung 41 (2), S. 94-113.

Schreyögg, G. (2008): Organisation: Grundlagen moderner Organisationsgestaltung, 5. Auflage, Wiesbaden.

Schreyögg, G./Kliesch-Eberl, M. (2007): How dynamic can organizational capabilities be? Towards a dual-process model of capability dynamization, in: Strategic Management Journal 28 (9), S. 913-933.

Schreyögg, G./Koch, J. (2010): Grundlagen des Managements: Basiswissen für Studium und Praxis, 2. Auflage, Wiesbaden.

Schreyögg, G./Steinmann, H. (1987): Strategic control: A new perspective, in: The Academy of Management Review 12 (1), S. 91-103.

Schwartz, H.S. (1989): Organizational disaster and organizational decay: The case of the National Aeronautics and Space Administration, in: Organization & Environment 3 (4), S. 319-334.

Schwartz, H.S. (1990): Narissistic process and corporate decay: The theory of the organizational ideal, New York.

Schwartz, H.S. (1993): The symbol of the space shuttle and the degeneration of the American dream, in: Journal of Organizational Change Management 1 (2), S. 5-20.

Schweizer, M.D. (2005): Kognitive Täuschungen vor Gericht: Eine empirische Studie, Zürich.

Schütz, A. (2000): Psychologie des Selbstwertgefühls: Von Selbstakzeptanz bis Arroganz, Stuttgart et al.

Schütz, A. (2005): Je selbstsicherer, desto besser? Licht und Schatten positiver Selbstbewertung, Weinheim/Basel.

Schütz, A./Marcus, B./Sellin, I. (2004): Die Messung von Narzissmus als Persönlichkeitskonstrukt: Psychometrische Eigenschaften einer Lang- und einer Kurzform des Deutschen NPI, in: Diagnostica 50 (4), S. 202-218.

Seth, A./Song, K.P./Pettit, R. (2000): Synergy, managerialism or hubris? An empirical examination of motives for foreign acquisitions of US firms, in: Journal of International Business Studies 31 (3), S. 387-405.

Shamir, B./House, R.J./Arthur, M.B. (1993): The motivational effects of charismatic leadership: A self-concept based theory, in: Organization Science 4 (1), S. 577-594.

Shipman, A.S./Mumford, M.D. (2011): When confidence is detrimental: Influence of overconfidence on leadership effectiveness, in: The Leadership Quarterly 22 (4), S. 649-665.

Shock, J.R. (1996): American airship bases and facilities, Ontario.

Siggelkow, N. (2007): Persuasion with case studies, in: The Academy of Management Journal 50 (1), S. 20-24.

Silverman, D. (2006): Interpreting qualitative data: Methods for analyzing talk, text and interaction, 3. Auflage, London et al.

Simon, M./Houghton, S.M. (2003): The relationship between overconfidence and the introduction of risky products: Evidence from a field study, in: The Academy of Management Journal 46 (2), S. 139-149.

Sinha, P.N./Inkson, K./Barker, J.R. (2012): Committed to a failing strategy: Celebrity CEO, intermediaries, media and stakeholders in a co-created drama, in: Organization Studies 33 (2), S. 223-245.

Sitkin, S.B./Pablo, A.L. (2004): Leadership and the M&A process, in: Pablo, A.L./Javidan, M. (Hrsg.): Mergers and Acquisitions: Creating Integrative Knowledge, Oxford, S. 181-189.

Smalley, R.L./Stake, J.E. (1996): Evaluating sources of ego-threatening feedback: Self-esteem and narcissism effects, in: Journal of Research in Personality 30 (4), S. 483-495.

Spee, P.A./Jarzabkowski, P. (2011): Strategic planning as communicative process, in: Organization Studies 32 (9), S. 1217-1245.

Stadtmann, G./Weigand, J./Wissmann, M. (2005): Blinded by the light: Das Overconfidence Phänomen am Beispiel der Borussia Dortmund GmbH & Co. KGaA, in: Wirtschaftswissenschaftliches Studium 34 (5), S. 274-279.

Stake, R.E. (1995): The art of case study research, Thousand Oaks.

Starbuck, W.H. (2009): Cognitive reactions to rare events: Perceptions, uncertainty, and learning, in: Organization Science 20 (5), S. 925-937.

Starbuck, W.H./Milliken, F.J. (1988): Challenger: Fine-tuning the odds until something breaks, in: Journal of Management Studies 25 (4), S. 319-340.

Statista (2012): Umsatzentwicklung im deutschen Maschinenbau in den Jahren 1991 bis 2010 (in Milliarden Euro), http://de.statista.com/statistik/daten/studie/3777/umfrage/umsatz-im-deutschen-maschinenbau-seit-1991/, Zugriff am: 09.03.2012.

StatistischesBundesamt (2012): Indikatoren zur nachhaltigen Entwicklung in Deutschland (Ergebnis 91111-0001), https://www.genesis.destatis.de/genesis/online/logon?language=de&sequenz=tabelleErgebnis&selectionname=91111-0001, Zugriff am: 12.03.2012.

Staw, B.M. (1981): The escalation of commitment to a course of action, in: The Academy of Management Review 6 (4), S. 577-587.

Stein, M. (2003): Unbounded irrationality: Risk and organizational narcissism at Long Term Capital Management, in: Human Relations 56 (5), S. 523-540.

Stein, M. (2004): The critical period of disasters: Insights from sense-making and psychoanalytic theory, in: Human Relations 57 (10), S. 1243-1261.

Stein, M. (2007): Oedipus rex at Enron: Leadership, oedipal struggles, and organizational collapse, in: Human Relations 60 (9), S. 1387-1410.

Steinke, I. (2009): Gütekriterien qualitativer Forschung, in: Flick, U./Kardorff, E. v./Steinke, I. (Hrsg.): Qualitative Forschung: Ein Handbuch, 7. Auflage, Reinbeck, S. 319-331.

Steinmann, H./Schreyögg, G. (2005): Management: Grundlagen der Unternehmensführung, 6. Auflage, Wiesbaden.

Sunstein, C.D. (2000): Deliberative trouble? Why groups go to extremes, in: The Yale Law Journal 110 (1), S. 71-119.

Syon, G. de (2002): Zeppelin! Germany and the Airship, 1900-1939, Baltimore.

Taleb, V.N.N./Goldstein, D.G./Spitznagel, M. (2010): Warum wir Gefahren falsch einschätzen, in: Harvard Business Manager 32 (2), S. 104-109.

Tang, J./Crossan, M./Rowe, W.G. (2011a): Dominant CEO, deviant strategy, and extreme performance: The moderating role of a powerful board, in: Journal of Management Studies 48 (7), S. 1479-1503.

Tang, Y./Li, J./Yang, H. (2011b): Proud causes nothing but trouble? How executive overconfidence affects firm innovation, in: Strategic Management Society 31st Annual International Conference (Unveröffentlichtes Manuskript).

Tang, Y./Li, J./Yang, H. (2012): What I see, what I do: How executive hubris affects firm innovation, in: Journal of Management (Articles in advance).

Taylor, S.E. (1993): Positive Illusionen: Produktive Selbsttäuschung und seelische Gesundheit, Reinbeck.

Taylor, S.E./Brown, J.D. (1988): Illusion and well-being: A social psychological perspective on mental health, in: Psychological Bulletin 103 (2), S. 193-210.

Tesser, A. (2001): Self-esteem, in: Tesser, A./Schwarz, N. (Hrsg.): Blackwell handbook of social psychology: Intraindividual processes, Malden/Oxford, S. 479-498.

Thomas, G. (2011): A typology for the case study in social science Following a review of definition, discourse, and structure, in: Qualitative Inquiry 17 (6), S. 511-521.

Titze, M. (2005): Probleme einer strategischen Handelspolitik: Eine Untersuchung am Beispiel der CargoLifter AG, Wiesbaden.

Treadway, D.C./Adams, G.L./Ranft, A.L./Ferris, G.R. (2009): A meso-level conceptualization of CEO celebrity effectiveness, in: The Leadership Quarterly 20 (4), S. 554-570.

Trevelyan, R. (2008): Optimism, overconfidence and entrepreneurial activity, in: Management Decision 46 (7), S. 986-1001.

Turner, G. (2004): Understanding celebrity, London et al.

Turner, G. (2007): The economy of celebrity, in: Redmond, S./Holmes, S. (Hrsg.): Stardom and celebrity – A reader, London et al., S. 193-205.

Turner, G. (2010): Ordinary people and the media: The demotic turn, London et al.

Uhls, Y.T./Greenfield, P.M. (2011): The rise of fame: A historical content analysis, in: Journal of Psychosocial Research on Cyberspace (5).

Vaeth, J.G. (2005): They sailed the skies: U.S. Navy balloons and the airship program, Annapolis.

Visé, M./Schneider, W. (2000): Determinanten der Leistungsvorhersage bei Kindergarten- und Grundschulkindern: Zur Bedeutung metakognitiver und motivationaler Einflußfaktoren, in: Zeitschrift für Entwicklungspsychologie und Pädagogische Psychologie 32 (2), S. 51-58.

Vorderer, P./Hartmann, T. (2009): Entertainment and enjoyment as media effects, in: Bryant, J./Zillmann, D. (Hrsg.): Media effects: Advances in theory and research, 3. Auflage, New York, S. 532-550.

Wade, J.B./Porac, J.F./Pollock, T.G./Graffin, S.D. (2006): The burden of celebrity: The impact of CEO certification contests on CEO pay and performance, in: The Academy of Management Journal 49 (4), S. 643-660.

Waibel, B. (2010): LZ 129 Hindenburg: Luxusliner der Lüfte, Erfurt.

Weber, M. (1964): Wirtschaft und Gesellschaft: Grundriss der verstehenden Soziologie, Köln/Berlin.

Weber, M. (1972): Wirtschaft und Gesellschaft: Grundriss der verstehenden Soziologie, 5. Auflage, Tübingen.

Weick, K.E. (1995): Sensemaking in organizations, Thousand Oaks.

Weinstein, L./Seckin, B. (2008): The perverse cosmos of being John Malkovich: Forms and transformations of narcissism in a celebrity culture, in: Projections 2 (1), S. 27-44.

Weiß, J.-P. (2003): Maschinenbau: Bedeutung für den deutschen Außenhandel, in: Wochenbericht des DIW Berlin 5, S. 74-83.

Wernerfelt, B. (1984): A resource-based view of the firm, in: Strategic Management Journal 5 (2), S. 171-180.

Wessely, S. (2006): Commentary: The psychiatry of hubris, in: Journal of the Royal Society of Medicine 99 (11), S. 552-553.

Westphal, J.D./Deephouse, D.L. (2011): Avoiding bad press: Interpersonal influence in relations between CEOs and journalists and the consequences for press reporting about firms and their leadership, in: Organization Science 22 (4), S. 1061-1086.

Westphal, J.D./Park, S.H./McDonald, M.L./Hayward, M.L.A. (2012): Helping other CEOs avoid bad press: Social exchange and impression management support among CEOs in communications with journalists, in: Administrative Science Quarterly 57 (2), S. 217-268.

Wheeler, L./Suls, J. (2005): Social comparison and self-evaluations of competence, in: Elliot, A.J./Dweck, C.S. (Hrsg.): Handbook of Competence and Motivation, New York, S. 566-577.

Whetten, D.A. (2006): Albert and Whetten revisited: Strengthening the concept of organizational identity, in: Journal of Management Inquiry 15 (3), S. 219-234.

Windischbauer, F./Richardson, J. (2005): Is there another chance for lighter-than-air vehicles?, in: Foresight 7 (2), S. 54-65.

Wirth, H.-J. (2003): Narzissmus und Macht – Zur Psychoanalyse seelischer Störungen in der Politik, 2. Auflage, Gießen.

Wolff, S. (2009): Dokumenten- und Aktenanalyse, in: Flick, U./Kardorff, E. v./Steinke, I. (Hrsg.): Qualitative Forschung: Ein Handbuch, 7. Auflage, Reinbeck, S. 502-513.

Yates, L./Skzarzynski, P. (2000): Revolution and innovation: The new strategic planning, in: Handbook of Business Strategy 1 (1), S. 145-152.

Yin, R. (2009): Case study research: Design and methods, 4. Auflage, Thousand Oaks.

Young, S.M./Pinsky, D. (2006): Narcissism and celebrity, in: Journal of Research in Personality 40 (5), S. 463-471.

Zaccaro, S.J. (2007): Trait-based perspectives of leadership, in: American Psychologist 62 (1), S. 6-16.

Zeising, J. (1998): "Reich und Volk für Zeppelin!" Die journalistische Vermarktung einer technologischen Entwicklung, in: Meighörner, W. (Hrsg.): Wissenschaftliches Jahrbuch, Friedrichshafen, S. 67-227.

Zillmann, D. (1994): Mechanisms of emotional involvement with drama, in: Poetics 23 (1), S. 33-51.

Datenbankverzeichnis

Verzeichnis verwendeter Presseartikel (Datenbankkennzeichen: [PA:]) 296

Verzeichnis verwendeter interner Dokumente (Datenbankkennzeichen: [ID:])..................302

© Springer Fachmedien Wiesbaden GmbH, ein Teil von Springer Nature 2012
P. Hermanns, *Organizational Hubris*, Edition KWV,
https://doi.org/10.1007/978-3-658-24332-6

Verzeichnis verwendeter Presseartikel
(Datenbankkennzeichen: [PA:])

Datenbank-kennung	Erschei-nungsda-tum	Quelle	Publikationstitel
[PA: 1]	16.05.2000	Financial Times Deutschland	Logistiker beflügelt die Fantasie: Cargolifter-Chef [Name] will mit einem Luftschiff Lasten bewegen – und ab heute auch die Anleger
[PA: 3]	09.11.1996	Deutsche Verkehrszeitung	Das Grossraum- und Schwertransportgewerbe auf der Suche nach neuen Transportmöglichkeiten: Luftschiffe als Alternative nehmen Formen an
[PA: 4]	09.11.1996	Deutsche Verkehrszeitung	Cargolifter – eine neue Luftschiffgeneration für den Großraum- und Schwertransport: Schneller und günstiger als andere Verkehrsträger
[PA: 6]	05.03.1997	The Dallas Morning News	Air of confidence: Optimism surrounds return of the dirigible
[PA: 7]	22.03.1997	taz – Die Tageszeitung	Ökolumne: Magie des Schwebens
[PA: 8]	20.04.1997	Die Welt	Für Schwertransporte und Tourismus: Die Rückkehr der Zeppeline
[PA: 13]	25.09.1997	Wirtschaftsblatt	ABB produziert „fliegende Kräne"
[PA: 15]	31.10.1997	Die Zeit	Die Rückkehr des Riesen: Luftschiffe sollen die Transportprobleme im Großanlagenbau lösen
[PA: 18]	08.11.1997	Deutsche Verkehrszeitung	Eine Träumerei wird Realität – Die CargoLifter AG ist auf Kurs: Erstes Musterluftschiff soll bereits ab 1998 fliegen
[PA: 41]	08.05.1998	Auto Bild	Streikbrecher „CL-160"
[PA: 65]	11.03.1999	Die Zeit	Luftschlösser voller Helium: Der Zeppelin erlebt eine Renaissance: Als Schwerlaster und Vehikel für den sanften Tourismus
[PA: 67]	12.03.1999	taz – Die Tageszeitung	Cargolifter oder Die späte Rückkehr der Zeppeline
[PA: 79]	31.05.1999	Telepolis	Innovatives Mammutprojekt oder Luftschloß?
[PA: 94]	03.10.1999	Die Welt am Sonntag	[Name des Vorstandsvorsitzenden]: Ein Visionär der Luftfahrt
[PA: 102]	28.10.1999	FACTS	Die Rückkehr der Riesen
[PA: 114]	02.06.1999	Telepolis	Ein Luftschiff ist kein Flugzeug
[PA: 128]	07.02.2000	AFX – TD	CargoLifter AG kooperiert mit IBM, Cisco und e-plus
[PA: 144]	20.04.2000	Berliner Zeitung	Ohne Wasser ist die Landung nicht möglich: Ab 2004 sollen Serien-Luftschiffe aus Brandenburg schwerste Lasten durch die Welt befördern
[PA: 152]	12.05.2000	Werben und Verkaufen	Luft-Zigarre
[PA: 170]	29.05.2000	Der Spiegel	Windige Pläne
[PA: 218]	31.07.2000	Der Spiegel	Drahtseilakt mit 160 Tonnen
[PA: 222]	05.09.2000	Verkehrs Rundschau	Cargolifter drückt Bilanzergebnis: Mit Erträgen kann die Cargo Lifter AG erst ab 2003 rechnen
[PA: 245]	21.11.2000	Financial Times Deutschland	Kosten für den Bau des Cargolifter explodieren: Das Transportluftschiff könnte 1 Mrd. DM verschlingen – Kapitalerhöhung zur Finanzierung der Serienfertigung wahrscheinlich

[PA: 250]	22.11.2000	Berliner Zeitung	Acht Fußballfelder unter einem Dach: Am Sonnabend wird in Brand die Riesen-Halle für den Bau von Transportluftschiffen übergeben
[PA: 251]	22.11.2000	Die Welt	In der Zeppelin-Werfthalle beginnt der Bau des Cargolifters
[PA: 252]	23.11.2000	Financial Times Deutschland	Cargolif-f-f-f-f-f-f-ter: Ein halbes Jahr nach dem Börsenstart des Luftschiffbauers Cargolifter sind die Perspektiven des Projektes noch immer unklar – und das Management gibt Rätsel auf
[PA: 257]	24.11.2000	Die Welt	Die größte freitragende Halle der Welt steht jetzt in Brand
[PA: 259]	30.11.2000	Deutsche Verkehrszeitung	Inbetriebnahme der CargoLifter-Werfthalle: Schwerlastmarkt ist größer als erwartet
[PA: 260]	01.12.2000	Financial Times Deutschland	Altaktionäre machen bei Cargolifter Kasse: Unternehmen sieht Entwicklung im Plan
[PA: 263]	05.12.2000	Financial Times Deutschland	Leserbriefe zum „Cargolif-f-f-f-f-f-f-ter"-Artikel
[PA: 268]	28.12.2000	Financial Times Deutschland	Cargolifter-Prototyp hat nur eingeschränkte Leistung: Baubeginn am Firmensitz im September geplant – Expertenstreit um Realisierung des Krans der Lüfte
[PA: 271]	August 2000	Wired	The baron's big balloon: A German aristocrat-businessman is relaunching the age of the airship, armed with millions in the bank and a team of crack engineers. Can superblimps rise again?
[PA: 320]	11.04.2001	Der Stern	Absturz vor dem Start? Der CARGOLIFTER soll das größte Luftschiff der Welt werden. Nun droht die Finanzierung zu scheitern. Zigtausend Anleger fürchten um ihr Geld
[PA: 355]	10.09.2011	Financial Times Deutschland	Cargolifter-Chef wirbt um Unterstützung: Luftschiffbauer braucht dringend Geld – Einstieg eines Branchenunternehmens gilt als Option
[PA: 358]	25.09.2001	Die Welt	Bei Cargo Lifter beginnt die Produktion: Bundespräsident Rau und Brandenburgs Wirtschaftsminister wollen dabei sein – Millionen-Investment
[PA: 385]	11.11.1998	Flight	Etops choice is a Dollar decision
[PA: 487]	23.08.1999	Der Spiegel	Laster der Lüfte: Unweit von Berlin will eine Privatfirma das größte Luftschiff aller Zeiten bauen.
[PA: 493]	01.03.1997	Manager Magazin	Managen in Zeiten des Cyberspace
[PA: 498:11]	25.01.1997	Westfalenpost	Hagener will mit Riesen-Zeppelin Transportprobleme lösen
[PA: 498:14]	19.02.1997	Berliner Zeitung	Gigantisches Luftschiff über der Expo: Schwebende Zigarre hilft Treibstoff zu sparen
[PA: 498:20]	15.04.1997	Mannheimer Morgen	Wenn es um schwere Lasten geht, kommen die Luftschiffe wie gerufen
[PA: 498:33]	09.10.1997	Berliner Zeitung	Schwebende Kraftprotze – Leichter als Luft
[PA: 498:37]	25.01.1997	Westfalenpost	Tonnenschwere Fracht entschwebt zum Ziel
[PA: 498:5]	April 1997	Computerwoche	Virtuelle Organisationen sind bereits Realität
[PA: 498:18]	19.02.1997	Berliner Zeitung	Gigantisches Luftschiff über der Expo: Schwebende Zigarre hilft Treibstoff zu sparen
[PA: 501]	16.01.2002	Agence France Presse	Cargolifter bricht wegen Finanzproblemen an der Börse ein

[PA: 502]	16.01.2002	DPA-AFX	„FTD": Cargolifter-Chef ruft nach staatlichen Hilfen
[PA: 509]	17.01.2002	Financial Times Deutschland	Cargolifter geht ohne Staatshilfe die Luft aus: Chef des Luftschiff-Entwicklers hofft auf Subventionen: Aktienkurs bricht zeitweise um 60 Prozent ein
[PA: 511]	18.01.2002	Frankfurter Allgemeine Zeitung	Der Mann mit dem Luftballon
[PA: 530]	01.03.2002	VDI-Nachrichten	CargoLifter: Optimismus im Gepäck „ ... wir wollen im Jahr 2003 die ersten Umsätze erzielen"
[PA: 537]	04.03.2002	DPA-AFX	Hintergrund: CargoLifter in neuen Turbulenzen – Vorstandschef droht mit Klage
[PA: 548]	17.03.2002	Der Spiegel	CargoLifter Hauptversammlung: Luftschlösser zu Luftschiffen
[PA: 565]	03.05.2002	Financial Times Deutschland	Boeing prüft Allianz mit Cargolifter für Luftschiffbau: Absichtserklärung unterzeichnet: Kurs steigt
[PA: 588]	17.05.2002	DPA-AFX	Roundup: CargoLifter baut künftig nur noch Ballons – Entlassungen
[PA: 592]	18.05.2002	Die Welt	Vom Luftschiff zum Traumschiff
[PA: 644]	15.12.2002	Der Spiegel	CargoLifter-Flop: [Name], der Bruchpilot
[PA: 646]	September 2001	Norddeutscher Rundfunk	Comeback der Luftschiffe
[PA: 647]	07.11.2002	Norddeutscher Rundfunk	Steuergelder für Sturzflug – Der Skandal um Cargolifter
[PA: 652]	29.12.2001	Der Spiegel	Fliegendes Schlauchboot
[PA: 653]	04.03.2002	Der Spiegel	Wackelige Luftnummer
[PA: 663]	02.04.1998	Neue Zürcher Zeitung	Der neue Zeppelin lässt auf sich warten: Unterschätzter Entwicklungsaufwand – Know-how-Engpass?
[PA: 664]	27.04.1999	Telepolis	Kommen die Zeppeline wieder?
[PA: 665]	10.02.1997	Frankfurter Allgemeine Zeitung	Per Luftschiff zurück in die Zukunft: Cargolifter AG will Transportschwierigkeiten im Maschinenbau lösen
[PA: 666]	26.11.1997	Frankfurter Allgemeine Zeitung	In Brand bei Berlin soll eine Werft für Luftschiffe gebaut werden: Cargolifter will Flugplatz erwerben, 120 Millionen DM Investitionen, Vorstellung auf Expo 2000
[PA: 667]	11.01.1998	Frankfurter Allgemeine Sonntagszeitung	Die Rückkehr der fliegenden Zigarren: Neue Zeppeline für Marktnischen
[PA: 672]	03.05.1998	Frankfurter Allgemeine Sonntagszeitung	Luftschiffe aus dem Spreewald: „Zeppelin-Werft" soll Brandenburg beflügeln
[PA: 677]	04.03.1999	Frankfurter Allgemeine Zeitung	Menschen und Märkte
[PA: 679]	08.06.1999	Frankfurter Allgemeine Zeitung	Warum der Cargolifter mehr Wasser als Treibstoff tanken muß
[PA: 685]	20.04.2000	Frankfurter Allgemeine	Wo die Zeppeline wohnen werden

		Zeitung	
[PA: 723]	27.09.2001	Süddeutsche Zeitung	Leichter als Luft: Sie fliegen noch nicht, aber sie werden von heute an gebaut: Die neuen Luftschiffe Cargolifter
[PA: 765]	20.01.1998	Süddeutsche Zeitung	Luftschiffe bringen Dreher ins Schwärmen
[PA: 777]	10.04.2000	Süddeutsche Zeitung	Tieflieger
[PA: 783]	02.09.2000	Süddeutsche Zeitung	Zum Abschluss seiner Sommerreise durch die neuen Länder: Schröder sagt dem Osten weitere Hilfe aus dem Westen zu
[PA: 788]	27.11.2000	Süddeutsche Zeitung	Start für CargoLifter
[PA: 791]	16.12.2000	Süddeutsche Zeitung	Das Element des Schwebens
[PA: 798]	23.01.2001	Süddeutsche Zeitung	Die Luftschiffbauer kämpfen mit einem angekratzten Image: Cargolifter lässt Versuchsballon steigen
[PA: 802]	27.09.2001	Süddeutsche Zeitung	Cargolifter sucht Partner
[PA: 849]	Juni 1999	Manager Magazin	Die Auserwählten: Diese Unternehmen kamen in die engere Wahl zum „Entrepreneur des Jahres"
[PA: 860]	16.02.1997	Bild am Sonntag	Der Super-Brummi der Lüfte
[PA: 862]	04.06.1997	Die Welt	Der Cargolifter bleibt auf Kurs
[PA: 863]	13.12.1997	Die Welt	Der fliegende Lastkran
[PA: 869]	07.03.2000	Die Welt	CargoLifter AG in Brandt liegt günstig im Wind
[PA: 872]	16.05.2000	Die Welt	Die neue Aktie Cargolifter
[PA: 874]	31.05.2000	Die Welt	Irdische Hindernisse gibt's für den Cargo-Lifter nicht
[PA: 879]	27.11.2000	Die Welt	Symbolischer Start für den CargoLifter in neuer Werfthalle
[PA: 881]	23.01.2001	Die Welt	Die Aktie des Tages: Cargolifter
[PA: 908]	10.04.1997	Handelsblatt	CargoLifter AG: Start in Brandenburg: Ein Luftschiff für Schwertransporte.
[PA: 912]	20.01.1998	Handelsblatt	Transportmittel Luftschiffe: Ins Ungewisse
[PA: 925]	04.01.2000	Handelsblatt	Millionen für den fliegenden Mythos
[PA: 945]	11.10.2000	Handelsblatt	Cargolifter Hangar prämiert
[PA: 998]	14.06.1997	Der Tagesspiegel	Geburtsstunde eines neuen Königs der Lüfte. Mit gewaltigen Zeppelinen sollen Maschinenteile über die Weltmeere transportiert werden: Gebaut werden die „Cargolifter" bei Berlin
[PA: 1000]	22.12.1997	Der Tagesspiegel	Den Mythos vom Zeppelin wiederbelebt. Auf einem ehemaligen GUS-Flugplatz an der Spreewaldautobahn sollen Luftschiffe gebaut werden
[PA: 1005]	24.07.1998	Der Tagesspiegel	Ideen im „Ruck"-Spiegel der Gesellschaft: Zukunftsschmiede im Schloß Bellevue: Bundespräsident Herzog lud ein zum Tag der Innovationen
[PA: 1019]	15.09.1999	Der Tagesspiegel	Zehdenicker Unternehmer wird Mittelständler des Jahres. Auszeichnung für Stefan A. Zender
[PA: 1052]	21.12.2000	Der Tagesspiegel	Luftschiffer bleiben in Krisen oben. CargoLifter-Vorstand führt sinkende Aktienkurse auch auf Kritik im Internet zurück
[PA: 1056]	24.10.1996	Wirtschaftswo-	CargoLifter: Schwebender Kran

		che	
[PA: 1063]	09.12.1999	Wirtschaftswo-che	Aktien: Äpfel am Baum lassen
[PA: 1064]	18.05.2000	Wirtschaftswo-che	Neuemissionen: Starke Marke
[PA: 1071]	27.09.2001	Wirtschaftswo-che	Luftfahrt: Fliegender Kran
[PA: 1081]	15.08.2002	Wirtschaftswo-che	Arbeitgeber Ranking
[PA: 1085]	19.02.2001	Der Tagesspie-gel	Unter den Wolken sind die Pläne noch grenzenlos: Hinter den Kulissen der Cargo Lifter AG sitzen Luftschiffingenieure in Bastelbunkern: Suche nach Scheibenwischern und Heizmatten
[PA: 1099]	28.09.2001	Der Tagesspie-gel	Bahnen frei für das größte Luftschiff der Welt: Auf einem über 250 Meter langen Schneidetisch hat die Produktion der Kunststoff-Hülle begonnen
[PA: 1119]	27.03.2002	Der Tagesspie-gel	Cargolifters Abenteuer in Kanada: Luftschiffbauer ist der bisher einzige Investor seines ersten Kunden
[PA: 1153]	10.06.2002	Der Tagesspie-gel	Der Mann hat ihr Geld verbrannt, aber die Aktionäre von Cargolifter sind nicht wütend, sondern sammeln Spenden für seine Vision. [Der Vorstandsvorsitzende] ist angetreten, eine neue Generation von Luftschiffen zu bauen. Jetzt ist er pleite. Aber noch lange nicht am Ende, sagt er. [Vorname]-guck-in-die-Luft
[PA: 1169]	28.09.2001	taz – Die Ta-geszeitung	CargoLifter startet in Kürze
[PA: 1179]	24.11.1997	Frankfurter Rundschau	Mit altem Luftschiff in neue Transportzukunft. Ampeln für Bau des Cargolifters „schon fast auf Grün": 240 Arbeitsplätze geplant
[PA: 1180]	28.04.1998	Frankfurter Rundschau	Cargolifter: Spatenstich für Montagehalle am Samstag
[PA: 1181]	30.05.1998	Frankfurter Rundschau	Luftschiffe erleben Wiedergeburt an der Nahtstelle von Ökonomie und Nostalgie: Über den Wolken wittern zwei Firmen grenzenlose Geschäfte: Cargolifter will Transport-Technik revolutionieren: Zeppelin-Erben wuchern mit Pfunden des Pioniers
[PA: 1196]	18.01.2001	Frankfurter Rundschau	Cargolifter dreht den Spieß um. Firma reagiert auf Vorwürfe und Anzeige mit Gegenklage
[PA: 1201]	26.04.2001	Der Stern	Firmen-Telegramm
[PA: 1212]	14.03.1999	Berliner Mor-genpost	Die ungebrochene Faszination der „fliegenden Zigarren"
[PA: 1236]	07.06.2000	Berliner Mor-genpost	[Vorstandsvorsitzender] ist Chef der Cargolifter AG: Das erste Transport-Luftschiff soll 2002 starten: Der Langstreckenläufer
[PA: 1247]	02.09.2000	Berliner Mor-genpost	Letzter Tag der Kanzler-Reise: Auf der Baustelle für die Luftschiffwerft – Bei den Bergleuten – Schüsse aufs „Energie"-Tor: Gerhard Schröder wollte in Brand wieder hoch hinaus
[PA: 1248]	05.09.2000	Berliner Mor-genpost	241.000 Besucher bei Brandenburgs Expo-Projekten
[PA: 1265]	01.12.2001	Berliner Mor-genpost	Zweifel geboten
[PA: 1293]	06.06.2000	Neue Zürcher Zeitung	Deutsche Luftschiff-Pläne nicht ohne Risiko: 16000 Aktionäre glauben an den Erfolg des „Cargolifter"
[PA: 1322]	November	Greenpeace	Die fliegende Fracht-Zigarre: Eine Wiesbadener Firma will mit Cargo-

	/Dezember 1997	Magazin	Zeppelinen den Transport revolutionieren
[PA: 1327]	20.01.1998	Bild	Werft für fliegende Schiffe
[PA: 1349]	27.11.2000	Bild	6.000 besuchten CargoLifter-Show
[PA: 1350]	20.12.2000	Bild	CargoLifter eine Luftnummer? Experten-Krieg um unsere größte Wirtschafts-Hoffnung
[PA: 1383]	11.05.1998	Der Spiegel	Schildbürger der Lüfte
[PA: 1398]	19.10.1999	Lausitzer Rundschau	Brand: Besuchersturm zum Tag der offenen Tür bei CargoLifter
[PA: 1428]	27.12.2000	Lausitzer Rundschau	CargoLifter-Kritiker räumt Fehler ein
[PA: 1442]	27.04.2001	Lausitzer Rundschau	Strafanzeige gegen Chef von Cargolifter
[PA: 1485]	29.04.2002	Forbes	All hangar, no blimp

Verzeichnis verwendeter interner Dokumente
(Datenbankkennzeichen: [ID:])

Datenbank-kennung	Erstellungs-datum	Ursprung und Adressat	Dokumentbeschreibung und -titel
[ID: 1]	April 2001	Internes Dokument gerichtet an: Externe Öffentlichkeit	Offener Brief: „Negativjournalismus"
[ID: 5]	Juli 1998	Internes Dokument gerichtet an: Externe Öffentlichkeit	PR-Unternehmensvideo: „CargoLifter Vision", Schaufenster Bellevue
[ID: 23]	Januar 1999	Internes Dokument gerichtet an: Externe Öffentlichkeit	PR-Mitteilung: „CargoLifter auf einen Blick"
[ID: 24]	Januar 1999	Internes Dokument gerichtet an: Externe Öffentlichkeit	PR-Mitteilung: „Vom Luftschiff zum CargoLifter"
[ID: 27]	Januar 1999	Internes Dokument gerichtet an: Externe Öffentlichkeit	PR-Mitteilung: „Luftschiff nimmt Gestalt an"
[ID: 28]	18.12.1998	Internes Dokument gerichtet an: Externe Öffentlichkeit	PR-Mitteilung: „Baukonsortium für Luftschiffwerft von CargoLifter nimmt Arbeit auf"
[ID: 34]	06.02.2002	Internes Dokument gerichtet an: Fachöffentlichkeit	Präsentationsunterlagen: „NATO Air Force Armaments Group AG/1 Warsaw, February 6, 2002"
[ID: 43]	31.08.2000	Internes Dokument gerichtet an: Externe Öffentlichkeit	Jahresabschluss mit Lagebericht
[ID: 223]	11.03.2000	Internes Dokument gerichtet an: Aktionäre	Präsentationsunterlagen: „3. Ordentliche Hauptversammlung der CargoLifter AG 11. März 2000"
[ID: 225]	Januar 1998	Internes Dokument gerichtet an: Externe Öffentlichkeit	CargoLifter AG Geschäftsbericht und Konzernabschluss 1997/1998
[ID: 226]	Dezember 1999	Internes Dokument gerichtet an: Externe Öffentlichkeit	CargoLifter AG Geschäftsbericht und Konzernabschluss 1998/1999
[ID: 227]	24.11.2000	Internes Dokument gerichtet an: Externe Öffentlichkeit	CargoLifter AG Geschäftsbericht 1999/2000
[ID: 228]	19.11.2001	Internes Dokument gerichtet an: Externe Öffentlichkeit	CargoLifter AG Geschäftsbericht 2000/2001
[ID: 236]	Januar 2001	Internes Dokument gerichtet an: Externe Öffentlichkeit	CargoLifter AG 1. Quartalsbericht Geschäftsjahr 2000/2001
[ID: 239]	30.04.2002	Internes Dokument gerichtet an: Externe Öffentlichkeit	CargoLifter AG 2. Quartalsbericht Geschäftsjahr 2001/2002

[ID: 242]	26.05.2000	Internes Dokument gerichtet an: Externe Öffentlichkeit	CargoLifter AG Verkaufsprospekt
[ID: 299]	Februar 2002	Internes Dokument gerichtet an: Fachöffentlichkeit	Präsentationsunterlagen: „Presentations to The Boeing Company February 2002"
[ID: 314]	28.03.2003	Internes Dokument gerichtet an: Externe Öffentlichkeit	Memo Vorstand in der Insolvenz: „Erfahrungen aus meinem Einsatz bei CargoLifter"
[ID: 318]	21.11.2000	Internes Dokument gerichtet an: Oberes Management	Interner Kritikbrief eines Abteilungsleiters an einen Entwicklungsdirektor
[ID: 319]	12.12.2000	Internes Dokument gerichtet an: Oberes Management	Kündigungsschreiben eines Abteilungsleiters
[ID: 348:12]	2001/2002	Internes Dokument gerichtet an: Externe Öffentlichkeit	Printanzeige: „Wir machen das"
[ID: 348:2]	2001/2002	Internes Dokument gerichtet an: Externe Öffentlichkeit	Printanzeige: „Wir werden fliegen"
[ID: 350]	02.06.2010	Externes Dokument gerichtet an: Öffentlichkeit	CV des Vorstandsvorsitzenden: http://www.munzinger.de/search/document?index=mol-00&id=00000024012&type=text/html&query.key=b3e8Rbl9&template=/publikationen/personen/document.jsp&preview=
[ID: 353]	07.12.2000	Internes Dokument gerichtet an: Externe Öffentlichkeit	Online-Forum Eintrag: „Gegendarstellung CargoLifter AG": http://www.wallstreet-online.de/diskussion/313349-1-10/gegendarstellung-cargolifter-ag-bzgl-teegen
[ID: 381]	08.05.2003	Externes Dokument gerichtet an: Insolvenzverwalter	Memo durch ehemaligen Vorstand in der Insolvenz an den Insolvenzverwalter: „Stellungnahme zum Grundsatzpapier von [Name; neuer Vorstand in der Insolvenz]"
[ID: 415]	1999	Internes Dokument gerichtet an: Externe Öffentlichkeit	Entwurf eines Zeitschriftenbeitrags: „Zu Entwicklung und Markteinführung einer logistischen Systeminnovation"
[ID: 430]	23.11.1997	Internes Dokument gerichtet an: Aktionäre	Erläuterungen zur Tagesordnung der Ersten ordentlichen Hauptversammlung der CargoLifter AG, 23. 11. 1997, Kurhaus Wiesbaden, 16.30 Uhr
[ID: 431]	September 1997	Internes Dokument gerichtet an: Externe Öffentlichkeit	CargoLifter AG: Lifter News
[ID: 433]	Juli 1998	Internes Dokument gerichtet an: Externe Öffentlichkeit	CargoLifter AG: Lifter News
[ID: 434]	Juli 1998	Internes Dokument gerichtet an: Externe Öffentlichkeit	CargoLifter AG: Lifter News
[ID: 443]	November 1997	Internes Dokument gerichtet an: Externe Öffentlichkeit	Zeitschrift: TransportMarkt, Sonderdruck für die CargoLifter AG: „Cargolifter: In drei Jahren von der Vision über das Konzept zur technischen Realität gereift"
[ID: 448]	11.09.2001	Internes Dokument gerichtet an: Aufsichtsrat, Beirat und oberstes Management	Unterlagen Beiratssitzung: „Zwischenbericht Projekt „Partnerschaften im Konzern" für die Sitzung des Beirates der CargoLifter AG"

[ID: 451]	1996	Internes Dokument gerichtet an: Externe Öffentlichkeit	PR-Broschüre: „CargoLifter AG: A new dimension in transportation"
[ID: 454]	März 2000	Internes Dokument gerichtet an: Aktionäre	IR-Broschüre: „The power of zero gravity - Informationen für Anleger"
[ID: 459]	Mai 1998	Internes Dokument gerichtet an: Externe Öffentlichkeit	CargoLifter AG: Lifter News
[ID: 461]	1996	Internes Dokument gerichtet an: Externe Öffentlichkeit	Satzung CargoLifter AG
[ID: 568]	02.06.1998	Internes Dokument gerichtet an: Aufsichtsrat und Geschäftsführung	Internes Schreiben: „Niederlegung der Geschäftsführungstätigkeit"
[ID: 473]	25.09.1993	Internes Dokument gerichtet an: Externe Öffentlichkeit	Deutsche Verkehrszeitschrift, Ausgabe 114: „Pioniergeist ist immer wieder gefragt: Schon Lasten bis 500t per Hochleistungsballon befördert"
[ID: 479]	05.07.1999	Internes Dokument gerichtet an: Oberstes Management	Präsentation externes Top-Management Beratungsunternehmen: „Project Monitoring, Phase 1: SWOT-Analyse"
[ID: 480]	11.10.1999	Internes Dokument gerichtet an: Externes Beratungsunternehmens	Stellungnahme der Geschäftsführung zu Präsentation externes Top-Management Beratungsunternehmen [ID: 479]
[ID: 481]	07.10.1999	Internes Dokument gerichtet an: Oberstes Management	Präsentation externes Top-Management Beratungsunternehmen (überarbeitete Version): „Project Monitoring, am 07.10.1999 in Berlin bei [Name einer dt. Geschäftskundenbank]"
[ID: 488]	Februar 2002	Internes Dokument gerichtet an: Interne Adressaten	Interne Präsentation: „CL 160 Business Plan"
[ID: 500:52]	15.05.1998	Internes Dokument gerichtet an: Oberstes Management	Interne Fax-Kommunikation
[ID: 496:29]	03.03.2002	Internes Dokument gerichtet an: Externe Öffentlichkeit	PR-Mitteilung: „Fakten widerlegen „Spiegel"-Bericht zu behaupteten technischen Problemen"
[ID: 496:16]	11.07.2002	Internes Dokument gerichtet an: Externe Öffentlichkeit	PR-Mitteilung: „Unwetter zerstört Hülle des CL 75 AirCrane"
[ID: 496:15]	12.07.2002	Internes Dokument gerichtet an: Externe Öffentlichkeit	PR-Mitteilung: „Experten-Hearing: Grundlage für die Erarbeitung des Fortführungskonzeptes für CargoLifter geschaffen"
[ID: 500:51]	21.01.2000	Externes Dokument gerichtet an: Oberstes und erweitertes Management	Externe E-Mail eines Luftfahrtkonzerns in Vorbereitung auf ein Meeting
[ID: 500:52]	22.01.2000	Internes Dokument gerichtet an: Oberstes und erweitertes Management	Interne Reaktion eines leitenden Mitarbeiters auf diese E-Mail
[ID: 523]	Februar 2002	Internes Dokument gerichtet an: Oberstes Management	Memo externer Top-Management Berater: „Maximierung der Erfolgswahrscheinlichkeit der Kapitalfindung für den CL-160"

[ID:524:20-28]	02.03.2002	Internes Dokument gerichtet an: Oberstes Management	Memo externer technischer Top-Management Berater (Bewertung des CL-160 (P1) PDR)
[ID: 524:12]	März 2002	Internes Dokument gerichtet an: Aufsichtsrat und oberstes Management	Memo externer technischer Top-Management Berater
[ID: 524:41]	Februar 2002	Internes Dokument gerichtet an: Aufsichtsrat und oberstes Management	Memo externer technischer Top-Management Berater
[ID: 524:2]	Februar 2002	Internes Dokument gerichtet an: Aufsichtsrat und oberstes Management	Memo externer technischer Top-Management Berater
[ID: 529]	02.05.2002	Internes Dokument gerichtet an: Oberstes Management	Abschlusspräsentation externes Top-Management Beratungsunternehmen: „Konzeption Multiprojekt Managements"
[ID: 530:36]	15.03.2002	Internes Dokument gerichtet an: Aufsichtsrat und oberstes Management	Protokoll Aufsichtsratssitzung
[ID: 530:19]	03.05.2002	Internes Dokument gerichtet an: Aufsichtsrat und oberstes Management	Protokoll Aufsichtsratssitzung
[ID: 531]	24.03.2000	Internes Dokument gerichtet an: Interne Adressaten	Internes Dokument: „CargoLifter AG - Häufig gestellte Fragen (Nur für den internen Gebrauch, streng vertraulich)"
[ID: 538]	18.02.2002	Internes Dokument gerichtet an: Aufsichtsrat und oberstes Management	Abschlussbericht externes Top-Management Beratungsunternehmen: „Überprüfung des CargoLifter-Konzeptes – Endbericht – München, 18. Januar 2002"
[ID: 542]	Oktober 2000	Internes Dokument gerichtet an: Oberstes Management	Interner Kritikbrief eines technischen Projektmanagers: „100-Tage-Memo, Internes Diskussionspapier - streng vertraulich -"
[ID: 550]	27.11.1996	Internes Dokument gerichtet an: Interne Adressaten	Protokoll interne technische Konferenz: „Protokoll Sitzung Engineering Team"
[ID: 551]	August 1996	Internes Dokument gerichtet an: Oberstes Management	Interne Wirtschaftlichkeitskalkulation: „CargoLifter Business & Cash Flow Planung"
[ID: 552]	05.02.1996	Internes Dokument gerichtet an: Interne Adressaten	Interne Unternehmensmitteilung: „An die Mitglieder des Engineeringteams CargoLifter"
[ID: 554]	19.02.2002	Internes Dokument gerichtet an: Interne Adressaten	Interne Vorstandspräsentation: „CargoLifter AG: Berlin, 19.02.2002"
[ID: 555]	08.08.2001	Internes Dokument gerichtet an: Oberstes Management	Interne E-Mail Kommunikation
[ID: 557]	Dezember 1999	Internes Dokument gerichtet an: Interne Ad-	Interner Bericht: „Sachstandsbericht der CargoLifter AG"

		ressaten	
[ID: 560]	01.10.1998	Internes Dokument gerichtet an: Oberstes Management	Interne E-Mail Kommunikation: E-Mail eines freien und späteren leitenden Mitarbeiters
[ID: 582]	1995	Internes Dokument gerichtet an: Interne Adressaten	VDMA-Marktstudie CargoLifter: „Probleme des Schwertransports. Teil I: Analyse der möglichen Transportsysteme"
[ID: 583]	1995	Internes Dokument gerichtet an: Interne Adressaten	VDMA-Marktstudie CargoLifter: „Probleme des Schwertransports. Teil II: Technische Aspekte der Verwendung eines Luftschiffs"
[ID: 585]	April 1998	Internes Dokument gerichtet an: Interne Adressaten	Internes Planungs-/Strategiedokument: „Business Case: CargoLifter Core Strategy"
[ID: 586]	20.08.1998	Internes Dokument gerichtet an: Interne Adressaten	Internes Planungs-/Strategiedokument: „CargoLifter in the USA: A suggested core strategy"
[ID: 590]	28.04.1997	Internes Dokument gerichtet an: Interne Adressaten	Externe Wirtschaftlichkeitskalkulation: „[Deutsche Großbank]: Projekt CargoLifter: Studie aus finanzieller Sicht"
[ID: 593]	April 1997	Internes Dokument gerichtet an: Interne Adressaten	Externe Wirtschaftlichkeitskalkulation: „[Internationales Großunternehmen]: CargoLifter: Projektinformationen"
[ID: 598]	09.05.1997	Internes Dokument gerichtet an: Interne Adressaten	Externe Wirtschaftlichkeitskalkulation: „[Internationales Großunternehmen]: CargoLifter: Projektinformationen (überarbeitete Version)"
[ID: 601]	03.06.2003	Externes Dokumente gerichtet an: Externe Adressaten	Memo Insolvenzverwalter
[ID: 611]	07.02.1997	Externes Dokumente gerichtet an: Öffentlichkeit	PR-Mitteilung Süddeutsche Universität: „Kick-off-meeting Projekt ‚Joey'"
[ID: 633]	26.11.2000	Externes Dokumente gerichtet an: Oberstes Management	Fax-Kommunikation: „Chefredakteur FTD"
[ID: 647]	02.08.2010	Externes Dokument gerichtet an: Verfasser der vorliegenden Arbeit	Ex-post Erläuterung des Kündigungsschreibens [ID: 319] durch den ehemaligen Mitarbeiter (per E-Mail)
[ID: 651]	Juni 2002	Internes Dokument gerichtet an: Externe Öffentlichkeit	PR-Unternehmensvideo: „CargoLifter AG: ‚Der weiße Wal der Lüfte'"
[ID: 671:26]	27.09.2001	Internes Dokument gerichtet an: Externe Öffentlichkeit	PR-Mitteilung: „CargoLifter startet Produktion"
[ID: 671:37]	12.07.2002	Internes Dokument gerichtet an: Externe Öffentlichkeit	PR-Mitteilung: „Experten-Hearing: Grundlage für die Erarbeitung des Fortführungskonzeptes für CargoLifter geschaffen"
[ID: 672]	Juli 2000	Internes Dokument gerichtet an: Externe Öffentlichkeit	CargoLifter AG: Lifter News
[ID: 673]	07.09.2001	Internes Dokument gerichtet an: Externes Unternehmen	Präsentationsunterlagen: Zusammenarbeit mit einem Luft- und Raumfahrtkonzern: „Die EADS als Partner der CargoLifter AG"

[ID: 676:23]	24.07.2001	Internes Dokument gerichtet an: Oberstes Management	Protokoll Top-Management Meeting
[ID: 676:16-19]	17.08.2001	Internes Dokument gerichtet an: Oberstes Management	Protokoll Top-Management Meeting
[ID: 677]	24.04.2001	Internes Dokument gerichtet an: Oberstes Management	Protokoll Top-Management Meeting
[ID: 679:12]	25.11.2001	Internes Dokument gerichtet an: Geschäftsführung Entwicklungsbetrieb	Memo externer technischer Top-Management Berater
[ID: 679:7]	27.12.2001	Internes Dokument gerichtet an: Geschäftsführung Entwicklungsbetrieb	Internes Memo auf oberster Führungsebene
[ID: 683]	Dezember 1999	Internes Dokument gerichtet an: Interne Adressaten	Interne Finanzplanung: „CargoLifter Finance: Erläuterung zur CL Finanzplanung"
[ID: 684]	1998	Internes Dokument gerichtet an: Interne Adressaten	Internes Planungs-/Strategiedokument: „CargoLifter AG - Company Profile"
[ID: 685]	31.10.2000	Internes Dokument gerichtet an: Oberstes Management	Interne E-Mail auf Ebene des obersten Managements
[ID: 687:1]	05.06.1998	Internes Dokument gerichtet an: Aufsichtsrat	Interne Fax-Kommunikation
[ID: 687:6]	26.10.2000	Internes Dokument gerichtet an: Erweitertes Management	Internes Planungs-/Strategiedokument: „Cargolifter Inc.: Internal Report"
[ID: 687:32]	05.06.1998	Internes Dokument gerichtet an: Aufsichtsrat	Interne Fax-Kommunikation
[ID: 687:22]	01.06.2001	Internes Dokument gerichtet an: Erweitertes Management	Internes Diskussionspapier: „Neuausrichtung der Unternehmenskommunikation der Cargolifter AG"
[ID: 687:25]	01.06.2001	Internes Dokument gerichtet an: Erweitertes Management	Internes Diskussionspapier: „Neuausrichtung der Unternehmenskommunikation der Cargolifter AG"
[ID: 697]	25.05.1998	Internes Dokument gerichtet an: Erweitertes Management	Protokoll Management Meeting: „Schloßhotel Weilburg"
[ID: 702]	1998	Internes Dokument gerichtet an: Externe Öffentlichkeit	PR-Unternehmensvideo: „Aktionärsvideo US Version"
[ID: 705]	17.01.2002	Internes Dokument gerichtet an: Interne Adressaten	Internes Unternehmensvideo (Betriebsversammlung)
[ID: 714]	Mai 1998	Internes Dokument gerichtet an: Interne Adressaten	Internes Unternehmensvideo (Messe Leipzig 1998, Symposium)
[ID: 715]	16.03.2002	Internes Dokument ge-	Internes Unternehmensvideo (Pressekonferenz Hauptver-

		richtet an: Interne Adressaten	sammlung)
[ID: 716]	16.03.2002	Internes Dokument gerichtet an: Interne Adressaten	Internes Unternehmensvideo (Pressekonferenz Hauptversammlung)
[ID: 717]	16.03.2002	Internes Dokument gerichtet an: Interne Adressaten	Internes Unternehmensvideo (Pressekonferenz Hauptversammlung)
[ID: 723]	16.03.2002	Internes Dokument gerichtet an: Interne Adressaten	Internes Unternehmensvideo (Hauptversammlung)
[ID: 724]	16.03.2002	Internes Dokument gerichtet an: Interne Adressaten	Internes Unternehmensvideo (Hauptversammlung)
[ID: 725]	16.03.2002	Internes Dokument gerichtet an: Interne Adressaten	Internes Unternehmensvideo (Hauptversammlung)
[ID: 727]	18.04.2002	Internes Dokument gerichtet an: Interne Adressaten	Internes Unternehmensvideo (Betriebsversammlung)
[ID: 736]	30.05.2000	Internes Dokument gerichtet an: Interne Adressaten	Internes Unternehmensvideo (Interviews zum Börsengang)
[ID: 737]	30.05.2000	Internes Dokument gerichtet an: Interne Adressaten	Internes Unternehmensvideo (Interviews zum Börsengang)
[ID: 742]	14.02.2001	Internes Dokument gerichtet an: Interne Adressaten	Internes Unternehmensvideo (Roadshow Frankfurt)
[ID: 743]	14.02.2001	Internes Dokument gerichtet an: Interne Adressaten	Internes Unternehmensvideo (Roadshow Frankfurt)
[ID: 757]	01.03.2002	Internes Dokument gerichtet an: Interne Adressaten	Internes Unternehmensvideo (PDR)
[ID: 757]	01.03.2002	Internes Dokument gerichtet an: Interne Adressaten	Internes Unternehmensvideo (PDR)
[ID: 758]	01.03.2002	Internes Dokument gerichtet an: Interne Adressaten	Internes Unternehmensvideo (Interviews nach dem PDR)
[ID: 759]	01.03.2002	Internes Dokument gerichtet an: Interne Adressaten	Internes Unternehmensvideo (PDR)
[ID: 760]	11.07.2002	Internes Dokument gerichtet an: Interne Adressaten	Internes Unternehmensvideo (Technical Hearing)
[ID: 763]	24.11.2000	Internes Dokument gerichtet an: Externe Öffentlichkeit	Offener Brief des Vorstandsvorsitzenden an die FTD

Anhangverzeichnis

Seite

Anhang D.1:	Verwendeter Interviewleitfaden	310
Anhang D.2:	Anzahl und Übersicht der erhobenen Pressepublikationen	312
Anhang E.1:	Aufgabenbeschreibung aller AG Tochtergesellschaften	318
Anhang E.2:	Projektverzögerungen des CL-160 Entwicklungsprogramms: Ursprung der Daten	320
Anhang E.3:	Kostenschätzungen und -steigerungen des Entwicklungsprogramms: Ursprung der Daten	322
Anhang E.4:	Exemplarische Kodierung eines Zeitungsartikels	323
Anhang E.5:	Fundamentale Wirtschaftskennzahlen	325
Anhang E.6:	Mediale Be- und Zuschreibungen des Vorstandsvorsitzenden im Zeitraum 1996-2000	326
Anhang E.7:	Planungsdaten des Luftschiffs „Joey"	331
Anhang E.8:	Auszug einer Betriebsversammlung, April 2002	332
Anhang E.9:	Ungelöste technische Grundsatzfragen beim CL-160 Projekt	334
Anhang E.10:	Kodieranleitung und exemplarische Textstellen für das Motiv der „prominenzinduzierten Fähigkeitsüberschätzung"	340
Anhang E.11:	Planungsdaten Hangar	347
Anhang E.12:	Kodieranleitung und exemplarische Textstellen für das Motiv „Grandiosität und Superlative"	348
Anhang E.13:	Kodieranleitung und exemplarische Textstellen für das Motiv der „Unverwundbarkeit"	351
Anhang E.14:	Öffentlich geführter Disput mit der Financial Times Deutschland, November 2000	355
Anhang E.15:	Öffentlich geführter Disput mit einem Luftfahrtjournalisten	360
Anhang E.16:	Öffentlich geführter Disput mit dem Magazin „Der Stern"	362
Anhang E.17:	Berichterstattung der Financial Times Deutschland, Januar 2002	365
Anhang E.18:	Berichterstattung des Nachrichtenmagazins „Der Spiegel", März 2002	367
Anhang E.19:	Durch Interviewpartner genannte Gründe der strategischen Persistenz	370
Verzeichnis aller im Anhang verwendeten Dokumente		373
Verzeichnis der im Anhang verwendeten Presseartikel (Datenbankkennzeichen: [PA:])		*373*
Verzeichnis der im Anhang verwendeten internen Dokumente (Datenbankkennzeichen: [ID:])		*375*

© Springer Fachmedien Wiesbaden GmbH, ein Teil von Springer Nature 2012
P. Hermanns, *Organizational Hubris*, Edition KWV,
https://doi.org/10.1007/978-3-658-24332-6

Anhang D.1: Verwendeter Interviewleitfaden

Datum, Uhrzeit, Länge:
Interviewer: Philipp Hermanns, Freie Universität Berlin
Art: Persönlich / Telefonat / Videokonferenz

Fragen zur Person des Experten
- Welche Position hielten Sie wie lange im Unternehmen (mit oder ohne Personalverantwortung, Projektverantwortung)?
- Welchem Tätigkeitsgebiet und Aufgabengebiet kamen Sie nach?

Organisationsinterne Prozesse und Phänomene
- Wie wurden strategische Planungsprozesse durchgeführt?
- Wie wurden strategische Entscheidungen durchgeführt? Wer oder welche Gremien führten diese?
- Wie wurden (strategische) Stärken und Schwächen des Unternehmens diskutiert und eingeschätzt? Wie beurteilen Sie diese Aspekte aus heutiger Sicht?
- Wie wurden organisationale Kompetenzen und Fähigkeiten analysiert und eingeschätzt? Wie beurteilen Sie diese Aspekte aus heutiger Sicht?
- Was hat das Unternehmen ausgezeichnet und was hat es einzigartig gemacht?
- Können Sie sich an besondere Momente oder Tage erinnern?
- Gab es Geschichten und Erzählungen, welche immer und immer wieder angeführt wurden?
- Was hat das Unternehmen von anderen Unternehmen der Branche oder der sonstigen Industrie unterschieden?
- Wie haben Mitarbeiter über sich und ihre Kollegen gesprochen? Wie war der Umgang untereinander?

Externe Sichtweise auf das Unternehmen und das Medienbild
- Welche Vorstellung herrschte unternehmensintern über die Sicht und Meinung von Externen auf das Unternehmen vor?
- Wie wurde mit externen Firmen, Unternehmen, Behörden zusammengearbeitet?
- Wie wurde mit Medien und Journalisten zusammengearbeitet?
- Erinnern Sie sich an spezielle Momente mit Externen oder eine besondere Berichterstattung der Medien?
- Wie wurde damals über Medien und die Berichterstattung unternehmensextern gesprochen? Wie viel Zeit wurde mit Gesprächen über diese Thematik verbracht?
- Wie beurteilen Sie die mediale Berichterstattung und das allgemeine Medienbild über das Unternehmen (retrospektiv)?

Organisationales Scheitern
- Welche wesentlichen Gründe machten Sie damals für das Scheitern des Innovationsprojektes und damit auch des Unternehmens CL verantwortlich?
- Wann haben Sie persönlich realisiert, dass das Unternehmen scheitern würde?
- Haben Sie heute andere Gründe der Interpretation für das Scheitern?
- Würden sie heute anders handeln oder anders vorgehen oder entscheiden?
- Warum hat man damals nicht in dieser heutigen Idealvorstellung gehandelt?

- Das Unternehmen hatte in der Schlussphase Budget- und Zeitprobleme. Welche Gründe für diese Planüberschreitungen oder Fehlplanungen würden Sie nennen?
- Wie hätten sich diese Probleme verhindern lassen?

Ergänzende Fragen
- Besteht die Möglichkeit für ein Follow-Up Gespräch?
- Welche weiteren Kontaktpersonen können Sie mir nennen oder vermitteln?
- Verfügen Sie noch über Unternehmensdokumente oder -dateien, welche Sie mir zur Verfügung stellen können?

Anhang D.2: Anzahl und Übersicht der erhobenen Pressepublikationen

Anzahl nach Jahren:

Quelle	Anzahl Absolut	2011	2010	2009	2008	2007	2006	2005	2004	2003	2002	2001	2000	1999	1998	1997	1996	1995	1994	1993
Der Tagesspiegel	147										59	22	36	14	8	8				
FAZ – Frankfurter Allgemeine Zeitung	112										44	25	25	9	7	2				
Flight International	111								3		27	22	27	16	16					
Lausitzer Rundschau | Elbe-Elster Rundschau	102										25	31	30	13	3					
Die Welt | Welt am Sonntag	96										42	18	17	8	7	4				
Berliner Morgenpost	91										20	15	38	18						
Handelsblatt	91										35	14	24	9	6	3				
SZ – Süddeutsche Zeitung	87										39	16	19	8	3	2				
Bild | Bild am Sonntag	52										9	15	19	5	3	1				
DVZ – Deutsche Verkehrszeitung	52										7	8	12	6	5	9	2			3
DPA – AFX	49										33	16								
FTD – Financial Times Deutschland	46										15	17	14							
Berliner Zeitung	43										15	9	18			1				
Frankfurter Rundschau	32										9	6	6	6	3	2				
WirtschaftsWoche	27		1								8	7	3	2	3	2	1			
taz – Die Tageszeitung	24											9	3	8	2	2				
Der Spiegel | Spiegel-Online	21									1	11	1	6	1	1					
Börse Online	20										3	8	5	3	1					
AFX – TD	19										2		16	1						
Associated Press Worldstream	17										8	2	3	2	2					
Pilot und Flugzeug	16							1		6	4	5								
Focus Magazin	12										2	5	1	3		1				
Hamburger Abendblatt	11												6		5					
VDI-Nachrichten	11										3	1	6		1					
Agence France Presse – English	8										6	2								
The Virginian-Pilot (Norfolk, VA)	8										4	2	2							
VerkehrsRundschau	8										5	1	2							

Medium	Anzahl
Journal of Commerce – JoC Online	7
PR Newswire	7
Die Zeit | Zeit Online	6
Manager Magazin	6
Stuttgarter Zeitung	6
NZZ – Neue Zürcher Zeitung	5
Der Stern	5
The Guardian (London)	5
Wirtschaftsblatt	5
Aviation Week & Space Technology	4
Journal of Commerce	4
OTS	4
Aerospace Daily	3
Business Wire	3
Computerwoche	3
Logistik Heute	3
Stuttgarter Nachrichten	3
Telepolis	3
The Associated Press	3
Wired Magazine	3
Aerospace America	2
Berliner Kurier	2
Copley News Service	2
Flug Revue	2
Focus-Money	2
General-Anzeiger	2
Impulse	2
International Herald Tribune	2
National Post (Canada)	2
Tages-Anzeiger	2
The Economist	2
The Evening Standard (London)	2

Publikation		
The Scotsman	2	
Air Cargo Report	1	1
Air Safety Week	1	1
Air Transport Intelligence	1	1
Aircraft Value News	1	1
American Shipper	1	1
Auto Bild	1	1
Aviation Daily	1	1
Berlinnews	1	1
Boeing – Pressemitteilung	1	1
Brandeins	1	1
Building	1	1
Business & Commercial Aviation	1	1
Canadian Corporate Newswire	1	1
Canberra Times (Australia)	1	1
Capital	1	1
Charlotte Observer (North Carolina)	1	1
Chicago Sun-Times	1	1
Christian Science Monitor (Boston, MA)	1	1
CNN	1	1
Construction Contractor	1	1
Construction News	1	1
Daily Mail (London)	1	1
Deseret News (Salt Lake City)	1	1
Deutscher Bundestag Pressemitteilung	1	1
DiePresse.com	1	1
Edmonton Journal (Alberta)	1	1
Energie & Management	1	1
Engineering News-Record	1	1
FACTS	1	1
Financial Times (UK)	1	1
Forbes	1	

Gazeta Mercantil Online (Brazil)							1			1
Greenpeace Magazin			1							1
Immobilien Zeitung		1								1
Logistics Management			1							1
Mannheimer Morgen				1						1
Materials Management & Distribution		1								1
Märkische Allgemeine						1		1		1
Middle East Newsfile					1					1
New Scientist						1				1
Plain Dealer (Cleveland, Ohio)						1				1
Professional Engineering					1					1
Rhein Zeitung				1						1
Scotland on Sunday						1				1
Seattle Post-Intelligencer		1								1
SonntagsZeitung			1							1
St. Petersburg Times (Florida)			1							1
Sunday Business					1					1
Sunday Telegraph (LONDON)						1				1
Tampa Tribune (Florida)					1					1
Tech Europe					1					1
The Age		1								1
The Atlanta Journal and Constitution				1						1
The Australian		1								1
The Dallas Morning News				1						1
The Globe and Mail (Canada)				1						1
The Herald-Sun		1								1
The New York Post		1								1
The New York Times							1			1
The Observer				1						1
The Patriot Ledger (Quincy, MA)			1							1
The San Diego Union-Tribune						1				1
The Sun						1				1

Publikation	Σ																		
The Sunday Herald	1									1									
The Sunday Times (Perth, Australia)	1																1		
The Sunday Times (United Kingdom)	1									1									
The Times	1							1											
The Washington Post	1									1									
The Weekly of Business Aviation (TM)	1									1									
The West Australian	1									1									
Traffic World	1						1												
Triangle Business Journal	1						1												
Universität Stuttgart: Pressemitteilung	1					1													
Werben und Verkaufen	1									1									
Westfalenpost	1					1													
EuroWeek	1									1									
ARD Presseerklärung	1										1								
Σ	1.504	4	0	0	4	53	97	170	401	302	454	9	4	1	0	1	0	2	1

Anhang E.1: Aufgabenbeschreibung aller AG Tochtergesellschaften

Organisationsbereich	Beschreibung
CargoLifter Network GmbH	Die CargoLifter Network GmbH mit Sitz in Frankfurt am Main ist verantwortlich für die Entwicklung und den späteren Vertrieb der Transport- und Logistikdienstleistungen. Diese hundertprozentige Tochtergesellschaft ist in der jetzigen Phase primär dafür zuständig, den Kreis der «Lead User» und der Repräsentanten weiter auszubauen. Zudem ist es Aufgabe der Gesellschaft, den Aufbau eines weltweiten Infrastruktur-Netzwerks voranzutreiben, das die höchstmögliche Auslastung der Transportsysteme gewährleisten soll. Diese Infrastrukturen sollen im Rahmen eines Franchising-Konzepts aufgebaut und betrieben werden.
CargoLifter Development GmbH	Die CargoLifter Development GmbH ist eine hundertprozentige Tochtergesellschaft der CargoLifter AG und vom Luftfahrt-Bundesamt als Entwicklungs- und Instandhaltungsbetrieb nach europäischem Luftrecht anerkannt. Sie ist verantwortlich für die Entwicklung, die Produktion, die Tests und die Abwicklung der Genehmigungsverfahren der CargoLifter «Leichter-als-Luft»-Transportsysteme. Das Unternehmen ist am Werftstandort Briesen-Brand angesiedelt und beschäftigt zurzeit mit über 250 Ingenieuren und Facharbeitern den größten Teil der CargoLifter Mitarbeiter.
CargoLifter Airship Operations GmbH	Die CargoLifter Airship Operations GmbH mit Sitz in Brand ist ebenso eine hundertprozentige Tochtergesellschaft der CargoLifter AG. Sie soll den operativen Betrieb der «Leichter-als-Luft»-Transportsysteme innerhalb des Infrastruktur-Netzwerks übernehmen, so wie sie dies bereits für das in Brand stationierte Trainings-Luftschiff «Charly», ein Skyship 600, übernommen hat. Die Gesellschaft hat bereits begonnen, die operativen Richtlinien des Betriebs der «Leichter-als-Luft»-Transportsysteme zu erarbeiten.
CargoLifter World GmbH	Die CargoLifter World GmbH ist für die Konzeption, die Errichtung und den Betrieb von Besucherzentren und Themenparks an allen CargoLifter Standorten zuständig. Zu ihren Aufgaben gehört auch die Entwicklung und Abwicklung von Geschäften und Einrichtungen rund um die «Leichter-als-Luft»-Technologie, insbesondere die Vermarktung von Merchandising-Artikeln. Weiterhin führt die Gesellschaft Veranstaltungen durch. Die CargoLifter AG hält 100 Prozent der Anteile an der CargoLifter World GmbH mit Sitz in Berlin.
CargoLifter Finance GmbH / CargoLifter Finance B.V.	Die CargoLifter Finance GmbH und die CargoLifter Finance B.V. stehen für die Durchführung von Finanzierungsmaßnahmen zur Verfügung.
CargoLifter Communications GmbH	Konzeption, Aufbau und Betrieb der Kommunikationstechnik innerhalb des CargoLifter Konzerns
P.O.INT Management GmbH	Die P.O.INT Management GmbH unterstützt das Unternehmen durch spezielle Personaldienstleistungen.
CargoLifter Industrial Logistics GmbH	Verantwortlich für die Beschaffungs- und Produktionslogistik des Werftstandortes Brand.
CargoLifter MAP GmbH	Steuerung der Planungs- und Bauaktivitäten des CargoLifter Konzerns insbesondere bei Errichtung und Management der Produktions-, Wartungs- und Logistikstandorte.
CargoLifter Landeplatzbetriebsgesellschaft mbH	Betrieb des Flugfeldes in Brand.

CargoLifter Industrie-park Brand GmbH	Ansiedlung von nationalen und internationalen Industrie- und Dienstleistungsunternehmen auf dem Werftgelände in Brand.
Energieversorgung Brand GmbH	Sicherstellung der Versorgung mit Strom und Wärme.
CargoLifter, Inc. USA	Die CargoLifter, Inc., mit Sitz in Raleigh (North Carolina, USA) agiert als Spiegelbild der Unternehmensbereiche in Deutschland und steuert als hundertprozentige Tochtergesellschaft in Abstimmung mit der CargoLifter AG die Aktivitäten in den USA.

Quelle: Geschäftsbericht CargoLifter AG 2000/2001, 19.11.2001: [ID: 228:25].

Anhang E.2: Projektverzögerungen des CL-160 Entwicklungsprogramms: Ursprung der Daten

Fuß-note	Datum	Quelle	Konstruk-tionsstart	Aushallen des 1. Luft-schiffs	Erstflug	1. Umsatz m.d. Luftschiff	Serien-produktion
<u>1</u>	1996	Aktionärsbrief / Informa-tionen für Aktionäre	1997			2000	
2	April 1997	[Dt. Großbank] Corporate Finance: Projekt CL – Studie aus finanzieller Sicht	1999	1999	2000	2000	2002
<u>3</u>	May 1997	Projektinformation Cargo-Lifter, [Internat. Anla-genbaukonzern] Financial Consulting GmbH	1998		2000	Mitte 2000	2002
<u>4</u>	September 1997	Firmenzeitschrift (Lifternews)		2000			
<u>5</u>	November 1997	Website CargoLifter AG				2001	
	November 1997	Erläuterungen zur Tages-ordnung der Ersten orden-tlichen Hauptversamm-lung der CargoLifter AG, 23.11.1997, Kurhaus Wiesbaden, 16.30 Uhr			2000	2001	
	November 1997	Beitrag [AR] in der Zei-tung TransportMarkt	1999		2000	2001	
	November 1997	Hauptversammlung am 23.11.1997	1999	2000	Sommer 2000	2001	2003/2004
<u>6</u>	Januar 1998	Geschäftsbericht und Konzernabschluss 1997/1998			Sommer 2001	2002	2004
	April 1998	CargoLifter Core Strategy	06 - 1999	07 - 2000 (Taufe)			2004
<u>7</u>	Juni 1998	Cargolifter AG International Airship Convention and Exhibition Bedford, 26-28 June 1998 Internal Information Sheet	2000	2000			2004/2005
<u>8</u>	Julie 1998	CL – Tag der Innovation, Bundespräsident 23.07.1998, Interne In-formationen	Spätsommer 1999	Sommer 2000 P1 (Taufe)		2002	2004/2005
<u>9</u>	November 1998	Project Planning Work-shop CL-160 P1	02 - 2000	01 - 2001	07 - 2001	07 - 2002	
<u>10</u>	Februar 1999	Insead/WHU Case Study on CL (Draft & Review Version prepared for Ex-ecutive Team)	2000	2001	2002	2004	
<u>11</u>	März 1999	Hauptversammlung 10.03.1999	2000		2001	07 - 2002	2004
<u>12</u>	April 1999	Präsentation: American Chamber of Commerce Business After Hours	Mitte 2000		2001	2002	

Nr	Datum	Dokument					
13	Dezember 1999	Sachstandsbericht der Cargolifter AG per Dezember1999	10 - 2000	10 - 2001 (Testbeginn)			2004/2005
14	2000	Relief Services: Präsentation Humanitäre Hilfe			2002		2004
15	2000	CL IPO Broschüre: Informationen für Anleger	Ende 2000	2002		2003	2004
16	Januar 2000	Internal Email: Subject: project milestones		06 - 2002	10 - 2002	01 - 2003	
17	Februar 2000	CL Development Milestone Plan – from P1 to S1		07 - 2002	12 - 2002		
18	März 2000	Präsentation 3. Ordentliche Hauptversammlung der CargoLifter AG		2001		08 - 2003	2004
	März 2000	Unveröffentlichte Videobeiträge zur Hauptversammlung am 11.03.2000		Sommer 2002	Sommer 2002		2004/2005
19	Mai 2000	IPO Verkaufsprospekt	1. HJ 2001		2003	2004	2005
20	Januar 2001	Platform 1 to series airship milestoneplan		05 - 2003	06 - 2003		
21	März 2001	Präsentation beim LBA Braunschweig	10 - 2001	03 - 2004	06 - 2004		2004/2005
22	Mai 2001	Master Zeitplanung	01 - 2002	03 - 2004	07 - 2004		
23	September 2001	Firmenzeitschrift (Lifternews)	09 - 2001				
	September 2001	Pressemitteilung: Cargolifter startet Produktion		12 - 2003	2004		2004/2005
24	Februar 2002	Präsentation: NATO Air Force Armaments Group AG/1 Warsaw, February 6, 2002	01 - 2002	02 - 2004			
	Februar 2002	Presentations to The Boeing Company February 2002	01 - 2002	02 - 2004			
25	Februar 2002	Firmenzeitschrift (Lifternews)	09 - 2001				
26	Februar 2002	Memo – Externer Berater		2005			
27	März 2002	Press Release					2005/2006
28	März 2002	Internal Email Executive Team 05.03.2002		05 - 2005	08 - 2005		
29	März 2002	Protokoll der Sitzung des Aufsichtsrats, Frankfurt, den 15. März 2002		04 - 2005	Sommer 2005		2005/2006
30	März 2002	Interview mit dem [VV], VDI Nachrichten			2004		
31	März 2002	Hauptversammlung am 16.03.2002		Ende 2004	Frühjahr 2005		
32	April 2002	Langfristplanung / Key assumptions	2002/2003			10 - 2006	2005/2006
33	Mai 2002	Präsentation eines Beratungsunternehmens: ‚Konzeption des Multiprojekt Managements für die CargoLifter'	04 - 2003	07 - 2005	09 - 2005		
34	Mai 2002	Masterschedule	05 - 2004	07 - 2005	09 - 2005		

Anhang E.3: Kostenschätzungen und -steigerungen des Entwicklungsprogramms: Ursprung der Daten

Datum	Quelle	Geschätzte Entwicklungskosten CL-160 Luftschiff bis zur Serienproduktion	Geschätzte Gesamtprojektkosten
Oktober 1995	VDMA Studie CargoLifter	136,039 Mio. DM/ 69,56 Mio. €	
August 1996	Business & Cash-Flow Planung	135 Mio. DM / 69,02 Mio. €	295 Mio. DM / 150,83 Mio. €
April 1997	[Finanz- und Machbarkeitsstudie dt. Großbank]: Projekt CL – Studie aus finanzieller Sicht	195,9 Mio. DM / 100,16 Mio. €	
Mai 1997	[Finanz- und Machbarkeitsstudie Anlagenkonzern]: Projektinformation Cargo-Lifter	238 Mio. DM / 121,69 Mio. €	
November 1997	[Gastbeitrag eines Aufsichtsrats in der Logistik-Fachzeitschrift „Transortmarkt"]	240 Mio. DM / 122,71 Mio. €	340 Mio. DM / 173,84 Mio. €
	Website CargoLifter AG	240 Mio. DM / 122,71 Mio. €	
Januar 1998	Geschäftsbericht und Konzernabschluss 1997/1998	412 Mio. DM / 210,65 Mio. €	
März 1999	Hauptversammlung 10.03.1999	437 Mio. DM / 223,43 Mio. €	850 Mio. DM / 434,60 Mio. €
Dezember 1999	Sachstandsbericht der CargoLifter AG per Dezember1999	538,4 Mio. DM / 275,28 Mio. €	
Dezember 1999	CL Finance: Erläuterung zur CL Finanzplanung		1.500 Mio. DM / 766,94 Mio. €
März 2000	Präsentation 3. Ordentliche Hauptversammlung der CargoLifter AG		1.500 Mio. DM / 766,94 Mio. €
Mai 2000	IPO Verkaufsprospekt		„Bisheriger Kostenplan wurde um 25% überschritten." → 958,75 Mio. €
Juni 2001	CargoLifter Fact Book	590,00 Mio. €	
August 2001	Jahresabschluss mit Lagebericht	590,00 Mio. €	
Januar 2002	Abschlussbericht [Unternehmensberatung]	1.100,00 Mio. €	
Februar 2002	Memo externer Berater		„Primärziel ist die schnellstmögliche Maximierung der Erfolgswahrscheinlichkeit bei der Kapitalbeschaffung (Ziel: 1 bis 2 Mrd. $ für Bau- und Probebetrieb des CL 160)." → 871 - 1,741 Mio. € zusätzlicher Kapitalbedarf nötig.
März 2002	Protokoll der Sitzung des Aufsichtsrats Frankfurt, den 15. März 2002	720,00 Mio. €	
März 2002	Hauptversammlung am 16.03.2002	880,00 Mio. €	

Anhang E.4: Exemplarische Kodierung eines Zeitungsartikels

Frankfurter Allgemeine Zeitung, 10.02.1997, Nr. 34, S. 16.

Per Luftschiff zurück in die Zukunft[1]

Cargolifter AG will Transportschwierigkeiten im Maschinenbau lösen

Cargolifter AG, Wiesbaden. Ein Luftschiff ähnlich dem Zeppelin soll die Probleme im interkontinentalen Schwertransport lösen. Zurück in die Zukunft - unter diesem Motto könnte das Transportsystem stehen, mit dem die Cargolifter AG zur Jahrtausendwende auf den Markt kommen will. Das Konzept der CL 160 gleicht dem Klassiker: langer Rumpf mit Seiten- und Höhenrudern sowie Seitenantrieb. Dieselmotoren bringen den etwa 240 Meter langen, mit 350000 Kubikmetern Helium gefüllten Transportballon in Fahrt. "Damit wollen wir eine wesentliche Lücke im Transportsystem schließen", sagt Vorstand [Name].[2]

Denn während es kaum Schwierigkeiten bereitet, Massenprodukte per Flugzeug oder Schiff in jeden Winkel der Welt zu bringen, sieht es etwa im Fall von Turbinen, die bis zu 340 Tonnen wiegen, oder von riesigen Containern anders aus. Für diese Fracht sind Flugzeuge ungeeignet. Wenn Schwer- und Großtransporte auf den Weg geschickt werden, bedarf es oftmals nicht nur Sondergenehmigungen und Straßensperren. Manchmal müssen Ampeln, Leitplanken und Bäume weichen.[3]

Der Verband Deutscher Maschinen-und Anlagenbau (VDMA) kam 1994 in einer Marktanalyse zu dem Ergebnis, daß die 10 deutschen Großanlagenbauer im Jahr mehr als 60 Millionen DM ausgeben, um Bauteile mit einem Gewicht von über 100 Tonnen und einer Länge von 25 Metern zu transportieren. [Vorstandsvorsitzender] weist zudem darauf hin, daß die langen Seewege nach Südostasien - einem der wichtigsten Absatzmärkte der Anlagenbauer – ein weiterer Nachteil sind. Die Konkurrenz aus Japan oder Korea kann schneller liefern. "Mit unserem Luftschiff ließen sich Kosten- und Standortnachteile ausgleichen", sagt der Fachmann für Logistik.

Die erste Version des CL 160 soll Frachtstücke mit einem Gewicht von bis zu 160 Tonnen aufnehmen können und bei einer Geschwindigkeit von etwa 140 Stundenkilometern rund 5200 Kilometer weit fliegen. Später sollen größere Typen folgen, die Lasten von bis zu 500 Tonnen aufnehmen.[4] Gleich einem Kran soll das Gefährt die Fracht ohne direkten Bodenkontakt am Produktionsort aufnehmen und zum Kunden nach Übersee bringen. Infrastruktur ist dafür kaum nötig. Anders als bei Flughäfen ist der Landverbrauch für den Ankerplatz des Luftschiffs gering. Bisher kostet der Transport einer 160 Tonnen schweren Anlage um die 500000 DM und dauert 60 Tage. Mit dem Luftschiff soll es nach Angaben des Vorstands der Cargolifter AG innerhalb von drei Tagen für 420000 DM möglich sein.[5]

In den betroffenen Branchen hält man das Konzept des CL 160 für mehr als ein Luftschloß.[6] Während die Öffentlichkeit in dem Transportballon nach der Katastrophe der brennenden "Hindenburg" ein Museumsstück sieht, gilt die Technik von damals vielen Luftfahrtexperten heute wieder als mo-

---

[1] Code: „Spannungsfelder".
[2] Code: „Die Rückkehr der Zeppeline".
[3] Code: „Umweltfreundlichkeit".
[4] Code: „Gigantomanie & Superlative".
[5] Code: „Einzigartigkeit des Geschäftsmodells".
[6] Code: „Wortspiele".

dern.[7] „Vergleichsweise geringe Umweltbelastung, kaum Lärmbelästigung, relativ niedriger Treib-stoffverbrauch - diese Faktoren sind mehr denn je gefragt", sagt [Vorstandsvorsitzender].[8] Die über 90 Aktionäre, die im September des vergangenen Jahres die Cargolifter AG gegründet haben, sind überwiegend Vertreter aus Industrie, Forschung und Technik. Im Aufsichtsrat sitzen [Name], Vor-standsmitglied der [Anlagenbaukonzern], der Ingenieur [Name], Professor am Institut für Statik und Dynamik der Luft- und Raumfahrtkonstruktionen der [Universitätsame], [Name], Geschäftsführer der [Unternehmensname] Schwerlastspedition. Das Grundkapital der AG beträgt 500000 DM. Die Konstruktionsphase ist nach Angaben des Vorstands bereits abgeschlossen. Nun beginnt die Umset-zung. Verschiedene technische Details stehen zur Diskussion, Materialien müssen getestet, ein Pro-totyp gebaut werden. Noch ist über den Produktionsstandort nicht entschieden. Die AG favorisiert nach den Angaben des Vorstandes einen ausgedienten Militärflugplatz. Rund 100 Millionen DM soll die CL 160 kosten. bir.

---

[7] Code: „Historie und der Mythos Hindenburg".
[8] Code: „Umweltfreundlichkeit".

Anhang E.5: Fundamentale Wirtschaftskennzahlen

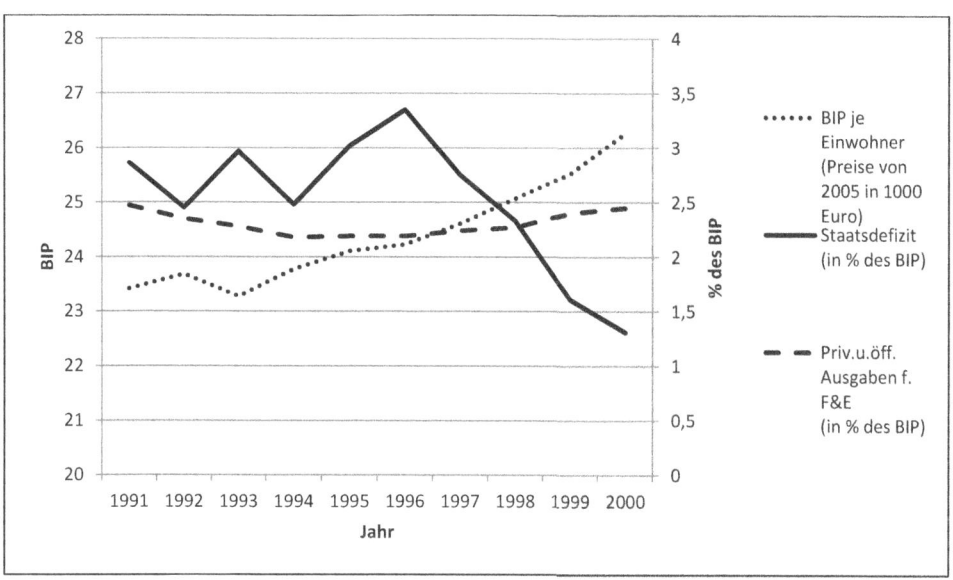

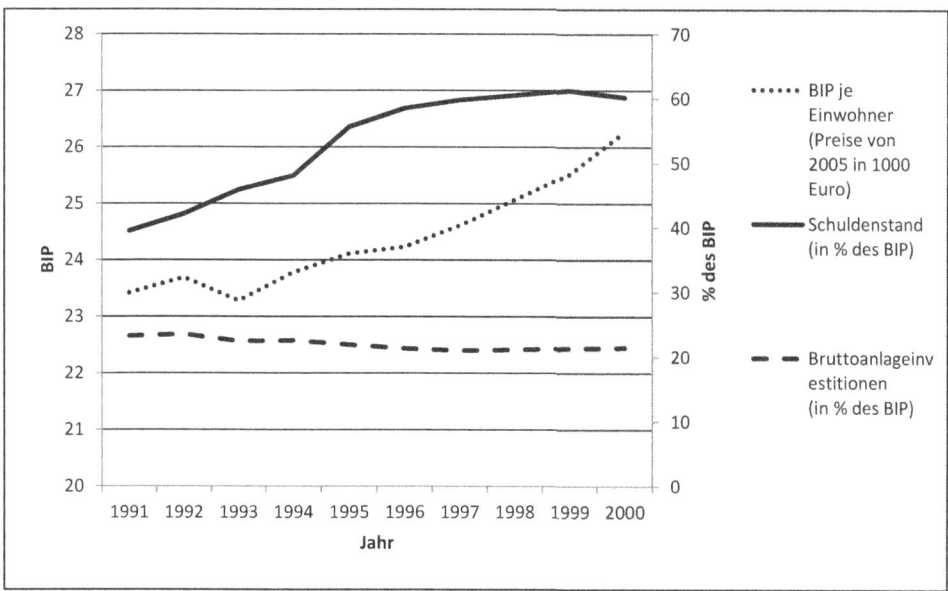

Quelle: Statistisches Bundesamt, Indikatoren zur nachhaltigen Entwicklung in Deutschland, GENESIS-Tabelle: 91111-0001, Wiesbaden 2012; eigene Abbildung.

Anhang E.6: Mediale Be- und Zuschreibungen des Vorstandsvorsitzenden im Zeitraum 1996-2000

Kodierung in Atlas.ti	Beschreibung des Codes/Kodieranleitung	Exemplarische Textstelle
Beschreibung der Persönlichkeit		
Agil	Die Textstelle verweist auf agile und dynamische Persönlichkeitsmerkmale des Vorstandsvorsitzenden.	*„Selbst der quirlige [Name] scheint mittlerweile auf Nummer Sicher zu gehen und lässt das neue Luftschiff bei der Expo nur taufen."* Focus Magazin, 03.08.1998: [PA: 52:10]
Aura des Erfolgs / Erfolgsmensch	Die Textstelle verweist auf einen überaus erfolgreichen Vorstandsvorsitzenden, welchen eine Aura des Erfolgs umgibt.	*„Gut gelaunt und siegessicher verläßt [Name] die Frankfurter Jahrhunderthalle. Denn die Aktionärsversammlung hat dem CargoLifter-Chef genehmigt, das Eigenkapital der Transportfirma um 120 Millionen Mark zu erhöhen. Damit ist seiner Ansicht nach die 412 Millionen Mark teure Entwicklung des Luftschiffs finanziert, das im Sommer 2001 abheben soll."* Frankfurter Rundschau, 11.03.1999: [PA: 1184:1]
Einnehmende Persönlichkeit	Die Textstelle verweist auf einen Vorstandsvorsitzenden, welcher mit seiner Persönlichkeit Personen begeistern kann und eine einnehmende Art aufweist.	*„So etwas nennt man eine Vision. Und der, der sie hat, sitzt im weißen Leinenhemd auf dem Balkon seines Hofes im Allgäu und moderiert die Aussicht. Blick auf den Forggensee, auf Schloß Neuschwanstein, die Alpen. Er erklärt gern, und seine Stimme klingt dabei wie in den Sachgeschichten der ‚Sendung mit der Maus' – gewinnend, aber nüchtern."* Welt am Sonntag, 03.10.1999: [PA: 94:15]
Löst Euphorie und Enthusiasmus aus	Die Textstelle verweist auf die Gegebenheit, dass der Vorstandsvorsitzende unter seinen Mitarbeitern und den Aktionären Euphorie und Enthusiasmus auslösen kann.	*„The can side of the question makes a mighty architectural statement. Rising above the Brand campus is the company's airship construction hangar, due to be finished this fall. It's a curving steel-ribbed potato bug, 1,180 feet long, 350 feet high, 690 feet wide. The $77 million hangar, 50 percent subsidized by the Brandenburg state government, is an emblem of the enthusiasm and hope that Germany has tied up in the baron's big balloon"* Wired, August 2000: [PA: 271:18]
Motivator	Die Textstelle verweist auf die Gegebenheit, dass der Vorstandsvorsitzende seine Mitarbeiter motivieren kann.	*„‚Wenn unser Projekt scheitert, dann daran, daß es zerredet wird', sagt [Name]. Er ist ein Motivator, ein Mann mit prophetischer Begabung. ‚Unser Markt ist riesig', sagt er und breitet die Arme aus. In ein paar Jahren werde der CargoLifter als Transportmittel genauso selbstverständlich sein wie die Eisenbahn oder das Auto. Wäre er schon fertig, könnte er zum Beispiel schwere Maschinen nach Afghanistan bringen und so den Aufbau des Landes voranbringen. Gebirge, Flüsse und Täler könnte das Luftschiff ohne Mühen überqueren; oder es könnte den Abraum von Goldminen entsorgen."* Frankfurter Allgemeine Zeitung, 31.01.2002: [PA: 524:4]
Optimist / Mutig	Die Textstelle verweist auf einen optimistischen und/oder mutigen Vorstandsvorsitzenden.	*„‚Im November soll die Halle fertig werden, im nächsten Frühjahr beginnen wir mit dem Bau des ersten Prototypen'", zeigte sich [Name] optimistisch."* Berliner Morgenpost, 18.05.2000: [PA: 1232:3]

„Dieser [Name] ist ein mutiger Mann. Denn bisher existiert nur ein Prototyp des Luftschiffes, das in Kürze ‚auf dem Brand', wie alle bei CargoLifter sagen, gebaut werden soll. Vier Luftschiffe sollen ab dem Jahr 2002 die Halle verlassen, gefüllt mit nicht brennbarem Helium und bereit, in die Lüfte zu steigen und die Welt zu erobern."

Der Tagesspiegel, 24.11.2000: [PA: 1046:2]

Rhetoriker / Begeisternder Redner	Die Textstelle verweist auf eine hohe Kommunikationsfähigkeit des Vorstandsvorsitzenden.	*„[Name], ein Artist der Rhetorik."* Der Spiegel, 31.07.2000: [PA: 499:5]
Schnelldenker	Die Textstelle verweist auf eine schnelle Auffassungsgabe des Vorstandsvorsitzenden.	*„Schnelle Planung: [Name] sucht nach einem stillgelegtem Flugplatz [...]"* Bild am Sonntag, 16.02.1997: [PA: 860:1]
Siegessicher	Die Textstelle beschreibt dem Vorstandsvorsitzenden als siegesgewiss.	*„Gut gelaunt und siegessicher verläßt [Name] die Frankfurter Jahrhunderthalle. Denn die Aktionärsversammlung hat dem Cargolifter-Chef genehmigt, das Eigenkapital der Transportfirma um 120 Millionen Mark zu erhöhen. Damit ist seiner Ansicht nach die 412 Millionen Mark teure Entwicklung des Luftschiffs finanziert, das im Sommer 2001 abheben soll."* Frankfurter Rundschau, 30.03.1999: [PA: 1184:1]
Überzeugungskünstler	Die Textstelle verweist darauf, dass der Vorstandsvorsitzende Mitarbeiter, Aktionäre und Externe überzeugen könne.	*„Beim Börsenmakler Schnigge zeigt sich größere Nachfrage lediglich in CargoLifter. Hier habe ein Interview des Vorstandsvorsitzenden zu neuem Interesse an den Aktien geführt, meint Schnigge-Händler [Name]."* Handelsblatt, 02.02.2000: [PA: 928:1] *„'Wahrscheinlich hätte man wirklich bei CargoLifter einsteigen sollen', meint ein Journalist, nachdem der Vorstand auf einer Pressekonferenz von seinem ‚superleichten Schwergewicht' schwärmte. Bis zu 160 Tonnen Gewicht werden die Luftschiffe transportieren können – ohne Stau, umweltfreundlich und an jeden beliebigen Platz der Welt. Katastrophenhilfe wie jetzt in Mosambik sei für das Luftschiff kein Problem, sagt Vorstandschef [Name]. Überall dort, wo die Infrastruktur zerstört sei, könnte es eingesetzt werden."* Lausitzer Rundschau, 13.03.2000: [PA: 1406:1]
Unkonventionelle Art	Die Textstelle verweist auf eine unkonventionelle Art und ein unkonventionelles Auftreten des Vorstandsvorsitzenden.	*„[Name] hingegen, international anerkannter Logistik-Experte, der bereits Vorlesungen an Universitäten in North Carolina und in Marburg hielt, will mit dem CargoLifter als ‚Kosmo-Pilot' des globalen Frachtverkehrs zu einem rein kommerziellen Höhenflug aufbrechen."* Der Spiegel, 23.08.1999: [PA: 487:4] *„Doch [Name] wollte nicht ins Cockpit, sondern ergriff stattdessen zunächst den bodenständigen Beruf des Landwirts. ‚Weil wir einen Hof im Allgäu haben', erklärt der sonnengebräunte Herr im feinen schwarzen Tuch."* Berliner Morgenpost, 07.06.2000: [PA: 1236:4]
Visionär	Die Textstelle verweist auf eine visionäre und auf die Zukunft gerichtete Denkweise und Art des Vorstandsvorsitzenden.	*„'Man tut immer so, als ob die anderen keine Probleme mit dem Wetter haben', so der Luftschiff-Visionär, der trotz allem davon überzeugt ist, die Sache zu einem guten Ende bringen zu können'."* Frankfurter Rundschau, 18.11.2000: [PA: 1193:8]
Weltverbesserer	Die Textstelle verweist auf eine Denkweise und Art des Vorstandsvorsitzenden, welche das Ziel habe, die Welt zum Positi-	*„Dass die Vereinten Nationen den dicken Pott unbesehen als'UN-Supplier' anerkannt haben. 'Mit nur einer Ladung aus dem CargoLifter können 25000 Menschen zwei Wochen mit Nahrungsmitteln versorgt werden',*

	ven zu verbessern.	*doziert [Name]. Den imageträchtigen Hinweis auf humanitäre Einsatz-Möglichkeiten liefert er vor dem errechneten Bedarf für die Industrie: Pro CargoLifter 15000 Tonnen Fracht jährlich macht mindestens 37 Mio. DM Einnahmen."*
		Financial Times Deutschland, 16.05.2000: [PA: 157:1]
Zielstrebig	Die Textstelle verweist auf eine zielstrebige Denkweise und Art des Vorstandsvorsitzenden.	*„Perversely, young Carl refused to get excited about airplanes. 'Flying doesn't have a specific fascination,' he says. 'Being able to fly, this is not a secret.' He married while in law school and earned a PhD in law with honors, but went straight from graduation into finance, rising quickly to a directorship at a German bank."*
		Wired, August 2000: [PA: 271:64]

Beschreibung des persönlichen Hintergrunds

Aristokrat	Die Textstelle weist auf den Adelstitel des Vorstandsvorsitzenden hin.	*„A German aristocrat-businessman is relaunching the age of the airship, armed with millions in the bank and a team of crack engineers."*
		Wired, August 2000: [PA: 271:64]
Logistikexperte	Die Textstelle zeigt auf, dass der Vorstandsvorsitzende ein Spezialist in der Logistik sei.	*„Ein kleines Modell der ‚Hindenburg' ziert seinen Schreibtisch. Das Poster an der Wand seines privaten Arbeitszimmers zeigt ein Foto des Zeppelin vor der Skyline von Manhattan. Und im Bücherregal finden sich gleich mehrere Schmöker, die sich mit der Historie der ‚fliegenden Zigarren' auseinandersetzen. Kein Zweifel: Der Mann ist luftschiffinfiziert. [Name] macht keinen Versuch, es abzustreiten: ‚Das', meint er schmunzelnd, ‚kann man so sagen.' Allerdings interessieren den 44jährigen Logistikexperten und Juristen aus Wiesbaden weniger die technischen Details der Luftschiffahrt. Viel faszinierender findet er es sich vorzustellen, ein solches Luftschiff für interkontinentale Schwertransporte einzusetzen: Ein mehr als 100 Tonnen schwerer Generator könnte am Produkt sofort aufgenommen, innerhalb von wenigen Tagen nach Indien oder Usbekistan geflogen und dort zentimetergenau an seinem Bestimmungsort abgesetzt werden zu einem Bruchteil der Kosten, die ein derartiger Schwertransport auf dem See- und Landweg verschlingt. [Name]: ‚Die Luft ist ein unendlicher Ozean, der an jede Haustür reicht.'"*
		Wirtschaftswoche, 24.10.1996: [PA: 1056:1]
Luftfahrt-„DNA"	Die Textstelle zeigt auf, dass dem Vorstandsvorsitzenden durch die Tätigkeit seiner Vorfahren die Luftfahrt „in die Wiege" gelegt sei.	*„'[Name], Vorstand der Gesellschaft und Enkel des Lufthansa-Mitbegründers [Name], hebt förmlich ab, wenn er von seinem ‚Schiff über Lande' redet."*
		Frankfurter Rundschau, 30.05.1998: [PA: 1181:6]
Unkonventioneller Lebenslauf	Die Textstelle verweist auf einen unkonventionellen und nicht-gradlinigen Lebenslauf.	*„Doch [Name] wollte nicht ins Cockpit, sondern ergriff stattdessen zunächst den bodenständigen Beruf des Landwirts. ‚Weil wir einen Hof im Allgäu haben", erklärt der sonnengebräunte Herr im feinen schwarzen Tuch.'*
		Berliner Morgenpost, 07.06.2000: [PA: 1236:4]

Der Vorstandsvorsitzende im Kontext des Unternehmens

| *Alleiniger Entscheider* | Die Textstelle verweist darauf, dass der Vorstandsvorsitzende alle wichtigen Entscheidungen des Unternehmens selber treffen würde. | *„Aber [Name] hat die Baustelle auf einem ehemaligen sowjetischen Militärflugplatz im brandenburgischen Brand, wo derzeit ein gigantischer Hangar für den erst auf dem Reißbrett existierenden CargoLifter entsteht, schon mal zum externen Expo-Gelände veredelt."* |
| | | Der Spiegel, 19.06.2000: [PA: 200:2] |

Brillanter Innovator	Die Textstelle verweist darauf, dass der Vorstandsvorsitzende für die Innovationen des Unternehmens verantwortlich sei.	*„Genau diesen Traum will [Name] mit seinem Cargo-Lifter-Projekt wahr machen. Der CargoLifter ist ein riesiges Luftschiff, 240 Meter lang und 60 Meter breit. Mit einem Ladekran soll er bis zu 160 Tonnen schwere Lasten unter seinen Bauch ziehen können, sie Tausende von Kilometern weit transportieren und an jedem beliebigen Punkt der Erde wieder herablassen."* Die Zeit, 31.10.1997: [PA: 15:11]
CargoLifter als das „Kind" des Vorstandsvorsitzenden	Die Textstelle zeigt auf, dass der Vorstandsvorsitzende die Idee des CargoLifter entwickelt und maßgeblich vorangebracht habe, wodurch das Projekt „sein Baby" wäre.	*„Um seine Vision wahr werden zu lassen, braucht Pionier [Name d. VV] viel Geld."* Die Welt, 04.06.1997: [PA: 862:4] *„Es ist also ein schöner Tag für [Name], den Vorstandschef der CargoLifter AG. Er ist derjenige, der die neuartige Nutzung von Luftschiffen als fliegende Kräne erarbeitet hat. Das war 1993 in North Carolina, als er dort eine Gastprofessur für Logistik innehatte und erste Kontakte mit den dortigen Luftschiffbauern aufnahm. In die allgemeine Euphorie der Delegationen hinein erinnerte er daran, wie wichtig die Amerikaner für dieses Projekt seien: ‚Ohne die USA geht in der internationalen Luftfahrt einfach nichts.'"* Frankfurter Allgemeine Zeitung, 20.04.2000: [PA: 685:4]
Der moderne Graf Zeppelin	Die Textstelle vergleicht den Vorstandsvorsitzenden mit der historischen Figur des Graf Zeppelin.	*„Wie zur Jahrhundertwende der Edelmann Ferdinand Graf von Zeppelin gab nun wieder ein Nicht-Techniker adliger Abstammung den entscheidenden Anstoß: [Name], 47, gelernter Landwirt, promovierter Jurist und Enkel des Lufthansa-Pioniers [Name], rief im September 1996 die CargoLifter AG ins Leben. Ähnlich wie einst dem legendären Grafen von Zeppelin gelang es ihm, in kürzester Zeit eine erstaunliche Schar von Förderern zu gewinnen."* Der Spiegel, 23.08.1999: [PA: 487:20]
Marketingstratege / Brillanter Verkäufer	Der Vorstandsvorsitzende wird als begnadeter Verkäufer und Marketingfachmann dargestellt.	*„Sein eigentliches Meisterstück aber lieferte das Vermarktungstalent beim Einsammeln des dafür nötigen Kapitals ab. Knapp 80 Millionen DM öffentlicher Fördermittel hat [Name] vom klammen Land Brandenburg losgeeist. Der Bund gewährte eine Bürgschaft, die 80 Prozent eines Bankkredits in Höhe von 130 Millionen DM abdeckt. Die bislang größte deutsche Privatplatzierung von Aktien brachte über 300 Millionen DM, der Börsengang Ende Mai diesen Jahres nochmal rund 170 Millionen DM in die Kasse. Mehr noch, mittlerweile glauben nicht nur rund 30 000 Einzelaktionäre an die Vision des CargoLifter-Chefs, sondern auch Unternehmen wie Siemens, MAN oder ABB, die knapp ein Viertel der Anteile am Unternehmen halten."* Süddeutsche Zeitung, 28.11.2000: [PA: 789:5]
Star der Luftfahrtszene	Der Vorstandsvorsitzende wird als ein Prominenter der Luftfahrtszene dargestellt.	*„Das Projekt ist einzigartig, die Geschäftsidee originell. [Name] muss sich nicht groß um Öffentlichkeit und Medien bemühen. Auf den Vorstandschef der CargoLifter AG schaut die ‚halbe Welt'. Schließlich plant [Name] den Bau eines gigantischen Luftschiffes, das sperrige Güter mit bis zu 160 Tonnen Gewicht rund um den Globus transportieren kann und damit den verblichenen Mythos Zeppelin wieder belebt, der vor über 60 Jahren in den Flammen von Lakehurst verbrannte."* Süddeutsche Zeitung, 25.01.2002: [PA: 816:2]
Workaholic	Die Textstelle zeigt auf, dass der Vorstandsvorsitzende einen hohen persönlichen Arbeitseinsatz aufwendet.	*„Hätte ich mir einen ruhigen Job gesucht, wäre ich in den letzten Jahren weniger gealtert."* Berliner Morgenpost, 07.06.2000: [PA: 1236:4]

Erste Anzeichen der Kritik an der Person

Abgehobene Persönlichkeit	Die Textstelle zeigt auf, dass der Vorstandsvorsitzende „abgehoben" sei	*„CargoLifter-Chef [Name]: 'Kosmo-Pilot' im Höhenflug."* Der Spiegel, 23.08.1999: [PA: 487:29]
Ikarus-Motiv	Die Textstelle zeigt auf, dass der Vorstandsvorsitzende durch einen Höhenflug dem Scheitern geweiht sei.	*„Absturz von Wolke sieben?[...]* *Kein Wunder, dass [Name] derzeit auf Wolke sieben schwebt. Nicht wenige Luftfahrt-Experten wie Börsenanalysten prophezeien, dass er da alsbald wieder herunterfallen könnte. Die Entwicklungskosten für die heliumgefüllte ‚Zigarre' explodieren, statt 500 Millionen DM wird nun wohl mindestens die doppelte Summe gebraucht. Und auch die eine Milliarde DM garantiert noch lange nicht, dass das Mega-Luftschiff jemals abheben wird."* Süddeutsche Zeitung, 18.12.2000: [PA: 792:4]
Unbeirrbar im Handeln	Die Textstelle zeigt auf, dass der Vorstandsvorsitzende Kritik an seinem Handeln nicht annehmen würde.	*„Das deutsche Unternehmen zieht in seiner neuen Werbung Parallelen zum US-Mondfahrtprojekt und gibt sich vom eigenen Erfolg überzeugt. CargoLifter-Vorstand [Name] kritisierte erst jüngst bei einem Symposium beim Luftfahrtkonzern EADS, dass es in Deutschland viele ‚Reichsbedenkenträger' gebe, die am Projekt zweifelten. Auch für die Finanzmärkte sowie die Zulassungsbehörden sei die Luftschiff-Wiedergeburt ein neues Thema. Es sei daher bemerkenswert, dass sich bereits fast 65000 Kleinaktionäre am Unternehmen beteiligt hätten, obwohl noch kein Produkt am Markt sei."* Financial Times Deutschland, 10.09.2001: [PA: 355:10]

Anhang E.7: Planungsdaten des Luftschiffs „Joey"

Fußnote	Datum	Quelle	Konstruktionsstart	Geplante Fertigstellung
1	April 1997	[Dt. Großbank] Corporate Finance: Projekt CL – Studie aus finanzieller Sicht	1997	1998
2	May 1997	Projektinformation CargoLifter, [Internat. Anlagenbaukonzern] Financial Consulting GmbH	1997	1998
3	November 1997	Beitrag [Aufsichtsrat] in der Zeitung TransportMarkt	1998	
4	June 1998	Cargolifter AG International Airship Convention and Exhibition Bedford, 26-28 June 1998 Internal Information Sheet		März 1999
5	July 1998	Firmenvideo: "CargoLifter Vision"		Ende 1998
6	July 1998	Firmenzeitschrift (Lifternews)		Frühjahr 1999
	July 1998	CL – Tag der Innovation, Bundespräsident 23.07.1998, Interne Informationen		Frühjahr 1999
7	April 1999	Präsentation: American Chamber of Commerce: Business After Hours		Sommer 1999
8	July 1999	Firmenzeitschrift (Lifternews)		09 - 1999
		Tatsächlicher Erstflug		18.10.1999

Anhang E.8: Auszug einer Betriebsversammlung, April 2002

Auf einer Betriebsversammlung am 18.04.2002 stellt ein Mitarbeiter an ein Mitglied des Vorstands die Frage, warum das Hüllenmaterial des verkauften Ballons CL-75 zugekauft werden soll und noch nicht unternehmensintern produziert wird. In dieser Episode zeigt sich, dass dieser Vorstand die Frage nicht konkret beantwortet.

„[Frage eines Mitarbeiters: Wo wird die Hülle des nächsten CL-75 gefertigt]
[Antwort des Vorstandsvorsitzenden]: Der muss im Dezember fertig sein, damit wir ja nur dort oben in Operations gehen können. Und die einzige Chance, das hinzubekommen ist, dass wir denjenigen, der bei TCOM gemacht ist, also das ist sozusagen von der Entwicklung her der Ballon, den wir bei uns haben, der ist dort auch bedruckt wurden usw. und so fort, dass der im Grunde genommen dupliziert wird. Und dass der für -50° hergerichtet wird. Und dann geht er von dort aus heraus. So, anders kriegen wir das nicht hin. Was wir machen werden, wir werden ein gemeinsames Team haben, lässt sich treffen jetzt in der Woche ab dem 18. April. Hier bei uns die Repräsentanten von [Unternehmensname A], von [Unternehmensname B] und hier auf dem Brand. Und der Herr [Name] weiß das und auch die anderen. Da gab's auch Diskussionen drum. Da habe ich drauf bestanden. Dieses Meeting findet auf dem Standort statt. Weil die Entwicklung wird hier stattfinden. Und wir haben natürlich das Team auch hier, so viel wie möglich zu machen. An, wenn sie so wollen, an Engineering. Und auch künftig in der Fertigung. Denn wir haben ja eine Option für 25 weitere Systeme. Und es gibt mit [Unternehmensname A] lediglich einen Vertrag über die Lieferung des ersten Systems. Ende aus amen. Von da aus ist das offen. Und das gehörte jedoch genau zu der Strategie. Wenn wir zum Beispiel nicht genügend Geld bekämen. Um den CL-160 sofort voll zu entwickeln und zu bauen. Der Herr [Name] verkauft aber noch weitere CL-75. Wären wir im Prinzip in der Lage mit ungefähr zehn CL-75 fertigungsmäßig hier. Die müssten wir dann allerdings hier fertigen. Sonst haben wir die Wertschöpfung nicht. Das Unternehmen einfach am laufen zu halten. Und zwar auch mit einem hohen Anteil der Belegschaft. Damit können wir zwei dann keinen CL-160 bauen, wir können ihn aber weiter entwickeln. Das ist nicht das, was wir wollen. Aber das ist ganz interessant. Dass wir in der Lage wären und da brauchen wir ungefähr noch 30 Millionen € dazu. Dann können wir insgesamt das ganze Unternehmen durchziehen. Sozusagen. Bis wir uns sozusagen von den CL-75 alleine ernähren können. Allerdings müssen wir sie dann hier bauen. So. Alles was da drauf kommt, erlaubt uns mehr zu machen. Und das ist nichts anderes wie so eine Art Auffangstrategie. Das ist, wenn Sie so wollen, das liegt am Horizont. Und den ersten, das ist einfach problematisch, denn hätten wir hier so nicht geschafft. War auch klare Vorstellung der Kanadier. Manchmal ist es halt dummerweise so, dass der Kunde auch noch Wünsche hat. Und wenn sie es denn überhaupt machen wollen, dann müssen sie irgendwo auch drauf eingehen. So. Aber noch einmal: wir wollen nicht nur CL-75 bauen. Das Ziel ist ganz klar das Flaggschiff. Das erwartet auch jeder Aktionär. Und das wird auch vom internationalen Kundenkreis erwartet. Nur, man muss auch einmal schauen, was wäre denn, wenn das nicht so schnell geht. Und sind diese Rückfallstrategien, Herr [Name], von denen sie sprachen. Und das bringt vielleicht Unsicherheit herein, das dann unterschiedliche Dinge drum herum kreieren. Und ich denke, das finde ich auch eine interessante Versammlung heute, dass wir dann auch diesen Wirtschaftsausschuss, oder wie es bei ihnen heißt, vertiefen. Und vielleicht auch die Dinge dann doch noch vielleicht mehr spezifisch für sie sichtbar machen. Dann habe ich allerdings eine Bitte. Wenn wir Ihnen mehr Informationen geben, dann will

ich nun endlich einmal darum bitten, dass die Dinge nicht am nächsten Tag bei irgendwelchen Medien, Presse oder im Internet herumgeistern. Ich habe absolute Hemmungen momentan, irgendetwas noch herauszugeben. Weil ich kann es ja gleich ans Schwarze Brett in Berlin hängen. Also da verlange ich dann umgekehrt, wenn sie wirklich ,eingemacht' mehr wissen wollen, dann muss hier im wahrsten Sinne des Wortes klappe zu sein. Und da würde ich sie auch bitten, wenn sie irgendjemanden sehen, der irgendetwas weiter schickt oder drüber spricht. In Gegenwart von anderen. Dann sagen sie: bitte hör auf.

[Frage eines weiteren Mitarbeiters zur Produktion des Hüllenmaterials]: Herr [Name des VV], Sie haben gerade ausführlich über den CL-75 gesprochen und gesagt, die Entwicklung läuft auch hier in Brand. Ähm. Das habe ich jetzt nicht so ganz mitbekommen. Wie das gemeint war. 1. Welches Team macht das hier in Brand? 2. Welches Meeting war dann ganz konkret hier im Raum?

[Antwort des VV]: Das war eine typische [Name des zweiten Fragenden] Frage. Ok. Also: zunächst einmal ist es nicht so, dass die Mitarbeiter beim [Name], die jetzt an der Schneidemaschine und an den Schweißmaschinen arbeiten, beschäftigungslos sind. Denn es gibt ja ein ganz klares Testprogramm für den CL-160. Das wird ja auch von Ihnen geführt. Die Weiterentwicklung der Hülle überhaupt für den CL-160. So. Damit sind die beschäftigt. Es ist ja nicht so, dass die da stehen und warten, dass jetzt der CL-75 kommt. Also, da gibt es ein klares Programm. Zweitens werden wir natürlich so gern so früh wie möglich beginnen mit der CL-160 Hülle. Da haben wir schon einmal diskutiert darüber. Über ein 1:1 Modell mit anderem Material zu machen usw. Und es wäre für mich sehr wichtig. Da haben wir uns auch drüber unterhalten. Bezüglich des Teams ist folgende Aussage: Wir haben hier, der Herr [Name] und der Herr [Name] sind ja die beiden Programmmanager für den CL-75. Ganz klar gesagt, wir werden und wir müssen hier die Federführung haben. Deswegen findet auch die Veranstaltung mit den anderen Partnern hier auf dem Brand statt. Es wird ein komplett, ein Team hier institutionalisiert werden. Das insgesamt die Federführung hat. Weil der CL-75 Arctic 1 sozusagen, das ist nur der erste. Wir wollen ja sehr viel mehr bauen. Außerdem ist der Herr [Name] dabei, Gespräche zu führen, dass wir das ja nicht nur nach Kanada verkaufen, sondern wir wollen, da gibt es Gespräche mit Deutschland, o.k., ich nenn jetzt die Namen. Thyssen usw. da gibt es einige Fälle. Es gibt Gespräche nach Russland rüber und nach kaspisches Meer. Im Gründe genommen würden wir uns ja folgendes vorstellen: und da unterhalten wir uns auch sehr eng. Normalerweise müsste das, was nach Kanada verkauft haben auch in anderen Regionen der Welt verkaufen. Und wenn wir das verkaufen können, dann werden wir hier im Schichtbezug hier arbeiten müssen, dann wollen wir das. Und das wollen wir ganz klar hier machen. Es kann nur sein, dass bei dem ersten, der jetzt gebaut wird, relativ stark die Kanadier und auch [Unternehmensname B] involviert sein müssen. Aber die Federführung, und das ist das entscheidende, die ist bei uns. Und wir wollen auch nicht mehr unterscheiden zwischen den diversen CL-75 Programmen. Sondern es gibt im Prinzip einen. Und der kommt von hier."

Betriebsversammlung 18.04.2002: [ID: 727:2]

Anhang E.9: Ungelöste technische Grundsatzfragen beim CL-160 Projekt

Technisches Problemfeld	Erklärung und Schilderung des Problems anhand von Originaltextstellen oder Interviewzitaten
	Anmerkung zu diesem Anhang:
	Ehemalige Mitarbeiter verwiesen innerhalb von Interviews auf zwei vorherrschende ungelöste technologische Grundsatzprobleme innerhalb des CL-160 Entwicklungsprojekts: Die Schneeproblematik sowie das Gas-Management System innerhalb des Luftschiffs. Innerhalb dieses Anhangs soll anhand einer Gegenüberstellung von Originalzitaten mit Interviewzitaten aufgezeigt werden, dass diese Probleme schon früh im Unternehmen bewusst waren, aber bis zum Eintritt der Insolvenz nicht gelöst wurden. Manche Interviewpartner kritisierten hierbei retrospektiv, dass diese technischen Probleme über eine lange Zeit schlichtweg ignoriert wurden. Andere Textstellen zeigen zudem auf, dass nach außen hin der Anschein vermittelt wurde, dass diese Probleme gelöst oder schon richtig adressiert seien.
	Schneeproblematik: Die Schneeproblematik würde insbesondere in Situationen auftreten, in denen das CL-160 Luftschiff nicht im Betrieb und an einem Luftschiffmast den Wetterbedingungen frei ausgesetzt sei. Vor allem der sich auf einem Luftschiff absetzende Schnee ist aber höchst problematisch und gefährlich, da dadurch das Luftschiff an Gewicht zunehmen würde und mitunter auf den Boden gedrückt werden könnte, was schlussendlich in einer Havarie münden könnte. Da CargoLifter nicht vorsah, für jedes Luftschiff eine Halle zu konstruieren und im Business Case damit geplant war, eine Vielzahl von Luftschiffen zu betreiben, wäre es unmöglich gewesen, jedes Luftschiff bei einsetzendem Schneefall in einer Halle unterzustellen. Und auch die bei kleineren Luftschiffen angewendete Methode, abgelagerten Schnee durch über das Luftschiff geworfene Seile und Taue manuell zu entfernen, wäre bei einem CL-160 Luftschiff aufgrund dessen Größe schlicht unmöglich gewesen. Für die Lösung hätten vermutlich Heizelemente in die Luftschiffoberfläche eingebaut werden müssen, was die Gewichtsbilanz des Luftschiffs empfindlich gestört hätte.
	Problematik Gas-Management: Der Auftrieb eines Helium-Luftschiffs ändert sich in Abhängigkeit zur Temperatur der Umgebungsluft. Vor allem bei einem sehr großen Heliumvolumen kann sich der Auftrieb rasch verändern, was durch das Ablassen von Traggas oder Ballastwasser zu lösen wäre. Es bedarf dementsprechend einer gezielten Steuerung und Kontrollierung des Auftriebs, um ein rapides und unkontrolliertes Ansteigen oder Absinken des Luftschiffs bei veränderten Auftriebswerten zu verhindern.
Schneeproblematik Adressierung der Fragestellung während der Unternehmenshistorie (prospektiv)	„Kann der CargoLifter auch im Winter mit Raureif und Schnee eingesetzt werden? Bei Schnee und Eis ist eine entsprechender Schutz geplant, beispielsweise das Aufheizen des Heliums zur Erwärmung der Hülle" CargoLifter AG, Häufig gestellte Fragen, Internes Dokument, Februar 2000: [ID: 531:41] „Im normalen Ruhezustand sind Luftschiffe mit einem Ankermast verbunden, um den sie abhängig von der Windrichtung frei kreisen können. In extremen Wettersituationen müsste das Luftschiff den Mast verlassen. Sowohl beim An- und Abdocken als auch bei nicht rechtzeitigem Verlassen des Masts in extremen Wettersituationen besteht die Gefahr einer Kollision mit dem Ankermast." Unvollständiger Verkaufsprospekt (entnommen aus dem Konzernlagebericht), 11. November 2001 [ID: 243:10] „[Technischer Mitarbeiter äußert sich zu einer Frage zur Schneeproblematik]: „Gut. Stichwort Schnee haben Sie gebracht. Gerade das ist ein Bereich, wo es auch sehr viele Erfahrungen aus der Vergangenheit gibt. So in den vierziger Jahren sind in den USA sehr viele Luftschiffe betrieben worden. Auch in thematischen Bereichen, wo sie sehr oft mit entsprechenden Schneelasten kämpfen mussten. Und dort ist also festgestellt worden, dass prinzipiell Schnee während des Flu-

ges eines Luftschiffes kein Problem darstellt. Also mit den Erfahrungen, die man dort gesammelt hat, hat sich wirklich dann empirisch im Betrieb der Luftschiffe ergeben, dass sie während des Fluges keine Schneeablagerungen auf der Hülle haben. Das deckt sich im Übrigen auch mit den Berechnungen, die wir heute über entsprechende Simulationsprogramme tun. Etwas anders sieht die Sache aus, wenn sie sich am Ankermast befinden. Denn dann ist das Luftschiff ja in Ruhe. Dann kann quasi der Schnee direkt drauf fallen. Dort müssen sie technische Vorkehrungen treffen. Um diesen Schnee dann von dem Luftschiff entfernen zu können. Und das tun wir auch."

Technische Road Show Frankfurt, 14.02.2001: [ID: 743:8]

„Bewertung des CL-160 (P1) PDR
Die wichtigsten technischen Problembereiche:
2. Eis-und Schnee-entfernung "

Technischer Berater: Bewertung des CL-160 (P1) PDR, 02.03.2002: [ID: 524:28]

Adressierung der Fragestellung durch Interviewpartner (retrospektiv)

[Interviewpartner]: Alles hat sich dann hinterher komischerweise alles auf meinem Schreibtisch gehäuft. Was hatte ich mit dem Hangar zu tun? Außer, dass ich gesagt habe, gut, denn Ops gehört auch der Hangar rein. So, da kamen wie gesagt gewisse rudimentäre Kenntnisse her. Und der sagte irgendwann dann so einmal beim Kaffee: ,Du weißt Du, so ein Ballon, der hat im Winter, wenn es schneit, eine Mordsfläche. Da muss man auch dran denken: Da liegt Schnee drauf. Und dann wird der schwerer.' Und lauter so Sachen. Wo ich mächtig gestaunt habe. Das war mir bis dahin nicht so ganz bewusst, dass das eine Gefahr ist. Weil von unseren Altvorderen, die da Zeppelin geflogen sind, die hatten halt ihre Zeppeline immer schön im Hangar. Da ist das nicht passiert.
[Interviewer]: Aber bei einer Einsatzfähigkeit von mehreren 100 Einsätzen pro Jahr, da passiert das doch zwangsläufig? Da hat man doch Schnee?
[Interviewpartner]: Ja, undenkbar. Und also wie gesagt, diesen Ballon, hat es flach gedrückt. Wo drauf ich dann eine Untersuchung angestellt habe und dann sind wir schlagartig auf dieses Thema gekommen. Schlagartig sind wir auf das Thema gekommen: Wie ist denn Allwetterflugfähigkeit bei Schnee und Eis eigentlich einzustufen? Und dann, was ist denn eigentlich, wenn das Ding am Mast liegt? So ein Luftschiff hat ein paar 100 m² Oberfläche. Wenn da nur drei, oder vier, oder 5 cm Schnee drauf liegen, wie viel Tonnen macht das denn eigentlich aus? Und dann nimmt man einen Rechenschieber in die Hand, sofern man das noch kann mit einem Rechenschieber und... [wird im Zimmer gestört]. so Entschuldigung, ich bin wieder da. Also wie gesagt, dann liegen da die Tonnen Schnee drauf. Wie sieht denn dann da das Lastverhältnis am Mast aus? Da hat keiner drüber nachgedacht.
[Interviewer]: Erstaunlich, ja.
[Interviewpartner]: Ganz irre."

Geschäftsführer Tochtergesellschaft, Interview

„[Interviewpartner]: Ja. Und die haben teilweise bis in das hinterste Detail Einzelentwicklungen gemacht, wo vorne der Beginn der Entwicklung eigentlich schon eine Sackgasse signalisierte. Es gab ein weiteres Beispiel...
[Interviewer]:Da wurde also nicht mehr drüber gesprochen?
[Interviewpartner]: Ja, ja. Das wurde richtig ausgeblendet.
[Interviewer]: Haben Sie da noch ein Beispiel für zusätzlich?
[Interviewpartner]: Ja, es gibt ein weiteres Beispiel, also ein richtig technisches Beispiel: Die Verankerung des Luftschiffes am Mast. Ähm, geplant war, das müsste ich Ihnen auf dem Papier zeigen, weil das ist am Telefon so ein bisschen theoretisch, wenn sie kein Ingenieur sind: Normalerweise wird ein Luftschiff am Bug in der Mitte der Bugkappe festgemacht. So, das ist beweglich in drei Achsen. Wunderbar. Bei so einem großen Luftschiff will man natürlich jetzt auch Beschickungen machen. Man muss also rein und raus und sonst etwas. Zu dem Zweck sollte man also die Kielgondel auf einem Gestell in einem gewissen Abstand herum fahrenden Schienensystem gelagert sein.
[Interviewer]: O.k., verständlich, ja.
[Interviewpartner]: So, nun liegt das Ding da natürlich nicht drauf. Sondern das Luftschiff muss immer balanced sein. Das heißt, das schwebt. Plus minus ein bisschen was.
[Interviewer]: Je nachdem, wie gerade Wetter und Wind und Luftdruck so ist?
[Interviewpartner]: So. Und allein diese Auslegung, in der Kinematik dieser Befestigungspunkte, Bug-Nase und der nächste Drehpunkt 60 m tiefer auf diesen Schlittengefährt, das ja auch ein paar 100 t schwer war, also das war ein Mordsgerät, war vollkommen falsch. Das habe ich glaube ich bestimmt 25 mal dem [Name] an die Tafel gemalt und habe gesagt, da müssen sie kein

Ingenieur sein um das zu begreifen. Das wird nicht funktionieren. Wenn Sie jetzt einen Seitenwind haben, dann macht das Schiff eine diagonal rollende Bewegung. Das heißt die Drehachse geht von der Bugspitze bis darunter zu diesen Befestigungspunkten am Kiel.

[Interviewer]: Und dann bricht das ganze ab?

[Interviewpartner]: Ja, zumindest kriegen wir eine vollkommen unkontrollierte Bewegung. Habt ihr das bedacht? [Pause] Wie bewegt sich das ganze Teil überhaupt bei Seitenwind? Wie schnell kann ich die Schienenbahn frei räumen, wenn Schnee fällt. Wenn sich jetzt ein schneller Windrichtungswechsel anbahnt. Also, da tauchen eine Fülle von technischen Fragen auf, wo man sich nur wundern konnte, dass das einfach so ausgeblendet wurde."

Geschäftsführer Tochtergesellschaft, Interview

„[Interviewpartner]: Natürlich. Ja. In diesem Milestone Meeting habe ich das an die Tafel gemalt und da haben sie alle groß gekuckt und gesagt, das lösen wir später. Klar kann man das lösen. Aber wie kann so etwas überhaupt passieren? Der nächste Punkt ist, denn jetzt geht es weiter. Dieser Schlitten hat ja eine gewisse Trägheit. Also es mag ja sein, dass es keine anderen Möglichkeiten gibt bei so einem System. Weil halt das Schiff so groß ist. Aber abgesehen bei der Trägheit bei Sturm, was hier zu massiven Problemen führen kann, weil eben ein Luftschiff maximale Seitenwindstabilität auch von der Konstruktion her... 20-25 Knoten, das ist nothing. Also kriege ich ja hier richtige mechanische, ich kriege hier Festigkeitsprobleme an den Anhängerpunkten. Weil das schwingt ja nicht frei. Das ist nicht kräftefrei. Das ist aufgehängt mit einem Riesenhebelarm. Jetzt geht es weiter. Ich brauche also eine möglichst hohe Synchronisationsgeschwindigkeit für ein sehr schweres, träges System.

[Interviewer]: Weil der Wind sich sehr schnell drehen kann?

[Interviewpartner]: Ja. Und es ist ja nicht so einfach hier was weiß ich, 60, 70 t so einmal schnell zu bewegen. Das ist wie ein Eisenbahnzug, da brauche ich auch eine Weile, bis ich den in Bewegung habe. Ja. Also brauche ich einmal eine hohe Synchronisationsgeschwindigkeit. Und zum anderen kommt jetzt die banale Frage: Es schneit, die Plattform schneit zu...

[Interviewer]: Wie machen wir den Schnee weg?

[Interviewpartner]: Und wir müssen dann den Windausgleich machen. Und jetzt fährt das Ding plötzlich durch 30 cm Schnee. Da habe ich keine Zeit Schnee zu räumen. Also müsste ich mir schon... das ist wirklich hier eine Ladeplattform unten gewesen. Das hat eine Abmessung, keine Ahnung, 60 × 60 m. Also kein kleines Teil. Also richtig groß. Mit Wartungseinrichtung drauf und lauter so ein Tralala. Ey, Leute, ähh, phhr? Und jetzt? Wenn der Wind dreht, Zeit zum Schnee räumen habe ich daher nicht. Weil irgendwann rumpelt es. Und schon allein aufgrund dieser Tatsache hier, muss ich ja ein bisschen schneller sein, als sonst normal. Das sind so Dinger, wo dann einfach die Techniker sagt, das hat mit Pilot oder Luftfahrt gar nicht zu tun, wo der Techniker beim Hingucken sagt: Leute, was passiert denn hier eigentlich bei eurer tollen Idee?"

Geschäftsführer Tochtergesellschaft, Interview

Problematik Gas
Management
Adressierung der
Fragestellung
während der
Unternehmens-
historie
(prospektiv)

„Aufgrund der Größe sind Luftschiffe windempfindlich. Durch die Qualität moderner Wettervorhersagen sind diese Risiken gut beherrschbar geworden. Durch Auswahl der Routen kann sogar die Prognose von Rückenwindmöglichkeiten ausgenutzt werden. Regen und Schnee führen zu Auftriebsverminderung. Höhenunterschiede führen zu Änderungen in der Tragfähigkeit des Gases. Der Umgang mit diesen Besonderheiten des Luftschifflugs ist schon in den dreißiger Jahren voll beherrscht worden. Durch moderne Technik (z.B. Hüllen aus Kunststoff statt Leinwand, Heizung des Heliums bei Temperaturunterschieden und Kälte oder Gewinnung von Ballast aus den Abgasen der Flugzeugmotoren) haben sich die Möglichkeiten dazu noch verbessert.

Die Größe der Luftschiffe führt dazu, daß sie im Erreichen von hohen Geschwindigkeit[en] begrenzt sind, und ihr Flug bei besonders starken Gegenwinden merklich langsamer wird. Dies ist in die Routenplanung einzubeziehen. Es ist dabei geplant, jahreszeitlich besonders stabile Windverhältnisse auszunutzen, und sie zur Optimierung der Flugwege in Kombination mit der Auftragslage zu nutzen."

Finanzielle Machbarkeitsstudie einer deutschen Großbank, 04.04.1997: [ID: 590:22]

„Der CargoLifter muß zum Lastwechsel in einer ganz bestimmten Gewichtskonfiguration ankommen, sonst klappt's nicht. Die Antwort gibt Ihnen ein Aerostatiker, den gibts aber nicht in der Development. Teile einer Aerostatik habe ich im Juli dieses Jahres als Excel-Sheet programmiert ([Vorstand] will manchmal wissen wofür ich das Geld der CL AG bekomme). [Name A] hat das Excel-Sheet und will es in den Simulator integrieren um auch Streckenflug simulieren zu könne. Aber es sind eben nur Teile. Wesentliche Elemente wie Traggaserwärmung durch Sonnen- und Erdstrahlung, Feuchteeinfluß, etc. fehlen noch. [Name B] kennt diese Probleme übrigens alle, deshalb immer seine Aussage über die Sahara können wir nicht, oder die Aufgabe an [Name C] Wärmetransport in Helium zu untersuchen. Umso trauriger, daß er nicht mehr richtig mitmacht.

Der CargoLifter durchschreitet auf Fernfahrt Klimazonen und Wettersysteme was alle derzeitigen

Luftschiffe nicht tun. Wenn Sie mit oben genanntem Excel-Sheet rechnen, werden Sie bemerken das Sie bestimmte Klimazonen überhaupt nicht durchfahren können (Beispiel europäischer Hochwinter gegen südamerikanischen Hochsommer, ca. Mitte Januar, ohne das Luftschiff zwischendurch einmal vollständig umzutrimmen, sprich Ballastwassermasse und Heliumvolumen stark zu verändern. Die alten Zeppelinerhaben auch das gewußt. Die Stationen in Nordbrasilien und z.B in Japan haben dazu gedient und nicht nur um Zigarren und Rotwein zu ergänzen. Oder, auch Network braucht ebenda technische Stützpunkte und Sie können die schönsten Mission Profiles planen, Sie werden nur leider den CL ohne solche technische Randbedingungen nicht in der Luft halten können. Es gibt eine technische Alternative: 50% Ballonetts. Was das bedeutet können sie sich selber ausmalen."

E-Mail eines freien und später leitenden Mitarbeiters, 01.10.1998: [ID: 560:2]

„Was versteht man unter ‚Superheating‘?

Der Begriff ‚Superheating‘ bezeichnet eine übermäßige Erwärmung des Traggases Helium gegenüber der umgebenden Luft. Superheating tritt also nicht bevorzugt beim Überflug heißer Gegenden der Erde auf, da sich in diesem Fall das Helium genauso gleichmäßig erwärmt wie die umgebende Luft. Unter einer Erwärmung dieser Art ist kein Superheating zu verstehen, sie hat allerdings eine Abnahme der Tragfähigkeit zur Folge, da die Dichte warmer Luft geringer ist als die kalter Luft. Dagegen kann z.B. das plötzliche Aufreißen der Wolkendecke und die dadurch unvermeidliche direkte Sonneneinstrahlung ein Superheating bewirken. Bei einer Temperaturdifferenz von +15°C des Traggases gegenüber der umgebenden Luft erzeugt der CargoLifter 23,5 t mehr Auftrieb. Umgekehrt führt eine wärmere Umgebungsluft zu einer Verringerung des Auftriebes. Um die gleiche Menge an Nutzlast zu transportieren, müßte demnach die (Prall-)Höhe verringert werden bzw. öfter aufgetankt werden, um das Treibstoffgewicht durch eine entsprechende Menge an Nutzlast zu ersetzen."

CargoLifter AG, Häufig gestellte Fragen, Internes Dokument, Februar 2000: [ID: 531:33]

„[Durch einen Gast/Aktionär wird die Frage zu einer Aussage in der Firmenzeitschrift gestellt. Dort wurde angeführt, dass geplant sei, Helium während des operativen Flugbetriebs abzulassen.]

[Antwort eines leitenden technischen Mitarbeiters]: Dort war eigentlich verwiesen auf, wie das in der Vergangenheit gehandhabt wurde. Das hat in der Vergangenheit Wasserstoff abgelassen wurde. Selbstverständlich beabsichtigen wir nicht Helium abzulassen. Genauso wie sie das sagten, es ist irgendwo, wenn auch viel vorhanden ist, aber es ist irgendwo ein endlicher Stoff. Und auch die finanzielle Seite ist ja nicht so ganz unerheblich. Also das ist kein Betriebsfall. Den wir dort haben. Helium abzulassen. Sie können, generell ist natürlich diese Massenvariation, die sie hier durch den Treibstoffverbrauch haben absolut richtig. Und sie müssen das irgendwie kompensieren. Sie können das einmal aerodynamisch tun. Wie [Name] das eben bereits erklärt hat. Durch Anstellen der Hülle. Sie fliegen dann entsprechend schwer los. Müssen dann zusätzlichen Auftrieb produzieren. Das können sie durch Anstellen der Hülle. Die auch ein Tragprofil ist. Letzten Endes. Erzeugen. Und würden dann entsprechend leichter am Ende der, des Fluges zum Tanken quasi dann wiederkommen. Das wäre die dynamische Kompensation. Sie können das aber auch aerostatisch kompensieren. Erinnern Sie sich, wir haben ja eine gewisse Menge an Traggas in der Hülle drin. Das erzeugt eine gewisse Menge Auftrieb. Jetzt können Sie diese Menge Auftrieb einmal noch in einer gewissen Höhe beeinflussen, zum Beispiel indem sie die Temperatur der Hülle beeinflussen. Wir alle kennen Heißluftballone, wieso tragen die überhaupt? Da ist ja gar kein Gas drin. Einfach und schlicht dadurch, dass ich die Luft im Inneren des Ballons erhöhe und damit habe ich einen Dichteunterschied und habe dadurch einen aerostatischen Auftrieb. Ja. Das gleiche kann ich natürlich auch noch zusätzlich tun. Ein bisschen Wärme haben wir so oder so noch zu Verfügung. Ich meine, wir haben Antriebe und da kommt immer ein bisschen Wärme heraus. Das ist der eine Grund. Der andere Grund ist, sie können auch während des Betriebs des Luftschiffes wieder Ballast quasi zurückgewinnen. Sie haben diese eine Möglichkeit der Ballastwasserrückgewinnung aus der Abgaskondensation. Sie haben aber zum Beispiel auch die Möglichkeit, wenn es sich gerade anbietet, da es zum Beispiel gerade regnet und Sie müssen natürlich auf dieser Hülle so oder so Möglichkeiten schaffen das Regen etwas zu führen, können Sie zum Beispiel Regen speichern. Regen aufnehmen. Und haben darüber wieder Ballastwasser. Können auch wieder ihren Gleichgewichtshaushalt einstellen. Das sind so verschiedenste Möglichkeiten. Und wir werden eine Kombination daraus machen."

Technische Road Show Frankfurt, 14.02.2001: [ID: 744:1]

„Bewertung des CL-160 (P1) PDR

Die wichtigsten technischen Problembereiche: [...]

8. Einfluss der Elastizität auf ‚handling characteristics‘ und Aeroelastizität

9. Detailauslegung des Gas-Management-Systems"

Technischer Berater: Bewertung des CL-160 (P1) PDR, 02.03.2002: [ID: 524:28]

Adressierung der
Fragestellung
durch Inter-
viewpartner
(retrospektiv)

„[Interviewpartner]: Und zwar fundamental deshalb, weil früher hat man die Luftschiffe mit Wasserstoff betrieben. Wasserstoff ist im Prinzip ein spottbilliges Abfallprodukt. Wir wollten, nein müssen die Schiffe mit Helium betreiben. Helium ist scheißteuer. Und definitiv nicht einfach in die Luft geblasen. Ich habe dann irgendwann einmal erreicht, dass sich unsere schlauen Techniker, ich mein, wir hatten ja wirklich auch begnadete Köpfe auch in der technischen Entwicklung. aber: die hatten nun sehr, sehr wenig Bezug zum praktischen Betrieb. Ich glaube, einer der wenigen Leute, die wirklich versucht haben, da einmal so übergeordnet eine Brücke herzustellen zwischen diesen Entwicklungsideen und dem was da flugbetrieblich laufen sollte, das war ich.

[Interviewer]: Okay, ja?

[Interviewpartner]: Und einer unserer begnadeten Physiker, ich komme nicht auf den Namen, der sitzt in [Stadt] inzwischen, [Name] weiß das, ein junger, junger Ingenieur, der da sehr, sehr gut war in der Gasdynamik, weil das ist ja der Schlüssel zu dem ganzen Geschäft, diese ganze Gasdynamik. Der hat sich dann endlich einmal angestrengt und hat einen Kaltfront-Warmfront Durchgang berechnet. In der Fliegerei ist das ja wettertechnisch immer wichtig, Warmfront, Kaltfront, weil es unterschiedliche Druckverhältnisse gibt. Wir reden hier über ein Gasgefüge, das da ausgesprochen beeinflusst wird. Einem Flugzeug macht das nichts aus. Aber so einem Luftschiff, so einem Ballon macht es erheblich etwas aus.

[Interviewer]: Sprich, wenn die Sonne da jetzt drauf knallt oder plötzlich jetzt nicht mehr drauf knallt?

[Interviewpartner]: Nein, durch die Warmfront bekommen Sie Luftdruckänderungen, Temperaturänderungen, Kaltfront genauso.

[Interviewer]: Ach, das letztendlich jetzt o.k.

[Interviewpartner]: Das beeinflusst das Gas ja letztendlich immens und damit in der Tragfähigkeit etc. was dann, ich habe das Ding letztendlich in meinen Akten liegen, ich glaube ich habe da noch 2 m Akten da im Regal, unter anderem von diesem letzten Review, die ja dann so hoch geheim gehalten wurde. Da wurde gedacht, da hätte einer Betriebsgeheimnisse verraten. Also diese Details, die lassen sich alle wunderbar, gerade aus dieser technischen Review her belegen. Da ist unter anderem auch dieser Warmfront-Kaltfront Durchgang drin. Wo also dann jetzt kurioserweise, ich sage es jetzt einfach einmal nur beispielhaft, es muss jetzt nicht so gewesen sein, aber wo man also in einem Durchgang erst einmal Ballast abwirft und im zweiten Durchgang dann Helium dampfen muss, dass man überhaupt wieder herunter kommt. Was an der Stelle rein rechentechnisch schon darauf hingewiesen hat: lieber Gott im Himmel, wenn wir so viel Helium abblasen müssen, in einer Mission, also wenn wir durch so eine Kaltfront da fahren, dann ist die ganze Mission vollkommen unwirtschaftlich, weil das Helium mehr kostet als der ganze Spaß an Betriebseinnahmen gebracht hätte."

Leitender technischer Mitarbeiter Entwicklungsbetrieb, Interview

„[Interviewpartner]: Nicht, nicht ja die Träume waren dann, ja die nächste Stufe sind dann noch größere Luftschiffe. Jetzt mache ich mal ganz kurzen, gang, ganz kurzen Nachgang in Physik. Wenn, je größer das Luftschiff wird, desto mehr Volumen weniger Oberfläche hat es. Das Volumen geht ja mit hoch Drei, Fläche geht mit quadratisch. Das heißt, ein kleines Luftschiff, ähm, hat relativ viel Fläche zu relativ wenig Volumen. Das bedeutet, wenn das Luftschiff wärmer wird, weil die Sonne drauf scheint, wird es ein bisschen leichter. Wenn es da [herum] warm wird. Ha ja, wenn es dann sehr viel Fläche hat, funktioniert das so, es ist kein toller Flügel, aber funktioniert immerhin noch. Man kann, dann nimmt man diese Nase am besten runter oder, oder umgekehrt, wenn das Luftschiff zu kühl ist, und ähm, sich nicht mehr selber trägt, dann nimmt man die Nase ein bisschen hoch und fliegt halt.

[Interviewer]: Ja?

[Interviewpartner]: Jetzt ist das klar ganz einfach. Bei so einem Luftschiff wie CargoLifter wird das schon schwieriger. Weil, wenn das Ding um drei, vier Grad hoch geht, hatten wir damals, ich weiß die Zahl nicht mehr genau, aber irgendwie so um ein pro Grad glaube ich so fünf oder zehn Tonnen im Auftrieb. Das heißt, wenn das irgendwie zu regnen, plötzlich kühl wird, dann fehlen uns zwanzig, dreißig Tonnen [Auftrieb]. Und das kann man dann vielleicht im Schnellflug kompensieren. Aber im Stehen kann man das dann nicht mehr kompensieren, weil das ist ja schon die Größenordnung der Last. Und je größer das Luftschiff wird, desto extremer wird es, irgendwann ist es dann so, dass das soviel ist, dass man, man kann diesen Auftrieb nicht mehr erzeugen. Das ist für mich, ja ich glaube ich bin da technisch glaube ich ein bisschen geheilt." "

Leitender technischer Mitarbeiter Entwicklungsbetrieb, Interview

„Temperatureinfluss:

Solange, wie das Helium genauso warm wie die umgebende Luft ist, ändert sich der Auftrieb nicht, auch nicht bei Änderung der Flughöhe (auch wenn sich dabei das Helium ausdehnt, verändert sich der Dichteunterschied im gleichen Maßstab und das gleicht sich dann aus). Anders sieht es aus, wenn es zu Temperaturdifferenzen kommt: Ist das Helium wärmer als die Umgebung, hat man zusätzlichen Auftrieb, bei negativer Temperaturdifferenz entsprechend umgekehrt. Bei den großen Schiffen wie CL kommt es dabei aber zu einem interessanten Phänomen: Dadurch, dass das Helium sich bei Druckänderung mit der Höhe thermisch anders verhält als die umgebende Luft, scheint sich das Helium scheinbar schneller abzukühlen als die Umgebung (da das große Volumen zu wenig Wärmeaustausch mit der Umgebung hat), beim Sinken entsprechend wieder umgekehrt. Dies macht das Landen so schwierig, da das Schiff um eine Gleichgewichtshöhe vertikal schwingen kann, was ein präzises Anmasten etwas schwierig macht. Ein Detailaspekt unter vielen, die uns Kopfzerbrechen bereitet haben."

Leitender technischer Mitarbeiter Entwicklungsbetrieb, E-Mail Interview

Anhang E.10: Kodieranleitung und exemplarische Textstellen für das Motiv der „prominenzinduzierten Fähigkeitsüberschätzung"

Kodierung in Atlas.ti	Beschreibung des Codes/Kodieranleitung	Exemplarische Textstelle
Illusionäre Kompetenzeinschätzung		
Hallenbaukompetenz ≙ Luftschiffbaukompetenz	Die Textstelle zeigt auf, dass die Kompetenzen und Fähigkeiten des Hallenbaus mit dem Luftschiffbau gleichgesetzt wurden.	„[Interviewpartner]: Dass man das Ziel hat, diesen zu bauen ist ja nie falsch. Wofür ja auch die Vision, die Leute emotional mitzunehmen, auch hervorragend ist. Aber man hätte im Wesentlichen von vornherein erst einmal mit kleineren Produkten planen müssen. [Interviewer]: Also dieses Aufskalieren letztendlich? [Interviewpartner]: Um Erfahrungen zu sammeln können. Und dann hätte man den Sprung machen können. Und da wären viele Jahre ins Land gegangen. Deswegen, wenn immer die Frage kommt: geht das oder geht das nicht? Den Nachweis haben wir bei weitem nie antreten können. Und davon waren wir noch so was von meilenweit entfernt gewesen. Ob das Modell CL-160, oder der Lastentransport per Luftschiff überhaupt geht oder nicht geht, war weit, weit weg von der Realität. [Was die] PR Leute immer so schön verkauft haben, was wir alles Tolles geschaffen haben. Da haben wir nur gelacht. Dann haben wir gesagt: ‚Was haben wir denn geschaffen?' Da haben wir einen Hangar stehen, da können wir einmal Dank sagen an Siemens Projektentwicklung und an HochTief, die uns das Ding hin gebaut haben. Dann haben wir so ein Besucherzentrum. Okay, da zeigen wir irgendetwas. Aber auch nicht unbedingt viel eigene Kreativität. Dann fliegen wir mit einem Luftschiff da oben rum, was wir gekauft haben. Ein Blimp Luftschiff, wo wir ein paar Messungen dran gemacht haben. Das einzige, was wir wirklich selber geschaffen haben, das war der…" Projektmanager Entwicklungsbetrieb, Interview „Well… Even more than that. We really got involved into the visitor center. At Brand. And yeah, the hangar was a tremendous example of… Quite frankly, of German architecture and German engineering. You need to understand, I've worked with German companies. Most of my life. My father… So I can appreciate a lot of the German psyche and psychology. And also I do have a deep respect for German engineering. I mean, in many respects it is the world leader. Ähm. So we built that. But then we became… I think, and little bit too enamored with the fact, that we built this big huge hanger. And we needed just to step back and to say, okay, it's a hangar. It's not… Yes, it is important. Yes, we need it. But it's not the reason, that we are here. And then we got involved in building the buildings, where the engineers were going to be. And they had to be state of the art. And they had to be leading-edge. And all of this. We probably spend a) too much time and b) too much money. Where,

if you were here in the US, we would have been thrown in to porter cabins... And as we originally were doing. And that was fine. And yeah, they were rudimentary. But, hey, the guys were not in the rain. In the snow, and the wind. And they were close by. And it really gave us sense of, hey we starting off, and we are slow. And we've got to get a lot of things done before we can enjoy a nice place to work. Ähm. And those things became distractions. Financially, did they affect us significantly? The hangar definitely did. Because that was all cash. And that zapped half of the cash that we had raised."

Geschäftsführer Tochtergesellschaft, Interview

„Ich erinnere mich an ein Gespräch mit einem Journalisten (Blatt?) anlässlich einer Roadshow in Bremen, Ende 2001, der nach solchen wirksamen Beispielen fragte: Ich stand auch etwas ‚nackig' da – vom AirCrane einmal abgesehen (aber siehe unten). Schließlich ist der Bau einer Halle z.B. kein Beispiel für das wirksame Managen von Risiken des CL sondern allenfalls eines Hoch- und Stahlbaus, bewältigt von Hoch-Tief. Und wenn dem Bau nichts passiert, ist er eher eine Fehlinvestition und ein Risikotreiber."

Mittleres Management, Rückfragen zu einem Interview per
E-Mail

„[Interviewpartner]: Also, wir hatten faktisch erst sagen wir einmal 2001 das Instrumentarium und das grundlegende Verständnis um überhaupt eine sinnvolle strategische Planung zu machen.

[Interviewer]: Das heißt, vorher ist nur auf Sicht gefahren worden? Also, sehr visionär?

[Interviewpartner]: Also, sagen wir mal so, es ist auf Traum gefahren worden.

[Interviewer]: auf Traum? O.K.

[Interviewpartner]: [lacht] Bestimmt nicht auf Sicht. Da war nichts zu sehen.

[Interviewer]: Also, das war ein reines Wunschdenken?

[Interviewpartner]: Das war reines Wunschdenken und das was zu sehen war, war, das was man, wie gesagt, eine Halle, ein Ingenieurbau."

Mittleres Management, Interview

„Die Halle lehnt sich mit der Verwendung einer Fachwerkskonstruktion als Tragelement und Textilmembranen als ‚Haut' an die Technik des Luftschiffs an."

Investor Relation Broschüre, 02.06.1997: [ID: 452:6]

Glorifizierung des Entstehungskontexts	Die Textstelle zeigt auf, dass der Entstehungskontext des Hangars retrospektiv überaus positiv dargestellt wird. Es wird der Anschein vermittelt, dass der Hallenbau in den Zeit- und Kostenplänen fertig gestellt wurde.	*„Die Möglichkeit, sich vor Ort als Aktionär davon zu überzeugen, was das Unternehmen mit dem Geld der Aktionäre gemacht hat, sei es die riesige Produktionshalle im Zeit- und Kostenrahmen fertigzustellen oder mit dem CL 75 AirCrane ein erstes Produkt vorzustellen, das bereits ab dem nächsten Jahr in den Einsatz gehen kann."*

Vorstandsvorsitzender, Offener Brief an den „Negativjournalismus", April 2001: [ID: 1:4]

„Hier steht der bisher sichtbarste Meilenstein, die größte freitragende Halle der Welt: ein eindeutiges Zeichen, dass CargoLifter Realität wird. Das CargoLifter Team mit Mitarbeitern aus 15 Nationen hat hiermit das erste Projekt erfolgreich realisiert, dessen Gestaltung und Bauausführung allein durch seine Dimensionen besonders sind."

Bericht des Vorstands, Geschäftsbericht CargoLifter AG
1999/2000, 24.11.2000: [ID: 227:6]

Emotionalität und Symbolwirkung des Hangars

Organisationsinterne Wirkung

Die Textstelle verweist auf eine organisationsintern vorherrschende hohe Emotionalität, welche dem Hangar entgegengebracht wurde und damit mit zu einer Überschätzung von Fähigkeiten führte.

„Man sollte echt viel mehr Leute hier oben raufbringen, nicht nur die, die alle hieran arbeiten, sondern man sollte auch die raufholen, die sich gerne skeptisch äußern und macht das Sinn und rechnet sich das und dies und das und jenes. Sind ja alles berechtigte Fragen, aber sondern man sollte mal diese Skeptiker hier oben raufbringen und das ein bisschen auf sie wirken lassen, vielleicht kommt dann doch mal die Frage auch für die auf, ob man nicht bestimmte Dinge einfach tun muss, auch wenn es Risiken gibt und es nicht absolut nur 150% die Vernunft macht. Vielleicht würden wir dann mit vielen Dingen auf der Welt hier ein bisschen schneller vorwärts kommen."

Vorstandsvorsitzender, Winter 1999, Unternehmensvideo ‚Der weiße Wal der Lüfte': [ID: 651:20]

„ Yeah, the dimensions of the airship [points at his screen, with a picture of the hangar on it] Yeah, well, this is the next thing. We built this one, now we are going to build this one. It was a huge success and we had of course a press department, we were purchasing the clippings and, well every quarter had about of 5-8 kilos worth of clippings. It was a staple like four telephone books. All the press reports. So, we knew, that there was a huge awareness... "

Mittleres Management, Interview

„Ja, stimmt, das war mein Kollege, der dann auch für die Hallenvermietung zuständig war. Als dann klar wurde, upps, das geht jetzt alles gar nicht so schnell, und sie müssen die vielleicht noch mal zwischennutzen, ja, wurde dann die Hallenfläche auch vermietet. BMW – das war 'ne tolle Sache – BMW hat die Halle dann für drei/vier Wochen gemietet. Die haben dann irgendein neues Auto vorgeführt. Das war ein richtiger Kracher."

Mitarbeiter Marketing/Eventorganisation, Interview

„Ich war also nicht von den Anfängen, aber ich war begeistert und ich habe gesagt, da bewerbe ich mich, wer so viel Geld hat so eine Halle zu bauen, der meint das ernst. Und ich habe die Presse verfolgt. Und natürlich ich bin jetzt wieder bei den erneuerbaren Energien. Man geht gerne zu einem Gut-Unternehmen. Und man möchte nicht unbedingt für die Rüstung arbeiten."

Vorstandsnaher Mitarbeiter, Interview

„Und ich bin dann dahin gekommen und habe das als Aufgabe gehabt. Naja, ich kam dann dahin und dann war ein großes Meeting. Auf dem Brand. Ich war zum ersten Mal auf dem Brand. Bin wahrscheinlich den ersten Tagen mit dem offenen Mund herumgelaufen. Weil, wegen der Halle, das war ja sensationell."

Kaufmännischer Mitarbeiter, Interview

„[Interviepartner]: Hmm. Ähm. Der Aufstellung und des Ziels nicht mehr. Ich glaube das Produkt, das zeigt ja auch dieser Aircrane, das man da gesagt hat, komm, lass uns mal kurz einen Zwischenschritt nehmen. Und lass uns hier, im Sinne einer Produktdiversifikation auch so einen Aircrane mit herein nehmen. Ist ja durchaus ein Thema. Aber... na-

türlich war, und das zeigt ja auch dieser Bau der Halle. Womit man sich natürlich auch selbst ein Monument gesetzt hat. Und auch seiner Kultur ein Moment gesetzt hat. Natürlich war immer der Wurf nach dem ganz großen. Ja, es sollte das ganz große sein. Alle mussten staunen. Deswegen... und... die Halle, es war auch seinerzeit vom [Vorstandsvorsitzenden] die Argumentation, dass er gesagt hat, Leute ich brauche diese Halle, damit die Leute an etwas glauben können.

[Interviewer]: O.k. Also wirklich als Symbol?

[Interviewpartner]: Ja. Als Symbol. Und zwar als Symbol für meine Aktionäre. Als Symbol für meine Mitarbeiter. Als Symbol für die Besucher. Als Symbol für die Politik und die Wissenschaft. Als Symbol schlicht für alle. Ja."

Mittleres Mangement, Interview

„[Interviewpartner]: Das Projekt hatte schon immer etwas Gigantisches. Und dieses gigantische wurde auch schon in Szene gesetzt. Also, das muss man schon sagen. Also das gerade auch so dieses positive Image auch daher rührte, dass man eben diese Halle hatte und dieses wir machen jetzt mal etwas, was richtig ist. Wo...ja... man einfach einmal jetzt die Arme hochkrempelt und einmal richtig anpackt. So, so, das war dieses Image, was man nach außen kommuniziert hat.

[Interviewer]: Und d.h., das war wirklich nur Image? Oder was auch intern gelebt? Hat man geführt, dass man an so etwas großem mitarbeitet?

[Interviewpartner]: Ja, das schon. Das schon. Also intern war es schon so, dass man sich immer so gedacht hat... naja, müssen die das ganz so groß machen. Aber gleichzeitig war es schon ein Projekt wo man so dachte prbl, wow, so etwas macht man nur einmal im Leben. [lacht] also in der Größe."

Projektmitarbeiter Entwicklungsbetrieb, Interview

| Organisationsexterne Wirkung | Die Textstelle verweist auf eine organisationsextern vorherrschende hohe Emotionalität, welche dem Hangar entgegengebracht wurde. | *„[Interviewpartner A]: Okay, we stopped with the business plan. Forgive me, if I go on with my list. The hangar decision. A lot of people criticized that we went ahead and build the hanger. I think, it was the best thing to do.*
[Interviewpartner B]: Yeah.
[Interviewer]: From a marketing, or identity perspective?
[Interviewpartner A]: Nono because when I was talking to... Ok, as the head of strategic planning, my real job was to go to the aerospace industry and defense industry and governments. Outside of Germany. And whenever I talked to these people and the UN, whenever I went to talk to any of these people, before that it was a PowerPoint presentation. And they're millions of people around the world who have amazing PowerPoint presentations. Not as good as [name]. But that was not reality.
[Interviewpartner B]: Concrete and steel.
[Interviewpartner A]: Yeah. Once we bought Brand and built the hanger, we could bring people there and say this is where it will be. And instantly, in fact as soon as they showed up in Brand, people took these people much more serious. These people mean it. And..
[Interviewpartner B]: Let me add something. You had to do with the [company name] guys. And they said, well, this is for real, you're building with concrete and steel...
[Interviewpartner A]:Yes, that's right. We brought a three star general from Iraq, who was doing all kind logistics for us. And I have been working with him, when I have been |

working for the British government. And I knew, it was the right thing to do. This three star guy rarely left America. But he came, because all the other companies Boeing, Lockheed, Northrup...

[Interviewer]: They didn't have any...?

[Interviewpartner A]: They have ideas. But when he came to see the hanger, he said, this is real. You guys are actually doing this. We will support you."

Mittleres Management, Interview

„Ja, klar. Wir haben gesagt: Hey, wir meinen es ernst. Kuck dir das an. Wir haben eine Halle da stehen. [Verstellte Stimme] Oh, super. – Kuck mal, da fliegt sogar ein Luftschiff. Ah, super, das ist ja semi-riged. – Ja, das ist genau dasselbe, was wir machen wollen. – Ja, ja toll. Ja wunderbar, komm hier, 20 Millionen. Schmeckt halt gut, ja. Ich also, klar strukturiert. Auch im Rahmen von Roadshows. Auch im Rahmen von Prospekten, die alle Risiken immer offen gelegt haben. Aber, am Ende des Tages sage ich: Was wir da wirklich machen wollten, hat keiner richtig verstanden."

Geschäftsführer Tochtergesellschaft, Interview

„Und wie gesagt: es hatte ja sehr, sehr wesentliche Fragen gegeben. wann beginnt man mit dem Bau dieser Werfthalle? Wo dann im Nachhinein ja auch alle gesagt haben: ja, aaach, haben wir gleich gesagt, man darf doch nicht das Geld gleich in so eine Halle investieren. Erst mal hätte man das Luftschiff fertig machen müssen. Wo man dann aber auch wiederum berücksichtigen muss und ich vergesse nie, wie wir mit einem Bus Leute auf das Werftgelände gefahren sind. Da waren also Banker dabei und Leute von [Wirtschaftsprüfungsgesellschaft A] und [Wirtschaftsprüfungsgesellschaft B]. Ich weiß nicht mehr, mit wem ich vor gelaufen bin und der das gesehen und gesagt hat: „Huch, also bis jetzt, so richtig geglaubt habe ich das nie. Aber jetzt sehe ich es. Ich glaube, Ihr macht das wirklich." Ja, ich meine und diese Kräfte, die das entfaltet hat, haben es vielleicht auch überhaupt erst ermöglicht, dass das ganze so weit gekommen ist. Also, ich kann nicht sagen: ich hätte das Geld, die 300 Millionen, auch so bekommen. Ich hätte es ja anders einsetzen können. Aber, das kann im Nachhinein niemand seriös behaupten wie das unter welchen anderen Szenarien oder anderen Entscheidung und Handlungen dann gelaufen wäre."

Mittleres Management, Interview

„Ich war an dem Tag vor dem Abbau des Gerüstes als letzter, als letzte Person mit einem Bauarbeiter oben, unter dem Dach. 110 m hoch. Das werden Sie nie vergessen."

Externer Berater, Interview

Der „schwere" Weg zum Hangar

Subjektive Empfindung	Die Textstelle verweist auf eine organisationsintern vorherrschende subjektive Empfindung, nach welcher der Entstehungsprozess des Hangars als beschwerlich interpretiert wird.	*„Wir haben natürlich überzogen. Das tut uns leid. Aber ich hoffe, es hat ihnen trotzdem den Einblick gegeben in zwei Dinge: vielleicht sogar in drei Dinge. Das eine ist, in die Komplexität. Also sie haben sich jetzt dann durch den Markt durchgequält. Dann haben sie sich durch die Technik durchgequält. Aber das ist ja auch sehr hübsch irgendwo. Aber es ist auch faszinierend, aber es wird ihnen klar, so einfach ist das nicht. Was wir da machen hat in vielen Dingen noch keiner gemacht. Übrigens auch die Halle. So eine Halle ist noch nirgendwo gebaut worden. Als wir hier*

angekommen sind und haben gesagt, so ein Ding wollen wir haben, da haben erst einmal die Baufirmen gesagt, so etwas kann man nicht bauen. Daraufhin haben wir diese Torkonstruktion, die so schön zur Seite geht, daraufhin haben wir also Bilder aus der Tasche herausgeholt und haben gesagt, wir waren aber letzte Woche in den USA. Und da ist 1940 eine Halle gebaut worden, die hat solche Tore. Und die bewegen sich noch heute. O.k. Wir haben dann also unser Bauteam überzeugen können, dass das geht. Und haben also nun eine Halle gebaut, die ist eben zufälligerweise auch die größte Halle der Welt. Sie ist aber auch sehr schön. Und sie funktioniert unheimlich gut. Wir sind sehr zufrieden damit. Und wir haben sie eben in dem Kosten- und in dem Zeitplan gebaut. Da sind wir auch ziemlich stolz drauf. Denn sie kennen so ein paar andere Projekte, nehmen Sie einmal eine ICE Trasse, da sind allein schon die Mehrkosten nach so und so vielen Jahren Planung über 1 Milliarde. Ich denke mir, da muss man auch ein bisschen sehen, was wir tun. Das ist eine gewisse Herausforderung. Aber auch in unserem Team, mit sehr vielen Fachleuten, sie haben hier einige Repräsentanten gesehen."

Vorstandsvorsitzender am 14.02.2002, Road Show Frankfurt: [ID: 743:1]

„Da wurden natürlich auch gewisse Fehler im Unternehmen... wurden halt alle noch mit toleriert. Und wurde gesagt, ja, das macht ihr schon, das kriegt ihr hin. Und so war das eigentlich, sage ich einmal, bis 2000 so ein Hype. Und dann muss man dazu sagen, jedes Unternehmen hat so psychologische Meilensteine, oder auch wirklich Meilensteine. Aus unserer Sicht, und das war auch so mein Verantwortungsbereich... das war das absolute Ziel, wir müssen es... das war auch [Vorstandsmitglied] und meine Einschätzung, wir müssen es irgendwie schaffen diesen Standort hinzubekommen. Diese Halle zu bauen. Weil das war unser... ich sage einmal, uns war bewusst, dass das... das wird ein Harakiri-Ritt. Und wir müssen irgendwo etwas einschlagen, wo die Leute dann beginnen und sagen... o.k., die machen Ernst. Die haben immer gesagt, solange wir nur auf irgendwelchen schönen PowerPoint Präsentationen Skizzen zeigen, deswegen haben wir dann gesagt, okay, wir müssen jetzt den Hallenbau schaffen. Und das haben wir dann, das war, kann ich Ihnen sagen, das war eine Ochsentour."

Oberster AG-Führungskreis, Interview:

„[Interviewpartner A]: But let's just talk a little bit more about the hangar. Because I well remember, the guys at the top, who had experience with the construction industry, had negotiated a contract with this consortium of companies to build the hanger.

[Interviewpartner B]: And they said, it would work.

[Interviewpartner A]: Well, everything had been agreed and signed, and so on. And, I remember when the company took the board decision to build the hanger. The money was the trigger for building the hanger, was to wire the money to the construction consortium bank accounts. And they wired the money for the constructions consortium bank accounts. And nothing happened. And a day or two they called them and said, you got the money right? They went into a total panic. Because, they didn't believe, we would ever do this. So they haven't finished all the plans. They didn't know how they were going to build the arches. Because, they have never been doing [something] like that.

[...]

[Interviewpartner A]: Oh they did an extraordinary job. But the first few weeks after the money was wired, they were in panic, because, they didn't thought...

[Interviewpartner B]: And then, we had discussions with the doors which was a concept of the thirties actually with nowadays technology. And when the architects presented it to HochTief they said immediately: we can't do that. And they insisted, I mean, I beg your pardon that has been done, we can do it! It took us, I don't know, 40 days or so, to convince these people, that they are able to do it. And it was off to they flew with them in this city in North Carolina, to show them an ancient hanger in the US. When the crane system inside the hanger was being planned, I think that was by ABUS. They said, we can't do it. And we said [smacks on the table]. It was, that our engineers had to convince the established companies to say, well sorry, you can do it! We know, you can do it, because we are making all the planning. So, funny things happened. You tap into new areas, where nobody has been before. And you're expected to deliver exact reliable figures and everything, plans. Which is quite a nightmare. And, you come up to partners, potential partners such as the financial industry which is not willing to support it, because quite other intentions. OR they came up with partners, that simply didn't believe you. Das ging bis dahin... [name] tried to acquire suppliers in the region. Forvery basic things. Malerarbeiten, Tapezieren. They simply didn't believe him. This is not, you're coming. I mean, it.

[Interviewpartner A]: We had practically to kick them and scream them to support us. Once they came in, they were brought into the vision...

[Interviewpartner B]: ... they were excited. "

Mittleres Management, Interview

Anhang E.11: Planungsdaten Hangar

Fußnote	Datum	Quelle	Konstruktions-start	Geplante Fertigstellung
1	April 1997	[Dt. Großbank] Corporate Finance: Projekt CL – Studie aus finanzieller Sicht		1999
2	September 1997	Firmenzeitschrift (Lifternews)	May 1998	1999
3	Mai 1998	Firmenzeitschrift (Lifternews)		1999 (Sommer)
4	Juni 1998	Cargolifter AG International Airship Convention and Exhibition Bedford, 26-28 June 1998 Internal Information Sheet	07 - 1998	Mitte 1999
5	Juli 1998	Firmenzeitschrift (Lifternews)		1999 (Spätsommer)
6	November 1998	Project Planning Workshop CL-160 P1		12 - 1999
7	April 1999	Präsentation: American Chamber of Commerce: Business After Hours		Frühjahr 2000
8	Oktober 1999	Präsentation [dt. Großbank] Projekt Monitoring 07.10.1999 (draft)		08 - 2000
9	Dezember 1999	Sachstandsbericht der CargoLifter AG per Dezember 1999		10 - 2000
	März 2000	Unveröffentlichte Videobeiträge zur Hauptversammlung am 11.03.2000		10 - 2000
10	Mai 2000	IPO Verkaufsprospekt		Ende 2000
		Tatsächliche Halleneinweihung		11 - 2000

Anhang E.12: Kodieranleitung und exemplarische Textstellen für das Motiv „Grandiosität und Superlative"

Kodierung in Atlas.ti	Beschreibung des Codes/Kodier-anleitung	Exemplarische Textstelle
Grandiosität		
Streben nach Superlativen	Die Textstelle zeigt auf, dass das Unternehmen innerhalb seiner Kommunikation oder seines Handelns nach Superlativen strebt.	*„[Vorstandsvorsitzender]: ‚Ein Riesenluftschiff zum Transport von 160 t schweren Gütern wird hier auf dem Brand gefertigt werden. Das Luftschiff selbst, 240 m lang, 60 m dick, wird hier seinen ersten Flug begehen. Und später an den Ankermasten hier hängen. Eindrucksvoll die Halle. Da drüben. 100 m hoch. 200 m breit. 340 m lang. Wenn sie hinein gekommen, ein riesiges Erlebnis. Der Bau der Halle wird für alle, auch für mich, das sichtbare Zeichen sein, dass der CargoLifter jetzt umgesetzt wird. Es ist einfach ein besonderes Erlebnis an diesem Platz, der doch relativ unberührt ist heute. Der auch nicht mehr die Ausstrahlung eines Militärflughafens hat, sondern einer unberührten Landschaft. Mit dem CargoLifter umgewandelt wird in einen Standort, der ein Hightechunternehmen ist. Das einmal Tausende von Besuchern faszinieren wird. Die hier mitverfolgen, wie dieses Riesenluftschiff entsteht. Wie es hier fliegt, wie die Flugerprobung gemacht werden. Das ist etwas, was den Brand sicherlich auch in vielen Jahren noch besonders machen wird, im Vergleich zu einem normalen Industriestandort.'"* Firmenvideo: CargoLifter Vision, 21.07.1998: [ID: 5:15] *„Parallel zur Schaffung des zulassungsrechtlichen Rahmens wurden im Berichtsjahr die notwendigen Arbeitsmittel aufgebaut. Ähnlich wie die Boeing 777 erstmals komplett an Computer Aided Design (CAD)-Anlagen unter direkter Einbindung der Systempartner entwickelt wurde, wird auch der CargoLifter komplett ‚am Rechner' entwickelt. Besondere Anforderung ist hier – wieder einmal – die außergewöhnliche Dimension: Der Cargo-Lifter CL 160 wird mehr als dreimal so lang wie eine Boeing 777 sein. Als BasisSoftware wurde Catia ausgewählt und in enger Zusammenarbeit mit IBM unter Einfügung eines Moduls aus dem Schiffbau auf CargoLifter Verhältnisse angepasst."* Geschäftsbericht CargoLifter AG 1999/2000, 24.11.2000: [ID: 227:89] *„Geschichte, ja Geschichte. Ja, Erfahrung. Und eben auch Beweis der Machbarkeit. Und dann kommt jemand mit einer tollen Idee. Die finden sie ganz prima. Da denken Sie an Zeppelin, da denken Sie an Lakehurst, da denken Sie an diesen spektakulären Absturz, da denken Sie da an die Werft am Bodensee unten. Und dann denken Sie daran: Technologieführerschaft und das haben die Deutschen erfunden unter da waren wir schon einmal die größten. Und wir wollen wieder die größten sein. Und solche Aktionäre hatten wir ja auch."* Vorstandsnaher Mitarbeiter, Interview
Mondmotiv	Die Textstelle zeigt auf, dass das Ausmaß des Projekts CargoLifter mit der Metapher einer Mondlandung	*„Also alle fühlten sich wie Kennedy und das Mondprogramm. Na, also. So ein Ziel vorgegeben und dann etwas ganz Großes schaffen. Bloß, Kennedy hatte das Geld. Und... ja, also, ich. Hinterher fragt man sich immer nur, ähm, also einige Kernpunkte, die sind ja technisch bis heute nicht geklärt. Jedenfalls ist mir das nicht bekannt. Wenn ich Hoch-Technologie durch die Luft befördere, so Riesenobjekte. Und zum Schluss stehen dann aber 50*

gleichgesetzt oder beschrieben wird	*oder 70 Leute unten und müssen erst einmal das Seil fangen, also, das kann nicht sein."*	
	Unternehmensexterner (Politiker, Behördenmitarbeiter), Interview	

„Man hat immer so das Gefühl, mit diesem ‚Commited', was man so auf der Stirn hat. [Lacht] dass man also doch sehr... also gerade so die erste Garde da. Dass das einen sehr engen Zusammenhang hat. Und dass man da so etwas wie eine Mondlandung probiert quasi. Das ist ja vom technischen Aufwand, ist das ja sehr viel Neuland. Da sind sich die Kaufleute vielleicht auch gar nicht so bewusst gewesen. Zu Anfang. Was für einen enormen Zug man da eigentlich machen wollte."

Mitarbeiter Entwicklungsbetrieb, Interview

„Oh. Das war ja das allerbeste. Als ich dann das Interview führte, als er [der Vorstandsvorsitzende] dann sagte: ‚Ja, Herr [Name], wir bauen doch überhaupt keine Luft Fahrzeug, sondern wir bauen ja eigentlich ein Schiff. Das zufällig fliegt. Und deshalb gelten bei uns auch nicht die Luftfahrtbedingungen, sondern wir werden die Zulassungsbedingungen des Schifffahrtbaus einsetzen.' Da habe ich die Hände über dem Kopf zusammengeschlagen, sie können doch nicht im deutschen Luftraum, 500 t, sozusagen Masse bewegen. Und dann 30 t Nutzlast dran hängen und glauben, das wird nach Schifffahrtsbedingungen der Seefahrt zugelassen. Ja, sind wir denn im Irrenhaus, oder was. Das kann ja wohl nicht wahr sein. [lacht] das hat er aber allen Ernstes gesagt zu mir in diesem Interview. Und dann habe ich, dann habe ich ihn nicht mehr für voll genommen. Also, das war die eine Aussage. Und das zweite war mit den Astronauten. Als er sich also selbst mit Neil Armstrong und diesen Leuten da verglichen hat. Als er wäre jetzt sozusagen Pionier, der die Mondlandung plant.
[...]
Wenn sie das nicht hinkriegen, dann schmiert ihnen der Zeppelin mit der gesamten Ladung ab. Jetzt stellen Sie sich vor, Sie bringen da Turbinenteile nach China. Und wollen dann möglicherweise noch über den Himalaja fliegen. Fahren. Ja. Geht nicht. Sie müssen dann über Seewege fahren. Dort gibt es extremste Windturbulenzen. Dort gibt es extremste Wettereinflüsse. Und jetzt stellen Sie sich einmal vor, wie das mit dem Ballast-Managementsystem aussieht, wenn man das nicht perfektioniert oder im Griff hat. Sie müssen also bei extremsten Bedingungen das Ganze im Griff haben. Da hängen riesige Massen dran. So. Und genau das habe ich ihm gesagt. Und da sagte er zu mir, das sei ein kleines Problem, schließlich hätte man ja auch Astronauten auf dem Mond gebracht."

Journalist, Interview

„Können wir nicht auch mal in Kenntnis der Herausforderung und bei aller kritischen Beobachtung gemeinsam etwas schaffen wollen – oder um beim Sprachgebrauch der Luft- und Raumfahrt zubleiben: Geht nicht auch bei uns mal mit dem Geist der Amerikaner in den Sechziger Jahren, als sie sich das Ziel gesetzt haben, noch in diesem Jahrzehnt den ersten Amerikaner auf dem Mond landen zu lassen (um es für den Negativjournalisten klarzustellen: Ich habe nicht gesagt, daß CargoLifter auf den Mond fliegen will und ich habe auch nicht gesagt, daß der CargoLifter nun erst gegen Ende 2009 kommt). Ich würde mir wünschen, daß wir so eine ähnliche Stimmung für den CargoLifter und andere Projekte jetzt bei uns hätten – und daran arbeite ich und wir alle bei CargoLifter – und das schöne ist, es kann bei uns jeder mitmachen, eben und gerade auch als Aktionär. Wie heißt, es doch so schön: Es gibt viel zu tun, packen wir es an! Wir tun es!!!!! Machen Sie mit!"

Vorstandsvorsitzender, Offener Brief an die „Negativjournalisten", April 2001: [ID: 1:7]

Nonkonformität

Pioniergeist	Die Textstelle verweist auf ein unkonventionelles	*„Also ich glaube schon, sagen wir mal bei einem Großteil der Mitarbeiter das Bewusstsein da war, hier eine Pionierarbeit mit zu machen, äh, von der Einstellung zum Unternehmen."*

unternehmerisches Verhandeln, insbesondere durch einen „Pioniergeist" oder dem Streben nach Neuartigem verbunden.

Projektmitarbeiter Entwicklungsbetrieb, Interview

„[Interviewpartner]: Also sagen wir mal so. Was ich erst einmal genossen habe bei CargoLifter, aber das hing natürlich auch mit der Position zusammen, war, dass ich sehr nahe am Vorstand und Aufsichtsrat war. Also typisch Mittelständler. Man konnte sehr viel beeinflussen und sehr viel mitreden. Gerade verglichen mit so einem Großunternehmen, wie Airbus. Und es war schon ein extremer Pioniergeist. Man hatte natürlich, je mehr Leute dazu kam, umso mehr hatte man noch Leute dabei, die das wirklich als Job und Broterwerb gesehen haben. Und nicht mit 150 % und so dabei waren. Das ist auch in Ordnung, aber am Ende, wenn man diese Sachen anschaut, wie das Thema Joey. Unser Prototyp.

[Interviewer]: Der aus Stuttgart kam?

[Interviewpartner]: Genau, den haben wir aus Stuttgart hoch geholt dann. Weil wir einfach gesehen haben, wir kommen nicht zügig genug damit voran. Und da saßen wir wirklich mit dem gesamten Team tagsüber im Büro haben am CL-160 gearbeitet, und sind dann abends oder nachmittags in die Werkstätten gegangen und haben am Joey gearbeitet. Bis in die frühen Morgenstunden hinein. Und da war es ja noch so ein Ritual, das wir immer um sieben zusammen gekommen sind."

Geschäftsführer Tochtergesellschaft, Interview

„Also das war eine Sache, wo wir wirklich gut drin waren, weil wir eben etwas völlig anderes gemacht haben, wie man so schön sagt, sehr innovatives, was kein anderer probiert hat, da gehörte also eine ganze Menge Engagement und eben auch mit einher gehen ein gewisser Stolz dazu. Das wir da eben Sachen geleitet haben, die kein anderer gemacht hat, oben drein eben noch mit entsprechenden, zum Teil, kann man nicht anders sagen, Anfeindungen in den Medien oder so was. Oder aus anderen Bereichen, dass wir eben von den Medien, oder von Airbus, oder, oder von der anderen Luftfahrtwelt zum Teil, ja, angefeindet, oder nicht ernst genommen worden sind."

Mitarbeiter Entwicklungsbetrieb, Interview

Anhang E.13: Kodieranleitung und exemplarische Textstellen für das Motiv der „Unverwundbarkeit"

Ausprägung und Einflussfaktoren der Unverwundbarkeitsmotive	Exemplarische Originaltextstellen oder Interviewzitate
Finanzielle Unverwundbarkeit Ausprägung: Annahme der finanziellen Beständigkeit	*„In dieser. In dieser Traumwelt geblieben. Und, das letzte was ich dazu sagen möchte. Als es dann klar war, dass dieser Punkt verpasst wurde, da wurde mir dann auch klar, du musst jetzt gehen. Und dann wurden sie halt unsachlich, nicht. Dann ging das los. Also, mir persönlich hat man gesagt, wieso wollen Sie gehen? Sie können hier Chef der Cargo-Lifter USA werden und hier Investoren akquirieren. Und da habe ich gesagt, Herr [Name] wissen Sie was, das ist zwar sehr nett und das ehrt mich. Aber, was ist denn in drei Monaten, da ist das Geld zu Ende? [Imitiert die Stimme von [Name]] Nein, und sie werden da weitermachen. Und CargoLifter wird niemals untergehen. Und... und da habe ich gesagt, Herr [Name], das ist alles schön und gut aber, Sie können mir da wirklich auch nichts bieten. So, und da war er beleidigt und hat mir meine variable Vergütung versucht zu kürzen. Ja, und da musste man juristisch vorgehen. Hatte hinterher natürlich keine Chance. Aber, das kriegt er nicht, weil er geht. Das war dann die Aussage."* Mittleres Management, Interview *„[Interviewer]: Erstaunlich, ja. Wie war das denn insgesamt, wie wurde Kritik geäußert? Also, Sie haben gesagt, intern hat man schon im kleinen Kreis mal oder im Freundeskreis mal darüber gesprochen, dass man da Probleme sieht, wie war das so auf organisatorischer Ebene, also wie wurde da Kritik geäußert, beispielsweise in so einem Review oder in Prozessen wie Meetings oder irgendwie so? Also wurde da offen irgendwas angesprochen? Oder eher im kleineren Kreis, im kleineren Team?* *[Interviewpartner]: Also wie gesagt, es wurden da auch so Sachen gemacht, dass die Leute regelrecht eingeschüchtert waren. Dass sie nun ja nichts Negatives über CargoLifter nach außen, ... also da wurde da schon so ein bisschen der Eindruck erweckt, wenn Du jetzt was nach außen negativ über CargoLifter machst, bist Du daran Schuld, wenn CargoLifter den Bach runter geht. Also, ich kann mich eigentlich nicht dran erinnern, dass die Kritikpunkte wirklich offen innerhalb, sagen wir, der Arbeitsumgebung, als Arbeitsinhalt so zu sagen, ausgetauscht wurden, also, das wurde wenn dann privat gemacht. Also, wir waren ja auch alle relativ kurz erst da und haben uns da erst eingefunden und das war irgendwo, nun gut, das betraf die Älteren natürlich mehr als die Jüngeren und so richtig ein Thema offiziell war es nicht. Also, wie gesagt, da gab's diese Betriebsveranstaltungen, da wurde dann schon mal eine kritische Frage gestellt, so von wegen, ob denn die Insolvenzanmeldung rechtzeitig stattgefunden hat oder welche Masse denn da wäre, aber das wurde relativ, ich würde mal sagen, „contained", also so zu sagen in Grenzen, in Schranken gehalten von der Geschäftsleitung. Also, der [Vorstandsvorsitzende] hat ja auch bis zum Schluss, das ist glaube ich auch eine wichtige soziologische Lehre aus der ganzen Sache, solche Leute, die haben ja ein Charisma, der ist an dem Tag, an dem er den Insolvenzantrag gestellt hat, da war also direkt danach eine Betriebsveranstaltung, da ist er also reingekommen, in die Kantine und hat also freudestrahlend verkündet, dass er also jetzt für sein Unternehmen Insolvenz angemeldet habe und dass das jetzt doch die Riesenchance wäre für das Unternehmen. Und alle sind erst mit gesenkten Köpfen da rein und am Schluss hat man gedacht: Hey, super, das ist ja voll die gute Entwicklung! Also, so einer hat auch ein unglaubliches Charisma, muss man sagen, aber, eben hat dann auch eben die Kritik selber gar nicht stattfinden lassen.""* Mittleres Management, Interview *„[Interviewpartner]:Weil wir sind wirklich Gründer und Aktionär gewesen. Ja, ich habe*

beim Börsengang nichts verkauft. Ich habe meine Aktien am Ende alle mit Verlust verkaufen müssen. Ich habe privat viel Geld verloren. Ein paar 100.000 €. Ich habe mittlerweile andere getroffen, ob es jetzt [Name], den einen [Name]-Gründer habe ich getroffen. Und meinen Pendant, den Finanzvorstand, den habe ich in Stuttgart getroffen. Der saß da ganz relaxed in so einem Polohemdchen und hat seine Investmentgesellschaft, so ein Riesending da. Der hat sich 80 Millionen da herausgezogen. Und hat mir dann noch im Prinzip ganz cool erklärt: „Ja, wissen Sie, wir haben zwar ein Jahr vorher gespürt, dass wir keine Chance haben, dann haben wir die Insolvenz eingeleitet.' Da habe ich gesagt, wie? ,Ja, eingeleitet mit Anwälten, dass uns da keiner an den Karren fahren kann. Dass wir alles richtig machen. Und dann haben wir da halt noch Aktien verkauft.' Da hat er und sein [Name], der war hier zugleich hier in der Bundesregierung irgendwo so ein Berater, der hat sich jeder von denen 80 Millionen € herausgezogen. 80 Millionen! Und der Börsenwert war nicht viel höher als unserer.

[Interviewer]: D.h., Sie haben schon sehr stark an das Projekt geglaubt? Oder was war das, was stand dahinter?

[Interviewpartner]: Ja, natürlich. Ich meine, wir waren ja... ich habe, bis zu dem... ich habe bis zur Insolvenz keine einzige Aktie verkauft. Keine einzige. Weder meine Frau, noch meine Familie, keiner. Und ich war auch... ich hätte nicht gedacht, dass die uns so fallen lassen. Ich habe innerlich damit gerechnet, dass die die Frage aufbringen, ist das Management jetzt noch in der Phase noch in der Lage das zu voranzutreiben. Oder müssen wir da irgendwie... das die auf uns zukommen und sagen, nee Jungs, ihr müsst jetzt ausgetauscht werden. Damit hatte ich innerlich gerechnet. Aber das die das Unternehmen so platt fallen lassen, das hat mich schon... hat mich überrascht. Da war ich vielleicht ein bisschen auch zu naiv."'

Oberstes Führungsmitglied, Interview

„Zu 2. Stand Finanzierung- Ergänzung (Telefonanruf von Minister [Wirtschaftsminister]) [Vorstand] hatte um ein Telefonat mit Herrn Wirtschaftsminister [Name] gebeten. Der Rückruf erfolgt während der Aufsichtsratssitzung und Minister [Name] berichtet über sein Gespräch mit Herrn Staatssekretär [Name] im Bundeswirtschaftsministerium. Minister [Name] berichtet, dass das Gespräch positiv verlaufen sei und man im Bundeswirtschaftsministerium den Darlehensantrag von CargoLifter wohlwollend prüfen werde. Gleichzeitig bittet er darum, seine Aussage nicht öffentlich zu zitieren. [Vorstand] und Herr Minister [Name] vereinbaren einen Gesprächstermin für die Folgewoche, um die Finanzierungsmöglichkeiten seitens der ILB im Zusammenhang mit der Bundesbürgschaft zu besprechen."

Protokoll Aufsichtsratssitzung, 15.03.2002: [ID: 530:37]

Entstehung des Motivs: Durch organisationale Zelebrität herrschte ein kollektives Selbstverständnis vor, auf Augenhöhe mit der Politik und Großindustrie zu operieren, welche im Misserfolgsfall CargoLifter finanziell beistehen würden.

„[Interviewpartner]: Ja, und da muss man auch einmal sehen. Also, ich habe ja selber die Fördermittel gemacht. Also, wenn man da vom Land Brandenburg, da irgendwie, was waren das damals, 180 Millionen DM bekommt, dann bekommt man schon substantiell Geld. Und ich meine, für ein Unternehmen, das noch gar nichts hat, das wirklich erst einmal nur die Halle da hinstellen möchte, das zu bekommen, das ist schon starker Tobak. Und da kann sich der Herr [Name] nicht beschweren. Und alle hatten die Chance gehabt. Und wir hatten damals dem Herrn [Name] auch wirklich nahe gelegt, du hast ja Kontakte zum [Name] zum Wirtschaftsminister, der [Ministerpräsident] natürlich auch, es ging bis zum Bundeskanzler. Der Schröder war ja, ich glaube mindestens einmal, wenn nicht sogar zweimal...

[Interviewer]: ... zweimal habe ich gehört. Einmal inoffiziell ganz im kleinen Kreis, und dann einmal ganz offiziell.

[Interviewpartner]: So ist es. Selbst da, das war ein Leuchtturmprojekt. Und dann irgendwann, dem [Mitglied des Vorstands] haben wir gesagt, schenk den Leuten reinen Wein ein. Wir sitzen noch auf einem Geldsack. Wir schaffen das nicht. Ihr müsst den Leuten sagen, dass wir das ohne die Politik, ohne wirtschaftliche Unterstützung nicht schaffen. Wollten sie nicht. Weil, das wäre ein Offenbarungseid gewesen.

[Interviewer]: O.k., also die wollten die interne Stärke wirklich voranbringen, oder so?

[Interviewpartner]: Augenhöhe. Wir sind ja, ich bin auf einem Level wie Schröder. Schröder managed Deutschland, ich manage die CargoLifter. Ich bin hier der Toptyp, nicht. Und einzugestehen, dass man es nicht mehr wirklich schafft, dass das Projekt, was man so nach außen verkauft hat, als naja wir sind in einem Jahr fertig, dass das 15 Jahre dauert, dass das alles Dimensionen annimmt, die man nicht bestimmen kann, dass die eigene Managementqualität auch nicht ausreicht um das zu machen, diese Größe hat ein [Name] nicht."

Mittleres Management, Interview

„Sie haben heute die neue Berliner Landesregierung. Ich gehe einmal davon aus, dass spezifisch Gysi etwas tun muss. Und auch wird. Ist ja klar, ich meine, Gysi ist jetzt Wirtschaftssenator von Berlin geworden, PDS und alle sagen, oh Gott, jetzt geht die Welt unter, die alten Kommunisten kommen an die Macht. Und der Gysi, der wird sich mit Sicherheit eine Menge ausdenken, wie er dem Rest der Welt beweist das ausgerechnet der PDS Wirtschaftssenator, dass die Leute unter ihnen nicht fliehen, sondern kommen. Im übrigen war Gysi der erste Politiker, der hier auf dem Brand war. Der kennt das ziemlich gut. Nicht, dass ich jetzt auf Gysi setze. Aber ich will einfach sagen, man muss etwas tun. Wir sind in Berlin. Und da gehört auch die Bank hin. Und er sieht das auch als Berlin/Brandenburg. Wir sind nämlich ein Symbol eigentlich, dass man in den neuen Ländern etwas machen kann. Das hatte ja auch einen bestimmten Grund, warum wir hierher gegangen sind. Wir hatten auch alle Landtagsabgeordneten und alle Bundestagsabgeordneten bei uns"

Mitglied des obersten AG-Führungskreises auf einer Betriebsversammlung, 17.01.2002: [ID: 705:6]

„Ich sage das ganz bewusst. Werde das gleich noch ein bisschen vertiefen. Wir hatten begonnen sozusagen, optisch als Signal, sie können sich dran erinnern, im September. Mit der Anzeigenkampagne: Er wird gebraucht. Er wird fliegen. Und wir machen das. Und es geht los. Wir haben das übrigens verschickt nicht nur an Sie, sondern an Vorstände der Industrie, an alle Bundestagsabgeordneten. Sie können das hier ablesen. Und wir haben das seitdem kontinuierlich gepflegt. Ich nehme einfach nur mal die letzte Woche, innerhalb der letzten sieben Tage habe ich mich immerhin unterhalten können mit dem Bundeskanzler, dem Bundesfinanzminister, dem Regierenden Bürgermeister, dem Ministerpräsidenten, dem Wirtschaftsminister des Landes, dem ehemaligen Staatssekretär für Luft-und Raumfahrt, Herrn [Name]. Den neuen, Herrn Dr. [Name]. Et cetera et cetera et cetera. Es gibt sozusagen kaum einen der entscheidenden Leute, mit denen wir uns zurzeit nicht ständig unterhalten. Und das sehr starke stützt, und das will ich auch noch einmal sagen und mich bedanken, mit unseren Abgeordneten. Ich im Land und im Bund und zwar quer durch. Da ist ein sehr hohes Engagement. Und ich glaube deswegen haben wir mittlerweile auch eine sehr breite Zustimmung. [Applaus der Aktionäre] Ich möchte noch kurz etwas sagen zu der EU da sind wir natürlich auch aktiv. Auch hier unsere Abgeordneten. Ich erwähnte gerade die UN. Wir sind seit einigen Jahren als Supplier der UN schon registriert. Das kennen sie. Was für sie vielleicht neu ist, wir sind Mitglied der so genannten Global Compact Gruppe. Wir sind dort anerkannt. [Name] war auch diese Woche zu einer Konferenz. Und für die ist CargoLifter ein ganz besonders interessantes Unternehmen. Das eben den Zielen von Global Compact in sehr hohem Maße entspricht. Mit einem sehr hohen Potenzial da auch Beiträge zu leisten. Und ich denke es ist schon wichtig, dass hier erkannt wird, eigentlich von der Welt wenn Sie so wollen, welches Potenzial diese Technik hat. Und CargoLifter ist das Unternehmen was im Grunde genommen den Schlüssel für diese Technik darstellt. Und das gilt auch für die NATO. Nun gibt es sicherlich Leute die sagen, um Gottes willen, was macht ihr denn da. Ich meine, sie müssen sich einfach nur einmal vorstellen die Einsätze, nehmen Sie sie auch im Kosovo oder jetzt auch in Afghanistan. Die Welt hat sich geändert. Ich denke mir, wer den Parteitag der Grünen auch verfolgt hat, auch die haben das erkannt und tragen das mit. Wir können uns hier nicht verschließen"'

Mitglied des obersten AG-Führungskreises auf der Hauptversammlung, 16.03.2002: [ID: 722:2]

„Ja, die Personen links oben muss es auch wissen. Die weiß es auch. Das ist unverkennbar unserer Bundeskanzler. Ich habe ihn übrigens erst letzten Samstag getroffen. Ich glaube CargoLifter kennt er mittlerweile ganz gut. Und er findet das glaube ich auch ganz gut. Das war anlässlich des zehnjährigen Jubiläums bei der BTU in Cottbus, wo wir einen Blitztest gezeigt haben. Das ist die Zusammenarbeit gerade mit den Universitäten, gerade in der Region. Die BTU in Cottbus ist eine der bestausgestatteten für diese Zwecke. Und ich glaube, das war sehr eindrucksvoll. Der Herr Bundeskanzler war ja auch hier schon in der Halle. Und ich komme danach hier auch noch bei der öffentlichen Hand noch dazu. Ich glaube, nach einer gewissen Phase der Skepsis, die jedem zusteht, war allein durch das, wie wir das hier machen und was wir heute erreicht haben. Kommt doch einfach ein ganz nachhaltiges Vertrauen. Das ist eben keine Luftnummer. Sondern das ist ein ganz realistisches Projekt mit einer unheimlichen Chance, mit einer Technologie, die wir eigentlich in der Hand haben, die bisher einziger gar nichts umgesetzt wurde in diesem

Maßstab. "
Mitglied des obersten AG-Führungskreises auf der Hauptversammlung, 16.03.2002: [ID:
721:7]

*„ Jah, ja, ja. Ja genau. Und so träumerisch. Und das Produkt wurde wahnsinnig gut
vermarktet. Und das Produkt gab es ja nicht. Es war Kaisers neue Kleider. Und ich kann
Ihnen nur sagen, ich bin zwei Jahre nach der Insolvenz, nach dem Beginn, wurde ich noch
angerufen im Sekretariat dort, ich hatte eben das Telefon, und dann sagt jemand – und
das war kein Witz –: ich muss eine Yacht nach Griechenland überführen. Kann ich eins
ihrer Luftschiffe haben? Da habe ich gesagt: Ja, wir sind insolvent. Und selbst wenn wir
das nicht wären, hätten wir das Luftschiff noch gar nicht. [Imitiert die Stimme des Anru-
fers]: Ach, Sie haben das noch gar nicht gebaut? – Und das ist... sie merkten vielleicht
schon wo ich darauf hinaus will? Also man kann der Politik viel vorwerfen. Der [Wirt-
schaftsminister] war sicher... aber erst muss ich meine Hausaufgaben machen. Und die
muss ich in meiner Firma machen. Und CargoLifter hat... ich kann es nicht so mit Fach-
worten... das war Kaisers neue Kleider. Die haben völlig vergessen. Wir waren so beschäftigt. Wir hatten 12 oder 14 Gesellschaften. Dann noch in den USA. In China sind wir
auch schon herum getapelt. Überall auf allen Kongressen. Mit den wichtigsten Menschen
dieser Welt haben wir geredet. Und fühlten uns dort heimisch. Und hatten da mehr als
500 Leute an fünf Standorten und haben völlig vergessen, dass wir kein Produkt haben.
Die waren beschäftigt [stark betont].*
Vorstandsnaher Mitarbeiter, Interview

„Anerkennung der internationalen Luft- und Raumfahrt: [...]
*CargoLifter hat Zugang zur höchsten Ebene der weltweit wichtigsten Luft- und Raum-
fahrtunternehmen. Manager von Unternehmen, die im vorigen Jahr noch deutliche Zu-
rückhaltung gegenüber den ,Newcomern' aus Deutschland zeigten, haben uns aktiv auf
dem CargoLifter Messestand angesprochen. Ein weiteres Zeichen für die zunehmende
Anerkennung der ,Leichter-als-Luft'-Kompetenz ist die hohe Nachfrage nach CargoLifter
Mitarbeitern als Referenten auf internationalen Konferenzen und Symposien. Die von den
Ingenieuren entwickelten Berechnungs- und Simulationsverfahren zur Aeroelastik bei-
spielsweise fanden breites Interesse internationaler Unternehmen. "*
Geschäftsbericht CargoLifter AG 2000/2001, 19.11.2001: [ID: 228:33]

***Technologische Un-
verwundbarkeit***
Ausprägung: Unfehl-
barkeit des Hüllenma-
terials

„Anlageerwägungen:
Technische Risiken:
[...]
*Die Gesellschaft setzt hier auf die große Elastizität und Reißfestigkeit moderner Mehr-
schichtfolien. Das Risiko, dass die Polyesterfolie z.B. bei extremen Windverhältnissen und
schwerer Fracht reißt, kann jedoch nicht gänzlich ausgeschlossen werden. Sollten Risse
in der Hülle auftreten, ist eine Reparatur während des Flugbetriebs möglich. Anderenfalls
ist auch bei aus der Hülle entweichendem Helium – je nach Größe der Risse – entweder
ein Weiterflug oder eine langsame Landung möglich. "*
CargoLifter AG Verkaufsprospekt, 26.05.2000: [ID: 242:12]

„ Wie reagiert der CargoLifter bei plötzlichem Verlust von Ladung oder Ballast?
*Er wird nicht, wie oftmals kolportiert, stark nach oben schnellen, da er überaus träge ist.
Alle Systeme zum Halten der Last sind doppelter und dreifacher Natur (beispielsweise
sind alle Seile doppelt und mit Faktor 4 für Festigkeit versehen, alle Winden sind doppelt
gesichert und während des Fluges fest verbolzt etc.). Aus diesem Grund ist dies eigentlich
eher eine theoretische Frage – ähnlich wie ,was wäre, wenn ein Flugzeug Last verliert
... ' "*
CargoLifter AG, Häufig gestellte Fragen, Internes Dokument, Februar 2000: [ID: 531:43]

Anhang E.14: Öffentlich geführter Disput mit der Financial Times Deutschland, November 2000

Brief des Vorstandsvorsitzenden

„Financial Times Deutschland
Herrn
Chefredakteur
[Name]
[Adresse]

Berlin, 24. November 2000

Artikel „Kosten für den Bau des Cargolifter explodieren" am 21. November 2000 und
„Cargolif-f-f-f-f-f-ter" 23. November 2000 in Financial Times Deutschland

Sehr geehrter Herr [Chefredakteur],

durch die beiden oben genannten Artikel sowie den Umstand, dass die Financial Times Deutschland mit dem Thema CargoLifter als „Zugpferd" selbst in Radiospots eine Steigerung ihrer verkauften Auflage zu versuchen erreicht, sehe ich mich veranlasst, mich direkt an Sie zu wenden. Bereits der Artikel am 21. November von [Name eines Redakteurs] verstieß gegen grundsätzliche journalistische Sorgfaltspflichten: Herr [Name eines Redakteurs] beginnt seinen Text damit, dass die Gesamtkosten für das geplante weltgrößte Transportluftschiffprojekt Cargo-Lifter voraussichtlich deutlich höher werden als bisher bekannt. „Wie der Vorstandsvorsitzende der börsennotierten CargoLifter AG, [Name], in einem Interview sagte, können die Kosten eine Größenordnung von rund 1 Mrd. DM errei-chen. Dies sei auch in den Geschäftsplänen berücksichtigt. Bisher hatte CargoLifter die Kosten bis zum Serienanlauf im Jahr 2004 auf 500 bis 600 Mio. DM beziffert."

Dieser letzte Satz ist insofern falsch, als dass hier von den Kosten bis zur Serienproduktion der Rede ist, es sich aber entsprechend den bisherigen – auch der Financial Times Deutschland vorliegenden – Unterlagen um die Kosten bis zum ersten Prototyp handelt. Dieser Fehler wäre nicht so gravierend gewesen, wenn nicht an anderer Stelle in Ihrer Redaktion daraus die verheerende Überschrift einer „Kostenexplosion" kreiert worden wäre, die in Finanzkreisen spontane Besorgnis auslöste und einen massiven Kurseinbruch zur Folge hatte.

Herr [Name eines Redakteurs] räumte in einem Gespräch mit unserer Pressesprecherin [Name] dann auch ein, dass dies wohl falsch sei und man vereinbarte für den nächsten Morgen ein Telefonat mit mir und meinem Vorstandskollegen Herrn [Name], um den falsch dargestellten Sachverhalt richtig zu stellen. Obwohl wir an diesem Tag aus Anlass der Einweihung unserer Luftschiff-Werfthalle in Brand eine Pressekonferenz hatten, zu der im übrigen 93 Journalisten sowie neun TV-Teams anwesend waren, bestand Herr [Name eines Redakteurs] auf ein telefonisches Interview zusam-men mit seinem Kollegen [Name eines zweiten Redakteurs], da beide angeblich keine Zeit zur Teilnahme an der Pres-sekonferenz hatten.

Das Interview selbst vermittelte den deutlichen Eindruck, dass es Herrn [Name eines Redakteurs] weniger um die Rich-tigstellung ging, dass er hier die beiden Sachverhalte bzw. die entstehenden Kosten bis zum ersten Luftschiff und bis zur Serienproduktion verwechselt habe, sondern um eine Rechtfertigung, denn schließlich – so seine Ausführungen am Telefon – hätte ich ja erstmals diese Zahlen genannt. Er gab auch zu, gar nicht mit mir gesprochen zu haben, aber das habe er ja später auch in dem Artikel unter Bezug auf das Interview in N24 erwähnt. Die „Richtigstellung" in dem Artikel vom 23. November ist in der dritten Spalte des neuen einseitigen Artikels versteckt: „Bislang gab es offensicht-lich Kommunikationsprobleme. Beim Börsengang im Mai lagen die Kosten für den ersten CargoLifter noch bei rund 500 Mio. DM. In einem Interview sprach [Name des VV] nun von rund 1 Mrd. DM, die bis zur Serienfertigung anfal-len."

Sehr geehrter Herr [Name Chefredakteur], dies ist einfach nicht akzeptierbar. Erstens hat Ihr Redakteur zunächst den Eindruck erweckt, er habe mit mir ein Interview geführt. Zweitens hat er entweder wissentlich oder irrtümlich die ent-stehenden Kosten bis zum ersten Luftschiff mit denen bis zum Serienanlauf vertauscht. Bei Anwendung journalistischer Sorgfaltspflicht hätte ihm zumindest auffallen müssen, dass er später im Text ja selbst die Entwicklung vom ersten Luft-schiff bis zum Serienanlauf beschreibt und er ja auch zitiert, dass die Kosten von 1 Mrd. DM in den Geschäftsplänen enthalten seien. Stattdessen hat er die offensichtlich an anderer Stelle entstandene Überschrift toleriert (dass er die Überschrift nicht selbst geschrieben hat, hat Herr [Name eines Redakteurs] in einem Telefonat mit unserer Pressespre-cherin zugegeben), obwohl er wissen musste, welche Auswirkungen dies hat. Wie kann es passieren, unreflektiert von

„Kostenexplosion" zu sprechen und das auf das Transportluftschiff zu beziehen, wenn im Text die Rede von Kosten für den Serienanlauf berichtet wird, die in den Geschäftsplänen enthalten seien? Wenn Herr [Name eines Redakteurs] schon zugibt, dass dies falsch war, wie kann er dann seine Richtigstellung so im Text verstecken und auch so umschreiben, dass niemand auch nur annähernd erkennen kann, dass es sich um eine Richtigstellung handelt?

Die Art der gesamten Darstellung von der falschen Überschrift bis zur verborgenen Richtigstellung widerspricht eindeutig einem fundierten und seriös recherchierten Journalismus und passt schon gar nicht zu dem Niveau, das man von einer „Financial Times" erwarten darf und muss.

Zweitens muss man einfach feststellen, dass der zweite Artikel bereits mit der Einleitung klarmacht, was nun kommt. Ohne auf unserem Werftgelände in Brand gewesen zu sein, schreiben die Herren: „Die Halle steht schon mal. Ein stählernes Monster, das sich aus dem Flachland erhebt wie ein notgelandetes Ufo." Zusammen mit dem herunterschwirrenden CargoLifter als Karikatur und der Überschrift „Cargolif-f-f-f-f-f-ter" soll jedem Leser klargemacht werden: Dies wird ein Schmäh-Artikel.

So ist der Leser dann auch nicht mehr überrascht, dass von da an alles in einem erkennbar tendenziösen Tonfall geschrieben wird. Es werden dann „Experten" zitiert, wie der Luftschiffpilot mit 1000 Flugstunden auf einem 48 Meter langen Luftschiff. Ohne diesem zu Nahe treten zu wollen, stellt sich doch die Frage, warum die beiden Herren nicht mal einen der Piloten bei CargoLifter oder Zeppelin NT in Friedrichshafen mit mehreren Tausend Flugstunden gefragt haben und sich vielleicht selbst gefragt haben, wie sich eigentlich die alten großen Zeppeline bei den angesprochenen Witterunsgverhältnissen verhalten haben. Der nächste zitierte Experte ist Professor [Name] von der TU Berlin, der sich kritisch über Seitenwindprobleme äußern darf. Ob den beiden Herren [Name von zwei Redakteuren] bekannt war, dass Professor [Name] erst vor kurzem ein Superkreuzfahrtluftschiff für mehrere hundert Personen in futuristischer [sic] Bauweise als sein Projekt vorgestellt hat und sich damit profiliert hat? Entweder war es Ihnen nicht bekannt, dann ist es grob fahrlässig und sie sollten sich besser über die Personen informieren, die sie zitieren. Oder es war ihnen bekannt, dann sollten sie auch dazu erwähnen, dass eben dieser Professor vor kurzem in der Presse mit einem eigenen Luftschiffkonzept aufgetreten ist.

Der gesamte Stil des Artikels in seiner erkennbar tendenziösen Art, hier Stimmung und Schlagzeile produzieren zu wollen, ist nach meinem bisherigen Verständnis für eine „Financial Times" verblüffend. Wohin will die Financial Times Deutschland eigentlich damit gehen? Allein das Foto von mir ist für Leute, die mit Journalismus auskennen, bezeichnend: Man schickt einen Fotografen vorbei, der mit einem Fischaugenobjektiv (wegen der Größe der Halle ...) ein Foto von mir in der Weise produziert, wie „böse" Personen in Zeitschriften übelster Sorte verzerrt werden – mit großer Nase und breit verzerrtem Mund wirkt der Mensch schon mal schlechter. Wenn wenigstens die Herkunft des Bildes angegeben wäre ....

Drittens drängt sich der Verdacht auf, dass die Financial Times Deutschland hier bewusst versucht, mit dem Thema CargoLifter auf sehr reißerische Art ihre verkaufte Auflage zu erhöhen, die offensichtlich nicht den Erwartungen entspricht. Da wird in für eine Financial Times schon sehr merkwürdig anmutender Art mit ganzseitigen Karikaturen gearbeitet, mit einer Überschrift, die in der Kombination mit den Bildern in andere „Medien" passen mag, die man aber nicht gerade in der Financial Times erwartet. Es stellt sich auch die Frage, wie es möglich war, das Telefoninterview gegen 11 Uhr am Vormittag des 22. November zu beenden, um dann innerhalb weniger Stunden die Seite mit Karikatur – schnell gezeichnet, aber auch hier bemerkenswerterweise ohne Urheber – fertig zu haben und das Ganze dann am nächsten Tag im Radiospot anzukündigen. CargoLifter, offensichtlich ein beliebtes Thema und „Hingucker", nun als Werbethema einer Finanztageszeitung. Ist die Redaktion so schnell oder war es vielleicht doch schon „gut vorbereitet"? Dem Interview und dem Ergebnissen nach zu urteilen war dies wohl eher kein Zufall und ich fühle mich noch im Nachhinein in dem Interview als bloßer Lieferant von zitierfähigen Aussagen, die dann natürlich auch nicht vollständig sondern sorgfältig gekürzt und passend zum Stil des Artikels verarbeitet werden.

Zur Ergänzung noch kurz ein Wort zur Vorgeschichte des ersten Artikels vom 21. November: Herr [Name eines Redakteurs] führte am 17. November ein längeres Telefonat mit unserem Leiter Investor Relations [Name]. Am darauffolgenden Montag (20. November) rief Herr [Name eines Redakteurs] nochmals bei Herrn [Name] an, und bat um nochmalige Beantwortung aller seiner Fragen, da er angeblich seine Unterlagen verloren habe. Am selben Tag rief Herr [Name eines Redakteurs] nochmals bei unserer Pressesprecherin [Name] an, um eine Frage zu stellen, die er – inzwischen bereits zweimal – von Herrn [Name] beantwortet bekommen hatte. Entspricht das dem, was man „investigativen Journalismus" nennt oder können Sie dieses Verhalten erklären?

Wo ist die Financial Times Deustchland gelandet? Was sagt eigentlich die „richtige" Financial Times als eine der Muttergesellschaften dazu? Und was mich natürlich auch interessieren würde: Was sagen Sie dazu?

In Erwartung einer schnellen Rückantwort

Mit freundlichen Grüßen
[Name]"

Quelle: Auf der Unternehmenshomepage veröffentlichtes Schreiben des Vorstandsvorsitzenden an den Chefredakteur der Financial Times Deutschland, November 2000: [ID: 763].
[Alle Rechtschreibfehler: sic]

Antwort des Chefredakteurs

„Financial Times Deutschland
[Fax Nummer]

Brief an CargoLifter als Datei:
<< Brief an Cargoifter.doc>>
Brief als Text:

Herrn
[Name des Vorstandsvorsitzenden]
Vorstandsvorsitzender
CargoLifter AG
Grüneburgweg 102
60323 Frankfurt am Main
Per Telefax

Hamburg, den 26. November 2000

Sehr geehrter Herr [Name],

auf der Webseite und per EMail veröffentlicht die CargoLifter AG einen Brief, den sie an mich richten. Es ist sehr ungewöhnlich, dass Ihr Haus diesen offenen Brief breit streut, er jedoch bis jetzt weder per Fax noch per Boten bei uns eingegangen ist. Trotzdem möchte ich das Schreiben beantworten.
Sie erheben in Ihrem Brief Vorwürfe gegen die Financial Times Deutschland, die ich in aller Deutlichkeit zurück weisen muss. Wir haben die Öffentlichkeit präzise und fair über Probleme bei einem börsennotierten Unternehmen informiert. Auch nach Prüfung der in Ihrem Brief erhobenen Vorwürfe ist nicht erkenntlich, wo wir unsere Sorgfaltspflicht verletzt haben sollen oder CargoLifter unfair behandelt hätten. Wir bleiben deswegen bei unserer Berichterstattung.
Im Einzelnen möchte ich zu Ihrem Brief wie folgt Stellung nehmen:
Im Vorfeld der Pressekonferenz zur Einweihung der Produktionshalle am 22. November hat unser Redakteur [Name] das auf der CargoLifter-Website verfügbare Informationsmaterial sowie zahlreiche Presseveröffentlichungen und den Verkaufsprospekt für den Börsengang im Mai sorgfältig gesichtet. Auf der Webseite finden sich keine schriftlichen Angaben über Kosten für den CargoLifter. Auch in Börsenprospekte werden hierzu keine Angaben gemacht. Alle führenden Zeitungen, die über den Börsengang berichtet haben, nennen eine Größenordnung von 500 Mio. DM bis zum Serienbeginn. Ein Blick in die Pressearchive belegt das sofort. Seitens der CargoLifter AG hat es hierzu keine Korrektur oder Klarstellung gegeben.
Die Webseite ihres Hauses enthält ein Interview, das sie dem Fernsehsender N24 gewährt haben. In diesem Interview nennen sie erstmals Kosten von rund 1 Mrd. DM bis zum Serienanlauf. Das war der Anlass für Herrn [Hegmann], zu diesem Punkt schriftlich in Ihrem Hause nach zu fassen.
Bereits am 15. November hat Herrn [sic] [Hegmann] schriftlich per Email einen detaillierten Fragenkatalog an Ihre Pressestelle geschickt. Dort vertröstete man ihn auf die Rückkehr des Investor-Relations-Chef aus dem Ausland. Nach seiner Heimkehr bestätigte Herr [Name] Ihre Aussage, wonach Kosten in einer Größenordnung von 1 Mrd. DM bis zum Serienbeginn anstatt der bisher genannten 500 Mio. anfallen könnten.
Am 20. November rief Herr [Name des Redakteurs] erneut bei Herr [Name des Investor-Relations-Chef] an, um sich nochmals die Aussagen sowie anstehende Kapitalmaßnahmen bestätigen zu lassen. Ein Gespräch mit Frau [Name] Fand – anders als sie das in Ihrem Brief behaupten – zu diesem Zeitpunkt nicht statt.
Auf der CargoLifter-Website wurde zudem noch ein Fachzeitschriften-Interview mit Ihnen veröffentlicht, in dem Sie als Antwort auf die Kostenfrage von noch höheren Kosten als 1 Mrd. DM bis zur Serienproduktion sprachen. Herr [Name des Redakteurs] hat dazu eine schriftliche Anfrage an die Pressestelle gerichtet. Das fragliche Interview wurde daraufhin von Ihrer Website gelöscht. Die Pressestelle erklärte, es habe sich um eine nicht bearbeitete Vorabversion mit Fehlern gehandelt.
Nach der korrekten Veröffentlichung der FTD vom 21. November dementierte Ihr Haus nicht, dass 1 Mrd. DM Kosten bis zum Serienanlauf anfallen. Dies ist genau doppelt so viel, wie jene 500 Mio. DM, die beim Börsengang genannt worden waren. Am 22. November haben sie zu dem FTD-Beitrag mit Herrn [Name des Redakteurs] telefoniert. Dabei sagten Sie: ‚Ohne die Überschrift hätten ich keine Probleme damit.'
Offenkundig bestreiten Sie also nicht das Kostenvolumen. Wenn unsere Redaktion diesen Beitrag mit der Überschrift ‚Kosten für den Bau des CargoLifter explodieren' versehen hat, dann ist dieses eine faire Darstellung der Tatsachen. Wie anders sollte man eine Verdoppelung der Kosten bezeichnen?

Angesichts der Genesis unserer Recherche ergibt sich keinerlei Anhaltspunkt für Ihre Behauptung, die Meinung ihres Unternehmens sei nicht korrekt eingeholt oder wiedergegeben worden. Die CargoLifter AG ist im Gegenteil mehrfach und im Detail um Stellungnahmen gebeten worden und hat mit diesen Eingang in unsere Berichte gefunden.

Anders als Sie in Ihrem Brief behaupten, hat CargoLifter auch nicht allgemein zugänglich Unterlagen über die Gesamtkosten und Abgrenzungsregeln veröffentlicht. Ihr Hinweis auf ‚auch der FTD vorliegenden' Unterlagen ist damit in keiner Weise gedeckt. Falls Sie dieses Argument weiter anführen wollen, bitten wir Sie, uns Belege darüber zukommen zu lassen, das Sie zur Pressekonferenz anlässlich der Börseneinführung oder zu anderen Gelegenheiten die Öffentlichkeit über die genaue Abgrenzung der Kosten informiert haben und dass 500 Mio. DM nur bis zum ersten Prototyp reichen. Bis zum Beweis des Gegenteils müssen wir nach unserer Recherchelage davon ausgehen, dass Sie die Öffentlichkeit lange im Unklaren darüber gelassen haben, das rund 1 Mrd. DM bis zum Serienanlauf notwendig sind.

Eine Richtigstellung der FTD ist in diesem Punkt nicht erforderlich, weil wir den Betrag von 1 Mrd. DM korrekt als Gesamtkosten bezeichnen.

In dem Telefongespräch am 22. November haben sie gegenüber Herrn [Name des Redakteurs] auch eingeräumt, dass es noch keine klare Abgrenzung der Kosten gebe. Sie verwiesen darauf, dass im Zuge einer ‚Kommunikationsstrategie' weitere Informationen erst zur Hauptversammlung im nächsten Jahr genannt werden sollen. In der Vergangenheit sei von den Medien nicht präzise genug nach den Kosten gefragt worden. Deshalb habe CargoLifter nur von 500 Mio. DM gesprochen.

Diesen Punkt hat jetzt erstmals die FTD nachgeholt. Außerdem wurde über anstehende Kapitalmaßnahmen und stehen wahrscheinliche [sic] Ausfall einer Dividendenzahlung über Jahre sachlich korrekt geschrieben. Ich kann nicht erkennen, wo wir hier unkorrekt oder unfair berichtet hätten.

Falsch ist in Ihrem Brief auch der Hinweis, Herr [Name des Redakteurs] habe in einem Gespräch mit Frau [Unternehmensangehörige] eingeräumt, dass die Berichterstattung der FTD falsch sei. Er hat auch nicht auf dem Interview zu dem Zeitpunkt 22. November , bestanden'. Dieser Terminvorschlag kam im Gegenteil von Frau [Name] selber. Auch wurde im Artikel vom 21. November nicht zunächst der Eindruck erweckt, Herr [Name des Redakteurs] hätte ein Interview mit Ihnen geführt. Ihr diesbezüglicher Vorwurf ist ungeheuerlich und ehrabschneidend. An keiner Stelle des Beitrags wird der Eindruck erweckt, dass die FTD mit Ihnen gesprochen hat. Im Gegenteil werden die Quellen klar benannt, auch die Quelle N24.

Insgesamt verwahren wir uns ausdrücklich gegen die Behauptung, die FTD würde eine Kampagne gegen ihr Haus führen. Unseren Beiträgen liegt eine sehr ausführliche Recherche zu Grunde, die unter anderem zum Luftfahrtbundesamt, zu Zeppelin NT und mehreren anderen Luftfahrtexperten geführt hat. Diese Ergebnisse werden untermauert mit allen verfügbaren Sekundärquellen.

In Zukunft stehen wir selbstverständlich gerne weiter für Gespräche zur Verfügung. Auch ich bin jederzeit gerne zu einem persönlichen Gespräch mit Ihnen bereit. Für heute muss ich Sie aber bitten, die unsachlichen und in die Irre leitenden Behauptungen über uns in der Öffentlichkeit nicht zu wiederholen.

Mit freundlichen Grüßen,
[Name]"

Quelle: Antwort des Chefredakteurs, November 2000: [ID: 633].
[Alle Rechtschreibfehler: sic]

Zusammenfassung und Beurteilung des Sachverhalts

Streitpunkt	Die Financial Times veröffentlichte am 21. und 23. November 2000 zwei kritische Artikel zu dem Stand und den Kosten des Projektes CargoLifter. Hierbei berichtete die Zeitung, dass sich die bis dahin genannten Projektkosten (bis zur Serienproduktion des Luftschiffes) von 500-600 Millionen DM auf über 1 Mrd. DM verdoppelt hätten.
Argumente für CargoLifters Perspektive	Die zu dem Zeitpunkt unternehmensintern vorherrschenden Planungen sahen tatsächlich 500 Millionen DM für die Fertigstellung des Hangars, notwendiger Forschungs- und Entwicklungsausgaben und des ersten Luftschiff-Prototypen vor. Bis zu dem Anlauf der Serienproduktion, wofür mehrere Luftschiffe gebaut werden müssten, wurde intern mit Gesamtprojektkosten von rund 1 Mrd. DM geplant.

- Auf der Hauptversammlung am 11.03.2000 wurde den Aktionären und anwesenden Journalisten diese Kalkulation grafisch und verbal präsentiert [vgl. ID: 223:23].
- Auch ein zur Börseneinführung herausgegebener Info-Prospekt zeigte diese Kostenkalkulation auf: „bis zur Fertigstellung der Luftschiff-Werft und des ersten Prototypen CL 160 P1 will CargoLifter mehr als 500 Millionen DM (255,65 Millionen € investieren)." [ID: 454:42]

Die Berichterstattung der Financial Times Deutschland kann in diesem Punkt als Fehlberichterstattung identifiziert werden, insbesondere wenn folgende Aussage aus dem ersten Artikel herangezogen wird: „Bisher hatte CargoLifter die Kosten bis zum Serienanlauf im Jahr 2004 auf 500 bis 600 Mill. DM beziffert." [PA: 245:4]

Auch in dem zweiten Artikel der FTD findet sich eine falsche Berichterstattung: „Bislang gab es offensichtlich Kommunikationsprobleme. Beim Börsengang im Mai lagen die Kosten für den ersten CargoLifter noch bei rund 500 Mio. DM. In einem Interview sprach [der Vorstandsvorsitzende] nun von rund 1 Mrd. DM, die bis zur Serienfertigung anfallen." [PA: 252:8]

Die Textstelle suggeriert, dass das Unternehmen bisher kommuniziert habe, dass die Kosten bis zur Serienfertigung bei 500 Mill. DM gelegen und sich nun auf 1 Mrd. DM verdoppelt hätten. Der wichtige Unterschied, dass die 500 Millionen für die Produktion bis zum ersten Luftschiff und die 1 Mrd. DM für die Produktion weiterer Luftschiffe bis zum Erreichen der Serienproduktion benötigt werden, erwähnt diese Textstelle nicht.

Auch innerhalb des Antwortschreibens des Chefredakteurs finden sich Fehler:

- Einerseits behauptet dieser, dass „alle führenden Zeitungen" von 500 Mill. DM bis zum Serienbeginn berichtet hätten und ein „Blick in die Pressearchive das sofort" belegen würde: „Alle führenden Zeitungen, die über den Börsengang berichtet haben, nennen eine Größenordnung von 500 Mill. DM bis zum Serienbeginn. Ein Blick in die Pressearchive belegt das sofort."
  Tatsächlich handelt es sich bei dieser Aussage um eine falsche Behauptung. Beispielsweise berichtet das Handelsblatt im Januar 2000: „Bis zur Fertigstellung des Prototypen bis 2002 benötigt CargoLifter 500 Mill. DM." [PA: 927:4; ähnlich zudem: PA: 188:2].
  Die Welt am Sonntag berichtet ebenfalls von „einer halben Milliarde DM bis zum Stapellauf des Unternehmens" [PA: 227:2].

Argumente für die Perspektive der Financial Times Deutschland	Im Jahr 2000 und vor der Berichterstattung der FTD wurde in manchen Medien jedoch auch davon berichtet, dass die Gesamtkosten für den Serienanlauf CargoLifters bei 500 Mill. DM lägen.

- Ein Beispiel liefert die Berliner Zeitung vom 12.04.2000 [PA: 142:4].

Fazit	Die Berichterstattung der Financial Times kann auf Basis der gesichteten Presseartikel und internen Dokumente, welche im Jahr 2000 auch der Öffentlichkeit zur Verfügung gestellt wurden, als Fehlberichterstattung deklariert werden. Nach den ersten zwei Artikeln und dem Schriftwechsel zwischen dem Vorstandsvorsitzenden und dem Chefredakteur änderte sich am 01.12.2000 auch die Berichterstattung der FTD, was als Eingeständnis des Fehlers interpretiert werden kann:

„Die Kosten bis zur geplanten Serienfertigung im Jahr 2004 werden auf rund 1 Mrd. DM veranschlagt, davon 500 Mio. DM bis zum ersten Prototypen." [PA: 260:2]

Dennoch kommt dem Unternehmen CargoLifter bei der Entstehung der Fehlberichterstattung eine Mitschuld zu. In der Tat wurden die Gesamtprojektkosten von 1 Mrd. DM nur sehr selten erwähnt. Die bis dato in manchen Medien vorherrschenden zu niedrig angesetzten Kosten innerhalb der Berichterstattung, wurden von dem Unternehmen zudem nicht korrigiert.

Anhang E.15: Öffentlich geführter Disput mit einem Luftfahrtjournalisten

---

Zusammenfassung Sachverhalts und Chronologie der Ereignisse

Streitpunkt | Zwischen einem Luftfahrtjournalisten als Herausgeber der Zeitschrift „Pilot und Flugzeug" und dem Unternehmen CargoLifter begann ab November 2000 ein öffentlich geführter Streit. Hauptsächlich zweifelte der Journalist die Zeit- und Kostenpläne und die generelle technische Machbarkeit des Projektes an.

Chronologie der
Ereignisse

November 2000 | Der Journalist richtet sich in einem offenen Brief an den Wirtschaftsminister des Landes Brandenburg und weist diesen darauf hin, dass CargoLifter aus seiner Perspektive unter den genannten Zeit- und Kostenplänen nicht realisierbar wäre. Insbesondere wirft er dem Unternehmen vor, Subventionsbetrug begonnen zu haben. [PA: 1506]

Dezember 2000 | Zwischen dem Vorstandsvorsitzenden und dem Journalisten erfolgt ein Schriftwechsel. Das Schreiben des Vorstandsvorsitzenden liegt nicht vor, wohingegen der Journalist in seiner Antwort schrieb:

„ Selten habe ich,
lieber Herr [Name]
jemanden getroffen, der unter Stress derart unprofessionell reagiert wie Sie. Sie benehmen sich nicht wie ein Vorstandsvorsitzender einer Kapitalgesellschaft, sondern wie ein Gossenjunge. Ihr Schreiben vom 8. Dezember ist eine intelligente Frechheit, dient offensichtlich ihrer persönlichen, preiswerten Erbauung:
Weder habe ich jemals in ‚grob beleidigender Form' mit irgend einem Mitarbeiter Ihres Hauses gesprochen, noch hatte ich während der letzten 3 Wochen – in dieser Zeit bemühten Sie sich gleich zweimal, mich nach Berlin/Brand zu bitten, Sie erinnern sich? – Überhaupt mit einem Mitarbeiter der CargoLifter AG Kontakt.
Was Sie hier aufschreiben, ist schlichter Rufmord. Das rundet Ihr Persönlichkeitsbild, wie es nun für mich immer deutlicher wird, ab. Und passt zu immerhin sechs elektronischen, schlicht kriminellen Attacken auf unser Online-System hier, die mit größter Wahrscheinlichkeit aus Ihrem Hause kamen, die Kriminalpolizei ermittelt.
Sie sind am Ende, Herr [Name des Vorstandsvorsitzenden], und Sie wissen es.
Dümmer als es jetzt gelaufen ist, kann es nicht laufen:
Sie propagieren ein Luftschiff das etwa 150 t zu schwer ist. Jede Bank, die auf diesen Ihren Blödsinn abermals eine Emission begleitet, würde sich strafbar machen. Frisches Geld werden sie daher nicht bekommen, obwohl sie es kurzfristig dringend benötigen werden. Auf Ihre spinnerte Idee zahlte der Steuerzahler 200 Millionen. Sie werden das Geld nicht zurückzahlen können.
Aber ich denke, es ist irgendwo die Chance gegeben, dass sie zumindest temporär in ihrer persönlichen Bewegungsfreiheit eingeschränkt werden.
Mit freundlichen Grüßen "

In der Folge wurde von dem Journalisten eine Strafanzeige gegen den Vorstandsvorsitzenden und die AG gestellt, da er einen Verdacht auf Emissions- und Subventionsbetrug annahm.
Die CargoLifter AG hingegen erhob ebenfalls eine Anzeige wegen Verleumdung und Verstoß gegen das Börsengesetz gegen den Journalisten.
Die Bild-Zeitung deklarierte diesen öffentlich ausgetragenen Disput fortan als „Experten-Krieg um unsere größte Wirtschafts-Hoffnung" [PA: 1350:1]

Januar 2001 | Das Unternehmen bewirkte gegen den Journalisten eine einstweilige Verfügung. [vgl. PA: 281:7]

Die Klage des Journalisten gegen das Unternehmen wegen Subventions- und Emissionsbetrug wurde abgelehnt. [vgl. PA: 1196:3]

Februar 2001   Innerhalb der Tagespresse und anderen Massenmedien wurde über den öffentlichen Disput zwischen dem Luftfahrtjournalisten und dem Unternehmen nicht mehr berichtet. Innerhalb der eigenen Luftfahrtzeitschrift berichtete der Journalist weiterhin und zeigte auf, dass die temporär erwirkte einstweilige Verfügung des Unternehmens am 09.02.2001 von dem Unternehmen zurückgezogen worden sei. Als Grund nannte der Journalist, dass der Vorstandsvorsitzende vor Gericht eine falsche und damit für das Unternehmen unvorteilhafte eidesstattliche Erklärung abgegeben habe, was auf einen erst im Jahr 2011 möglichen Serieneinsatz des Luftschiffes hinweisen würde. [vgl. PA: 1500:2; 1502:1]

Anhang E.16: Öffentlich geführter Disput mit dem Magazin „Der Stern"

In Reaktion auf einen in dem Magazin „Der Stern" erschienenen Artikel [PA: 320] veröffentlichte der Vorstandsvorsitzende auf der Unternehmenshomepage einen offenen Brief. Die Authentizität des Dokuments kann dadurch sichergestellt werden, dass andere Medien über die Existenz des Briefes berichteten:

„Wenn mehr verlangt wurde als Symbole, reagierte [Name des Vorstandsvorsitzenden] zuweilen gereizt. Als die Presse über Probleme der Luftschiffbauer berichtete, fertigte der promovierte Jurist diese als ‚Schmäh-Artikel' ab, die gegen ‚grundsätzliche journalistische Sorgfaltspflichten' verstießen. Im Frühjahr 2001 veröffentlichte er sogar im Internet ein vierseitiges Traktat über ‚Negativjournalismus'. Die Presse habe Schuld, dass in Deutschland Dinge zerredet werden. Es sei so leicht, zu kritisieren. ‚Ich glaube, in meinem nächsten Leben werde ich Negativjournalist.'"

Financial Times Deutschland, 21.05.2002: [PA: 595:12]

Der Text des offenen Briefs lautet wie folgt:

„Nicht daß der „Stern" zu den Produkten der Druckkunst gehört, die ich normalerweise lese, und auch nicht, weil der nach fast einjähriger Vorbereitungszeit nun endlich erschienene Artikel über CargoLifter mich sonderlich berührt, nein, einfach weil es mich dazu treibt, nun auch zur Feder zur greifen und Ihnen mal meine Gedanken mitzuteilen. Sicherlich eher lesenswert für alle, die hier etwas bewegen wollen – für "Reichsbedenkenträger" weniger – wer gerne einen auf "Das Glas ist ja halbleer` machen will, der sollte zur Erbauung einfach den Sternartikei nochmal lesen.

Und dies ist der Punkt: Der Artikel ist einfach ein Musterbeispiel für – wie ich es nennen würde - "Negativjournalismus". Als der ja auch häufig beschriebene "promovierte Jurist" will ich mal klassisch vorgehen, sprich Definition des Begriffes "Negativjournalismus", Analyse des betreffenden Artikels anhand der Definition und dann die Beurteilung – nein keine Sorge, die wird nicht vernichtend, denn schließlich trifft der Artikel ja die Definition!

Also was ist"Negativjournalismus"? Der Versuch, einen Lebensvorgang/Sachverhalt unter dem Eindruck der in Redaktionskreisen als feststehende Grundregel geltenden Meinung, daß "bad news" "good news" (good news im Sinne der Auflage des Mediums wohlbemerkt ....) seien, so zu beschreiben, daß in Anwendung einer weiteren Grundregel, nämlich daß der gute Journalist kritisch zu sein hat (leider in der Regel als kritisch = negativ verstanden). Man nehme nun aus der Menge der verfügbaren Informationen sorgfältig die "guten," sprich negativen, Ergebnisse in den Bericht, wobei diese dann durch entsprechende Zitierung der Meinung von Personen, die als zu diesem Thema aussagefähig gelten könnten, belegt werden. Zur Objektivierung wird in der Regel auch ein positives Statement eingefügt, das aber durch entsprechende Formulierung in dem dem Jorunalisten ja durchaus geläufigen Konjunktiv umgehend in Frage gestellt wird. Als krönender Abschluß wird der Artikel dann in der Redaktionskonferenz um eine mögliche Übermenge positiver Aussagen gekürzt und mit einer aufmachenden Überschrift versehen, die dem ja auf negative Nachrichten sehnlichst wartenden potentiellen Leser sofort ins Auge springt. Dabei gilt es zur Belegung des Umstandes, daß man ja schließlich als Journalist sozusagen ein Künstler des Wortes ist, die gewählten Begriffe im Sinne von Wortspielen dem jeweiligen Thema anzupassen (also im Falle eines Themas aus der Luftfahrt vorzugsweise Begriffe wie Bruchlandung etc. ...). Der Stil selbst sollte durchgängig volksnah, also einfach sein, da man der (wenn auch irrtümlichen) Meinung ist, daß der normale Leser ziemlich dumm ist. So, ich gebe zu, daß die Definition typisch juristisch lang und kompliziert ist – na und sicher auch etwas sarkastisch – aber es ist ja eben auch ein Artikel in eigener Sache und da darf ich ja so ein wenig von den Journalisten abschauen ......

Nun analysieren wir den Artikel mit der Überschrift:"Absturz vor dem Start?". Der aufmerksame Leser hat schon erkannt wie die Beurteilung ausfällt: Die Anforderung hinsichtlich bad news erfüllt, kurz und knackig unter Verwendung des adäquaten Wortbegriffes "Absturz" = mindestens `ne 2+. Nun der Einstieg in den Text in der sorgfältigen Analyse der Hauptversammlung: Was gab es – was gab es nicht? Eine Hauptversammlung mit über 5.000 `Teilnehmern (ziemlich viel für eine HV!), die absolut reibungslos ablief. Die Möglichkeit, sich vor Ort als Aktionär davon zu überzeugen, was das Unternehmen mit dem Geld der Aktionäre gemacht hat, sei es die riesige Produktionshalle im Zeit- und Kostenrahmen fertigzustellen oder mit dem CL 75 AirCrane ein erstes Produkt vorzustellen, das bereits ab dem nächsten Jahr in den Einsatz gehen kann. (Der AirCrane, immerhin mit 61 m Durchmesser ein kaum zu übersehender Ballon, wird auf dem Foto nicht gezeigt, sondern hervorgehoben, daß in der Halle "außer einem Ausbildungsschiff und einem Modell nichts zu sehen ist". Entwder die Dame und der Herr waren nicht auf der Hauptversammlung – woher dann aber der Bericht? – oder sie haben es fertig gebracht, das mitten in der Halle schwebende Gerät mit Lastaufnahmerahmen drunter und LKW's des THW drinnen glatt zu übersehen. Man hätte im Zuge der Recherche zur Not auch nochmal ins Internet schauen können, wo seit Anfang Januar die Lifekamera das Bild aus der Halle überträgt, eben mit diesem AirCrane!)

Es gab Vorträge über den Markt und die Technik, es gab Informationsstände – und es gab auch etwas zu Essen. Doch halt, das mußten ja die Aktionäre selbst bezahlen! Das macht sich gut, da negativ, da man doch dem armen Kleinaktionär sowas nicht zumuten kann. Also das kann der Negativjournalist gut verwenden, das läßt sich schön beschreiben, z.B. was es da gab (volksnah!!!!) und wie teuer und wenn man das noch mit den schlechten Zahlen des Unternehmens verbinden kann, liest sich das toll. Daß dies bei CargoLifter nicht neu ist, sondern wir von Beginn an bei jeder Hauptversammlung Essen und Trinken nur gegen Bezahlung angeboten haben, ist entweder nicht bekannt oder fällt der "positiven Zensur` des Negativjournalisten zum Opfer. Im übrigen ist dies ziemlich egal, denn hätten wir diesmal die Verköstigung kostenlos angeboten, dann hätte der geübte Negativjournalist eben geschrieben, daß im Gegensatz zu den Vorjahren der Vorstand nun durch Ausgabe eines üppigen kostenlosen Buffets den Versuch unternommen habe, den wütenden anwesenden Kleinaktionär damit sozusagen "das Maul zu stopfen" wobei dann der noch ärmere nicht anwesende Kleinaktionär diese Zeche auch noch mit seinem aus dem Sparstrumpf herausgeklaubten letzten Geld bezahlen muß. (Ich gebe an dieser Stelle zu, daß Negativjournalismus Spaß macht. Man kann so schön in Worten wühlen und sich selbst daran ergötzen und muß ja die Suppe nicht auslöffeln .... das ist sowas wie virtuelle Brandstiftung ..... und sollte esdann draußen tatsächlich zu einem echten Brand kommen, dann bin ich`s ja nicht gewesen, den verantwortlich ist immer "der Vorstand"...eigentlich sogar gut, denn das gäbe ja die nächste"bad news"...).

Was gab`s sonst noch auf der HV außer Spreewälder Kartoffelsuppe zum Preis von 7 DM oder der vegetarischen Spreewaldpfanne zu 9,50 DM? Ah ja, da muß es doch Kritik gegeben haben!!! Zu dumm, daß die Aktionäre es alle schön fanden. Das, was an Kritik kam, ist nicht gut genug. Aber man wird sich wohl noch auf die Vertreter der Schutzvereinigungen verlassen können, da muß doch was drin sein für den armen Kleinaktionär. Der erste Sprecher versagt wie die Aktionäre selbst, doch Gott sei Dank findet der zweite Sprecher zum Schluß seines viel zu positiven Fragenkataloges noch ein positives (im Sinne des Negativjournalismus betrachtet!) Statement:"..es kann durchaus sein, dass der Zeppelin nie abhebt und es zum Totalverlust des Kapitals kommt". Das kann man nehmen und daran läßt sich nun Inhalt knüpfen. Daß man einige Zahlen vertauscht (600 Millionen beim Börsengang? Falsch – eine richtige Recherche hätte gleich feststellen können, dass es rund 200 Millionen waren) ... im November wurde festgestellt, mit dem eingesammelten Geld bis zum Anlauf der Serienproduktion Ende 2003 auszukommen" – doppelt falsch: Es wurde nicht verkündet, dass die 600 Millionen bis zum Anlauf der Serie gedacht sind und es wurde auch nicht verkündet, dass die Serienproduktion Ende 2003 beginnen soll.) spielt keine Rolle, nach so viel Recherche (fast ein halbes Jahr!) kann man ja nicht verlangen, daß man das auch alles versteht – außerdem wer überprüft das schon und schließlich haben wir ja Pressfreiheit, da kann man ohne Sorge eigentlich alles schreiben.....und zur Not – das bisschen Platz für eine Gegendarstellung ist ja drin. Ach ja, irgendwas Positives (Vorsicht, diesmal im richtigen Sinne!) muß ja rein, sonst ist es nicht glaubwürdig, man hat ja schließlich sorgfältig recherchiert! Also einen Markt gibt es wohl wirklich dafür, macht auch nichts, denn das läßt sich durch entsprechende Infragestellung der Lösung ohne Probleme relativieren – und (wer hätte das gedacht) da sind sie auch schon, die Probleme. Tonnenschweres Eis packt sich nahezu sichtbar auf das graziele Schiff .... daß die Ingenieure sich da auch schon Gedanken gemacht haben und die Antwort gerade erst in den letzten LifterNews veröffentlicht war und sogar im Internet stand .... wozu Recherche, wenn man einen Kronzeugen finden kann .....

Aber was wäre der schönste Negativjournalismusartikel ohne einen markanten Schluß? Tolle Sache, man kann ja denjenigen, den man an den Pranger gestellt hat, als Kronzeuge gegen sich selbst auftreten lassen ..... absolut gelungen, nahezu im Stile des Mittelalters- finster aber gut! Wie gut, daß das Unternehmen in seinem Börsenprospekt selbst schreibt " ... grundsätzlich besteht die Gefahr, daß die CargoLifter AG über die Entwicklungsphase nicht hinauskommt, was unter Umständen zu einem Verlust des gesamten eingesetzten Kapitals führen würde." Absolut super! (oder hatten wir das eben nicht schon als Zitat des Vertreters der Kleinaktionäre? – macht nichts, doppelt wirkt besser) Damit kann man aufhören und sich zufrieden zurücklehnen (was rauchen oder trinken eigentlich Negativjournalisten in so einem Moment?).

Doch halt, da muß noch etwas Würze rein ... so was fürs "Volk aja der Kleinaktionär, macht sich immer gut .... so arme Oma sitzt im kleinen Zimmer und wird von diesem Verführer, der natürlich wie ein Versicherungsschwindler wortgewandt und mit allen Wassern gewaschen der Oma seinen "Traum" erzählt und diese dann völlig benommen im Delirium ihr Sparbuch plündert was heißt da eine Oma ... Tausende!!!!! Gelungen, Punkt, Schluß (um zu zeigen, dass dieser Mensch eigentlich fies ist, muss ein Foto her, auf dem er auch fies aussieht – und so ist es gelungen, ein Foto von vor ca. 3 Jahren zu finden, auf der "mit Charme und rhetorischer Gewandtheit die Anieger lockt" nun grimmig und mit verzerrtem Mund reinschaut – sieht "gut" aus, nicht so nett wie auf den sonstigen Fotos). Mal sehen was der Überschriftenmensch sich ausdenkt.und vielleicht kann man ja mal demnächst ne Story bringen, daß dieser Verführer dann auch noch mit dem Geld abgehauen ist .... oder zumindest "Kasse" gemacht hat vielleicht geht ja auc was schief .... wäre ne super Story, könnte man die brennende Hindenburg mal wieder

rausholen, ist immer gut! Irgendwie so ähnlich muß sich der gute Negativjournalist spätestens nach dem zweiten Glas edlen Weines und einer Zigarre fühlen .... ich glaube, in meinem nächsten Leben werde ich Negativjournalist .... ein Traumberuf, man kann sich gnadenlos austoben und ist für nichts verantwortlich – geht`s kaputt, waren es die Anderen und man hatte ja recht .... geht`s doch gut, dann fragt ja keiner mehr nach, wer davor negativ geschrieben hat – und außerdem kann man dann ja auch mal einen positiven Artikel schreiben. Sozusagen als Beleg dafür, daß man gar nicht so ist .... wäre ja auch ne tolle Story .... Gigant der Lüfte hebt ab das größte Luftschiff aller Zeiten xy Jahre nach der Katastrophe (Entschuldigung, aber muß sein ....) der Hindenburg schaut die Welt gespannt nach Deutschland.... eine technische Meisterleistung... nie zuvor...Tausende, ach was, Millionen jubeln dem majestätisch im blauen Luftozean dahinschwebenden Schiff zu (Im separaten Kästchen Aufzählung aller deutschen Luftfahrtpioniere statt Katastrophe...– denn jetzt machen wir einen auf Stolz!).

Schluß damit – das ist auch nicht viel besser! Im Ernst und ohne jeglichen Sarkasmus: Warum können wir uns nicht mal dazu aufraffen, die Dinge weniger reißerisch zu schreiben. Warum kann man nicht etwas mehr in Ruhe und kontinuierlich über ein Projekt berichten, das ein enormes Potential hat und sicherauch ein erhebliches Risiko in sich birgt. Muß es immer "himmelhoch-jauchzend" oder "nieder-mit-ihm" sein? Wenn wir hier in Deutschland etwas Bewegen wollen – (hatten wir nicht mal als Nation beschlossen, daß ein Ruck durch unser Land gehen sollte, daß wir innovativer werden wollten, daß wir unserer Jugend eine Zukunft geben wollten, Ziele, für die es sich mehr lohnt, sich zu engagieren, als wilden Naziparolen nachzulaufen Hat sich der Negativjournalist (Entschuldigung) schon mal überlegt, was er da anrichtet, haben wir nicht erst vor kurzem unseren Transrapid niedergenörgelt, um ihn jetzt im Ausland wiederzubeleben .... was wäre, wenn wir uns einfach aufraffen würden, wirklich in die Zukunft blicken zu wollen mit einem Willen, etwas positiv voranzubringen und selbst wenn es ein Risiko in sich birgt. Innovation ohne Risiko geht nicht! Die Vorstellung, daß wir etwas Neues schaffen mit der Mentalität der hundertprozentigen Rentenabsicherung – vergiß es und macht nicht etwas Pionier sein auch Spaß.....macht uns nicht auch Technik eigentlich Spaß? Vielleicht sind wir ja schon viel weiter in Richtung Innovationsbereitschaft oder sogar – wille als der (Negativ-) Journalist so meint vielleicht sind es ja sogar die good news, die wirklich die good news sind – bei so vielen bad news

Ich jedenfalls – und ich denke, dies gilt für alle unserer über 400 Mitarbeiter und die über 60.000 Aktionäre (wobei der typische CargoLifter Aktionär Anfang 40 und technisch interessiert ist, sich zudem für Umweltfragen, soziale Belange und Finanzen interessiert und dabei nicht sein Sparbuch plündert, sondern bewußt eine Investition in die Zukunft in Kenntnis des Risikos macht und sich damit auch für Innovation gerade hier und jetzt einsetzt (dies wird an erster Stelle genannt und nicht der Traum der Silberzigarre oder die Superrendite von morgen). Wir, CargoLifter, arbeiten an einem Stück Zukunft. Und dabei werden wir uns auch nicht von Reichsbedenkenträgertum irritieren lassen – im Gegenteil, es stachelt uns an, und wir werden auch unser großes Ziel schaffen, so wie wir bisher alles geschafft haben, was wir uns vorgenommen haben – auch, wenn es länger dauert, das kommt vor, wenn man sich ehrgeizige Ziele setzt und da muss man sicher auch mit der Kritik leben, das ist das Risiko, wenn man etwas tut, da hat es eben der Negativjournalist viel besser – er muß nichts tun, er nimmt für sich das Kritisierungsmonopol in Anspruch, während wir verantwortlich sind, etwas zu bewegen! Damit kann man leben, aber Sorgen machen wir uns darüber, daß just zu der Zeit, in der die Industrie- und Regierungsvertreter aus dem Ausland nahezu täglich auf den Brand kommen (wie im übrigen auch 140.000 Besucher allein im letzten Jahr – von wegen technikfeindlich)und dort sichtlich erstaunt über das Geschaffene sind und an den Chancen des CargoLifter partizipieren wollen, sich hier in Deutschland wieder mal eine Stimmung breit macht, die die Dinge zerredet. Können wir nicht auch mal in Kenntnis der Herausforderung und bei aller kritischen Beobachtung gemeinsam etwas schaffen wollen – oder um beim Sprachgebrauch der Luft- und Raumfahrt zu bleiben: Geht nicht auch bei uns mal mit dem Geist der Amerikaner in den Sechziger Jahren, als sie sich das Ziel gesetzt haben, noch in diesem Jahrzehnt den ersten Amerikaner auf dem Mond landen zu lassen (um es für den Negativjournalisten klarzustellen: Ich habe nicht gesagt, daß CargoLifter auf den Mond fliegen will und ich habe auch nicht gesagt, daß der Cargo-Lifter nun erst gegen Ende 2009 kommt). Ich würde mir wünschen, daß wir so eine ähnliche Stimmung für den Cargo-Lifter und andere Projekte jetzt bei uns hätten – und daran arbeite ich und wir alle bei CargoLifter – und das schöne ist, es kann bei uns jeder mitmachen, eben und gerade auch als Aktionär. Wie heißt,es doch so schön: Es gibt viel zu tun, packen wir es anl Wir tun es!!!!! Machen Sie mit!

Ihr [Name]

PS. Nur für Negativjournalisten (falls es die noch geben sollte ....) das zitieren der Decade ist nicht die Ankündigung des Vorstandes, daß der CargoLifter nach eigenen Angaben des Unternehmens nun erst gegen Ende 2009 kommt......

Kommentare zu dieser Stellungnahme bitte an folgende E-Mail Adresse:

dialog@cargolifter.com [Alle Rechtschreibfehler: sic]"

Offener Brief des Vorstandsvorsitzenden, April 2001: [ID: 1]

Anhang E.17: Berichterstattung der Financial Times Deutschland, Januar 2002

Zusammenfassung des Sachverhalts und Reaktionen des Unternehmens

---

Streitpunkt

Auf einer Unternehmenspräsentation/Roadshow des Unternehmens in München am 16.01.2002 soll der Vorstandsvorsitzende laut Aussage der Financial Times Deutschland folgende Aussage getätigt haben: „Wie der Cargolifter-Chef auf eine Frage in einer Diskussionsrunde sagte, ‚ist das Cargolifter-Projekt im veränderten Umfeld ohne Staatshilfe nicht mehr zu machen'." [PA: 509:2]

Die Nachricht, dass das Unternehmen staatliche Fördergelder benötigen würde, wurde daraufhin auf durch Nachrichtenagenturen verbreitet und sorgte für einen zeitweiligen Aktienkurseinbruch von über 60%.

In einer Stellungnahme des Unternehmens wurde der Versuch unternommen, die Aussage zu relativieren: „CargoLifter bemühte sich gestern, die Äußerungen des Vorstandschefs zu relativieren. Das Unternehmen sei ohne staatliche Hilfen nicht gefährdet, hieß es in einer Stellungnahme." [PA: 509:4]

Reaktionen
des Unter-
nehmens

Durch Aussagen des Vorstandsvorsitzenden, welche während einer Betriebsversammlung getätigt wurden, kann die organisationsinterne Reaktion und Sichtweise des Unternehmens nachvollzogen werden.

„In München, das war im Europäischen Patentamt, das ist ein sehr schöner Saal. Da waren irgendwo zwischen 500 und 600 Leuten. Also 480 passen herein, dann standen hinten noch eine ganze Menge. Das ist dann immer auch ganz interessant wenn sie dann anfangen, dann sehen sie schon in der letzten Reihe jemand sitzen, dessen Kopf einfach besonders markant ist, weil sie ihn schon so oft gesehen haben und dieser Mensch heißt [Name des Redakteurs], der schreibt für die Financial Times. Das ist dann schon ganz gut, weil sie genau wissen, der sitzt jetzt dahinten, ich sage es einmal so salopp, spitzt genau die Ohren, irgendetwas gesagt wird, was vielleicht ein bisschen sein könnte als bisher gesagt wurde. Weil, denn dann kann er eine Story draus machen. Und er kann sie nur draus machen, wenn es etwas anderes gibt. Wenn es genau gleich ist, dann kann er nämlich keine Story draus machen. Und er ist sehr drauf aus, eine Story zu machen und hat sich letztes Mal tierisch geärgert, dass wir dem Handelsblatt ein Vorabinterview gegeben haben, weil wir immer gesagt haben, wenn du uns so kommst, dann kriegen eben die anderen das Vorabinterview. Der sitzt also dahinten drin, können Sie schon am ersten Abend schön aufpassen, dass sie bloß nicht genügend etwas sagen, was dieser Mensch hinterher machen könnte um daraus eine Story zu machen. Im Zuge der Präsentation, über das ganze Projekt usw. also ich habe angefangen mit dem Teilprojekt als solches und habe dann die Folie gezeigt zum Stand der Aktionäre. Habe mich dann auch bei den Aktionären bedankt für die Kapitalerhöhung, dass sie so kräftig mitgezogen haben mit 92 % Zeichnungsquote. Und habe den dann gezeigt, was wir mit ihrem Geld machen. Wir haben das ja in das Projekt hereingesteckt und da taucht eben so auf ein Kuchen mit 109 Millionen für die Halle und die gesamte Infrastruktur, 96 Millionen für das Luftschiff inklusive Joey und Charly, 14 Millionen für den Aircrane. 40 Millionen Liquidität auf dem Konto. Und 56 oder 59 sonstige Mittel für den Aufbau des Unternehmens, wobei ich auch dazu gesagt habe, dass die größte Einzelsumme dabei im Übrigen an die Berater, die Banker und sonst etwas geht. Und habe dann dazu gesagt, bei den 40 Millionen übrigens, das war zum Beginn des Geschäftsjahres auf dem Konto und das hatten wir auch zum Ende des Kalenderjahres also am 31. Dezember, in etwa die gleiche Summe. Dank der Kapitalerhöhung, die eben gut gelaufen ist und dadurch, dass wir auch die Mittel sehr sorgfältig verwendet haben und auch bestimmte Sparmaßnahmen eingeleitet haben, haben wir zum Jahresende, also Kalenderjahres endet in etwa die gleichen Mittel auf dem Konto, wie dort. D.h. wir haben mehr Mittel als wir geplant haben, d.h. auch, wir können das Unternehmen, also die Finanzierung des Unternehmens ist nicht nur bis Ende des Quartals gesichert, sondern auch noch darüber hinaus. Und das fanden die eigentlich auch ganz gut. Und dann kam der nächste Punkt, das ist ja dann die Frage, wie wir die neuen Mittel akquirieren wollen. Da habe ich dazu gesagt, die Veränderung des

Kapitalmarktes zeigt einfach, dass der Kapitalmarkt also alleine nicht mehr zur Verfügung steht, wie das noch 1996 bis 2000 war. Wo die Börse also sehr stark nach oben ging. Und man für neue Technologien und Venture Kapital auch an der Börse Geld kriegen konnte. Heute ist genau das Gegenteil. Der Markt ist seit 2000 schlank und seit spätestens 11. September ist er total nach unten gegangen. D.h. sowie in der Vergangenheit das Projekt über die Aktionäre zu finanzieren, wird nicht gehen. Und das wollen wir Ihnen 65.000 Aktionären auch gar nicht zumuten. Sondern wir führen eben auch Gespräche mit Partnerunternehmen und mit der Landes- und Bundesregierung für Förderungen. Ich bin auch der Meinung, dass es absolut richtig ist, weil technisch sind wir jetzt so weit, dass man sagen kann, technisch ist das machbar. Und wir sind heute auf dem Level der Luft- und Raumfahrtunternehmen, wenn man sich unsere Zulieferer anschaut. Und ein Luft- und Raumfahrtunternehmen mit so einem großen Projekt bekommt klassischerweise wesentlich mehr Förderungen als wir das bisher bekommen haben. Wir haben bisher nämlich nur 40 Millionen € bekommen und diese nur für den Bau der Halle und an die Bindung von Arbeitsplätzen. Aber nicht die Entwicklung und Bau des Luftschiffes. Und darüber reden wir. Und wenn man das vergleicht mit anderen Projekten, wie Airbus oder auch Dornier, dann ist das völlig normal und das war's. So, dann ging das weiter. Dann haben die Aktionäre ein paar Fragen gestellt. Das war eigentlich eine ganz gute Stimmung, ganz zum Schluss hat eine auch noch richtig die Begeisterung zum Ausdruck gebracht. Und dann haben wir am Rande gesagt, okay, jetzt hören wir mit den offiziellen Diskussionen auf. Aber wir stehen dann noch zur Verfügung, da war es dann schon so langsam 10:00 Uhr. Und da kam dann natürlich [Name des Redakteurs] vor und fing dann an seine Spezialfragen zu stellen. Im größeren Kreis um mich herum. Und dann ging das los. Ja, also, wenn ich gesagt hätte, wir hätten weniger Geld ausgegeben, weil wir gespart haben, ob das bedeutet, dass sich der CargoLifter verzögert. Da sage ich, das habe ich schon auf der Bilanzpressekonferenz gesagt, wenn sie nicht mehr Vollgas fahren, weil der Tank nicht mehr voll ist, dann fahren sie langsamer und wenn sie langsamer fahren kommen sie typischerweise nicht mehr zur gleichen Zeit an. Das Ziel allerdings, man muss ja auch nicht so viel Verzögerung haben, weil wir werden vor allem dort sparen, wo es nicht unbedingt gleich sein muss und schauen, dass wir die Gelder also für die Kernprojekte CL-75 und 160, spricht Test und PDR erst einmal einsetzen. Und was nicht zwingend dafür gebraucht wird, das schieben wir eben. Und, ja, wie viel länger ist denn braucht, da werden sie von mir keine Aussagen kriegen. Denn, wenn ich heute etwas sage, dann fangen Sie morgen wieder an nachzufragen und das machen wir nicht mehr. Ja, dann hätte ich aber doch die Strategie geändert, denn ich würde jetzt auf den Staat setzen. Ich sage, ich habe nicht meine Strategie geändert, der Kapitalmarkt hat sich geändert und wenn sich der Kapitalmarkt geändert hat, dann haben sie im Prinzip nur zwei Möglichkeiten. Wenn wir die Strategie hatten, bleiben wir dabei, versuchen über den Kapitalmarkt zu gehen, und wenn wir es nicht schaffen, gehen wir einfach kaputt. Wäre ziemlich unschlau. Als Management denke ich, wenn die Umstände sich verändern dann sollten wir uns Gedanken machen. Und wir passen eben die Strategie den Veränderungen an. D.h. wir gehen auch an den Staat heran und das denke ich ist auch wichtig. Ja, ob das bedeuten würde, wir würden nur weitermachen, wenn der Staat eingreift. Da habe ich gesagt, wir wollen eigentlich nicht an den Staat ran, wir wollen auch genauso weiter an den Kapitalmarkt heran. Aber ich denke mir, die Aktionäre haben durchaus ein Recht darauf, nachdem sie 300 Millionen in Vorleistung gegangen sind, dass auch ein Commitment der öffentlichen Hand sehen wollen. Und das zieht sich hin und her und der wollte halt unbedingt etwas heraus kriegen. Und da sagte hinterher auch einer, das war jetzt das typische Spielchen, er will etwas heraus kriegen und er kriegt genau nichts heraus. So aber nicht [Name des Redakteurs]. [Name des Redakteurs] macht dann doch etwas draus. Schreibt also am nächsten Tag, dass bereits in Financial Times online herein, worauf hin erst einmal nicht allzu viel passiert. Bis am Nachmittag dann von Reuters eine Nachfrage kommt, ob denn nun dies und das und jenes sei. Und dann bricht der Markt zusammen. Da kann man dann momentan auch gar nichts machen, da müssen sie erst einmal abwarten. Es ist aber auch einfach ganz interessant, das enorme Mengen verkauft wurden aber interessanterweise gab es auch jedes Mal einen Käufer, sonst wäre nämlich der Kurs ausgesetzt worden. Das ist heute noch eine Frage, die mich ziemlich intensiv beschäftigt: wieso geht das dermaßen schlagartig und wo haben sich die vielen Käufer gefunden, die just in diesem Moment genau alle dann für zwei Mark noch etwas oder zwei Euro noch etwas die Aktien gekauft haben."

Rede des Vorstandsvorsitzenden auf einer Betriebsversammlung am 17.01.2002: [ID: 705:12]

Anhang E.18: Berichterstattung des Nachrichtenmagazins „Der Spiegel", März 2002

Zusammenfassung des Sachverhalts und Reaktionen des Unternehmens

---

Streitpunkt

Dem Magazin „Der Spiegel" wurden während einer unternehmensinternen technischen Milestone-Konferenz (dem PDR) interne Unterlagen zugespielt, nach welchen sich das Entwicklungsprojekt als „Himmelfahrtskommando" darstellen würde:

„Wackelige Luftnummer: Die Vision vom Lastenluftschiff CargoLifter scheint sich nach einer internen Untersuchung als technisches und finanzielles Himmel-fahrtskommando zu entpuppen. [...]Vorstandschef [Name], derzeit um 300 Millionen Euro Fördergelder aus öffentlichen Kassen bemüht, holte ein Beraterteam um den früheren Airbus-Chefentwickler [Name] ins Unternehmen. Unter den Experten wachsen die Zweifel am Projekt: Der geplante Lastesel der Lüfte sei allzu wetterempfindlich, der Kerosinverbrauch von über zwei Tonnen pro 100 Kilometer zu hoch. Die Reichweite betrage keine 1000 Kilometer. Plötzliche Abtriebskräfte könnten das Luftschiff zudem jäh zu Boden drücken, da die voll ausgereizte Zuladung (geplant sind 160 Tonnen) kaum Ballastwasserausgleich zulasse. Völlig realitätsfremd sei der Plan, die CargoLifter-Flotte ohne den Bau weiterer Hallen ständig im Freien zu betreiben. Mit gigantischem Personalaufwand müssten die Helium-Riesen rund um die Uhr betreut werden. Die auf 2000 Meter begrenzte Flughöhe erlaube über weite Strecken keinen Instrumentenflug, da der Luftraum nah am Boden kaum von der Flugsicherung kontrolliert wird. Das Konzept, so die Befürchtung, laufe auf ein Schönwetterfluggerät hinaus, das die Voraussetzungen zum kommerziellen Einsatz nicht erfülle. "

Der Spiegel, 04.03.2002:[PA: 645:1]

Reaktionen des Unternehmens

Pressemitteilung, Pressemitteilung nach PDR

Das Unternehmen reagierte auf einen online erschienenen Vorababdruck des Artikels mit einer Pressemitteilung und Gegendarstellung. Der Vorstandsvorsitzende drohte dem Spiegel eine Klage an. Nach Abschluss des PDR wurde eine weitere Pressemitteilung herausgegeben, welche den Informationen des Spiegels entgegentrat. Zusätzlich wurden Videostatements leitender Mitarbeiter angefertigt, welche auf der Unternehmenshomepage veröffentlicht wurden.

„CargoLifter: Fakten widerlegen ‚Spiegel'-Bericht zu behaupteten technischen Problemen
Die CargoLifter AG hat einen Bericht des ‚Spiegel' zu angeblichen technischen Problemen des CargoLifter bereits umgehend zurückgewiesen. Den im Bericht enthaltenen, sachlich falschen Behauptungen sind folgende technische Fakten entgegenzuhalten

1. ‚Der geplante CL 160 sei zu wetterempfindlich'.
Der CL 160 ist nicht zu wetterempfindlich. An der Einschätzung des Flugverhaltens unter Wettereinfluss hat sich nichts geändert. Während des Reisefluges wird das Luftschiff allen Witterungsbedingungen standhalten – dies ist wie bei Flugzeugen eine der Kernforderungen der Zulassungsvorschrift des Luftfahrtbundesamtes, nach der das Luftschiff entwickelt wird. Das Lastabsetzverfahren beispielsweise lässt Windgeschwindigkeiten von bis zu 10 Metern pro Sekunde an stetigem Wind plus/minus 5 Metern pro Sekunde an Böen zu und liegt damit im gleichen Bereich wie die Einsatzlimitierungen heutiger Kräne im Lastbereich von 160 Tonnen. Der Vorwurf, ein großes Luftschiff müsse wegen seiner besonders großen Oberfläche sehr empfindlich auf Wind reagieren, ist falsch. Richtig ist: Die Kraft, die auf einen Körper – z.B. durch eine Windböe – einwirkt, wächst mit dem Quadrat der Größe. Die Masse eines solchen Körpers wächst allerdings kubisch – also hoch 3 – im Verhältnis zur Größe. Damit dominiert der Zuwachs an Massenträgheit (-x³) gegenüber der Krafteinwirkung (-x2) und reduziert die Beschleunigung eines Luftschiffes. Diese Berechnungen sind mittlerweile durch den CargoLifter Transportballon CL 75 AirCrane (Durchmesser: 61 Meter) im Praxistest validiert. Zu ähnlichen technischen Beispielen, die nachzuvollziehen oder persönlich erlebbar sind, gehört das Verhalten einer Barkasse im Vergleich zum Supertanker bei gleichem Seegang oder die größere Stabilität eines großen Flugzeugs im Vergleich zu einem kleinen Flugzeug beim Landeanflug unter böigen Wetterbedingungen.
2. ‚Plötzliche Abtriebskräfte könnten das Luftschiff zudem jäh zu Boden drücken, da die voll aus-

gereizte Zuladung von 160 Tonnen kaum Ballastwasserausgleich zulasse.'
Während des Entwicklungsprozesses wurde das Verhalten des Luftschiffs bei sogenannten ‚Downdrafts' analysiert. Mit ‚Downdrafts' bezeichnet man Fallwinde, die mit abnehmender Höhe geringere Geschwindigkeiten aufweisen. Die Beherrschbarkeit selbst solcher extremer Situationen konnte nachgewiesen werden.
Die Auftriebskräfte sind vom Ladungszustand vollkommen unberührt. Der CargoLifter CL 160 führt entweder 160 Tonnen Nutzlast oder 160 Tonnen Ballastwasser oder eine Kombinationen aus Nutzlast und Ballastwasser von insgesamt 160 Tonnen. Damit ist das flugmechanische Verhalten vollkommen unabhängig vom Beladungszustand. Zusätzlich wird der CL 160 entsprechend der Zulassungsrichtlinie 30 Tonnen Wasserballast mitführen, die bei Bedarf abgelassen werden können.
3. ‚Völlig realitätsfremd sei der Plan, die CargoLifter Flotte ohne den Bau weiterer Hallen ständig im Freien zu betreiben. Mit gigantischem Personalaufwand müssten die Helium-Riesen rund um die Uhr betreut werden.'
Diese Aussage ist falsch und wurde zudem vom Vorstandsvorsitzenden [Name] in einem Telefonat mit dem ‚Spiegel'-Redakteur richtiggestellt. Die Luftschiffe verbleiben am Ankermast, der ohne großen Aufwand zur Verfügung gestellt werden kann. Keinesfalls ist eine Halle pro Luftschiff erforderlich. Die Kontrolle und Überwachung der Druckverhältnisse wird durch ein automatisches System gewährleistet und bringt daher keinen ‚gigantischen' Personalaufwand mit sich.
4. ‚Die auf 2.000 Meter begrenzte Flughöhe erlaube über weite Strecken keinen Instrumentenflug, da der Luftraum nahe am Boden kaum von der Flugsicherung kontrolliert werde.'
Der Instrumentenflug in der Flughöhe des CL 160 ist möglich. Die minimale Flughöhe (Minimum IFR Cruising Altitude oder Level (MCA I MCL)) liegt in Deutschland zwischen 4.000 und 5.000 Fuß (1.200 Meter bis 1.500 Meter) und damit unterhalb der sogenannten Prallhöhe des CL 160 von 2.000 Metern bei ISA (International Standard Atmosphere)-Bedingungen, mithin einer Flughöhe, in der u.a. auch Geschäftsreise-Flugzeuge unter Instrumentenflugregeln fliegen.
5. ‚... zudem sei der Treibstoffverbrauch von über zwei Tonnen pro 100 Kilometer zu hoch. Die Reichweite betrage keine 1.000 Kilometer.'
Der angegebene Wert ist unsinnig, da Windrichtung und Windstärke für ein Luftschiff eine viel größere Rolle spielen, als für ein Flugzeug. Man legt daher verschiedene Szenarien zugrunde. Dabei hängt der Treibstoffbedarf sehr stark von den Flugphasen ab. Während des Manövrierens sind z. B. acht Triebwerke im Einsatz, während des Streckenfluges aber maximal vier. Der Verbrauch im reinen Streckenflug liegt deutlich unter dem angegebenen Wert. Die Angabe ist genauso unrealistisch, als ob man den Spritverbrauch eines Flugzeuges während der Startphase als Streckenverbrauch ansetzen würde. Die genannte Reichweite von unter 1.000 Kilometer ist lediglich denkbar in Bezug auf ein ganz bestimmtes
Testszenario unter eingeschränkten Betriebsbedingungen und mit reduzierter Treibstoffmenge. Sie stellt weder eine Einschränkung für den Prototypen des CL 160, noch für das Serien-Luftschiff CL 160 dar.

Technische Machbarkeit durch Entwicklungsstudie und Expertenurteile bestätigt

In der vergangenen Woche hat bei der CargoLifter Development GmbH in Briesen-Brand das sogenannte „Preliminary Design Review" (PDR) stattgefunden. Das PDR ist einer der Meilensteine innerhalb des Entwicklungsprozesses eines Luftfahrtgerätes. Der Zweck eines solchen „Design Reviews" ist es, die Entwicklungsreife je nach Entwicklungsstufe festzustellen und die Integrität der Konstruktion insgesamt zu überprüfen. Um das Systemverhalten unter allen, auch extrem unwahrscheinlichen Bedingungen, kennenzulernen und die Sicherheit zu gewährleisten, werden dabei sogenannte ‚Worst Case'-Szenarien betrachtet. Das vorliegende Ergebnis des ‚Preliminary Design Review' bestätigt die technische Machbarkeit des CL 160. Im ‚Detailed Design', der nächsten Stufe des Design-Prozesses, wird das bestätigte Konzept weiter konkretisiert. Der im Bericht des ‚Spiegel' genannte ehemalige Geschäftsführer des Bereiches Entwicklung der DaimlerChrysler Aerospace Airbus GmbH [Name] begleitete das PDR in seiner Funktion als anerkannter Luftfahrttechnik-Experte. [Name] wird auf der Hauptversammlung der CargoLifter AG am 16. März 2002 für die Wahl zum Aufsichtsrat der Gesellschaft kandidieren.

Von Seiten der Experten, die am PDR teilgenommen haben, liegen folgende Statements vor:

[Name], als ziviler Ingenieur bei der US-Navy verantwortlich für die Forschung zur Statik und Aerodynamik der US-Luftschiffe, danach bei der NASA im ‚Office of Advanced Research' verantwortlich für zukünftige Raumfahrtmissionen:
'I am very encouraged by what I heard this week. I believe that the whole professional status of this group of people working here has been elevated considerably by the hard work they have done and the knowledge they have acquired to make this – and I think I'm seeing there is feasibility here. Flying under the conditions of snow, winter weather, ice, rain, is not a serious problem

for airship operations, it has to be reckoned with and planned for. We did that from the Navy standpoint and investigated that to a considerable extent in one year, flying a series of flights in planned, very severe winter weather. And there was very valuable data gathered from those operations, that showed that it can be dealt with – safely!'

[Name], Leiter des Entwicklungsbetriebes der CargoLifter Development GmbH:
'As a result of this PDR, we have seen, that CargoLifter is technically absolutely feasible and that all operational aspects have been solved. We have established an extremely good team here, we are certainly the world Leader in 'lighter than air'', we have also established processes and technologies that can be leader for other industries too. We have seen that we established processes and requirements definition and tracing that haven't been established in other aircraft companies yet, and we think that this is actually something we can show others what can be done.'

[Name], Leiter der Produktion der CargoLifter Development GmbH:
'Es ist so, dass wir inzwischen sehr genau wissen, wie wir das Luftschiff bauen wollen, technisch halte ich das alles für machbar. Und ich glaube, das ist auch die allgemeine Meinung in diesem PDR, dass wir natürlich noch einige Themen zu lösen haben – aber das sind keine 'No-Go-Items' mehr, also es wird keine Punkte mehr geben, die nicht lösbar sind.'"

PR-Mitteilung 03.03.2002: [ID: 671:44]

Anhang E.19: Durch Interviewpartner genannte Gründe der strategischen Persistenz

Kodierung in Atlas.ti	Beschreibung des Codes/Kodieranleitung	Exemplarische Textstelle
Genannte Gründe für die strategische Persistenz		
Gefangen in den selbst geschaffenen Erwartungen	Die Textstelle zeigt auf, dass das Unternehmen hohe Erwartungen in der Öffentlichkeit geschaffen hatte, von denen es sich selber nicht mehr zugestand abzuweichen, da dies einem Offenbarungseid gleichgekommen wäre.	*„Ja, ja. Natürlich. So war das. Wenn sie die Prospekte alle so schreiben. Da ist es klar, da können sie nicht irgendwann... das war schon, das war schon... irgendwann einfach durch das Thema. Muss man auch sagen. Man kann da nicht sagen, Ach, jetzt überlegen wir es uns und bauen halt doch nur ein 60 m langes. Ja, dann fragt sich der Aktionär auch, huch, die haben doch gesagt, 2001 sollte dann das große schon fertig sein. Und jetzt haben sie 2003 ein 60 m langes fertig, was keine Last heben kann. Das war natürlich auch allen klar, dass das nicht geht."* Mittleres Management, Interview *„[Interviewpartner]: Ähm, several of us talked about it at length. And felt like that very strongly. When it came up with [executive director]... he didn't like to hear that message at all. Because he... I think, he let his optimism override his logic. He kind of knew, well I think, deep down inside, he knew that there was something to what we were saying. But he was so optimistic. And quite frankly he had told people. You know, of course we can do it for 250 million €. And of course we can have it ready in two years. We've got some of the best and brightest engineering minds. We're investing in all this infrastructure to do this. He wanted it to be... he was kind of wishing it to be true. But as we all know, that doesn't make it true. That just... just makes it a wish.* *[Interviewer]: ...so was it just [executive director], or was it someone else in the management team?* *[Interviewpartner]: I think it was, it think, it flew down from him. But I think there were other people on the management team who had, you know, at least initially, had that same kind of vision, had that strong driving... you know, there's no way, that it should cost more than two €250 million. I mean, back when they built the Hindenburg it cost, whatever... they liked to do the time-money-value calculation on what was spent on the Hindenburg up to the CargoLifter. And it's kind of like... ohhkay, that's not even relevant, cause it's different materials and it's different manufacturing processes that it wasn't certified and yadiyadiyah. You know, I think over time it eroded. You know, other people didn't really necessarily buy into that as long... I think even in the end, because I've never had this discussion with him, because I haven't had the luxury of talking with him since. But I bet even [Name] down realizes that it was even way too optimistic, on the money part. The time part was optimistic too, but again you know, as I started with, if you pour down enough money at a problem, you can get it done as fast as you want."* Mittleres Management, Interview
Auseinanderfallen des Business-	Die Textstelle zeigt auf, dass die strategische Persis-	*[Interviewpartner]: Ja, auch. Klar. Ja, weil selbst der schlauste Ingenieur, jetzt, könnte wahrscheinlich dieses Projekt von vorne*

Cases		
	tenz existierte, da nur durch die Dimension des CL-160 eine Wirtschaftlichkeit des Projektes gegeben gewesen wäre.	bis hinten objektiv, richtig beurteilen. Es müsste immer irgendwo in skalierbaren Schritten passieren, dass man aus dem einem Projektstand dann lernt, wie man den nächsten Projektschritt irgendwie machen kann. Und wir wollten: too fast, too big das Projekt aufsetzen.

[Interviewer]: Und wie ist die Entscheidung zu Stande gekommen, das man letztendlich direkt diesen 160er bauen wollte, und nicht vorher kleinere Prototypen?

[Interviewpartner]: Weil dann der ganze Business Case auseinander geflogen wäre. Schnell, möglichst viel Funktionalität. Auch verkaufbar am Markt haben, damit wird dann wiederum den Analysten einen Business Case rechnen können. Dann und dann gibt es fünf Luftschiffe. Dann gibt es 10 Luftschiffe pro Jahr. Und wenn wir dann im optimalen ramp-up 20 Luftschiffe pro Jahr ausspucken können und eine Flotte von BlablaBla haben, dann kuck mal lieber Analyst, dann haben wir doch einen geilen Case. Das ist er hier, was weiß ich, ein Geschäft mit einer Rendite von 15 % nach Steuern, oder so. [Verstellte Stimme] Oh, super. Geil, ja."

Geschäftsführer Tochtergesellschaft, Interview

"[Interviewpartner]: Wo wir gesehen haben, die Tage an denen es zur Verfügung steht, sind nicht größer als 300. Und, und, und. Das Problem ist ja am Ende: Finanzmarktgetrieben. Sie müssen immer einen Business Case aufzeigen, dass sie irgendeinen ROI von 20 % oder so haben. Genau genommen, da können sie sich gar nicht die Zeit nehmen, wirklich realistisch da zu rechnen. Weil, sie machen sich ihren eigenen Business Case da kaputt.

[Interviewer]: Ja, das heißt, man musste letztendlich optimistisch Planen, um überhaupt das Geschäftsmodell starten zu können?

[Interviewpartner]: Ja. Aber ich sage ganz bewusst nicht, weil ich glaube das war... das hat niemand bewusst gemacht.

[Interviewer]: Ja, klar.

[Interviewpartner]: Da irgendwie zu täuschen oder irgendetwas schön zurechnen oder so etwas. Sondern, man ist grundsätzlich einfach optimistischer rangegangen. Da war sehr, sehr viel Glauben in das Produkt.

[Interviewer]: Also, das heißt eine positive Grundstimmung dem Produkt gegenüber?

[Interviewpartner]: Eine positive Grundstimmung. Auch vom Finanzmarkt her. Wie gesagt: da gab es kein Regulativ.

[Interviewer]: Das war ja auch die Zeit, letztendlich.

[Interviewpartner]: Ja. Keiner hat gesagt, ja, aber haben Sie daran gedacht, haben Sie daran gedacht? Klar, es gab immer so ein paar Gutachter. Ja. Aber am Ende, die waren ja alle dem auch sehr gewogen. Keiner wollte es kaputt reden. Aber keiner hatte auch das Know-how, um da wirklich zu sagen: ,Ja, wisst Ihr was Leute, das kann ich mir nicht vorstellen.'

[Interviewer]: Erstaunlich. Also gerade dieser Punkt des Optimismus. Das klingt da ja so ein bisschen mit. Das finde ich doch sehr faszinierend zu sehen, letztendlich. Und das ist ja direkt ein Punkt, der unternehmenskulturell sehr, sehr stark verankert ist.

[Interviewpartner]: Aber, das ist auch die Grundvoraussetzung, so etwas überhaupt zu starten."

Geschäftsführer Tochtergesellschaft, Interview |
| Falsche Basisannahmen | Die Textstelle zeigt auf, dass unternehmensintern zum Projektstart falsche Basisannahmen vorherrschten, welche längere Zeit kollektiv geteilt wurden | *"[Interviewpartner]: Ich glaube zu Beginn war... die Annahme zu Beginn war, dass die Entwicklungskosten quasi komplett von Lieferanten getragen werden. Da man die benötigten Komponenten zukaufen könnte, als wenn sie frei auf dem Markt verfügbar wären.*

[Interviewer]: O.k. Also letztendlich nur so ein Puzzleteil neu |

und mit zu der strategi-
schen Persistenz beitrugen.

zusammensetzen?

*[Interviewpartner]: Genau. Was dabei nicht berücksichtigt wur-
de, dass viele dieser Komponenten auch neu entwickelt werden
müssten. Und dass diese Entwicklungskosten irgendwo bezahlt
werden wollen. Wir hatten ja schon mit vielen Lieferanten entsprechend darüber gesprochen, dass sich auch entsprechend ihre
Entwicklungskosten amortisieren. Nur, wie gesagt, sie haben eine
Neuentwicklung, das amortisiert wird, über eine relativ geringe
Stückzahl und damit sind ihre Stückkosten der Komponenten wesentlich höher.*

[Interviewer]: Verständlich.

*[Interviewpartner]: Also wie gesagt: die ursprüngliche Annahme
war, dass man das quasi mit irgendwelchen frei verfügbaren
Teilen machen kann. Dem war einfach nicht so.*

[Interviewer]: Wann wurde dass das erste Mal revidiert?

[Interviewpartner]: Ähh. Ich würde sagen, so ab 2000, 2001. "

Geschäftsführer Tochtergesellschaft, Interview

*„ Yeah, yeah, yeah. Absolutely. So, ähm. I remember those argu-
ments saying, well it has been done before. There was this question definitely when they were talking about hovering and ex-
changing loads. That I am sitting there going, hey, I used to fly
airplanes. And then when I got a chance to fly... When we had the
airship in Brand. I got to fly it. One afternoon. For about maybe
an hour or something like that. And it was totally different to what
I ever have been used to. And even a 727, I mean, this thing is...
You want to go to part, while you put in the input, and then you
could go back to get a cup of coffee, and then come back and then
it slowly starts to move to port. Well, I need to know move it to
whatever... [loughs] so I think... Well, in the overall concept, with
the exception of the load exchange. It was basically re-creating to
a certain extent. What has been done in the 30s. There was a lot
more to it. And I think we took too much of a simplistic approach
to that. And we believed for little bit too long that it was just a
matter of scaling up, designing, so that it could carry more
weight. Without even sitting back and maybe building it from the
bottom up. If we would have started with a blank sheet of paper,
we might have actually identified the key issues sooner, and we
might have actually solved them earlier. And that, put it within the
envelope, if you will, of a large airship. Which, that part was
going to be relatively easy, if we would have gotten to that point. "*

Geschäftsführer Tochtergesellschaft, Interview

Verzeichnis aller im Anhang verwendeten Dokumente

Verzeichnis der im Anhang verwendeten Presseartikel (Datenbankkennzeichen: [PA:])

Datenbankkennung	Erscheinungsdatum	Quelle	Titel
[PA: 15]	31.10.1997	Die Zeit	Die Rückkehr des Riesen: Luftschiffe sollen die Transportprobleme im Großanlagenbau lösen
[PA: 52]	03.08.1998	Focus Magazin	Zeppeline: Luftschlösser im Anflug
[PA: 94]	03.10.1999	Die Welt am Sonntag	[Name des Vorstandsvorsitzenden]: Ein Visionär der Luftfahrt
[PA: 142]	12.04.2000	Berliner Zeitung	Riesen-Luftschiffe aus Brandenburg wollen Transporttechnologie revolutionieren
[PA: 157]	16.05.2000	Financial Times Deutschland	Logistiker beflügelt die Fantasie: CargoLifter-Chef [Name] will mit einem Luftschiff Lasten bewegen – und ab heute auch die Anleger.
[PA: 188]	06.06.2000	Handelsblatt	CargoLifter-Chef [Name] – der moderne Luftfahrt-Pionier
[PA: 227]	08.10.2000	Welt am Sonntag	Luftschiffe aus Berlin sind die Züge der Zukunft
[PA: 245]	21.11.2000	Financial Times Deutschland	Kosten für den Bau des CargoLifter explodieren: Das Transportluftschiff könnte 1 Mrd. DM verschlingen – Kapitalerhöhung zur Finanzierung der Serienfertigung wahrscheinlich.
[PA: 252]	23.11.2000	Financial Times Deutschland	Cargolif-f-f-f-f-f-f-ter: Ein halbes Jahr nach dem Börsenstart des Luftschiffbauers CargoLifter sind die Perspektiven des Projektes noch immer unklar – und das Management gibt Rätsel auf
[PA: 260]	01.12.2000	Financial Times Deutschland	Altaktionäre machen bei CargoLifter Kasse: Unternehmen sieht Entwicklung im Plan
[PA: 271]	August 2000	Wired	The baron's big balloon: A German aristocrat-businessman is relaunching the age of the airship, armed with millions in the bank and a team of crack engineers. Can superblimps rise again?
[PA: 281]	15.01.2001	Berliner Morgenpost	Weißer Riese auf blauem Grund: Kunststoff-Ballon in CargoLifter-Werfthalle aufgeblasen – langer Streit um Luftschiffe geht weiter
[PA: 320]	11.04.2001	Der Stern	Absturz vor dem Start? Der CargoLifter soll das größte Luftschiff der Welt werden. Nun droht die Finanzierung zu scheitern. Zigtausend Anleger fürchten um ihr Geld
[PA: 355]	10.09.2001	Financial Times Deutschland	CargoLifter-Chef wirbt um Unterstützung: Luftschiffbauer braucht dringend Geld – Einstieg eines Branchenunternehmens gilt als Option
[PA: 487]	23.08.1999	Der Spiegel	Laster der Lüfte: Unweit von Berlin will eine Privatfirma das größte Luftschiff aller Zeiten bauen. Der CargoLifter soll tonnenschweres Frachtgut an jeden Ort der Welt liefern. Öffentliche Fördergelder geben dem Projekt Auftrieb doch die technischen Probleme sind gewaltig
[PA: 499]	31.07.2000	Der Spiegel	Drahtseilakt mit 160 Tonnen: Lasten-Luftschiff „CargoLifter" – das abenteuerlichste Großprojekt der Luftfahrt

[PA: 509]	17.01.2002	Financial Times Deutschland	CargoLifter geht ohne Staatshilfe die Luft aus: Chef des Luftschiff-Entwicklers hofft auf Subventionen: Aktienkurs bricht zeitweise um 60 Prozent ein
[PA: 524]	31.01.2002	Frankfurter Allgemeine Zeitung	Luftschiff im Sinkflug: In Brand gehen die Konstrukteure weiter ihrer Arbeit nach, aber ob der CargoLifter jemals fliegen wird, ist fraglich
[PA: 595]	21.05.2002	Financial Times Deutschland	Nur Luft: Die Pläne für den CargoLifter, das wohl ambitionierteste deutsche Luftfahrtprojekt, sind gescheitert. Bis zuletzt pflegte das Management die Visionen – und bekam die Realitäten nicht in den Griff
[PA: 645]	04.03.2002	Der Spiegel	Fluggeräte: Wackelige Luftnummer
[PA: 665]	10.02.1997	Frankfurter Allgemeine Zeitung	Per Luftschiff zurück in die Zukunft: CargoLifter AG will Transportschwierigkeiten im Maschinenbau lösen
[PA: 685]	20.04.2000	Frankfurter Allgemeine Zeitung	Wo die Zeppeline wohnen werden
[PA: 789]	28.11.2000	Süddeutsche Zeitung	Leichter als Luft, schwer an der Börse: Die Halle für den Bau der Riesen-Luftschiffe ist eingeweiht, nun kommt die Aktie in den MDax
[PA: 792]	18.12.2000	Süddeutsche Zeitung	Absturz von Wolke sieben?
[PA: 816]	25.01.2002	Süddeutsche Zeitung	Pionier in Nöten: CargoLifter-Gründer [Name] muss um sein Projekt zittern
[PA: 860]	16.02.1997	Bild am Sonntag	Der Super-Brummi der Lüfte
[PA: 862]	04.06.1997	Die Welt	Der CargoLifter bleibt auf Kurs
[PA: 927]	21.01.2000	Handelsblatt	Börsengang in Vorbereitung: Anleger fliegen auf Cargolifter
[PA: 928]	02.02.2000	Handelsblatt	Dämpfer im außerbörslichen Telefonhandel: Unit Energy verschiebt Börsengang
[PA: 1046]	24.11.2000	Der Tagesspiegel	Visionär im Ozean der Luft. [Name] will mit der CargoLifter AG in der Aktionärsgunst ganz nach oben steigen.
[PA: 1056]	24.10.1996	Wirtschaftswoche	CargoLifter: Schwebender Kran
[PA: 1181]	15.08.2002	Wirtschaftswoche	Arbeitgeber Ranking
[PA: 1184]	11.03.1999	Frankfurter Rundschau	CargoLifter holt sich Starthilfe. Aktien bringen notwendiges Kapital für Neuentwicklung.
[PA: 1193]	18.11.2000	Frankfurter Rundschau	In dünner Luft zwischen Vision und Phantasterei: CargoLifter soll Beginn einer neuen Ära für den Transport schwerer Güter markieren
[PA: 1196]	18.01.2001	Frankfurter Rundschau	CargoLifter dreht den Spieß um. Firma reagiert auf Vorwürfe und Anzeige mit Gegenklage
[PA: 1232]	05.05.2000	Berliner Morgenpost	CargoLifter steckt eine Milliarde Mark in 'CL 160': 1900: Der Zeppelin – 2000: Luftschiffe aus Brand
[PA: 1236]	07.06.2000	Berliner Morgenpost	[Vorstandsvorsitzender] ist Chef der CargoLifter AG: Das erste Transport-Luftschiff soll 2002 starten: Der Langstreckenläufer
[PA: 1350]	20.12.2000	Bild	CargoLifter eine Luftnummer? Experten-Krieg um unsere größte Wirtschafts-Hoffnung
[PA: 1406]	13.03.2000	Lausitzer Rundschau	CargoLifter baut Helium-Dom zur Expo Aktionärsversammlung am Samstag in Brand / Technik zum Anfassen und Begreifen für die Besuche

[PA: 1500]	Mai 2001	Pilot und Flug- zeug	CargoLifter: Erprobungsende nicht vor 2011
[PA: 1502]	Juli 2001	Pilot und Flug- zeug	Die Schlacht CargoLifter ./. [Redakteur des Magazins Pilot und Flug- zeug] ist zu Ende
[PA: 1506]	Oktober 2002	Pilot und Flug- zeug	Nach drei Jahren leichtfertiger Gaukelleien geplatzt: CargoLifter

Verzeichnis der im Anhang verwendeten internen Dokumente (Datenbankkennzeichen: [ID:])

Datenbank- kennung	Erstellungs- datum	Ursprung und Adressat	Dokumentbeschreibung und -titel
[ID: 1]	April 2001	Internes Dokument gerichtet an: Externe Öffentlichkeit	Offener Brief: „Negativjournalismus"
[ID: 5]	Juli 1998	Internes Dokument gerichtet an: Externe Öffentlichkeit	PR-Unternehmensvideo: „CargoLifter Vision", Schaufens- ter Bellevue
[ID: 223]	11.03.2000	Internes Dokument gerichtet an: Aktio- näre	Präsentationsunterlagen: „3. Ordentliche Hauptversamm- lung der CargoLifter AG 11. März 2000"
[ID: 227]	24.11.2000	Internes Dokument gerichtet an: Externe Öffentlichkeit	CargoLifter AG Geschäftsbericht 1999/2000
[ID: 228]	19.11.2001	Internes Dokument gerichtet an: Externe Öffentlichkeit	CargoLifter AG Geschäftsbericht 2000/2001
[ID: 242]	26.05.2000	Internes Dokument gerichtet an: Externe Öffentlichkeit	CargoLifter AG Verkaufsprospekt
[ID: 243]	05.11.2001	Internes Dokument gerichtet an: Externe Öffentlichkeit	CargoLifter AG Verkaufsprospekt
[ID: 452]	02.06.1997	Internes Dokument gerichtet an: Externe Öffentlichkeit	IR-Broschüre: „Die CargoLifter AG"
[ID: 454]	März 2000	Internes Dokument gerichtet an: Aktio- näre	IR-Broschüre: „The power of zero gravity – Informationen für Anleger"
[ID: 524]	02.03.2002	Internes Dokument gerichtet an: Obers- tes Management	Memo externer technischer Top-Management Berater (Bewertung des CL-160 (P1) PDR)
[ID: 530]	15.03.2002	Internes Dokument gerichtet an: Auf-	Protokoll Aufsichtsratssitzung

		sichtsrat und oberstes Management	
[ID: 531]	24.03.2000	Internes Dokument gerichtet an: Interne Adressaten	Internes Dokument: „CargoLifter AG – Häufig gestellte Fragen (Nur für den internen Gebrauch, streng vertraulich)"
[ID: 560]	01.10.1998	Internes Dokument gerichtet an: Oberstes Management	Interne E-Mail Kommunikation: E-Mail eines freien und späteren leitenden Mitarbeiters
[ID: 590]	28.04.1997	Internes Dokument gerichtet an: Interne Adressaten	Externe Wirtschaftlichkeitskalkulation: „[Deutsche Großbank]: Projekt CargoLifter: Studie aus finanzieller Sicht"
[ID: 633]	26.11.2000	Externes Dokumente gerichtet an: Oberstes Management	Fax-Kommunikation: „Chefredakteur FTD"
[ID: 651]	Juni 2002	Internes Dokument gerichtet an: Externe Öffentlichkeit	PR-Unternehmensvideo: „CargoLifter AG: ‚Der weiße Wal der Lüfte'"
[ID: 671]	27.09.2001	Internes Dokument gerichtet an: Externe Öffentlichkeit	PR-Mitteilung: „CargoLifter startet Produktion"
[ID: 705]	17.01.2002	Internes Dokument gerichtet an: Interne Adressaten	Internes Unternehmensvideo (Betriebsversammlung)
[ID: 721]	16.03.2002	Internes Dokument gerichtet an: Interne Adressaten	Internes Unternehmensvideo (Hauptversammlung)
[ID: 722]	16.03.2002	Internes Dokument gerichtet an: Interne Adressaten	Internes Unternehmensvideo (Hauptversammlung)
[ID: 727]	18.04.2002	Internes Dokument gerichtet an: Interne Adressaten	Internes Unternehmensvideo (Betriebsversammlung)
[ID: 743]	14.02.2001	Internes Dokument gerichtet an: Interne Adressaten	Internes Unternehmensvideo (Roadshow Frankfurt)
[ID: 744]	14.02.2001	Internes Dokument gerichtet an: Interne Adressaten	Internes Unternehmensvideo (Roadshow Frankfurt)
[ID: 763]	24.11.2000	Internes Dokument gerichtet an: Externe Öffentlichkeit	Offener Brief des Vorstandsvorsitzenden an die FTD

The manufacturer's authorised representative in the EU is Springer
Nature Customer Service Centre GmbH, Europaplatz 3, 69115 Heidelberg,
Germany. If you have any concerns regarding our products, please
contact ProductSafety@springernature.com

Printed and bound by CPI Group (UK) Ltd, Croydon, CR0 4YY

23/04/2026

02095588-0018